근대 시기 서양인의 한국어 문법 연구

* 이 저서는 2017년 정부(교육부)의 재원으로 한국연구재단의 지원을 받아 수행된 연구임
(NRF-2017S1A6A4A01019263)

근대 시기
서양인의 한국어 문법 연구

우형식

수용과 발전

용언과 활용

품사 분류와 문장 구성의 특징

문법 기술의 배경과 전개 양상

체언과 곡용

문법범주의 실현

역락

머리말

한국의 역사에서 이른바 근대는 전통적인 것에서 현대적인 것으로 넘어오는 과도기에 해당한다. 이러한 혼돈의 시기에 서양인들은 자신들의 언어적 관점에 따라 외부자적 시각으로 한국어를 관찰하고 기술하였다. 여기에는 한국어에 대한 학문적 관심보다는 선교와 외교 등의 실제적인 활동을 위한 언어 학습이 그 동기로 작용하였다.

당시 한국어 문법 기술에 참여한 서양인들은 한국어에 대한 직관을 지닌 모어 화자도 아니고 대부분이 전문적인 언어 연구자도 아니었다는 한계가 있다. 이것은 서양인들이 타자적 관점에서 현실적 요구에 따라 한국어 문법에 접근하였다는 점과 관련된다. 그러나 다른 측면에서 보면, 그들이 기술한 한국어 문법에는 한국어의 보편적 가치가 반영되어 있으며, 한국어 습득을 위한 접근 방법과 고민의 흔적들이 발견되기도 한다. 특히 그들이 이룬 성과는 내국인들의 모어 문법 기술에서 외래적 요소와의 접촉을 통해 전통적인 관점과 근대적인 관점을 이어주는 역할을 하였다는 점에 의의가 있다.

이 책에서는 근대 시기 한국어에 관심을 지니고 접근하였던 서양인들의 활동과 성과에 주목하면서 그들이 기술한 한국어 문법을 하위 영역을 기준으로 재구성하여 서술하였다. 이 과정에서 그들이 남긴 문헌에서 원자료를 수집하여 이를 문법 형태와 기능 범주에 따라 통합적으로 정리하고, 그에 대해 한국어 문법 연구사에서 논의될 수 있는 가치와 의의를 규명하고자 하였다. 그리고 원자료의 내용이 충실히 반영되도록 유의하면서 필요에 따라 언어학적 해석을 곁들이기도 하였다.

이 책은 전체적으로 도입부(1장), 서양인들의 한국어 문법(2~6장), 그리고 내국인들의 국어 문법(7장)의 세 부분으로 구성되었다. 도입부에서는 이 연구의 배경과 목적을 제시하고 당시 서양인들의 한국어 문법 기술에 대한 시대 구분과 관련 자료를 간략히 살폈다. 서양인들의 한국어 문법에서는 당시 문법 기술이 품사 중심으로 전개되었으므로 우선 품사 분류와 각 품사의 특징에 대해 서술하였다. 그리고 체언과 용언에 주목하여 곡용과 활용 현상에 대한 각 문헌의 기술 내용을 주제별로 구분하여 정리하였다. 마지막으로 내국인들의 국어 문법에서는 역시 품사를 중심으로 주요 내용을 압축하여 정리하였으며, 특히 서양인들의 자료와의 관련성에 유의하였다. 전체적으로는 시공간적인 제약으로 인해 해당 내용을 모두 다룰 수 없었으나, 문법 기술에서 요구되는 주요 내용은 최대한 반영하고자 노력하였다. 또한 복잡한 것은 집약적으로 간결하게 표현하고자 하였으며, 이해의 편의를 위해 주제별로 '정리' 항목을 두어 요약하였다.

이 책은 한국연구재단의 2017년 저술출판지원사업의 도움으로 수행된 '근대 시기 서양인의 한국어 문법 기술에 대한 연구'의 결과물이다. 이 연구는 근대 시기 한국어 문법 연구사의 정립을 과제로 하고, 그 일환으로 서양인들의 한국어 문법 기술과 관련된 내용을 실증적으로 정리하는 것을 구체적인 목표로 하여 3년에 걸쳐 진행되었다. 그러나 연구 결과에서 부족한 부분이 너무도 많지만, 그 과정에서도 많은 어려움이 있었다. 특히 영어를 비롯하여 프랑어와 독일어로 되어 있는 원문을 해독하고 원저자의 의도를 파악하는 것은 아주 어려운 일이었다. 그리고 서양인들은 그들 언어의 체계를 바탕으로 한국어 문법에 접근하였으므로 이것을 제대로 이해하기 위해서는 그들 언어의 문법 기술 방법에 대한 이해가 요구되었다. 또한 그들이 각각 처해 있는 상황에 따라 기술한 것이어서 체제상의 차이는 물론이거니와 이론이나 용어 등에서 나타나는 이질성을 극복하고 동일한 관점으로 재구성하는 일은 연구의 진행을 더디게 하였다.

이러한 어려움은 선행 연구로부터 도움을 받아 해결하고자 하였다. 어쩌면 이 책은 『역대한국문법대계』(1977-1986, 탑출판사)를 비롯한 자료집에 실린 문헌과 여러 곳에 산재되어 있는 수많은 선행 연구들을 바탕으로 재구성한 것이라 할 수도 있다. 혹시나 선행 연구에서 제시된 본래의 의도나 관점이 왜곡되지는 않았는지 조심스럽기도 하다. 또한 연구 수행 과정에서 주위의 많은 분들로부터 도움을 받기도 하였다. 특히 외국어 원전에 대한 해석과 문법 체계의 이해를 위해 주위의 전문가들로부터 자문을 받았다.

이 책의 원고를 마무리하면서 지금까지의 교직 생활도 접게 되었다. 그동안 여러 모로 부족한데도 불구하고 교수라는 이름으로 연구와 교육 활동에 참여할 수 있었음에 무한한 감사를 느낀다. 특히 부산외국대학교 한국어문화학부의 선후배와 동료 교수님들, 그리고 강의실에서 귀한 생각을 나누었던 학생들과의 관계는 아련하게 떠오르는 수많은 추억과 함께 오래도록 마음속 깊이 간직할 것이다. 끝으로 여러 어려운 사정에도 이 책의 출판을 수락해 주신 역락출판사의 이대현 대표님, 그리고 내용도 많고 표현도 거칠었던 원고를 어엿한 책으로 편집해 주신 관계자 여러분에게도 감사를 드린다.

2021년 6월   우 형 식 씀.

차례

| 일러두기

· 이 책에서 다루는 시기에 대해서는 문장 서술과 이해를 돕기 위해 때로는 '조선'으로, 때로는 '한국'으로 표현하였다.
· '한국어'와 '국어'는 동일 대상을 지시하지만, 전자는 서양인의 (대외적) 관점에서, 후자는 내국인의 (대내적) 관점에서 지칭하는 것으로 구분하였다.
· 한국어 용례에 대한 로마자 표기가 문헌에 따라 다른 부분이 많고 동일한 문헌에서도 통일되게 나타나지도 않았는데, 이들을 표기할 때에는 표현하고자 하는 한국어 형태를 유추하여 한글로 전사하였다.
· 원문에서 한국어 문장을 옮길 때에는 이해의 편의를 돕기 위하여 띄어쓰기를 반영하였으며, 문장부호는 편의에 따라 사용하였다.
· 문헌을 인용할 경우에는 'Underwood(1890)'과 같이 저(필)자를 원어로 쓰고 출판 연도를 밝혔으며, 저(필)자 등의 외국 인명을 표기할 때에는 처음에는 '언더우드(Underwood)'와 같이 한글과 원어를 병기하고 이어지는 곳에서는 '언더우드'와 같이 한글로만 썼다.
· 원문의 인용은 축어적으로 번역하여 한글로 표기함을 원칙으로 하였다.
· 언어학의 용어는 한국어 문법 기술에서 일반적으로 통용되는 것을 사용함을 원칙으로 하였다.

근대 시기
서양인의 한국어 문법 연구

1. 총론

1.1. 배경과 목적

1.1. 언어는 인간이 선천적으로 타고난 능력에 따라 습득하여 사용하는 보편적인 의사소통 수단이다. 또한 언어는 체계적인 구조로 존재하며, 그 구조를 형성하는 데에는 복잡한 원리와 규칙들이 작용한다. 이러한 원리와 규칙을 문법(grammar)이라 통칭하는데, 따라서 넓은 의미에서 문법은 언어의 조직과 운용에 부합하는 규칙과 질서를 의미한다.[1] 특히 문법의 규칙성은 언어에 대한 체계적인 기술(description)뿐만 아니라 언어의 습득(acquisition)과 사용(use)의 바탕이 된다.[2]

문법은 본래 특정 언어 그 자체에 내재되어 있다고 가정되는 규칙들의 집

---

[1] 언어는 존재 자체로서만 의미가 있는 것이 아니라 실제로 사용될 때 그 가치가 실현된다. 따라서 규칙과 질서로서의 문법은 언어의 조직과 운용에 모두 관련된다.

[2] Pagin(1994)에 따르면, '규칙(rule)'은 한 공동체 안에서 그 구성원들의 행위와 관련되는 기대들의 체계로 해석된다. 즉, 한 공동체의 구성원은 다른 구성원들이 자신과 동일한 기대를 지니고 있다고 믿는데, 이런 믿음으로 인해 다른 사람들의 기대에 따르게 되며, 결국 자신도 다른 구성원들과 일치하게 될 것으로 기대한다는 것이다. 또한 규칙은 덜 권위적이고 행동의 옳고그름을 평가하며, 자의성이 강하고 관습적으로 형성되며, 일반성을 띠는 것이라 하였는데, 이것을 언어와 관련해 보면 문법 규칙은 규범적이고 자의적이며 관습에 따라 형성된 사회적 산물이라고 해석할 수 있다.

합을 의미하는 것이지만, 또한 어떤 특정 목적으로 그것을 드러낸 것을 뜻하기도 한다.[3] 여기서 전자는 언어에 내재되어 있다고 가정되는 (또는 모어 화자의 지식 체계에 내재되어 있다고 가정되는) 추상적 실체(reality)이며, 후자는 그것을 학문적 또는 실용적 목적으로 기술(description)한 것이 된다.[4] 따라서 문법의 기술은 추상적 실체로 언어에 내재된 규칙과 질서들을 외현적으로 드러내는 표상(representation)의 절차를 말하며, 그 목적과 바탕이 되는 이론에 따라 매우 다양한 양상으로 실현된다.

문법의 기술과 관련한 이론과 방법은 본래 그리스의 학문적 전통에서 유래하였다.[5] 그리고 중세 유럽에서는 보편 언어로서 라틴어에 대한 분석이 주류를 이루다가 문예부흥기 이후에는 각 국가에서 자신의 언어에 대한 관심이 높아지면서 개별 언어의 문법을 기술하기에 이르렀다. 이때에는 문법을 '바르게 쓰고 말하는 기술(art of writing and speaking correctly)'로 이해하였으며, 라틴 문법의 전통에 따라 정서법(orthography)과 어형론(etymology), 통사론(syntax), 운율론(prosody), 구두법(punctuation) 등의 하위 영역으로 구성되는 것으로 보았다(강복수, 1959; 김민수, 1969; 서병국,

---

3 이런 관점에서 '문법은 문법에 대한 연구이다.(Grammar is the study of grammar).'라는 진술이 가능하다. 여기서 후자의 '문법'은 언어에 내재된 규칙과 질서의 의미하고, 전자의 '문법'은 그것이 특정한 목적과 이론에 따라 해석되거나 기술된 것을 뜻한다. 남기심(2001:18)에서는 언어 속에 내재하고 있는 규칙과 질서, 또는 그것을 찾아낸 것이 문법이라 하였다.

4 문법이 언어에 내재되어 있다는 것은 모어 화자의 지식 체계에 존재한다는 것으로 바꿔 쓸 수 있다. 그리고 이때의 지식은 언어능력과 관련되는 개념적 지식과 언어수행에 수반되는 절차적 지식을 모두 포함한다(우형식, 2009 참조).

5 영어의 'grammar'는 그리스어의 'gramma'(쓰인 것, 글자), 'grammatikos'(글자를 알다)에서 유래하였다고 하는데, 문법은 본래 문자 또는 글에 대한 학문을 뜻하였던 것으로 보인다. 따라서 'grammar'는 연구로서의 학문적 성격과 기술로서의 실용적 성격을 함께 지니며, 이것은 오늘날 우리가 문법의 성격을 이해하는 데서도 발견되는 것이기도 하다(『영어학 사전』, 1990:517 참조).

1977:12-13 참조). 이것은 문법 기술을 이른바 5부법에 따라 구분한 것으로, 어형론은 단어의 분류와 구성에 관한 것을 다루고, 통사론은 규범적인 문장 구성의 규칙을 규정하는 것이었다. 그리고 오늘날의 음운론에 해당하는 것은 정서법과 운율론에서 기술하였는데, 특별히 구두법을 별도의 영역에서 다루었다.[6]

그리고 당시에는 문법이 관념적이거나 마땅히 어떻게 해야 하는가를 말해 주는 규범적인 성격을 지니는 것으로 보았으며, 문법 기술에서는 단어나 문장 등의 언어 단위의 형성이나 그것의 올바른 용법에 관한 진술에 중점을 두었다.[7] 또한 문법은 변화되거나 모순될 수 없는 것이며, 성문화된 규범으로서 법전화(法典化)된 규칙이라야 권위 있고 옳은 것이라고 믿었다.

1.2. 한국의 역사에서 갑오경장(1894) 전후의 이른바 근대 시기는 사회·문화적으로 모든 면에서 전통적인 것과 외래적인 것이 맞물리면서 새로운 질서를 형성해 가는 전환기적 특징을 지닌다.[8] 이러한 역사적 흐름은 한국어 연구사의 기술에서도 적용될 수 있는데,[9] 여기서 그들 나름의 관점에서 한국

---

6   이후에는 5부법에서 운율론과 구두법을 없애거나 부록으로 돌리고 정서법에 발음을 덧붙여서 음운론(phonology), 형태론(morphology), 통사론(syntax)의 3부법으로 구분하였으며, 오늘날에는 일반적으로 형태론과 통사론의 2부법을 따른다(『국어국문학사전』, 1980:226 참조).

7   문법은 전통적으로 쓰기나 말하기 등의 언어 사용에서 표준을 구성하는 규범적이고 처방적(prescriptive)인 규칙들의 집합으로 이해되어 왔다. 그리고 20세기 들어 기술언어학이나 생성이론에서는 문법의 기술적(descriptive)이거나 생성적(generative)인 성격이 강조되었다.

8   여기서 '근대 시기'는 엄밀한 의미에서의 역사적인 시대 구분이 아니라, 19세기 전반부터 20세기 초까지 한국어 문법의 기술과 관련하여 서양인들이 활동하던 시기를 통칭하는 의미로 쓴다.

9   이에 대해 고영근(1985:3-7)에서는 갑오경장을 기준으로 그 이전의 연구를 '국어학적 업적', 그 이후의 연구를 '국어학 업적'으로 구분하기도 하였다.

어에 접근했던 서양인들의 활동과 성과에 주목하게 된다. 즉, 국내외에서 각각의 목적에 따라 활동하던 서양인들이 적어도 당시의 관점에서는 과학적이라 할 수 있는 방법으로 한국어를 관찰하고 기술하였으며, 특히 서양인 선교사들은 성경 번역과 대중 설교 등의 선교라는 뚜렷한 목적을 지니고 한국어를 이해하고 그에 내재된 규칙들을 체계적으로 기술하고자 하였다.[10] 그리고 그들은 라틴 문법의 전통과 함께 당시 유럽에서 언어 현상을 기술하기 위해 활용되던 이른바 학문 문법(scholarly grammar)의 방법으로 한국어에 접근하였다.[11]

물론 당시 한국어에 대해 관심을 지니고 그 특징을 기술하기도 하였던 서양인들은 언어학의 이론을 갖춘 전문적인 연구자들이라 할 수는 없다. 또한 그들은 각각의 종교적이거나 정치적인 목적으로 한국어에 접근하였으므로, 그들의 한국어에 대한 기술은 학술적 가치에서 한계가 있다.[12] 그런데 그들 중에는 단순한 관심의 범위를 넘어 본격적으로 한국어에 접근하기도 하였으며, 그들의 한국어에 대한 기술은 내국인들이 모어로서의 국어를 과학적으로 분석하고 기술하는 데 영향을 미치기도 하였다.

근대 시기 서양인의 한국어 문법에 대한 기술은 외래 이론과의 접촉을 통해 새로운 시각으로 모어로서의 국어에 접근하게 하는 계기가 되었다는 점

---

10 Silva(2002)에서는 19세기 말에서 20세기 초의 한국어에 대한 서양인의 관찰과 기술은 한국어에 대한 내외적인 관심을 불러일으켰고, 기독교 선교사들에 의해 강화된 언어 중심의 복음화(language-focused evangelization)에 대한 통찰력을 높여 주었다고 하였다.

11 유럽에서 학문 문법은 규범성과 설명성, 일반성을 기반으로 하였으며, 전통문법의 주류를 이루는 것이었다(김민수, 1969; 서병국, 1977:13-14 참조).

12 이런 관점에서 보면, 당시 서양인의 한국어에 대한 관심과 기술은 문명과 야만이라는 이분법적인 문화적 관점이 전제된 서양의 문화적 우월의식의 틀 속에서 기획되었으며, 또한 당시 그들의 한국어 연구가 과학적이라 하더라도 오늘날의 언어 연구 방법과는 현저히 차이가 있다는 비판도 가능할 것이다(다음의 1.3절 3.1항 참조).

에서 한국어 연구사에서 하나의 중요한 분수령이 된다.[13] 즉, 당시 내국인들의 국어에 대한 관심이 전통적인 문자·음운 중심에서 벗어나 일상 언어생활에서의 언문일치를 위한 기본적인 원리와 규칙을 정립하고자 하는 방향으로 전환되었다. 이러한 전환기적인 상황에서 서양인들은 그들의 시각으로 한국어를 관찰하고 문법을 기술하였으며, 그것은 당시 내국인들에게 일정 부분 영향을 주었다. 따라서 근대 시기 서양인의 한국어 문법에 대한 관찰과 기술을 객관적으로 분석하고, 아울러 그것이 내국인의 전통문법 형성과 어떤 상관적 관계를 지니는지를 살피는 것은 한국어 문법 연구사의 서술에서 의미 있는 과제가 되는 것이다.

1.2. 내용의 구성

2.1. 서양인의 한국어에 대한 관찰과 기술에서는 1830년대 들면서 이전의 어휘 수집의 수준에서 벗어나 문법적인 특징에 대해 언급하기 시작하였다. 그런데 이 시기에 한국은 사회적으로 매우 혼란스러웠으며, 특히 외세에 대해 적대적으로 배타하는 정책을 시행하고 있었다. 그리하여 당시 서양인들은 국내에 들어오지 못하고 한국의 밖에서 그들 나름대로 구할 수 있는 자료를 바탕으로 한국어의 문자나 어휘 등에 대한 기술을 시도하였다. 따라서

---

13 이와 관련하여 이응호(1982)에서는 다음과 같은 의견을 제시한 바 있다.

"지금까지의 국내의 우리 국어 학자가 발행, 또는 발표한 '한국어 학사' 관계의 책과 논문들은 대체로 "『훈민정음 해례』가 발행된 1446년"에 한국어학사의 기점을 두고 있는데, 이러한 한국어 학사의 기점도 다시 한 번 검토해 보아야 한다. 『훈민정음 해례』가 한국어 자체 또는 한국어의 본질을 중심으로 하여 다룬 연구 문헌이 되지 못한다. 그리고 그 뒤에 발간된 중요한 연구 문헌들도 거의 모두가 한국어에 관한 언어 의식을 담지 못하고, 오로지 한자음 연구 중심의 연구 문헌에 지나지 않는다. 그리하여 한국어 학사의 기점을 1446년, 곧 15세기에 두는 것보다도, Gützlaff 목사의 논문인 Remarkes on the Corean Language가 발표된 1883년(1832?), 곧 19세기 초에 두는 것도 한 방법일 것이다."(괄호 필자 추가)

초기에는 한국어에 대한 개설적 접근에서 벗어나지 못하는 수준이었으나, 1870년대 이후에는 한국어에 대한 서양인의 관심이 깊어졌으며 그에 대한 기술도 더욱 구체화되고 세련되었다.

그리고 1880년대 들어 외국인들의 입국과 활동이 비교적 수월해지면서 그들은 한국어를 직접적으로 깊이 있게 관찰하고 교착적 특성을 반영한 문법 체계를 구성하였으며, 이러한 관점에서 20세기 초에 이르기까지 학습을 겸한 문법서의 출간이 이어졌다. 또한 1930년대에 들어서는 한국어를 알타이어족의 한 분파로서 관찰하여 비교언어학적 관점에서 문법적 특징을 기술하기도 하였다.

이 연구에서는 19세기 초에서부터 20세기 초에 이르기까지 이른바 근대 시기에 나타났던 서양인의 한국어 문법 기술과 관련된 문헌을 분석 대상으로 하는데, 이들을 간략히 제시하면 다음과 같다(다음의 2.3.1절 참조).

제1기(1832-1874): Siebold(1832), Gützlaff(1832), Rosny(1864), Dallet(1874)
제2기(1875-1889): Ross(1877, 1978, 1882), Aston(1879), MacIntyre(1879-1881),
　　　　　　　　　　Ridel(1881), Griffis(1882), Scott(1887, 1891, 1893),
　　　　　　　　　　Huart(1889)
제3기(1890-1920): Underwood(1890, 1915), Gale(1894, 1903, 1916)
제4기(1921-1945): Eckardt(1923ㄱ,ㄴ), Roth(1936), Ramstedt(1928, 1933, 1939)

이들은 대략적으로 보아 단행본 16편과 논문 또는 단행본의 일부인 것 10편으로 모두 26편에 해당하며,[14] 사용 언어별로는 영어 18편, 프랑스어 4편, 독일어 4편이고, 참여한 저자는 16명에 이른다. 이러한 성격을 지닌 문

14　이들 문헌은 대부분 김민수 외 편(1977-1986)에 실려 있으며, 여기에 Siebold(1832)와 Gale(1903) 등이 추가된 것이다. 그리고 이들 문헌의 구체적인 서지적 정보는 참고문헌에서 제시하기로 한다.

헌을 바탕으로 서양인들이 기술한 한국어 문법을 영역별로 재구성하여 분석하고, 연구사적 관점에서 의미와 가치를 평가한다.[15]

한편, 근대 시기 서양인의 한국어에 대한 관찰과 기술은 내국인들로 하여금 모어로서의 국어에 대한 관심을 불러일으키고 새로운 학문적 관점에서 국어를 기술하게 하는 자극이 되었다. 이러한 관계는 당시의 학문적 경향에 비추어 구체적인 기록으로 찾아내기가 쉽지 않으나, 당시 내국인 연구자들의 활동이나 초기 문법서의 행간에 들어 있는 의미를 천착함으로써 어느 정도는 이해할 수 있다. 이와 관련되는 문헌에는 논설류와 문법서류가 있으며, 이와 관련한 자료를 간략히 제시하면 다음과 같다(다음의 7.1.2절 참조).

논설류: 서재필(1896), 지석영(1896), 주시경(1897ㄱ,ㄴ; 1907ㄱ,ㄴ), 이능화
(1906), 신채호(1908), 이광수(1910)
문법서류: 리봉운(1897), 유길준(1904?, 1906, 1909), 최광옥(1908), 김규식
(1908, 1912), 김희상(1909, 1911, 1927), 남궁억(1913), 주시경(1905, 1906,
1908?ㄱ, 1908ㄴ, 1910, 1914), 안확(1917, 1923)

이들을 바탕으로 서양인의 한국어 문법과 내국인의 전통문법 사이의 상관성을 살핀다. 이것은 달리 보면 한국어 문법 연구에 대한 총체적 접근을 위해 당시 서양인의 한국어 문법에 대한 관찰과 기술을 깊이 있게 분석할 필

---

15 이들 자료 중에는 Ross(1877, 1882)와 Scott(1887, 1893), Underwood(1890, 1915),
Gale(1894, 1903, 1916) 등과 같이 초판과 함께 재판 또는 개정판 등이 포함되어 있는
데, 이 경우에는 초판을 중심으로 하고 그것이 재판 또는 개정판에서 어떻게 달라졌는
지를 살핀다. 또한 동일 저자의 문헌이 존재하면서 매우 소략한 논문 형식으로 구성된
Ross(1978)과 Scott(1891), 단행본의 일부분인 Griffis(1882), 그리고 Eckardt(1923ㄴ)과
Ramstedt(1928, 1933) 등은 필요에 따라 언급하기로 한다. 특히 Gale(1894, 1903, 1916)
은 본래 학습서의 성격을 띠어 문법이 체계적으로 정리되지 않았고, Eckardt(1923ㄱ,
ㄴ)은 독일어 고딕자체(Fraktur)로 인쇄되어 해독이 어렵다는 점에서 분석이 제한적
이게 된다.

요가 있음을 보여 주는 것이기도 하다.[16]

2.2. 서양인의 한국어 문법에 대한 기술을 분석하기 위해서는 미시적으로 접근하는 방법과 거시적으로 접근하는 방법을 모두 활용할 수 있다. 미시적 관점에서는 문법의 하위 영역에 따라 그들의 문헌에서 원자료를 추출하여 수집하고, 이를 통합적으로 배열하여 정리하며, 그 결과에 대한 연구사적 가치와 의의를 평가한다. 이것은 저자와 문헌에 따른 개별적 접근이 아니라 특정 주제(문법의 하위 영역)에 따라 한국어 문법 연구사적 측면에서 의미 있는 가치와 의의를 규명하는 데 중점을 두는 것을 뜻한다.

그리고 거시적 관점에서는 당시의 시대적 상황과 그들의 한국어 문법에 대한 관찰과 기술의 전개 양상을 정리하고, 관련되는 문헌을 연구사적 흐름에 따라 시대를 구분하여 해제한다. 아울러 당시 그들이 지니고 있던 언어관과 언어 분석에 대한 학문적 관점을 탐색하며, 그것이 차후 한국어 전통문법 형성과 어떤 상관성을 지니는지에 대해 살핀다. 이 과정에서 특히 그들의 한국어 문법에 대한 기술이 지니고 있는 역사적 가치와 함께 오늘날의 한국어 문법 연구에서 활용할 수 있는 접근 방식에도 주목한다.

이 연구에서는 미시적 접근과 거시적 접근을 조화롭게 적용하는 관점을 취한다. 이것은 문법의 하위 영역에 따라 서양인들의 한국어 문법에 대한 관찰과 기술을 실증적으로 분석하고 그것이 지닌 내면적 의미를 탐색함과 아울러, 여러 문헌을 비교하여 한국어 문법 연구사적 측면에서 의미 있는 가치

---

16 또한 당시 내국인 연구자들은 외국어로서의 영어를 배우면서 영어와 한국어의 차이를 인식하고, 영어 문법을 설명하는 방법을 통해 모어로서의 국어 문법을 기술하기도 하였다. 따라서 당시 내국인에 의해 기술된 영어 문법서로서 이기룡(1911)과 윤치호(1911) 등도 활용하게 될 것이다.

근대 시기 서양인의 한국어 문법 연구

와 의의를 규명하는 데 중점을 두는 것을 뜻한다.[17]

이 연구는 다음과 같은 내용으로 구성된다. 우선 2장에서는 당시의 상황을 전체적으로 개관하고, 서양인들의 활동을 그들의 한국어에 대한 관심과 기술의 측면에서 살핀다. 이를 바탕으로 그들의 한국어 문법 기술의 전개 양상을 시기를 구분하여 서술하고, 각 시기에 나타났던 주요 문헌들을 서지적 관점에서 해석한다.

3장에서는 품사 분류와 문장 구성의 특징에 관한 구체적인 내용을 살핀다. 특히 체언과 용언의 문법적 기능을 표현하는 의존 형태를 곡용 또는 활용으로 이해하여 이들과 관련되는 형태를 독립 품사로 구분하지 않고 문법 형태로 분석하였음에 주목한다. 그리고 4장에서는 체언의 하위 부류로서의 명사와 대명사의 문법적인 특징이 어떻게 다루어졌는지를 살핀다. 아울러 격의 실현과 관련하여 체언이 형태적으로 변화되지 않고 그 뒤에 특정의 의존 형태(조사)가 결합하는 방식에 대한 해석과 후치사의 설정 문제에 대한 그들의 관점을 서술한다.

5장에서는 용언의 하위 부류와 형태적인 활용 양상이 어떻게 다루어졌는지를 살피고, 이들 활용형에 의해 실현되는 문법적 현상에 대한 해석을 분석한다. 서양인들은 특별히 용언의 활용과 관련한 문제에 주목했는데, 그것은 그들이 한국어가 서술어 중심의 언어로서, 용언은 서술어를 이루는 핵심적인 단어류이며 매우 복잡한 어미변화를 통해 문장의 다양한 문법적 기능을 실현한다는 점을 인식하였기 때문이다. 그리고 6장에서는 한국어의 교착적 특징에 따라 동사의 활용으로 실현되는 서법과 문장 종결, 시제와 상, 태(피

---

17 문법의 하위 영역에 따라 분석하는 것은 당시의 문헌들이 주로 품사론 중심으로 기술하고 있다는 점을 고려한 것이며, 그들 문헌에서 서술하고 있는 한국어 문법의 모든 범주를 대상으로 하기에는 각각의 관점을 통합하기도 어렵거니와 시·공간적인 한계도 있기 때문이다.

동과 사동), 경어법, 부정, 화법, 비교 등의 문법범주를 중심으로 그들의 관점과 기술 내용을 서술한다.

마지막으로 7장에서는 서양인들과 내국인들의 한국어/국어 문법 기술 사이의 상관성에 주목하면서 내국인에 의한 모어로서의 국어의 전통문법 형성에 관련되는 문헌을 중심으로 수용과 발전의 관점에서 주요 내용을 분석하고 연구를 마무리한다.

1.3. 선행 연구 개관

3.1. 한국어 연구사에서 보면, 19세기 서양인의 한국어에 대한 관찰과 기술에 관련한 업적이 적지 않은데도 불구하고 이들에 대해 비교적 소극적으로 다루어졌다. 그리하여 한국어 연구사를 서술하는 앞선 연구들에서는 그들의 업적에 대해 외부인의 편협한 한국어관이 반영되었으며 한국어의 특징이 왜곡되기도 하였다 하여 아예 언급하지 않거나 아니면 소략하게 소개하는 경향이 있었다.[18]

그리하여 한국어 연구사의 서술은 서양인의 문법 연구를 포함하는지의 여부에 따라 나눌 수 있는데, 대체적인 경향을 기준으로 다루어지지 않은 경우(김윤경, 1963; 김석득, 1983/2009; 김병제, 1984; 김형주, 1997)와 소략하게 서술한 경우(유창균, 1969/1975; 유창균 외, 1961/1976; 강복수, 1972; 서병국, 1973; 강신항, 1969, 1979; 김완진 외, 1997), 그리고 비교적 자세히 서술한 경우(김종훈 외, 1986; 김민수, 1980; 고영근, 1983; 권재선, 1988)로 나뉜다. 즉, 이

---

18 그것은 서양인의 한국어 문법 연구가 그들의 라틴 문법의 전통과 자신의 언어를 바탕으로 하는 것이어서 한국어의 특성을 적절히 서술하지 못한 점도 있었지만, 표현된 언어(프랑스어, 영어, 독일어 등)나 기술 체계 등의 이질성으로 인해 그들의 연구 자료에 대한 접근이 제한적이었다는 점도 원인이 되었을 것이다(이은령, 2011 참조).

근대 시기 서양인의 한국어 문법 연구

들에서는 한국어 연구사를 서술하는 본문에서 서양인의 한국어에 대한 관찰과 기술에 대해 다루지 않기도 하였으며, 다루더라도 일부 소략하게 소개하거나,[19] 전체적인 상황을 비교적 자세히 서술하기도 하였다.[20] 그런데 후자의 경우에서처럼 이들을 소략하게 아니면 자세히 서술하더라도, 부정적인 관점을 취하거나,[21] 객관적인 사실을 정리하는 수준으로 서술하기도 하였다.[22]

그러나 오늘날의 대부분의 한국어 연구사에서는 서양인의 한국어 문법에 대한 기술을 적극적으로 서술하는 것이 일반적인 현상이 되었다. 그것은 그들의 연구 활동이 당시 한국어 연구에서는 발견되지 않는 그 나름의 학문적 전문성을 띠고 있었으며, 내국인들에게 모어에 관한 연구의 동기를 마련해 주었을 뿐만 아니라 전통문법의 형성에 직·간접적으로 적지 않은 영향을

---

19 김윤경(1938:556-567)에서는 '한글의 보급과 발전에 대한 기독교의 공헌'이라는 제목으로 리델(Ridel)과 언더우드(Underwood), 스콧(Scott), 게일(Gale)을 비롯한 서양인들의 활동에 대해 언급하였으며, 김윤경(1963)에서는 본문에서는 다루지 않고 부록에서 해당 문헌의 목록을 제시하였다.

20 최현배(1940:110-111)에서는 서양인 선교사들의 활동을 개관하였으며, 최현배(1962)에서는 서양인 선교사들의 한글 연구에 대해 소상히 서술하면서 '배달말의 연구' 항목에서는 한국어 사전과 문법 연구에 관련한 문헌을 제시하였다.

21 유창균(1969:184)에서는 '문법 체계에서는 무리하게도 그들 본국의 문법 체계에 맞추어 꾸미려는 억지를 범하여, 국어문법으로는 기형적인 것이 되어 버리지 않을 수 없었다.'고 하였다. 그리고 강복수(1972:43)에서는 그들의 것이 '불문법식'이나 '영문법식'의 한국어 문법이 되었다고 하면서, '이들 문법서가 국어 문법 연구의 첫길을 개척하였을 뿐만 아니라 우리의 국어 문법 체계 수립에 영향을 준 것도 사실이나, 다른 면에서 보면 외국인의 무질서한 문법서의 출현은 초기의 우리 국어 문법의 혼란과 불통일을 가져오게 하였다고도 할 수 있다.'고 하였다.

22 이를테면, 강신항(1979:162-165)에서는 Ridel(1881)과 Ross(1877), Scott(1887), Underwood(1890), Gale(1894) 등에 대해 그 내용을 소개하였으며, 유창균 외(1961/1976)에서는 역관들의 문법 연구에 대해서도 서술하였다. 한편 권재선(1988)에서는 서양인들의 업적을 매우 세밀하게 분석하여 서술하였음이 특징이다.

주었다고 평가되기 때문이다.[23]

3.2. 서양인의 한국어 문법 기술에 대한 선행 연구를 보면, 대부분 당시의 문헌 또는 저자에 따라 개별적으로 조명되어 왔다. 이러한 연구에서는 서양인의 한국어 문법 기술 양상을 전면적으로 서술하거나 특정 문헌에 기술된 문법적 특징을 중심으로 분석하였다. 그리고 최근에는 당시 문헌의 기술 내용을 중심으로 문법의 하위 영역에 따라 분석하거나 한국어 교육과 관련한 교재 개발의 측면에서 접근하기도 하였다.[24] 이와 관련한 선행 연구에 대해 모두 거론하기는 어려우나, 전반적으로 흐름을 따라 개관해 볼 수 있다.

우선 일반적인 관점에서 서양인의 한국어 문법 기술에 대해 개괄적으로 서술한 것으로는 고영근(1983)을 비롯하여 고영근(2001, 2010)과 함께 황용수(1987), 이남윤(2006), 송기중(2006), 우형식(2016) 등을 들 수 있으며, 김민수(1986ㄱ)에서는 한국어 문법 연구사를 개관하면서 서양인의 문법 연구를 시기별로 구분하였다. 특히 고영근(1978, 1981, 1989, 1998)에서는 Siebold(1832)를 비롯한 19세기 초기 서양인의 한국어 연구 자료에 대해 서

---

23 서양인의 한국어 기술은 연구의 중심을 전통적인 문자음운학에서 문법으로 전환하게 하였다는 점에서도 한국어 연구사의 측면에서 중요한 의미를 지닌다(다음의 7.1.1절 참조). 특히 권재선(1988:2-3)에서는 서양인이 자신의 언어의 문법 체계로 한국어 문법을 기술한 것을 '번안 문법(飜案文法)'이라 하면서, 이것은 현대 한국어 문법의 모태가 되었다고 하였다.

24 다른 한편으로는 기독교 선교사적 측면에서 종교적인 관점을 중심으로 조망하거나 대외관계사적으로 접근하기도 하였다. 선교사적으로는 유홍렬(1962), 안응렬 외(1979), 이원순(1986)을 비롯하여, 박용규(2000), 이장우 외(2010), 방상근 외(2010), 조현범 외(2011), 김승옥 옮김(2015) 등은 천주교회사와 관련하여 참조할 수 있으며, 개신교회사와 관련하여서는 백낙준(1973), 이만열(1987), 이광린(1991), 대한성서공회(1993), 김인수(1994), 류대영 외(1994), 박용규(2004) 등을 참조할 수 있다. 그리고 대외관계사적으로는 조현범(2002ㄱ,ㄴ), 신복룡(2002), 김용섭(2008), 하원호 외(2009), 김학준(2010) 등에서 당시 서양인의 활동과 한국에 대한 의식을 다루었다.

근대 시기 서양인의 한국어 문법 연구

술하였다.

특정 저자나 문헌을 중심으로 한 연구에서는 Dallet(1874)와 Ridel(1881)과 같이 프랑스 선교사들의 한국어 문법 기술이 많은 논의의 대상이 되었다. 특히 이 부분은 언어적 분석과 아울러 천주교 선교의 역사와 맞물리는 것이어서 종교사적 측면에서도 많은 조명을 받았다. 여기에는 이숭녕(1965)를 비롯하여 김완진(1984), 심재기(1985), 송민(1987), 이정(1990), 장소원(2005), 강이연(2005, 2008), 심지연(2008), 이은령(2011, 2012), 윤애선(2013, 2014), 김수태(2014) 등이 있다. 또한 프랑스어를 기반으로 접근했던 Rosny(1864)와 Huart(1889)에 대해서는 고영근(1979ㄱ)을 비롯하여 윤우열(2010), 김인택(2015), 정구웅 외(2017), 이은령(2017) 등에서 조명되었다. 천주교 선교사로서 독일어를 바탕으로 한국어 문법에 접근하였던 Eckardt(1923ㄱ,ㄴ)과 Roth(1936)에 대해서는 조현범(2009), 박보영(2015), 조원형(2016) 등에서 논의되기도 하였다.

그리고 개신교 선교사들의 한국어 문법 기술의 업적으로서 Gützlaff(1832)와 Ross(1877), MacIntyre(1879-1881), Underwood(1890), Gale(1894) 등에 대해서는 이응호(1978, 1979, 1982)를 비롯하여 김주현(1985), 최명옥(1985), 심재기(1988), 남기심(1988), 고성환(2002), 고예진(2008), 우형식(2019) 등에서 논의되었다. 그리고 외교관으로서 한국어 문법을 기술한 문헌으로 Scott(1887)에 대해 논의한 김두웅(1980)과 Aston(1879)에 대해 논의한 석주연(2017) 등이 있으며, 알타이어학의 관점에서 한국어 문법을 기술한 Ramstedt(1939)에 대해서는 이숭녕(1976), 염선모(1981) 등에서 논의되었다. 한편, 최근에는 서양인의 한국어 문법 기술이 한국어 학습에 궁극적인 목표를 두어 학습서의 성격을 띠었다는 점에 주목하여, 박건숙(2006), 강남욱(2009), 원윤희 외(2012), 고예진(2013), 고예진 외(2014), 원윤희(2015), 박새암(2017), 이민경(2020), 그리고 Silva(2002), King(2004, 2005) 등에서는 한국어

교육사적 관점에서 문법 연구와 교수법, 교재 개발, 교육과정 등을 중심으로 접근하기도 하였다.

3.3. 내국인이 서양인에 의해 기술된 한국어 문법을 통해 서양의 언어 이론과 문법 지식을 수용하여 한국어 문법 연구에 반영하였던 문제를 다루는 선행 연구들도 상당히 축적되어 왔다. 특히 최근 들어 양과 질에서 상당히 심화되었는데, 이에 관련되는 것으로 이상혁(2000), 이병근(2003), 조태린(2009), 서민정(2009, 2010), 최경봉(2010), 양근용(2010), 이병기(2015) 등을 들 수 있다.

또한 이러한 선행 연구에서는 내국인의 모어에 대한 의식과 체계적인 기술에 관한 문제를 다루었지만, 서양인의 한국어 문법 기술이 한국어 문법 연구사에 끼친 영향에 대해 서술하기도 하였다. 이에 대해서는 최낙복(2009), 이현희(2015), 안예리(2016), 주현희(2019), 우형식(2020) 등에서 일반적인 서술과 함께 각 문법가에 따른 분석이 이루어졌다. 이 중에서 주시경 문법은 가장 주목을 받은 것으로 김세한(1974), 김민수(1977ㄱ), 이병근(1978), 김석득(1979), 고영근(1979ㄴ), 박지홍(1983), 최호철(1989), 최낙복(2013), 이규수(2014) 등을 비롯하여 수많은 연구가 있었으며, 김규식 문법에 대해서는 김민수(1977ㄴ), 김영욱(2001), 최경봉(2004), 김희상 문법에 대해서는 황화상(2004), 안확 문법은 정승철(2003, 2013), 정승철 외(2015) 등이 주목된다.[25]

---

25 내국인의 개별 문법가나 문법서에 대한 분석과 관련되는 선행 연구는 매우 많은데, 이에 대해서는 다음의 7장에서 다시 언급된다.

2. 문법 기술의 배경과 전개 양상

서양인의 한국어 문법 기술은 그들이 활동하던 시대적인 상황과 함께 그들의 활동 목적과도 밀접하게 관련된다. 이 장에서는 당시의 상황을 개관하면서 천주교와 개신교 선교사, 탐험가, 외교관, 학자 등 서양인들의 활동을 그들의 한국어에 대한 관심과 기술의 측면에서 살핀다. 그리고 이를 바탕으로 그들의 한국어 문법 기술의 전개 양상을 시기를 구분하여 서술하고, 각 시기에 나타났던 주요 문헌들을 서지적 관점에서 정리한다.

2.1. 시대 배경과 활동

한국은 특수한 지리적 여건과 함께 당시 정치적인 사정으로 주변 국가들에 비해 늦게 서양 문명과 과학에 접하게 되었다(김문용, 1996; 김재현, 2000 참조). 그러한 시대적 상황에서 다양한 목적을 지닌 서양인들이 그들의 관점과 목적에 따라 문자와 음운, 어휘, 문법 등 한국어 전반에 걸쳐 그 특징을 기술하고자 하였다.

1.1. 한국이 서양 문명과 직접적으로 접촉하기 시작한 것은 중국에서 서양인 선교사들과의 만남을 통해서였다. 16세기 중국에는 예수회 소속의 마테오리치(Matteo Ricci)가 1582년 광동(廣東)에 도착한 이후, 많은 선교사들

이 입국하여 서양의 사상과 학술을 소개하였다.[1] 조선에서는 북경의 사행(使行)을 통해 당시 지식인들이 서양의 선교사들과 교유하면서 그들의 문물을 접하게 되었다. 이러한 접촉에서는 주로 서양의 과학 기술에 관심을 보였는데,[2] 이러한 서학(西學)에 대한 관심은 당시 소장 학자들의 풍기(風氣), 즉 일종의 유행이었다고 한다(이원순, 1986:24 참조).

서학은 초기에는 학문적 관심의 대상이 되었으나, 점차 종교적 신앙으로 바뀌어 갔으며, 1784년에는 이승훈의 세례를 거쳐 신앙공동체로서의 한국천주교회가 설립되기에 이르렀다. 그리고 1831년 조선대목구가 창립되고 파리외방전교회 소속의 선교사 브뤼기에르(Bruguiére)가 초대 대목구장으로 임명되었는데, 그는 1835년 조선 입국 도중에 만주에서 병사하고, 그를 따르던 모방(Maubant)이 1836년 입국하였다. 그리고 1837년에는 선교사 샤스탕(Chastan)과 앵베르(Imbert)가 입국하였다(이장우 외, 2010:256-329 참조).

천주교(catholic)는 1791년 진산사건을 계기로 수없이 이어지는 박해를 받았으며, 특히 병인박해는 1866년 이후 수년간 계속되면서 상당한 수의 순교자를 내기도 하였다. 천주교에 대한 박해와 탄압은 1873년 대원군이 실각하면서 마무리되었고, 1882년 조미조약과 1886년 조불조약을 맺으면서 서양에 문호를 개방하기에 이르렀다.

천주교 선교사들은 한국 생활에 익숙해지고, 특히 그들의 목적인 선교를

---

1 당시 예수회 선교사들은 현지의 민족과 문화를 수용하고, 나아가 그 사상과 문화를 기독교와 융합시켜 보려는 적응주의(the idea of accommodation) 관점을 지니고 있었다 (최석우, 1988 참조).

2 당시 조선에서는 서양의 천문(天文)과 역산술(曆算術)에 주목하였는데, 그것은 유교적 왕도정치의 구현에서 역법을 제정하여 백성들에게 정확한 농시(農時)를 제공하는 것이 제왕의 중요한 역할이라는 입장에서 발전된 서구의 역법을 수용할 필요가 있었기 때문이었다(박성순, 2006; 이원순, 1986:252 참조).

근대 시기 서양인의 한국어 문법 연구

위해 한국어를 습득해야만 했다.[3] 한국에서 가장 오랜 동안 활동한 선교사 다블뤼(Daveluy)의 기록에 따르면,[4] 그는 입국하면서부터 선교 목적에서 성사를 집전하기 위해 한국어 학습을 시작하였으며, 한국어 발음이 어려웠으나 도착한 지 두 달이 채 안 되어서 성직을 수행할 수 있었다고 한다(정현명 옮김, 2006:261-263, 239 참조).

천주교 선교사들은 한국어 학습을 위한 문헌(사전이나 문법서)이 존재하지 않는 상황에서 모어 화자를 통해 직접 자료를 수집하고 그것을 정리하면서 학습에 활용하였다.[5] 한국어 학습 자료와 관련하여 당시 그들의 활동을 보면, 다블뤼(Daveluy)는 한국어 어휘와 문법을 정리하면서 1854년경에 〈한한불자전〉(韓漢佛字典)을 준비하고 있었으며, 푸르티에(Pourthié)는 〈한한라사전〉(韓漢羅辭典)을 편찬하였고, 프티니콜라(Petitnicolas)는 3만 이상의 라틴어와 10만에 가까운 한국어 어휘를 담은 〈라한사전〉(羅韓辭典)을 편찬하였다(송민, 1987; 방상근 외, 2010:221; 강이연, 2013 참조). 그런데 이들 자료는 1866년 병인박해 때 압수되고 소각되었다(안응렬 외 역주, 1979:137; 유소연 옮김, 2008:181-183 참조).

한편, 병인박해를 피해 중국으로 피신했던 리델(Ridel)은 다시 당시 조선으로 입국하기 위해 준비하는 동안 상해와 만주 등지에서 관련 자료들을 수

---

3 당시 세계 여러 지역에서 활동했던 선교사들의 가장 큰 어려움 중의 하나가 바로 언어였다. 그들은 원주민의 언어로 교리문답을 제작하면서 기초 문법책이나 다소 간략한 언어 규칙을 덧붙이기도 하였다(김은영, 2009 참조).

4 다블뤼(Marie-Nicolas-Antoine Daveluy, 1818-1866)는 1845년 프랑스 파리외방전교회 선교사로 입국하여 1866년 병인박해로 순교할 때까지 국내에서 활동하였다. 그는 한국의 언어와 풍습에도 능통하였으며, 한국 천주교회사와 순교자들에 대한 자료를 정리하였는데, 이를 바탕으로 달레(Dallet)가 『한국천주교회사』(1874)를 저술하였다(정현명 옮김, 2006:313-20; 조현범, 2002ㄱ 참조).

5 송민(1987)에서는 프랑스 선교사들은 한국어 연구 과정을 한국어 학습, 교리서 번역과 사전 편찬, 문법서 편찬의 3단계로 구분하여 수행하였다고 하였다.

집하여 한국어 사전과 문법서의 편찬을 준비하였다. 그리고 다른 선교사들과 최지혁 등 한국인 보조자의 도움을 받아 1880년 사전과 1881년 문법서로 각각 간행하였다(다음의 2.3.1절 1.3항 참조).[6]

1.2. 개신교(protestantism) 선교사들은 19세기 들어 중국을 무대로 활동하다가 1880년대 개항 이후 조선에 입국하면서 활발히 활동하였다. 따라서 이들의 활동은 1880년대를 기점으로 중국 중심의 활동과 일본을 통한 입국 활동으로 나누어 이해할 수 있다.

19세기 초의 활동을 보면, 1802년 중국에 파견된 영국 선교회 소속의 모리슨(Morrison)과 메드허스트(Medhurst) 등이 한국어를 접하면서 문자와 발음, 어휘 등에 관심을 보였다(다음의 2.2.1절 1.2항 참조). 그 이후 네덜란드 선교회 소속의 귀츨라프(Gützlaff)는 1831-2년 사이에 서해안을 탐사하면서 성경을 분포하기도 하였고, 한국어에 관한 글을 발표한 바 있다(다음의 2.3.1절 1.2항 참조). 그리고 영국 런던 선교회 소속의 토마스(Thomas)가 1865년 서해안에서 전도 여행을 하면서 한국어 어휘를 모으기도 하였다.

19세기 중반 들어, 스코틀랜드 성서공회 소속 선교사 윌리엄슨(Williamson)이 만주에서 활동하였으며,[7] 그의 영향으로 로스(Ross)와 매킨타이어

6　이에 대해 김윤경(1938:557-558)에서는 다음과 같이 평가하였다.
　　"교리에 관한 서적을 한글로 번역하여 신도들에게 읽힌 것도 큰 공적임을 물론이지마는, 그보다도 더 유명하고 큰 공적은 그 선교사들의 손으로 우리 사전이 최초로 편찬되었다는 것입니다([한불자전]). 그리고 그 다음해에 [한어문전]이 출판되었습니다. 이것은 전기 사전과 아울러 조선에 처음 오는 선교사들에게 말 배우는 편의를 주기 위하여 편찬된 것이지마는, 우리 말과 글의 내용을 서양 학계에 소개하는 동시에 우리말의 과학적 연구의 씨를 뿌린 것임을 물론입니다."

7　윌리엄슨(Alexander Williamson)은 스코틀랜드 연합장로회에서 중국에 최초로 파견된 선교사로 1863년 중국 산동성 지푸(芝罘)에서 활동하면서 한국 선교에 관심을 갖게 되었다. 그의 저서로 『Journeys in North China, Manchuria, and Eastern Mongolia with some Account of Corea』(1870)이 있는데, 이 책의 한국에 관한 부분은 당시 서양

(MacIntyre)가 성경 번역과 한국어에 대한 기술에서 의미 있는 활동을 하였다. 로스(Ross)는 만주에서 이응찬을 자신의 한국어 선생으로 맞이하여 한국어 학습과 함께 성경의 한글 번역을 수행하고,[8] 1877년 한국어 회화서 겸 학습서를 출간하였다. 한편, 매킨타이어(MacIntyre)도 성경 번역과 선교에 참여하면서 한문 문장을 읽을 때 나타나는 이른바 토(吐)를 중심으로 한국어에 대한 기술을 시도하였다(다음의 2.3.1절 1.3항 참조).

19세기 후반 들어 개항과 함께 외국과의 수교가 이루어지면서 개신교 선교사들의 입국이 수월해지게 되었다. 이때의 개신교 선교사들은 주로 미국에서 왔는데, 1884년 미북장로교회 소속의 알렌(Allen)이 입국하였고, 1885년 미북장로교회의 언더우드(Underwood)와 미북감리교회의 아펜젤러(Appenzeller)가 입국하여 활동하였다.[9] 그리고 이후 1885년 북감리교 선교회의 스크랜턴(Scranton)과 북장로교 선교회의 헤론(Heron)이 입국하였고, 1888년 게일(Gale)이 입국하였다.

개신교에서도 선교를 위해서는 한국어 학습이 전제되어야 했다. 그것은 그들이 선교 사업에서 가장 필요하다고 보았던 성경의 한글 번역에서뿐만 아니라 한국인과의 직접적인 만남을 위해서도 요구되는 것이었다. 이에 따라 그들은 한국어 학습을 위한 자료를 구성하는 데 상당한 노력을 기울였는

인들이 한국에 오기 전에 한국과 한국인, 한국문화를 알 수 있게 해 준 문헌으로 평가된다(백낙준, 1973:49; 박용규, 2004:263-267 참조).

8 성경의 한글 번역을 최초로 수행한 로스(Ross)는 한국이 자기들의 문자를 가진 나라이며, 그 문자가 익히기 쉬워 얼마간 노력하면 부녀자들도 깨칠 수 있는 우수한 것임을 알고, '한국과 같은 나라는 성서와 전도문서의 보급이 가장 쉬운 나라이므로 한글 성서의 번역 간행이 가장 중요한 일이다.'고 확신하였다(이응호, 1979; 대한성서공회, 1994:48-49; 박용규, 2004: 295-297 참조).

9 한편, 헐버트(Homer Bezaleel Hulbert, 1863-1949)는 미국 감리교회 선교사로 1886년 입국하여 다양한 활동과 함께 한글을 티벳어, 산스크리트어와의 비교 연구를 하였다(김동진, 2010 참조).

데, 이에 대해 백낙준(1973:151-152)에서는 다음과 같이 서술하였다.

"죤 로쓰는 말을 배우기 위한 初步書를 만든 개신교 선교사 중의 선구자였다. ...... 初步書를 만드는 데 그 다음으로 精力이 들어 있는 책은 알렌의 熟語集이었다. 이 책은 출판이 되지는 못하였다. 필자가 그의 원고를 살펴보았는데, 練習書에 불과한 것으로 보여졌다. 그러나 이 책은 노트로서 잘 보관되어 있는데 말을 배우는 다른 선교사들에게 도움을 주었다는 附記도 붙어 있다."

그런데 실제적으로 개신교 선교사들에 의해 한국어 학습을 위해 간행된 문법서와 사전은 언더우드(Underwood)와 게일(Gale), 베어드(Baird) 등의 업적이 주목된다(다음의 2.3.1절 1.4항 참조).

1.3. 서양인들 중에는 선교사들과는 달리 통상이나 정치적 목적 또는 학술적 연구나 탐험, 여행 등의 개인적인 관심으로 한국과 인연을 맺은 사람들도 있었다.

하멜(Hendrick Hamel)은 네덜란드 상인으로 1653년 일본으로 항해하던 중 표류하여 제주도에 상륙하였다가 체포되었으며, 다시 일본 나가사키(長崎)로 탈출하였다가 네덜란드에 돌아가서 당시 한국에서의 생활을 서술하였다.[10] 이 책은 당시 유럽의 여러 언어로 번역되어 읽히면서, 서양인의 한국에 관한 인식에 결정적인 영향을 주었다.[11]

---

10 이 책의 본래 이름은 『An Account of the Shipwreck of a Dutch Vessel on the Coast of the Isle of Quelpart, together with the Description of the Kingdom of Corea』이다. 그리고 이것의 번역서 또는 해설서로 이병도(1954)를 비롯하여 박윤희(1975), 신복룡(1999ㄷ), 강준식(2002), 김태진(2003) 등을 참조할 수 있다.

11 신복룡(2002:26-35)에 따르면, 뒤 알드(Du Halde)의 『Kingdom of Korea』(1741)은 동방으로 전도 여행을 떠나는 신부들을 위한 안내서로 쓴 것인데, 당시 서양에서 한국으로 여행 가기 전에 읽어야 했던 필독서였다고 한다. 그리고 여기에는 '조선은 중국의 속방(屬邦)이다. 남방계와 북방계의 혼혈 민족이다. 금이 풍부하다. 과하마(果下馬)라는 작은

근대 시기 서양인의 한국어 문법 연구

19세기 서세동점(西勢東漸)의 양상이 식민지 확대를 위한 정치·군사적 침략으로 변모하면서 당시 한국의 주변에는 서양인 항해자들의 선박(외양선)이 자주 출몰하였다. 한국어와 관련되는 이들의 활동을 보면, 콜넷(Colnett)은 부산으로 추정되는 해안에 상륙하여 한국인과 접촉하였으며, 브로턴(Broughton)은 부산의 용당포에 상륙하여 현지 주민들과 접촉하고 몇몇의 한국어 어휘 기록을 남기기도 하였다(다음의 2.2.1절 1.1.항 참조). 그리고 맥스웰(Maxwell)과 홀(Hall)은 서해안의 여러 도서를 탐사하면서 주민들에게 성경을 나누어 주기도 하였다. 벨처(Belcher)는 제주도와 거문도를 탐사하고 현지인들과 충돌하기도 하였는데, 항해기에 일부 한국어 어휘를 남기기도 하였다.

또한 일부 서양인들은 개인적 관심에 따라 한국에 대해 연구하고 글을 쓰기도 하였다.[12] 이들 중에는 한국을 직접 방문하지 않고 간접적으로 접하게 되었던 한국 관련 자료들을 바탕으로 쓴 것도 있으나, 한국을 여행한 서양인들은 현지에서 직접 눈으로 본 것을 서술하는 일종의 민족지적(ethnographique) 형식으로 여행기를 서술하기도 하였다.

2.2. 어휘 정리와 문법 기술

서양인들은 한국어의 문자와 계통, 어휘, 형태, 통사 등의 특징에 대해 관심을 보였다. 특히 그들은 한국어 학습의 관점에서 어휘 수집과 사전 편찬,

---

조랑말이 있다. 인삼이 영약(靈藥)이다.' 등의 표현이 들어있다고 한다.

12 이들 자료는 최덕수(1997), 조현범(2002ㄴ:42-45), 박용규(2004:93-151)과 김학준(2010:58-131) 등을 참조할 수 있으며, 번역된 자료로는 신복룡(1999ㄱ,ㄴ, 2002), 조경철(2001), 유소연(2008). 이복기(2009), 이기숙(2010) 등이 있다.

문법 기술의 순으로 한국어에 접근하였다.[13]

2.2.1. 어휘의 수집과 정리

서양인들의 한국어에 대한 관심은 18세기에서 19세기 초에 이르기까지 어휘 수집을 중심으로 이어졌다. 특히 유럽에서 중국에 파송된 선교사들이 중국에서 한국어를 접하면서 한국어 문헌 자료를 통해 어휘를 수집하고 어휘집을 만들기도 하였다. 당시 서양인들이 수집한 한국어 어휘 자료는 직접 접촉하면서 얻은 자료를 기록한 것과 이전 시기 문헌에서 문자로 기록되어 있던 한국어 자료를 재구성한 것으로 구분된다(한영균, 2013 참조).

1.1. 한국인과의 직접 접촉을 통해 어휘를 수집한 경우에서 보면, 대부분 표류되었거나 해안을 탐사한 것을 기록한 항해기에서 발견된다(앞의 2.1절 1.3항 참조). 하멜(Hamel)은 이른바 『표류기』(1668)에서 한국어에 대해 단편적인 서술을 하였는데, 우선 한국어의 특징에 대해 다음과 같이 서술하였다(김태진, 2003:136 참조).

"조선의 언어는 다른 나라의 언어와 다르다. 똑같은 것을 가리키는 데 여러 가지 다른 이름을 사용하기 때문에 배우기가 어렵다. 그들은 말을 상당히 빠르게 하는데 특히 고관들이나 학자들은 천천히 느리게 한다. 문자를 쓰는 데 세 가지 다른 방법이 있다. 첫 번째 것은 주로 쓰는 방식인데 중국이나 일본의 글자와 같다. ...... 두 번째 것은 네덜란드의 필기체처럼 매우 빨리 쓰는 문자가 있는데, ... 세 번째 것은 일반 백성들이 사용하는 문자로 배우기가 쉽고 어떤 사물이든지 쓸 수 있다. ......"

---

13 여기서 어휘 수집에 관해서는 선행 연구를 중심으로 간단히 살피고, 문법 기술에 관한 부분을 중점적으로 서술한다.

위에서 언급한 문자 쓰는 방법에서 첫 번째 것은 한문(漢文), 두 번째 것은 이두(吏讀), 세 번째 것은 언문(諺文)인 것으로 이해된다.

그리고 하멜은 당시 한국어 어휘 몇몇을 기록하기도 하였는데, 그것은 일정한 원칙이 없이 들리는 것을 자신들의 문자로 표기한 것으로 보인다. 강준식(2002:206-208)에서 제시한 어휘의 일부를 뽑아 추정되는 뜻과 함께 보이면 다음과 같다.[14]

   (1) Jeenara(왜나라), Nampancoy(남만코, 다바코, 담배), Nisy(인삼), Oranckay(오랑캐), Tyocen-Koeck(조선국), Chentio(전주), Congtio(공주), Namhansansiang(남한산성), Pousaen(부산), Sehesure(제주도), Sior(서울), Thiellado(전라도), Tiongsiangdo(충청도)

영국 해군 장교 브로턴(William Robert Broughton)은 1797년 부산 용당포에 정박하였다가 현지인으로부터 들은 당시 한국어 어휘 38개를 탐험기에 영어 알파벳으로 기록하였다(김학준, 2010:96 참조). 이들은 부산 방언을 반영하는 것으로 한영균(2013)에서 일부 옮기면 다음과 같다.

   (2) Hannah(하나), Toool(둘), Seo(서), Doe(너), Tassah(다섯), Yessah(여섯), Yorogo(일곱), Yaltai(여덟), Aho(아홉), Ysel(열), Hah(해), Tareme(달), Curome(별), Pool(불), Mool(물), Parrum(바람), Moe(땅), Sanna(남자), Kageep(여자), Noon(눈), Kace(코), Yeep(입), Kat(갓), Sonamo(나무), She(소), Towyee(돼지)

---

14 괄호 안의 것은 강준식(2002)에서 추정한 뜻이다. 한편, 당시 네덜란드 암스테르담 시장이었던 빗센(Nicolaes Witsen)이 1705년에 간행한 『북방과 동부 타타르어』(Noord en Oost Tartarye)란 책에는 당시 하멜의 일행이었던 에보켄(Mattheus Iboken)으로부터 들은 한국어 어휘를 기록한 자료가 있는데, 여기에는 일상 어휘와 함께 월(月)과 숫자에 관한 어휘 총 142개가 포함되어 있다고 한다(강준식, 2002:209-213; 이은령, 2017 참조).

또 다른 영국 해군 장교였던 맥스웰(Murray Maxwell)과 홀(Basil Hall) 은 1816년 서해안 지역을 탐사하면서 주민들과 접촉하고 그들에게서 들은 한국어 어휘들을 기록하기도 하였다. 홀(Hall)의 항해기 부록에 기록된 '한 국 서해안 주민들에게서 얻은 단어들'에는 모두 28개의 어휘가 로마자로 제 시되어 있는데, 대부분 해독이 불가능하고 제대로 표기된 것은 다음의 7개 뿐인 것으로 보인다(이응호, 1977 참조).

    (3) No:Poodong(부동, 不同), Nose:Ko(코), Tree:Phangnamoo(팽나무),
        Grass:Phee(피), Tabacco pouch:Sambjee(쌈지), Stove:Tok(독), Black
        hat:Kat(갓)

이러한 항해기에 나타난 어휘 기록은 한국인과 직접 접촉하여 얻은 것이 라 하겠으나, 양적으로나 내용에서 어떤 학술적 결과를 도출해 내기에는 너 무 부족한 것이었다.

1.2. 19세기 들어 서양인의 한국어에 대한 관심이 점차 커지면서 중국이 나 일본에 체류하고 있던 선교사들은 당시 입국이 허용되지 않는 상태에 서 일본이나 중국 측의 자료를 바탕으로 한국어 어휘를 수집하기도 하였 다.[15] 또한 한국 밖으로 유출되어 있던 『鷄林類事』, 『千字文』, 『類合』, 『倭語 類解』 등의 어휘집과 기타 한국 관계 서적에서 한국어의 어휘를 수집·정리 하였으며, 더 나아가 한국어의 언어학적 본질을 규명하고자 하였다(유창균, 1975:185-186; 김두응, 1978 참조).

---

15 중국에서 중국어 학습에 근거하여 한국어에 대해 기술하는 것은 이 시기에 나타나는
    주요한 특성 중으로 하나였다. 즉, 당시 서양인 한국어 연구자들은 대부분 중국에 거주
    하면서 중국어를 학습한 경험이 있으며, 이를 바탕으로 한국어에 접근해 왔다. 그것은
    당시 조선의 정치적 상황과도 관계가 있다.

우선 클라프로트(Klaproth)는 중국(만주, 몽고)과 시베리아 지역에서 일본에 이르기까지 북동 아시아의 언어를 계통적으로 연구하면서 수집한 어휘 목록인 『아시아의 여러 언어』(1823)을 출간하였는데,[16] 여기서 독일어 표제항을 기준으로 한국어 어휘를 대응시킨 총 371개의 목록이 제시되었으며, 또한 클라프로트가 일본의 관점에서 주변의 류큐와 아이누, 그리고 한국어에 대한 정보를 서술한 『세 왕국에 대한 개관』(1832)에서는 프랑스어 표제항을 기준으로 한국어 대역 어휘 (발음표기 이형과 한자 훈을 포함하여) 420개 정도가 제시되었다(이은령, 2017 참조).[17]

한편, 중국에서 모리슨(Morison)과 함께 활동하던 메드허스트(Medhurst)는 한국에 와 본 일도 없고 한국 사람과 의사소통을 한 적도 없이,[18] 국외에 유출된 한국 관계 서적을 통해 한국어의 어휘를 모아 중국어, 일본어와 함께 『朝鮮偉國字彙』(1835)라는 어휘집을 내었다.[19] 이것은 『倭語類解』와 『千字文』을 이용해 영어와 한자를 이해하는 사람들이 한국어를 학습할 수 있도록 구성한 특수한 형태의 한국어 학습서였는데(한영균, 2015 참조), 호프만

---

16 이 책의 본래 이름은 『Asia Polyglotta nebst Sprachatlas』(언어 지도를 첨부한 아시아의 여러 언어)이다.

17 이 책의 본래 이름은 『San kokf tsou ran to sets ou Aperçu général des trois royaumes』이며, 일본인 하야시 시헤이(林子平)의 『三國通覽圖說』(1786)을 프랑스어로 편역한 것이다(한영균, 2013; 이은령, 2017 참조).

18 모리슨(Morison Robert, 1782-1834)은 영국 런던 선교회 소속 최초의 중국 개신교 선교사로, 'The Corean Syllabary'를 그 자신이 엮었던 중국 선교 잡지인 『The Chinese Repository』 1833년 7월호에 발표하였다. 여기에는 한글과 관련하여 자음 15개와 모음 11개를 기본으로 하여 이 글자들의 결합이나 맞춤으로 된 168개의 음절이 배열되어 있으며, 당시 한국어를 알지 못하던 서양인들에게 한국어에 대한 관심을 불러일으켰다(이응호, 1980, 1982 참조).

19 이 책의 본래 제목은 『Translation of a Comparative Vocabulary of the Chinese, Corean and Japanese Language to which is added the Thousand Character Classic in Chinese and Corean』이다.

(Hoffmann)의 『千字文』 독일어 번역이나 로니(Rosny)와 그리피스(Griffis)를 비롯한 서양인의 한국어 관찰과 기술에 많은 영향을 끼쳤다(김두응, 1978; 이응호, 1982; 한영균, 2015; 윤영도, 2016, 이은령, 2017 참조).

또한 지볼트(Siebold)는 『일본』(1832)에서 독일어 옆에 로마자로 표기한 한국어 어휘를 제시하고 이에 대응되는 일본어 어휘를 붙여 어휘 목록을 작성하였으며,[20] 『千字文』과 『類合』을 독일어로 번역하기도 하였다. 그 뒤를 이어 로니(Rosny)는 『중국어-한국어-아이누 어휘』(1861)에서 앞서의 메드허스트의 『朝鮮偉國字彙』(1835)와 지볼트의 『일본』(1832) 등 당시까지 접할 수 있었던 서양인이 서술한 한국어 어휘 관련 문헌들을 참고하고 중국어와 아이누어 어휘에 대응하여 160여 개 한국어 어휘를 제시하였다(이은령, 2017 참조).[21]

이와 같이 서양인의 한국어에 대한 관심은 하멜(Hamel) 이후 클라프로트(Klaproth)의 어휘 수집 자료를 기반으로 높아지기 시작하였고, 이어서 지볼트(Siebold)와 메드허스트(Medhurst), 로니(Rosny) 등이 수집·정리한 자료를 바탕으로 더욱 심화되었다. 그리고 이러한 한국어에 대한 관심은 점차 어휘 사전의 편찬을 가능하게 하였다.[22]

---

20 이 책의 본래 이름은 『Nippon, Archiv zur Beschreibung von Japan und dessen Neben-und Schutlandem』(부제 생략)으로, 오랜 기간에 걸쳐 간행된 것이라 한다(고영근, 1998:282-285 참조).

21 이 책의 본래 이름은 『Vocabulaire chinois-Coréen-aïno』이다(정구웅 외, 2017 참조).

22 본격적인 의미에서의 한국어 사전은 푸칠로(Pucillo)의 『로한사전』(1874)에서 비롯된다. 푸칠로는 연해주 우수리 지방으로 이주해 온 한국인을 관리하던 사람으로 한국인과의 의사소통을 위해 메드허스트(Medhurst)의 『朝鮮偉國字彙』(1835)에 수록된 어휘를 토대로 한인들의 실생활과 관련되는 어휘를 추가로 수집하여 사전으로 엮었다(이건주 외, 2013 참조). 그리고 한국어-프랑스어 대역사전으로는 리델(Ridel)을 비롯한 파리 외방전교회 선교사들이 엮은 『한불ᄌ뎐』(1880)과 프랑스 상인으로 알려진 알레베크(Charles Alévêque)의 『법한자전』(1901)이 있었다(강이연, 2013 참조). 한국어-영어 대역사전은 언더우드(Underwood)가 집필한 『한영ᄌ뎐』(1890)이 최초로 간행된 것인데, 처음에는 한영과 영한을 분리하여 간행되었다가 후에 합본되었다. 그 후 스콧(Scott)

2.2.2. 문법에 대한 관찰과 기술

서양인의 한국어에 대한 관심이 본격적인 언어 기술로 나타난 것은 문법에 대한 관찰에서 시작되었다고 할 수 있다. 그들은 한국어에 내재된 규칙으로서의 문법을 찾아 기술하고 그로부터 한국어 학습에 효과적인 자료를 구성하고자 하였다.

2.1. 초기에는 서양인들은 한국어를 중국어의 관점에서 이해하려고 하였다.[23] 그것은 Gützlaff(1832)의 기록을 정리한 다음의 자료에서 이러한 견해를 엿볼 수 있다.[24]

"동아시아의 문명화는 중국에서 기원한다. 이를 통해 한국, 일본, 류큐 열도, 코친차이나, 통킹 모두 야만으로부터 갱생하였다. 모두 중국의 표기 체계를 수용하였고, 처음에는 발음이 같았으나 각자의 음성기관의 차이로 인해 수용되고 분화되었다. 따라서 중국 글자를 수용한 각 언어에서 발음은 다르지만 한자 발음을 유추할 수 있다. 그리고 동아시아의 여러 언어는 처음에는 아주 달랐으나 점차 유사하게 되었다.(라틴어의 영향을 받은 유럽의 여러 언어들처럼) 그리하여 동아시아

의 『영한사전』(1891)과 게일(Gale)의 『한영주뎐』(1897)이 간행되었다(최현배, 1962; 남광우, 1975:233-235 참조).

23 Hamel(1668)로부터 Klaproth(1823), Gützlaff(1832), Medhurst(1835), Rosny(1864), Ross(1877)에 이르는 초기 서양인의 한국어 관련 저작물의 주요 내용은 이웃 중국에 의한 문화적 지배와 서양으로부터의 고립이라는 관점이 지배적이었다(Silva, 2002 참조).

24 귀츨라프(Karl Friedrich August Gützlaff, 1803-1851)는 독일 출신이며, 1827년 네덜란드 선교회 소속으로 네덜란드령 자바(Java)에서 선교 활동을 하다가, 1831년 중국에 입국한 뒤 런던 선교회로 이적하여 선교 활동과 함께 중국 주재 영국 대사관의 통역 겸 서기, 무역 감독으로 일하기도 하였다. 그는 1831년과 1834년 사이에 중국과 한국의 서해안, 류큐 해안을 3차례 항해하기도 하였는데(앞의 2.1절 1.3항 참조), 특히 1832년 7월 조선과의 교역을 희망하는 영국 동인도회사의 상선인 로드 암허스트(Lord Amherst)호를 타고 와서 충청도 홍주 고대도(古代島)에 상륙하여 주민들에게 성경을 나누어 주기도 하였다(백낙준, 1973:40-44; 이응호, 1978 참조).

어에서는 문어와 구어가 차이가 생겼고, 그들의 구어를 엄밀하게 수용하는 자모를 고안했다.(이것은 한국어에 적용될 수 있다.)"

즉, 동아시아의 문명을 중국을 중심으로 이해하였고, 여기서 언어도 문어(文語)의 경우 중국어를 중심으로 통합되는 경향을 보였다는 것이다. 이러한 편견은 당시 그들이 접할 수 있는 (한문으로 되어 있는) 자료의 한계 때문으로도 생각해 볼 수 있다. 예를 들어, Rosny(1865)에서는 한국어에 대해 다음과 같이 소개하였다.[25]

"한국어는 동양의 언어 중에서 가장 알려지지 않은 것으로, 지금까지 그것의 문법이나 사전조차 존재하지 않는다. 이러한 결핍은 주로 한국이 일본과 마찬가지로 서양인들의 관심을 받지 못하는 고립된 상태에 있었기 때문이다. 실제로 지금까지 조선 왕조의 중심 도시와 항구는 예외 없이 서양인에게 닫혀 있다. 그리고 아무도 그 나라 안에서 쓰이는 언어에 대한 지식을 얻을 수 없었다. 우리가 갖고 있는 그것에 대한 유일한 기술(해석, 해설)은 극동의 바다 여행자들의 아주 드문, 일반적으로 혼돈스럽고 부정확한 해설과 함께 중국어와 일본어 책(자료)에 들어 있는 것이다."

이러한 자료상의 한계를 반영하듯이, 심지어 MacIntyre(1879-1881)에서는 중국어 문헌을 한국어로 읽는 과정에서 나타나는 'T'o'(토, 吐)를 중심으로 한국어의 문법을 기술하고자 하였다.[26]

---

25 로니(Leon de Rosny, 1837-1916)는 프랑스 출신의 일본학자로 일본어와 중국어에 능통하였다(정구웅 외, 2017 참조). 그는 Siebold(1832)와 『千字文』이나 『類合』 등에서 한국어 어휘 목록을 발견하고, 이를 통해 한국어와 일본어의 비교 연구까지 나아갔다(앞의 2.2.1절 1.2항 참조). 한편, Rosny(1865)는 Rosny(1864)를 영어로 정리하여 'A Sketch of the Corean Language and Grammar'라는 제목으로 『Chinese and Japanese Repository』 Vol. 2-3에 실린 글이다.

26 매킨타이어(John MacIntyre, 1837-1905)는 스코틀랜드 연합장로회 선교사로, 1871년 산동성 지푸(芝罘)에 부임하였으며, 1875년 만주 우장(牛莊)으로 선교지를 옮겼다. 그리고 그의 매부가 된 로스(Ross)와 함께 장차 예상되는 한국 선교를 위하여 이응찬 등의 한국인에게서 한국어를 학습하고 그들의 도움을 받아 성경을 한글로 번역하는 작

"어떤 중국어 학습자라도 한국어의 구조에 입문하게 되는 즉시 중국어 문헌에 대한 한국어 번역을 대하게 된다. 여기서 그는 한국인이 토(T'o)라고 하는 것으로 중국어 텍스트가 나누어지는 것을 발견하게 될 것이다. 토(T'o)는 명사의 격이나 동사의 서법과 시제, 절과 문장의 관계를 나타내며 단락 아래에 표기되는 한국어 기호(sign)이다. 서양인에게 이것은 전적으로 통사적인 장치로 이해된다."

이와 함께 MacIntyre(1879-1881)에서는 중국어 문헌의 본문과 무관하게 이 토에 대해서만 간단히 살피더라도 한국어의 고유한 독자성을 알 수 있을 만큼, 토는 한국어의 특징을 나타낸다고 하였다(다음의 5.3.2절 2.4항 참조). 이 도 역시 중국어를 통해 한국어에 접근하였음을 보여준다.[27]

2.2. 한국어에 대한 서양인의 관심이 깊어진 것은 대체로 1870년대 이후 였다. 이때 이루어진 한국어에 대한 기술은 한국어를 단순히 호기심으로 관 찰하고 검증 없이 서술했던 그 이전의 것과는 구별된다. 왜냐하면 당시 선교 사나 외교관들은 뚜렷한 목적을 가지고 자신들의 언어적 배경 안에서 새로 운 언어로서 한국어를 이해하고 받아들이고자 했기 때문이다.[28]

그런데 당시 서양인들은 한국어 학습에 필요한 자료는 물론이고 도움을

업을 하였다(다음의 2.3.1절 1.3항 참조)

27 한편, MacIntyre(1879-1881)에서는 한국어는 중국어에 (어휘 등의) 많은 부분에서 의지
    하는 바가 있기는 하지만 그 자체로 표현력에서 제한이 없다고도 하였다. 이에 더하여
    한국어가 중국어의 영향을 입었으나, 한국어와 중국어가 어원적으로 서로 합할 수 없
    으며 한국어는 그 자체의 법칙에 따라서 표현을 마음대로 할 수 있다고 하였는데, 이것
    은 한국어가 중국어와는 달리 형태적으로 교착성을 지니는 것으로 이해하였음을 의미
    한다(우형식, 2019 참조).

28 King(2004)에서는 선교 언어학(missionary linguistics)이라는 분야가 존재하는데, 이
    것은 유럽의 선교 언어적 접촉을 떠받치는 문화적 • 이념적 패턴이라고 하였다. 그리
    고 당시 선교 언어학의 흐름은 비유럽의 언어와 문화에 대한 이국적 정취뿐만 아니라
    발견과 정복, 전도, 언어 정책과 훈련 등 혼합적인 성격을 지녔다고 하였다.

받을 선생도 찾기 어려웠다. 그것은 당시 시대적 상황에서 서양인과의 접촉을 꺼렸기 때문이기도 하거니와, 당시 조선의 지식인들은 한문을 사용했고 언문일치가 되지 않은 상태였으며, 적절한 교수법을 알고 있지 못했기 때문이었다.[29] 이와 관련하여 Underwood(1890:4-5)에서는 당시 상황을 다음과 같이 서술하였다.[30]

> "한국어 연구가 아직 초기 수준이어서 연구의 방법과 수단이 거의 없고, 한국어의 특성에 관하여 서술된 적당한 저서도 없다. 또한 문법 규칙에 대한 정확한 지식을 갖춘 한국인도 없어서 진정한 원어민 교사를 찾을 수 없다."

이러한 상황에서 당시 선교사들은 한국인을 언어 교사로 삼아 한국어를 학습하였는데, 그들은 한문에 대부분 익숙하였고 대체로 외국인이나 외래 문화에 대해 개방적인 태도를 지닌 인물이었다.[31] 선교사들과 관련되는 한국어 선생들의 경우, 로스(Ross)의 이응찬, 리델(Ridel)의 최지혁 등이 대표적이지만, 대부분의 선교사들이 이런 관계를 지니고 있었다. 이에 대해 이광린

---

29 Silva(2002)에서는 당시 서양인들이 한국어 학습에서 어려움을 겪은 요인으로 양층언어적 성격(언문불일치), 문법의 복잡성, 한글에 대한 사회적 평가 절하, 교수 자료의 부족과 개발 미비 등을 들었다.

30 언더우드(Horace Grant Underwood, 1859-1916)는 미국 북장로교 소속 선교사로, 오랜 기간 한국에 머물면서 교회의 설립과 성경 번역 등의 직접적 선교 활동 외에도 근대 교육, 저술 출판 등을 통해 한국의 근대화에 기여하였다. 그는 한국에 입국하기 전 일본에 머무르면서 이수정에게서 한국어를 배웠으며, 1885년 입국하여 광혜원에서 물리와 화학 교사로 일하면서 송덕조 등의 도움을 받아 한국어를 학습하며 선교 준비를 하였다. 1887년 아펜젤러(Appenzeller)와 함께 상임 성서번역위원회 발족하고, 새문안교회를 설립하였으며, 1900년 기독청년회(YMCA)를 조직하고, 1915년에는 경신학교에 대학부를 개설하여 교장으로 취임하고 연희전문학교로 발전시켰다(다음의 2.3.1절 1.4항 참조).

31 Underwood(1890:2)에서는 교사는 발음 학습과 오류 수정에 반드시 필요하다고 하면서, 바람직한 한국어 교사의 요건은 한글과 한자에 모두 능통하지만 영어에 대한 지식은 전혀 없는 한학자라고 하였다.

(1991:111)에서 그 내용의 일부를 살필 수 있다.

"당시 한국에 있던 선교사들은 각기 유능한 어학 선생을 모시고 있었다. 노도사(盧道士)가 알렌(Allen)의, 박면식이 헐버트(Hulbert)의, 김종삼이 레이놀즈(Reynolds)의 어학 선생이었다고 하는데, 이들은 선교사에게 한국어를 가르치는 한편으로 선교사의 요청으로 한문으로 된 성경이나 교리서를 번역하였던 것 같다. 어학 선생은 한문에 능통했던 학자였기 때문이었다."

이 외의 경우에도 그들은 한국어 선생과의 관계를 맺고 있었는데, 알렌(Allen)의 맨 처음 어학 선생은 이하영이고 두 번째 어학 선생은 노도사(노춘경)였다(백낙준, 1973:104 참조). 언더우드(Underwood)는 일본에 체류 중일 때 한국어 학습에 이수정의 도움을 받았고, 서울에 와서는 송덕조(송순용)를 자기의 어학 선생으로 삼았다(대한성서공회, 1993:184-185, 이만열 2001 참조).[32] 아펜젤러(Appenzeller)는 일본에서 박영효로부터 한국어를 배웠다고 하며, 스크랜턴(Scranton)은 알렌(Allen)의 선생 노도사(노춘경)에게서 배웠다고 한다(백낙준, 1973:118 참조).[33]

서양인 선교사들은 매우 다양한 방법으로 한국어를 학습하였는데,[34] 그 중 한 예로 20세기에 활동했던 에카르트(Eckardt)의 경우로 보면 다음과 같다(이기숙 옮김, 2010:70-73 참조).[35]

---

32 송순용은 천주교 신부인 리델(Ridel)의 한국어 사전과 문법서 편찬에 관여하기도 하였으며, 1907년 설치된 국문연구소 위원으로 활동하기도 하였다. 그는 송덕조 또는 송기용이라는 이름을 쓰기도 하였다(이숙, 2019 참조).

33 이 밖에도 대한성서공회(1993:182-191)에 따르면, 알렌의 박래원과 신낙균, 노춘경, 아펜젤러의 이정민과 송춘수, 심노겸, 조성규, 스크랜턴의 박승면, 헤론의 신낙균 등이 한국어 교사로 활동하였다고 한다.

34 Swallen(1895)에서는 당시 유럽에서 활용되던 Gouin의 언어 학습 체계를 소개하면서, 이것은 단순하면서도 실제적인 언어 교수법이라고 평가하기도 하였다.

35 에카르트(Ludwig Otto Andreas Eckardt, 1884-1974)는 독일 출신의 신부로, 미술사학

"서울에 체류하고 처음 몇 주 동안은 모든 것이 새로웠다. …… 그러는 사이 나는 옛날 서당을 다닌 학자 한 분을 알게 되어 그분을 나의 스승으로 모셨다. …… 선생님은 독일어를 한 마디도 알아듣지 못했고, 영어나 프랑스어도 할 줄 몰랐다. 나에게는 잘된 일이었다. 언어 학습 교재도 낡은 프랑스어 문법책과 1882(?)년에 나온 한불사전 외에는 없었다. 결국 나는 참고서 없이 언어에 익숙해질 수밖에 없었다. 처음 수업을 시작했을 때 우리는 서로 얼굴을 쳐다보며 웃었다. 아무도 상대방의 말을 알아듣지 못했으니 말이다. 나는 연필과 공책을 앞에 놓고 이제부터 한국인 선생님이 가르칠 내용을 기다렸다. 선생님은 자신을 가리키며 'na'라고 말했다. 나는 그것이 '나'를 뜻한다고 생각하고 그 말을 꼼꼼하게 적은 뒤 다시 확인하기 위해 나를 가리키며 'na'를 반복했다. 선생님은 고개를 끄덕이고는 이번에는 나를 가리키며 'no'라고 말했다. '너'를 뜻하는 것이 분명했다. 그 다음에 이어진 문장 'na saramio'부터는 이해하기가 조금 어려웠다. "나는 사람이다"일까? "나는 똑똑하다"일까? 아니면 "나는 바보다"일까? 계속되는 가르침과 문장을 통해 겨우 그 뜻을 알아낼 수 있었다. …… 당연히 나는 새로 배운 내용을 어떻게든 활용해 보려고 날마다 노동자, 전차 운전자, 인력거꾼들과 이야기를 나누었다. …… 선생님과 산책을 하는 중에도 나는 한국어 공부를 계속했고, 언어 공부를 역사와 문화 학습과 연결시켰다."[36]

즉, 그들은 한국어 학습에서 겪었던 문제로, 한국어를 가르쳐 줄 선생과 학습 자료, 교수법 등의 기본적인 사항을 비롯하여 한국어 학습을 위한 주변 상황에서도 어려움이 있었다고 기록하고 있다. 또한 한국어의 교착성으로 인한 형태적 복잡성과 한자와 공존하는 표기상의 문제 등도 한국어 학습에

과 언어학, 한국학에 관한 연구 활동을 하였다. 그는 1909년 베네딕도(Benedictus) 교단의 신부로 한국에 파견되어 20년 동안 거주하면서 선교 활동과 함께 경성제국대학 강사로 언어와 미술사를 가르쳤으며, 독일로 돌아간 뒤에도 한국과 중국, 일본의 문화에 대한 많은 저술을 남겼다(양인성 외, 2014:186-190 참조). 그는 한국어 문법서와 학습서로 Eckardt(1923ㄱ,ㄴ)을 펴냈는데(다음의 2.3.1절 1.5항 참조), 이후 『Grammatik der koreanischen Sprache(한국어 문법)』(1962)와 Übungsbuch der koreaniscen Sprache(한국어연습서)』(1964)를 편찬하기도 하였다(고예진 외, 2014 참조).

36   번역 원문의 '조선'을 여기서는 '한국'으로 바꾸어 표기하였다. 그리고 『한불자전』은 1880년에 초판이 발행되었다.(괄호 필자 추가)

큰 장애가 되었음을 보여 주기도 한다.

2.3. 서양인들은 언문불일치를 특징으로 하는 당시 한국 사회의 언어적 이원성에 따라 문어(文語)와 구어(口語)를 구분하면서 진정한 한국어는 일반 한국인이 사용하는 구어로 정의하고, 한문으로 표현되는 문어를 이해하고자 하였다. 그리하여 그들은 구어 중심의 문법 체계를 수립하고, 그것을 바탕으로 하는 언어 사용을 위한 회화 중심의 학습을 목표로 한국어에 접근하였다.

서양인들은 한국어에서 구어와 문어가 불일치하게 존재하는 것에 관심을 기울였는데, 이에 대해 길모어(Gillmore)는 다음과 같이 언급하였다(이복기 옮김, 2009:37 참조).

"한국은 이중 언어를 사용하는 나라이다. 2가지 언어로 말한다는 뜻이 아니라 2가지 언어가 사용된다는 말이다. 하나의 구어와 하나의 문어가 어휘, 문법, 쓰기에 있어 차이를 갖고 나란히 존재한다."

그런데 여기서 이중 언어라는 것은 이것은 단순히 중국어(한자)와 한국어(한글)의 대립적 관계를 뜻하는 것은 아니었다.[37]

이에 대해 언더우드(Underwood)는 한자는 문어이고 언문(즉, 한글)은 구어라는 당시 서양인들의 인식은 잘못된 것이며, 언문은 구어가 아니라 하나

---

37 Silva(2002)에서는 당시 한국의 언어 사용 현상에 대해 양층언어적(diglossia) 현상으로 해석하였다. 여기서 양층언어적 현상은 어떤 사회의 구조를 반영하고 강화하는 방법으로 특정한 기능 영역에서 두 개의 언어 변이형이 사용되는 것을 말한다. 당시 한국어의 경우, 한쪽 극단에서는 공식적인 힘의 구조를 드러낼 때에는 중국어의 변이형을 쓰지만(상층어) 다른 한쪽의 극단에서는 왕에서 하층민에 이르기까지 일상적으로는 자국어(하층어)가 존재하는데, 이 두 극단 사이에는 고유어화된 중국어에서 나온 가장 높은 단계의 변이형(공식어)으로부터 중국어의 영향이 가장 낮게 나타나는 가장 낮은 단계의 변이형들이 사회적으로 근원된 연속체로 함께 존재했다는 것이다. 그리고 이러한 변이형은 견고한 유교적인 사회 계층과도 관계가 있다고 보았다.

의 서기 체계(a system of writing)일 뿐이라 하였다. 그리고 한문은 공식적인 통신 왕래나 철학 등의 사변적인 저서들과 같이 의미 있는 문헌에 쓰이고, 언문은 몇몇의 사사로운 연애 소설이나 우화 등에 사용되는 것으로 보았다.

이러한 구어에 대해 Underwood(1890:5)에서는 다음과 같이 서술하였다.

> "어렵게 한국말을 겨우 습득한 외국인은 관리들이나 학자들 간의 대화를 들으면 이해할 수가 없다. 그들은 관공서로 가는 길에서 중간층의 상인들이나 하류층의 대화를 듣고 이해할 수 있으나, 막상 관공서에 들어서면 관리가 하는 말을 알아들을 수 없다. 그래서 외국인들은 한국어에 두 개의 언어가 있다고 여기게 된다. 그러나 사실은 관리들은 중국어에서 유래된 한국어 단어들을 사용하고 있는 것이다. 중국어는 '라틴화된 한국어(Latinized Korean)'로 볼 수 있는데, 이는 한국인들에게 더 공손하고 박식한 언어 사용으로 여겨진다. 그러나 상인들이나 중류계층 사람들, 그리고 일상의 평범한 대화에서는 사용되지 않는다."

또한 언더우드는 문어와 구어 사이에 동사 어미를 비롯한 많은 표현에서 매우 다른 점이 있고, 심지어 문어에 쓰이는 어떤 어미는 구어에 쓰이지 않는다고 하였다. 이러한 문어와 구어, 한자와 언문의 관계를 인식하고, 한국어 학습을 문어가 아닌 구어(spoken language)로 확정하였으며, 이에 따라 구어 중심의 한국어 사전과 문법서를 편찬하였다(고성환, 2002; 고예진, 2013 참조).

2.4. 서양인들에게 형태적으로 교착성을 띠는 한국어는 복잡하고 매우 어려운 언어였는데, 특히 그들을 괴롭힌 것은 동사의 어미변화와 경어 표현의 문제였다.[38] 앞에서 인용했던 에카르트(Eckardt)의 경우로 보면 다음과 같다

---

38 Silva(2002)에서는 당시 서양인들이 한국어 학습에서 문법적으로 어려움을 겪은 것으로 경어 표현, 문법 구조의 목록과 복잡성, SVO 어순, 인칭대명사 사용의 희소성, 인칭과 수에 대한 동사 굴절의 결핍 등을 들었다.

근대 시기 서양인의 한국어 문법 연구

(이기숙 옮김, 2010:71-72 참조).

    " ······ 선생님은 갑자기 "나 사람이오."를 반복해서 말하더니 그것을 '사람이다, 사람이올시다'로 변화시켰다. 이것으로 벌써 첫 번째 어려움이 시작되었다. '-다'로 끝나는 문장에서 선생님은 손바닥을 펴서 아래로 내렸고, '-이오'로 끝나는 문장에서는 손바닥을 조금 높게 올렸으며, '-올시다'에서는 아주 높이 쳐들었다. 똑같은 동사에 여러 경어법이 있었다. 나는 아이에게 말할 때, 친구에게 말할 때, 동년배에게 말할 때, 축약형, 연장자에게 말할 때 등 다섯 단계로 나누어진 형태들을 공부하면서 공책에 기록했다. 말하는 상대에 따라 모든 어미가 변했고, 이것이 한국어 문법의 독특한 특징이었다. 생각해 보라. 간단한 동사 '하다'에도 최소한 300여 가지의 서로 다른 형태가 있다! 동사의 불규칙 변화가 한국어를 더 복잡하게 만들었다. 이 사소한 예문에서 벌써 한국어의 어려움이 짐작된다."

이것은 종결어미의 형태와 그에 따르는 상대 대우의 등급이 달라짐을 언급하면서 한국어 동사의 형태 변화의 복잡성과 경어 체계의 난해함에 대해 피력한 것이다.

이러한 상황 속에서 당시 서양인들은 라틴 문법의 전통적인 방법을 따라 그들 언어의 문법 체계와 대조하는 대조언어학적 방식으로 한국어 문법에 접근하였다. 또한 그들은 회화 중심의 실용적 언어 학습에 궁극적인 목표를 두었으며, 점차 연구의 깊이가 더해지면서 한국어 자체의 문법을 체계적으로 정립하고, 각각의 문법범주에 따르는 형태들이 어떻게 결합하여 문법적인 기능을 실현하는지를 기술하고자 하였다.

2.3. 시기 구분과 자료 해석

2.3.1. 시기 구분과 관련 자료

1.1. 서양인의 한국어 문법 기술을 살피기 위해서는 각각의 저자의 활동과 저작물들에 대한 시기 구분이 필요하다. 선행 연구에서도 이 문제에 대해

언급된 바 있으나, 항상 일치하는 것은 아니었다.

서병국(1977)	고영근(1983)	김민수(1986ㄱ)	권재선(1988)
초창기(1870-1894) 형성기(1894-1930) 성장기(1930-1945) 발전기(1945 이후)	제1기(1832-1882) 제2기(1883-1938) 제3기(1939-1975)	초기(1832-1874) 중기(1874-1889) 후기(1889-1900)	번안문법시대(1880-1905) 신문법시대(1905-1915) 전환문법시대(1915-1930) 종합문법시대(1930-1950) 구조주의(1950-1970) 생성변형문법(1970-)

위에서 서병국(1977:27-28)에서는 초창기에는 한국어 문법 연구의 태동기로 서양인 선교사와 일본인, 그리고 이봉운과 유길준 등 일부 내국인이 참여하였으며, 형성기에는 서구식 문전(文典)을 응용한 일본 문법의 영향을 크게 받았다고 하였다. 고영근(1983:3)에서는 서양인과 일본인을 포함하여 1970년대까지의 외국인의 한국어 연구를 다루었는데, 제1기는 Siebold(1932)로부터 Ridel(1881)에 이르기까지 인구어적 관점에서의 한국어를 관찰했던 시기이고, 제2기는 Scott(1887)에서 Roth(1936)에 이르기까지 한국어의 구조에 바탕을 두고 실용적 관점에서 연구했던 시기이며, 제3기는 Ramstedt(1939)로부터 그 이후 언어학적 관점에서 한국어 구조를 해명했던 시기로 해석하였다.

이에 비해서 김민수(1986ㄱ)에서는 한국어 문법 연구사를 여명기(1832-1900), 성립기(1900-1930), 반성기(1930-1946), 부흥기(1946-1966), 혁신기(1966-현재)로 구분하면서, 서양인의 한국어 문법에 대한 관심과 기술은 이른바 여명기에서 집중적으로 이루어진 것으로 해석하였다. 그리고 이 시기를 Siebold(1832)와 Gützlaff(1832)를 기점으로 잡고, Dallet(1874)에서의 한국어 기술과 Huart(1889)를 분기점으로 삼아 초기와 중기, 후기로 구분하였다. 특히 권재선(1988:1)에서는 외국인의 문법을 번안하여 한국어에 적용해 보았던 번안문법시대와 고전 국어학의 전통을 기초로 하여 새로운 문법 체계를 모색하였던 신문법시대, 그리고 일본어 문법 체계를 수용하면서 서양 문법으로 전환하였던 전환문법시대, 일본어 문법과 서양 문법을 기초로 선진 문법 체계를 세우려 하였던 종합문법시대로 구분하고, 그 이후는 외국 이론을 수용과 관련하여 구조주의와 생성변형문법으로 구분하였다.

이 연구에서는 선행 연구의 논의를 수용하면서 저자의 저술 활동과 문헌이 지니는 특징, 당시의 사회적 상황 등을 반영하여 시기를 구분한다. 그리하여 1832년을 기점으로 하여 1945년까지를 분석의 대상으로 하되, 제1기(1832-1874: 개설적 접근), 제2기(1875-1889: 관점의 다양화), 제3기(1890-1920: 한국어의 특성 반영), 제4기(1921-1945: 관점의 확대)로 구분한다.[39]

1.2. 제1기(1832-1874)에는 한국어 문법에 대해 개설적으로 접근하였는데, 이 시기에 해당하는 문헌은 다음과 같이 정리된다.

Siebold(1832), 『Nippon』
Gützlaff(1832), "Remarks on the Corean Language"
Rosny(1864), "Aperçu de la langue coréenne"
Dallet(1874), "La langue coréenne"

이 시기의 지볼트(Siebold)와 로니(Rosny), 달레(Dallet)는 국내에 입국한 적이 없음에도 불구하고, 앞서 존재하던 문헌 자료에 대한 각자의 이해를 바탕으로 하고 자신들의 언어 지식에 기대어 한국어에 대한 기술을 시도하였다.[40] 개별 문헌을 포괄적으로 본다면, Gützlaff(1832)에서 기술된 한국어 문

---

39 이것은 우형식(2016)에서 초기(1832-1874), 중기(1874-1889), 후기(1889-1900)으로 구분했던 것을 20세기 문헌을 포함하여 다시 나눈 것이다. 그리고 여기서 다루는 것은 서양인들이 한국어 문법을 기술한 문헌 총 26편에 해당한다(앞의 1.2절 2.1항 참조).

40 Siebold(1832)와 관련한 내용은 고영근(1983:254-259)에서 확인할 수 있다.

법에 대한 내용은 일천하여 사실상 문법 현상을 기술한 저술로 보기 어려우며(이응호, 1978 참조), Siebold(1832)는 인구어의 문법 체계를 기반으로 한국어 문법 기술을 시도하였다는 점에서 한국어 연구의 시초라 할 수 있다(고영근, 1978, 1989, 1998; 강이연, 2005; 윤애선, 2013 참조).[41] 그리고 Rosny(1864)는 언어학적 관점에서 한국어를 연구한 최초의 저술이며(고영근, 1979ㄱ, 1981, 2001; 이남윤, 2006; 김인택 2015, 이은령, 2017), Dallet(1874)는 한국어 문법을 비교적 체계 있게 서술하였다(고영근, 1981; 우형식, 2016)고 평가된다.[42]

이들 문헌 중에서 Dallet(1874)를 보면, '총설'과 함께 '1. 문자, 쓰기, 발음 / 2. 문법(품사론) / 3. 문법(통사론) / 4. 한국어는 어느 어족에 속하는가?'의 순서로 구성되어 있다.[43] 여기서 품사론과 통사론에 해당하는 부분이 문법과 관

---

41 지볼트(Philipp Franz Balthasar von Siebold, 1796-1866)는 독일 출신의 의사이며 생물학자로, 1823-30년 사이에 네덜란드 동인도 회사의 파견원으로 일본의 나가사키(長崎)에 머물면서 일본의 문화 일반을 연구하였다. 그리고 그 동안에 1828년 일본의 나가사키에서 당시 조선인 난파 선원인 강진 사람 김치윤, 허사첨 등을 만나게 되는데, 이들로부터 조선의 언어와 지리에 관한 정보를 얻었다(고영근, 1978, 1998:288-293 참조).

42 달레(Charles Dallet, 1829-1878)는 파리외방전교회 소속의 선교사로 1852년 인도에서 선교 활동을 하였으며, 선교 사료 수집을 위해 미국과 캐나다를 여행하기도 하였다. 그리고 1877년에는 일본과 만주를 방문하였으며, 북경에서 체류하다가 1878년 안남의 케소에서 병으로 치명하였다. 그는 한국에 입국한 적이 없으나, 당시 국내에서 활동하고 있었던 천주교 선교사들이 보낸 기초 자료를 바탕으로 『한국천주교회사(상·하)』(1874)를 출판하였는데, 이 책의 본래 이름은 『Histoire de L'Église de Corée』이다(최석우, 1981; 이원순, 1986:365, 조현범, 2002ㄱ 참조).

43 Dallet(1874)는 같은 저자의 『한국천주교회사(상)』(1874) 서설의 제Ⅶ장에 실려 있는 것으로, 그 내용은 최초의 구비된 한국어 문법으로 평가된다. 그런데 이것은 당시 프랑스 선교사들이 한국어 문법을 기술한 필사본이 있었는데 이를 근거로 달레가 기술하였다거나(고영근, 2001; 강이연, 2005; 윤애선, 2013 등), 달레는 그 나름의 언어학적 지식이 있었으며 따라서 독자적으로 기술하였다(김수태, 2014)는 등의 문헌학적인 측면에서 다른 해석이 있었다. 대부분의 논의에서는 첫 번째 견해에 따라 당시 박해를 피해 중국으로 피신한 리델(Ridel) 등이 작성하여 파리로 보낸 원고를 달레가 『한국천주교회사』(1874)를 쓸 때 요약하여 넣은 것으로 보는데, 따라서 Dallet(1874)는 Ridel(1881)

련되는데, 당시의 사정을 반영하여 주로 품사론을 중심으로 서술하였으며, 특히 마지막 부분은 한국어의 어족(語族)과 관련한 부분을 서술한 것이다.[44]

이 시기 문헌은 본격적인 한국어 문법의 기술이라기보다는 한국어에 대한 개괄적인 소개이거나 어떤 책의 서설 등에서 한국어에 대해 단편적으로 서술한 것이며, 오류가 많다는 점이 지적된다. 또한 국내에 들어와서 한국어 모어 화자와 직접적으로 접촉하여 한국어에 대해 조사하고 분석한 것이 아니라 국외에서 접할 수 있는 관련 자료를 통해 한국어의 문법을 서술하였다는 점도 특징이라 할 수 있다.

1.3. 제2기(1875-1889)에는 한국어 문법에 대한 관점이 다양화하였고, 학습을 겸한 문법서가 간행되었다. 이 시기에 해당하는 문헌은 다음과 같이 정리된다.

Ross(1877), 『Corean Primer』
Ross(1878), "The Corean Language"
Ross(1882), 『Korean Speech, with Grammar and Vocabulary』
Aston(1879), "A Comparative Study of Japanese and Korean Language"
MacIntyre(1879-1881), "Notes on the Corean Language"
Ridel(1881), 『Grammaire Coréenne』
Griffis(1882), "The Corean Language"

의 첫 원고의 요약이라고 해석한다(고영근, 1983:5 참조). 이에 대해 좀 더 구체적으로는 리델의 미출간 육필본이 존재하는데, Dallet(1874)는 이것을 요약하여 기술한 것으로 해석하기도 한다(강이연, 2005; 이은령, 2012; 윤애선, 2013 참조).

44 Dallet(1874)에서도 한국어 문법을 소개하는 것은 본래의 계획에서 벗어나는 일이기는 하지만 당시 한국어가 서양에 전혀 알려지지 않아서 주제의 참신성으로 독자의 흥미를 끌 수 있으며 전문 학자에게도 유용함이 있을 것이라고 하였다(안응렬 외 역주, 1979:137 참조). 한편, Griffis(1882)에서는 Dallet(1874)에 대해 '학습자들에게 유용한 작은 한국어 문법(a small Korean grammar)'이었다고 평가하기도 하였다.

Scott(1887), 『Corean Mannual, or Phrase Book with Introductory Grammar』
Scott(1891), "Introduction"
Scott(1893), 『A Corean Mannual, or Phrase Book with Introductory Grammar』
　　(증보판)
Huart(1889), 『Manuel de la coréenne parlée』

　이 시기의 문헌에서 Ross(1877, 1878, 1882)로부터 Aston(1879), MacIntyre
(1879-1881), Ridel(1881), Griffis(1882)에 이르기까지는 국외에서 간행된 것
인데,[45] 그 중에서도 특히 Ridel(1881)은 한국어 문법을 체계화한 것이며,
Griffis(1882)는 앞선 연구들을 연구사적으로 검토한 것이다.[46] 이 시기의 서
양인의 한국어 문법 기술로 Ross(1877)과 Ridel(1881)이 주목되는데, 전자는
학습서로서 최초의 단행본으로, 후자는 문법서로서 최초의 단행본으로 평
가된다.[47]
　이 시기의 특징은 한국어 학습을 위한 문법 기술에 있다. 여기에는

―――――

45　애스턴(William George Aston, 1841-1911)은 아일랜드 출신의 영국 외교관이며 일본학
　　자로서, 1864년 에도(江戶) 주재 영국 공사관 통역관으로 일본에 와서 일본의 언어와 문
　　학을 연구하였으며, 1884년 주차(駐箚) 조선 총영사가 되어 서울에 온 적이 있다. 한편,
　　Aston(1879)는 한국어와 일본어의 특징을 인구어와 비교하는 관점에서 논의하면서 형
　　태적으로 교착적 특성을 강조하였는데, 두 언어의 구조적 친근성과 친연성을 가장 깊
　　이 있게 다룬 최초의 학술 논문으로 평가된다(최덕수, 1997; 고영근, 2001; 석주연, 2017 참
　　조). 그리고 MacIntyre(1879-1881)은 2회에 걸쳐 연재된 논문으로, 중국 문헌인 『中庸』
　　과 『三略』 등을 한국어로 읽을 때 나타나는 한글 토(吐), 즉 구결(口訣)을 대상으로 하여
　　체언에 붙는 조사와 용언의 활용형에 대해 서술한 것이다(우형식, 2019 참조).
46　그리피스(William Elliot Griffis, 1843-1928)는 미국인 자연과학자로, 1870년 일본에
　　와서 교사로 일하는 동안 일본문화사를 연구하였다. 한편, Griffis(1882)는 같은 저자의
　　『Corea: The Hermit Nation』에 실린 것으로, 서양인의 한국어 연구에 대해 특히 프랑
　　스 선교사들의 업적을 중심으로 포괄적인 역사를 서술한 것이다.
47　고영근(1981)에서는 서양인의 한국어 연구가 Siebold(1832)에서 비롯되고, Ross(1877)
　　을 거쳐 Ridel(1881)에서 완성의 단계로 접어든 것으로 해석하는데, 이 중에서도
　　Ridel(1881)이 이후의 서양인의 한국어 연구에 가장 큰 영향을 주었다고 하였다.

Ross(1877, 1882)를 비롯하여 Scott(1887, 1893)과 Huart(1889)가 주목되는데, 최초의 학습서로서 평가되는 Ross(1877)은 '서문(Introduction) / 한글 자모(Corean Alphabet) / 학습을 위한 회화문(Lesson)'의 순으로 구성되어 있으며, 서문에서 한국어 학습과 관련하여 한국어 문법에 대해 간략히 서술하였다.[48] 그런데 Ross(1877)은 서양인의 한국어 기술의 전기가 된 것이지만, 체계가 불완전하고 서북 방언 자료에 의존하였으며, 문법은 한국어 회화를 익히기 위한 도입적인 서술에 지나지 않다는 점에서 엄밀한 의미에서 문법서라 하기 어렵다고 평가된다(이응호, 1979, 1982; 고영근, 1983:245-262, 2001; 최명옥, 1985; 김주현, 1985 참조).[49]

한편, Scott(1887)은 '簡易文法을 붙인 한국어 초보서 또는 숙어집'으로 일상 용어의 연습에 편의하도록 만들어졌는데, Ross(1877, 1882) 이후 널리 사용되었던 것으로 보인다(백낙준, 1973:152 참조).[50] 그리고 Huart(1889)는

---

48 로스(John Ross, 1841-1915)는 스코틀랜드 연합장로교회에서 중국에 파송된 선교사이다. 그는 1872년 중국 산동성 지푸(芝罘)에 도착하여 중국어를 학습하면서 선교 활동을 시작하였는데, 당시 중국에서 활동하던 선교사 윌리엄슨(Williamson)의 권유를 받아들여 1873년 만주의 우장(牛莊)으로 선교 지역을 옮겼으며, 1910년 귀국할 때까지 만주에서 활동하면서 한국 선교를 위한 준비로서 한국어를 학습하고 성경을 한글로 번역하였다. 그리고 당시 조선과 청의 국경 지대를 여행하였는데, 1873년에는 매킨타이어(MacIntyre)와 함께 한국인을 만나 한문으로 된 성경을 전해 주기도 하였으며, 1874년에는 그의 한국어 선생 역할을 하면서 한글 성경의 번역과 편찬에 적극적으로 참여하였던 의주 출신의 행상인 이응찬을 만났다. 로스는 한국에 관해 상당한 지식을 지니고 있었으며, 성경을 한글로 번역하여 개신교의 한국 선교의 바탕을 이루었다는 평가를 받는다(백낙준, 1973;, 이응호, 1979; 김정현, 1982; 대한성서공회, 1993 참조).

49 Ross(1877)은 회화 중심의 한국어 학습서를 지향하는 것이어서 순수히 문법적인 부분은 '서문'에서 다룬 인칭대명사와 동사의 활용에 대한 간단한 서술에 해당한다. 그리고 Ross(1878)은 단편 논문이고, Ross(1882)는 Ross(1877)의 확대 재판에 해당한다.

50 스콧(James Scott, 1850-1920)은 영국 외교관으로, 인천 부영사로 부임되어 1884년 애스턴(Aston)과 함께 입국하여 1884-1888년과 1890-1892년 사이에 한국에서 활동하였다(고예진, 2013:67; 하원호 외, 2009:212-216 참조). 그리고 Scott(1891)은 그가 편찬한

Ridel(1881)을 요약하여 다시 정리한 것이지만, 당시 선교를 위해 구어를 중심으로 기술되었다는 특징을 지닌다(윤우열, 2010; 이은령, 2012 참조).[51]

이 시기의 대표적인 문헌은 Ridel(1881)이다. 이것은 '한국어 문법'이라는 제목을 단 최초의 저서로서, 서울 공용어를 기반으로 한국어 문법 전반을 체계화하였다는 역사적 의의를 지닌다. 이 책은 '서문(avant-propos)과 서론(introduction) / 한국어 문법(grammaire coréenne) / 부록(appendice) / 점진적 연습(exercices gradués)'의 순으로 구성되어 있다.[52] 여기 '서문'에서는 언어 교육에서는 분명하고 엄격한 도식에 따라 문법 규칙들을 해설할 필요가 있음을 피력하면서, 이 책은 한국어 학습을 위해 문법을 체계적으로 기술하는 데 목적이 있다고 하였다. 그리고 어휘(사전)와 문법의 상관성을 원석과 건물에 빗대어 서술하기도 하였다(고길수 역, 2003 참조).

"우리는 한국어 학습을 돕고자 한불사전을 발간하였다. 그럼에도 불구하고 우리는 이 언어의 고유한 규칙들에 대한 소개가 없다면 우리의 임무가 완결되지 않은 채 남게 된다는 사실을 밝히고자 한다. 따라서 우리는 한국어 문법책이 발간되

영한사전의 권두에 실린 논문 형식의 글이고 Scott(1893)은 Scott(1887)의 확대 재판에 해당한다(이들은 1890년대에 간행된 것이지만, 초판을 기준으로 하여 제2기에서 다룬다).

51 위아르(M. Camille Imbault-Huart)는 프랑스 외교관이었는데, 프랑스 영사 및 중국어 통역비서관이라는 직책 외에는 알려진 것이 없다고 한다(윤우열, 2010 참조).

52 리델(Félix Clair Ridel, 1830-1884)은 파리외방전교회 소속 선교사로, 1861년 입국하여 충청도 공주의 진밧 지방에서 전교를 시작하였다. 그리고 1866년 병인박해 때 중국으로 피신하여 프랑스 함대 사령관 로즈(Roze)를 만나 한국에 남아 있던 페롱(Féron)과 칼레(Calais) 두 선교사의 구원을 요청하였으며, 이에 따라 병인양요가 일어나기도 하였다. 리델(Ridel)은 병인박해로 순교한 다블뤼(Daveluy)의 후임으로 1869년 한국 천주교의 6대 교구장이 되었는데, 1877년 재입국하였으나 1878년 1월 체포되어 감옥 생활을 하다가 같은 해 7월 만주로 추방되었다. 그 후 일본 나가사키(長崎)에 선교사들의 활동 거점을 마련하기 위해 노력하다가 1881년 뇌졸중으로 쓰러지고 1882년 프랑스로 떠났으며, 1884년 고향인 프랑스의 반느(Vannes)에서 선종하였다(한국가톨릭대사전편찬위원회, 1985:352-353; 조현범 외, 2011:61-62 참조).

근대 시기 서양인의 한국어 문법 연구

기를 기대하는 대중의 열망에 전혀 놀라지 않는다. 사전이란 것은 언어에 대한 지식이라는 건물을 짓는 데 필요한 원석이 모여 있는 채석장에 비유될 수 있다. 그러나 이 채석장을 개발하고 그 원석을 사용하는 방법을 알아야 한다. 말하자면 무형의 가공되지 않은 원석은 자르고 다듬어진 후에야 비로소 문장 건축에 사용된다. 그렇다면 무엇이 이 채석장을 개발하고 이 원석들에 적절한 형태와 위치를 부여하는 기술을 가르쳐 주는가? 그것이 바로 문법일 것이다."

즉, 원석을 모아 건물을 지을 때 그 모양을 적절히 다듬어서 적절한 위치에 놓이도록 하듯이, 언어에서 문장을 구성하는 데에도 어휘들의 적절한 형태 변화와 위치와 관련되는 기술(즉, 문법)이 요구된다는 것이다.

이러한 관점에서 정리된 '한국어 문법'은 형태부(mots ou parties du discours)와 통사부(syntaxe)로 구성되어 있다. 우선 형태부에서는 한국어의 형태적 특징을 품사를 중심으로 서술하였는데, 특히 명사의 곡용과 동사의 활용에 대한 해석이 주목된다. 통사부에서는 한국어 통사법의 기본 원리와 함께 프랑스어 문장 구성에서 통사적 단위가 실현되는 양상에 따라 그에 대응되는 한국어의 통사 현상에 대해 서술하였다(장소원, 2005; 이은령, 2011 참조).

Ridel(1881)은 서울말을 중심으로 한국어 문법 전반을 체계적으로 기술한 최초의 단행본으로,[53] 앞선 연구에서 보면 체계적으로 기술된 최초의 한

---

53 Ridel(1881)의 표지에는 저자가 '파리외방전교회 재한 선교사들(Les missionnaires de Corée de la société des missions étrangères de Paris)'로 되어 있어서 파리외방전교회 조선교구 선교사들에 의해 저술된 것으로 해석되기도 한다. 이런 관점에서 보면, 이 책은 이미 국내에서 활동하던 천주교 선교사들이 마련한 한국어 관련 저작들을 바탕으로 그 내용을 체계적으로 정리한 것이라 할 수 있다. 실제로 이와 관련 자료를 보면, 1867년 1월 한국어 문법 정리를 시작하여 그 해 3월에 완성하였으며 1873년에 그에 따른 사전을 완성하였고, 이를 좀 더 보완하여 1881년 일본 요코하마(橫浜)에서 간행하였다는 해석이 가능하다(고영근, 1983:7-8; 이정, 1990; 강이연, 2005; 장소원, 2005; 심지연, 2008; 윤애선, 2013 참조).

국어 문법서로 평가되어 왔다(이숭녕, 1965; 고영근, 1981; 심재기, 1985; 이정, 1990; 강이연, 2005, 2008; 심지연, 2008; 윤우열, 2010; 윤애선, 2013 참조).

1.4. 제3기(1890-1920)에는 한국어의 형태적, 통사적 특성을 반영한 문법서가 나오고 이를 바탕으로 하는 학습서가 개발되기도 하였다. 이 시기의 문헌은 다음과 같이 정리된다.

Underwood(1890), 『An Introduction to the Korean Spoken Language』
Underwood(1915), 『An Introduction to the Korean Spoken Language』(증보판)
Gale(1894), 『Korean Grammatical Forms』
Gale(1903), 『Korean Grammatical Forms』(개정판)
Gale(1916), 『Korean Grammatical Forms』(증보판)

이 시기에는 조미조약(1882)와 조불조약(1886)이 체결되면서 선교사들의 입국과 선교 활동이 수월해졌고, 특히 개신교 선교사들의 참여가 두드러졌다. 이 시기에는 언더우드(Underwood)와 게일(Gale)의 활동이 주목되는데, 이들에서는 한국어의 교착적 특성이 반영되었으며 20세기 들어 증보판이 발행되기도 하였다.

Underwood(1890)은 앞선 연구를 비판적으로 종합하여 한국어의 특성에 부합하는 문법을 체계화하였다는 점이 두드러진다. 이것은 '1부 문법부(Grammatical Notes) / 2부 영어에서 한국어로(English into Korean)'로 구성되어 있으며, 1부는 한국어 문법 주석이고 2부는 영어 문법의 체계의 관점에서 본 한국어에 해당한다. 그리고 1부는 '1. 한국어 연구에 대한 도입적 개설 / 2. 한국어 문자와 발음 / 3. 명사 / 4. 대명사와 대명사적 형용사 / 5. 수사 / 6. 후치사 / 7. 동사 / 8. 형용사 / 9. 부사 / 10. 접속사 / 11. 경어법 / 12. 문장의 구조'로 되어 있는데, 한국어 학습을 목표로 한 것이기는 하지만 한국어 문법을 품사별로 체계화하고 문법 항목을 설정하여 그 결합 규칙에 초점을 두고 상세한 문법 기술을 제공한다는 점에서 문법서로서의 성격을 지닌다.

Underwood(1890)은 이전의 문법서와는 달리 인구어 중심의 시각에서 벗어나서 부분적이나마 한국어에 적합한 문법 체계의 기반을 세우는 성과를 보였다는 평가를 받는다(고영근, 2001; 이은령, 2012 참조). 이것은 체언에 대한 후치사의 설정이나 용언의 활용에 대한 해석에서 앞선 문헌들이 주로 인구어의 품사 및 문법 체계를 원용해서 한국어 문법을 기술하였던 것과는 달리 한국어에 적합한 범주를 설정하여 기술하고자 하였던 점과 관련된다.[54]

한편, Gale(1894)는 문법 형태(grammatical forms)와 문장(sentences)의 두 부분으로 구성되어 있다.[55] 이것은 Underwood(1890)의 문법을 발판으로 삼아 한국어 학습에 필요한 동사 어미변화형을 구어와 문어로 분리하여 목록화하고, 문어로 실현되는 문장에 번역문을 제시함으로써, 한국어의 정확한 사용을 도모함을 목표로 삼은 것이다(심재기, 1988; 남기심, 1988; 강남욱, 2009; 이은령, 2012 참조). 이러한 문법 형태 중심의 서술 태도는 그 뒤 내국인의 문법 연구와 사전 편찬에 적지 않은 영향을 미친 것으로 보이는데(고영근, 2001), 이를 바탕으로 Baird(1896)처럼 문형 중심의 한국어 교재가 나오기도 하였다.[56]

---

54 Underwood(1890)은 저자의 아들에 의해 수정·증보되어 Underwood(1915)로 발간되었다.

55 게일(James Scarth Gale, 1863-1937)은 캐나다 출신의 선교사로, 1888년 입국하여 1889년 부산에서 선교 사업을 시작하였고, 1891년 미국 장로교회 본부 선교사로 전임되었다. 그는 성서공회 전임 번역위원으로 활동하면서 성경 신구약 전서 출판 외에도 『한영ᄌᆞ뎐』(1897)을 편찬하는 등 한국어 정리와 연구에도 크게 기여하였다. 1902년 원산에서 선교 사업을 하였고, 한국 역사와 문학, 한민족의 생활 등에 관한 저술과 한국어 번역 작업을 하였다. 1928년 은퇴 후 영국에서 생활하였다(조정경, 1985; 이만열, 1987:103-104 참조).

56 Gale(1894)는 문법을 체계적으로 기술한 것이 아니라 한국어 학습에서 가장 어려운 용

1.5. 제4기(1921-1945)에는 한국어 문법에 대한 관점이 비교언어학적 시각으로까지 확대되었는데, 해당되는 문헌은 다음과 같이 정리된다.

> Eckardt(1923ㄱ), 『Koreanische Konversations-Grammatik mit Lesetücken und Gesprächen』
> Eckardt(1923ㄴ), 『Schlüssel zur Koreanischen Konversations-Grammatik』
> Roth(1936), 『Grammatik der Koreanischen Sprache』
> Ramstedt(1928), "Remarks on the Korean Language"
> Ramstedt(1933), "The Nominal Postpositions in Korean"
> Ramstedt(1939), 『A Korean Grammar』

이 시기에는 Eckardt(1923ㄱ,ㄴ)이나 Roth(1936)과 같이 독일어의 관점에서 한국어 문법을 서술한 것이 나타났다. 여기서 Eckardt(1923ㄱ)은 『朝鮮語交際文典』, Eckardt(1923ㄴ)은 『朝鮮語交際文典附註解』로 지칭되기도 하는데, 후자는 전자의 별책에 해당한다(앞의 2.2.2절 2.2항 참조). Eckardt(1923ㄱ)은 한국어 문법을 체계적으로 제시하고자 한 범주 중심 접근의 학습서로서, 품사에 따라 단원을 설정했던 앞선 문헌들과는 달리 학습 내용을 각각의 항목으로 구성하여 독일어와 대조하면서 서술하였다(원윤희 외, 2012; 고예진 외, 2014; 원윤희, 2015 참조). 특히 여기서는 문화적인 관점을 상당히 수용하는데, 이도 역시 앞선 문헌에서의 접근 방법과는 다른 것이었다(조현범, 2009; 박보영, 2015).

언의 활용 어미를 '호다'와 '이(다)', '잇다(有)' 동사의 어미변화형 목록을 중심으로 해설하고 있다. 이와 관련하여 남기심(1988)에서는 문법의 기술은 체계 정립 중심으로 접근하는 것과 용법 중심으로 접근하는 것이 있을 수 있는데, Gale(1894)는 후자의 방식을 채택한 것이라고 하였다. 한편, Gale(1894)는 재판(1903), 개정판(1916)으로 이어졌으며, 1896년 출판된 미국인 선교사 Baird의 『한국어 50강』(Fifty Helps for the Beginner in the use of the Korean Language)과 함께 주요한 한국어 학습서로 활용되었다(이민경, 2020:4 참조).

Roth(1936)은 각 단원이 문법, 단어, 연습의 순서로 구성되어 있으며 단어와 용례는 모두 한글로 표기되어 있다. 그리고 한국의 문화와 관련되는 텍스트를 연습을 위한 자료로 제시함으로써 단순한 회화 교재를 넘어서 한국에 대한 지식을 담고 있다는 점도 특이하다.[57] 한국어 자료가 충실하며 그것도 당시 제정된 『한글 마춤법 통일안』(1933)에 준하여 과거의 한글 표기법과 비교하면서 다루었고, 유형의 설정과 원칙을 수립하려는 노력이 있었던 것으로 평가된다(이숭녕, 1965; 박보영, 2015 참조).

Ramstedt(1939)는 서문에서 밝히고 있는 것처럼 로스(Ross)와 언더우드(Underwood), 게일(Gale), 에카르트(Eckardt), 푸칠로(Pucillo) 등 서양인의 연구와 마에마(前間恭作), 오구라(小倉眞平) 등 일본인의 선행 연구를 바탕으로 알타이어학의 관점에서 한국어 문법을 기술한 것이다.[58] 이 책은 서문과 도입, 부록 외에 본문은 '1. 음성학 / 2. 형태론 / 3. 후치사와 부사 / 4. 비굴절어 / 5. 단어 형성 / 6. 문장의 구조'로 구성되어 있다. 여기서 순수히 문법에 해당되는 것은 2장부터 6장까지인데, 형태론에서는 명사와 동사를 중심으로 기술하고, 한국어의 문법적 특징에 대해 알타이어와의 관련에서 서술

---

57 로트(Lucius Roth, 1890~1950)는 독일 출신 신부로, 1923년 입국하여 베네딕도 수도 회가 담당하던 덕원 교구에서 선교 활동을 하면서 덕원 수도원장을 역임하기도 하였다. 광복 후 북한 정권에 의해 1949년 체포되어 수감되었다가 1950년 한국전쟁 와중에 순교하였다(한국가톨릭대사전편찬위원회, 1984:342; 이종한 옮김, 2012 참조). 한편, Roth(1936)은 Anselm Romer의 『Koreanisch Grammatik』(1927)을 참고하여 새롭게 집필한 것으로 평가 받기도 한다(박보영, 2015; 조원형, 2016 참조).

58 람스테트(Gustaf John Ramstedt, 1873-1950)는 핀란드의 언어학자로, 근대 몽골어학 및 알타이어학의 기초를 확립하였다는 평가를 받는다. 1917년 헬싱키 대학의 알타이어학 교수로 지내다가 1919년부터 1930년까지 일본·중국·태국의 초대 공사로 일본 도쿄(東京)에 부임하였는데, 그때 한국 학생 류진걸의 도움을 받아 한국어를 배웠으며, 도쿄에 거주하는 한국인들로부터 구어와 문어 자료를 수집하였다고 한다(이숭녕,1976:197; 고송무, 1979 참조).

하였다.[59]

2.3.2. 문헌 자료상의 특징

2.1. 한국어 표기와 관련하여, 이들 문헌에서는 한국어의 예를 제시할 경우 초기에는 한글을 노출하지 않고 로마자로 표기한 경우가 많았으나, 후기로 가면서 한글로 표기하는 경향을 띠었다.[60]

한국어의 예를 로마자로 표기하는 것은 앞선 시기의 Siebold(1832)를 시작으로 Dallet(1874)와 Aston(1879), MacIntyre(1879-1881), 그리고 20세기 들어 Eckardt(1923ㄱ)과 Ramstedt(1939)에서도 적용되었다. 예를 들어, MacIntyre(1879-1881)에서는 중국 문헌에서 문장의 예를 뽑아 이를 한국어로 읽을 때 나타나는 토를 분석하여 한국어 명사의 격 표지와 동사의 활용형에 대해 서술하였는데, 한글 표기가 나타나지 않았다.[61]

> (4) 道也者(nan) 不可須臾離也(ni) 可離(miön) 非道也(ra)
> Do ia jia (nan) bur ga siu iu ri ia (ni) ga ri (miön) bi do ia (ra)
> Do nan gahi siu iu ri t'i mod halgöshini gahi ri halgöshimiön do anira
> the path, may momently, not be left, if it may be left, the path it is not

---

59 Ramstedt(1928, 1933)은 한국어와 관련한 단편 논문이며, 특히 후자는 한국어의 명사 후치사에 대해 논한 것이다(다음의 4.4.3절 6.9항 참조).

60 이에 앞서 고려되어야 하는 것으로 가로쓰기 문제가 있다. 즉, 당시 서양인들은 그들의 문헌에서 인구어 표기 방법에 따라 한국어를 가로쓰기 방식으로 표기하였는데, 이후 이것은 한글 표기의 새로운 방식으로 정착되기에 이른다(박천홍, 2011; 권두연 2015 참조). 특히 개신교 선교사들은 그들의 선교 방법에 따라 한국어 예를 한글로 제시하는 것을 원칙으로 하였다(백낙준, 1973:212 참조).

61 원문에는 주석한 문장이 연속적으로 쓰여 있는데, 여기서는 이해의 편의를 위해 행을 바꾸어 썼다.

위 (4)에서 첫 번째 행은 한문 문장을 예로 들고 괄호 안에 토의 한국어 발음을 로마자로 표기한 것이다. 그리고 두 번째 행은 한문 문장을 한문 어순 그대로 읽을 때 (즉, 음독할 때) 실현되는 토를 반영하면서 한국어 발음을 로마자로 표기한 것이며, 세 번째 행은 한국어로 번역하여 읽는 (즉, 훈독하는) 것이고, 마지막으로 네 번째 행은 영어로 의역한 것이다.[62]

이와 같이 한글이 표기 수단으로 사용되지 않고, 로마자로 발음을 표기할 경우 한국어 발음과 로마자를 어떻게 대응시킬 것인지의 문제가 대두된다. 그러나 당시에는 이러한 문제에 대해 로마자 표기법과 같은 일률적인 원칙은 없었고, 저자에 따라 그때그때 적용하는 방식으로 나타났다.[63]

2.2. 한글로 표기할 경우, 띄어쓰기가 적용되었는지도 문헌 이해의 한 기준이 될 수 있다. 이것은 띄어쓰기가 적용된 경우와 그렇지 않은 경우로 구분되는데, 우선 Ridel(1881)과 Huart(1889)에서는 띄어쓰기가 적용되지 않았다.

(5) Le roinest aimé du peuple
빅셩이님군을ᄉ랑ᄒ다
PĂIK-SYENG-I NIM-KOUN-EUL SĂ-RANG-HĂN-TA

(6) J'irai avee M. Kim.
김셔방ᄒ고가겟다
Kim sye-pang 'ha-ko ka-keit-ta

---

62 이것은 세 번째 행의 확장된 해독에 따르면 '道논 可히 須臾 離티 몯홀거시니, 可히 離 홀거시면 道 아니라' 정도로 해독해 볼 수 있다.

63 MacIntyre(1879-1881)에서는 한국어의 음성을 모음과 자음으로 구분하여 한국어 발음을 로마자(영문자)로 전사하여 제시하였다. 그런데 한국어 음성에 대한 로마자 표기는 아직 해결되지 못한 난제 중의 하나라고 하면서, 여기서는 단지 일시적인 것으로 표기하는 것이며 이러한 표기는 재고의 여지가 있다고 하였다.

위에서 (5)는 Ridel(1881:135)의 예이고, (6)은 Huart(1889:52)의 예인데, 여기서는 프랑스어 문장을 먼저 제시하고 그에 대응하는 한국어 문장을 한글로 제시하였으며, 그 다음에 한국어 문장을 음역하여 로마자로 표기하였다. 여기서 두 번째 행의 한국어 문장에서 띄어쓰기가 적용되지 않았다.

이와 관련하여 Gale(1894:73-75)에서도 다음과 같은 예를 살필 수 있다.

> (7) 농ᄉᄒ기와글공부ᄒ기가서로다ᄅ니라
> Agriculture and study are different from one another.
> (8) 심부림가더니히지도록아니온다
> He went on an errand and has not got back by sundown.

위 (7, 8)에서는 한국어 문장을 제시하고 그 다음에 영어 대역문을 제시하였는데, 한국어 문장에서 띄어쓰기가 적용되지 않았다. 이와 같이 띄어쓰기가 적용되지 않은 경우에는 대역문과 한글로 표기된 문장이 행을 바꾸어 배열되지 않았음이 특징이다.

한편, 띄어쓰기가 적용된 경우로는 Ross(1877)과 Scott(1887), Underwood(1890) 등을 들 수 있다. 특히 회화문(Lesson)의 제시에서는 한국어 문장 표기와 관련하여 띄어쓰기와 가로쓰기 등이 주목되는데, 여기서 띄어쓰기는 회화문의 대역에서 영어의 단어에 대응하여 한국어 단어를 배열하는 과정에서 나타난 것이었다.[64]

우선 Ross(1877)과 그 증보판 Ross(1882)를 보면 다음과 같다.

---

64 이에 대해 Ross(1877)의 회화문에 나타나는 띄어쓰기는 내국인에 의해 최초의 띄어쓰기가 나타났던 독립신문 창간호(1896년 4월)보다 훨씬 앞선다는 점에서 한국어 표기사적 의미를 부여하기도 하는데, 한편으로는 영역문의 띄어쓰기에 맞춰 국문을 배열하는 과정에서 나타난 것이고 문법성에는 관심이 없었다고 평가하기도 한다(이기문, 1989 참조).

근대 시기 서양인의 한국어 문법 연구

(9) 니 되션 말 보이고쟈 한다

ne doeshun mal bo-ighogia handa

I Corean words (to) learn want.

(10) I want to learn Korean, engage me a teacher.

니 조션 말 비 오려 ᄒ니 나랄 션싱 쳥 ᄒ여 주소

ne dsoshun mal be oriu hani naral shiunseng chiung hayu dsooso

I Corean words learn want; me teacher engage give.

위에서 (9)는 Ross(1877:6)의 예로 '한국어 문장-로마자 음역-영어 어휘 대역'의 순으로 행을 바꾸어 3단 구성의 형식으로 배열한 것이고, (10)은 Ross(1882)의 'lesson 1'에서 제시된 예로 '영어 문장-한국어 문장-로마자 음역-영어 어휘 대역'의 4단 구성으로 제시한 것이다. 이렇게 행을 바꾸어 배열한 것은 한국어 문장의 발음과 의미를 쉽게 익힐 수 있도록 하기 위함인 것으로 이해되는데, 여기서 한글로 표기된 문장에서 단어 사이의 빈칸 띄우기(word division; spacing)로서의 띄어쓰기가 반영되었다(김두웅, 1980; 김주현, 1985; 강남욱, 2009; 우형식, 2017 참조).

이러한 배열은 Scott(1887:90-91)의 경우 연습(exercise)에서 나타나기도 한다.

(11) 하인 불너 물 가져 와

hain poulle moul kachye oa

servant call water bring come

(Call my servant to bring water.)

(12) 뎌 편지 내 집에 보내오

chye p'yenchi nai chipei ponaio

that letter my house sed

(Send that letter to my house.)

위 (11, 12)에서는 '한국어 문장-로마자 음역-영어 어휘 대역-영어 문장'

의 4단 구성을 활용하였는데, 한글로 표기된 문장에서 단어별 띄어쓰기가 반영되었다.

한편, Underwood(1890:172-173)에서는 본문의 용례 표기에서 한글로 된 한국어 문장과 영어 문장을 좌우로 배열하였다.

> (13) 바룸이 불 스록 불이 The more the wind blows
> 니러나오. the greater the fire.
> (14) 이 붓치는 김셔방을 Give this fan to Mr. Kim.
> 주라고 ㅎ오.

위 (13, 14)는 앞의 Ross(1877)이나 Scott(1887)과는 달리 한글 표기의 문장과 대역문이 행을 바꾸어 표기된 것이 아니라 좌우로 배열되었다는 점에서, 한글로 표기된 문장에 진정한 의미의 띄어쓰기가 반영된 것이라 할 수 있다.[65]

---

65 다음에서는 각 문헌에서 제시된 예를 인용할 경우 이해의 편의를 위하여 한글로 전사하여 표기하고 띄어쓰기를 적용하기로 한다. 한편, Roth(1936)에서는 당시 조선어학회의 『한글마춤법통일안』(1933)의 표기법을 수용하여 아래아('ㆍ')가 쓰이지 않았고('하오' 등), 받침에서 'ㅆ'과 'ㅎ'이 사용되었다('겠, 었'과 '좋다, 않다' 등)는 특징이 있다.

근대 시기 서양인의 한국어 문법 연구

3. 품사 분류와 문장 구성의 특징

서양인의 한국어 문법 기술에서는 한국어에 존재하는 많은 단어들을 몇 가지의 품사로 구분하고, 단어들의 결합체로서 문장이 구성되는 원리를 탐색하였다. 이러한 품사 기반의 문법 기술은 당시 그들 자신의 언어 기술에서 활용되었던 것이며, 그들이 지니고 있었던 언어 지식이기도 하였다. 그러나 당시의 언어 연구가 형태론에 집중되었음에 비추어 볼 때, 서양인의 한국어 문법 기술에서 통사론은 크게 다루어질 수 없는 한계가 있었다.

이 장에서는 서양인의 한국어 문법 기술에서 다루어진 품사 분류와 문장 구성의 특징에 대한 구체적인 내용을 서술한다.

3.1. 단어와 품사 분류

1.1. 단어(word)는 문장을 구성하는 요소로서의 단위를 의미한다. 한 언어에서 단어는 매우 다양한 형식으로 존재하는데, 그 언어의 문법을 기술하기 위해서는 이들을 개별적으로 다루기보다는 공통성에 따라 묶어서 통합적으로 지칭할 수 있는 방법이 요구된다. 그리고 단어를 일정한 문법적 특징에 따라 분류한 것을 품사(品詞)라 하는데, 따라서 품사는 일종의 단어류(word-class)를 의미한다.[1] 전통적으로 품사는 단어가 이루는 문장의 조각들(parts

---

1 '품사'에서 '품(品)'은 물건의 성질과 바탕 또는 같은 유(類)의 것을 하나로 뭉뚱그린 것

of sentence) 또는 구어 표현의 조각들(parts of speech)로 이해되어 왔다.

언어의 문법 기술에서는 수많은 단어에 의해 구성되는 문장의 구조를 품사들 사이의 관계로 제시할 수 있다. 따라서 품사 분류는 한 언어에 존재하는 수많은 단어를 일정한 기준에 따라 소수의 유형으로 나누어 그것에 따라 문장의 구조를 유용하게 분석할 수 있게 한다. 그런데 품사 분류는 문법적 현상을 설명하기 위한 수단이지 그 자체가 목적이 되는 것은 아니다. 그러므로 품사 분류의 기준을 지나치게 엄격하게 적용될 필요는 없으며, 어떤 분류 체계가 절대적인 것이 될 수도 없다. 이런 의미에서 품사 분류는 개별언어의 특성을 과학적으로 기술하는 데 도움이 되는 방편의 하나로서 수행되는 것이다(『영어학사전』, 1990:866; 송경안, 2019:101-114 참조).

품사 분류에 대한 의식은 그리스 사변 철학으로부터 비롯되었다.[2] 그리스 문법에서 플라톤은 문장(logos)을 명사(onoma)와 동사(rhema)로 구분하였는데, 이것은 언어에 대한 문법적 분석이라기보다는 철학적 성격을 띠는 것이라 할 수 있다. 이후 아리스토텔레스는 명사, 동사, 접속사(syndesmoi)로 분류하였으며, 스토아학파(Stoics, B.C. 300-150)는 아리스토텔레스의 접속사를 다시 접속사와 관사(arthron)로 구분하여 4품사설을 세웠다. 이러한 전통을 이어 트락스(Dionysius Thrax, B.C. 2세기경)는 명사와 형용사, 동사, 분사(metoche), 관사와 관계대명사, 인칭과 소유대명사(antonymia), 전치사(prothesis), 부사(epirrhema), 접속사의 8품사로 분류하였고, 프리시언(Priscan, 512-560A.D.)은 명사(nomen), 동사(verbum), 분사(participium), 대명사(pronomen), 부사(adverbium), 전치사(praepositio), 접속사(coniunctio), 감탄사(interiectio)로 구분하였다. 그리고 이러한 8품사 체계

을 의미한다.

2 품사 분류의 역사에 대해서는 앞선 문헌을 참조할 수 있다(『영어학사전』, 1990:866-869; 『국어국문학사전』, 1980:655; 조정훈, 1992; 이환묵, 1999:31-48; 이광정, 2003:13-61 참조).

근대 시기 서양인의 한국어 문법 연구

는 이후 영어 등 인구어의 품사 분류의 전통으로 정립되었다.

한편, 12세기에서 문예부흥기까지의 사변 문법(speculative grammar)에서는 이전의 8품사 체계를 도입하면서 어형 변화의 여부에 따라 명사, 대명사, 동사, 분사 등의 어형 변화를 하는 것(declinable)과 부사, 접속사, 전치사, 감탄사 등의 어형 변화를 하지 않는 것(indeclinable: 불변화사)으로 구분하기도 하였다(Robins, 1966; 조정훈, 1992 참조).

1.2. 인구어의 문법 기술에서는 앞에서 서술한 전통에 따라 품사 분류를 시도하였다. 영어의 경우, 1500년대에 영어로 쓰인 최초의 라틴 문법서인 『Lyly's Grammars』에서는 명사, 대명사, 동사, 분사, 부사, 접속사, 전치사, 감탄사의 8품사로 서술하였다. 그리고 여기서는 형용사가 명사의 하위 부류로 다루어졌으며, 그 후 많은 문법서에서 분사가 품사에서 제외되고 관사나 형용사가 품사의 하나로 포함되었다. 그리고 Sweet(1891-1898)에서는 영어의 품사를 명사, 형용사, 대명사, 수사, 동사, 불변화사(부사, 접속사, 전치사, 감탄사)의 9품사 체계로 서술하였다(구본관, 2003 참조).[3]

그 후 언어의 변화나 언어의 다양성에 따라 품사가 추가되기도 하고, 분사를 동사의 한 종류로 보거나, 관사를 지시형용사로 보거나, 수사를 독립시키거나, 명사를 명사와 형용사로 나누거나 하는 등의 곡절이 있었으며, 결국 명사, 대명사, 형용사, 동사, 부사, 접속사, 전치사, 감탄사의 전통적인 8품사 체계가 정립되었다. 그런데 이 8품사에 대해서도 상당한 비판이 있었다. 예를 들어, Jespersen(1924)에서는 접속사, 전치사, 부사의 일부는 명사, 대명사, 형용

---

3 여기서 불변화사는 'particle'에 대한 대역어이다. 그런데 'particle'은 인구어에서 광의적으로는 모든 비굴절 요소를 가리키며, 좁은 의미로는 부사나 접속사, 전치사, 감탄사와 같은 불변화사의 하위 품사들의 집합을 지칭하는 것으로 쓰이기도 한다(Hartmann, 1994 참조).

사, 동사 등과 같은 위치에 설 수 있는 성질의 것이 아니라 하여 이들을 불변화사(particle)라 묶어 명사 등과 대립하는 것으로 보았으며, 감탄사는 다른 품사 전체에 대립하는 부류라 생각하기도 하였다. 그리하여 실사(substantive), 형용사, 대명사, 동사, 불변화사로 구분하였는데, 수사는 대명사에 포함되고 불변화사는 종래의 부사, 전치사, 접속사, 감탄사를 포함하는 것이었다.[4]

한국어의 경우, 품사 분류의 대상이 되는 언어 형태는 어휘적인 것과 문법적인 것으로 구분된다(서정수, 1994:97 참조). 여기서 전자는 명사나 동사, 부사 등과 같이 전통적으로 품사 분류의 대상이 되어 왔다. 그런데 후자의 경우, 형태적 교착성이 강한 한국어에서는 명사 뒤에 오는 이른바 조사와 동사의 활용 어미 등의 의존적인 형태들이 이에 해당하는데, 이들이 품사 분류의 대상이 되는지에 대한 해석은 다를 수 있다(정인승 1959; 구본관, 2010; 최웅환, 2010; 주현희, 2019 참조).

이러한 의존적인 형태들을 독립적인 품사로 설정하는 것은 한국어의 교착성을 강하게 인식한 결과라 할 수 있다. 이에 반하여 이들을 독립 품사로 설정하지 않는 것은 인구어와 같이 명사나 동사의 어형 변화와 관련하여 해석하는 것으로, 한국어의 교착성을 고려하지 않는 것이라 할 수 있다.[5]

---

4 프랑스어의 경우, 방곤 외(1993)에서는 명사(nom)와 관사(article), 형용사(adjectif), 대명사(pronom), 동사(verbe), 부사(adverbe), 전치사(préposition), 접속사(conjonction), 감탄사(interjection)의 9품사 체계로 구분하였다. 그리고 이 중에서 명사를 비롯하여 관사와 형용사, 대명사, 동사는 형태 변화를 겪는 것(mots variables)이고, 그 나머지 부사와 전치사, 접속사, 감탄사는 형태 변화가 없는 것(mots invariables)으로 구분된다고 하였다. 독일어의 경우, 이유영 외(1983)에서는 관사(artikel)와 명사(substantiv), 동사(verb), 전치사(präposition), 형용사(adjektif), 수사(numerale), 부사(adverb), 대명사(pronomen), 접속사(konjunktion), 감탄사(interjektion) 등의 10품사 체계로 해석하였다. 그런데 이병찬(1969)에서는 독일의 품사 분류는 다른 언어에 비해 독특하게 전개되었다고 하면서 관사를 대명사의 일종으로 처리하여 9품사로 설정된 경우도 있다고 하였다.

5 이러한 관점에서 한국어 전통문법에서의 품사 분류를 분석 체계와 절충 체계, 종합 체계로 구분하기도 하는데, 분석 체계는 조사와 어미 모두, 절충 체계는 조사만 독립 품사

3.2. 품사 분류의 실제

서양인의 한국어 문법 기술에서 품사 분류는 그들 자신의 언어에 적용되던 관점이 크게 반영되었다. 그것은 당시 서양인의 한국어 품사 분류가 순수히 언어학적인 측면뿐만 아니라 그들의 한국어 학습과 밀접하게 관련되어 있었기 때문인 것으로 이해된다. 그런데 품사 분류에 관한 문제가 모든 문헌에서 다루어진 것은 아니었다. 그리하여 서양인의 한국어 문법 기술에서 품사 분류는 그 체계를 구체적으로 밝히지 않은 경우와 체계를 설정하여 분류하고 그에 따라 문법적 현상을 서술한 경우로 나누어질 수 있다.

3.2.1. 품사 분류가 구체적이지 않은 경우

1.1. 1830년대에 나타났던 서양인의 한국어 문법 기술에서는 특별히 품사 분류에 대해 언급하지 않고, 문법적 특징을 서술하기 위한 방편으로 품사의 명칭을 활용하였다. 이것은 품사 분류를 적극적으로 시행하는 것이 아니라, 한국어 문법의 특징을 부분적으로 서술하기 위한 수단으로 활용했음을 의미하는 것이다.

Siebold(1832)에서는 한국어는 문법적으로 성(gender)의 구별이 없고 단수 형태가 많이 쓰이며 격 표지가 명사 뒤에 놓인다는 점과 함께, 수사와 대명사, 그리고 동사와 관련한 시제, 피동법, 명령법, 부정법 등에 관해 자신의 언어적 관점에서 서술하였다. 이것은 체계적인 품사 분류를 통해 접근했다기보다는 한국어의 전반적 특징을 개괄적으로 서술하는 데 필요에 따라 품사를 활용하였음을 보여 준다.

로 설정하는 것이며, 종합 체계는 조사와 어미 모두 독립 품사의 자격을 인정하지 않는 견해를 말한다(김민수, 1954 참조).

또한 같은 해에 발표되었던 Gützlaff(1832)에서는 한국어는 다른 동아시아 언어와 마찬가지로 곡용(declension)도 활용(conjugation)도 없으며, 위치(position)가 활용을 대신한다는 점에서 중국어와 정확히 일치한다고 하였다(다음의 3.4.1절 1.1항 참조). 여기서는 품사에 관한 논의는 없고, 중국어의 관점에서 한국어에 접근함으로써 한국어에 대해 고립어적 성격을 띠는 것으로 이해했던 것으로 보인다(앞의 2.2.2절 2.1항 참조).

그러나 이러한 관찰과 관련하여, 한국어를 좀 더 학문적으로 접근하였던 Rosny(1864)에서는 한반도가 지리적으로 중국의 일부로 간주되어 한국인들이 중국의 지역 방언을 쓴다거나 아니면 중국어와 같은 계통의 언어를 쓴다는 가설은 완전히 폐기되어야 한다고 하였다. 그것은 한국어에 많은 한자어가 유입되었으나 중국어와 유사성은 찾기 힘들고, 또한 한국어와 중국어가 같은 계통이라고 할 수 없기 때문이라는 것이었다.

그리고 Rosny(1864)에서는 프랑스어 문법에 근거하여 한국어의 문법적 특징을 서술하였는데, 특히 명사의 곡용이 굴절어와는 달리 후치사의 첨가로 이루어진다는 점을 지적하였다. 여기서 품사 분류와 관련하여 보면, 실사(substantif), 형용사, 수사, 대명사, 동사, 불변화사, 접속사 등 7가지를 확인할 수 있는데, 이것이 실제 품사 분류와 관련되는 것인지 아니면 한국어 문법을 기술하기 위한 방편으로 지칭된 것인지는 분명하지 않다.

1.2. 한편, 1880년대 이후에는 특정 품사를 중심으로 한국어 문법의 특징을 서술하려는 시도도 있었다. 이러한 접근에서는 그들의 관점에서 볼 때, 이해 또는 학습에 어려움을 느낄 수밖에 없었던 복잡한 한국어의 동사 활용에 관심이 집중되는 양상을 보였다. 이와 관련한 것으로 MacIntyre(1879-1881)과 Gale(1894)를 들 수 있는데, 전자가 명사와 동사 뒤에 붙는 토(吐, 어미)에 대해 집중하였다면(다음의 5.3.2절 2.4항 참조), 후자는 한국어 학습을 위한 구어 표

현을 중심으로 서술하였다(앞의 2.3.1절 1.4항 참조)는 점에서 차이가 있다.

우선 MacIntyre(1879-1881)을 보면 한국어의 품사와 관련하여 다음과 같이 서술하였다.

> "한국어 동사는 많은 점에서 유럽의 언어와 다르다. 우선 한국어는 동사와 형용사, 부사의 구별이 어렵다. 그리고 우리가 쓰는 의미에서 형용사 또는 부사는 동사적 접사와 동일하다. 또한 한국어 동사는 수(number)의 구별이 없으며, 우리에게 익숙한 세 가지 인칭에 대해 세 가지 형식의 대우 형태(하대, 평대, 존대)를 지니고 있다."

이것은 품사 분류의 관점에서 보면, 한국어에서는 동사와 형용사가 동일하게 활용한다는 점에서 이들의 구별이 어렵다고 한 것과 부사에 대한 언급을 발견할 수 있다. 동사와 형용사의 구별이 어려운 것은 한국어의 경우 인구어와 달리 형용사가 동사처럼 어미변화(활용)를 하기 때문인 것으로 이해된다. 다만, 부사가 동사나 형용사와의 구별이 어렵다고 한 것은 무엇을 의미하는지 이해하기 어려우나, 아마도 동사와 형용사의 부사형과 관련한 서술인 것 같다.

특히 동사의 활용을 중심으로 한국어 문법을 기술하는 것은 다음과 같은 Gale(1894)의 서문에서도 엿볼 수 있다.

> "누구든지 한국어의 동사 어미와 연결사(connective)의 형태를 배울 때까지는 번역 작업을 하는 것 심지어 일반적인 구어를 정확하게 사용하는 것조차 불가능하다고 말할 수 있다."

그리하여 Gale(1894)에서는 한국어 문법을 체계적으로 서술하기보다는 한국어 학습에서 가장 어려운 용언의 활용 어미와 조사를 중심으로 이들의 실제적인 용법을 서술하고자 하였다.

Ross(1877)에서는 한국어 품사 중에서 명사와 형용사, 대명사, 동사에 관해서만 언급하였다. 여기서 명사는 격 변화를 하는 점을 강조하고 격 체계를 분류하여 제시하였으며, 대명사는 인칭과 수에 따른 형태적인 구별과 함께, 의문대명사, 관계대명사, 비인칭대명사, 지시대명사로 하위 구분하였다. 한편, 동사는 현재, 과거, 미래의 기본 시제가 있고, 명령법은 과거형에서 이루어지며, 의미의 변화는 어미의 종결 등과 같은 실제적인 용법을 통해 서술하였다. 그리고 형용사는 동사와 같은 역할을 한다고 하였다. 그런데 이러한 Ross(1877)의 품사에 관한 서술은 문법을 이해하기 위해서라기보다 한국어 학습의 일환으로 주어진 것이기 때문에, 품사 분류 자체의 관점에서는 크게 의미가 없는 것으로 보인다(이응호, 1979; 김주현, 1985 참조).

Eckardt(1923ㄱ)에서는 품사 분류를 전제로 하여 서술하지는 않았으나, 문법범주를 중심으로 하여 독일어 모어 학습자들의 이해를 돕는 방편으로 접근하고 있는데, 이러한 방법은 Roth(1936)에서도 관찰되는 것이기도 하다.

한편, 비교언어학적 관점으로 한국어 문법을 기술한 Ramstedt(1939)에서는 품사를 세분하지 않고 종합적 관점에서 서술하였다. 즉, 여기서는 한국어 단어를 곡용과 명사적 굴절을 지닌 명사, 활용과 동사적 굴절을 지닌 동사, 불변화사(particle)와 비굴절어(감탄사 등)의 세 부류로 크게 구분하였다.[6] 그리고 명사(noun)라는 표제어 아래 실사(substantive)와 대명사, 명사적 후치사를 포함하고, 동사가 동사와 동사적 후치사를 포함하며, 비굴절어가 모든 비강세 불변화사와 감탄사 등을 포함하는 방식으로 서술하였다(Ramstedt, 1939:32 참조). 이러한 품사 분류의 관점은 접속사, 전치사, 부사의 일부를 묶어 불변화사로 분류했던 Jespersen(1924)의 종합적 관점과 유

---

6 결국 Ramstedt(1939)에서는 한국어 단어를 굴절(inflection)과 비굴절(non-inflection)로 구분하고, 전자는 다시 명사의 곡용(declension)과 동사의 활용(conjugation)으로 나눈 것이다.

사하다고 할 수 있다(앞의 3.1절 1.2항 참조).

3.2.2. 품사 분류의 구체화

2.1. 서양인의 한국어 문법에 대한 이해가 점차 심화되면서 그들 언어의 문법적 관점에 따라 품사 중심의 형태적 특성을 서술하는 방식으로 전개되었다. 따라서 한국어 문법을 다룬 대부분의 문헌에서는 품사 분류에 대한 내용이 포함되었는데, 그것은 품사 분류 그 자체에 대한 논의라기보다는 한국어 문법을 서술하기 위한 방편이었던 것으로 이해된다.

당시 문헌에서는 한국어 품사 분류가 일률적으로 나타난 것은 아니었다. 그것은 각 문헌의 저자가 지니고 있었던 언어관의 차이이기도 하고, 실제로는 그들의 언어에 바탕을 둔 분류가 많았기 때문이라고 할 수 있다. 당시 한국어 품사 분류가 비교적 구체적으로 제시된 문헌에서의 품사 분류 동향을 묶어 정리하면 다음과 같다(우형식, 2016 참조).

Dallet (1874)	Ridel (1881)	Scott (1887)	Huart (1889)	Underwood (1890)	Scott (1893)	Eckardt (1923ㄱ)
-	관사	-	-	-	-	-
명사	명사	명사	명사	명사	명사	명사
수명사	-	-	수명사	수사	수사	수사
대명사	대명사	대명사	대명사	대명사	대명사	대명사
동사	동사	동사	동사	동사	동사	동사
-	형용사	형용사	형용사	형용사	형용사	형용사
부사	부사	부사	부사	부사	부사	부사
후치사	전치사	후치사	후치사	후치사	후치사	후명사
접속사	접속사	접속사	접속사	접속사	접속사	접속사
감탄사	감탄사	-	감탄사	감탄사	-	감탄사
-	분사	-	-	-	-	-
(8)	(10)	(7)	(9)	(9)	(8)	(9)

위에서 보면, 전체적으로 품사의 수가 7~10가지로 나타나는데,[7] 이것은 그들의 전통적인 라틴 문법의 8품사 체계와 자신들의 언어(프랑스어, 영어, 독일어 등) 현상을 바탕으로 한국어에서 품사를 분류하려 하였기 때문으로 보인다. 그런데 구체적으로 보면, 각각의 품사 체계에서 차이가 있는데, 명사와 대명사, 동사, 부사, 후치사, 접속사는 공통적으로 나타나는 데 비해서 관사와 수사, 형용사, 분사, 감탄사 등은 일률적이지 않게 나타났다.

그런데 위에서 제시된 품사 분류에서 보면, 한국어에서 주요한 기능을 차지하는 조사와 어미 등의 의존 형태를 독립 품사로 설정하지 않았음이 주목된다. 이것은 서양인들이 그들 언어의 특징에 따라 한국어에서 명사와 동사의 문법적 기능을 나타내는 조사와 어미를 각각 곡용(declension)과 활용(conjugation)을 실현하는 문법적 형태로 처리하였음을 의미한다. 그리하여 서양인들은 한국어에서 곡용과 활용의 어미를 어간(radical)과 분리된 형태로 인식하면서도 첨사(particle)나 접사(affix), 어미(ending, termination) 등으로 지칭하면서 독립된 단어로 처리하지 않았던 것이다.[8]

2.2. 프랑스어를 바탕으로 기술된 Dallet(1874), Ridel(1881), Huart(1889)에서 공통적으로 나타나는 것은 명사, 대명사, 동사, 부사, 후치사(전치사), 접속사이며, 이질적인 부분은 관사, 수명사, 형용사, 감탄사, 분사의 처리에 관

---

7 그런데 문헌에 따라서는 명목적으로 제시된 것과 실제로 서술된 것이 반드시 일치하지 않는 경우도 있다. 예를 들어, Underwood(1890)의 경우, 서문에서 감탄사를 설정하였으나 본문에서는 이에 대한 서술이 없으며, Huart(1889)에서는 감탄사에 대해 형태부에서는 다루지 않았으나 통사부에서 간단히 언급하였다. 그리고 Ridel(1881)에서는 관사나 분사가 독립된 품사로서의 자격을 지니는 것인지에 대해 의문을 표시하기도 하였다.

8 이것은 의존 형태를 단어로 처리하고 품사 분류의 대상으로 삼았던 20세기 초 내국인의 국어 문법 기술의 관점과 다른 점이다(다음의 7.2.1절 1.1항 참조). 특히 여기서 '첨사'는 좁은 의미로서의 'particle'에 대응되는 용어로 쓴 것이다(앞의 3장 각주 3) 참조).

한 것이다. 이것은 프랑스어 문법에서의 품사 분류와 관련하여 전자의 6가지는 프랑스어 문법과 한국어 문법에서 함께 논의될 수 있는 것인 데 비해서 후자의 5가지는 관점에 따라 다른 해석이 가능하기 때문인 것으로 보인다(앞의 3.1절 1.2항 참조).

그리하여 프랑스어와는 다른 한국어의 특성을 서술하기 위해 독특한 접근 방법을 활용하였다. 예를 들어, Ridel(1881)에서는 프랑스어 품사 체계를 바탕으로 한국어에서 10품사 체계를 설정하면서도 본문에서는 관사를 배제하고 수사를 독립 범주로 서술하였으며,[9] 특이하게도 분사(participe)를 설정하고 한국어 동사의 활용 형태 중 일부가 이에 해당하는 것으로 보았다.[10] 한편, Huart(1889)는 Ridel(1881)의 10품사 체계와는 달리 관사와 분사를 설정하지 않고 수명사를 독립 품사로 분리하여 9품사 체계로 설정하였으며,[11] 형태부가 아닌 통사부에서 각 품사의 문법적 특징을 서술하였다는 점이 특징이라고 할 수 있다. 그러나 이들에서는 라틴 문법 또는 프랑스어 문법에 기초함으로써 한국어 고유의 품사 분류 체계를 이루는 데에는 한계가 있었다.

영어권과 독일어권 저자의 경우, 명사와 형용사, 대명사, 동사, 부사, 후치

---

9   Ridel(1881)에서 한국어에 존재하지 않는다고 명백히 밝힌 품사 범주는 부분관사, 소유대명사 등이며, 명확하게 범주를 제시하지 않고 프랑스어의 해당 형태에 의미적으로 대역될 수 있는 한국어의 형태를 제시한 것은 관사, 지시형용사, 질량형용사, 소유대명사(소유형용사), 관계대명사 등이다(이은령, 2012 참조).

10 Ridel(1881)은 편제상 분사가 제외된 9품사로 기술되어 있으나, 실제로는 '동사와 분사는 서로 묶여 있으므로 동일한 장에서 취급한다.'고 하면서 분사를 별도의 품사로 구분함으로써 결국 10품사 체계로 해석된다(고영근, 1983; 최호철 외, 2005; 고예진, 2013 참조). 한편, 이에 대해 이은령(2012)에서는 Ridel(1881)은 실제로 본문에서 다루었던 한국어 형태의 범주에 수사가 포함되므로 결국 10품사 체계로 해석할 수 있다고 하였다.

11 Ridel(1881)에서의 '전치사'가 Huart(1889)에서는 '후치사'로 되었다. Ridel(1881)에서는 한국어에는 전치사보다는 격의 가치를 실현하는 후치사가 적절한 용어임을 언급했는데, 이후 Underwood(1890)에서는 후치사를 독립 품사로 설정하였다(다음의 4.4.3절 3.6항 참조).

사, 접속사의 설정에서는 동일하나, 수사와 감탄사에서 이질적인 양상을 보였다. 그것은 프랑스어권 저자의 문헌과 비교할 때 바탕이 되는 언어의 차이도 있었겠으나, 프랑스어권 저자들이 라틴 문법의 전통에 충실했던 것과는 다른 특성을 보여 주는 것이라 할 수 있다. 이를테면, 영어권의 Scott(1887)에서 수사가 형용사에 편입된 것은 Ridel(1881)과 유사하지만, 관사와 감탄사가 설정되지 않은 점은 구별된다.[12] 그러나 재판인 Scott(1893)에서 수사를 포함하여 8품사 체계로 제시하였다.

그리고 Underwood(1890)에서는 전통적인 8품사 체계에 비해 수사(numeral)가 더 포함되는 것이기는 하지만, 그들의 관사나 형용사와 구별되는 관형사가 고려되지 않았다든지 하는 점에서 한국어의 특징보다는 영어 전통문법의 품사 체계에 충실하여 분류한 것으로 이해된다. 특히 여기서는 앞선 문헌에서 곡용 형태로 분류되었던 이른바 격 표지 형태를 후치사(postposition)의 범주 안에 포함시켰다는 점이 특징이라 할 수 있다(다음의 4.4.3절 3.6항 참조).

3.3. 개별 품사의 특징

3.1. 서양인의 한국어 문법 기술에서 품사 분류에 대해서는 일반적으로 그들 언어의 바탕 위에서 접근하려 했다는 비판이 많았다. 즉, 한국어의 품사 분류에서 그들 언어 체계를 바탕으로 접근함으로써 한국어의 본래적인 모습을 기술할 수 없었다는 것이다.[13] 그리고 비판에서 가장 주목되었던 부

---

12 따라서 Scott(1887)은 Ridel(1881)을 주체적으로 인용하여 발전적으로 체계화한 것으로 평가된다(고예진, 2013:69 참조). 그리고 이것은 Underwood(1890)에 이르러 더욱 정제된 형식으로 기술된다.

13 예를 들어, 유창균(1969:331)에서는 다음과 같이 서술하였다.

분은 관형사를 세우지 않았다든가, 형용사의 구분이 모호했다든가, 분사를 독립 품사로 설정했다든가 하는 등이었다.[14]

물론 이러한 문제가 있음은 사실이나, 그들의 한국어 품사 분류는 그 나름대로 의미를 지니고 있다.[15] 이에 대해 일반적으로 보면, 자립적인 형태를 단어로 보고 이에 대한 품사 분류를 하였는데, 그것은 이른바 체언에서의 조사와 용언의 활용 어미를 단어로 인정하지 않고 품사 설정에서 제외했기 때문이다.[16] 그런데 실제로는 각각의 품사에 대한 해석에서 각자의 언어나 배경 지식 등에 따라 많은 차이를 보였다.

3.2. 체언의 경우, 명사 외에 대명사와 수사가 설정되기도 하였다. 서양인의 한국어 문법 기술에서 대명사는 대부분의 문헌에서 다루어졌는데, 특히

"文法 體系에서는 무리하게도 그들 本國의 文法體系에 맞추어 꾸미려는 억지를 犯하여, 國語文法으로는 기형적인 것이 되어 버리지 않을 수 없었다. 그리하여 品詞의 分類는 八品詞에 始終하였고, 名詞에는 數와 格 以外에 性을 구별하였으며, 代名詞에는 再歸代名詞(reflexive pronoun)와 關係代名詞(relative pronoun)를 두는 代身, 冠形詞와 形容詞를 同一範疇로 取扱하였다. 그 결과 形容詞는 '名詞 혹은 代名詞에 얹혀서 直接 間接으로 이것을 修飾하고 限定하고 記述하는 말'이라고 정의되며, 級을 두게 된다. 動詞에서는 活用에 分詞를 두되, 語尾는 獨立品詞로 취급하지 아니하고, 助動詞라는 명목으로 서술하는 특이한 체계를 세웠다."

14 서양인의 한국어 품사에 대한 기술에서 나타나는 특징으로 한국어의 문법범주로 설정되기 어려운 항목들에 대해 서술하였다는 점도 지적된다. 이것은 그들의 한국어 문법 기술에서 자신들의 언어의 문법 체계와 언어 지식을 한국어에 이식하려는 과정에서 나타났던 것으로 이해된다(이은령, 2011 참조).

15 이와 관련하여 이광정(1987:295-297)에서는 서양인의 한국어 문법 기술에서 논의된 품사 분류의 특징을 다음과 같이 제시하였다. ①체언을 명사, 대명사, 수사의 3분 체계로 구분한다. ②용언을 동사와 형용사로 2분한다. ③Underwood(1890)을 제외하고는 체언토를 독립 품사로 설정하지 않았다. ④용언어미는 독립 품사로 인정하지 않는다. ⑤ 관형사를 독립 품사로 설정하지 않고, 관사와 분사를 독립 품사로 설정하기도 한다. ⑥ 전치사의 대립 개념으로 후치사를 설정한다. ⑦감탄사 설정이 불분명하다.

16 여기에는 인구어가 굴절적 특징을 지닌다는 점이 반영되었다고 할 수 있다. 즉, 자신들의 언어적 관점에서 한국어의 단어를 설정하고 품사를 분류하였다는 것이다.

3. 품사 분류와 문장 구성의 특징   81

3인칭 대명사가 불분명하다든지 관계대명사가 설정되지 않는다든지 하여 인구어와 매우 다른 점이 있음이 부각되었다. 또한 한국어의 인칭대명사는 지시 대상에 대한 대우 정도에 따라 형태가 달라진다는 점에서도 그들에게는 매우 특징적인 것으로 인식되었다(다음의 4.2.2절 참조).[17]

수사는 체언의 한 부류이지만, 사물의 수량이나 순서를 가리킨다는 점에서 명사나 대명사와는 구분된다. 그런데 수사는 서양의 전통적인 8품사 체계에는 포함되지 않았고, 명사 또는 형용사의 하위 부류로 인정되어 왔다(앞의 3.1절 1.2항 참조). 그것은 수사가 체언의 기능도 지니고 있으나 명사 앞에서 쓰여 수량을 표현하는 한정사의 기능을 한다는 점과 관련되는 것이었다.

서양인의 한국어 문법 기술에서 수사는 독립된 품사로 설정하는가 아니면 그렇지 않는가로 구분된다.[18] 후자의 경우, 명사적 성격을 지니는 것으로 보아 Dallet(1874)와 Huart(1889)에서는 수명사(nom de nombre)라 지칭하였고, Ridel(1881)에서는 의미적으로 명사를 한정하는 형용사 범주에서 다루었다. 특히 Underwood(1890)과 Ramstedt(1939)에서와 같이 '필, 마리, 켜리(켤레)' 등 이른바 수량 단위를 나타내는 의존명사의 일부를 분류사

---

17 한국어 문법에서 대명사는 크게 인칭대명사와 지시대명사의 둘로 나뉘는데, 인칭대명사는 다시 1인칭, 2인칭, 3인칭, 미지칭, 부정칭, 재귀칭 등으로 나뉘고, 지시대명사는 사물 지시와 처소 지시로 나뉜다(남기심 외, 1993:78-86 참조). 그리고 때로는 의미론적인 성격이나 통사적 기능에 따라 관계대명사, 부정(不定)대명사, 소유대명사, 재귀대명사, 의문대명사와 같이 나뉘기도 하지만, 일반적으로 관계대명사와 소유대명사는 인정되지 않는다.

18 서양인의 한국어 문법 기술에서는 수사를 독립 품사로 설정하지 않더라도 이를 별도로 다루기도 하였는데, 그것은 한국어의 특성을 반영하는 것이기는 하겠으나 언어 학습에서 수 표현의 중요성을 고려하면 그들의 한국어 학습을 위한 접근 태도와도 관련되는 것이라 할 수 있다. 그리하여 수사와 관련된 항목에서 연월일시와 같은 시간이나 화폐, 무게, 거리, 길이 등의 양을 표현하는 형태를 포함하였다.

(classifier)로 해석하기도 하였다(다음의 4.3.2절 참조).[19]

3.3. 격(case)과 관련하여, 격 체계도 각기 다른 점이 있으나 특히 격 표지 형태에 대해서는 종결형태(termination)와 어미(ending), 접사(suffix), 첨사(particle), 후치사(postposition) 등 여러 용어로 지칭됨으로써 혼돈스러운 양상을 보였다.[20] 여기서 격 어미는 명사에 첨가되는 격 표지를 굴절 어미로 해석하는 것인데, 초기에는 인구어와 같이 순수히 굴절적 현상으로 인식하였으나, 점차 한국어의 형태적 교착성을 인식하면서 격 어미가 첨가되는 교착적 현상으로 바뀌었다.[21] 이러한 격 표지의 교착성으로 하여 이에 해당하는 형태를 접사라 지칭하기도 하였으며, 때로는 첨사라 하거나 그들 언어의 전치사에 대응하여 하나의 독립 품사로서 후치사라 하기도 하였다(다음의 4.4.2절 참조).

한편, Undewood(1890)에서는 후치사를 독립 품사로 설정하고 명사의 격을 나타내는 형태(첨사)도 이에 포함되는 것으로 해석하였다. 이것은 앞서의 Dallet(1874)나 Ridel(1881), Scott(1887)에서 격 표지를 독립 품사로 설정하

---

19 한국어 수량 표현에서 분류사와 관련한 것은 Aston(1879)와 Ridel(1881), Huart(1889), Scott(1893)에서도 간략하게나마 언급된 바 있다.

20 이들은 의미와 기능의 특성이 다른데, 격 어미(case ending)는 문법적인 기능을 실현하고 첨사는 특별한 의미를 표현한다는 점에서 구분되고, 후치사는 독립 품사로 분류되는 단어류를 지칭한다. 격 표지 형태를 지칭하는 용어는 격 표지에 대한 형태적 지위를 의미하는 것이며, 따라서 용어의 차이는 한국어 격 실현에 대한 관점의 차이를 반영하는 것이기도 하다. 그런데 'particle'은 본래 전치사와 접속사, 부사 등을 포함하는 불변화적인 단어를 의미하는 것이지만(앞의 3장 각주 3), 8) 참조), 여기서는 격의 실현과 관련되는 의존 형태를 지칭하는 용어를 쓰었다.

21 전형적인 굴절은 하나의 자립 형태를 구성하는 어간과 어미 중에서 어미가 변화하는 현상을 지칭하는 것으로, 동사의 활용(conjugation)에서처럼 어간과 어미는 모두 의존 형태에 해당한다. 그런데 이에 준하여 명사의 경우 격 변화를 곡용(declension)의 현상으로 해석하기도 하지만, 한국어의 경우 격 표지는 의존 형태로서 자립 형태인 명사에 붙는다는 점에서 전형적인 곡용과는 구분된다(송경안, 2019:93-97 참조).

지 않았던 것과 차이가 있다.[22] 그리고 Ramstedt(1939)에서는 격 어미(case ending)와 첨사, 후치사를 형태적으로 구분하여 비교언어학적 관점에서 해석하였다(다음의 4.4.3절 참조).

3.4. 용언의 경우, 동사에 대한 인식은 라틴 문법의 전통에서 명사와 동사가 설정되었음에 비추어 볼 때 쉽게 수용되었으나, 형용사의 설정이 가장 큰 문제였다. 그것은 한국어의 형용사가 인구어의 형용사와는 그 성격이 다르기 때문이기도 하거니와(이광정, 1987; 최호철 외, 2005 참조), 형용사의 품사적 위상이 불분명했기 때문이었다.[23]

동사는 기능적으로 문장에서 서술어의 역할을 하여 명사와 함께 주요한 문장 구성의 중심이 되는 단어류이다. 또한 동사의 어미변화는 주어진 사태에 대한 시제와 서법, 태 등 다양한 문법범주를 표현하는데, 이런 의미에서 서양인의 한국어 문법 기술에서 동사는 매우 주목되는 단어류가 되어 왔다. 한편, Ridel(1881)에서처럼 분사(participle)를 독립 품사로 설정하기도 했는데, 분사는 동사이면서 형용사적 성격을 지니는 것으로 독립 품사로 설정되지 못한다는 것이 일반적인 해석이다(이은령, 2011 참조).[24]

형용사는 문장의 서술어가 될 수 있으며(언어에 따라서는 형용사 술어가 계

---

22 Ridel(1881)에서는 전치사(préposition)를 설정하면서 한국어에서는 이를 후치사로 하는 것이 더 타당할 것이라 하였다. 그리고 프랑스어의 주요 전치사를 소제목으로 하여 그에 따르는 한국어의 대응 형태를 제시하는 형식으로 서술함으로써, 프랑스어 품사 분류 체계에 한국어를 맞추는 방식으로 접근한 것으로 이해된다(강이연, 2008 참조).

23 형용사는 그리스 문법에서 명사의 하위 부류로 기술되기도 하였으나, 후에는 라틴 문법의 8품사 체계에 포함된 것이기도 하다(앞의 3.1절 1.2항 참조).

24 분사는 인구어에서 형용사의 기능을 지니는 동사의 부정형(non-finite)을 뜻하는 것으로, 명사와 동사의 성질을 나누어 가지는 특성에 착안한 명칭이다(다음의 5.4.1절 참조). 분사는 명사의 기능을 하는 동명사(gerund) 및 부정사(infinitive)와 함께 준동사(準動詞, verbal, verbid)로 총칭되기도 한다(『국어국문학사전』, 1980:283-284 참조).

근대 시기 서양인의 한국어 문법 연구

사를 동반하기도 한다.), 의미는 정도성을 지니기 때문에 원급과 비교급, 최상급으로 구분된다. 그리고 형용사가 명사를 수식하는 경우에는 명사에 표시되는 성이나 수, 격 등의 문법범주가 형용사에 함께 표시되기도 한다. 그런데 이러한 문법적 특징으로 보면, 형용사는 언어유형론적으로 명사류와 유사한 것과 동사류와 유사한 것으로 구별되기도 한다.[25] Dixon(1994)에 따르면, 그리스어와 라틴어는 형태적으로 형용사가 격과 수에 따라 굴절한다는 점에서 명사와 매우 유사한 데 비해서, 북아메리카와 동아시아, 동남아시아, 태평양 제어들은 형용사가 서술어적 용법으로 쓰이는 것이 선호된다는 점에서 동사류와 유사하다고 한다. 이러한 유형론적 차이를 고려하지 않으면 인구어에서의 관사(한정사)와 형용사, 그리고 한국어의 관형사와 형용사 사이의 대응 관계에서 예상되는 여러 현상을 정리하기가 어렵게 된다(목정수, 2002 참조).

한국어 형용사는 기능적으로 서술어가 되며 형태적으로 활용을 한다는 점에서 동사와 함께 용언의 한 부류로 해석된다. 다만 의미적으로 성질이나 상태를 나타낸다는 점과 형태 변화에서 첨가되는 어미에 차이가 있다는 점에서 동사와 구분된다(다음의 5.1.1절 참조). 서양인의 한국어 문법 기술에서는 그들 언어나 라틴어의 특성을 반영하여 한국어 형용사를 명사 수식 기능에 초점을 두었던 것으로 보인다.[26]

---

25 언어는 참여자(participant, 사람이나 동물, 사물)와 참여자의 동작(activity)이나 속성(property)을 서술하는 어형(단어)을 지니게 마련인데, 이들은 각각 명사와 동사, 형용사로 대응된다. 명사는 시간의 차원과 무관하게 사물이나 동물, 사람을 나타내고, 동사는 시간에 제한적인 동작(과정, 변화 포함)을 나타내며, 형용사는 비교적 영속적인 사물의 속성을 나타낸다. 이런 의미에서 보면 형용사는 명사에 가깝다. 그런데 명사는 일반적으로 담화의 중심적인 주제(topic)가 되고 그것에 대한 평언(comment)은 동사에 의한 동작이나 형용사에 의한 속성에 해당한다. 이런 의미에서 보면 형용사는 동사에 가깝다(Dixon, 1994 참조).

26 Dallet(1874)에서 한국어에는 엄밀한 의미의 형용사가 없고 명사나 동사로 대신한다고

인구어의 형용사는 명사를 수식한다는 점에서 보면, 한국어에서는 관형사(冠形詞)에 더 가깝다. 한국어에서 관형사는 체언을 수식하는 것으로, 조사가 붙지 않고, 어미 활용도 하지 않는다(우형식, 2006 참조).[27] 한국어에서는 전형적인 명사 수식 기능은 관형사에 의해 나타나는데, 그들은 관형사를 설정하지 않음으로써 이러한 특성을 형용사에서 서술했던 것으로 이해된다(최호철 외, 2005:19-20; 송경안, 2019:111-113 참조).[28]

한편, 서양인의 한국어 문법 기술에서 관사(article)를 독립 품사로 설정하기도 하였는데, 이것은 그들의 문법 체계에 한국어 품사를 분류하려 하였음을 보여 주는 전형적인 것 중의 하나라 할 수 있다.[29] 관사는 본래 명사 앞

───────

하였으며, Ridel(1881)에서는 수사를 형용사에 편입시키기도 하였다.

27 이런 의미에서 관형사를 영어로 번역할 때, 'adnominal adjective, attributive, prenoun, unconjugated adjective, unconjugation adjective' 등으로 대역된다.

28 영어의 경우, 한국어의 관형사에 해당하는 관사와 소유격 대명사, 양화사(quantifier) 등을 합쳐 한정사(determinative)라 하여 따로 분류하기도 한다. 이렇게 하면, 영어의 품사는 명사와 동사, 형용사, 부사, 대명사, 전치사, 접속사, 감탄사의 8품사에 한정사를 더하여 9품사 체계로 설정된다. 한정사에는 관사(a/an, the), 지시사(this, that), 양화사(many, much, few, little, some, any, no, every), 소유격 대명사(my, your, his, her, its, our, their) 등이 포함될 수 있다(『영어학사전』, 1990:335 참조).

29 예를 들어, Ridel(1881:1-2)에서는 관사를 하나의 독립 품사로 설정하고, 프랑스어 관사에 대응하는 한국어 형태를 제시하였다. 여기서 부정관사에는 '혼'과 '엇던'을, 부분관사에는 '졈'과 '조금'을 제시하였으며, 정관사의 경우에는 '이, 시, 지, 치, 히, 가' 등의 주격 형태를 대응시키고자 하였다. 후자의 경우에는 실사 뒤에서 격표지가 형태적으로 실현되면 해당 실사를 한정하는 의미가 두드러진다는 특징에 근거하여 해석한 것으로 이해된다. 따라서 Ridel(1881)에서는 한국어의 언어적 현실을 반영하여 관사를 독립 품사로 인정하였다기보다는 프랑스어 관사에 의미적으로 대응될 수 있는 형태를 제시하기 위해 서술한 것이라 할 수 있다(강이연, 2008; 이은령, 2011 참조). 한편, Underwood(1890)에서는 한국어에서 관사를 독립 품사로 설정하지는 않았으나, 명사에 격표지로서의 후치사가 첨가되면 한정성을 갖게 되어 영어의 정관사 'the'의 효과가 나타난다고 하였다(다음의 4.4.3절 3.6항 참조). 또한 김규식(1908)에서는 정관사와 부정관사가 각각 (관형사에 해당하는) 지시대명사적 형용사 '그'와 수량적 형용사 '혼'에 대응하는 것으로 보기도 하였다(다음의 7.2.4절 4.4항 참조).

근대 시기 서양인의 한국어 문법 연구

에 붙어서 그 명사의 뜻에 제한을 두는 단어류로, 지시사와 유사한 기능을 하며 뒤따르는 명사의 배경(수, 성, 격 등)에 따라 변화하기도 한다.[30] 그러나 실제로 서양인들은 한국어에서 관사가 독립 품사로 설정될 수 없음을 이해했던 것으로 보인다.[31]

3.5. 부사는 수식언의 하나로, 주로 용언 앞에 놓여 그 말의 뜻을 분명히 제한해 주는 단어류로 인식되어 왔다.[32] 서양인의 한국어 문법 기술에서 보면, Dallet(1874)에서는 단순부사와 복합부사로 구분하였는데, 형용사에 '이/히, 게/케'가 붙어 부사로 전성되는 방식을 서술하였다.

(1) ㄱ. 더, 덜, 또, 몃, 만
　ㄴ. 어느때, 며때, 젼에, 후에, 여긔, 여긔셔, 뎌긔, 뎌긔셔, 또한, 어뎌케, 한가지로
　ㄷ. 밝이, 가득히, 크게

위에서 (1-ㄱ)은 단순부사에 해당하는 것으로 그 수가 적다고 하였고, (1-ㄴ)은 복합부사로서 명사나 형용사(형동사), 대명사가 탈격이나 처격, 구격 등으로 변화한 것을 지칭하며, (1-ㄷ)은 자동사에서 형성된 복합부사에 해당하는 것으로 해석하였다.

30　아리스토텔레스는 관사를 대명사와 함께 접속사에 포함시켰는데, 스토아학파에서 처음으로 독립 품사로 분류하였다(앞의 3.1절 1.1항 참조). 오늘날 영어에서 관사를 뜻하는 'article'은 접속을 의미하는 라틴어 'articulus'의 번역인데, 영어의 'article'에는 접속 (joint)의 의미가 없다고 한다(이환묵, 1999:197 참조).

31　Aston(1879)에서는 한국어와 일본어에는 지시대명사와 변별되는 관사는 존재하지 않는다고 하였다.

32　영어에서 부사를 뜻하는 'adverb'는 라틴어 'adverbium'에서 온 것이고, 'adverbium' 은 '말한 것 뒤에 덧붙여진 것'을 뜻하는 그리스어 'epirhema'에서 온 것이라 한다(이환묵, 1999:198 참조).

Ridel(1881)에서는 부사를 '동사가 표현하는 행위를 수행하는 방법이나 행위를 동반하는 상황, 즉 시간과 장소를 표현하는 데 쓰이는 단어'라 정의하고, 수식부사, 긍정부사, 부정부사, 시간부사, 장소부사로 구분하였다. 여기서 수식부사는 다시 파생 방법에 따라 동사에서 파생된 부사(동사 어간에 '게/케' 또는 '이/히'가 붙은 것)와 동사에서 파생되지 않은 부사로 나누었다. 그 일부의 예를 보면 다음과 같다.

    (2) ㄱ. 됴케, 다르게, 고롭게, 갓가이, 평안이, 달니, 과히, 멀니, 달니, 밧비
       ㄴ. 얼마, 오직, ㄱ장, 미우, 모도, 너무, 더옥, 더부러, 덜
       ㄷ. 아마, 아조, 어셔, 엇지, 오히려, ㅎ믈며, 홈끠, 혼가지로, 굿치
    (3) ㄱ. 안, 아니, 예, 오냐, 못
       ㄴ. 아째, 아직, 언제, 일즉, 오래, 잇다가, 요시, 각금, 마ㅈ막, 미리
       ㄷ. 어듸, 여긔, 이리, 가온듸, 건너, 멀니, 넘어, 뎌긔, 밧긔, 우희, 안에

위에서 (2)는 수식부사에 해당하는 것으로, (2-ㄱ)은 동사에서 파생된 것이고, (2-ㄴ,ㄷ)은 동사에서 파생된 것이 아니며 각각 수량과 양태를 나타내는 것으로 구분하였다. 그리고 (3)은 의미에 따른 것으로 (3-ㄱ)은 긍정 또는 부정을 뜻하고, (3-ㄴ,ㄷ)은 각각 시간과 방위를 뜻하는 것으로 구분하였다.

Huart(1889)에서는 부사를 그 자체로 부사적 의미가 있는 것('아마, 대개'), 동사 어근에 '게'가 결합한 것, 명사 어근에 장소격 표지가 붙어서 형성된 것('밤에')으로 분류하였다. Scott(1887)에서도 의미에 따라 성상과 양태, 시간, 장소, 긍정과 부정으로 나누어 부사의 목록을 제시하였으며, 동사나 형용사에서 파생된 부사로 '크게, 됴케, 갓가이, 놉히' 등을 제시하였는데, Ridel(1881)과 크게 다르지 않은 것이었다. 재판인 Scott(1893)에서는 부사를 시간과 장소, 양태, 정도, 긍정과 부정으로 구분하여, '가장, 미우, 너무, 더욱, 만히, 조곰' 등을 정도(degree)의 영역으로 설정하였음이 초판과 다르다. 그런데 이들의 부사에 대한 분류는 형태적 기준과 의미적 기준이 혼재하는 것

근대 시기 서양인의 한국어 문법 연구

으로, 한국어 부사의 문법적인 특성을 분석하기보다는 분류에 따라 어휘 목록을 제시하는 데 그쳤다는 한계를 지닌다(이은령, 2011 참조).

Underwood(1890)에서는 부사를 근원과 의미에 따라 구분할 수 있다고 하면서, 주로 전자에 따라 본래적인 것과 파생적인 것으로 구분하여 서술하였다.

(4) 지금, 아까, 또, 다시, 미우, 얼마, 아마, 더, 덜, 웨, 안, 못
(5) ㄱ. 놉히, 친히, 귀히, 갓가이, 멀니, 널니, 밧비, 적이, 쉬이, 붉이
　　ㄴ. 다르게, 됴케, 칩게
　　ㄷ. 누려, 너머, 올녀, 건너
　　ㄹ. 안흐로, 임의로, 째에, 졀노, 스스로, 아츰에, 젼에, 별노
(6) 첫재논, 둘재논, 데일은, 데이논

위에서 (4)는 본래부사이고 (5)는 파생부사에 해당한다. 그리고 파생부사는 (5-ㄱ,ㄴ,ㄷ)은 동사에 '이, 히' 또는 동사적 분사 '게, 아/어'가 붙은 것이고,[33] (5-ㄹ)은 명사나 대명사에 후치사가 결합하여 형성된 것으로 해석하였다. 또한 (6)은 서수사에 후치사 '은'이 결합한 것으로 영어의 수적 부사('firstly, secondly')에 대응된다고 하였다.

한편, Ramstedt(1939)에서는 인구어에서 부사는 주로 형용사로부터 파생되어 형성되는데, 한국어에는 형태론적 관점에서 형용사도 부사도 아닌 것이 있다고 하였다. 즉, 한국어에서는 명사에 격 표지가 붙어 부사처럼 쓰이기도 하고 동사의 연결형이 부사처럼 쓰이기도 한다는 것이다. 특히 다양한

33　특히 Underwood(1890:195)에서는 의미적으로 '이/히'는 주어의 태도와 관련되어 피동적이고 '게'는 목적어와 관련되어 능동적인 것으로 구분된다고 하면서 다음의 예를 제시하였다.
　　(1) ㄱ. 일본 비 엇엇소 달니 홀수 업소
　　　　ㄴ. 새로 혼 칙을 다르게 하엿소
　　그리고 이러한 파생부사들은 많은 경우에 영어로는 형용사로 번역하는 것이 더 적절하다고도 하였다.

유형의 의성어가 존재함을 지적하기도 하였다. 그리고 한국어 부사는 거칠 게 구분하면, 부정부사('아니, 못'), 위치부사('어디, 아래'), 시간부사('아까, 막'), 질적부사('잘, 꼭'), 양적부사('다, 좀') 등으로 나뉜다고 하였다.

3.6. 서양인의 한국어 문법 기술에서 용언의 어미는 품사로 설정하지 않 았으나 일부 연결어미의 경우 자신들의 언어에서 나타나는 접속사로 처리 하는 경향을 보였다. 접속사는 한국어에서 비록 활용형으로 나타날지라도 그들의 언어에서는 단어 형태로 나타나기 때문에 독립 품사로 설정한 것으 로 보인다(최호철, 2005 참조).

접속사(conjunction)는 단어나 절, 문장을 이어주는 역할을 하는 단어류 로, 일찍부터 그리스어의 품사 분류에서도 인식되었다(앞의 3.1절 1.1항 참조). 그러나 한국어의 경우, 주로 조사와 어미 등이 문장의 구성 단위를 이어주는 역할을 하고 특별히 하나의 자립 형태로서 접속의 기능을 하는 것은 그리 두 드러지지 않는다. 그리하여 오늘날의 한국어 문법 기술에서는 접속사를 독립 품사로 설정하지 않고 부사의 일종으로 보는 것이 일반적인 해석이다. 그런 데 서양인의 한국어 문법 기술에서는 그들 언어의 특징을 반영하여 접속 기 능을 수행하는 의존 형태인 조사와 어미 등을 접속사로 예시하기도 하였다.

Rosny(1864)에서는 한국어의 접속사를 문장의 뜻을 뒤의 문장에 이어 주 면서 그것을 꾸미는 부사라 하면서, 'hanăr sta kamur nurur(하놀 싸 가믈 누를)'에서처럼 종종 생략되며, 문장을 분명히 하기 위해 꼭 필요할 때 외에 는 쓰이지 않는다고 하였다. Dallet(1874)에서는 조사 '와/화, 마는'과 연결 어미 '고'('글 쓰고 책 보고'), '비록, 연고로' 등이 제시되었으며, Ridel(1881)에 서는 접속사를 단어와 문장을 이어 주는 것으로 해석하면서 의미에 따라 연 접(copulative)과 이접(disjonctive)으로 구분하고, '아모리, 쪼, 밋, 그러나, 그뤄도, ᄒ여곰, 혹(시)' 등을 포함하여 형태 목록이 더 확대되었다.

한편, Underwood(1890)에서는 접속사를 통사적 기능에 따라 대등과 종속으로 구분하였는데, 대등접속사로는 '와/과'와 '밋' 외에 '고, 며, 나/이나, 지, 가, 마는' 등의 활용어미를 제시하였고, 종속접속사는 '비록, 만일, 즉' 등의 단어 형태 외에 '나, 되, 거니와, 니, 거든' 등 동사의 활용어미를 포함하였다(다음의 5.5.2절 2.5항 참조). 그리고 이와 아울러, 구가 접속 표현으로 나타나는 것이라 하여 '그러나, 그랴도, 그런고로, 그러므로, 그루면' 등을 제시하기도 하였다.

3.7. 감탄사는 기능적으로 보면 문장 안의 다른 단어와 어떤 관계를 맺지 않고 독립적으로 쓰이는 단어류를 의미하는 것으로, 인구어 문법에서는 문장에 소속되지 않고 문장과 문장 사이에 끼어들어 가는 말로 이해하였다.[34] 감탄사는 의미적인 용법에서 보면, 부르고 대답하거나 화자의 기쁨과 슬픔, 놀람 등의 감정을 표현하는데, 각각의 형태들은 쓰이는 상황이 매우 다양하여 의미에 따라 구분하기가 쉽지 않다.

한국어에서 감탄사는 형태 구성이나 통사적 기능에서 체언이나 용언 등과는 매우 이질적인 특성을 지닌다는 점에서, 8품사 체계에 익숙했던 당시 서양인의 한국어 품사 분류에서도 일률적으로 적용되지 못했다. Dallet(1874)에서는 감탄사로 '애고, 에, 애, 아나, 여보, 야' 등을 제시하였으며, 여기에는 긍정의 '오냐, 예' 등도 포함되었다. Ridel(1881)에서는 감탄사를 독립 품사로 설정하였으나 그에 대해 깊이 있게 서술하지는 않았는데, 그것은 본래 이들이 지니고 있는 특성에서 다른 품사와는 이질적이기도 하거니와 그 범

---

34 감탄사와 관련하여 간투사(間投詞)를 설정하기도 하는데, 이것은 감탄적 표현과 비슷하나 의미적인 면에서 느낌을 드러내지 않는 것으로, '예, 아니요'와 같은 응답 표시어나 '글쎄, 에' 따위의 삽입어 등이 이에 포함된다.

주를 한정하기 어려웠기 때문이었던 것으로 보인다.[35] 그러나 간투사 또는 감탄사 항목을 설정하고 관련되는 표현들을 제시하였으며, 여기에는 '웬, 앗차, 아불사, 이고, 춤, 야, 여보(게)' 등 다양한 형태가 포함되었다. 특히 욕설적이거나 품위 없는 의미를 지닌 것으로 '놈/년'이 결합된 표현들('이놈, 죽일 놈' 등)을 상당수 제시하였음이 특이하다.[36]

한편, Ramstedt(1939)에서는 감탄사를 비굴절어의 하나로 다루었다. 그리고 한국어에서 감탄사는 문장의 시작에서 다양한 소리로 표현되며 그 의미에 대한 해석도 매우 많을 수 있다고 하면서, 단어로 된 것('아, 어, 자')과 단어와 유사한 표현('글쎄, 아이고, 아차') 등으로 나누어 형태를 예시하였다.

3.4. 문장 구성의 특징

서양인의 한국어 문법 기술에서는 한국어 문장 구조의 특징과 구두법 (punctuation)에 대해 관심을 두기도 하였다. 그러나 당시의 언어 이론이 품사론 중심이었다는 점에서 그들의 한국어 문장에 대한 기술도 품사적 특성을 바탕으로 접근하였다는 한계를 지닌다.[37] 즉, 통사론을 독립된 한 영역으로 다루는 것이 아니라 문장을 이루는 단어의 품사적 속성을 바탕으로 서술

---

35 Underwood(1890)에서 감탄사는 본문의 편제상 드러나 있지 않으나, 서문에서는 이를 포함하여 9품사 체계로 해석하였다(앞의 3장 각주 7) 참조).

36 Ridel(1881)에서는 감탄사 항목에서 비속어(구)를 제시하기도 하였는데, 이것을 포함시켜야 하는지에 대해서 당시 편찬에 참여한 이들 사이에 이견이 있었던 것으로 보인다(장소원, 2005 참조).

37 통사론에 관한 것은 Ridel(1881)에서 별도의 항목으로 도입되었다. 여기서는 프랑스어 문장의 통사적 단위가 한국어에서 실현되는 양상을 중심으로 하여 한국어 문장 구성의 기본 원리, 개별 단어의 위치와 이들 상호간의 관계에 대해 서술하였다. Underwood(1890)에서도 통사적 개념이 다루어졌으나, Ridel(1881)과 큰 차이는 없다고 할 수 있다.

하는 경향을 띠었다.

3.4.1. 형태·통사적 특징

서양인의 한국어 문법 기술에서는 한국어 문장 구성에서 나타나는 형태·
통사적인 특징에 대해 그들 언어의 속성과 대조하는 관점에서 서술하는 경향
을 띠었다. 그리하여 한국어가 인구어와는 달리 성과 인칭의 구분이 없거나
불분명하고, 명사의 문법적 기능은 후치사의 첨가로 표현되며, 동사의 형태
변화가 복잡하다는 등 형태적 영역에서의 교착적 특성이 주목되었다. 그리고
통사적인 관점에서는 지배하는 단어가 지배받는 단어의 뒤에 온다는 것을 거
의 절대적인 일반 원리로 수용하면서 수식어와 피수식어, 즉 부사와 동사, 형
용사와 명사 등의 문장 구성에서의 단어 간의 관계에 대해 서술하였다.

1.1. Gützlaff(1832)에서는 한국어는 동아시아의 다른 언어들과 마찬가지
로 곡용과 활용이 없으며, 일본어와 매우 유사하다는 점을 강조하였다. 이와
관련한 부분을 인용하면 다음과 같다.

> "한국어는 동아시아의 다른 언어와 마찬가지로 곡용(declension)도 활용
> (conjugation)도 없다. 위치(position)에 관한 한, 위치가 활용을 대신한다는 점에
> 서 중국어와 정확히 일치한다. …… 한국어와 일본어 사이의 유사성은 매우 현저
> 하다. …… 우리는 한국어를 의미나 감정을 매우 뚜렷하게 나타낼 수 있는(very
> expressive) 언어라 할 수 있는데, 거칠지(harsh)도 않고 부드럽지(soft)도 않다."

이것은 매우 막연한 서술이어서 한국어의 특징이 드러난다고 볼 수 없
으나, 한국어를 대조언어학적으로 관찰한 초기의 업적으로 그 뒤를 이어 한
국어 문법에 대한 문헌들이 나오게 되었다는 평가를 받는다(이응호, 1978 참
조). 그러나 중국어의 관점에서 한국어에 접근하고 있으며, 자신의 언어에

내재하는 문법 현상을 한국어에서 발견하는 측면에서 서술하였다는 한계를 지니는 것이기도 하다.

시기적으로 좀 다르기는 하지만, Ross(1878)에서는 한국어와 중국어를 영어와 함께 어순을 대조하면서, 한국어의 통사적 특징을 서술하기도 하였다. 여기서는 영어의 대역어로 중국어와 한국어를 예시하였는데, 한 예를 보면 다음과 같다.

> (7) This house is not very large. (영어)
> This house not very large. (중국어)
> This house large very is-not. (한국어)

위 (7)은 영어 문장에 대응하여 중국어와 한국어의 문장을 각각의 어순에 따라 영어 단어로 배열한 것이다.[38] 이를 통해 영어는 한국어보다 중국어와 가까우며, 한국어는 중국어와 전적으로 다르고, 투라니안(Turanian) 계통의 언어 또는 교착적 언어로 분류될 수 있다고 하였다.[39]

1.2. Rosny(1864)와 Dallet(1874), Ridel(1881), Huart(1889)는 한국어의 문법적 체계와 구 구성은 일반적으로 타타르어(Tartar)의 주요 특징을 이루는 것과 일치한다고 하면서, 프랑스어 문법에 근거하여 한국어의 문법적 특징을 서술하였다는 점에서 공통된다.[40] 우선 Rosny(1864)는 초기의 접근으로

---

38 그런데 위 (7)의 한국어 어순의 예 중에서 'large'와 'very'의 배열 순서가 적절치 않은 것으로 보인다.

39 투라니안은 인구어와 셈어, 중국어 등을 포함하지 않는 유라시아 언어를 총칭하는 어족(우랄알타이어족)을 지칭하던 용어였다(『The American Heritage College Dictionary』, Houghton Mifflin Company, 2002:1479 참조).

40 타타르어에 대해 안응렬 외(1987:158)에서는 달단어(韃靼語)로 번역하고, 만주어를 비롯한 동북아 제어를 가리키는 것으로 해석하였다.

서 윤리나 과학, 예술 분야의 단어 조어 방식은 한국어가 만주어나 몽골어와 유사하고, 문법 체계나 문장 구성 방식은 타타르어의 일반적인 특징을 공유한다고 보았다.[41] 그리고 이를 근거로 한국어에서 명사의 곡용이 굴절어와는 달리 후치사의 첨가로 이루어진다는 것과 동사의 활용이 인칭과 무관하다는 사실 등에 대해 소략하게나마 언급하였다.

Dallet(1874)에서는 Rosny(1864)의 견해를 수용하여 한국어가 타타르어에 속하는 것으로 보면서, 타타르어의 주요한 특징을 다음과 같이 서술하였다.

① 성의 구분이 없다.
② 격 변화가 후치사의 첨가로 표현되고, 후치사는 쉽게 분리된다.
③ 복수는 특별한 첨사를 덧붙인다.
④ 형용사가 성, 수, 격에서 명사와 일치하는 규칙이 없다.
⑤ 3인칭 대명사가 없고 지시대명사로 그것을 대신한다.
⑥ 관계대명사가 없고 관계 분사로 대신한다.
⑦ 동사의 활용에서 서법과 시제는 동사 자체의 변화, 즉 굴절로 표현된다.
⑧ 피동이 없기는 하지만, 부정형은 존재한다.
⑨ 지배하는 단어가 지배받는 단어의 뒤에 온다.

즉, 한국어는 교착적인 특성을 보이는 타타르어의 한 분파로서, 인구어의 성이나 수, 격의 변화가 두드러지지 않고 전치사 대신 후치사가 쓰이며, 관계대명사가 없고, 동사의 활용에 의해 문법범주가 실현되는 것으로 보았다. 그리고 마지막으로 통사적으로는 지배하는 요소가 지배받는 요소에 후치되는 특성을 지니는 것으로 서술하였다.

---

41 Rosny(1864)에서는 당시의 역사비교언어학의 관점을 수용하여 한 언어의 계통을 결정짓는 데에는 어휘 형태의 유사성보다는 문법 시스템의 유사성이 더 중요한 요인이라는 사실에 주목하였으며, 어휘의 결합을 지배하는 규범과 문장 구조에 영향을 끼치는 규범의 공통성을 통해 언어간 유사성 혹은 계통을 판단해야 한다고 주장하였다(앞의 2.2.1절 1.2항 참조).

Ridel(1881)에서는 문법을 형태부와 통사부로 구분하였다. 그리고 통사부에서는 논항의 지배 관계에 근거하여 '지배하는 단어는 지배 받는 단어의 뒤에 놓인다.'는 통사 원칙을 세우고(Ridel, 1881:161 참조), 이것을 한국어 통사부를 기술하는 데 가장 중심이 되는 논리로 두었다. 이는 동사를 중심으로 하는 문장과 구(句)를 구성하는 논항 간의 지배 관계를 포함하는 것이었다. 또한 한국어 문장에서 어순에서 주어와 간접목적어, 직접목적어는 언제나 관계되는 모든 것에 선행한다고 하였는데, 이것은 어순이 '주어-간접목적어-직접목적어-동사'가 됨을 의미한다. 그리고 부사는 동사 앞에 오고 동사는 문장의 맨 뒤에 와서 문장을 종결시킨다는 점이 포함되었다.[42]

한편, Ridel(1881)의 통사부에서는 통사적 단위를 설정하여 형태론과 독립적인 통사론적 원리를 서술한 것이 아니라, 형태부의 품사 중심의 분류 체계를 바탕으로 명사와 형용사, 대명사, 동사, 관계 분사와 동사성 형용사, 작문법과 담화 등의 하위 부분으로 나누어 서술하였다. 따라서 이것은 한국어 문장을 체계적으로 분석하였다기보다는 프랑스어 문장 분석에서 유도된 문법적 개념 위에 한국어 용례를 적용하고 이를 바탕으로 한국어 문법 현상을 규칙화하고자 한 것으로 이해된다(이은령, 2011 참조).

Huart(1889)에서는 한국어 문장을 구성하는 가장 단순하고 기본적인 요소는 주어와 동사, 수식어라 하였다. 그리고 일반적인 문장의 구성에서 주어는 명사나 대명사, 그 외에 명사적으로 쓰이는 표현들에 의해 실현되며 문장의 맨 앞에 위치하고, 그 뒤에 보어 또는 간접 목적어, 보어 또는 직접 목적어, 동사의 순서로 나타난다고 하였다. 즉, 어순으로 볼 때 문장은 '주어-보

---

42 이것은 한국어가 유형론적으로 핵어 후치형(head final) 언어의 특성을 지닌다는 것을 의미하며, 문장 구성에서 구성요소의 배열 순서를 해석하는 주요한 개념이 된다(손호민, 2008; 송경안, 2019:301-328 참조). 이 부분은 Dallet(1874)에서도 서술되었던 것으로, 이후의 문헌에 크게 영향을 주었다.

근대 시기 서양인의 한국어 문법 연구

어 또는 간접목적어—보어 또는 직접목적어—동사'의 순서로 구성된다는 것인데, 이것은 긍정이나 부정, 의심, 의문 등과 관계없이 모든 한국어 문장 구성에 적용되는 것으로, 타타르어의 특징에 기반한 것이라 하였다.

1.3. 한·일 양어를 비교하였던 Aston(1879)에서는 한국어 문장 구성의 문법적 절차에 대해 접미사의 첨가와 문장 안에서의 단어의 위치에 의해 이루어진다는 점을 중심으로 서술하였다.[43]

> "한국어와 일본어에서 거의 독점적인 문법적 절차는 접미사(suffix)의 첨가와 문장 안에서의 단어의 위치에 의해 이루어진다는 것이다. ...... 접미사의 첨가에서 어근의 직접적인 변화는 없으나, 때때로 접사나 어근에서 음성적 변이가 나타나기도 하는데, 이것은 독일어의 모음 변이(ablaut)나 셈계 언어 동사의 모음 변이와는 다르다."

특히 접미사가 용언의 어근에 붙는 정도와 관련하여, 접미사는 어근과 쉽게 구별된다고 하면서, 한국어는 음성적 변화가 일어나기도 하지만 아리안계(Aryan) 언어보다 더 느슨하게 부착되어 본래의 형태가 쉽게 인식될 수 있는 교착적(agglutinate) 언어로 이해되어 왔다고 하였다.

한편, Aston(1879)에서는 문장 안에서 단어의 위치와 관련하여 다음과 같이 서술하였다.

① 수식어는 피수식어 앞에 온다.
② 문장의 주어는 앞에 온다.
③ 직설법의 문장에서 동사 또는 형용사는 끝에 온다.

---

43 Aston(1879)에서는 일본어와 달리 한국어에는 접두적 형태로서 존대의 접두사가 없는데, 부정법에서 'ani'(아니)와 'mos'(못)은 마치 접두사처럼 동사 앞에 와서 'ani'는 동사와 합성되고 'mos'은 부사로 처리된다고 보았다.

④ 복수 표지, 격 표지, 전치사 등은 명사 뒤에 위치한다.
⑤ 동사의 직접목적어는 그것(동사) 바로 앞에 온다.
⑥ 종속절은 주절에 선행한다.

이것은 한국어 문장 구성에서 구성요소로서의 단어 형태들의 순서에 대해 비교적 자세히 그리고 적절하게 서술한 것으로 평가된다. 그것은 Rosny(1864)를 비롯하여 Dallet(1874), Ridel(1881) 등이 타타르어에 기반한 비교 언어학적 관점에서 한국어의 특징에 접근하였던 것에 비해서 Aston(1879)는 일본어와의 유사성에서 당시 한국어 문헌을 검토하였기 때문인 것으로 이해된다.[44]

1.4. Griffis(1882)에서는 한국어는 일본어와 아주 유사하고, 일반적 의미에서 교착적인 유형에 속하며, 진정한 의미의 굴절(inflection)은 드물지만 동사 형태가 매우 복잡하다고 하면서, Dallet(1874)를 비롯한 앞선 문헌을 참조하여 한국어의 특징을 다음과 같이 서술하였다.

① 단어 그 자체는 생물체에서의 성(sex)과 추상적인 명사에서의 성(gender)을 구분해 주는 활용을 지니지 않는다.
② 수, 인칭, 격을 표현하는 곡용형이 없다. 전치사는 후치어인데, 이들은 명사와 구별/분리될 수 있으며, 복수는 명사에 붙는 특별한 단어를 첨가하여 형성된다.

---

44 애스턴(Aston)은 당시 주한 영국 총영사로 역임하면서 한국 관련 외교 정보를 총괄하였는데, 많은 자료를 수집하면서 한국어의 특징을 이해하게 되었을 것으로 추측된다(최덕수, 1997; 석주연, 2017 참조). 그리고 Aston(1879)의 뒷부분에는 W. F. Mayers라는 북경 주재 영국 공사관의 서기관이 한국어 문법을 연구하여 원고를 작성하였으나 사망한 후에 출판되지 못했으며, 자신이 그 원고의 일부를 검토하였는데 그 이전의 유럽 학자보다도 한국어에 대해 훨씬 탁월한 지식을 지니고 있었다는 기록이 있다(앞의 2.3.1절 1.3항 참조).

③ 진정한 형용사는 드물며, 오히려 동사적이거나 명사와 유사하다.

④ 진정한 의미의 1인칭과 2인칭 대명사는 존재하지 않으며, 3인칭은 관계 개
　념을 표현하는 첨사(particle)가 대신한다.

⑤ 동사의 복잡한 활용에서 다양하고 불분명한 의미는 특별한 첨사의 교착이
　나 첨가로 실현된다. 피동이 없기는 하지만, 부정형은 존재한다.

⑥ 지배하는 말은 그것이 지배하는 말 뒤에 놓는다.

여기에 더하여 한국어의 어휘는 중국어에서 차용된 것이 많은데, 이러한
차용어가 한국어의 문장 구조에 영향을 주지는 않는다고 하였으며, 사용되
는 언어 유형(문체)에는 순수한 한문, 국한문 혼용, 한글체가 있음을 서술하
였다. 그런데 Griffis(1882)는 한국어 문법을 주요 과제로 서술한 것은 아니
고, 서양인의 한국어 문법 기술의 흐름을 살핀 것이어서 전문적인 관점을 지
닌 해석이라 보기는 어려울 것이다.

1.5. Underwood(1890)에서는 Ridel(1881)에서와 같이 한국어에서는 지
배하는 말이 지배받는 말 뒤에 온다고 하였다. 그리하여 수식하는 말은 수식
받는 말 앞에 오는데, 여기서 수식 구성은 형용사와 명사-후치사, 부사와 동
사뿐만 아니라 종속절과 주절의 관계도 포함되는 것으로 보았다. 이것을 품
사에 따라 서술하였는데 정리하면 다음과 같다.

① 동사는 항상 주어와 목적어, 그리고 그것을 수식하는 부사 뒤에 온다. 그리
　고 접속사가 뒤에 붙어 다른 단어나 구와 연결해 준다.

② 명사는 그것을 수식하는 형용사와 분사 뒤에 온다. 그리고 명사 뒤에 그것
　을 지배하는 후치사가 오거나 다른 말과 연결해 주는 접속사가 온다.

③ 형용사는 형용사적 형태이면 그것이 수식하는 명사 앞에 오고, 동사적 형
　태이면 당연히 동사처럼 작용한다.

④ 부사는 그것이 수식하는 명사나 형용사, 동사 앞에 온다.

⑤ 후치사는 언제나 그것이 문장 안의 다른 말과의 관계를 보여 주는 말 뒤에

3. 품사 분류와 문장 구성의 특징　　　　　　　　　　　　　　99

온다.

⑥ 접속사는 (독립적으로 쓰이는 경우를 제외하고) 그것이 다른 것과 연결해 주는 단어나 절 뒤에 온다.

이것은 각각의 품사에 따라 문장 구성에서의 위치와 기능을 해석한 것으로 이해된다. 즉, 문장의 어순은 일반적으로 '주어-목적어-동사'의 순이며 목적어가 둘일 경우 '주어-간접목적어-직접목적어-동사'의 순으로 구성되기도 하는데, 필요에 따라 강조(emphasis) 받는 말이 문장의 맨 앞에 온다고 하였다. 그리고 직접목적어와 간접목적어가 그리 중요하지 않을 때에는 서로 선행할 수 있다고 하였다. 특히 한국어의 문장 구성에 대한 학습을 위해서는 다른 언어에서 나타나지 않는 후치사와 접속사, 그리고 동사 변이형에 대해 유의해야 함을 강조하였다.

1.6. Roth(1936)에서는 문장 구성에서의 단어들의 위치에 대해 서술하면서, 한국어에서 동사는 정해진 위치를 차지하는데, 이것은 모든 문장 형식에서 적용된다고 하였다. 그리고 다음의 몇 가지를 제시하였다(Roth, 1936:31 참조).

① 부사는 보통 동사 바로 앞에 오지만 나머지 구(句)들은 특별한 위치가 없다.
② 주어는 목적어 앞에 오고, 여격은 대격 앞에 온다.
③ 의문문에서 주어는 보통 의문사('어디, 언제' 등) 앞에 온다.
④ 종속절은 언제나 주절에 선행하며, 그리하여 주절의 동사가 문장의 종결을 이룬다.

이것은 한국어 문장 구성에서 요구되는 규칙의 일부를 서술한 것으로 이해되는데, 의문문에서 의문사와 주어의 위치에 대한 언급이 있음이 특이하다.

1.7. Ramstedt(1939)에서는 다른 문헌과 구별되는 특이한 관점에서 한국

근대 시기 서양인의 한국어 문법 연구

어 문장 구조의 특징을 여러 항목으로 나누어 제시하였다. 주요한 것을 정리하면 다음과 같다(Ramstedt, 1939:184-188 참조).

① 한국어 문장에서 가장 중요한 부분은 서술어이며, 주어 없이 동사만으로도 문장이 구성된다.
② 지향성(orientation)을 갖는 문장이 형성된다.
③ 보충적 수정(supplementary correction)이 이루어진다.
④ 증폭된 문장(emplified sentence)이 구성된다.
⑤ 미완의 문장(unfinished sentence)이 사용되기도 한다.
⑥ 명사 수식어의 어순은 좁은 것이 먼저 온다.

우선 한국어에서 서술어가 되는 동사는 동작동사와 품질동사로 구분되며, 동작동사가 서술어인 문장의 경우 동사는 어순상 의미적으로 동작을 한정하는 주어와 시간부사, 여격목적어, 대격목적어 등의 뒤에 온다고 하였다. 한국인은 주어가 없어도 불편해하지 않으며, '그것, 그, 그녀'(it, he, she) 등은 대개 문법적으로 표현되지 않는다는 생각을 지니고 있다고 하였다. 그리고 주어는 문장의 맨 앞에 오고, 표현되는 동작이나 품질을 한정하는 것으로 이해되는데, 만약에 문장이 무엇에 대해 언급하는 것인지가 분명하면 주어는 나타나지 않아도 된다고 하였다.

문장의 지향성과 관련하여, 위치부사나 시간부사는 보통 주어 뒤, 목적어 앞에 오는 게 정상인데, 한국어에서는 이러한 (또는 어떤) 부사가 문장의 맨 앞에 오는 경우가 있다고 하였다. 이것은 문어보다는 일상적인 대화에서 자주 나타나는데, 그것은 화자가 가능한 일찍 말 상대자에게 마음의 준비를 하게 하고자 하는 욕망에서 기인하는 것으로 해석하고, 이렇게 정상적인 어순에서 파생된 것을 지향성을 지닌 문장이라 부를 수 있다고 하였다.

그리고 한국어에서는 문장이 동사로 끝나며, 동사 앞에서 언급하지 못하고 빠뜨린 것을 동사 뒤에 보충적으로 배열하는 경우가 있다고 하였다. 예를 들어, '사람이 간다.'의 문장에서 '간다, 사람이'와 같이 '사람이'를 후에 보충적으로 표현하기도 하는데, 이것은 전자가 'The man goes.'가 된다면, 후자는 'He goes, the man'와 같다고 할 수 있다는 것이다. 그러나 이것은 문어에서는 엄밀히 제한된다고 하였다.

또한 한국어에서는 분사형과 명사의 결합 형식(분사후치적 명사 구성)이나 연결어미를 사용하여 논리적으로 연결될 수 있는 문장이나 절을 묶어 매우 긴 문장(즉, 증폭된 문장)으로 표현할 수 있다고 하였다.[45] 그리고 이것은 한국어에서 접속사의 필요성을 느낄 수 없게 하는 것이기도 하다고 하였다.

한국어 문장은 정상적으로는 동사에 의해 종결되는데, 생략되거나 비종결된 형식이 사용되기도 한다고 하였다. 이것은 정중성(politeness)과 같은 사회적인 이유와 관계가 있으며, 만약 화자가 어떤 형태 또는 유형의 정중성을 보여야 하는지가 불확실할 경우에 완결되지 않은 문장을 사용하는 것이라고 하였다.

한국어에서 명사 수식어의 어순은 '이 세 어린 검은 말'의 예에서와 같이 가장 좁은 것이 먼저 온다는 논리적인 순서를 지킨다고 하였다. 그리고 인구어적으로 하면 지배받는 말은 지배하는 말 앞에 오는데, 이러한 관점에서 후치사는 명사 뒤에 놓인다고 하였다. 이 밖에도 이중 부정이나 대격목적어의 위치, 직·간접화법의 구성, 수사적(oratory) 의문문 등을 한국어 문장 구조의 특징으로 제시하기도 하였다.[46]

___

45 분사후치적 명사 구성은 '는 고로', '는 까닭에' 등과 같이 분사형 뒤에 명사가 와서 선·후행절을 연결하는 결합 형식을 말한다(다음의 4.4.3절 3.9항 참조).

46 수사적 의문문은 원인이나 위치, 시간을 표현하는 절을 강조하기 위해 조건절을 사용하는 것을 의미한다. 예를 들어, '그이가 어대를 가난고 하니, 서울을 가오.'라든가, '그 사람이 얼골이 왜 그런고 하니, 병이 들어서 그럿소.'와 같이 위치나 원인에 관한 것을 이른바 의문첨사 '고'에 의한 의문형으로 표현하고 그에 대한 답을 제시하는 방식으로 구성되는 것을 말한다.

3.4.2. 문장의 종결과 구두법

구두법(punctuation)은 문자 표기에서 내용을 명확하게 표현하기 위해 활용되는 부호나 띄어쓰기 등의 여러 가지 방법을 말하며, 구두법이 쓰기에 실현된 부호를 구두점(punctuation mark)이라고 한다. 따라서 구두점은 문장의 구조와 의미에 대한 명확한 이해를 위해 활용되는 문자 표기의 보조 수단이라 할 수 있다. 구두법은 오래 전부터 시작된 전통인데, 오늘날 구두점으로는 줄표(hyphen)나 쉼표(comma), 쌍반점(semicolon), 반점(colon), 빗금(dash), 따옴표 등과 같은 문장 안에 쓰이는 것과 마침표나 물음표, 느낌표 등과 같이 문장 끝에 쓰이는 것이 있다. 이러한 구두점은 문장이 나타내고자 하는 것을 경제적으로 간략하게 표현해 주기 때문에 문장 표현에서 매우 유용한 것이다.

서양인의 한국어 문법 기술에서는 그들 언어에서 사용되는 구두법의 관점에서 한국어를 이해하려 하였다.[47] 그런데 당시 한국어에서는 구두점이 체계적으로 정립되지 않았으므로, 그들은 연결어미나 종결어미를 구두법의 기능을 하는 것으로 해석하기도 하였다. 즉, 서양인들은 한국어 문장의 구두법을 일괄적으로 정할 수는 없었고, 그리하여 자신의 언어에서 사용되는 일부 구두점을 한국어의 어미나 조사 형태에 대응하여 서술하고자 하였던 것이다.[48]

2.1. Dallet(1864)에서는 한국어에서 동사의 종결형태(terminaison)는 단

---

47 이것은 당시 문법의 영역을 5부법의 관점에서 해석한 것과 관련되는데(앞의 1.1절 1.2항 참조), 서양인의 한국어 문법 기술에서는 어형론(형태론)과 통사론(문장론)을 다루고 정서법과 운율론, 구두법 등을 포괄적으로 다루기도 하였다. 이것은 당시 한글 표기법이 마련되어 있지 않았던 점과도 관련이 있다.

48 당시 서양인 선교사들에게는 한국어에 구두법이 없다는 것이 성경 번역에 상당한 저해 요소였다. 그리하여 그들은 구두점이 포함된 프랑스어 문장을 한국어로 번역하기 위해서 구두점이 가진 의미적 기능을 대신할 수 있는 형태로 대체하였다(이은령, 2011 참조).

순한 것과 복합된 것으로, 그 수가 매우 많은데(한국인들은 수천 개라고 한다고 하였다.), 이들은 크게 경어를 표시하는 것과 어떤 뜻의 뉘앙스를 표현하는 것, 그리고 구두법의 역할을 하는 것의 세 가지로 구분된다고 하였다(다음의 5.3.1절 1.3항 참조). 여기서 구두법의 역할을 하는 어미 형태에 대해서는 추가하여 서술하였는데, 각각의 구두점에 해당하는 한국어 형태를 대응한 예를 보면 다음과 같다.

> 쉼표: 어미 '고, 며'와 '이오, 이시오', 접속사 '와/과/화', 호격 '아/야, 여'
> 쌍반점: 어미 '며, 흐니, 이니'
> 반점: 과거의 '아/야/여', 인용의 '대'
> 마침표: '다'나 '라'로 끝나는 모든 배합('니라, 이니라, 나니라, 난도다, 도다, 도소이다' 등), '쇼셔'

즉, 한국어에서는 쉼표(,)나 쌍반점(;), 반점(:), 마침표(.) 등의 구두점이 사용되지 않으며, 위와 같은 동사의 종결형태가 이를 대신한다는 것이다.

한편, Ridel(1881)에서도 어미를 구두법과 관련하여 서술하였다. 즉, 한국어 표기법에서는 구두점이 쓰이지 않고 일종의 언어 형태에 의해 실현되는데, 이것을 구어적 구두법(spoken punctuation)이라 하였다. 이러한 관점에서 쉼표나 쌍반점, 쌍점 등은 하나의 종결형태가 여러 구절로 구성될 때 이들 사이의 구분을 위해 쓰이며, 마침표나 물음표, 느낌표 등은 문장의 종결과 관련하여 해석하였다. 그리고 관련 형태들은 주로 동사에 붙는 것인데, 그것은 동사가 문장 구성에서 맨 뒤에 오는 것과 관련하여 서술하였다.

그런데 Ridel(1881)에서는 앞선 Dallet(1874)에 비해 구두점에 따라 대응되는 형태가 일부 다르다거나 음절의 배열이나 대문자 표기 등에 대한 서술이 있기는 하지만 전반적으로는 크게 차이가 없다. 구두점과 관련되는 부분을 보면 다음과 같다(Ridel, 1881:176-178 참조).

쉼표: 접속의 '고, 며, 이오('법이오')', 호격의 '아/야/여', 접속의 '와/과/ᄒ고, 니'
쌍반점: 접속의 '며, 니'
쌍점: 인용의 '디'('골ᄋ디, 닐ᄋ디'), '말하기를' 뒤에서
마침표: 종결의 '다/라'('이니라, 도소이다, ᄒ노라'), 기원의 '쇼셔'
물음표: 의문 종결의 'ᄒᄂ냐, ᄒ네'
느낌표: '도다, 는도다'

위와 관련하여 제시된 예를 보면 다음과 같다.

(8) ㄱ. 망건쓰고휘항쓰고갓쓰고큰챵옷닙고찍미고안경쓰ᄂ지라
　　 ㄴ. 쥬인이골ᄋ디크게벼슬홀냥반이라ᄒ니라

위 (8-ㄱ)에서 '고'는 쉼표에 해당하는 것이고, (8-ㄴ)의 'ᄋ디'는 남의 말을
인용할 때 쓰이는 것으로 쌍점에 해당하는 것으로 해석하였다. 그리고 (8-ㄱ,
ㄴ) 모두에서 나타나는 '라'는 종결형으로 마침표의 기능을 하는 것으로 보
았다.[49]

2.2. MacIntyre(1879-1881)에서는 동사 토(verbal T'o)는 문법적 기능과
관련되는 서법과 시제, 의문, 감탄 등을 표현하는 형태인데, 때로는 이들이
마침표나 쉼표, 쌍점 등과 같은 일종의 구두법 표지(구두점)와 함께 문장 읽
기에서의 리듬과 관련된다고 해석하였다. 여기서 구두법과 리듬을 나타내
는 동사 토로 제시된 형태를 정리하면 다음과 같다.

49　Ridel(1881:177-178)에서는 글을 쓸 때(작문할 때) 사용되는 부호로 여섯 가지를 제시하
　　였는데, 여기에는 수직의 평행선, 묶음표, 줄바꿈, 대두법('올녀쓰다', '쒸어쓰다'), 줄임표
　　등이 포함되었다(장소원, 2005 참조). 특히 대두법(擡頭法)은 경의를 나타내는 단어 앞
　　에 한 칸을 비워 띄어 쓰는 방식으로, 왕명이나 기타 임금을 표시하는 단어에 주로 사
　　용되었다(나채운, 1990:38-39 참조). 초기 성경 번역에서는 '하느님(하나님), 예수, 쥬, 구
　　쥬, 키리스토, 뎐부, 신, 예수 키리스토' 등에 사용되었다(이만열, 1987:117 참조).

(9) ㄱ. hago(ㅎ고), hamiö(ㅎ며), hayia(ㅎ야), hani(ㅎ니), o(오)

ㄴ. ra(라), nira(니라), dira(지라)

위에서 (9-ㄱ)은 의미적으로 동사를 이해하게 해 주는 것이고, (9-ㄴ)은 독립적인 문장의 종결을 나타내는 것으로 구별된다고 하였다. 또한 이들 중에서 (9-ㄱ)의 'hago'(ㅎ고), 'hamiö'(ㅎ며), 'hayia'(ㅎ야)는 서법이나 시제 없이 직접적으로 말하는 것으로, 'hamiö'(ㅎ며)는 리듬에서 'hago'(ㅎ고), 'hayia'(ㅎ야)보다 절과 절 사이가 더 밀접함을 암시한다고 하였다. 이들은 구두법이나 절의 상호 관계에 영향을 미치는 각각의 용법을 지니고 있는데, 예를 들어 'hago'(ㅎ고)와 'hani'(ㅎ니), 'nira'(니라)는 인구어의 통사적 체계에서 쉼표, 쌍반점, 쌍점, 마침표 등을 뜻하는 기능이 있다고 하였다(다음의 5.3.2절 2.4항 참조).

그리고 이러한 동사 토는 형태상 독립적으로 실현되기도 하지만, 정규 동사에 병합(incorporation)되어 실현되는 것으로 보았다. 대체로 전자는 한문 문장을 음독할 때이고, 후자는 훈독할 때와 관련되는 것으로 이해하였는데, 이와 관련한 예를 보면 다음과 같다.

(10) ㄱ. 故(ro) 大德(ên) 必得其位(hamiö) 必得其祿(hamiö) 必得其名(hamiö) 必得其壽(nira)

ㄴ. go (ro) deh dög (ên) p'ir dêg gi ewi (hamiö) p'ir dêg gi rog (hamiö) p'ir dêg gimiöng (hamiö) p'ir dêg gi sui (nira)

위에서 (10-ㄱ)은 한문 문헌에서 토에 해당하는 부분을 로마자로 표기한 것이며, (10-ㄴ)은 한자의 음과 훈을 로마자로 표기한 것이다(앞의 2.3.2절 2.1항 참조). 여기서 (10-ㄱ)의 'hamiö'(ㅎ며)와 'nira'(니라) 등이 동사 토에 해당하는데, 이들은 정규 동사 뒤에 독립적으로 나타나서 단순히 문맥에 의해 요구되는 특정한 서법이나 시제 안에서 종결의 기능을 수행하는 것으로 보았다.

근대 시기 서양인의 한국어 문법 연구

또한 MacIntyre(1879-1881)과 같은 시기에 해당하는 Ross(1882)에서도 구두법은 절의 종결을 의미하는 것으로, 연결어미 또는 종결어미 등이 그것을 나타내는 표지의 하나로 인식하였다. 이를 정리하면 다음과 같다(Ross, 1882:17-18 참조).

> '여, 며'(conjunctive): 절에 붙인다. '&' 또는 쉼표를 뜻한다.
> '고, 과'(connective): 절이나 명사 뒤에 온다. '&' 또는 쉼표, 쌍반점을 뜻한다.
> '니, 미'(disjunctive): 단락 안에서의 쌍반점이나 마침표를 뜻한다.
> '라'(final): 단락의 종결을 뜻한다. '뇨, 냐, 랴'로 바뀌어 물음표가 된다.

그리고 관련되는 예를 제시하였는데, 그 중 하나를 보면 다음과 같다.

(11) 늬 강세당에 가니 쟝노가 말ᄒ되   글   니르며   칙   벳기고
     I   chapel go; elder   said writing read and book translate,
     잇다가   젼약ᄞᅵ여   가라ᄒ다라
     here be supper time go so.

위 (11)에서 한글 표기에 줄을 바꾸어 대응 표기된 영문에서 쌍반점(;)과 쉼표(,), 마침표(.) 등이 나타나는데, 이들은 각각 한글 표기의 '니'와 '고', 그리고 '라'에 대응하는 것이 된다.

2.3. Underwood(1890)에서는 한국어는 인구어에서 쓰이는 쉼표와 쌍반점, 반점 등과 같은 구두점 체계가 없으며, 그 대신 원인(cause)이나 태도(manner), 수단(means) 등을 나타내는 접속사를 사용한다고 하였다(다음의 5.5.2절 2.5항 참조). 그리하여 이런 관점에서 보면 한국어에서는 문장과 단락의 구별이 존재하지 않는 것 같아 보이기도 한다는 것이다.

또한 영어에서 경우 한 단락 안에 있는 여러 문장들이 한국어에서는 단순

히 접속사(conjunction)에 의해 하나둘씩 서로 연결되어 있는 단순한 종속절이 되며, 따라서 전체 단락(paragraph)은 하나의 문장이 된다고 하였다. 이것은 문어에서 특히 더 널리 나타나며 한국어 이해에 어려움을 주는 것으로 이해하였다.

4. 체언과 곡용

한국어 문법에서 체언(體言)은 용언(用言)과 함께 주요 단어류로, 명사와 대명사, 수사를 총칭하는 분류 범주이다. 의미적으로 보면, 명사는 실질적인 개념을 표시하여 객관적이고 간접적이지만, 대명사와 수사는 형식적인 개념을 표시하여 주관적이며 직접적인 관계를 지니는 것으로 구분된다(『국어국문학사전』, 1980:617 참조). 체언은 성과 수, 격, 인칭 등의 문법범주와 관련된다. 특히 격은 체언의 곡용과 관련되며, 격 형태는 후치사의 범주에서 다루어야 하는지의 문제가 있다.

이 장에서는 서양인의 한국어 문법 기술에서 체언의 하위 부류로서의 명사와 대명사, 수사의 문법적인 특징이 어떻게 다루어졌는지를 살피고, 명사뒤에 나타나는 다양한 형태들로서의 이른바 명사 후치 표현에 대한 각 문헌별 관점에 대해 정리한다.

4.1. 명사의 문법성

4.1.1. 명사의 문법범주

1.1. 명사(noun)는 그리스 문법에서 언어 형태를 명사 대 동사의 2분법으로 분류한 이래, 주요한 단어류의 하나로 인식되어 왔다. 그것은 문장 구성에서 명사는 서술의 주체 또는 대상이 되는 핵심적인 기능을 하기 때문이다.

또한 명사는 형태적으로 성(gender)과 수(number), 격(case)이 표시되며, 언어에 따라서는 이들 문법범주가 일치 관계를 이룬다는 점에서 문법적으로 의미가 있다.

서양인의 한국어 문법 기술에서 명사에 대해서는 그들 언어 특징에 비추어 인칭(person)과 성, 수, 격의 실현에 초점을 두어 서술하였다. 초기의 경우, Siebold(1832)에서는 한국어에서 명사는 문법적인 성이 없으며, 복수 형태는 다른 말을 붙이거나 반복함으로써 형성되지만 단수 형태가 많이 쓰이고, 격 표지는 단음절로 되어 있으며 단어의 끝에 놓인다고 하였다(고영근, 1983:255 참조). 이러한 초기의 견해는 한국어 명사에 대한 개괄적인 특징을 기술한 것이지만, 이후 한국어에 대한 직접적인 관찰을 통해 더욱 심화되었다.

1.2. 명사는 언어에 따라 남성과 여성, 중성 등으로 구분하는 기제가 존재하기도 하는데, 이러한 문법적인 성(gender)은 사회적으로 학습되거나 습득된 것으로 생물학적인 성(sex)과는 구별된다.[1] 서양인의 한국어 문법 기술에서는 초기부터 한국어에서 명사의 성 구별이 문법적으로 존재하지 않음을 인식하였다. 그러면서도 성의 구별이 존재하는 그들 언어의 관점에서 한국어 명사의 성을 서술하고자 하였는데, 특별히 별개의 단어로 쓰거나 어떤 첨사를 덧붙이는 것으로 해석하였다.

Dallet(1874)에서는 한국어 명사에는 문법적인 성이 나타나지 않으며, 자연적 성의 차이를 표현하고자 할 때에는 별개의 명사를 사용하거나 동물을 지시하는 명사 앞에 첨사(particle) '슈'나 '암'을 붙인다고 하였다. 그리고 동물의 새끼는 종류에 따라 '사끼, 아지' 등을 보통명사 뒤에 붙여서 표현한다

---

1 언어에서 수용되는 성(gender)은 명사 분류 체계(noun class system)의 하나로서, 생물학적 구조보다는 사회적이고 심리적인 형성(social and psychological formation)에 크게 의존한다(McCormick, 1994 참조).

고 하였다.

Ridel(1881)에서는 많은 언어에서 명사는 남성, 여성, 중성으로 구분되는
데, 한국어에서는 이러한 구분이 유정물의 성적(sexual) 차이를 나타내는 명
사로만 실현된다고 하였다. 그리하여 인간의 경우, '사람, 아히'는 남녀 구분
이 없고, 남성과 여성을 지칭하는 명사가 다른 형태로 쓰인다고 하였다. 그
리고 동물의 경우에는 특별한 명사로 구별하거나, 동물 이름 앞에 보통 첨사
'슈, 암' 등을 첨가하는데, 일반적으로 성의 차이만을 표현할 때에는 동물 이
름을 사용하지는 않는다고 하였다.

    (1) ㄱ. 남ᄌᆞ, 남인, 사나희, 아히놈
       ㄴ. 계집, 녀인, 녀편네, 계집아히, 어린년, 쳐녀
    (2) ㄱ. 슈돍:암돍, 슛꿩(쟝긔):암쒕(싸투리), 황쇼:암쇼, 향마:피마
       ㄴ. 슈놈:암놈, 슈것:암것, 슈치:암치[2]

위에서 (1)은 인간의 경우이고, (2)는 동물의 경우에 해당한다.

그리고 동물에서 지소적 표현의 경우 '삭기'를 붙이거나 고유의 명사를
사용한다고 하였다.

    (3) ㄱ. 호랑이삭기, 곰삭기
       ㄴ. 강아지, 숑아지, 망아지

Underwood(1980)에서도 Ridel(1881)에서처럼 한국어 명사에서 성의 구
별이 필요하면 남성(male)과 여성(female)을 구분하는 첨사로 실현되기도
하는데, 다른 단어로 표현되기도 하는 것으로 보았다. 그리하여 인간의 경우
남성은 '사나희, 남ᄌᆞ, 남인', 여성은 '계집, 녀인, 녀편네' 등으로 구분될 수

---

2 '슈치:암치'는 물고기의 경우에 쓰인다고 하였다(Ridel, 1881:18 참조).

있고, 관계를 나타내는 경우에는 '아바지:어마니, 할아바지:할마니' 등의 다른 단어로 쓰일 수 있다고 하였다.

특히 동물의 경우에는 특별한 이름으로 구별되거나 '슈'(male)와 '암'(female)처럼 접사에 의해 구별된다고 하였는데, 제시된 예는 다음과 같다.

(4) ㄱ. 슈돍:암돍, 슈소/황소:암소, 슈쉥/장쎄:암쉥/싸투리,
　　　샹마/슈물:피마/암몰
　　ㄴ. 슈놈/슈것:암놈/암것

이상에서와 같이 Dallet(1874) 이후 Ridel(1881)과 Underwood(1890)에서는 한국어 명사에서 남성과 여성을 구별하여 지칭할 경우 다른 단어를 사용하거나 특정한 형태(접사 또는 접사)가 덧붙는 현상을 중심으로 서술하였다.

한편, Ramstedt(1939)에서는 한국어 명사에서 성과 관련되는 문법적 구별이 없다고 하면서, 그 대신에 말을 받거나(spoken to; 청자) 언급되는 (spoken of; 주체, 객체) 인물에 대한 사회적 지위가 항상 고려된다고 하였다. 그리하여 그 대상에 대해 존경이나 경외 또는 친밀감을 표현하기 위해서는 다음의 예에서와 같이 다른 표현을 사용해야 한다는 점을 강조하였다.

(5) 밥:진지, 집:댁, 아버지:부친:춘부장

즉, Ramstedt(1939)에서는 한국어에서는 명사에서 성의 차이보다는 발화 참여자 사이의 상하 또는 친소 관계에 의한 표현의 차이가 더 두드러지게 나타남을 강조한 것이다(다음의 6.5.2절 2.7항 참조).

1.3. 명사의 문법적 특징 중 하나는 수(number) 범주가 표현된다는 것이다. 문법적으로 수는 단수(singular)와 복수(plural)로 구분되지만, 언어에 따라서는 더 복잡하게 실현되기도 한다. 또한 언어 형식에서 단수가 무표적이

라면 복수는 유표적(marked) 속성을 지니는데, 이러한 복수의 유표성은 인구어에서는 명사와 대명사, 형용사, 동사 등에서 굴절에 의한 어형 변화로 나타나며, 이들이 문장 안에서 실현될 때에는 일치 관계가 요구되기도 한다.[3]

서양인의 한국어 문법 기술에서 명사의 수 표현과 관련하여 보면, Rosny(1864)에서는 한국어 명사는 중국어처럼 어떤 수사에 의해 제한되지 않는 한 복수성을 표현한다고 하여 한국어 명사의 의미적 총칭성에 대해 언급하였다. 그리하여 '사룸'은 본래 'men'이고 '물'은 본래 'horses'를 뜻하는데, 그 단어의 문맥적 상황에 따라 하나인지 하나 이상인지가 이해될 수 있다는 것이다. 이것은 한국어 명사의 부류지시성과 관련되는 해석으로 주목되는 것이라 할 수 있다.[4] 아울러 복수의 의미를 적극적으로 나타낼 경우에는 '포도-포도'(grapes)와 같이 명사의 중복에 의해 표현될 수 있다고 하였다.

한국어 명사에서 복수 표지로서의 '들'은 Dallet(1874)에서부터 언급되었다. 즉, 여기서는 복수의 경우 명사에 '들'이 첨가되어 표현되고 그 뒤에 격 표지가 온다고 하였는데, 이러한 해석은 이후의 문헌에서도 계속되었다. Ridel(1881)에서는 명사의 복수 표현은 '들' 또는 '등'(等)이 붙으며, 이것은 의무적인 것은 아니지만 이들 형태가 없으면 수의 표현에서 모호성이 나타날 수 있다고 하였다. 그리하여 복수 표지는 규칙적으로 엄격하게 사용되지는 않고, 그저 여러 사람 또는 여러 사물에 대해 말할 때도 쓰인다고 하였다.

---

3 일반적으로 수 범주는 명사의 수량화(quantification)와 관계가 있다. 수량화는 실제 세계에 존재하는 사물의 수(number)와 양(quantity)을 표현하는 언어적 기제로서, 개별 언어에 따라 그리고 지시 대상에 따라 표현 방법이 달리 나타난다. 수량화는 명사 지시물에 대한 개체화(individuation)에 의존하거나 이를 전제로 하며, 개체화는 가산성(countability)을 전제로 한다(우형식, 2001: 33-34 참조).

4 임홍빈(1979)에서는 한국어 명사는 '개체집합적인 類'를 지시하는 속성을 지녀서 명사 자체가 복수성을 띤다고 하였다.

(6) ㄱ. 스무 사룸이 / 스무 사룸들이

　　ㄴ. 그 사룸이 / 그 사룸들이

위 (6)에서처럼 명사 뒤에 복수 표지 '들', 격 표지의 순으로 결합되는데, '들'은 변화되지 않은 명사의 어간형(radical)에 붙는 첨사(particle)라 하였다.[5]

Scott(1887)에서는 명사의 수 표현과 관련하여 복수의 경우 어간형에 '들'이 붙으며, 이것은 필요에 따라 또는 특별히 복수임을 강조할 때 첨가된다고 하였다.

(7) ㄱ. 두 사룸 왔소.

　　ㄴ. 사룸들 만히 보앗소.

위 (7-ㄱ)에서처럼 '들'이 없어도 문맥을 통해 복수의 의미가 나타날 수 있으나, 지시 대상이 복수임을 특별히 나타내고자 할 경우에는 (7-ㄴ)에서와 같이 '들'이 첨가될 수 있다는 것이다.

Underwood(1890)의 해석을 보면, 한국어에는 명사의 수 개념(복수 표지)이 분명하지 않고 문맥과 상황에 따라 결정되는데, 강조하거나 애매함을 피하기 위해 명사에 첨사 '들'을 붙여 복수를 표현한다고 하였다.

(8) ㄱ. 병인 다숫 오놀 아춤 왔소.

　　ㄴ. 날 두려 골으라고 물 셋술 가져왔소.

(9) 동싱:동싱들, 눈:눈들, 물:물들

위에서 (8)은 '들' 없이도 '병인'과 '물'이 복수의 의미로 이해되는 것에 해당하고, (9)는 '들'이 결합되지 않은 경우와 결합된 경우를 대비한 것이다.

5　여기서 어간형(radical)은 형태가 변하지 않은 것(기본형)을 의미한다. 즉, 한국어에서 복수 표지 '들'이 결합될 때 명사의 형태가 변하지 않음을 의미하는 것이다.

즉, 한국어의 복수 표현에는 다양한 방법이 있으나, 특별히 모호성이 드러나지 않는다면 그러한 방법을 사용하지 않아도 된다는 것이다.

또한 '들'은 명사 없이도 쓰여서 문장 안에서 부사에 붙어 나타나기도 하며, 이때에는 일반적으로 동사의 주어를 복수화한다고 하였다.

> (10) ㄱ. 어셔들 오시오.
> ㄴ. 잘들 ᄒ여라.

위 (10)에서 '들'은 부사 '어셔'와 '잘' 뒤에 결합되었는데, 이것은 결국 동사가 표현하는 행위의 주체가 복수임을 의미한다는 것이다.

한편, Underwood(1890)에서는 명사가 겹쳐서 보편성(university)과 다양성(variety)을 표현하기도 하며, 자체적으로 복수의 의미를 지닌 별개의 단어도 있다고 하였다.

> (11) ㄱ. 집집(every house), 곳곳(all places or everywhere)
> ㄴ. 부모/부모들, 식구/식구들

위 (11-ㄱ)처럼 명사가 겹쳐 표현되기도 하고, (11-ㄴ)의 '부모'와 '식구'는 명사 자체가 복수의 의미를 지니기도 하는데, 이때 특별히 복수의 의미를 강조할 때는 '들'을 붙일 수 있다는 것이다.

1.4. 격(case)은 명사가 문장 안에서 수행하는 문법적 기능과 관련되는 것으로, 그것의 실현 방법은 언어에 따라 다양하게 나타난다(송경안 외, 2005 참조). 서양인의 한국어 문법 기술에서 격과 관련된 해석을 보면, Rosny(1864)에서처럼 한국어에는 인구어에서와 같은 굴절 현상이 없고, 후치사(postposition)가 명사의 격을 결정하는 곡용(declension)의 특징을 지닌다고 하였다. 특히 명사의 곡용에서 후치사는 명사 어간으로부터 분리될

수 있고 고유한 의미를 지니며 변형을 겪지 않는다고 하였는데, 이것은 한국 어를 타타르어계 언어의 하나로 해석하던 당시 비교언어학의 영향을 받은 해석으로 이해된다(3.4.1절 1.2항 참조). 이에 대해 Dallet(1874)에서는 한국어 의 교착적(agglunative) 성격을 바탕으로 하면서 곡용(décleison)의 관점에 서 해석하였으며, 이러한 굴절적 관점과 교착적 관점이 혼합된 해석은 이후 Ridel(1881)을 비롯한 많은 문헌에서 수용되었다.

그런데 Underwood(1890)에서는 명사 자체가 곡용한다는 이전의 관점과 는 달리, 첨사가 첨가됨으로써 다양한 격이 실현되는 것이라 하여 한국어의 격 변화와 관련한 문제를 후치사(postposition)의 영역에서 다루었다. 그리고 이러한 관점은 이후의 Ramstedt(1939)의 비교언어학적 분석으로 이어졌다.[6]

4.1.2. 명사의 형태적 특징

2.1. 서양인의 한국어 문법 기술에서 한국어 명사의 형태적 특징은 기원 적인 측면과 형태 구성적인 측면에서 논의되었다. 전자는 주로 한자어와의 관련에 관한 것이고, 후자는 복합명사 구성에 관한 것이었다.

초기의 Rosny(1864)에서는 한국어 명사는 고유어와 한자어가 함께 존재 하는 것과 한자어만 존재하는 것으로 구분된다고 보았다.

> (12) ㄱ. 口:입/구, 國:나라/곡, 音:소리/음
>   ㄴ. 皇帝:황뎨, 太子:태즈, 朝廷:됴뎡, 大將:대쟝

위에서 (12-ㄱ)은 고유어와 한자어가 함께 존재하는 것으로, (12-ㄴ)은 한 자어만 존재하는 것으로 제시된 것이다.[7] 이것은 물론 한자어에 경도된 해석

---

6 격 표지를 비롯한 명사 후치 표현과 관련한 논의는 다음의 4.4절에서 자세히 서술한다.
7 그 밖에도 한자에 기원하는 것으로 '통ᄉ(通事), 화원(畫員), 의원(醫員), 차(茶), 슈은(水

이기는 하지만, 이러한 해석은 이후에도 많은 영향을 주었다.

Dallet(1874)에서는 한국어에는 단음절 명사('코, 입, 문')가 많지만, 대부분 두 음절('사룸, 니마, 수즈')로 되어 있으며, 세 음절이나 그 이상의 명사들은 거의 언제나 복합명사라고 하였다. 이러한 견해는 Ridel(1881)에서도 나타나는데, 여기서는 세 음절어로 '져구리, 아버지, 어머니, 코끼리'를 제시하기도 하였다.

Ridel(1881)에서는 복합명사 형성에 대해 서술하기도 하였다. 이것은 '군, 쟝이'가 결합되는 것과 동사적 명사와 관련되는 것이었다.[8]

> (13) ㄱ. 나무군, 길군, 일군, 농수군, 나물군, 산양군, 긔별군
> ㄴ. 슛쟝이, 대목쟝이, 쇼목쟝이, 오입쟝이, 계집쟝이
> (14) ㄱ. ᄒ다-홈, 어지시다-어지심, 돌다-돎
> ㄴ. ᄒ다-ᄒ기

위에서 (13)은 '군, 쟝이'가 결합된 복합명사이고, (14)는 동사에 'ㅁ'과 '기'가 붙어 명사가 형성된 것으로 해석하였다. 특히 여기서는 'ㅁ'과 '기'가 의미와 사용에서 구별된다고 하였음이 주목되는데, (14-ㄱ)의 'ㅁ'은 항상 추상적인 의미를 지니고, (14-ㄴ)의 '기'는 시험삼아 해 보는 구체적인 동작의 의미를 지니며, 그에 따라 이들의 용법에서도 차이가 있다는 것이다(우형식, 1987 참조).

그리고 '기'에 의한 동사적 명사는 라틴어의 'supine'의 의미(the act of doing)를 지닌다고 하면서 다음의 예를 제시하기도 하였다.[9]

銀), 수지(獅子), 쥬홍(朱紅), 비파(琵琶)' 등의 예를 제시하였다.
8 Dallet(1874)에서도 직업을 나타내는 것은 '군'을 붙인다고 한 바 있다('일군, 나무군, 노름군').
9 'supine'은 라틴어 등의 일부 인구어에서 나타나는 동사적 명사형을 지칭한다(다음의 5.4.2절 참조).

(15) ㄱ. 흐기 어려온 일
　　ㄴ. 흐기가 어렵다
　　ㄷ. 듯기룰 됴하흐다

　또한 동사적 명사는 '줄'로도 형성된다고 하였다. 즉, 동사 뒤에서 '줄'이 '흔줄, 흐눈줄, 홀줄' 등으로 쓰여 동사적 명사를 구성한다는 것이었는데, 이 경우 '줄' 뒤에는 '알다' 동사가 오며, 격 표지 없이 어간형으로 쓰이거나 대격과 도구격만 결합될 수 있다는 제약 조건과 함께, 의심의 뜻을 지닌다고 해석하였다(다음의 5.4.1절 1.4항 참조).

　Underwood(1890)의 경우, 앞선 Ridel(1881)과 크게 다르지 않은데, 한자어 복합명사라 하여 '안+경:안경, 안+질:안질' 등과 같이 한자가 결합하여 명사가 형성되는 예를 추가로 제시하였다. 그리고 '군, 쟝이'는 'maker, doer'의 의미를 지니며, 특히 '군'은 영어의 접미사 'er'과 유사하다고 보았다. 그리고 '질'을 추가하고 그 의미를 'the work of'로 해석하였다. 제시된 예를 보면 다음과 같다.

(16) ㄱ. 일군, 교군군, 보힝군, 쟉란군, 롱군, 소리군, 나모군, 노름군
　　ㄴ. 미쟝이, 개와쟝이, 붓쟝이, 갓쟝이, 오입쟝이
　　ㄷ. 바느질, 다루리질, 채직질, 로질, 붓치질

　그리고 Ramstedt(1939)에서는 명사를 단일어(simple word)와 복합어(compound)로 나누고, 단일어는 다시 기본적인(primitive) 것과 파생적인(derived) 것으로 구분하였다. 복합어의 형성에서 뒤에 마지막으로 붙는 형태에서 굴절이 일어나며, 나머지 부분에는 변화가 없다고 하였다.

　한편, Ramstedt(1939:175-183)에서는 명사의 단어 형성에 대해 접미사가 붙는 경우와 명사의 복합으로 이루어지는 경우로 나누어 비교언어학적 관점에서 서술하였다. 그 중에서 접미사가 붙어 형성된 명사의 경우를 보면,

118　　　　　　　　　　　　　　　근대 시기 서양인의 한국어 문법 연구

다음과 같다.[10]

> '-악/억/ㄱ': 터럭, 뜨럭, 나락, 기럭지, 부스럭지, 비럭질, 가락지
> '-개(게)/애(에)': 날개, 싸개, 벼개, 지게, 집게, 덥게, 가래, 갈래, 빨래, 쓰레기, 노래,
>   소래
> '-지': 기럭지, 부스럭지, 아바지, 아궁지, 바지, 버러지
> '-아지': 개아지, 소아지, 망아지, 도야지, 손모가지, 바가지, 무거지, 낭떠러지, 나마지
> '-아리/어리/리': 턱어리, 등어리, 봉아리, 흙덩어리, 무거리, 항아리, 독구리,
>   사닥다리, 대가리, 머구리, 악바리
> '-앙/엉': 비렁방이   '-앙이/엉이': 구렁이, 누렁이
> '-아기/어기': 쓰레기, 오라기, 미꾸라기, 나막기
> '-기': 보기, (서울)나기, 무릎지기, 내기
> '-아미/-어미/-미': 꾸러미, 얼거미, 멀미
> '-때/-대': 배때기, 꼭대기   '-각': 주걱
> '-이': 살이, 잡이, 어미, 아지   '-끼/께': 새끼, 토끼, 도끼
> '-음': 처음   '-의/위': 나븨, 호믜, 아귀
> '-ㄷ(-ㅅ/ㄷ)': 불긋불긋, 누룻누룻, 뜯뜯(하다), 첫, 헛, 덧

이것은 접미사 파생에 의한 명사 형성에 대한 예로 비교적 세밀하게 분석한 것으로 이해된다.

그리고 한국어의 복합명사는 한자어의 영향으로 동일 계통의 다른 언어와 다른 양상을 보인다고 하면서, 그 모든 예를 다 제시할 수 없고 일부의 예를 제시한다고 하였다. 이것을 정리하면 다음과 같다.

> '-의'(plural sign): 너의, 저희, 아희
> '-쟈'(중국어, person): 부자, 그자, 임자
> '쟝/쟝이'(중국어, craft): 놋장이, 신장이, 질그릇장이, 대장장이, 귀먹장이, 등곱장이,
>   겁장이
> '님'(중국어?, honoured person): 아바님, 어머님, 형님, 손님, 선생님, 스님, 하나님
> '놈'(contemptuous): 도적놈, 잡놈   '-바치'(actor): 노름바치

'-군'(중국어, workman): 일군, 노름군, 교군, 모리꾼, 님군

'-구러기'(contempt): 돈구러기, 걱정구러기, 밥구러기

'-방'(chamber, poor person): 셔방, 안진방이, 알량방이, 비렁방이

'네, 나이'(man): 부모네, 녀편네, 남편네, 당신네, 사람들네

'갓치, 아치'(value, worth): 십전-아치, 일원-아치

'-간'(중국어, chamber, room): 안칸, 잠간, 시간, 오래깐

'-거리'(thing, piece): 덧거리, 암수거리, 십전-거리

'-차이/채'(size): 집채   '-자'(condition, state): 혼자, 그저

'-탁/닥'(ridge, top): 말로타기, 꼭탁이

'-랑/랑이'(중국어, wild animal): 호랑이, 그렁이, 화랑이

'-질'(work): 바느질, 노질, 매질, 땜질, 욕질, 빨래질

'덩이/덩어리'(heap): 방덩이, 흙덩이

'망이/망아리'(round piece): 눈알망이, 돌망이

'것'(thing, piece): 수컷, 암컷, 헛것

2.2. 한국어에서 명사는 의미적으로 추상명사와 구상명사, 유정명사와 무정명사, 보통명사와 고유명사 등의 대립적인 관계로 구분되기도 하고, 자립성의 유무에 따라 자립명사와 의존명사로 구분되기도 한다.

서양인의 한국어 문법 기술에서는 한국어의 고유명사, 그 중에서도 성명과 직명 등에 관심을 갖고 비교적 자세히 서술하기도 하였다. 예를 들어, Ridel(1881:19-23)에서는 한국인의 성(姓)과 아명(兒名), ㅈ(字), 관명(冠名), 본명(本名), 아녀명(兒女名), 경어 등에 대해 서술하였으며, Underwood(1890:33-38)에서는 한국인의 성과 이름, 직책에 대해 비교적 자세히 서술하였다. 그런데 이에 대해 관심을 둔 것은 그들의 관점에서 볼 때, 이들이 한국어 학습과 활용에 매우 유용한 것이기 때문이었을 것으로 이해된다.

근대 시기 서양인의 한국어 문법 연구

4.1.3. 정리

서양인의 한국어 문법 기술에서 명사 그 자체는 크게 주목되지 않았다. 그러나 명사와 관련되는 문법범주로서 성과 수, 격의 문제는 그들의 한국어 학습에서 필요한 부분으로서 서술의 필요성을 인식하였으며, 이에 대해 그들 언어의 관점에서 접근하였다.

한국어 명사에는 문법적인 성이 나타나지 않으며, 다만 자연적인 성의 차이를 표현하고자 할 때에는 별개의 명사를 사용하거나 '슈'나 '암'과 같은 특별한 첨사를 붙여 표현한다고 하였다. 그리고 한국어에서 명사는 성보다는 발화에 참여하는 인물에 대한 사회적 지위와 함께 존경심이나 친밀감 등의 표현을 위해 형태가 분화되어 있음을 강조하기도 하였다.

한국어 명사는 부류지시성을 띠기 때문에 수량적 표현에 의해 제한되지 않는 한 복수성이 나타나는 의미적 총칭성의 특징을 이해하였다. 따라서 단수와 복수의 구별은 문맥적 상황에 따라 해석되며, 복수 표지 '들'이 필수적으로 요구되는 것은 아니고 복수성을 분명히 하고자 할 때 첨가되는 것으로 보았다. 특히 '들'은 부사어나 용언에 붙기도 하는데, 이때에는 이들과 관련되는 행위의 주체가 복수임을 의미하는 것으로 해석하였음도 주목된다. 그리고 명사의 격 실현에 대해서는 초기에는 자신들의 언어에 따라 명사의 굴절로 보았으나, 점차 한국어의 특징을 이해하면서 형태적 교착성을 바탕으로 하는 곡용으로 해석하였다.

한국어 명사에는 한자어에 기원한 것이 많다는 점과 아울러, 형태적으로는 단일어 외에 접사나 어근이 결합하여 복합어를 형성하는 경우도 매우 복잡하게 존재함을 서술하였다. 특히 그들의 한국어 학습의 필요에 따라 한국어의 고유명사, 그 중에서도 성명과 직명 등에 대해 비교적 소상히 서술하기도 하였다.

4.2. 대명사와 대용 표현

4.2.1. 대명사의 성격과 분류

1.1. 대명사(pronoun)는 일반적으로 명사를 대신하는 것으로, 문장 안에 주어진 대상이나 문장 자체를 직접 가리켜 부르는 단어류로 설명된다. 그런데 대명사는 명사를 대신하여 표현하는 것 외에, 선행적으로 지시 대상이 전제되어 있을 때 그 대상을 직접적으로 지시하는 특성을 지닌다.[11] 대명사는 일반적으로 지시 대상에 따라 사람을 지시하는 것과 사물을 지시하는 것으로 구분되는데,[12] 소유, 의문, 재귀 등의 기능이 부가되기도 한다. 한편, 이른바 관계대명사는 이러한 지시성과의 관련성이 크지 않다.

인구어에서 대명사는 매우 비중 있게 다루어진다. 특히 지시 대상이 사람일 경우 인칭에 따른 구분이 비교적 엄격하다고 할 수 있다. 그러나 한국어는 이러한 인칭의 구분이 분명히 드러나지 않는데, 3인칭의 경우 그에 대응하는 형태가 특별히 존재하지 않고, '이, 그, 저' 등의 지시어가 명사와 함께 쓰이기도 한다.[13] 또한 한국어에서는 인칭대명사가 지시 대상에 대한 존대의 정도에 따라 형태를 달리한다는 점에서도 인구어와 다른 점이 있으며, 특히

---

11 대명사의 지시성은 개별적인 속성을 지니는데, 예를 들어, 명사 '사람'은 그러한 속성을 지닌 대상을 일반화하여 총칭적으로 지시한다면, '나, 너' 등의 대명사는 특정 대상을 개별적으로 한정하여 지시하는 것이다(유창돈, 1965; 최호철, 2005 참조).

12 인칭대명사(personal pronoun) 중에는 영어의 'it'나 'they'처럼 사물을 가리키는 경우에도 쓰이는 것이 있다. 이것은 대명사의 지시 대상이 사람과 사물로 구별되지 않음을 의미하는데, 이러한 현상에 적절한 문법적 용어를 찾기 힘들기 때문에 그대로 쓰면서 'personal'을 문법 고유의 용어로 해석한다고 한다(이환묵, 1999:199 참조).

13 박진호(2017)에 의하면, 유형론적인 관점에서 언어는 3인칭과 1, 2인칭이 대등하게 취급되는지의 여부에 따라 세 인칭 언어와 두 인칭 언어로 분류될 수 있는데, 두 인칭 언어에서는 3인칭 대명사와 지시사의 형태가 동일하거나 관련이 있다고 하였다. 그리하여 한국어의 경우 중세의 '뎌'나 현대의 '그/그녀'가 지시사와 관련된다는 점에서 두 인칭 언어에 가깝다고 하였다.

인구어에서의 관계대명사에 해당하는 형태 범주가 한국어에는 존재하지 않는다는 차이가 지적된다.

1.2. 서양인의 한국어 문법 기술에서 한국어 대명사는 그들의 언어에 비해 체계와 용법에서 크게 다르기도 하거니와, 그들의 한국어 문법 기술이 한국어 학습에 목표를 두었다는 점에서 주목의 대상이 되었다. 그리하여 한국어 품사 분류를 기술했던 대부분의 문헌에서는 대명사를 독립 품사로 설정하고, 그 특징과 관련 형태들에 대해 서술하였다(앞의 3.2.2.절 2.1항 참조).

서양인의 한국어 문법 기술의 문헌에서 한국어 대명사의 하위분류를 보면 인칭(personal), 소유(possessive), 지시(demonstrative), 재귀(reflexive), 부정(indefinite), 의문(interrogative), 관계(relative) 등이 언급되었는데, 구체적인 체계 설정에서는 문헌에 따라 일부 다른 양상을 보였다. 이를 묶어 정리하면 다음과 같다.

Rosny (1864)	Dallet (1874)	Ross (1882)	Ridel (1881)	Aston (1879)	Scott (1887)	Huart (1889)	Underwood (1890)	Ramstedt (1939)
인칭	인칭	인칭	인칭	인칭	인칭	인칭	인칭	인칭
지시	지시	지시	지시	지시	지시	지시	지시	지시
재귀	재귀	-	재귀	재귀	재귀	재귀	재귀	재귀
의문	의문	의문	의문	의문	의문	의문	의문/ 부정	의문/ 부정
부정	-	-	부정	-	부정	부정		
관계	(관계)	관계	(관계)	-	-	(관계)	-	-

위에서 보면, 대명사의 하위분류에서 인칭, 지시, 의문의 범주를 설정하는 점에서는 모두 동일하지만,[14] 그 외의 경우에는 차이가 있음을 알 수 있

14 한국어 문법을 총체적으로 다루지 않았던 Ross(1882)를 제외하고 재귀대명사도 대부

다. 우선 부정(不定)대명사의 설정에서 차이가 있는데, 이것은 한국어의 의문대명사가 부정적(indefinite)인 의미로도 쓰이는 점에서 비롯되는 것으로, 이들을 두 범주로 나눌 것인지 아니면 통합적으로 기술할 것인지에 따라 달리 나타났다.

특히 인구어에서 나타나는 관계대명사의 설정 여부도 관심의 대상이었다. 초기의 프랑스어에 기반한 기술에서는 이를 설정하였으나, 후기로 가면서 이것이 한국어에 존재하지 않는다는 견해로 정리되었다. 또한 소유대명사도 관심의 대상이 되었으나, 이에 대해서는 초기부터 한국어에서는 이들이 별도의 형태로 존재하지 않고 인칭대명사의 속격형으로 나타난다고 하여 하위 부류의 대상이 되지 않았다.

서양인의 한국어 문법 기술에서는 한국어에 대명사가 존재하지만, 본질적으로 대명사적으로 쓰이는 형태는 매우 제한적임을 인식하였다. 그리하여 인칭대명사의 경우 3인칭 대명사의 존재에 대한 고민과 함께, 대명사의 용법에서 지시 대상에 대한 화계(level)와 문체(style), 즉 대우의 문제를 서술하기에 어려움을 겪었던 것으로 이해된다. 또한 한국어 대명사는 '이, 그, 저' 등의 지시사와 함께 많은 형태들이 관형사적으로 쓰이기도 하는데, 당시에 관형사를 독립 품사로 설정하지 않았던 그들의 관점에서 이러한 문제를 서술하는 한계가 나타나기도 하였다.

4.2.2. 시기별 분석

2.1. Siebold(1832)에서는 인칭대명사가 화계(level)에 따라 분화됨을 서술하면서, 명사 앞에서는 소유대명사의 의미를 표현한다고 하였다(고영근,

---

분의 문헌에서 설정되었다.

1983:256 참조).

　"대명사는 화계에 따라 분화된다. 3인칭은 '저 사람'(jener mensch)과 같이 다른 말로 표현된다. 명사 앞에 놓이는 인칭대명사는 소유의 의미를 표현한다."

이것은 개괄적인 소개에 그친 것이지만, 여기서 언급된 화계에 따른 대명사의 분화 현상과 3인칭 대명사의 부재, 그리고 소유대명사가 설정되지 않는다는 점은 이후 이어지는 서양인의 한국어 문법 기술에서 주요한 항목이되었다.

Rosny(1864)에서는 한국어 대명사를 중국어와 대응시키면서 프랑스어체계에 따라 인칭, 지시, 재귀, 부정(不定), 의문, 관계 등으로 나누어 서술하였다. 이를 묶어 보면 다음과 같다.

인칭대명사: 1인칭: '나, 내'(我) / 2인칭: '녀'(你) / 3인칭: '다를'(他), '져'(彼)
지시대명사: '이'(此), '그'(其)
재귀대명사: '스스로'(自)
부정대명사: '무릇'(凡), '다기'(皆), '아모'(某), '미'(每), '각'(各)
의문대명사: '누고'(誰), '얻지'(何)
관계대명사: '바'(所)

위에서 인칭대명사의 경우 3인칭이 '다를(tarour)'로 제시되었음이 특이하다.[15] 그리고 소유대명사는 따로 존재하지 않고 중국어나 일본어처럼 인칭대명사의 속격으로 형성된다고 하였다.

지시대명사는 다음과 같이 그것이 속한 명사 바로 앞에 쓰이기도 한다고

15　또한 Rosny(1864)에서는 Medhurst(1835)에서 3인칭 대명사를 중국어를 따라 'pi(彼)'라 하기도 한다고 하였는데, 이것은 중국어에 기대어 해석하였음을 의미한다(앞의 2,2,1절 1.2항 참조).

하였다.

> (17) 이 방자 (i pangtsă', this house)

위 (17)에서 '이'가 지시대명사로 예시된 것인데, 이것은 지시사 '이, 그'의 관형사적 용법에 대한 오해에서 비롯된 것으로 보인다.[16]

부정(不定)대명사는 부사나 관형사, 또는 접두사로 해석될 수 있는 형태를 제시하였는데, 이것은 적절성이 매우 희박한 것이라 할 수 있다. 그런데 여기서 특이한 것은 관계대명사의 설정에 있다. 즉, 이른바 의존명사로 해석되는 '바(pa)'를 관계대명사로 설정하면서 그 의미를 한자의 '所'에 기원하는 것으로 해석하였다. 그러나 그 자신도 이것이 어떻게 쓰이는지는 한국어 어법에서 가장 불확실한 것이라고 하였듯이 한국어의 대명사 체계에서 관계대명사는 인정될 수 없는 것이었다.

2.2. Dallet(1874)에서는 한국어의 대명사를 인칭, 지시, 의문, 재귀로 나누어 서술하고, 소유대명사는 존재하지 않는다고 하였다. 여기서 제시된 형태를 보면 다음과 같다.

인칭대명사: '나'; '우리, 우리들' / '너'; '너희, 너희들'
지시대명사 '이, 뎌, 그, 쟈, 바'
의문대명사: '뉘, 누구, 무엇, 어느, 어떤'
재귀대명사: '자긔, 저, 제'
(관계대명사): '쟈, 바'

---

16 이것은 한국어 3인칭 대명사가 지시사로부터 발달되었다는 점과 관련된다(송경안, 2019:167-172 참조). 이러한 해석은 이후 서양인의 한국어 문법 기술에서 지속적으로 나타났다.

위에서 보면, 한국어에는 인칭대명사에 1인칭('나')과 2인칭('너')밖에 없으며, 이들의 복수는 각각 '우리(우리들)'와 '너희(너희들)'로 제시하였다. 그리고 3인칭에 대해서는 같은 어족(타타르어)의 언어와 마찬가지로 지시대명사 중의 하나가 대신하는데, 가장 흔히 쓰이는 것은 '뎌'라고 하였다.[17]

특히 Dallet(1874)에서는 인칭대명사의 화계(level)에 따른 분화에 주목하면서, 다음과 같이 기술하였다(안응렬 외 역주, 1979:147 참조).

"모든 나라에서 그렇지만, 특히 아시아의 여러 나라에서는 인칭대명사의 용법이 예법에 의하여 제한된다. 조선에서는 수령에게 자기 자신에 대하여 말을 할 때에 감히 내가 또는 나라고 하지 못하고 小人이라고 한다. 더구나 상대방에게 네가 또는 너라고는 하지 않고, 우리 자신이 각하니 뭐니 하는 것처럼 적당한 칭호를 사용하는 것이다. 그러나 이것은 예의에 해당하는 것이지 문법 규칙은 아니다."

그리고 인칭대명사의 격 변화 현상을 주격과 구격, 여격의 경우 '내가, 날로, 내께' 등과 '네가, 널로, 네께' 등으로 됨을 제시하였다. 소유대명사는 따로 존재하지 않고 '내 것, 우리 것, 나의, 우리의'처럼 인칭대명사(또는 인칭대명사의 속격)가 대신하는 것으로 보았다. 지시대명사는 근칭과 원칭으로 구분하여 '이'는 가까이 있는 사람이나 물건을, '뎌'는 멀리 있는 사람이나 물건을 가리킨다고 하였으며, 특히 '그'는 방금 말한 사람이나 물건을 가리킨다고 하면서 문맥 안에서의 조응적(anaphoric) 속성이 나타남을 서술하기도 하였다. 또한 이들 지시대명사는 일반 규칙에 따라 어미변화를 하지만 명사 앞에 오면 어미변화가 없고 형용사(즉, 관형사)처럼 쓰인다고 하였다.

의문대명사는 사람에 대해서는 '뉘, 누구', 물건에 대해서는 '무엇', 사람

---

17 이것은 오늘날 3인칭 대명사가 '그' 계열로 사용되는 것과 다른 점이라 할 수 있다(박진호, 2007 참조). 그리고 이러한 해석은 당시 서양인의 한국어 문법 기술에서 계속 이어졌다.

과 물건에 대해서는 '어느, 어떤'이 쓰인다고 하였다. 특히 '어느'는 여럿 중에 어느 것인가를 따지고, '어떤'은 질적 측면을 따진다고 하여 다음의 예를 제시하면서 용법적으로 구분하기도 하였다.

(18) ㄱ. 어느 사룸이냐? ⇒ 요한이올세다.
    ㄴ. 어떤 사룸이냐? ⇒ 고약훈 사룸이올세다.

그리고 의문대명사가 형용사처럼 쓰이는데, 이 경우 어미변화가 없다고 하였다. 또한 재귀대명사에는 '자긔'가 있으며, '저, 제'도 재귀대명사로 사용되는 것을 서술하였다.

한편, 한국어에는 관계대명사는 없고, 명사나 지시대명사에 덧붙인 관계분사(관형사형어미)로 대용된다고 하였다.

(19) ㄱ. 구쇽훈 쟈
    ㄴ. 부모를 스랑ᄒᆞ는 바

위에서 (19-ㄱ)의 '쟈'는 사람을 지시하고, (19-ㄴ)의 '바'는 사람이나 사건을 지시하는 지시대명사에 해당하는데, 여기서 '쟈, 바'는 동사의 관계 분사('ㄴ', '눈')와 함께 쓰인 것으로 해석하였다.

2.3. 서북 방언에 바탕으로 두었던 Ross(1877)에서는 인칭대명사에 한정하여 서술하였는데, 여기서 제시된 내용을 보면 다음과 같다.

	〈단수〉	〈복수〉
1인칭	'늬' (일상적) / '나' 또는 '느' (소유적)	'우리'
2인칭	'데, 너' (하칭) / '님지' (평칭)	'너이' / '님지네'
3인칭	'데'	'데사람덜'

즉, 한국어 인칭대명사를 단수와 복수로 구분하면서 1인칭에는 일상적으로 쓰이는 '늬, 우리'와 소유적 의미로 쓰이는 '나, 느'를 제시하고 2인칭에는 하칭(inferior)의 '데, 너, 너이'와 평칭(equal)의 '님지, 님지네'를 제시하였다. 그리고 존칭(superior)은 직함으로 직접 지칭된다고 하였으며, 3인칭으로 '데, 데사람딀'을 제시하였다.

그런데 개정판인 Ross(1882)에서는 인칭대명사와 함께, 다음과 같은 의문, 관계, 비인칭(impersonal), 지시 등의 대명사 형태를 추가하여 제시하였다.

의문대명사: '뉘'(who)
관계대명사: '쟈'(who); '거시'(that what)
비인칭대명사: '무삼, 무어슬'(what)
지시대명사: '이'(this); '뎨, 그'(that)

이러한 Ross(1877, 1882)의 한국어 대명사에 대한 기술은 소략하지만, 비교적 체계적으로 서술하였던 것으로 이해된다. 특히 Ross(1882)의 비인칭대명사는 다른 문헌과 비교하여 특이한 것인데, 이것은 인칭에 대하여 사물을 지시한다는 점을 강조한 것으로 이해된다.

2.4. 한·일 양어의 비교에 무게를 두었던 Aston(1879)에서는 한국어와 일본어의 특징을 개념의 비인칭성(impersonality of conception)이라는 민족성에서 찾으며 그러한 비인격적인 사고 습관이 문법 구조에 영향을 미치게 되어서, 유생물과 무정물을 구별하는 표지가 없다든지, 문법에서 인칭과 성, 수에 대해 무관심한 특성을 보인다고 하였다.

"(너무 방대한 주제여서 하나의 논문에서 모두 서술할 수는 없으나) 아리안계나 셈계와 구별되는 한국과 일본 민족의 심성적 특징은 문법뿐만 아니라 민족성에 따라 이룩한 산물에서도 인식될 수 있다. 그것은 개념의 비인칭성(impersonality of conception)으로 기술될 수 있을 것이다. 이 민족들은 생물(living being)과 무정물(inanimate object), 신(God)과 물질적 우주(material universe), 심성(mind)과 물질(matter), 개체(individual)와 집합체(multitude), 我('I')와 非我('not I')를 대조적으로 파악하는 것이 비교적 분명하지 않다."

이러한 비인격적인 사고 습관은 문법 구조에 영향을 미치게 되어서 한·일 양 언어는 인칭대명사가 잘 발달되어 있지 않다고 하였다. 그리하여 양 언어는 영어의 'he, she, it'와 같이 성의 구분이나 비유정적 사물을 구분하는 형태가 달리 존재하지 않고, '저 사룸'과 같이 인칭대명사가 실질어로 나타나서 실제로 문장에서 대명사가 나타나는 비율이 아주 낮다고 하였다.

Aston(1879)에서는 이러한 특성과 함께 한국어 대명사를 인칭, 지시, 의문, 재귀, 관계로 나누어 서술하였는데, 각각의 형태를 정리하면 다음과 같다.

인칭대명사: I '나' / We '우리, 우리들' / Thou '너, 저, 뎌, 자네' / He, she, it '져, 뎌' / He 또는 she '저 사룸'
지시대명사: This(questo) '이, 오' / '여, 여긔'(here), '이제'(now) / That(cotesto) '그' / That(quello) '저'
의문대명사: Who '누, 누고'; What '무엇, 무슴, 아모' / '어, 어이, 어찌'(how), '어데'(where), '몇'(many)
재귀대명사: Self '스스', '서로'(mutually)
관계대명사: 없음

특히 여기서는 앞선 문헌에서 언급되었던 관계대명사는 한국어에 존재하지 않는다고 하였으며, 지시대명사에 장소의 '여긔'와 시간의 '이제'를 제시한 것은 다른 문헌과 비교되는 것이기도 하다. 이는 일본어와의 유사성에 근거한 것으로 한국어의 대명사 체계에 대해 비교적 적절하게 서술한 것으로 해석된다.

근대 시기 서양인의 한국어 문법 연구

2.5. Ridel(1881)에서는 한국어 대명사를 인칭, 소유, 지시, 재귀, 의문, 부정, 관계의 7개의 범주로 구분하면서, 실제로는 소유대명사는 존재하지 않는다고 하였으며, 관계대명사는 명확하게 형태를 제시하지 않고 의미적으로 대역될 수 있는 프랑스어 어휘를 제시하였다. 여기서 각각 유형의 형태를 정리하면 다음과 같다.

인칭대명사: '나, 내'; '우리, 우리들, 우리무리, 우리등'
     '너, 네, 주네, 그딕'; '너희, 너희들, 네들, 너희등, 너희무리'
     '뎌, 톄, 저, 제'; '뎌들, 뎌무리, 뎌등, 저희, 저희들'
지시대명사: '이, 뎌, 그, 쟈, 바'
재귀대명사: '져', '즈긔'(즈겨, 自己)
의문대명사: '누구, 누(뉘, 뉘가, 누가), 어느, 엇던, 무슴(무슨), 무엇'
부정대명사: '누구, 엇던, 혹, 아모'
(관계대명사): '이, 것'

위에서 인칭대명사는 1, 2, 3인칭으로 구분하고, 각각의 단수형과 복수형을 제시하였다. 복수형은 1, 3인칭에서 단수형에 '들'과 복수를 뜻하는 명사인 '무리, 등(等)'이 붙는 형태를 제시하였으며, 2인칭에서는 '너희'처럼 '희'가 붙는 형태가 추가되었다. 또한 '저, 제'와 그 복수형 '저희, 저희들' 등도 3인칭으로 제시되었는데, 이것은 앞선 Rosny(1864)나 Dallet(1874)에서처럼 지시사 중에서 '저' 계열을 3인칭으로 서술한 것으로 이해된다.[18] 또한 3인칭의 '뎌'는 지시형용사로도 쓰이는데, 이 경우에는 격 곡용이 나타나지 않는다고 하였다.

그리고 1, 2인칭의 대명사에는 겸양(politesse)이나 존칭(honorific)의 뜻으로 다른 형태가 사용되기도 한다고 하면서, 이에 대해 다음의 예를 제시하

---

18 Ridel(1881:50)에서는 '그'는 3인칭 대명사이기는 하지만, 삽입절에서만 주어로 쓰일 수 있다고 하였다.

였다.[19]

    (20) ㄱ. 1인칭: '싱, 쇼싱, 하싱, 쇼인, 죄인'
       ㄴ. 2인칭: 'ᄌ네, 게, 게네, 이녁, 님쟈, 그듸, 형, 집ᄉ, 셕ᄉ, 싱원'

  소유대명사는 존재하지 않고 그 대신 '나의 손, 너의 아들, 우리의 집'처럼 인칭대명사의 속격으로 나타나는데, 회화체에서는 '내 손, 네 아들, 우리 집'처럼 축약될 수 있으며, 특히 속격에서는 다음의 예와 같이 명사가 '것'으로 대치되기도 한다고 하였다.

    (21) ㄱ. 이 칼이 뉘 칼이냐?
       ㄴ. 내거실다.(내 것일다.)

  지시대명사는 '이, 뎌'가 대상의 원근에 따라 구별되며, '그'는 이미 언급된 것을 다시 지시한다고 하였다.

    (22) ㄱ. 이 사름은 갓갑고 뎌 사름은 멀고
       ㄴ. 그 둘이 멀니 가겟다.

  그리고 (22-ㄱ)의 '이'와 '뎌'는 때로 '것'이 붙어 '이것, 뎌것'으로 되기도 한다고 하였으며, 특히 (22-ㄴ)에서와 같이 '그'가 문맥 안에 지시 대상이 존재하는 조응(anaphor) 현상을 표현하는 것으로 해석하였다.

  재귀대명사는 '져' 외에 한자어 '자(自)'로부터 기원하는 것을 제시하였으며, 이것은 다시 'ᄌ결ᄒ다, ᄌ살ᄒ다, ᄌ헌ᄒ다'와 같은 재귀적 의미의 동사

---

19 이것은 한국어가 대명사에서 대체 표현이 널리 나타난다는 점에서 열린 체계(open system)에 해당함과 관련되는 것으로, 대명사가 닫힌 체계(closed system)으로 존재하는 인구어와 구별되는 특성이다(송경안, 2019:172-176 참조).

를 형성하기도 한다고 하였다.

    (23) ᄌᆞ긔가 손슈로 ᄌᆞ긔의 본집에 불을 질넛다.

이에 더하여 재귀적 의미로 명사가 부사처럼 쓰이는 경우가 있다고 하면
서 '친(親)히, 스ᄉᆞ로, 손슈, 졀노, ᄌᆞ하로, 서로' 등을 예시하였다.[20]

그리고 의문대명사에서 '어ᄂᆞ'와 '엇던, 무슴'은 형용사적으로 쓰이기도
한다고 하면서 다음의 예로 이들의 용법적 특징을 서술하였다.

    (24) ㄱ. 어ᄂᆞ 사ᄅᆞᆷ이 그 칙을 지엇ᄂᆞ냐?
        ㄴ. 엇던 사ᄅᆞᆷ이 왓ᄂᆞ냐?
        ㄷ. 엇던 사ᄅᆞᆷ이냐? ⇒ 괴악ᄒᆞᆫ 사ᄅᆞᆷ일다. 됴흔 사ᄅᆞᆷ일다.
    (25) ㄱ. 어ᄂᆞ 배엿ᄂᆞ냐?
        ㄴ. 무슴 배엿ᄂᆞ냐?

또한 부정(不定)대명사로는 다음과 같이 일부의 의문대명사가 전이되어
쓰이는 예를 제시하였다.

    (26) ㄱ. 뉘가 온다.
        ㄴ. 혹이 무ᄅᆞ디
        ㄷ. 엇던 사ᄅᆞᆷ
        ㄹ. 아모것이라도 되ᄂᆞᆫ디로

한편, 관계대명사에 대해서는 Dallet(1874) 등에서 관계대명사로 제시하
였던 '쟈, 바'를 지시대명사로 해석하고, 다음의 예로 제시하였다.

    (27) ㄱ. 부모ᄅᆞᆯ 공경ᄒᆞᄂᆞᆫ 이가 효ᄌᆞ일다

---

20 이러한 부사적 형태를 재귀대명사에 포함하는 경향은 이후 문헌으로 이어졌다.

ㄴ. 우리 본 것

위에서 (27-ㄱ)의 '이'는 사람과 관련되고, (27-ㄴ)의 '것'은 사물과 관련되는 것으로 관계대명사와 유사한 기능을 한다는 것이었다. 그리고 이것은 형용사가 명사를 수식하는 것처럼 동사가 어미변화하여 분사형으로 나타나며, 현재와 과거, 미래의 의미로 실현된다고 하였다(다음의 5.4.1절 1.3항 참조).

2.6. Huart(1889)에서는 Dallet(1874)와 Ridel(1881)처럼 프랑스어에 바탕을 두고 서술하였으며, 그 체계와 형태에서 크게 변화가 나타나지는 않고 오히려 단순화하였다고 할 수 있다. 그리하여 인칭대명사를 설정하고, 1인칭 '나'('우리' 또는 '우리들'), 2인칭 '너'('너희' 또는 '너희들' 또는 '네들'), 3인칭 '뎌(뎌들)'로 제시하였다. 재귀대명사로는 '져'와 한자어 '亽긔(自己)'가 있는데, 3인칭에만 사용한다고 하면서, 한자어 '亽긔'는 재귀동사를 만들 때 사용되며 이때에는 '亽'만 쓴다고 하였다. 그리고 소유, 지시, 의문대명사는 각각 형용사로 쓰이기도 하는데, 소유대명사에 대해서는 한국어에는 프랑스어의 소유대명사와 같은 것은 없다고 하면서 인칭대명사에 '의'가 결합한 '내, 네, 뎨'를 제시하였다.

또한 지시대명사는 근칭 '이', 원칭 '뎌', 막 언급되었던 사람이나 사물을 지시하는 '그'가 있는데, '이'와 '뎌'는 상황적 공간을 지시하는 기능을 하고 '그'는 문맥에 따라 조응적인 기능을 하는 것으로 구분하였다. 의문대명사에는 사람을 지시하는 '뉘, 누, 누구', 사물을 지시하는 '무어, 무엇'이 있으며, 이것이 의문형용사로 전용되는 예로 '어느, 엇던, 무슴'을 제시하였다. 특히 문제가 되는 관계대명사의 경우에는 동사의 분사형(현재, 과거, 미래)에 의해 표현된다고 하였는데, 이는 Ridel(1881)에서와 같이 관계대명사를 하나의 문법범주로 설정했다기보다는 프랑스어의 관계대명사가 한국어에서 어떤 방

법으로 표현되는지를 설명하려 한 것으로 보인다.[21]

2.7. Scott(1887)에서는 영어를 바탕으로 하여 대명사를 인칭, 지시, 재귀, 부정, 의문으로 구분하였는데,[22] 앞선 Ridel(1881) 등과는 달리 3인칭 대명사를 설정하지 않고 영어의 'He, she, it, they' 등에 대응하는 형태로서 '뎌, 뎨'를 지시대명사에 포함시킨 것이 특징이다. 그리고 재판인 Scott(1893)에서는 대명사를 인칭, 지시, 소유, 의문, 재귀, 부정, 관계로 구분하고, 소유대명사는 없으며, 관계대명사는 알려져 있지 않다고 하면서 형태를 제시하지 않았다. Scott(1893)의 경우로 보면 다음과 같다.

인칭대명사: '나, 내', '졔'(I); '우리'(we) / '너, 네', 'ᄌ늬'; '너희'(thou)
지시대명사: '뎌'(he, she, it, they (implying distance))
　　　　　　'이'(this (implying nearness)) / '그'(that)
의문대명사: '누, 누구, 뉘'(who) / '어ᄂ, 엇던'(which, what)
　　　　　　'무ᄉᆷ, 무엇'(what)
재귀대명사: 'ᄌ긔, 져, 졔'(oneself) / '스ᄉ로, 졀노'(of himself)
　　　　　　'서로, 피차'(one another (reciprocal))
　　　　　　'친히, 손조, 손슈'(one self (in person))
부정대명사: '다, 모도, 온'(all)
　　　　　　'아모'(any) / '아모던지, 아모나'(any whatever)
　　　　　　'각, 식, 믜, 마다'(each, every)
　　　　　　'만히'(many) / '다룬'(other, another) / '여러'(several)
　　　　　　'이런, 뎌런, 그런'(such)
　　　　　　'엇더턴지, 암만'(whatever) / '누구던지, 무론'(whoever)

21　그런데 통사론에 해당하는 Huart(1889:27)에서는 이른바 관형절의 피수식명사로 나타나는 '것, 자(者), 바'를 관계대명사로 간주하였다.

22　영어에서 대명사는 일반적으로 인칭, 재귀, 소유, 관계, 의문, 지시, 부정 등으로 분류된다(이환묵, 1999 참조).

위에서 보면, 인칭대명사에서 3인칭을 설정하지 않았으며, 그 대신 '뎌'와 '이, 그'는 지시대명사에 포함되었다. 그리고 추가적으로 1인칭에서 자신을 낮추는 의미로 '졔'가 쓰이며, 2인칭에서 친구들 사이에 친밀감을 나타내거나 나이 든 아랫사람에게 말을 걸 때 '즈니'가 쓰이기도 한다고 하였다.

지시대명사의 경우 단독으로 주격 외에는 거의 사용되지 않고 보통 사물의 '것'이나 인물의 '사름'과 같은 명사와 결합하여 '뎌 사름'처럼 사용되며, 이들 명사가 대명사 대신 곡용을 한다고 하였다. 그리고 의문대명사에서 '누, 누구'는 사람과 관련되고, '어느'와 '엇던, 무슴'은 사람과 사물에 모두 관련되며, '무엇'은 사물에 관련된다고 하였다. '어느, 엇던, 무슴'은 곡용하지 않는데(즉, 지시관형사로 쓰이는데), '누, 누구, 무엇'은 정상적으로 곡용할 수 있다고 하였다. 한편, 재귀대명사에서는 초판에 비해 '친히, 손조, 손슈' 등의 부사성 어휘 형태가 추가되었다.

부정대명사는 초판에 비해 몇몇 형태가 추가되고 그에 대한 해석이 세밀해졌다는 특징이 있다. 예를 들어, '온'과 '믹, 무론'은 접두사이고 '마다'는 접미사라 한다든지 하는 것이었는데, 이러한 형태에 대한 해석의 적절성에는 문제가 남아 있다.[23] 또한 오늘날의 관점에서 보면, 여기서 제시된 형태들 중에는 관형사와 부사의 특징을 지닌 것이 있으며, 특히 수량의 의미를 나타내는 것('다, 모도, 온, 만히, 여러' 등)도 있는데, 이들을 대명사의 범주로 해석하는 것도 문제가 있다.

그리고 의문대명사 '누구, 엇던, 무슴'이 부정대명사로 쓰이는 예를 제시하기도 하였다.[24]

---

23 이에 대해 Underwood(1890)에서는 분배대명사라 하였다(다음의 4.2.2절 2.8항 참조).

24 이와 더불어 '언제, 몃, 어디' 등을 의문부사라 하면서 이들도 부정적(indefinite)으로 쓰일 수 있음을 서술하기도 하였다.

근대 시기 서양인의 한국어 문법 연구

(28) ㄱ. 누구 가겟소. (Who will go? / Someone will go.)

ㄴ. 엇던 사롭이 그러케 혼다.

(What sort of men act this? / There are men who act this.)

ㄷ. 무솜 볼일 잇소.

(What works is there to be done? / Here is some works to be done.)

또한 Scott(1893)에서는 Dallet(1874)와 Ridel(1881) 등의 앞선 문헌에서와 같이 소유대명사와 관계대명사에 대해 서술하기는 하였으나, 이들의 형태가 별도로 존재하는 것은 아님을 강조하였다. 그리하여 엄밀히 말해 한국어에는 소유대명사가 없고 그 자리는 인칭대명사나 지시대명사의 속격으로 대치된다고 하였다. 그리고 관계대명사도 형태가 드러나지 않으며, 관계절은 관계 첨사(relative particle)에 의해 나타나는데, 이것은 선행 명사에 형용사처럼 결합한다고 하면서, 관계절에서 요구되는 시간의 특징에 따라 현재와 과거, 미래로 나뉘어 나타난다고 하였다(다음의 5.4.1절 1.4항 참조).

한편, Scott(1893)에서는 대명사적 대치형(pronominal substitute)이라 하여 별도의 항목으로 다루었다. 이것은 정규적인 대명사 대신에 화자의 상대적 지위를 나타내는 단어로 대치되는 경우를 의미하는데, 다음의 예를 제시하였다.

(29) 당신(當身), 듸(宅), 로형(老兄), 쇼인(小人), 시싱(侍生), 싱(生), 대감(大監), 령감(令監), 공(公), 대인(大人)

그리고 이들은 대부분 중국어에서 파생된 것으로 경어적인 의미를 지닌다고 하였다.

2.8. Underwood(1890)에서는 대명사가 한국어에서 독립 품사로 설정될 수 있는지에 대해 의문을 품으면서, 인칭, 재귀, 의문(혹은 부정), 지시로

분류하였다.[25] 특히 인칭대명사에서 진정한 의미에서 3인칭이 없다고 하였으며, 앞선 문헌에서 부정대명사에 포함되었던 '각'(各)이나 '매'(每) 그리고 '식'(씩) 등을 분배(distributive) 대명사라 하여 별도로 다루기도 하였다.

Underwood(1890)의 대명사 체계와 해당 형태를 묶어 간략히 정리하면 다음과 같다.

인칭대명사: 1인칭: '나, 내'; 'ㅈ긔'(one's self); '제'(this one);
　　　　　　　　　'쇼인'(the little man) / '우리, 우리들'
　　　　　　2인칭: '너, 네'; 'ㅈ네', '공', '당신', '로형'(elder brother),
　　　　　　　　　'어루신네'(aged father)
재귀대명사: '저, 제, ㅈ긔'(self, one's self)
　　'친히'(properly), '스ᄉ로'(of itself), '손슈'또는 '손조'(with his own hand),
　　'ㅈ하로'(of itself), '절노'(by nature), '서로'(each other, one another),
　　'피차'(either this or that, both)
의문(혹은 부정)대명사: '누, 누구, 뉘'(who, someone),
　　'어ᄂ'(which, a certain, some), '무슴'(which, some),
　　'무엇'(what, something), '아모'
　　'더러'(some), '눔'(other, others, another)
　　'다, 모도, 모든, 온'(all)
　　'여러, 여럿'(several, a good number, many)
　　'마다, 미'(every); 각(each separate), '식'(a piece)
지시대명사: '이'(this), '뎌'(that), '그'(that) / '이러'(이러ᄒ오), '이'(이리)

위에서 보면, 우선 인칭대명사에서 1인칭 복수의 '우리'는 다시 '들'이 붙어 '우리들'이 되기도 하는데, 이때의 '들'은 복수를 복수로 만들며 강조의 의미를 지닌다고 하였다. 또한 '우리'는 1인칭 복수의 의미로 제한되지 않는

25　한국어에 관계대명사는 없으나, 앞선 일부 문헌에서 '쟈'(he who)와 '바'(that which) 등이 이러한 부류로 해석되기도 하였음을 소개하였다.

　　　　　　　　　　　근대 시기 서양인의 한국어 문법 연구

데, '우리 집(*내 집), 우리 안히(*내 부인)' 등의 예에서처럼 1인칭 단수를 표현하는 데 나타나서 '나'보다 어느 정도 정중한(polite) 방식의 표현이 되는 것으로 해석하였다. 2인칭에서 '너'는 하칭(low or disrespectful)으로서 진정한 2인칭이라 할 수 있는데, 이것이 쓰이지 못하는 경우에는 '주네' 등으로 대치된다고 하였다. 그리고 2인칭의 경우 정중함이나 고유한 지위를 드러내고자 하기 때문에 그에 관련되는 단어가 자주 쓰인다고 하였다. 이러한 서술은 앞선 문헌에 비해 한국어 1, 2인칭 대명사의 쓰임을 비교적 심도 있게 관찰한 결과로 이해된다.

한편, 인칭대명사에는 후치사가 첨가되며, 이때의 후치사는 생략되거나 축약형으로 나타나기도 한다고 하였다.

(30) ㄱ. 나, 내, 내가, 나의→내, 나의게→내게, 나롤→날, 나으로→날노
     ㄴ. 너, 네, 네가, 너의→네, 너의게→네게, 너롤, 너로

특히 3인칭 대명사를 설정하지 않으면서, 이를 Scott(1887)에서와 같이 지시대명사(또는 지시형용사)의 용법으로 보았다(Underwood, 1890:42-43 참조).

"한국어에는 'he, she, it, they' 등에 해당하는 3인칭 대명사가 없다. 외국인들이 이런 대명사가 쓰이는 위치에 사용하는 단어나 구는 그것의 상당어구를 의미하지 않는다. 이것은 그런 상당어구들이 사용된 어구나 문장이 잘못된 한국어라는 얘기가 아니라 그들이 표현하려는 문장의 충실한 번역이 아니라는 것이다. 예를 들어, 외국인들과 영어권 한국어 학습자들이 가장 보편적으로 사용하는 한국어 지시대명사에 '것'이나 '사람'과 같은 단어가 추가되어 'He has come.'의 해당 의미로 쓰인 '뎌 사롬 왓소.'는 정확한 한국어 문장이지만 'He has come.'을 의미하지는 않는다. 그것은 단순히 'That man has come.'을 의미한다. 다시 말해서 '뎌것 가져오너라.'는 'Bring it.'이 아니라 'Bring that.'을 의미한다. 영어에서 우리는 대명사에 의해 표현되는 사람, 사물, 장소 등을 직접적으로 이야기할 때 항상 3인칭 대명사를 사용하지만 한국어에서 이 대명사는 번역되지 않는다."

즉, 영어의 3인칭 대명사에 대응하여 표현되는 한국어의 구나 문장이 없는 것은 아니지만, 위에서처럼 이에 대응하여 진정한 번역이 되지 못한다는 것이다.

또한 영어에서는 사람이나 사물, 장소 등이 항상 대명사로 지시되지만, 한국어로는 이들이 항상 번역되지 않음을 지적하였다.

    (31) ㄱ. He has come. → 왔소.
        ㄴ. Bring it. → 가져 오너라.

그러나 특정 부분이나 사물을 강조하거나 대조할 때 언급되는 바로 그 사람(the person spoken of)은 지시대명사나 재귀대명사로 표현된다고 하면서 이러한 인칭대명사의 용법을 몇몇의 예를 통해 제시하였다.

    (32) ㄱ. 송셔방이 어제 와셔 돈 줄수 업다 ᄒ엿소.
          (Mr. Song came yesterday and said he could not let me have the money.)
        ㄴ. 아니오 우리 형님은 쟝ᄉ요 그는 션싱이오.
          (No, my brother is the merchant: he is the teacher.)

위 (32-ㄱ)에서는 'he'에 해당하는 대명사가 나타나지 않았으나, (32-ㄴ)에서는 강조 또는 대조의 의미에서 이것('그')이 실현되었다는 것이다.

재귀대명사의 경우, 'ᄌ긔'는 1인칭에 포함되기도 하였는데, '졀노'는 부사이거나 명사 '졀' 뒤에 '로'가 붙은 것이고, '피ᄎ'는 재귀대명사적 의미로 쓰이며, 'ᄌ(自)'는 한자어 동사에서 나타난다고 하였다.

    (33) ㄱ. 은젼 이나 지젼 이나 쓰기는 피ᄎ 굿소.
        ㄴ. ᄌ매ᄒ오, ᄌ침ᄒ오, ᄌ득ᄒ오

영어에서는 의문대명사와 부정대명사가 구분되지만, 한국어에서는 모든

근대 시기 서양인의 한국어 문법 연구

의문대명사는 부정적(indefinite) 의미를 지니기 때문에 형태적으로 하나로 묶일 수 있다고 보았다. 그리고 이들은 용법상으로 대명사적인 것과 형용사적인 것으로 구분되는데, 이에 따라 해당 형태의 용법을 서술하였다. 우선 '누, 무엇'은 형용사적 용법보다는 대명사적으로 쓰이며, 인칭대명사처럼 후치사가 첨가되고 축약되기도 한다고 하였다.

(34) ㄱ. 누, 뉘, 누가, 뉘가, 누의, 뉘, 누의게, 뉘게, 누룰, 누로, 눌노
ㄴ. 무엇, 무엇, 무어시, 무어시, 무어시게, 무어슬, 무얼, 무어ᄉ로, 무얼노

한편, '어ᄂ, 엇던, 무슴'은 언제나 형용사적으로 쓰이는데, 이들이 대명사적으로 쓰일 때에는 '사룸, 이, 것' 등의 단어와 결합하며, 그 의미가 잘 구분되지 않는다고 하면서 다음의 예를 제시하였다.[26]

(35) ㄱ. 엇던 사룸이오. (What kind of a amn is he?)
ㄴ. 어ᄂ 사룸이오. (Which man is he?)
ㄷ. 뎌 무슴 사룸이오. (What man is that?)

특히 '그 밖의 부정대명사'라는 제목으로 '마다, 미(每), 각(各), 식'을 이른 바 분배적(distributive) 부정대명사라 하여 별도로 서술하였는데, 이들은 부정대명사의 특별한 부류에 해당하는 것이다. 여기서 '마다, 미'는 전체를 구성하는 분리된 개별적 부분을 지시하며, '각'은 분리된 개체를 지시한다고 하면서 이들의 예를 제시하였다.

(36) ㄱ. 셋식 주어라. (Give three each.)
ㄴ. 사룸마다 먹을 거슬 넉넉히 주어라. (Give every man enough to eat.)

---

26 '아모'는 예시 없이 부정적 의미만 지니는데 대명사적으로나 형용사적으로 모두 쓰인다고 하였다.

ㄷ. 각 나라 풍쇽이 다르오. (Each country has its own customs.)

지시대명사의 경우, 지시대명사적 형용사 '이, 뎌, 그'에 의해 형성되며, 이들은 홀로 대명사로 쓰이기보다는 '것, 사룸' 등이 붙어 대부분 형용사적으로 쓰인다고 하였다. 특히 앞선 문헌과는 달리 '뎌'를 근접(near), '그'를 원접(far)으로 해석하며, '이, 뎌, 그'로부터 이른바 혐오(disgust)를 표현하는 영탄적 지시대명사 '요, 조, 고'가 파생된다고 하면서 '요 놈'의 예를 제시하였다.

2.9. Ramstedt(1939)에서는 대명사를 인칭, 지시, 재귀, 그리고 의문과 부정을 묶어서 의문-부정으로 구분하였는데, 제시된 주요 형태를 보면 다음과 같다.

인칭대명사: 1인칭: '나'(I); '우리, 우리들, 우리둥, 우리무리'(we)
           2인칭: '너'(thou); '너희(너들, 너희들, 너희둥, 너네들)', '즈네',
                '그네(게네, 거네)', '게(그데, 그듸)'
지시대명사: '이(여, 요)'(this); '저(데, 뎌, 조)'(that); '그(거, 고)'(that)
재귀대명사: '자기'(自己)
의문-부정대명사: '누, 누구'(who); '무엇'(what, something); '무선, 무슨, 무슴'(what); '몃, 몟, 몟'(how much, how many); '왜, 웨'(why), '웬'; '어대, 어데, 어듸'(what place, where); '어느, 어내, 어느, 언'(which, someone); '어뎌'(how, in what manner, in some way); '엇지'(in what direction, how, why, to a certain degree); '아모, 암'

우선 한국어 인칭대명사의 특성에 대하여 다음과 같이 기술하였다 (Ramstedt, 1939:46 참조).

"대체로 한국어에서는 유럽어에서처럼 풍부하게 인칭대명사를 사용하지 않는다. 대부분의 문장에서 대명사가 특별히 표현되거나 반복되지 않아도 의미가 분명해지며, 3인칭은 필요에 따라 지시대명사로 표현된다."

이에 근거하여 1인칭의 경우 복수 형태 '우리'가 '우리 가족, 우리 집, 우리 아버지' 등으로 쓰임을 제시하였고, 2인칭의 경우에는 '너'는 매우 낮은 등급을 지시하는데, 따라서 모르는 사람에게는 대명사 사용을 회피하고 다른 말로 대체된다고 하였다. 예를 들어, 상대방을 친밀하게 대할 때에는 '자네'를 비롯하여 '그네(게네, 거네)', '게, 그데, 그듸' 등으로 쓰일 수 있는데, 이때 어원적으로 보면 '네'는 본래 사람(man, homme)을 뜻하고, '데'는 장소 (place), '그, 거'는 'that', '자'는 중국어(自)이거나 'beyond, the other side'를 뜻한다는 것으로 해석하였다. 그리고 1인칭에서도 2인칭과 마찬가지로 '나'의 사용을 회피하는데, 이때에는 '이녁(this side)', '이놈'(this man), '이녀'(this woman) 등으로 쓰이며, 때로는 '저'와 한자어 '제'(弟, the younger brother)가 쓰이기도 한다고 하였다.

1, 2인칭에서 중국어 기원의 대치 표현으로 제시된 예를 보면 다음과 같다.

(37) ㄱ. 1인칭: '제(弟), 본인, 쇼인, 쇼싱, 쇼자, 시싱', '복'(servant)
ㄴ. 2인칭: '형, 노형, 공, 댁, 선생(스승), 임자(님자)', '셔방'(secretary, Mr.), '당신'(the person in question or concerned), '이편'(this side)

한국어에서는 다른 사람(outsider)에게 말할 때 올바른 화계(level)나 문체(style)를 찾는 데 유의하는데, 그것은 발화에서의 사회적 동기(moment)가 문명화되었거나 세련된 마음의 표지가 되기 때문이라고 하였다. 그러면서 특이하게도 이와 관련된 것을 다음과 같은 규칙으로 제시하였다.

① 자신을 지나치게 낮추지(low) 않고, 다른 사람을 충분히 높게(high) 한다.
② 직책이나 대체 표현을 사용하고 인칭적 표현(personality)을 피한다.
③ 아주 공식적이거나 비인칭적으로 말할 때에는 지시대명사로 충분하다.

이에 따라 1인칭의 '나'와 2인칭의 '너'에 대해 정중한 대체어를 쓰거나 다른 표현을 쓸 때에는 문체(상대 대우)상의 일치가 나타난다고 하면서, 예를 들어 'How old are you?'는 다음과 같이 표현된다고 하였다.

> (38) ㄱ. 너 나이 얼마나 되니?
> ㄴ. 자네 나이 얼마나 되느야?
> ㄷ. 댁 나이 얼마나 되요?
> ㄹ. 당신 년세가 얼마나 됩니까?

위에서 (38-ㄱ)은 아이나 하인에게, (38-ㄴ)은 친구에게, (38-ㄷ)은 정중하게, (38-ㄹ)은 높은 공식적 인물에게 가장 정중한 태도로 표현하는 것이라 하였다. 이것은 2인칭 대명사와 문말 형태의 호응 관계를 의미하는 것으로 대명사 용법에 대한 통사적 관찰에서 비롯된 것이라 할 수 있다.

지시대명사의 경우 형용사로도 쓰이며 때로는 인칭대명사로도 대체된다고 하였는데, 특히 '요, 고, 조'의 모음 '오'는 멸시(depreciation)나 질책(scolding)의 형상을 지닌다고 하면서 이들이 결합하여 형성되는 대체형을 다음과 같이 제시하였다.

'이'(someone): '이이, 저이(제), 그이'   '자'(者, person): '이자, 저자, 그자'
'놈'(fellow): '이놈, 저놈, 그놈'/ '요놈, 조놈, 고놈'
'것'(thing): '이것, 저것, 그것'/ '요것, 조것, 고것'
'곳'(place): '이곳, 저곳, 그곳'/ '요곳, 조곳, 고곳'
'만'(quantity): '이만, 저만, 그만'/ '요만, 조만, 고만'
'편'(side, flank): '이편'   '쪽'(half part): '입짝, 요짝'
'때'(time): '이때, 저때, 그때'/ '뗴': '입때, 접때, 급때'
'게'(locative suff): '여게(예), 저게(제), 그게(게)'

또한 지시대명사는 3인칭을 구성하기도 하는데, 보통 '그, 그이, 그 사람'으로 쓰이며, 사물일 때는 '그것, 저것'이 된다고 하였다. 재귀대명사에 대해

144

서는 한국어에는 본래 재귀대명사가 없고 중국어의 '자'(自)와 '자기'(自己)가 주로 쓰이며, 때로는 '혼자'(alone), '친히'(personally), '절노'(of itself) 등이 나타나기도 한다고 하였다.

의문-부정대명사의 경우, 의문문에 쓰일 때는 강세를 지니며 문말에서 어조(tone)가 높아지는데, 어조가 정상적이면 동일한 대명사가 부정적(不定的)인 의미로 쓰이게 되고 여기에 '도'가 붙으면 완전한 부정의 뜻을 내포한다고 하였다. 이와 관련되는 형태에 대한 해석으로, 예를 들어 '무엇'은 본래 '무-것'(what thing)이고, '무슨'은 본래 '무엇 한'(what saying)이며, '어듸'는 본래 '웨-듸'(what place)이라 하는 등의 어원적 해석을 겸하였다. 그리고 용법상에서 '왜'는 부사이나 '웬'은 형용사이고, '어ㄴ, 어느' 등은 항상 형용사로 쓰인다고 하였다. '어떠'와 '엇지'는 부사로서 '어떠ᄒ다, 엇지ᄒ다'처럼 'ᄒ다'와 함께 쓰이며, '아모'는 부정적으로만 쓰이는 대명사이고, 북부 한국어에서는 '아무'가 형용사로 쓰인다고 하였다.

한편, 셈을 나타내는 수사가 부정대명사를 대신하여 쓰이는데, 이를 부정수사(indefinite numeral)라 하면서 다음의 예를 제시하였다.

'여러'(형용사), '여럿'(실사): several, many, various, different
'더러': some few, certain ones, a little, partially
'혹'(惑, 실사, 형용사): some, some other, perhaps, otherwise, or else
'ᄒ나'(실사), '혼'(형용사): one, some, the same
'혼, 혼자': single, alone, not more than one / '홀로': by oneself
'다': all, fully, ready, finally   '도'(都): all / '도모지': all
'들': several, all
'모든'(형용사), '모도, 모두'(부사, 실사): all, the whole
'뭇'(실사): crowd / '무리': crowd, lot
'마다': each, every   '미, 매(每)': every   '각'(各): each, every

위의 형태들 중에서 '들'은 복수 표지라 하면서도 다음의 예에서는 부정

수사의 대명사적 용법으로 해석하였다.

(39) 인저 들 집에 가.

이것은 오늘날의 관점에서 보면 '어서들 오세요'와 같이 부사 뒤에 복수 표지 '들'이 첨가되어 생략된 주어의 복수를 표현하는 것으로, 여기서는 이때의 '들'을 부정수사의 대명사적 용법으로 해석한 것이다(앞의 4.1.1절 1.3항 참조). 그리고 '마다, 믜, 각'은 Underwood(1890)에서 이른바 분배대명사로 분류했던 것으로 여기서는 부정수사로 처리하여 '나라마다, 매시, 각 가지'를 예시하였다.

4.2.3. 정리

서양인의 한국어 문법 기술에서 대명사는 크게 주목 받은 대상 중의 하나였다. 그것은 그들의 궁극적 목표가 현실 생활에서 사용할 수 있는 한국어의 습득에 있었던 점과 아울러 그들 언어에 비추어 한국어 대명사가 지닌 독특한 특징 때문이었던 것으로 이해된다.

그들은 한국어의 대명사를 최대 7영역에서 최소 4영역으로 하위 구분하였다. 여기서 그들이 고려했던 대명사의 하위 유형에는 인칭과 소유, 재귀, 지시, 의문, 부정, 관계 등이었으며, 문헌에 따라 체계와 제시된 형태는 일부 다른 점이 나타났다. 인칭대명사의 경우, 1인칭과 2인칭은 인정되지만, 3인칭을 수용할 것인지 아니면 지시대명사에서 준용되는 것으로 볼 것인지의 차이가 있었다. 그리고 3인칭을 인정한다 하더라도 '그' 계열이 아니라 '뎌' 계열의 지시사로 대응하여 해석하였던 점은 특이하다고 할 수 있다. 한편, 한국어에서 소유대명사는 속격 형태로 대치되는 것으로 해석하여 일찍부터 대명사의 하위 부류에서 제외되었다. 그리고 재귀대명사는 초기에는 '스스

로'와 같이 부사성을 띠는 것으로 해석하였으나, 점차 '자긔' 등과 같이 명사
적 속성을 띠는 단어에 주목하였다.

지시대명사는 지시사 '이, 그 뎌'와 함께 구성되는 것으로 지시 대상에 대한
원근의 차이와 함께 조응적(anaphoric) 특성에 대해 인식하기도 하였다. 의문
대명사는 의문사의 하나로서 의문문 형성의 주요한 형태가 된다는 점에서 이
에 대해 비교적 소상히 서술하였다. 그런데 '엇던, 무슴, 무엇, 어느, 아모, 몃,
어데' 등의 예에서와 같이 의문대명사는 부정적(indefinite)인 성격을 지니기
도 하여 부정대명사를 별도의 하위 유형으로 설정할 것인지 아니면 의문대명
사의 한 부류로서 해석할 것인지에 어려움이 있었다.[27] 또한 한국어에서 지시
적이거나 의문 또는 부정의 의미를 지닌 단어들은 명사 수식의 기능(관형사적
성격)을 지니기도 한다는 점에서 분류에 혼돈을 더해 주었다. 이러한 문제는
수량의 의미를 지니면서 명사 수식을 기능을 수행하는 단어에 대한 품사성을
규명하는 데에까지 이르는 것으로 해석이 매우 복잡하게 얽히게 되었다.

관계대명사는 그들 언어에 기반한 것이어서 그것의 설정 가능성에 대한
논의는 크게 의미가 없는 것이었다. 한국어에서 관계대명사 설정의 부적절
성은 그들도 인식하고 있었으나, 그들의 언어를 한국어에 대응하고자 할 때
의 필요에 의해 고려되었던 것으로 이해된다.

결국 서양인의 한국어 대명사에 대한 해석은 그들 언어를 기반으로 하여
하위 범주를 설정하고 그에 해당되는 한국어 형태를 제시하는 방식으로 서술
하였다고 할 수 있다. 그리고 각각의 하위 범주에 따라 제시된 대명사 형태는
그 범위가 점점 확장되기는 하였으나 대명사 범주에 타당하지 않은 것도 있
으며, 특히 관계대명사의 설정은 한국어 대명사 체계에 적절하지 못한 것이

---

27 이현희(1994)에 의하면, '엇더ᄒ'와 '어느, 무슴' 관련 어휘들은 중세 한국어 이래 미지칭
으로만 사용되었는데, 이것이 부정칭으로도 사용되기 시작한 것은 19세기부터였다고
한다.

라 할 수 있다. 그러나 그들은 한국어 대명사 형태의 용법에서 지시와 의문, 부정의 범주가 반드시 변별되지 않는 것이 상당하다는 점을 지적하였으며, 또한 인칭의 경우 대명사가 화계와 문체상의 일치 관계를 지니는 것을 일종의 규칙으로 해석하고자 하였던 점 등은 의미가 있는 것으로 보인다.

4.3. 수사와 수량 표현

4.3.1. 수사의 성격과 분류

수사(numeral)는 사물의 수에 관한 개념을 표시하는 단어류를 지칭한다. 일반적으로 수사는 기수사(cardinal)와 서수사(ordinal)로 구분되지만, 언어에 따라서는 그것이 표현하는 특징을 기준으로 배수사(multiplicative), 부분수사(partial), 분배수사(distributive) 등이 추가되기도 한다(『영어학사전』, 1990:817 참조). 예를 들어, 영어의 경우 배수사에는 'twofold, double, twice' 등이 있으며, 부분수사에는 'half, quarter', 분배수사에는 'every, each' 등 여러 형태가 존재한다.[28]

서양인의 한국어 문법 기술에서 한국어의 수사 또는 수량 표현에 대한 인식은 초기에서부터 이어져 왔으나, 깊이 있게 분석하기보다는 다양한 표현 형태를 중심으로 다루어졌다. 그것은 문법의 기술에서 이 형태 범주가 차지하는 비중이 그리 높지 않다는 점도 있겠으나, 그들이 지니고 있었던 한국어 학습의 필요에 따라 수량 표현을 다루게 되었던 현실적인 문제에서 비롯된 바가 있는 것으로 보인다.

---

28 수사로 지칭되는 형태들은 명사처럼 실질적인 의미를 지닌다기보다는 수의 크기만을 지시하는 형식적인 속성을 띤다(Cruse, 1994 참조). 따라서 수사는 독립 품사로 취급되기도 하지만, 때로는 명사나 대명사, 형용사, 부사 등의 하위 범주에 포함되기도 한다(앞의 3.1절 1.2항 참조).

그들의 한국어 수사와 관련한 서술을 보면, Dallet(1874)와 Huart(1889)에서는 명사의 성격을 지니는 것으로 보아 수명사(nom de nombre)라 하였고, Ridel(1881)에서는 수사를 의미적으로 명사를 한정하는 형용사 범주에서 다루었다. Underwood(1890)과 Scott(1893), Eckardt(1923ㄱ) 등에서는 독립 품사로 설정하고, 형용사적 속성과 명사적 속성으로 구분하여 그 특징을 서술하였다. 특히 형용사적 속성에 주목하였는데, 그것은 그들 언어의 특성에서 비롯되는 것이기도 하지만 오늘날의 관점에서 보면 한국어의 관형사 설정에 대한 고려가 없었기 때문인 것으로 이해된다.[29]

또한 그들은 한국어 수사를 전통적인 방식에 따라 기수사와 서수사로 구분하였으며, 여기에 배수사와 부분수사, 분배수사 등의 하위 범주를 더하여 그 형태를 제시하기도 하였다. 특히 '필, 마리, 켤레(켤레)' 등 이른바 수량 단위를 나타내는 의존명사의 일부를 분류사(classifier)의 기능을 지니는 것으로 해석하기도 하였다.[30]

4.3.2. 시기별 분석

2.1. Rosny(1864)에서는 한국어에서 수(numération)를 표현하는 형태를 수명사(nom de nombre)라 하고, 이에는 중국어에서 온 것과 고유한 것이 있다고 하면서 1에서 10까지의 형태에 대해 다음과 같이 제시하였다.

---

29 한송화(2005)에 따르면, 실제로 수사의 사용 양상에서 체언적인 것보다는 관형사적 속성으로 쓰이는 빈도가 더 높다고 한다.

30 분류사는 명사 분류 체계(noun class system)의 하나로서, 이들 형태가 명사의 의미 부류를 표현한다는 의미적 기능을 중심으로 지칭하는 것이다(우형식, 2001:84-86 참조). 그런데 이들 형태에 대해 명사 뒤에 나타나서 명사의 수량을 나타내기 위해 보조적인 단위를 표시하는 기능을 강조하는 관점에서는 조수사(助數辭, numerative, auxiliary numeral)로서의 단위성 의존명사라 불리어 왔다(남기심 외, 1993:78-79 참조).

흔	두	석	넉	다숫	여슷	닐곱	여듧	아홉	열
일	이	삼	亽	오	륙	칠	팔	구	십

위에서 특히 1부터 4까지의 고유어 형태('흔, 두, 석, 넉')의 경우 오늘날의 관점에서 보면 수관형사에 해당하는 것으로, Rosny(1864)에서는 수사가 명사 앞에 오는 프랑스어의 영향을 받아 이들 형태에 대해 명사적 용법보다는 형용사적 용법에 초점을 둔 것으로 보인다.

그리고 한국어의 수 표현 형태는 10진법을 따르는 것으로 보았으며, 흥미 있는 것은 고유어—고유어, 한자어—한자어로 철저히 대응하여 형태를 제시한 점이다.

(40) 두열:이십, 다숫열:오십, 석열두:삼십이

위 (40)에서 보면, 10의 중복은 '열, 십' 앞에 단어가 오는데, 고유어 '열'에는 고유어가 결합되고 한자어 '십' 앞에는 한자어가 결합되는 것으로 보아 20은 '두열, 이십', 50은 '다숫열, 오십', 32는 '석열두, 삽십이' 등이 된다는 것이었다. 여기서 '두열'이나 '다숫열'처럼 10의 자리에서 고유어가 쓰인다는 것은 인정될 수 없으나, 수사의 형태 구성에서 고유어와 한자어의 대립적인 대응 관계를 철저하게 고수한 것이라 할 수 있다.

2.2. Dallet(1874)에서는 한국어에서 수 개념을 지시하는 단어를 독립 품사인 수명사(nom de nombre)로 분류하고, 고유어의 경우에는 일 단위와 십 단위의 수를 나타내는 형태밖에 없다고 하면서 그 형태를 다음과 같이 제시하였다.

근대 시기 서양인의 한국어 문법 연구

하나	둘	셋	넷	다섯	여섯	일곱	여덟	아홉	열
-	스물	쑬혼	마흔	쉰	예순	일흔	여든	아흔	-

그리고 100, 1000, 10000 등에 해당하는 형태는 한자어에서 기원하는데, 따라서 100 이상은 한자어로 써야 하며, 셈의 대상에 따라 수명사는 고유어와 한자어가 달리 결합한다고 하였다.

(41) ㄱ. 삼백 예순 다섯 해 / *셋백 예순 다섯 해
ㄴ. 삼백 육십 오 년 / *삼백 육십 오 해

위에서 (41-ㄱ)에서 '해'는 고유어, (41-ㄴ)의 '년'은 한자어 수사와 호응한다. 이것은 수사의 형성과 용법에서 고유어—고유어, 한자어—한자어의 공기 관계로 구성됨을 서술한 것이며, 300을 '셋백'이라 하였던 Rosny(1864)에서의 해석과 다른 것이기도 하다.

한편, Dallet(1874)에서는 수명사를 기수명사(cardinaux)와 서수명사(ordinaux)로 구분하였다. 여기서 기수명사는 단독으로 쓰이면 명사처럼 어미변화를 하지만, 명사를 수식할 때는 '스물 사롬'에서처럼 수량 표시 대상 명사 앞에서 형용사처럼 쓰이고 어미변화가 없다고 하였다. 그런데 수량 표현 형태가 명사 앞에 나타날 때에는 Rosny(1864)에서 제시된 '혼, 두, 석, 넉'과 같이 나타난다는 점에서 이른바 수관형사의 문제를 다루지 않았다는 한계를 지닌다.

또한 서수명사의 경우 고유어는 기수명사에 '둘재, 일곱재'처럼 '재'를 붙여서 만드는데, '하ᄂ제'는 '첫재'로 대치된다고 하였다. 한자어의 경우에는 '뎨삼, 뎨십, 뎨백'처럼 기수명사 앞에 '뎨'(第)가 덧붙어서 서수명사가 된다고 하였다. 그리고 서수명사는 기수명사와 같이 명사 앞에 올 때에는 어미변화를 하지 않지만, 단독으로 쓰이면 어미변화가 나타난다고 하였다.

2.3. Ridel(1881)에서는 수사를 독립적인 품사로 설정하지 않고, 형용사의 하위 범주인 양 형용사(adjectif de quantité)나 수 형용사(adjectif numéraux) 또는 수 명사(nom de numbre)의 범주에서 해석하였다. 여기서는 한국어 수사를 형용사적 관점에서 해석한 것으로, 그것은 수사가 주로 명사 또는 분류사에 대한 한정적 기능을 한다는 점에 바탕을 둔 것으로 보인다. 그러나 이러한 수사의 형용사적 속성과 함께 체언적 속성과 부사적 속성을 고려하여 이에 대한 문제를 다루었다.

Ridel(1881)에서는 수 형용사로 다음의 형태를 제시하고 그들의 용법을 서술하였다.

    (42) 여러, 만흔, 온견훈, 뭇, 모도, 다, 미, 마다, 각

이들은 형용사이지만 명사 또는 부사 등으로 쓰이기도 하는데, 그 제시된 예는 다음과 같다.[31]

    (43) ㄱ. 여러 사룸을 불너라. (형용사)
       ㄴ. 사룸 여러히 모여서, 큰 시비가 되엿다. (명사)
    (44) ㄱ. 비가 만히 모혓다. (부사)
       ㄴ. 그 만흔 비룰 보아라. (형용사)
    (45) ㄱ. 다들 그리ᄒᆞᄂᆞ냐 (명사)
       ㄴ. 집들 다 잇ᄂᆞ냐 (부사)
    (46) ㄱ. 사룸마다 그리혼다.
       ㄴ. 각 사룸 술 혼 잔식 먹엇다.

Ridel(1881)에서는 명사적 성격이 두드러지는 형태들을 '수 형용사 또는

31　특히 '마다, 각, 식' 등은 Underwood(1890)에서는 대명사 범주에 포함시켜, 이른바 분배대명사로 분류하였다(앞의 4.2.2절 2.8항 참조).

수 명사'의 표제로 묶어 정리하는데, 여기서 주요한 것은 기수사와 서수사에 해당되는 것이었다.

우선 기수사의 경우, 앞선 Dallet(1874)를 따라 고유어와 한자어 계열이 존재함을 언급하고, 20 이상의 수를 포함하여 각각의 형태를 다음과 같이 제시하였다.

하나 (흔)	둘 (두)	셋 (세)	넷 (네)	다슷 (닷)	여슷 (엿)	닐곱 (닐)	여듧 (여)	아홉 (아)	열
일	이	삼	亽	오	륙	칠	팔	구	십
스물, 셜흔, 마흔, 쉰, 예슌, 닐흔, 여든, 아흔									
이십, 삼십, 亽십, 오십, 륙십, 칠십, 팔십, 구십 / 빅, 쳔, 만, 억, 죠, 경, 뎨									

여기서 고유어 수관형사 형태만을 제시했던 Rosny(1864)와 명사적 형태만을 제시했던 Dallet(1874)와는 달리 1에서 9까지 이 둘을 묶어 대응시켰음이 주목된다.

그리고 고유어와 한자어는 수량 표현 구성에서 어휘적 기원에 따라 고유어—고유어, 한자어—한자어의 상호 공기적 관계에 있음을 예시하였다.

(47) ㄱ. *일 사람 / 흔 사람, *흔 인 / 일 인
　　　ㄴ. 이빅 예순 다슷 히 / 이빅 육십 오 년

또한 이들이 명사적으로 쓰이는 예와 형용사적으로 쓰이는 예를 제시하였다.

(48) ㄱ. 남인 ᄒᆞ나, 여인 ᄒᆞ나 / 사롬 열 명
　　　ㄴ. 흔 텬신 / 텬신 ᄒᆞ나
　　　ㄷ. 우리 두 삼촌

위에서 (48-ㄱ)은 명사 뒤에서 수사 또는 수량 표현이 나타나는 명사적 용법의 예이고, (48-ㄴ)은 두 가지 용법을 대조한 것이며, (48-ㄷ)은 일상적 표현을 예시한 것으로 이해된다. 그러나 여기서는 형용사적 용법과 명사적 용법 사이의 형태적 변이나 통사적 기능의 차이 등의 문제에 대해 크게 다루지 않았는데, 그것은 이들을 하나의 개념을 지닌 변이형으로 지닌 것으로 보았기 때문인 것으로 이해된다.[32]

서수사의 경우, 고유어에는 '지'를 뒤에 붙이고 한자어는 '뎨'(第)를 앞에 붙이는데, 1은 'ᄒᆞ나지'가 아니고 '첫지'가 되지만 11은 '열ᄒᆞ지'가 되며, 20의 경우 '스물지'가 아니라 '스무지'가 됨을 제시하였다.

뎨일	뎨이	뎨삼	뎨ᄉᆞ	뎨오	...	뎨구	뎨십	뎨십일	뎨이십	뎨빅
첫, 첫지	둘지	셋지	넷지	다ᄉᆞᆺ지	...	아홉지	열지	열ᄒᆞ지	스무지	빅지

한편, 수 표현의 형태에 대해 그것이 지닌 의미적인 특징에 다음과 같이 추가로 서술하였다.

> ① 반복수사(횟수): '번'이 결합된 형태('ᄒᆞᆫ번, 두번, 빅번' 등)
> ② 중복수사(배수): '비'나 '동갑, 곱'이 결합된 형태('ᄒᆞᆫ비, 세동갑, 여러곱' 등)
> ③ 부분수사(분수): '반'이나 '분'이 결합된 형태('ᄒᆞ자반, 삼분에일' 등)

---

32 한국어 수량 표현에서 수량사와 분류사의 결합은 고유어-고유어, 한자어-한자어의 관계로 나타나는 것이 일반적인 현상이지만, '친구 한 명'이나 '자동차 세 대'처럼 고유어-한자어의 공기 관계도 성립한다(우형식, 2001:309-314 참조). 이에 대해 Ridel(1881:42)에서는 고유어-한자어의 공기 관계의 예로 '사롬 열 명'을 들면서, 이때 '명'은 한자로 이름('名')을 뜻하는데, 논리적으로는 '사롬'을 지칭하는 것으로, 한국어에 대응되는 완전한 동의어가 없을 때 쓰이는 한국어화된 한자어로 보았다. 그리고 '명'은 하나의 수사적(numéral) 형태로서 언어적 특질에 의해 요구되는 보완적(complémentaire) 단어라고 하였는데, 이것은 한국어 수량 표현에서 분류사적 용법에 대한 해석과 관련된다.

근대 시기 서양인의 한국어 문법 연구

    ④ 집합체수사
    ⑤ 부사적 수사

위에서 ④집합체수사는 제시된 예를 보면 다음과 같이 '흔'에 단위를 지시하는 이른바 분류사 형태가 결합된 것을 뜻하는 것으로 이해된다.

(49) 흔위(位), 흔환(圜), 흔기(箇), 흔갓, 흔가마, 흔갈늬, 흔가음, 흔거리, 흔켜리, 흔겹, 흔관, 흔마리

그리고 ⑤부사적 수사는 역으로 수사적 부사라 할 수도 있다고 하면서 기수사 뒤에 이른바 대조격 어미(terminaison oppositif) '은/흔/는'이 붙어서 이루어진 것이라고 하고, 다음과 같이 예시하였다.

흐나흔	둘흔	세흔	네흔	다ㅅ순	여ㅅ순	닐곱은	여둛은	아홉은	열은	스물은
일은	이는	삼은	ㅅ는	오는	륙은	칠은	팔은	구는	십은	이십은

이들 형태가 부사적 용법으로 쓰인다는 것은 이해하기 어려운데, 제시된 예문을 보면 다음과 같이 어떤 사실을 순서로 나열할 때와 관련되는 것으로 보인다.

(50) 텬쥬의 십계: 일은 흐나히신 텬쥬룰 만유 우희 공경흐야 놉히고, 이는 텬쥬의 ……

이 밖에도 Ridel(1881)에서는 한국어에서의 수량의 계산 방법을 도시하여 제시하거나, 앞의 Dallet(1874)에서처럼 연월일 등의 날짜 표현 어휘에 대해 고유어와 한자어를 대응시키면서 자세히 제시하였다.

4. 체언과 곡용

2.4. Huart(1889)에서는 앞서의 Ridel(1881)에서 달라진 것은 없고 오히려 기수사와 서수사를 중심으로 간략히 요약하여 정리하였다고 할 수 있다. 그러나 다만 몇몇의 형태를 이른바 특수한 수사(numérale particule)로 제시하고 있음이 특징인데, 여기서 제시된 형태를 보면 다음과 같다.

'위'(位): 특별히 높임의 대상이 되는 사람
'필'(匹): 말, 소
'마리': '머리'에서 온 말
'켜리': 구두

이것은 수량의 단위를 표시하는 분류사로 기능하는 형태이기도 하다.[33]

2.5. Scott(1887)은 프랑스어를 기반으로 기술하였던 앞선 문헌과 달리 영어 화자의 관점에서 한국어 수사를 다루었는데, 수사를 독립 품사로 설정하지 않고 Ridel(1881)에서와 같이 형용사에 편입하여 서술하였다. 따라서 한국어 수 표현 형태에 고유어와 한자어가 존재한다든지, 이들이 십 단위 이상의 수를 표현할 때는 고유어—고유어, 한자어—한자어의 공기 관계를 이룬다든지, 고유어로는 99까지밖에 표현할 수 없다든지 등과 함께 제시된 형태들은 모두 Ridel(1881)의 서술과 동일하다. 그리고 '혼, 두, 세, 네, …' 등 오늘날 수관형사로 분류되는 것들을 고유어의 일상적인 회화에서 나타나는 축약형이라 하였다.

---

33 수량의 단위 표시와 관련하여 Aston(1879)에서는 수(number)의 표현에서 한국어와 일본어는 동사나 형용사에 대한 복수 표지가 없으며, 명사의 경우에도 단수와 복수의 변별이 분명하지 않음을 지적한 바 있다. 그리하여 복수 표지는 예외는 있으나 주로 생명체를 지시하는 명사에 쓰이며, 특히 이른바 분류사가 쓰여서 예를 들어 'two merchants'가 아니라 'merchant-two man'(상인 두 사람) 또는 'merchant-two piece'(상인 두 명)으로 쓰인다고 하였다(앞의 4장 각주 30) 참조).

근대 시기 서양인의 한국어 문법 연구

(51) ㄱ. 오늘 밤에 두 사룸 여긔 온다.
　　ㄴ. 보리 혼 셤 사 오너라.

그리고 이것은 재판인 Scott(1893)에서 '세, 서, 석'과 '네, 너, 넉' 등으로 이형태가 확대되기도 하였다.

또한 서수사에 대한 것이나 이른바 부사적 수사에 관한 것도 Ridel(1881) 과 다를 바 없으나, 다만 다음과 같이 수사의 부사적 용법을 서수사적 부사 (ordinal adverb)라 하면서 서수사와는 다른 형태의 영어로 대응시켜 그 차이를 분명히 하였다.

(52) ㄱ. '첫지, 뎨일' first / '호나흔, 일흔' firstly
　　ㄴ. '뎨이' second / '둘흔, 이는' secondly

또한 날짜를 뜻하는 형태를 제시하였는데, 이도 역시 Ridel(1881)에서 크게 다르지 않다. 즉, 10일 이전에는 '초호로'와 같이 '초'(初)를 앞에 둔다든지, 마지막 날은 '금음'으로 한다든지 하는 것이었는데, 다음과 같이 15일에 대한 형태에서는 '열닷시'와 '보롬'으로 서로 달랐다.

| Ridel(1881): | 호로 | 이틀 | 스홀 | 나흘 | 닷시 | 엿시 | 닐헤 | 여드레 | 아흐레 | 열흘 | 열닷시 | 금음 |
| Scott(1887): | 호로 | 잇흘 | 스홀 | 나흘 | 닷시 | 엿시 | 일헤 | 여드레 | 아흐레 | 열흘 | 보롬 | 금음 |

한편, 재판인 Scott(1893)에서는 수사를 독립 품사로 설정하고, 초판인 Scott(1887)에 비해 자세히 서술하였다. 대략적인 수 개념을 나타낼 때, 즉 부정수(不定數)의 경우 고유어 수사의 완전한 형태 또는 축약된 형태가 영어와는 달리 접속사 없이 짝으로 쓰인다고 하고, 그 예를 다음과 같이 제시하였다.

(53) ㄱ. 두세 가지, 두어 가지: two or three

　　ㄴ. 흔두 사룸, 세네 날(서너 날), 네다숫 집(너덧 집), 대여숫 근(댓 근),
　　　　여닐곱 그릇, 닐여듧 명, 엿아홉 명

아울러 분수(fraction)나 배수(multiple)를 나타내는 것을 추가하여 제시
하였다.

(54) ㄱ. 반, 졀반 one half / 삼 분지 일 1/3

　　ㄴ. 삼비, 세 곱 / 열 갑졀

여기서 '삼 분지 일'의 경우 '분'은 'division'의 의미를 지니고 '지'는 소유
적 후치사의 기능을 한다고 하여 각 형태에 대해 추가로 서술하였다.

특히 Scott(1893)은 초판과 달리 명사 지시물의 셈의 단위 표시 형태에 대
해 비교적 세밀히 서술하고 있음이 두드러진다. 이것은 초판 이후에 나온
Underwood(1890)에서 영향을 받은 것으로 보이는데, 한국어에는 'a flock
of sheep, a sheet of paper, many head of cattle, a suit of clothes'와 같은
영어 표현에 대응하는 이른바 분류사(classifier) 또는 조수사(numerative)
가 상당수 존재한다고 하였다.

그리고 한국어에서 이들은 대상이 되는 부류에 따라 정해진다고 하면서
다음과 같이 각각의 형태와 그에 관련되는 대상의 부류를 제시하였다.

'분, 명, 놈, 사룸': person	'머리, 마리': animal generally
'가지': kind	'필': horses and cattle generally
'짐': load	'쳑': boats, and ships, etc.
'필': cloth, piece goods, etc.	'권': books, rolls of paper, etc.
'장, 권, 축': paper	'켜리': boots, stocking, etc.
'개': articles generally	'낫': small articles, grain, etc.
'벌': clothes	'뭇, 단': straw, firewood, etc.
'자로': pens, fans, etc.	'닙': hats, mats, bags, money, etc.

　　　　　　　　　　근대 시기 서양인의 한국어 문법 연구

'바리': pack horses, etc, loaded and loads
'짝': one of a pair of articles, shoes, loads. leaves of a doors, etc.

2.6. Underwood(1890)에서는 수사(numeral)를 독립 품사로 설정하였다. 그리고 고유어와 한자어가 존재하고, 고유어는 99까지 표현이 가능하다는 등의 서술에서는 Ridel(1881) 등의 앞선 문헌과 크게 다르지 않다. 또한 앞선 문헌에서처럼 기수사를 중심으로 하고, 이로부터 서수사가 형성된다고 하였다.

기수사의 경우, 이에 관련되는 형태는 다음과 같다.

후나	둘	셋	넷	다숫	여슷	일곱	여둛	아홉	열
-	스물	설흔	마흔	쉰	예순	일흔	여든	아흔	-
일, 이, 삼, 스, 오, 륙, 칠, 팔, 구, 십, 백, 천, 만, 억, 됴, 경									

한자어 수사는 하나의 형태로만 나타나고, 형용사적으로 쓰이기 때문에 수량화의 대상이 되는 단어에 선행한다고 하였다. 그리고 고유어의 경우 명사적 용법과 형용사적 용법을 구분하면서 비교적 자세히 서술하였다. 즉, 고유어 수사는 특별히 1에서 6까지에 해당하는 몇몇 형태가 달라서 다음과 같이 명사적 형태와 형용사적 형태로 나뉠 수 있다는 것이다.

(명사적)	후나	둘	셋	넷	다숫	여슷
(형용사적)	훈	두	세	네	닷	엿

이 두 가지는 용법이 구분되어 서로 대체될 수 없는데, 이를테면 명사적 형태는 후치사가 붙지만 형용사적 형태는 이것이 불가능하다는 것이다. 그리고 형용사적 형태는 그것이 한정하는 단어에 선행하여 직접적인 관련을 나타내는데, 명사적 형태는 그것이 형용사처럼 수량화하지 않고 명사와 병

렬적으로 뒤에 놓일 수 있다고 하였다.

특히 '혼'의 경우 종종 다른 수사나 수량화된 명사 앞에 와서 부정적(indefinite) 의미를 나타내며, 이때 영어의 'about'로 번역되는 '즈음'이 수사 뒤에 오기도 한다고 하였다.

(55) ㄱ. 그 집이 혼 륙십 간 되오.
   ㄴ. 나히 혼 오십 즈음 된 돗 ᄒ오.

한편, 한국어의 수량 표현에서 수량어는 다른 단어로 대치되는 것이 선호되는데, 그것은 명사 뒤에서 한정하는 명사와 병렬적으로 위치한다고 하였다. 이것은 영어의 'head of cattle'이나 'sheets of paper'와 같은 의미를 나타내며, 한국어에서는 이러한 목적으로 쓰이는 커다란 단어류가 있음을 지적하였다. 그리고 이들은 당시까지 수사(numeral)나 조수사(auxiliary numeral), 분류적 수사(classifying numeral), 분류사(classifier) 등으로 불리어 왔으나, 특별한 분류사(specific classifier)가 그래도 그 용법적 특징에 근접하는 것 같다고 하면서, 이에 대한 형태를 다음과 같이 예시하였다.

'개'(箇): small things	'짓': piece, roll, bolt, all piece goods
'권': books	'커리': all things that are made in pairs
'마리': all animals	'쳑': boats, animals that walk
'립': hats, mats, etc.	'낫': all extremely small things
'벌': sets	'부': things made in pairs, books
'필': horses, oxen	'병': things that are grasps in using
'명': men	'편': dried beef and fish, book
'셤, 셕': grains, etc.	'쎼': flocks, broods, crowds
'짝': one of pairs	'덩이': all large round things
'쪽': pairs of anything	'동': things bound together
'쌍': animals and thing that go in couples	
'자로': things that are grasps in using	
'좌': houses, tables, chairs or anything that sets firmly on a broad base	

그리고 이들이 사용되는 예를 다음과 같이 제시하였다.[34]

    (56) ㄱ. 빅 혼 개 사오너라.
        ㄴ. 집신 혼 켜리 사면 됴켓소.
        ㄷ. 개 두 마리가 서로 싸호오.
        ㄹ. 일본 군ᄉ가 몇 명이오.
        ㅁ. 곡식을 혼 낫도 흘니지 마라.
        ㅂ. 붓시 혼 자로도 쓸 것 업소.
        ㅅ. 오늘은 칙 몇 쟝 쎳ᄂ냐.
        ㅇ. 춤외 혼 쪽 먹어라.

이것은 앞선 문헌인 Scott(1887)과 Huart(1889)에서도 언급되었는데, Underwood(1890)에 와서 그 형태가 더욱 확대된 것이라 할 수 있다.

서수사의 경우, 앞선 문헌에서의 같이 고유어와 한자어가 공존하며, 고유어는 실사적 형태에 '재'가 붙고 한자어는 '뎨'를 붙이는데, 고유어의 경우 'first'는 'ᄒ나재'가 아니라 '첫재'가 된다는 등의 일반적 내용을 서술하였다. 그리고 날짜를 비롯하여 연월일 등의 시간 표현에 대해 서술하였다.

아울러 분수(fraction)와 배수(multiple)의 표현에 대해서는 '반'이나 '절반'(half), '반반'(quarter) 등을 제시하고, 분수는 '분'(part)을 사용하여 '삼분 지일, 오분 지삼' 등으로 구성될 수 있다고 하였다. 특히 배수의 경우 '번'을 통해 횟수를 나타낼 수 있는데, 이것은 '세 번/삼 번'처럼 고유어와 한자어에 모두 공기될 수 있으며, 고유어의 경우 '재'가 붙어 '세번재, 다ᄉ번재' 등으로 구성될 수 있다고 하였다.[35]

---

34 아울러 화폐 단위를 비롯하여 무게와 길이 거리, 곡식, 이자 등의 단위에 대해서도 비교적 자세히 서술하였다.

35 횟수와 배수, 분수와 관련되는 것은 Ridel(1881)이나 Scott(1887)에서도 언급된 바 있다(앞의 4.3.2절 2.3항, 2.5항 참조).

2.7. Ramstedt(1939)에서는 수사를 고유어와 한자어로 구분하면서, 고유어는 99까지 존재하는데 과거에는 '온(100)', '즈믄'(1,000)이 있었으나 당시에는 쓰이지 않는다고 하였다. 그리고 수사와 명사의 결합에서 이들 사이에 공기 관계가 형성되며, 높은 수(보통 20 이상)에서는 한자어 수사가 선호된다고 하였다.[36] 특히 고유어 수사는 Underwood(1890)을 따라 명사적 형태와 형용사적 형태로 구분하였는데,[37] 후자는 수량 표현에서 대상 명사에 선행한다고 하였다.

명사형	호나	둘	셋	넷	다숫	여숫	일곱	여덟	아홉	열
형용사형	흔	두	세 (석, 서)	네 (녁, 너)	다숫 닷	여숫 엿	일곱	여덟 여덜	아홉	열
	–	스물 스무	설흔	마흔	쉰	여쉰 여순	일흔	여든	아흔	(온)

특히 형용사적 형태에 대해서는 이형태의 분포에 대해 '석, 넉'은 비교적 규칙적으로 '상, 쌍, 섬, 달, 장, 짐' 등과 같이 치음(齒音)으로 시작되는 단어 앞에 오지만, '닷, 엿'은 '닷 돈, 닷 말, 닷 마지기' 등으로 쓰이는데 어떤 규칙이 존재하지 않는다고 하였다.

아울러 대략적인 수를 나타내는 것은 '번, 사람, 개' 등과 자주 쓰이는데, 예를 들면 '한 번:한두 번, 두 번:두세 번/두어 번' 등이 있다고 하였다.[38] 그

---

36 언어 보편적으로 낮은 수에서는 고유어가 선호되는 것이 일반적 현상이다(우형식, 2001:308 참조).

37 명사적 형태에 대해서는 특유의 어원적 해석을 추가하였다. '하나'는 '한'(one)과 '나'(piece)가 결합된 것으로 해석하였으며, '다숫, 여숫'의 '숫'은 'hand' 또는 'fist'의 의미로서 결국 셈을 할 때 '손'(hand)의 모양과 관련되어서 '다숫'은 '다'(all)와 '숫'(fist)이 결합으로 손가락 모두를 의미하고, '여숫'의 '여'는 '열'(ten)과 함께 '열다'(open)와 관련되어 손가락을 여는 모양을 의미하는 것으로 해석하였다.

38 Ramstedt(1939)에서는 부정적(indefinite) 의미의 수사를 부정수사(indefinite numeral)라 하고 대명사 항목에서 서술하였다(앞의 4.2.2절 2.9항 참조).

근대 시기 서양인의 한국어 문법 연구

리고 서수사의 경우에는 앞선 문헌에서처럼 고유어에 '재'가 붙고 한자어에 '제'(第)가 붙는다고 하면서 그 형태를 제시하였다.

한편, Ramstedt(1939)에서는 수사와 명사의 결합에 대해 서술하면서 고유어 수사가 형용사적 형태로 쓰일 때 '한 사람'처럼 명사가 뒤따르는데, 이것은 '*한 책'처럼 언제나 적용되는 것은 아니라고 하였다. 그리고 이 경우에는 '책 한 권'처럼 분류사에 의한 구성이 성립된다고 하면서, Ramstedt(1939:59)에서는 분류사에 대해 다음과 같이 서술하였다.

> "중국어, 일본어, 길야크어, 그리고 많은 동방의 언어와 같이 한국어는 셈 단위의 한 종류로서 수사와 함께 특별히 쓰이는 명사가 풍부하게 존재한다. ...... 이것을 조수사(auxiliary numeral)라 하지 않고 Underwood의 용어를 빌려 분류사(classifier)라 할 것이다. 영어에서 'so many head of cattle'이나 'so many sheets of paper', 'so many keels of ships'라 하듯이, 한국어에서는 '다섯 말들'(five horses)이라 하지 않고 '말 다섯 마리'(horses five heads)라 하며, 따라서 '책 두 권'(book two volumes), '사람 세 명'(person three names) 등으로 쓴다."

그리고 이에 따르는 분류사 형태를 제시하고 그 의미적 특성을 어원적 해석을 곁들이면서 서술하였는데, 이를 간략히 정리하면 다음과 같다.

'명': name   '낯': 'face' of human being
'분, 위': 'person' of honored personages
'마리': 'head' of all kinds of animals
'필': of domestic animals(horse, cattle, donkeys)
'입(닙)': 'hatbream' of hats, mattresses
'채': 'base' for houses, carriages, covers
'좌': 'seat, site' for houses and artillery guns
'벌': 'suit' for dresses, pots, covers
'상': 'table' for tables, chairs and standing utensils
'자로, 병': 'handle' for hand guns, swords, knives, pens
'동': 'bundle' for packages and tied things
'덩이': 'roll, round' for long and round things(bread, fruit)

> '떼': 'flocks' for flocks of birds, crowds, companies
> '켜리': 'pair' for all things that are made in pair
> '쌍': 'couple, pair' for animals and things which go in pair
> '주': 'stem' for trees, logs   '권': 'volume' for books
> '개': 'piece' for small things of which any number can be used
> '알': 'grain' for all kinds of minute or extremely small things
> '편': 'side' for bits or slices of anything eatable
> '마대': 'link' for words, proverbs, sentences, songs
> '척': 'prow' for ships and boats
> '쪽, 짝': 'half' for things usually found in pairs or more together

또한 위의 목록에 척도(measures)나 무게, 화폐 등 셈 단위로 쓰이는 다른 단어들이 추가될 수 있다고 하였으며, 이러한 서술은 앞선 Underwood (1890)에 비해 한국어 분류사의 실제적 양상에 가까이 접근한 것으로 이해된다.

4.3.3. 정리

수사는 체언의 한 갈래로서 지시성을 지닌다는 점에서 대명사와 유사하지만 의미적으로 수량을 표현한다는 점에서 구별된다. 또한 수사는 명사를 수량의 의미로 한정하여 형용사(관형사)의 성격을 지니기도 하며, 때로는 용언을 한정하는 부사성을 띠기도 한다. 특히 한국어에서 수사는 기원적으로 고유어와 한자어의 2원 체계를 이루는데, 이런 점에서 서양인의 한국어 문법 기술에서 다양하게 분석된 부분 중 하나라 할 수 있다.

서양인들은 한국어 명사가 부류지시성을 띤다는 관점을 수용하고 여기에 수사가 수량을 구체화하는 기능을 지니는 것으로 파악하였다. 그리고 초기에는 한국어 수사를 형용사적 성격과 명사적 성격으로 구분하여 이해하였는데, 이것은 오늘날의 수관형사와 수사의 구분과 맥을 같이 하는 것이기도 하다. 그러나 당시 그들은 관형사를 설정하지 않았기 때문에 명사의 수를 한정하는 형태를 형용사적 수사로 해석하고, 명사적 성격을 지니는 것을 수 명사로 구분하고자 하였다.

그들은 한국어 수사를 기원적으로 고유어 외에 한자어가 널리 존재하며 이들은 기본적으로 동질적인 것끼리의 결합이 선호되는 것을 이해하였다. 한 국어 수사는 한자어를 바탕으로 십진법 체계로 표현되어 매우 체계적으로 구 성되는 것으로 보았으며, 크게는 기수사와 서수사로 구분하였다. 그리고 그 들의 한국어 학습의 필요에 따라 분수와 배수 표현, 더 나아가 부피나 길이 등의 양적 표현과 날짜, 시간 등의 일상적 표현에 대해 덧붙이기도 하였다.

특히 그들은 인구어와는 달리 '말 한 마리'에서 '마리'와 같이 한국어 의 수량 표현에서 나타나는 단위 표시 형태에 대해 주목하였다. 그리고 이 에 대해 수량 표현을 위한 조수사(auxiliary numeral)로 해석하였으나, 점 차 분류사(classifier)로 해석하는 관점을 취하면서 이에 해당하는 형태 목 록을 제시하였으며, 이를 통해 한국어가 수 분류사 언어(numeral classifier language)로서의 특징을 지니고 있음을 시사하기도 하였다(우형식, 2001:21-24; 송경안, 2019:275-219 참조).

4.4. 격과 명사 후치 표현

4.4.1. 격의 성격과 분류

1.1. 격(case)은 체언이 문장 안에서 다른 단어에 대하여 가지는 자격(문법 적 기능 또는 관계)을 의미한다. 본래 'case'는 라틴어 'casus'에서 유래한 것 으로, 이것은 그리스어의 'ptōsis'(fall, deflection, modification)에서 온 말 이다(『영어학 사전』, 1990:159 참조). 여기서 'ptōsis'는 문장 안에서 다른 말과 관계를 지니면서 쓰일 때 나타나는 어형 변화와 관련되는 것으로 이해하였 으며, 스토아학파에서는 격 어미(case ending)와 관련하여 직격(주격)과 사

격(대격, 속격, 여격, 호격)의 5격 체계를 설정하였다.[39] 그리고 라틴어에서는 여기에 탈격(ablative)이 더해져 주격, 대격, 속격, 여격, 호격, 탈격의 6격 체계로 해석되었다(『국어국문학사전』, 1980:71 참조). 한편, Blake(1994:157)에 따르면, 언어에 따라 격 체계는 2~10격으로 다양하게 구성되는데, 가장 간단한 것은 기본이 되는 주격과 그 밖의 격(사격)으로 양분되는 2격 체계이며, 독일어는 4격, 산스크리트어는 8격 체계를 지닌다고 한다.

한국어의 경우, 전통문법에서는 격을 표현하는 형태를 중시하여 주격과 속격, 처격, 여격, 대격, 조격, 공동격, 호격으로 구분하거나 격이 실현하는 문장 안에서의 기능을 중시하여 주격, 관형격, 부사격, 목적격, 보격, 호격 등으로 분류하고 부사격은 다시 형태를 가미하여 처격, 조격, 자격격, 공동격, 변성격, 인용격 등으로 나누기도 하였다(『국어국문학사전』, 1980:71 참조). 그리고 격을 표현하는 형태, 즉 격 표지(case marker)를 조사(助詞)라 지칭하고, 의존적임에도 불구하고 독립 품사로 설정하여 왔다(남기심 외, 1993:51 참조).

1.2. 서양인의 한국어 문법에 대한 관찰과 기술에서는 그들 언어나 라틴어 문법의 체계를 바탕으로 한국어의 격 실현 양상을 인식하였고, 그에 따라 다양한 관점에서 한국어의 격 체계와 격 표지 형태에 대해 서술하였다.[40] 격 표지의 형태적 실현과 관련하여, 초기에는 굴절적(inflectional) 관점을 수용하였으나 점차 한국어의 교착적(agglunative) 특징을 반영하는 방향으로 바뀌었으며, 후기에는 격 표지 형태를 단어로서의 지위를 인정하여 독립 품사

---

39 여기서 사격(斜格, oblique case)은 경사된 것이라는 의미로, 직격(直格, direct or up-right case)에 대응되는 개념이다.

40 서양인의 한국어 문법 기술에서 격 표지 형태를 지칭하는 용어에는 격 어미, 접사 또는 접미사, 첨사, 후치사 등이 있었다. 이러한 용어상의 차이는 격 표지에 대한 형태적 지위를 의미하는 것이며, 또한 한국어 격 실현에 대한 관점의 차이를 반영하는 것이기도 하다(앞의 3.3절 3.3항 참조).

의 하나인 후치사(postposition)에 포함시키기도 하였다.[41]

서양인의 한국어 문법 기술에서 설정한 격 체계를 정리하면 다음과 같다.

	Dallet (1874)	Ross (1882)	Ridel (1881)	Aston (1879)	Macintyre (1879-80)	Scott (1887)	Huart (1889)	Underwood (1890)	Gale (1894)	Eckardt (1923ㄱ)	Roth (1936)	Ramstedt (1939)
	주격	주격	주격	주격	주격	주격	주격	주격	주격	주격	주격	주격
	구격	-	구격	구격	-	구격	구격	구격	구격	-	종격	구격
	속격	소유격	속격	속격	속격	속격	속격	속격	속격	소유격	속격	속격
	여격	-	여격	여격	여격	여격	여격	여격	여격	여격	여격	여격
	대격	목적격	대격	대격	대격	대격	대격	대격	대격	대격	대격	대격
	호격	호격	호격	-	-	호격	호격	호격	호격	호격	호격	-
	처격	대격	처격	처격	-	처격	처격	처격	처격	처격	처격	처격
	탈격	탈격	탈격	탈격	탈격	탈격	탈격	탈격	탈격	탈격	-	-
	한정격	-	대립격	대조격	-	대립격	-	대립격	대립격	절대격	-	-
	(9)	(6)	(9)	(8)	(5)	(9)	(8)	(9)	(9)	(8)	(7)	(6)

위에서 보면, 최대 9격에서 최소 5격에 이르기까지 다양하게 해석되었다. 이것은 한국어 격 체계에 대한 관점의 차이에서 비롯되는 것이기는 하겠지만, 문헌에 따라서는 전면적이고 체계적으로 접근하였다기보다는 그들의

---

41 여기서 굴절적 관점은 그들 언어에서처럼 격을 명사의 어미변화로 인식하여 명사가 굴절을 겪는 곡용(declension)으로 파악하는 것을 의미한다. 즉, 명사는 라틴어에서처럼 어미변화에 의해 문장 안에서는 '명사 어간+곡용 어미'의 형식으로 나타나며, 여기서 곡용 어미가 격을 실현하는 것으로 해석하였던 것이다. 그리고 교착적 접근은 격을 실현하는 교착 형태가 체언에 결합된다는 해석인데, 이것은 한국어에서 명사는 그들 언어나 라틴어와 달리 명사 어간의 형태가 자립적이고, 형태적인 변화를 겪지 않는다는 사실에서 비롯된 것이다. 그리하여 자립적인 명사 자체는 형태 변화가 없고 단지 격을 표현하는 의존적인 형태(접사 또는 첨사)가 첨가되는 것으로 해석하였다. 마지막으로 후치사적 접근은 자립적 단어인 명사에 첨가되는 격 표지를 단어로서의 성격을 지닌 형태로 후치사라 하여 하나의 독립된 품사로 처리하는 것을 의미한다(정유남, 2005 참조). 그러나 실제로 각각의 문헌에서는 어느 특정의 관점만을 명확하게 반영되었다기보다는 혼용되는 경우가 많았다고 할 수 있다.

필요에 따라 서술하였다는 점도 고려할 수 있을 것이다(우형식, 2016 참조).

각각의 격 범주별로 보면, 주격과 속격, 대격 등의 문장의 기본 구조의 형성과 관련되는 이른바 구조격(structural case)은 모두에서 설정하였으나, 의미적인 성격이 두드러지는 구격과 여격, 처격, 탈격 등의 이른바 의미격(semantic case)이나 호격, 한정격 등에서는 설정 여부에 차이가 있다. 또한 구체적인 측면에서 Ross(1882)에서의 소유격과 목적격, Eckardt(1923ㄱ)의 소유격, Roth(1936)의 종격(ablativ) 등은 그 명칭을 달리하며, Ross(1882)에서는 탈격을 세우고 그것을 다시 처격과 이동격, 구격으로 하위분류하기도 하였다는 점에서 특이하다. 그리고 한정격(déterminatif)과 대립격(oppositif, oppositive), 대조격(distinctive), 절대격(absolutus) 등은 '은, 는, 는'을 격으로 보는지의 여부와 함께 용어상의 차이가 반영된 것이다.

4.4.2. 시기별 분석

2.1. Gützlaff(1832)는 한국어의 문자와 음운, 문법과 함께, 한국어와 중국어, 일본어의 역사적 또는 구조적 관련성을 개괄적으로 서술하면서, 한국어는 동아시아 언어들과 마찬가지로 곡용과 활용이 없으며, 일본어와 매우 유사하다고 하였다(앞의 3.4.1절 1.1항 참조). 이것은 한국어가 중국어처럼 위치, 즉 어순에 의해 격이 실현된다는 것으로, 당시 중국어를 바탕으로 한국어를 해석하고자 하는 경향에 비롯된 것이라 할 수 있다.

이에 비해서 Siebold(1832)에서는 격 표지가 단어 끝에 놓인다고 하면서 다음과 같이 그 형태를 제시하였다(고영근, 1983:255 참조).

"명사의 격 표지(namfälle)는 단음절로 되어 있으며 단어의 끝에 놓인다. 속격은 na, kal, 여격은 i, 대격은 ru, 탈격은 isja이다."

즉, 격 표지가 단어에 후치된다는 것으로 비록 그 형태가 무엇인지는 분명하지 않지만,[42] 앞의 Gützlaff(1832)와는 매우 다른 인식을 보여 준다. 그런데 일본어와의 유사성을 근거로 한국어의 격 실현에 대해 언급하였으나, 체계적으로 접근하지 못하고 피상적인 관찰에 그쳤다는 한계를 지닌다.

한편, Rosny(1864)에서는 한국어에서 명사의 격이 후치사(postposition)의 첨가로 이루어진다는 점을 지적하였다.[43]

> "한국어 명사의 곡용은 어미의 변이형이 어근으로부터 분리될 수 없는 굴절어와 다르다. 그런데 한국어는 후치사(postposition)가 각각의 표지에 따라 붙는데, 후치사가 격을 결정하는 명사에 붙을 때 어떤 변이형도 허용되지 않는다."

즉, 한국어에서 격은 명사의 곡용을 통해 실현되는데, 명사의 곡용에서 명사는 형태가 변화하지 않고 후치사가 첨가된다는 것이다. 이것은 앞의 Siebold(1832)와 유사한 해석으로, 격 표지의 첨가에 의해 격이 실현되는 한국어의 교착적 특성을 바르게 이해하고 있음을 뜻한다.

그리고 Rosny(1864)에서는 한국어의 격을 표시하는 후치사에는 속격과 여격, 대격, 탈격이 있다고 하면서, 중국어와 일본어, 만주어에 대응하여 제시하였다.

| 속격(génitif): | 'na'(之, 나) |
| 여격(datif): | 'noŭr'(于, 늘) |

---

42 고영근(1983:255)에서는 속격 'na'는 무엇인지 알 수 없으며, 'kal'은 한자 '之'의 훈이고, 여격 'i'는 '에', 대격 'ru'는 '을/를'로 해석된다고 하였다. 그리고 'isja'는 속단하기 어렵지만 '보다'를 의미하는 19세기 전라도 방언일 것 같다고 하였다.

43 후치사(postposition)라는 용어는 Rosny(1864)에서 처음 나타난다. 또한 이것은 첨사(particle) 항목에서도 설명하였는데, 이 둘을 어떻게 이해하고 있는지는 분명하지 않으나, 전자가 기능적 관점의 용어라면 후자는 형태적 성격과 관련된다.

| 대격(accusatif): | 'rou'(르) |
| 탈격(ablatif): | 'pout'our'(自, 부틀) |

그런데 주격이 없으며, 대격은 종종 생략된다고 하였다.[44] 그리고 속격의 'na'(之, 나)와 여격의 'noŭr'(于, 늘)이 위구르어와 몽고어, 티벳어의 격 표지 형태와 유사하다고 하였는데, 이것은 한국어 격 표지 형태의 실현을 주변 언어와의 관련에서 이해하려고 하였으며, 그 결과 한국어의 특성을 발견하게 되었음을 보여 주는 것이다(이은령, 2017 참조).

2.2. Dallet(1874)에서는 한국어 명사의 곡용을 인정하고, 명사의 격이 어미변화에 의해 실현되는 것으로 보았는데, 우선 이에 대한 일반적인 해석을 보면 다음과 같다(안응렬 외, 1979:141-143 참조).

"한국어는 굴절어와 구별하기 위하여 교착어라고 부르는 언어의 하나이므로 단 하나의 곡용밖에 없다. 그것은 아홉 격(열 격이라 하여도 좋다)으로 되어 있다. 과연 꽤 괴상한 특성으로 주어는 순전한 명사와 구별되는 특별한 어미를 가진다."

이것은 한국어의 교착적 특성을 반영하여 격을 해석한 것이다. 그리하여 명사 자체가 형태 변화하는 것이 아니라 어미(terminaison)의 첨가에 의해 격이 실현된다는 것이다.[45] 따라서 한국어 격의 실현을 교착적 현상으로 보면서도 형태적으로는 격 표지를 곡용 어미로 해석했던 것으로 이해된다. 그

---

44 여기서 속격 'na'와 대격 'ru/rou'는 Siebold(1832)에서와 그 형태가 유사하다.

45 Dallet(1874)와 Ridel(1881)에서 나타나는 'terminaison'이라는 용어는 격 표지 형태 (격 어미)뿐만 아니라 동사의 활용 어미를 뜻하는 것으로도 쓰이는데, 이것은 체언의 곡용(déclinaison)과 용언의 활용(conjugaison)을 동일한 개념으로 이해하였음을 의미하는 것으로 이해된다(다음의 5.3.1절 1.3항 참조).

리고 다음과 같이 한국어의 격을 분류하고 '쇼, 사롬, 발'을 예로 하여 형태적인 실현 양상을 제시하였다.

주격(nominatif):	'이, [가, 히]'	쇼이	사롬이	
구격(instrumental):	'로, 으로, [노, 흐르, ㅅ로]'	쇼로	사롬으로	발로
속격(génitif):	'의, [희]'	쇼의	사롬의	
여격(datif):	'에게, [헤게, 희게, 셰게 쎄]'	쇼에게	사롬에게	
대격(accusatif):	'을, 를, [흘, 슬]'	쇼를	사롬을	
호격(vocatif):	'아, 야'	쇼아	사롬아	
처격(locatif):	'에, [헤]'	쇼에	사롬에	
탈격(ablatif):	'에셔, [헤셔, 희셔]'	쇼에셔	사롬에셔	
한정격(déterminatif):	'은, 눈, [흔]'	쇼눈	사롬은	

위에서 보면, 한국어 격을 9격 체계로 서술하였는데, 이러한 9격 체계는 이후의 Ridel(1881)과 Underwood(1890) 등으로 이어졌다. 특히 여기서는 선행하는 명사의 음성적 특성에 따라 격 표지가 이형태로 나타나는 것을 자세히 언급하였다.[46]

이것은 한국어를 굴절(flexion)이 아니라 교착적(agglunative) 특성에서 이해하여 곡용(décleison)의 바탕에서 해석하였다는 점에서 의미가 있는 것으로 이해된다. 또한 앞에서처럼 주격이 '가'로 된다든지, 이른바 'ㅎ'종성 체언에서 격음으로 난다든지, 또는 음편상 'ㅅ'음을 끼워 발음한다든지, 받침이 있을 때 조음소 '으'가 개입된다든지와 같은 이형태에 관한 설명은 매

---

46 위의 표에서 [ ] 안에 있는 것은 이형태를 의미한다. 이러한 격 표지의 이형태에 대한 상세한 서술은 Ridel(1881)을 비롯하여 이후에도 계속하여 주목을 받았다. 이것은 또한 그들이 습득의 대상으로 삼았던 구어(口語)를 바탕으로 문법에 접근하였음을 보여주는 것이기도 하다.

우 의미 있는 것이기도 하다.[47]

그런데 Dallet(1874)에서는 후치사를 독립 품사로 설정하면서도 앞의 Rosny(1864)의 첨사와 마찬가지로 이러한 격 표지 형태를 후치사 항목이 아니라 명사의 곡용에서 기술하였으며, 후치사의 예로 '보다, 중에, 인ᄒᆞ야, 위ᄒᆞ야' 등의 제한된 형태만을 제시하였다(다음의 4.4.3절 3.2항 참조).

2.3. MacIntyre(1879-1881)에서는 한국어의 격을 다음과 같이 5격으로 나누어 각각에 해당하는 격 표지를 토(T'o)라 하면서 관련 형태를 제시하고 용법을 서술하였다.[48]

주격(nominative):	'이, 눈, 은, 슨'
속격(genitive):	'의'
대격(accusative):	'룰, 을'
여격(dative):	'에, 로, 으로, 노'
탈격(ablative):	

위에서는 여격과 탈격을 분명히 구분하지 않고 동일한 형태로 묶었는데,

---

47 즉, 선행하는 명사가 모음으로 끝날 때는 대격 어미 앞에 'ㄹ', 호격 어미 앞에 'ㅣ', 한정격 어미 앞에 'ㄴ'을 끼우는데, 한정격은 '는' 대신 '눈'을 쓴다고 하였다. 그리고 '주의'로 표시하여 명사가 모음 'ㅣ'나 'ㅣ'가 결합된 이중모음일 때는 주격 어미가 붙지 않으며, 이른바 'ㅎ'종성 체언에서는 명사와 어미 사이에 'ㅎ'을 끼우고 'ㅅ'과 'ㅂ'으로 끝나는 명사는 'ㅅ' 또는 'ㅈ'을 삽입하는데, 호격만은 예외라 하였다. 또한 모음으로 끝나는 명사는 주격에서 'ㅣ' 대신 '가'가 붙으며, 명사가 'ㄹ' 이외의 자음으로 끝날 때는 구격에서 '으'가 삽입된다고 하였다. 특히 여격에서는 단축어로서 '께'를 쓰고, '게로, 게로서' 등과 같이 격 어미들이 서로 덧붙어서 어떤 뜻의 뉘앙스를 나타내기도 한다고 하였다.

48 그런데 MacIntyre(1879-1881)에서는 한문 문헌을 읽을 때 쓰였던 이른바 토(T'o, 吐)를 대상으로 하는 것이어서 한국어 격 실현에 대한 전면적인 기술이라 하기 어려운 점이 있다(앞의 3.4.2절 2.2항 참조).

이 둘은 격 체계에서는 구분되나 형태적으로 구분되지 않는 것으로 이해한 것으로 보인다(우형식, 2019 참조).

MacIntyre(1879-1881)에서는 이들 격 표지 형태에 대해 실제로 한문 문헌의 해독 과정에 나타나는 것을 해석하였는데, 그 중 한 예를 보면 다음과 같다.

(57) ㄱ. 武王(i) 末受命(ioshinêl)

ㄴ. mu oang (i) mar siumiöng (ioshinêl)

ㄷ. mu oang i mar e miöng êl siu hayiashinêl

ㄹ. Wu king, in his old age, the government, received

위에서 (57-ㄱ)은 한문 문장을 예로 들고 절 뒤의 괄호 안에 로마자로 토(T'o, 吐)의 한국어 발음을 나타낸 것이다. 그리고 (57-ㄴ)은 한문 문장을 그대로 한국어로 읽을 때(음독) 실현되는 토를 반영하면서 한국어 발음을 로마자로 표기한 것으로, 여기서 괄호 안의 'i'(이)는 주격을 나타내고 'ioshinêl'(이오시늘)은 동사 토에 해당한다.[49] (57-ㄷ)은 (57-ㄱ)의 중국어 문장을 한국어로 직역하여 읽을 때(훈독) 나타나는 토를 확대하여 반영한 것으로, 이것은 '武王이 末에 命을 受ᄒ야시늘' 정도로 해석된다. 여기서는 직역을 위해 토가 확장되어 'i'(이)는 주격, 'e'(에)는 탈격, '휘'(을)은 대격을 뜻하며, 동사 토는 'hayiashinêl'(하야시늘)로 변형되었다. 그리고 (57-ㄹ)을 영어로 대역한 것이다(앞의 3.4.2절 2.2항 참조).

특히 격 표지가 동사 뒤에 나타날 수 있다고 하면서 다음의 예를 들고 있다.

(58) ㄱ. 子曰 好學(én) 近好知(hago) ...... 知恥(nan) 近乎勇(inira)

ㄴ. Dsa nal ho hag (én) gén ho ai (hago) ...... di t'i (nan) gén ho yiong (inira)

───────

49 MacIntyre(1879-1881)에서 동사 토(verbal T'o)는 동사의 활용과 관련되는 것이다(다음의 5.3.2절 2.4항 참조).

4. 체언과 곡용   173

위 (58)에서 주격 표지의 토 'én(은)'과 'nan(는)'이 '好學'이나 '知恥' 등의 분사(participle) 또는 동사적 명사(verbal noun) 뒤에 나타난 것이라 하였다.

2.4. Ross(1882)는 Ross(1877)의 수정판으로, 문법과 음운에서 초판에 비해 상세하고 체계적으로 서술하였는데, 명사의 격 표지를 어미(ending)라 부르고 6격 체계를 제시하였다. 이를 보면 다음과 같다.

주격(nominative):	사람이	머리가
소유격(possessive):	사람의	머리의
목적격(objective):	사람을	머리를
호격(vocative):	사람아	머리아
대격(accusative):	사람에	머리에
탈격(ablative)		
┌ 처격(locative):	사람에셔	머리에셔
└ 이동격(locomotive)과 구격(instrument):	사람으로	머리로

위에서 처격, 이동격과 구격은 탈격의 하위 범주로 체계화하였다. 그리고 목적격과 대격을 구분하였다는 점에서 체계상의 특징이 있는데, 목적격('을/를')은 다른 문헌에서 대격에 해당하고, 대격('에')은 처격에 해당하며, 처격('에셔')은 탈격에 해당하는 것이다.[50]

또한 명사 말음의 음성적 조건에 따라 달리 실현되는 현상에 대해 주격에서의 '이/가'의 이형태적 용법과 함께 '로'는 자음 뒤에서 조음소 '으'가 첨가됨을 서술하였다. 그리고 각각의 격 표지 형태의 용법을 서술하였는데, 이를테면 호격은 존경의 뜻이 없어 잘 쓰이지 않는다고 하고, 대격의 '에' 또는

---

50 Ross(1882)는 서북 방언을 기반으로 한국어 문법을 기술한 것으로, 한국어의 격 실현에 대해서는 다른 문헌들과 상당히 다른 해석을 보여 준다.

'예'는 병치(juxtaposition)를 뜻하며, 윗사람에게는 '게' 또는 '의게'로 쓰인다고 하였다. 그리고 처격의 '에셔'는 항상 내부적(inside) 위치의 뜻을 지니며, 구격의 '로'는 이동이나 원인을 뜻하고, '대격'의 '에'는 운동이 시작되어 도달하는 지점을 나타낸다고 하였다.

2.5. Ridel(1881)에서는 한국어에서 격은 명사 어간 뒤에 어미(terminaison)가 붙는 곡용(déclinaison)에 의해 실현된다고 보면서, 이에 대해 어간형(기본형)과 함께 10격(9격) 체계로 설정하고 형태를 제시하였다.[51]

어간형(radical):		사룸	쇼
주격(nominatif):	'ㅣ, 이, 가, 시, 끠셔, 히'	사룸이	쇼이, 쇼ㅣ, 쇼가
구격(instrumental):	'으로, 로, 노, 게로, ㅅ로, 흐로'	사룸으로	쇼로
속격(génitif):	'의, 시, 희'	사룸의	쇼의
여격(datif):	'의게, 게, 쩨, 시게, 희게'	사룸의게	쇼의게
대격(accusatif):	'을, 를, 술, 흘'	사룸을	쇼롤
호격(vocatif):	'아, 야, 여, 하'	사룸아	쇼야
처격(locatif):	'에, 시, 혜'	사룸에	쇼에
탈격(ablatif):	'에셔, 게로셔, 시셔, 헤셔'	사룸에셔	쇼에셔
대립격(oppositif):	'은, 눈, 슨, 흔'	사룸은	쇼눈

위에서 어간형을 제외한 9격 체계는 앞선 Dallet(1874)와 일치하며,[52] 다만 한정격(déterminatif)을 대립격(oppositif)으로 지칭한 것이 다르다.

그런데 여기서 명사 어간형 말음의 음성적 조건에 따라 받침이 ㅁ(ㄱ, ㄴ, ㅇ, ㅂ)일 때, ㄹ일 때, ㅅ일 때, 그리고 받침이 없을 때, ㅎ종성 체언의 경우

---

51 Ridel(1881:3-9)에는 격 표지의 일반적 형태와 다양한 이형태의 용법이 표로 정리되어 있는데, 여기서는 '사룸'과 '쇼'의 경우만 정리하기로 한다.

52 어간형은 격 표지인 곡용 어미가 첨가되지 않은 형태(즉, 명사 자체)를 의미한다.

등 다섯 가지의 유형으로 구분하여 어간형과 곡용 어미의 양상을 도표화하여 예시하였다. 이것은 앞선 Dallet(1874)에서 복잡하게 해석된 것을 체계적으로 유형화하여 정리한 것이며, 이를 바탕으로 각각의 이형태의 용법을 상세히 서술하였다.

한편, 형태론에서는 격의 형태적 특성을 서술하고, 통사론에서 각 형태의 문장 안에서의 용법을 서술하였다. 따라서 통사론 부분에 해당하는 Ridel(1881:163-168)에서는 격 표지 형태의 의미와 기능에 대해 비교적 깊이 있게 해석하였는데, 여기서 주요한 것 몇 가지를 살필 수 있다.

우선 주격의 'ㅣ'는 지정하는(détermine) 의미가 있으며, '끠셔'는 높임의 의미가 있고, '되다' 동사 앞에서 쓰이기도 한다고 하였다.

> (59) ㄱ. 훈 호반이 셔울 병조판셔의 집에 가서
> ㄴ. 우리 부모끠셔 이러이러훈 거술 원후시니
> ㄷ. 박 셔방 소경이 되엿다.

구격은 재료 외에 매우 다양하게 쓰임을 예시하였으며, 여격은 '의게'로 나타나지만 때로는 다른 형태(대격)로 실현되기도 한다고 하였다.

> (60) ㄱ. 톱으로 혀다.
> ㄴ. 풀노 붓치다.
> ㄷ. 집으로 도라간다.
> ㄹ. 죽이기로 결안후다.
> (61) ㄱ. 가난훈 이의게 주다.
> ㄴ. {하놀의게, 하놀을} 욕후다.

대격은 직접 대상을 지시하는데, 생략되기도 하고 대상이 아닌 경우에 쓰이기도 한다고 하였다.

근대 시기 서양인의 한국어 문법 연구

(62) ㄱ. 주식을 스랑호다.

　　　ㄴ. 그 사룸 불러라

　　　ㄷ. 비 호나만 먹엇다.

　　　ㄹ. 먼 길을 가다.

　　　ㅁ. 닐곱 히룰 살앗다.

　　　ㅂ. 세 번을 본집문을 지나디 드러가지 아니호고

대립격은 명사 뒤에 오지만 그 밖의 경우도 있으며, 때로는 'ㅣ'가 이것을 대신하기도 한다고 하였다.

(63) ㄱ. 비단은 됴타마는 갑슨 너무 빗싸고 못 사겟다.

　　　ㄴ. 이제는 공부홀 터이니

　　　ㄷ. 너는 이 지극히 션호신 쥬ㅣ 시어놀 나는 이 덕이 업고

한편, 격 형태의 중첩에 대해서는 다음의 예를 제시하였다.

(64) ㄱ. 내게로 오너라.

　　　ㄴ. 텬쥬끠로 조차오다.

　　　ㄷ. 하눌노셔 누려오다.

　　　ㄹ. 칙 다 쓴 후로는 쉬겟다.

2.6. Huart(1889)에서는 명사의 격을 8격 체계로 서술하였다.

주격(nominatif):	'이, 가, 히, 시, 지'
구격(instrumental):	'으로, 노, 로, 스로, 즈로, 츠로'
속격(génitif):	'의, 희, 시, 지, 치'
여격(datif):	'의게, 게, 쎄, 씌, 희게, 시게, 지게, 치게'
대격(accusatif):	'룰, 을, 흘, 술, 졸, 츌'
호격(vocatif):	'여, 야, 아, 어, 이여'
처격(locatif):	'에, 헤, 시, 지, 치'

탈격(ablatif):	'에셔, 게로셔, 시셔, 헤셔, 셔'

　이것은 Ridel(1881)의 9격에 대해 대립격을 설명은 하지만 격 체계에서는 제외한 것이다. 그리고 명사의 통사론과 관련하여 간략하게 서술하면서, 격 표지의 경우 두 명사를 연결하는 속격과 능동사 앞의 대격 등은 생략될 수 있다고 하였다.

　2.7. Scott(1887)에서는 앞선 Ridel(1881)을 따라 명사의 곡용(declended)을 어간형(기본형)을 포함하여 10격(9격) 체계로 설정하였다. 이것을 용례와 함께 정리하면 다음과 같다.

어간형(radical):	손	발	갓	밧	소	나라
주격(nominative):	손이	발이	갓시	밧치, 밧시	소가	나라히
구격(instrumental):	손으로	발노	갓스로	밧츠로	소로	나라흐로
속격(genitive):	손의	발의	갓시	밧희	소의	나라희
여격(dative):	손의게	발의게	갓시게	밧희게	소의게	나라희게
대격(accusative):	손을	발을	갓슬	밧홀, 밧츌, 밧츨	소롤, 소를	나라홀, 나라룰
호격(vocative):	손아	발아	갓아	밧아	소야	나라야
처격(locative):	손에	발에	갓시	밧헤	소에	나라헤
탈격(ablative):	손에셔	발에셔	갓시셔	밧헤셔, 밧희셔	소에셔	나라헤셔
대립격(oppositive):	손은	발은	갓슨	밧흔, 밧츤	소는	나라흔, 나라는

　이것은 앞의 Ridel(1881)과 크게 차이가 없고, 다만 서술 방식을 단순화한 것이라고 할 수 있다. 여기서도 격 표지의 이형태에 대해 자세히 기술하고 있는데, 예를 들어 주격의 경우 '갓, 밧'처럼 명사의 말음이 /t/로 끝나는 경우에는 '갓시, 밧시'처럼 '시'가 붙고 때로는 '치'가 붙기도 하며, 때로는 '나

　　　　　　　　　　　근대 시기 서양인의 한국어 문법 연구

라히, 바다히'처럼 '히'가 붙기도 한다고 하였다.[53]

한편, 재판인 Scott(1893)에서는 명사 항목에서 곡용의 체계(system of declension)라 하여 한국어 격 표지의 결합 양상을 비교적 자세히 서술하였다. 그 체계는 초판의 경우와 다르지 않으나 초판에서 'radical'이라 하였던 어간형을 'root form'이라 하면서 형태가 변화하지 않은 상태로 거의 모든 격 자리에 쓰일 수 있다고 하였다. 그리하여 명사 자체는 형태 변화가 없고 격을 나타내는 형태인 곡용 어미 또는 후치사가 결합하는 것으로 인식하였다.[54]

그런데 Scott(1893)에서는 일부 격 표지 형태에 대해 앞선 문헌과 다른 부분이 있다. 예를 들어, 여격의 격 어미는 본래 '의게'인데, 그 대상이 사람이나 동물로 제한될 때는 후치사 '안테, 두려, 더러' 등으로 대치되기도 한다고 하였다. 또한 구격의 '으로'는 '집으로 간다'에서처럼 장소 명사 앞에서 처격을 대신하여 쓰이기도 한다고 하였다. 특히 대립격 '은, 온'은 의미적으로 영어의 'as for, with reference to' 등의 전치사구와 동일한데, 때로는 주격 대신에 주어를 표시하기도 하지만, 두 가지의 대립적 생각이나 명제의 대조적 구별(contradistinction)을 나타낸다는 연유로 대립격(oppositive)이라 한다고 하였다.

2.8. Aston(1879)에서는 한국어에서 격을 표시하는 형태가 명사 뒤에 붙

---

53 여기서는 앞선 Ridel(1881)을 따라 명사 어간형 말음의 음성적 조건을 'ㄱ, ㅁ, ㄴ, ㅇ, ㅂ'(때로는 'ㄷ')으로 끝나는 경우와 'ㄹ'로 끝나는 경우, 'ㄷ'(때로는 'ㅂ')으로 끝나는 경우, 모음으로 끝나는 경우의 4가지로 구분하고 이에 따라 곡용 형태를 체계적으로 제시하였다.

54 이는 한국어의 명사와 격 표지 형태의 결합에 대해 앞선 문헌에 비해 좀 더 분명하게 인식하고 있음을 보여 주는 것으로, 이러한 견해는 Underwood(1890)에서 한국어 격 표지를 첨사로 처리하여 독립 품사의 하나인 후치사를 설정한 것과 관련된다(다음의 4.4.3절 3.6항 참조).

는데, 이때 명사는 변화하지 않고 격 표지도 변화를 겪지 않는다고 하였다. 그리고 격 변화의 양상을 격 어미(case ending)인 굴절 접사(inflected affix)의 결합으로 해석하였다. 이에 따라 한국어의 격을 8격 체계로 구분하여 일본어와 비교하였는데, 여기서 한국어의 예만을 제시하면 다음과 같다.

주격(nominative):	'이, 가'
구격(instrumental):	'으로'
속격(genitive):	'의'
여격(dative):	'의게'
대격(accusative):	'를, 을'
처격(locative):	'의, 의셔'
탈격(ablative):	'부터, 더러'
대조격(distinctive):	'는, 은'

이러한 8격 체계는 앞의 Ridel(1881)과 Scott(1887, 1893)의 9격에 비해 호격을 세우지 않은 것이다.

특히 여기서는 이전 문헌에서 어미로 불렸던 격 표지 형태의 일부를 첨사(particle)라 한 것과 주격의 '가'가 역사적으로 일본어의 'が'와 관련이 있다고 언급한 점이 주목된다. 그리고 속격의 '의'와 처격의 '의'는 동일한 형태로 제시하였으며, 특히 '의셔'는 대체적(alternative) 첨사로서 이때 '셔'는 'be, having been'의 의미를 지닌 동사 '이셔'와 관련된다고 하였다.[55] 또한 탈격의 경우 그에 해당되는 형태로 앞선 문헌에서는 '에셔'를 들었는데, 여기서는 '부터, 더러'를 제시하였다.

---

55 '셔'에 대해서는 Underwood(1890)에서는 '잇셔'에서 온 것으로 보았고, Ramstedt(1939)에서는 존재적 첨사라 하였다(다음의 4.4.2절 2.13항; 4.4.3절 3.6항 참조)

2.9. Underwood(1890)에서는 한국어의 명사 곡용(형태 변화)을 부인하고, 첨사(particle)가 붙는 것으로 해석하였다. 이에 대해 기술된 것을 보면 다음과 같다(Underwood, 1890:23 참조).

"한국어 명사는 곡용하지 않는다. 이때까지 곡용으로 보기도 하였으나 명사 자체는 곡용하지 않으며, 변화가 없고, 언제나 동일한 형태를 유지하고, 첨사(particle)가 붙는다. 그리고 첨사는 다양한 격을 나타내며 (명사와 변별되는) 단어 또는 후치사(postposition)에 해당한다. 이러한 후치사들은 그것이 붙는 명사의 마지막 글자에 따라 다양한 변화를 겪는다. 그러나 명사 그 자체는 어떠한 경우에도 변화하지 않는다. 그것들은 영어의 전치사를 대신한다."

이것은 격 표지에 대해 앞선 문헌에서는 곡용 어미 또는 접사로 인식하였는데, 여기서는 첨사로서 독립 품사인 후치사의 범주에 포함시킨 점이 매우 두드러진 특징이다. 즉, 한국어 명사는 굴절어가 아니어서 격에 따라 형태가 변화하지 않고, 격을 실현하는 형태로서 후치사로 해석되는 첨사가 붙는다는 것이다.[56]

그리고 한국어의 후치사를 단순형(simple)과 복합형(composite), 동사형(verbal)으로 구분하였다. 여기서 단순형의 후치사가 격 표지로 서술되었는데, 이에 대해 격의 유형과 관련하여 다음과 같이 제시하였다.[57]

---

56 이것은 한국어 문장에서 격이 명사의 어미변화에 의한 격 어미로 실현되는 것이 아니라는 점을 분명히 이해했음을 보여 주는 것이기도 하다(박건숙, 2006 참조). 그러나 '무얼, 무어슬, 내(나의), 내게(나의게), 날(나를) 날노(나으로)' 등에서처럼 어간의 기본형이 변형되는 현상도 있음을 예시하였다(Underwood, 1890: 41-42 참조).

57 Underwood(1890:25)에서는 명사의 격 표현에 대해 주격과 속격, 여격, 대격, 구격, 탈격의 여섯 가지를 간략하게 제시하였으나, Underwood(1890:72-86)에서는 '후치사'라는 제목의 독립된 장에서 9격 체계로 설정하면서 전면적으로 서술하였다. 이에 대해서는 다음 4.4.3절 3.6항에서 묶어 서술한다.

주격(nominative):	'이, 가, 씌셔'
구격(instrumental):	'로 (또는 으로)'
속격(genitive):	'의'
여격(dative):	'의게, 안테, 드려, 씌'
대격(accusative):	'을'
처격(locative):	'에'
호격(vocative):	'아'
탈격(ablative):	'여셔, 브터'
대립격(opposite):	'은'

이것은 Ridel(1881)과 같이 9격 체계에 해당하는 것으로,[58] 격 표지를 후치사라는 독립 품사의 범주로 다룸으로써 앞선 문헌에서 곡용 어미나 접사로 보던 관점에서 벗어나 한국어의 교착적 특성이 좀 더 철저하게 반영되었음을 보여 준다.

2.10. Gale(1894)에서는 다음과 같이 9격 체계로 서술하였다.

주격(nominative):	'이, 가, [히, 시, 지, 치]'
구격(instrumental):	'로, 으로, [노]'
속격(genitive):	'의'
여격(dative):	'의게'
대격(accusative):	'을, 룰, 흘, 올'
처격(locative):	'에'
호격(vocative):	'아, 야'
탈격(ablative):	'에셔, 셔'
대립격(opposite):	'은, 온'

---

58 '신지(up to), 야(merely)'도 단순형의 범주에서 형태를 제시하고 있으나 격의 명칭은 부여되어 있지 않다(다음의 4.4.3절 3.6항 참조).

근대 시기 서양인의 한국어 문법 연구

이것은 Underwood(1890)의 9격 체계와 같으나, 격 표지를 후치사와 같은 독립적인 단어가 아니라 격 어미(case ending)로 해석하였으며, 제시된 형태에도 일부 차이가 있다.

또한 이형태의 해석에서는 주격 외의 격 어미들은 선행 명사가 받침이 없으면 주격의 '가'를 대신하고 받침이 있으면 주격의 '이'를 대신한다는 식으로, 주격 표지 '가/이'가 중심이 되고 이를 바탕으로 여타의 격이 실현되는 것으로 서술하였다. 개별적으로는 속격은 단지 사람이나 의인화된 것에만 쓰인다고 하였고, 대립격은 강조를 위해 다른 격 어미에 첨가되기도 한다고 하였다.

2.11. Eckardt(1923ㄱ)에서는 다음과 같이 8격 체계로 서술하였다.

주격(nominativ):	'이, 가'
속격(genitiv):	'의'
여격(dativ):	'에게, 에'
대격(akkusativ):	'을, 를'
처격(locative):	'에게서, 에서'
호격(vokativ):	'아, 야'
탈격(ablativ):	'으로, 로'
절대격(absolutus):	'은, 는'

여기서 처음의 넷은 독일어의 4격 체계를 참고한 것으로 보인다. 그리고 처격과 탈격으로 제시된 격 표지 형태가 앞선 문헌들과는 다른데, 앞선 문헌의 탈격이 처격에 포함되었고, 구격이 탈격으로 되었다. 또한 앞선 문헌에서 한정격이나 대조격, 대립격 등으로 불리던 것을 절대격이라 하였으며, 절대격은 주격이나 속격, 대격, 호격 등에는 붙지 않는다는 분포적인 특징을 부가하여 서술하였다.

2.12. Roth(1936)에서는 다음과 같이 7격 체계로 서술하였다.

일격(nominativ):	'이, 가'	사람이	아해가
이격(genitiv):	'의'	사람의	아해의
삼격(dativ):	'에게'	사람에게	아해에게
사격(akkusativ):	'을, 를'	사람을	아해를
호격(vokativ):	'아, 야'	사람아	아해야
종격(ablativ):	'으로, 로'	사람으로	아해로
처격(locativ) Ⅰ/Ⅱ:	'에'/ '에서'	학교에/학교에서, 학교서	

위에서 앞의 넷은 주격, 속격, 여격, 대격 등이 아니라 독일어의 격 체계에 따라 일격, 이격, 삼격, 사격으로 표현되었다.[59]

그런데 다른 문헌과는 달리 처격(locativ)을 둘로 구분하여 처격 Ⅰ(locativ Ⅰ)에 '에'를 두고 처격 Ⅱ(locativ Ⅱ)에 '에서, 서'를 두었으며, 다음의 예를 제시하였다.

(65) ㄱ. 아해가 학교에 가오.
ㄴ. 아해가 학교에서 오오.
ㄷ. 학생이 학교에서 공부하오.
ㄹ. 덕국서, 어디서

한편, 명사의 접속과 관련하여 '과, 와'를 제시하면서 이것은 동반의 의미로도 쓰일 수 있다고 하였다.

(66) ㄱ. 사람과 금수, 어머니와 아해
ㄴ. 어머니가 아해와 가오.

---

59 Roth(1936:43)에서와 같이 선행하는 명사의 말음의 음성적 조건에 따라 격 형태가 달리 실현되는 현상을 곡용의 불규칙으로 해석한 점도 특이하다고 할 수 있다.

근대 시기 서양인의 한국어 문법 연구

2.13. Ramstedt(1939)에서는 한국어의 격과 관련하여 상당한 분량으로 서술하였다. 우선 전반적으로 보면 당시 한국어의 격을 다음과 같이 6격 체계로 분류하고, 격 표지를 어미(ending)로 해석하면서 실현 양상을 예시하였다.[60]

주격(nominative):	사람	아해	집	나무
속격(genitive):	사람의	아해의	집의	나무의
여격(dative):	사람의게	아해의게	-	-
처격(locative):	사람에	아해에	집에	나무에
대격(akkusativ):	사람을	아해를	집을	나무를
구격(instrumental):	사람으로	아해로	집으로	나무로

위에서 보면, 주격을 설정하되 그에 해당하는 격 표지를 제시하지 않았는데, 그것은 주격이 형태적으로 실현되지 않는다는 것을 의미한다. 또한 여격의 경우, 인간 명사에는 격 어미가 '의게'로 실현되지만 사물 명사에서는 아예 실현되지 않는 것으로 해석하였다. 그리고 전체적인 체계에서 앞선 문헌에서 설정되기도 하였던 탈격과 호격, 절대격 등이 제외되었으며, 격 어미의 형태들은 방언에 따라 변이형이 있음을 서술하였다.

Ramstedt(1939:36-38)에서는 앞선 문헌에서 격 표지로 다루어지기도 했던 여러 형태들을 첨사(particle)로 보면서 그들의 용법상의 특징과 주변 언어와의 어원적 관계를 해석하였다. 여기에는 Ridel(1881) 등의 앞선 문헌에서 격 어미에 포함되었던 '이/가, 는/은, 셔'와 함께 '도'가 포함되어 있는데, 이들의 특징을 상세하게 해석하였다.

우선 '이/가'는 명사 말음의 음성적 조건(받침의 유무)에 따라 선택되는데,

---

60 Ramstedt(1939:36-46)에서도 곡용에서 나타나는 이형태들을 불규칙 현상으로 다루었는데, 여기서는 명사의 어원적 형태와 관련하여 해석하고 있음이 특이하다.

특히 '이'의 경우 '시, 지, 치' 등으로 나타나는 것을 '격 형성의 불규칙'으로 해석하였다.[61] 그리고 이들은 일본어의 'が'와 같이 주어와 그 서술어 사이의 특별한 연결 관계를 표시하기 위해 쓰인다고 하였다. 이 형태들은 이전의 모든 문법에서 주격으로 불렸으나, 실제로는 '이'는 'the'나 'its'와 같은 지정적 첨사(determinative particle)이고 '가'는 'and'를 의미하는 연결적 첨사(connecting particle)라는 것이다. 그리고 '는/은'은 일본어의 'は'와 같이 선행 단어를 강조하는 용법으로 쓰이는 것으로, 종전에는 절대격(casus absolutus)로 불려 왔으나 강조적 첨사(empathetic particle)라고 하는 것이 최상의 해석이라고 하였다. 특히 '셔'는 본래 '이셔'(having been, being)였던 것으로 이제는 주격과 여격, 처격, 구격 뒤에 쓰인다고 하면서 이것은 일종의 존재적 첨사(essive particle)라 하였다. 그리하여 예를 들어 '집에서 갔다'는 'having been in the house, he went away', 즉 'he went from home'으로 해석된다는 것이다. 한편, '도'는 부가적 첨사(augmentative particle)로 해석하였다.

이어서 '이/가'와 '는/은'의 차이에 대해 깊이 있게 서술하였는데, 우선 '이/가'가 쓰이는 문장에서는 그 문장의 주어는 서술어와 함께 앞서 일어난 것과 밀접한 관계가 형성된다고 하였다. 그리하여 주어 자체를 한정하거나 주어에 대해 언급하는 질문에 대한 대답에서 그것을 언급하기 위해 '이/가'가 가 쓰인다고 하였다. 이에 대한 예로 다음을 들었다.

> (67) ㄱ. 누가 왔소?
> ㄴ. 맛이 없소.
> ㄷ. 내가 가겠소.

---

61 여기에는 역사적 관점에서 '남기'와 같은 이른바 'ㄱ'곡용에 대해서도 언급하고 있으며, '내가, 누가'와 같은 축약형에 대해서도 서술하였다.

이에 비해서 '는/은'은 문맥에서 관심 있는 단어를 꺼내거나 뒤따라오는 것에서 적절한 서술어나 한정(definition), 대립(opposition)과 같은 무엇인가를 추구하고 있는 것처럼 쓰이는데, 이것은 영어에서 'as to'나 'talking about' 등과 관련되며, '는/은'의 이러한 용법은 한국어 회화에서 폭 넓게 사용된다고 하였다. 따라서 '는/은'은 결코 격 어미가 아니며, 주격과 여격, 처격, 구격 등에 붙을 수 있다고 하였다.

속격의 '의'는 선행 명사의 음성적 조건과 관계 없이 같은 형태로 나타나는데, 두 명사 사이에서 선행하는 명사가 후행 명사에 대해 속성(attribute)의 의미를 더해 준다고 하였다. 그리고 '의'는 대체로 유생물이나 중요한 사물에만 쓰이며, 모호성의 부담이 없다면 'nominative'로 충분하다(즉, 첨가되지 않을 수 있다)고 하고, '나의→내, 너의→네'와 같이 축약되기도 한다고 하였다. 한편, '의'를 '긴 속격(longer genitive)'이라 하고, '훗날, 뒷날, 윗집, 윗마을' 등의 이른바 사이시옷을 '짧은 속격(short genitive)'라 하였으며, 이때 사이시옷은 뒤따르는 명사의 음성적 조건에 따라 발음이 변화됨을 서술하기도 하였다.

처격의 '에'와 '에서'(문어에서는 '에셔')는 동사에 직접적으로 관련되어 장소와 시간, 조건 등을 나타내는데, 동사 자체가 고정적인 장소를 요구하면 '에'로 충분하지만, 동사가 장소에 대해 좀 더 독립적인 경우에는 존재적 첨사 '서(셔)'가 첨가된다고 하였다. 그리하여 '에서'는 종종 영어의 'from'으로 번역되기도 하는데, 이에 따라 대부분의 앞선 문헌에서는 탈격 어미로 불린 것으로 해석하였다.

또한 여격의 '의게'는 속격으로부터 형성된 처격이라 하면서, 이것은 오직 사람이나 유생물에만 쓰이며, 처격처럼 존재적 첨사 '서(셔)'가 붙어서

'의게셔'처럼 쓰이기도 한다고 하면서 다음의 예를 제시하였다.[62]

> (68) ㄱ. 공사의게셔 어덧다.(being at the minister's residence)
> ㄴ. 박 서방의게서 빌렷소.(I borrowed it from Mr. Park.)

구격의 '로, 으로'는 이동의 방향(direction)이나 태도(manner), 도구(instrument), 재료(material), 관점(point of view) 등을 뜻한다고 하면서 다음의 예를 제시하였다.

> (69) ㄱ. 산으로 걸엇소. (방향)
> ㄴ. 새로 시작하오. (태도)
> ㄷ. 기차로 왓다. (도구)
> ㄹ. 나무로 만든 것이오. (재료)
> ㅁ. 서양인으로는 말 잘한다. (관점)

또한 구격에 '쓰다'에서 온 '써'가 붙거나 존재적 첨사 '서'가 붙기도 하는데, 여기에 '사람으로서는, 조선 법으로서는'처럼 강조의 첨사 '는'이 첨가될 수 있다고 하였다.

대격은 명사의 음성적 조건에 따라 '을, 를, ㄹ' 등으로 교체되며, 직접 목적어는 '고기 잡았다'와 '고기를 잡았다'처럼 기본형(즉, 무표격)이나 대격으로 표현되는데, 후자의 경우 목적어와 동사의 연결을 좀 더 분명히 하며 목적어에 특별한 의미를 준다고 하였다. 또한 대격은 이동동사에 쓰여 방향을 나타내기도 하고, '책을 날 주어라'에서처럼 대명사에 붙어 여격 목적어

---

62 이것은 동사가 피동의 의미일 때 나타난다고 하였다(다음의 6.4.2절 2.6항 참조). 한편, '께서'의 경우도 앞선 문헌에서는 주격의 존칭 표현이라 하였으나, 이도 역시 'on the side of'의 의미로서 피동적으로 표현된 동작의 행위자나 논리적 주어를 뜻한다고 하였다.

근대 시기 서양인의 한국어 문법 연구

(dative object)를 지시하기도 한다고 하였다.[63]

4.4.3. 후치사의 설정

한국어에는 격 표지처럼 체언 뒤에 붙어서 다양한 의미를 표현하는 형태들이 있다.[64] 이들은 기능적인 것보다는 의미적인 특성이 더욱 두드러진다는 점에서 단순한 격 표지와는 구별된다. 이들은 인구어의 전치사(preposition)와는 달리 체언 뒤에 오는 특징이 있어 서양인의 한국어 문법 기술에서는 이를 후치사(postposition)라 하여 주목하기도 하였다. 후치사는 그것이 나타나는 위치와 기능에서 인구어의 전치사나 전치사구와 유사하다는 점에서 명사 뒤에 첨가되는 격 표지 형태와 함께 명사 후치 표현을 포괄하는 형태 범주로 해석되기도 하였다(우형식, 2018; 임진숙, 2019 참조).

3.1. Rosny(1864)에서는 앞선 Siebold(1832)에서처럼 한국어는 일본어와 문법적으로 유사하다고 하면서, 명사의 격을 표시하는 형태(후치사 또는 접미사)와 동사의 활용 어미가 형태적으로 유사하며, 특히 명사의 곡용이 굴절어와는 달리 후치사의 첨가로 이루어진다는 점을 지적하였다.[65] 즉, 한국어 명사는 인구어에서와 같은 굴절 현상이 없고, 후치사가 명사의 격을 결정하

---

63 이러한 격 형성은 살아있는(living) 것이어서 어떤 명사에서도 임의적으로 나타날 수 있으며, '사람의게로셔는'과 같이 여러 형태가 중첩될 수 있다고 하였다.

64 문장 안에서의 체언의 문법적 기능을 표현하는 표지(marker)에는 음운적으로는 성조가 있고, 형태적으로는 곡용 어미와 접사, 단어가 있으며, 통사적으로는 어순을 들 수 있다(이기갑, 2005; 고영근 2012 참조). 이 중에서 많은 논의의 대상이 되는 것은 형태적 층위에 해당하는 곡용 어미와 접사, 단어이다.

65 서양인의 한국어 문법 기술에서 '후치사'라는 말은 Rosny(1864)에서 처음 쓰였는데, 이것은 인구어의 전치사에 대응하여 격을 표시하는 형태를 지칭하는 것이었다(앞의 4장 각주 43) 참조).

는 곡용의 특징을 지닌다는 것이었다. 특히 후치사는 명사의 곡용에서 명사 어근으로부터 분리될 수 있고, 고유한 의미를 지니며, 변형을 겪지 않는다고 하였다.

또한 Rosny(1864)에서는 형용사의 비교를 뜻하는 접사나 후치사, 그리고 위치를 뜻하는 첨사 등은 명사 뒤에 온다는 점을 강조하였다.

> (70) ㄱ. 이 슬잔 이 차완이샤 큰대.
> ㄴ. 이 방자 가운디

위 (70-ㄱ)에서 비교를 뜻하는 '이샤'나 (70-ㄴ)에서 위치를 뜻하는 '가운디' 등은 후치사적 기능을 하는데, 인구어와는 달리 한국어는 타타르어에서처럼 인구어의 전치사에 대해 후치사가 대신한다고 하였다.[66] 그리고 한국어에서 후치사는 각각의 의미를 지니고 첨가되며, 그것들이 격을 결정하는 명사에 결합할 때 어떤 변이도 허락되지 않는다고 하였다.

3.2. Dallet(1874)에서는 한국어를 타타르제어의 하나로 해석하면서 한국어 품사 분류에서 후치사를 독립 품사의 하나로 설정하고, 인구어의 전치사를 대신하는 것으로 보았다. 그리고 다음의 동사성을 띠는 일부 형태가 후치사구를 형성한다는 정도로 간략하게 서술하였다.

> (71) 기리(끼리), 보다, 중에, 인ᄒ야, 위ᄒ야

이것은 매우 제한된 범위에서 형태를 제시한 것이며, 이를 근거로 이후 시기에서는 후치사의 범위가 확대되었다.

---

66 위 (70-ㄴ)에서 '이샤'는 '보다'의 의미로 해석된다(앞의 4장 각주 42) 참조).

3.3. Ridel(1881)에서는 프랑스어 품사 체계를 따라 Dallet(1874)에서의 후치사를 전치사 항목에서 기술하였다.[67] 여기서는 그 목록이 매우 확대되는데, 후치사 항목에서 제시된 형태를 옮기면 다음과 같다(Ridel, 1881:144-145 참조).

> (72) 안헤, 안테, 아리에, 에, 에셔, 업시, 의, 의게, 으로, 외에, 인ᄒ야, 위ᄒ야, 우헤, ᄒ고, 혼가지로, 후에, 가온디, 가듧으로, 갓가이, ᄭᅵ지, 건너, 기리(끼리), 만에, 말믜암아, 밋헤, 넉넉이, 넘어, 녑헤, 니르러, 밧긔, 브터, 보다, 써, 속에, ᄶᅵ문에, 디로, 디신으로, 디젼에, ᄃᆞ려, 더러, 동안에, 도록, 뒤헤, 젼에, 조차, 죡히, 즁에

위 (72)에서 '에, 에셔, 의, 의게, 으로' 등은 Ridel(1881)의 9격 체계에 포함되는 격 표지 형태에 해당하는 것이다(앞의 4.4.2절 2.5항 참조). 따라서 이들은 이른바 의미격으로 분류되기도 하는 것으로, Ridel(1881)에서는 격 어미와 후치사의 양쪽에서 모두 제시되었다.

그런데 위 (72)에서는 후치사의 형태 범주에 '안헤, 아리에, 우헤, 가온디, 녑헤, 밋헤, 밧긔, 속에, 뒤헤' 등의 위치명사구 외에도 한자어 '후에, 젼에, 즁에, 디신으로' 등이 포함되었으며, '인ᄒ야, 위ᄒ야, 말믜암아, 건너, 넘어, 니르러' 등의 동사 활용형도 포함되어 있다.[68] 특히 격을 표현하지 않는 형태로서 오늘날 학교문법에서 보조사로 분류되는 'ᄭᅵ지, 브터, 조차'와 '갓가이, 죡히' 등의 부사 형태도 포함되었다.

3.4. Scott(1887)에서도 후치사를 설정하였는데, 이와 관련하여 다음과 같이 서술하였다(Scott, 1887:72 참조).

---

67 Ridel(1881:142)에서는 한국어의 특성을 반영하면, '한국어에서는 '전치사'보다 '후치사'라고 제목을 다는 것이 합당할 것'이라고 하기도 하였다(앞의 3.3절 3.3항 참조).

68 위치명사로 구성된 것은 방위를 뜻하는 장소부사로 해석하기도 하였다(앞의 3.3절 3.5항 참조).

"격을 위한 다양한 굴절에 더하여 상당수의 단어가 유럽어의 전치사와 유사한 기능을 수행하는 데 활용된다. 그러나 한국어에서는 그것들이 명사 뒤에 위치하며, 그리하여 후치사라 불린다. 이들은 그것들을 지배하는 명사의 굴절로 한정되지 않으며, 실제로 그 용법에서는 부사적인 기능을 한다."

즉, 여기서는 격을 실현하는 명사 곡용형과 함께 명사 뒤에 붙어 부사적 기능을 하는 형태들을 후치사의 범주에 포함시킨 것이다.

이것은 앞의 Dallet(1874) 이후 Ridel(1881)의 해석과 같은 것이지만, 비교적 이론적인 접근으로 서술하고 있다고 할 수 있다. 즉, 격을 실현하는 형태는 굴절형으로 그것이 첨가되는 선행 명사를 지배하는데, 이를 포함하여 선행 명사를 문법적으로 지배하지 않고 어떤 의미를 실현하는 형태들까지 후치사의 범주에 포함된다는 것이다. 그리고 이와 관련한 예를 다음과 같이 제시하였다.

(73) 안희, 안흐로, 압희, 압흐로, 알, 인ᄒ야, 위ᄒ야, 우희, ᄒ여곰, ᄒ고, ᄒ가지로, 후, 후에, 가온대, ᄭ지, 건너, 겸ᄒ야, 만에, 너머, 엽헤, 밧긔, 브터, 보다, 보텀, 써, 속에, 디신으로, ᄯ라, 드려, 더브러, 더부러, 동안에, 뒤, 뒤희, 젼에, 조차, 즁에

위 (73)의 목록은 Ridel(1881)에 비해 격을 표시하는 형태를 비롯하여 몇몇 어휘가 빠지거나 추가되기는 하였으나, 격 표지와 위치명사구, 동사 활용형 등의 형태 범주 설정에서는 크게 벗어나지 않는다.

3.5. Huart(1889)에서는 본문에서 전치사 대신 후치사가 쓰인다고 하면서 '겁 업시, 마당 안헤'의 두 예만 제시하였는데, 부록 격인 '회화를 위한 어휘 목록'에서는 후치사의 예로 다음의 형태를 제시하였다(Huart, 1889:98-99 참조).

(74) 안테, 아릐에, 에, 업시, 으로, ᄒ고, 후에, ᄭ지, 멀니, 디로, 젼에, 즁에

이것은 Ridel(1881)의 전치사를 후치사로 지칭하고 그 예를 일부 옮긴 것으로 보인다.

3.6. Underwood(1890)에서는 후치사의 범주를 확대 해석하여 격 표지 형태까지를 포함하였다. 이에 대해 다음과 같이 서술하였다(Underwood, 1890:72 참조).

"명사에 붙어(고정되어) 문장 안에서 다른 단어나 단어들과의 관계를 나타내는 큰 부류의 단어가 있다. 이들 중 어떤 것들은 자의적으로 격 곡용이나 명사의 부분으로 처리되어 왔다. 그러한 자의적 선택에는 어떤 절대적인 것이 있는 것은 아니다. 만약 몇몇이 격 굴절이라면 모두가 그렇게 처리되어야 하기 때문이다. 그러나 그러한 방법은 문제를 매우 복잡하게 한다. 그래서 이러한 모든 것을 별도의 단어 또는 후치사로 처리하는 것이 훨씬 더 단순하다. 그것들 대부분은 본래 명사 또는 명사의 부분이었다. 파생이나 단어의 본래적 의미의 연구로 들어가는 것이 아니다. 왜냐하면 우리는 언어를 만드는 것도 아니고 현재 존재하는 것을 과거에 일치시키려 하는 것이 아니라, 오늘날 우리가 발견하는 그대로의 언어를 취하여 그것이 쓰이는 그대로를 체계화하려는 것이기 때문이다. 이러한 관점에서 어떤 복합 후치사와 다른 단어들은 시간의 흐름 속에서 변화를 겪어 왔다고 하는 게 적절할 것이다. 그리고 본래의 단순 후치사 형태는 복합되었고, 또 사라졌던 것이다. 어떤 이들은 이 것을 바꾸거나 과거로 돌아가 본래의 올바른 형태를 추구하려 할 것이다. 그러나 이 것은 그것을 발견한 그대로의 사실을 취하고자 하는 문법가의 일은 아닐 것이다."

즉, 앞선 시기에 곡용형으로 이해했던 격 표지 형태를 후치사의 범주에 포함하여, 명사 뒤에서 문법적 기능을 나타내거나 특정한 의미를 실현하는 명사 후치 표현들을 모두 후치사의 범주로 처리하는 것이 단순하고 체계적이라는 것이다. 이러한 관점에서 한국어의 후치사를 단순형(simple)과 복합형(composite), 동사형(verbal)으로 구분하고, 각각에 해당하는 형태를 제시하면서 그 용법을 세밀히 서술하였다.

단순형 후치사의 경우, 9격 체계의 격 표지 외에 일부 형태가 더해졌는데, 그 목록을 보면 다음과 같다(앞의 4.4.2절 2.9항 참조).

'이, 가, 씌셔': 주격 표지	'로' 또는 '으로': 구격 표지
'의': 속격 표지	'아': 호격 표지
'의게, 안테, 드려, 씌': 여격 표지	'에셔, 브터': 탈격 표지
'에': 처격 표지	'은': 대립격 표지
'을': 대격 표지	'이' '신지' '야'

위에서 보면, 단순형 후치사에는 9가지의 격 표지 형태와 의존명사 '이', 그리고 보조사 '신지, 야'가 포함되었다.

또한 '명사와의 결합에서 나타나는 후치사의 음편에 의한 변이를 지배하는 규칙'이라 하여 다음의 세 가지를 서술하였다(Underwood, 1890:74 참조).

① 'ㅂ'이나 'ㅅ'으로 끝나는 명사에는 후치사 앞에 'ㅅ'이 개입한다. 몇몇 명사에서는 'ㅅ' 대신에 'ㅊ'이 개입하는데, 이때에는 둘 다 동등하게 쓰인다.
② 어떤 경우 모음으로 끝난 명사나 'ㅂ'받침으로 끝났을 때 'ㅎ'이 개입한다.
③ 명사가 모음으로 끝날 때 축약이 일어나기도 한다.

위 ①의 경우에는, 예를 들어 '갓'은 'ㅅ'으로 끝나지만 'ㅅ'받침에서 'ㅅ'이 발음되지 않는데, 모음으로 시작되는 형태 '이'가 뒤따르면 이것이 재현되어 '갓시'가 되고, '밭'은 'ㄷ'으로 끝나지만 이것이 'ㅅ'으로 바뀌고 '밧치'로 된다는 것이다. 그리고 이것은 받침에서 'ㅅ'과 'ㄷ'의 구별이 없어진 결과로 해석하였다. 또한 ②는 '나라히'와 같이 이른바 'ㅎ'종성 체언이나 '집히'등 명사 말음이 'ㅂ'일 때 해당하는 것이고, ③은 모음 축약과 관련되는 것으로, 문어에서는 이러한 현상이 반영되지 않는다고 하였다.

단순형 후치사 각각의 용법을 비교적 자세히 서술하였는데 그 중에서 몇 가지만 보면, 우선 주격 표지 '이'는 '시, 치, 히' 등의 이형태로 나타나며, 모음으로 끝날 때는 '가'로 쓰이고, '씌셔'는 경어(honorific)의 의미로 쓰인다고 하였다. 속격의 '의'는 이형태로 '희, 시'가 있으며, 인칭대명사나 의문대명사에서는 '내 칙 왓소.'에서처럼 축약이 가능하다고 하였다.

여격의 '의게'는 이형태로 '희게, 시게, 게'가 있는데 '게'는 구어체로 쓰인다고 하고, '안테, 두려'가 용법상의 차이는 있지만 '의게'를 대체하여 쓰이기도 한다고 하였다. 특히 여격은 피동과 자동사 문장에서 동작주(agent)를 표시하기도 한다고 하면서 다음의 예를 제시하였다(다음의 6.4.2절 2.4항 참조).

(75) ㄱ. 포교안테 잡혓소.
 ㄴ. 도적놈의게 죽엇소.
 ㄷ. 그 사룸의게 속엇소.

처격의 '에(헤, 시)'는 여격으로 쓰이기도 하는데, '의게'는 유정명사에 쓰이고 '에'는 무정명사에 쓰인다고 하였다.[69]

(76) ㄱ. 칼에 죽엇소.
 ㄴ. 불에 탓소.

대격의 '을(흘, 솔)'은 모음 뒤에서 '룰'로 나타나며, 많은 곳에서 생략될 수 있는데, 이것이 실제로 필요하지 않은 문장에서 나타날 때에는 정관사(definite article)의 효과를 나타내기도 한다고 하였다.[70] 그리고 다음과 같이 특수한 경우에도 쓰인다고 하였다.

---

69 이것은 선행 명사가 지닌 유정성의 의미적 속성에 따른 제약 조건으로 Scott(1893)에서도 언급된 바 있으며, 이후의 문헌에서도 수용되었다.

70 이러한 지정적 또는 한정적 기능에 대해서는 앞선 문헌 Ridel(1881)과 이후의 Ramstedt(1939)에서는 주격의 '이/가'의 특성으로 해석한 바 있다(앞의 4.4.2절 2.5항, 2.13항 참조).

(77) ㄱ. 그 사롬을 다숫 시롤 기두렷소.

　　　ㄴ. 칙은 그 사롬을 주어라.

　　　ㄷ. 공이 어제 말ᄒ던 거술 말ᄒ엿소.

　탈격의 '에셔(헤셔, 시셔)'에서 이것은 본래 '에'와 '잇소(to be)'에서 온
동사적 분사(verbal participle) '잇셔'가 결합한 것으로, 'being at, having
been at'와 때로는 'from which'의 의미를 나타낸다고 하였다.[71]

(78) ㄱ. 외아문에셔 만낫소.

　　　ㄴ. 여긔셔 숑도가 몃 리오.

　구격의 '로(흐로, 〈로, 츠로, 으로, 노)'는 도구의 의미 외에 장소의 뜻으
로 '평양으로 와셔 공쥬로 가오.'에서처럼 'from which, by which'의 방향
이나 경유의 뜻을 나타낸다고도 하였다. 또한 흥미롭게도 호격의 '아'는 본
래 '와'에서 파생되었는데 당시에는 본래의 의미가 사라지고 감탄의 첨사
(exclamentary particle)로 쓰인다고 하면서, 이러한 기원적 특성으로 인해
'아'는 다른 후치사와 용법이 다른 것으로 해석하였다.

　대립격 '은(흔, 〈, 츤, 는)'은 항상 대조(contrast)의 의미를 띠는데, 그것이
결합하는 단어를 강조하는 효과를 지닌다고 하였다.

(79) ㄱ. 꼿츤 리월에 쓰겟소.

　　　ㄴ. 물에 싸자셔는 죽겟소.

　　　ㄷ. 눈이 붉아셔는 칙 잘 보앗소.

　대립격 표지는 위 (79-ㄴ,ㄷ)과 같이 동사적 분사에 붙기도 하는데, 이때에

71　여기서 동사적 분사는 동사의 '야/여'또는 '게'활용형('ᄒ여, ᄒ게'/ '잇셔, 잇게') 등을 의
　　미한다(다음의 5.4.1절 1.5항 참조).

　　　　　　　　　　　　　근대 시기 서양인의 한국어 문법 연구

는 (79-ㄴ)처럼 조건적이거나 (79-ㄷ)처럼 일시적 시간의 효과를 나타내기도 하는 것으로 해석하였다.

한편, 하나 이상의 후치사가 결합될 수 있다고 하면서 다음의 예를 제시하였다.

(80) ㄱ. 그 사롬이 지조로는 못 ᄒᆞ겟소.
    ㄴ. 이 칙에셔는 못 본 말이오.
    ㄷ. 일본으로셔 왓소.
    ㄹ. 님금씌롤 가기가 조심스럽소.

특히 (80-ㄱ,ㄴ)과 같이 '는'이 다른 후치사에 결합하면 선행하는 후치사가 아니라 후치사가 결합된 명사를 강조한다고 하였다.

또한 단순형 후치사에는 격 표지 형태 외에 '이, ᄭᆞ지, 야'가 포함되었다. 여기서 '이'는 (오늘날 학교문법으로 보면 사람을 뜻하는 의존명사인데) 관계분사(relative participle)에 첨가되는 것으로, 그 의미를 'The man who'로 해석하였다. 그리고 이에 대해 '이'는 '인'에서 'ㄴ'이 탈락된 것이며, 그 뒤에 또 다른 후치사가 올 수 있다고 하였다.[72] 그리고 'ᄭᆞ지'와 '야'는 관련되는 격을 제시하지 않으면서 각각 'to, up to, as far as'와 'only, but, merely'로 주석하였는데, 오늘날의 학교문법에서 보조사로 해석하는 것과 관련된다.

특히 '야'는 명사 뒤에뿐만 아니라 부사와 동사적 분사 뒤에도 붙는다고 하면서, 동사적 분사('아/어') 뒤에 쓰일 때 'ᄒᆞ오, 쓰오'가 오면 영어의 'must'의 뜻을 지닌다고 하였다.[73]

---

72 이것은 아마도 '가는 이, 오는 이'에서처럼 사람을 뜻하는 의존명사 '이'를 한자어 '인(人)'에 이끌려 해석한 것으로 보인다.

73 오늘날의 관점에서 보면, 명사 뒤의 '(이)야'는 강조의 보조사이고, 용언 활용형에서의

(81) ㄱ. 대포가 잇시니 활이야 쓸 디 잇느냐.

   ㄴ. 그 사룸이 발셔 죽엇시니 약 가져와야 쓸 디 업소.

   ㄷ. 리월에 내가 함흥 가야 쓰겟소.

이 외에도 단순형 후치사를 언급하는 부분에서 '나'와 '가'를 추가로 제시하고, 이들의 용법을 서술하기도 하였다.

(82) ㄱ. 나나 가겟소.

   ㄴ. 오놀 비 올가.

여기서 '나'는 본래 접속사인데 (82-ㄱ)에서처럼 많은 경우에서 후치사의 자리를 차지하기도 한다고 하였다. 그리고 '가'는 (82-ㄴ)에서처럼 동사 뒤에 붙어 의문이나 의심, 망설임의 뜻을 나타내는 것으로, 명사 뒤에는 붙지 않기 때문에 후치사의 범주에 포함되지 않는다고 하였다.

복합형 후치사의 경우, 단순형 후치사가 첨가된 명사로서 그것이 다시 문장 안에서 다른 명사 뒤에 붙어서 단순한 전치사와 동일한 지위를 유지하는 것이라 하였다. 이때 단순형 후치사의 형태가 약간 변화하기도 한다고 하였는데, 제시된 형태는 다음과 같다.

(83) 안희, 밧긔, 우희, 밋희, 겻희/엽희, 뒤희, 압희, 찌문에, 섯둙으로/연고로, 아래에/아래, 이편에, 뎌편에, 디신에/디신으로, 속에, 겻희, 후에, 젼에, 엿희, 가희

또한 복합형 후치사의 용법에서 본래 단순형 후치사 '의'가 명사 뒤 복합형 후치사 앞에 위치하였는데, 아주 드문 몇 예를 제외하고는 더 이상 나타나지 않고, 복합형 후치사가 명사를 직접 지배한다고 하였다. 그리고 그 예

'야'는 '아/어야'로서 어미의 일부에 해당한다.

근대 시기 서양인의 한국어 문법 연구

를 다음과 같이 제시하였다.

(84) 집 압희, 궤 속에, 상 우희, 궤 밋희, 그 사룸 찌문에, 뜻 밧긔, 너 디신에,
길 이편에

동사형 후치사의 경우, 동사의 분사형(participle)이 후치사적 용법으로
쓰이는 것으로, 이들은 명사 뒤에 오며 때로는 단순형 후치사가 선행하기도
한다고 하였다. 이들은 쉽게 인식될 수 있다고 하였으나, 제시된 예는 다음
의 넷뿐이다.

(85) 위ᄒᆞ야, 연ᄒᆞ야, 넘어, 건너

이것은 앞선 Ridel(1881)에 비해 그 목록이 매우 축소된 것이라 할 수 있다.

3.7. Eckardt(1923ㄱ)에서는 후치사를 후명사(hu-myŏngsa)라 하였는데,
제시된 목록은 다음과 같다(Eckardt, 1923ㄱ:390-400 참조).

① 본래적인 것	
'부터, 부텀' (세 시부터)	'한틔' (교사한틔 편지 썻다.)
'까지' (다섯 시까지)	'만' (오 원만 주시오.)
'쯤' (네 시쯤)	'보다, 보담' (아까보다 춥지 않습니다.)
'끼리' (사람끼리)	'야' (이런 이라야 진복을 누를 거시오.)
'네' (부모네 집이오.)	'나' (아모기네 집에 바느질이나 하엿소.)
'다, 다가' (물에다가)	
② 명사에서 유래한 것	
'한테' (호랑이한테 물려가도)	'압헤' (사람 압헤 시가 날라가오.)
'안에, 안헤' (댁 안에 계시오.)	'아리' (다리 아리 물이 나려가오.)
'밋헤' (산 밋헤 집 지엇소.)	'가온대' (연못 가온대 섬 잇소.)
'엽헤, 겻에' (길 겻에 풀이 낫소.)	'끗에' (길 끗에 기픈 우물이 잇소.)
'뒤에' (문 뒤에)	'속에' (물 속에 고기가 만소.)
'밖에' (십 리 밖에 사는디)	'우에, 우헤' (나무 우에 새가 안잣소.)

'언저리로' (집 언저리로 꼿을 만히 심엇소.)
'띠문에' (나무가 아해들 띠문에 꺾엇소.)

③ 동사에서 유래한 것
'다려' (나 다려 욕하ᄂ냐?)   '둘레' (집(을) 둘레 산이 잇소.)
'하여곰' (너로 하여곰 늬가 걱정이 만타.)
'더부러' (우리 형님과 더부러 꼿 구경 갓다.)
'다리고' (학싱들 다리고 운동장에 가겟소.)
'모시고' (내가 아버님 모시고 살림살이 하오.)
'가지고' (이 사람만 가지고는 오날 다 마칠 수 업소.)
'거슬러' (네가 항상 내 말을 거슬러 그리ᄒ냐?)
'무릅쓰고' (죽음을 무릅쓰고 싸호랴고 나오가다.)
'도라가면서' (마당을 도라가면서 소프기가 만흐니)

위에서 보면, 본래적인 것(첨사류)과 명사에서 유래한 것(위치명사류), 동사에서 유래한 것(동사의 분사형) 등으로 분류되어 있는데, 앞선 시기 특히 Ridel(1881)과 Underwood(1890)에서 다루었던 항목들과 유사하다. 그러나 여기서는 좀 더 현대 한국어의 형태에 접근하고 있는 것으로 이해된다.

3.8. Roth(1936)에서는 한국어 후치사의 한 예로 위치명사 뒤에 처격 I (locativ I) 형태로 분류되는 '에'가 붙어 형성된 다음의 예만 제시하였다.

(86) 앞에, 밖에, 안에, 속에, 옆에, 곁에, 우에, 밑에

3.9. Ramstedt(1939)에서는 선행 논문인 Ramstedt(1933)에서 다룬 내용을 포함하여 한국어 후치사를 비교언어학적 관점에서 형태와 의미에 대해 본격적으로 서술하였다. 우선 후치사에 대해 다음과 같이 해석하였다 (Ramstedt, 1939:150 참조).

"대부분의 후치사는 어원적으로 또는 그 형성에서 명사나 일부 동사에 기원을 두고 있다. 여기서 후치사는 영어 등 유럽어의 전치사와 일치한다. 이들이 앞의

근대 시기 서양인의 한국어 문법 연구

명사에 연결되면 후치사이고, 뒤의 동사에 연결되면 부사이다."

이것은 후치사를 어원적 관점에서 해석하면서, 그것의 기능은 선행 명사나 후행 동사와의 관계로 파악할 수 있다는 것을 의미한다. 그리고 후치사는 좀 더 한정적인 표현을 제공함으로써 명사의 곡용을 완성하고 격 형성을 대체하기 위해 많이 쓰인다고 하면서, 명사형의 후치사는 명사적 후치사(nominal postposition), 동사적 패러다임으로 형성된 것은 동사적 후치사(verbal postposition)로 구분하였다.

명사적 후치사의 경우, 논리적으로는 선행 명사에 속격의 관계에 있지만 속격 어미(genitive ending)의 사용으로 표현되지 않으며, 자신은 강세를 지니고 있지 않지만 강세를 지닌 두 단어를 서로 이어준다고 하였다. 그리고 형태적으로 명사적 후치사는 주격이나 처격, 구격에 해당하는데, 주로 처격과 구격에서 각각의 의미에 따라 사용되는 것으로 보았다.

이러한 명사적 후치사의 항목을 제시하였는데, 이것을 정리하면 다음과 같다(Ramstedt, 1939:150-155 참조).

'안테, 안트로': 어원은 '안ㅌ' ※ '한틔'로 쓰이기도 한다.
'안헤, 안흐로(안에, 안으로)': inside ※ '안해'→ the wife
'앞에, 앞으로'(이전에는 '알픠, 알프로'): ※ 어원은 '알ㅍ'
'아래(아리)'   '우에(우희)', '우로(우흐로)'
'소, 속(소에, 속에, 속으로)'   '끝(끝에, 끝으로)'
'같(같으로, 같에), 것(겯)'   '곁(곁에, 곁으로)'
'옆(옆에, 옆으로)'   '밑(밑에, 밑으로)'
'뒤(뒤에, 뒤로)': ※ '뒤'는 북쪽, '알ㅍ'은 남쪽
                   ※ 시간적 의미로는 한자어 '후(後), 견(前)'
'밭': ※ '밖에(이전에는 '밧긔'), 밖으로'
       ※ 순수한 위치적 의미 외에는 한자어 '외(外)'
'까지': up to, until   '같이': similar to
'가지': sort, kind ※ '함께, 함끠(한쯰)': one time
'끼리': among, amidst   '중에': 中

'대': 代, '대신에': instead of	'대로'
'딴': border, limit	'다음': sequence, next, following
'과, 와': with, together with	'자리': in the place of
'따위': like as ※'답다, 다빗': to be becoming, worthy of
'처럼': like, as, compared with ※'처-로(도구격)+홈'

위에서 각 후치사 형태에 대한 해석과 관련하여 몇 가지 살필 수 있는데, 어원적으로 본래의 형태를 추구하고 있음이 두드러진다. 예를 들어, '겉'은 '같/것'과 동일한 기원으로 연결한다든지, '밖에'의 '밖'을 '밭'에서 기원한 것으로 본다든지, '함께'를 '함끠(한끽)'로 분석하여 '가지'와 연결한다든지, '따위'를 '답다, 다빗'와의 관계로 파악한다든지 하는 것은 어원적 해석으로 주목된다.

그리고 위에서 후치사로 처리된 단어들은 강세를 지니며 아주 정상적인 명사로 쓰이기도 하기 때문에 명사와 명사적 후치사 사이의 명확한 선을 그을 수 없다고 하였다. 이와 관련하여 '밖에'의 경우에 해당하는 예를 보면 다음과 같다.

(87) ㄱ. 이 밖에 다른 것이 만소.
　　　ㄴ. 이 붓밖에 없소.
　　　ㄷ. 조금밖에 아니 기다렸소.

동사적 후치사의 경우, 동사에서 형성된 것으로 명사 뒤에서 얼마간 강세를 받지 않고 쓰이는 단어로서, 타동사이면 선행 명사는 목적어가 되는데 후치사로 쓰이면서 그것이 속했던 본래의 동사와의 관계가 이미 소멸된 것이라고 하였다. 이에 대하여 동사의 활용형에 따라 '-다'형과 '-고'형, '-아/어'형, '-이'형으로 나누어 형태 항목을 제시하였는데, 이를 간략히 정리하면 다음과 같다(Ramstedt, 1939:156-158 참조).

근대 시기 서양인의 한국어 문법 연구

① '-다'형

　'보다': looking at

　'이다, 다'

　　※'집에다': while being at home

　　※'보다'앞에 쓰여 방향(direction)을 지시

　　　'들여다보다': look inside　'내려다보다': look downward

　　　'올려다보다': look upward

② '-고'형

　'하고'(축약형 '코'): doing, saying, and, even so

　　〈예〉 나하고 너하고 가겠소.

　'말고': aviding / '없고'('없이'로 쓰인다.)

　'가지고': carrying, having　〈예〉 돈 가지고 왔다.

　'다리고(데리고)': leading / '모시고'

　　〈예〉 아낙이 아해 다리고 왔소. 선생 모시고 오오.

　'보고'

③ '아/어'형:

　'셔': being　※속격과 대격을 제외하고 모든 격 뒤에 올 수 있다.

　'써': using　※'쓰다'에서 온 것이다.

　'더러'('드려') turning toward

　　※말하다의 의미를 지닌 동사(say, ask)의 대상을 지시한다.

　　〈예〉 나(더러, 안테, 보고, 압헤) 욕하는 자.

　'브터'('부터'): passing through, via

'더불어': holding the hand	'가지고'('가져'): keeping
'아울러': including, with	'에워': around　〈예〉 에워싸고 섰다.
'갈바': together with	'둘레': around
'께': through	'건너': over
'지나': passing by	'거슬러': transgressing, against
'너머': over	'나마': over, above, beyond
'마자': meeting	'조차': following, after
'미처': arriving at / '및': and　〈예〉 A 및 B	
'보아': in regard to	'말미암아': in consequence of
'당ᄒᆞ야': 當ᄒᆞ야	'인ᄒᆞ야': 因ᄒᆞ야
'위ᄒᆞ야': 爲ᄒᆞ야	'대ᄒᆞ야': 對ᄒᆞ야

④ '-이'형
  '없이'   '같이'

위에서 보면, '-다'형의 경우 '이다, 다'를 후치사로 처리함이 보이는데, 특히 이것이 '들여다보다, 내려다보다, 올려다보다' 등에서처럼 '보다' 앞에 쓰여 방향을 지시한다고 하는 해석이 특이하다. 그리고 '-고'형의 경우 접속을 기능으로 보이는 '나하고 너하고 가겠소.'에서의 '하고'와 아마도 '나보고 뭐라고 말했다.' 정도에서 쓰이는 '보고'를 후치사로 처리하였음도 주목된다. 이들을 후치사로 처리한 것은 모두 어원적 관점에서 해석한 것이기 때문인 것으로 이해된다.

'아/어'형은 실제 동사와 동사적 후치사의 구분이 가장 어려운 부분으로 형태도 많고 용법도 복잡한 것이 특징이다. 특히 '셔'가 '이시다'(현재의 '있다')에서 온 것으로 시간의 흐름에서 일정한 기간을 뜻하는 존재적 첨사라고 한 것이나, '써'를 '쓰다'에서 온 것으로 해석한 것은 주목되는 부분이라 할 수 있다.

4.4.4. 정리

4.1. 서양인의 한국어 문법 기술에서 초기에는 한국어의 격 실현을 굴절적 관점에서 해석하기도 하였으나, 이후에는 한국어의 교착적 특성을 이해하고 격 표지의 첨가 현상으로 인식하였다. 이러한 교착적 관점이 수용되면서 한국어의 격 체계를 주격을 비롯하여, 구격, 속격, 여격, 대격, 호격, 처격, 탈격, 대립격 등의 최대 9격으로부터 주격과 속격, 여격, 대격, 탈격으로 한정되는 최소 5격에 이르기까지 다양하게 해석하였다.

그리고 격 표지에 대해서는 형태적으로 초기에는 주로 격 어미(ending)

로 지칭되었으나, 점차 접사(suffix)와 첨사(particle)의 개념으로 확대되고, 인구어의 전치사에 대응되는 후치사(postposition)로 해석하기도 하였다. 이러한 해석은 오늘날 조사를 의존 형태이기는 하지만 독립 품사로 설정하는 견해와 유사한 것이기도 하며, 격의 체계와 각 형태의 용법에 대한 해석에 큰 영향을 주었다고 할 수 있다(우형식, 2016 참조). 그리고 격 표지 형태 각각의 용법을 세밀히 기술하였는데, 다양하게 이형태가 실현되며, 조음소 '으'가 개입되기도 함을 언급하였다.

한편, 한국어에서 주격은 격 표지가 없는 무표지로 실현된다는 견해도 나타났다. 그리하여 '이/가'는 주격 표지가 아니라 '은/는'이나 '셔, 도'와 같은 부류에 해당하는 첨사로 해석하여, 격 표지로서의 격 어미와 특정의 의미를 실현하는 첨사를 구별하기도 하였다.

서양인의 한국어 문법 기술에서 명사 후치 표현은 전통적인 품사 중심의 관점에서 인구어의 전치사에 대응하는 후치사(또는 후명사)의 설정과 관련하여 해석하였다(우형식, 2018 참조). 후치사는 Rosny(1864)에서 나타나기 시작했는데, 여기서는 독립 품사로서의 개념보다는 인구어의 전치사에 대응하여 주로 격을 표시하는 형태를 지칭하는 뜻으로 쓰였다. 이후 거의 모든 문헌에서 후치사를 독립 품사로 설정하고, 이를 바탕으로 격 표지를 비롯하여 첨사와 '위, 아래, 앞, 뒤' 등의 위치명사에 의한 구성(명사적 구성), '인하여, 위하여' 등과 같은 동사 활용형에 의한 구성(동사적 구성)을 포함하여 그 형태와 의미, 기능에 대해 서술하였다.

그러나 각 문헌에서 후치사라는 용어는 동일하다 하더라고 그 형태 범주에 대한 해석에서 차이가 있었다. 여기에는 명사 뒤의 격 표지를 일종의 곡용 어미로 보고 명사적 구성과 동사적 구성을 후치사로 처리하거나, 주격과 속격, 대격 등의 이른바 구조격을 제외하고(때로는 이들도 포함하여), 여격과 처격, 구격 등의 의미격 형태와 함께, 오늘날 보조사로 분류되는 형태를 비롯하여 위치명사구와 일부 의존적인 한자어 명사구, 활용이 불완전한 용언의 활용형, 부사 등을 후치사의 범주로 해석하기도 하였다.

한국어 명사 후치 표현에 대한 다양한 해석은 이를 구성하는 이질적인 형태들을 어떻게 범주화하는가의 문제와 관련되는 것이라 할 수 있다. 물론 여기에는 한국어에서 후치사를 독립 품사의 하나로 설정하는 문제도 포함되겠으나, 좀 더 미시적으로 보면 명사 뒤에 붙는 격 표지를 비롯하여 의미를 보조하는 첨사, 관계적 의미를 지닌 명사적 구성, 불완전 활용을 하는 동사적 구성 등을 어떻게 해석해야 하는가의 문제와 맞물리게 되는 것이기도 하다(고영근, 2012 참조). 따라서 서양인의 한국어 명사 후치 표현에 대한 서술은 한국어 문법 연구에서 이와 관련한 문제 의식을 심화시켰다고 할 수 있다.

5. 용언과 활용

한국어 문법에서 용언(用言)은 체언(體言)에 대응되는 개념으로, 의미적으로는 사물의 동작이나 성질, 상태, 존재 등을 나타내고, 품사로서는 동사와 형용사로 구분된다. 그리고 용언은 형태적으로는 어미변화(활용)를 통해 서법과 시제, 상, 태, 경어법, 문장종결 등의 다양한 문법범주를 실현하는 기능을 지닌다. 서양인의 한국어 문법 기술에서 용언의 활용과 관련한 문제는 가장 크게 주목을 받았다. 그들은 자신의 언어를 바탕으로 이와 관련한 규칙을 발견하여 체계적으로 서술하고 학습에 활용하고자 하였다.[1]

이 장에서는 서양인의 한국어 문법 기술에서 용언의 하위 부류와 형태적인 활용 양상이 어떻게 다루어졌는지를 살피고, 이들 활용형에 의해 실현되는 문법적 현상에 대한 각 문헌별 관점에 대해 시기별로 구분하여 정리한다.[2]

5.1. 용언의 하위분류

한국어에서 용언은 형용사와 동사를 포함하지만, 한국어의 형용사는 인구

---

1 서양인의 한국어 문법 기술에서는 '용언'이라는 용어가 사용되지 않고, 그들 언어 기술의 전통에 따라 '동사'의 범주에서 논의되었다. 따라서 동사는 형용사와 구별되는 좁은 의미로 쓰이기보다는 주로 서술적 기능을 하는 것으로서 이 둘을 아우르는 개념, 즉 용언의 의미로 쓰였다.

2 동사와 관련되는 문법범주에 관한 것은 따로 분리하여 다음의 6장에서 다루기로 한다.

어의 그것과 문법적 성격에서 동질적이지 않다. 서양인들은 한국어의 용언을 그들 언어의 특징에 따라 동사의 범주에서 서술하였고, 형용사는 그들 언어의 형용사나 동사의 특이한 부류로 인식하였다. 또한 의존적인 용언으로서 조동사를 설정하고 관련되는 형태와 용법을 제시하였으며, '이다'와 '있다', '하다' 등 널리 쓰이며 특수한 용법을 지닌 것에 대해 주목하기도 하였다.

5.1.1. 동사와 형용사의 구분

1.1. 서양인의 한국어 문법 기술에서는 당시의 언어 이론과 그들 언어와의 대조적 관점에서 한국어 용언(동사)의 특징을 서술하면서 문법적 또는 의미적 특징에 따라 용언을 몇 가지 유형으로 하위분류하였다. 여기서는 우선 동사와 형용사의 구분이 문제가 되었는데, 이것은 형용사를 독립 품사로 설정하는지와 이들을 다시 어떻게 하위분류하는지 등과 관련되는 것이었다. 용언의 하위분류에 대한 전반적인 내용을 묶어 정리하면 다음과 같다.

구분	Dallet (1874)	Ridel (1881)	Huart (1889)	Underwood (1890)	Roth (1936)	Ramstedt (1939)
동사	타동사 자동사	능동사 중동사 피동사	능동사 피동사 중성타동사 중성자동사 중성품질동사 재귀동사	능동사 중동사	능동사 중동사	동작동사 품질동사
형용사	-	품질형용사 양형용사 지시형용사 수형용사	중국어 기원 파생된 것	한정적 형용사 질적 형용사	진정한 형용사 수식적 형용사	-

위에서 보면, 초기의 Dallet(1874)와 후기의 Ramstedt(1939)를 제외한 대

근대 시기 서양인의 한국어 문법 연구

부분의 문헌에서는 형용사를 독립 품사로 설정하였음을 알 수 있다.[3] 그러나 실제로 어떤 단어들이 형용사로 분류되는지에 대해서는 명확하게 서술하지 않았다.

형용사를 독립 품사로 설정한 경우, 그들 언어의 관점에서 명사 수식의 기능을 하는 것을 진정한 형용사라 지칭하고, 이에 해당하는 것으로 중국어에서 기원한 한자어라든가 오늘날의 관점에서 보면 관형사 또는 관형사적 성격을 지닌 접두사 등이 이에 포함되는 것으로 보았다. 그리고 '높은, 높다'와 같이 수식적 기능과 서술적 기능을 아울러 갖는 것을 수식적 형용사 또는 질적 형용사 등으로 지칭하여 형용사의 범주에 넣거나,[4] 이들이 지닌 서술적 기능과 어미변화(활용)의 특성에 따라 동사와 형용사의 중간적 성격을 띠는 중동사를 설정하여 이에 포함되는 것으로 해석하기도 하였다.

1.2. 초기의 경우, Rosny(1864)에서는 한국어 품사 분류에 대한 분명한 해석은 없으나, 동사와 형용사를 별도의 항목으로 나누어 서술하였다. 그리고 동사의 하위분류에 대한 언급은 없고, 형용사(adjectif) 항목에서 이와 관련한 몇 가지 해석을 제시하였다. 즉, 형용사는 성이나 수의 변이형을 표현하기 위한 어떤 변화도 수용되지 않으며, 기본형은 일반적으로 동사처럼 'r'(ㄹ)로 끝난다고 하였다(다음의 5.2.2절 2.1항 참조). 여기서 형용사에 해당하는 것으로 제시된 예는 다음과 같다.

---

3 위에 제시되지 않은 MacIntyre(1879-1881)의 경우, 한국어에서는 동사와 형용사, 부사의 구별이 없는데, 그것은 형용사와 부사도 술어로 기능하고, 동일한 접사가 쓰이기 때문이라고 하였다(앞의 3.2.1절 1.2항 참조).

4 한국어에서 이른바 형용사는 '높은 하늘'과 '하늘이 높다'에서처럼 수식적 기능과 서술적 기능을 함께 지니는데, 인구어의 관점에서 보면 전자가 진정한 형용사라 할 수 있고, 후자는 동사에 가까운 성격으로 해석된다. 따라서 위에서 중동사 또는 품질동사는 실제로 동사의 하위 부류라기보다는 서술적 기능의 형용사에 해당한다.

(1) 늘글, 어릴, 아룸다올

위 (1)은 각각 형용사 '늙다, 어리다, 아름답다'에 대해 'ㄹ'종결형으로 표기된 기본 형태를 제시한 것이다.

Dallet(1874)에서는 한국어에서는 형용사를 따로 설정하지 않고 동사에 포함되는 것으로 해석하였으며, 동사를 타동사와 자동사로 구분하고 그에 해당하는 예를 다음과 같이 제시하였다.

> 타동사(transitif): 'ㅎ다, 고생하다, 자다'
> 자동사(intransitif): '크다, 아름답다'

이에 대해 한국어의 타동사는 동작을 나타내는 것으로 프랑스어의 타동사와 자동사, 피동사를 포함하고, 한국어의 자동사는 성질이나 존재 양식을 나타내는 것으로 품질동사(qualificatif verbe) 또는 형용동사(adjectif verbe)라 하는 것이 더 적절하다고 하였다. 즉, 형용사를 독립 품사로 설정하지 않고 '크다, 아름답다' 등을 자동사의 범주로 처리하였는데, 이들은 형태 변화에서 동사의 속성을 지니면서도 의미적으로는 형용사의 속성을 지니는 것으로 해석하였다.[5]

특히 자동사의 경우, 한국어에는 엄밀한 의미의 형용사가 없고 명사나 동사로 대신하는데, 자동사(품질동사)가 명사 앞에서 과거 관계 분사('ㄴ')로 사용되고 서술어로 쓰일 때는 동사처럼 활용한다고 하였다.

(2) ㄱ. 사람의 영혼(사람 영혼), 봄의 바람(봄 바람)

---

5 타동사의 경우, 한국어에는 태(voix)에 따라 능동태로서의 긍정서술을 비롯하여 조건, 의문, 부정, 존대, 사동, 이유 등의 7가지 동사 유형이 존재하는데, 피동이 없다고 하였다 (다음의 6.4.2절 2.1항 참조).

ㄴ. 조선말, 사람귀

　(3) ㄱ. 큰 집, 큰 집들, 큰 집에게

　　　ㄴ. 집이 크다, 집이 크겠다, 집이 크더니

　위에서 (2)는 명사가 형용사처럼 쓰이는 예로, 앞의 명사는 변화하지 않고 뒤의 명사가 어미변화(후치사의 첨가)를 한다고 하였으며, (3)은 자동사(품질 동사)로서 수식어('큰')와 서술어('크다, 크겠다, 크더니')로 쓰이는 예를 제시한 것으로, 시제에 따라 형태가 변화하는 것으로 보았다.[6]

　그리고 복합동사는 명사와 동사, 동사와 동사의 결합으로 형성된다고 하면서 다음의 예를 제시하였다.

　(4) ㄱ. 사람일다, 아버지일다

　　　ㄴ. 일ᄒ다, 희락ᄒ다

　(5) 가져오다, 가져가다

　위에서 (4)는 명사 뒤에 '일다'(이다)와 'ᄒ다'가 붙어서 형성된 복합동사이고, (5)는 동사가 동사적 과거분사형('아/어') 또는 과거 진행형으로 활용된 형태에 '오다'와 '가다'가 결합한 복합동사로 해석하였다(다음의 5.1.3절 3.1항 참조).

1.3. Ridel(1881)에서는 앞선 Dallet(1874)와는 달리 한국어에서 동사 (verbe)와 형용사(adjectif)를 각각 독립된 품사로 설정하였다. 동사의 경우, 프랑스어 동사 체계에 따라 능동사와 중동사, 피동사로 구분하였는데, 이들 각각에 예시된 형태는 다음과 같다.

6　이것은 형용사가 언어유형론적으로 명사류와 유사한 것과 동사류와 유사한 것으로 구별되는 점과도 관련된다(앞의 3.3절 3.4항 참조).

능동사(actif): 'ᄒᆞ다, 당ᄒᆞ다, 자다'
중동사(neutre): '크다, 아름답다'
피동사(passif): '적시히다'

위에서 능동사는 동작의 의미를 지니는 것으로 프랑스어의 자동사와 타동사(때로는 피동사까지)를 포함한다(이것은 앞선 Dallet(1874)의 타동사에 해당한다). 그리고 능동사는 환경에 따라 다양한 의미를 표현하기 위해 형태가 변형된다고 하면서 다음과 같이 'ᄒᆞ다'의 경우를 예로 하여 그 양상을 제시하였다.[7]

명령(impérant): 'ᄒᆞ라, ᄒᆞ여라, ᄒᆞ라고ᄒᆞ다'
의도(volitif): 'ᄒᆞ고시부다'
의지(intentionnel): 'ᄒᆞ려하다, ᄒᆞ고쟈 ᄒᆞ다'
의심(dubitatif): '홀듯ᄒᆞ다, 올듯ᄒᆞ다'
개연(probable): '홀듯시부다'
전언(relatante/historique): 'ᄒᆞ다ᄒᆞ다(ᄒᆞᆫ단다), ᄒᆞ노라, ᄒᆞ더라'
필요(nécessitant): '홀터이다, 홀거실다'
가식(simulante): 'ᄒᆞᆫ톄ᄒᆞ다'
동기(motivante): 'ᄒᆞ닛가(ᄒᆞ엿시닛가, ᄒᆞ겟시닛가), ᄒᆞᄂᆞᆫ고로'

중동사는 능동도 피동도 아닌 것으로 품질동사 또는 형용동사라고도 할 수 있다고 하였는데, 이것은 성상을 나타내는 동사와 형용사에 해당하며, 동사와 형용사에 중복되는 것이었다(이은령, 2011 참조). 특히 형용동사는 부정형(不定形)과 현재 직설법 형태가 차이가 없어서 중동사의 특징을 지니며,[8] 의미적으로는 중립적이거나 피동성으로 해석된다고 하였다.

---

7 그리고 위의 9가지 외에 존대(honorifique)와 의문(interrogatif) 등이 포함된다고 하였다.
8 예를 들어, 중동사 '크다'는 부정형과 직설법 현재형이 동일하다는 것이다(다음의 5.3.1절 1.3항 참조).

근대 시기 서양인의 한국어 문법 연구

피동사는 능동사에 '히'가 붙어 이루어진 피동형을 의미하는 것이었다. 피동사는 형태적 기준에 의해 '히'가 삽입되는 것이지만 한국어에서는 피동이 잘 쓰이지 않고 오히려 중동사로 쓰인다고 하였다. 그리하여 능동사와 피동사, 중동사는 변형 관계가 성립되는 것으로 해석하였다(다음의 6.4.2절 2.2항 참조).

(6) (중동사)   (능동사)   (피동사)
    '젓다'   '적시다' → '적시히다'

위 (6)에서 '적시다'에 대한 피동사는 '적시히다'인데, 이것보다는 중동사 '젓다'가 더 널리 쓰인다고 하였다.

또한 동사의 어간 형태에 따라 분류하기도 하였는데, 이것은 과거 동사적 분사나 관계 분사의 결합에서 나타나는 형태의 변이 현상을 서술하려는 의도와 관련이 있다(다음의 5.2.3절 3.2항 참조).

아: 가다, 나다, 날카다
오: 스다, 자르다, 흐다, 잣쓰다
어: 써다, 거다, 저다, 머다
여: 펴다
으: 심으다, 압흐다, 곱흐다, 그다, 등날느다, 드다
이: 넉이다, 매다, 쎄다, 비디, 기다, 게다, 들매다, 데다, 푸세다, 식다, 쇠다, 되다, 쉬다, 너히다, 잡히다
오: 보다, 밧고다, 오다, 쥐노다
우: 주다, 뎅구다, 낫부다, 밧부다, 푸다, 거루다
ㄱ: 막다, 녹다, 속다, 죽다, 먹다, 낙다, 닥다, 석다, 썩다, 복다
ㅁ: 삼다, 밤다, 옴다, 곰다, 검다, 다듬다
ㄴ: 안다, 신다, 안짜, 언짜
ㅂ: 아롬답다, 잡다, 곱다, 눕다, 씹다, 돕다, 좁다, 무겁다, 업다, 겹다, 뒤집다, 굽다, 얇다, 밟다, 섧다
ㄹ: 알다, 돌다, 걸다, 길다, 우럴다, 궁글다, 실다, 더불다, 겨물다, 물다
ㅅ: 맛다, 낫다, 밧다, 짓디, 쫏다, 긋다, 엇다, 벗다, 굿다, 깃다, 밋다, 뭇다, 여돗다, 쌔앗다, 씻다, 웃다, 스뭇다, 쑤짓다, 부딋다

위에서 제시된 것은 크게는 어간 말음에 따라 모음동사와 자음동사로 구분되는데, 이를 바탕으로 뒤따르는 활용에서의 형태 변이(불규칙 활용 현상)를 비교적 세밀히 서술하였다(다음의 5.2.3절 3.2항 참조).

형용사의 경우, 프랑스어에 준하여 품질(qualificatif), 양(quantifé), 지시(démonstratif), 수(numéraux)로 하위구분하고, 특히 품질형용사를 중심으로 서술하였다.[9] 품질형용사는 다시 형태적 변화 여부에 따라 불변(invariable) 형용사와 동사적(verbaux) 형용사로 나누었는데, 이에 따라 형용사의 유형과 용법에 대한 해석을 간략히 정리하면 다음과 같다(Ridel, 1881:23-24 참조).

   ① 중국어에서 파생된 것
     -'大, 小, 白' 등과 같이 중국어와 결합한다.
     〈예〉 황토(黃土), 빅동(白銅)으로 믄두론 그릇
   ② 소수이지만 중국어에서 파생된 것으로 한국어화한 것
     -한국어와도 결합하는데, 그 수가 적다.
     〈예〉 왜(倭): 왜놈, 왜도(倭道) / 샹(常): 샹놈, 샹말, 샹베, 샹누룩
       양(洋): 양인, 양포 / 당(唐): 당긔, 당나귀
   ③ 명사 앞에서 대상의 속성이나 본질을 나타내는 것
     -프랑스어의 속격처럼 구성된다.　〈예〉 죠션말, 산비둙이, 집비둙이
   ④ 명사에 '옛'이 붙어 형성된 것　〈예〉 집옛
   ⑤ 동사처럼 활용하는 것　〈예〉 됴타-됴흔, 붉다-붉은, 붓스럽다-붓그러온

위에서 ①~④는 불변 형용사에 해당하는 것으로, 그 중에서 ③, ④는 명사

9　프랑스어에서 형용사는 품질, 수, 지시, 소유, 의문, 부정(不定) 등으로 구분되는데, 이 중에서 품질형용사만 본래의 형용사이고 나머지는 관사와 기능이 비슷한 비부가적(非附加的)인 것으로 보통 한정형용사라 부른다(방곤 외, 1993:64 참조). 한편, Ridel(1881)에서 양 형용사와 수 형용사는 수사와 관련되고(앞의 4.3.2절 2.3항 참조), 지시형용사는 지시대명사와 관련된다(앞의 4.2.2절 2.6항 참조).

의 형용사적 용법과 관련된다. 이에 비해서 ⑤는 동사적 형용사 또는 형용동사라 할 수 있는데, 이것은 중동사로 분류하기도 하였다. 따라서 동사적 형용사는 중동사와 동일 형태에 대해 중복적으로 적용된 것이다.

그리하여 동사적 형용사는 수식적 기능과 서술적 기능을 모두 하는 것으로 보았다. 수식적 기능으로는 단어 앞에서 그 단어의 품질을 한정하는데, 형태적으로는 동사의 과거 관계 분사로 나타나고 그 자체로는 변화가 없으며 (즉, 피수식 명사의 격이나 수에 따른 변화가 없으며), 서술적 기능으로는 단어 뒤에서 선행어의 서술어가 되어 그것의 품질을 표현하는 것으로 해석하였다.

(7) ㄱ. '크다' → '큰': 큰 집, 큰 집의, 큰 집에
    ㄴ. 젼능ᄒ신 텬쥬
(8) 이 집이 크다.

위에서 (7-ㄱ)에서 '큰'은 과거 관계 분사 'ㄴ'이 결합된 분사형으로 수식적 기능을 하는 예인데, 이때 동사적 형용사의 분사형은 (7-ㄴ)처럼 존대의 '시'를 동반하여 '신'으로도 나타난다고 하였다. 그리고 (8)은 '크다'가 서술적 기능을 하는 예에 해당한다.

또한 어휘 형성의 형태적 특징에 따라 형용사를 다음과 같이 몇 가지로 구분하기도 하였다(Ridel, 1881:24-25 참조).

(9) ㄱ. '스럽다': '원슈스럽다, ᄉ랑스럽다, 탐스럽다'
    ㄴ. '답다': '례답다, 실답다'
    ㄷ. 'ᄒ옵다': 'ᄉ랑ᄒ옵다, 탐ᄒ옵다'
    ㄹ. '만ᄒ다': '먹을만ᄒ다, 쓸만ᄒ다'
    ㅁ. 'ㅁ죽ᄒ다/ㅁ즉ᄒ다': 'ᄒ얌죽ᄒ다, 먹음즉ᄒ다, 보암죽ᄒ다'
    ㅂ. '스럽ᄒ다': '붉으스럼ᄒ다'
    ㅅ. 'ᄒ다': '붉웃붉웃ᄒ다, 희긋희긋ᄒ다' (어근 반복형)
    ㅇ. '업다': '복업다, 례모업다, 주식업는 사ᄅᆷ'

ㅈ. '가다/지다': '희여가다, 늙어가다, 년ㅎ야가다, 년ㅎ야지다'

이것은 프랑스어 형용사를 기준으로 하고 그에 대응되는 한국어 형용사의 의미적 등가어를 제시하면서 분류한 것으로(이은령, 2011 참조), 다른 한편으로는 파생에 의한 형용사의 어휘 형성에 관한 예를 보여 주는 것이기도 하다.

한편, Ridel(1881)과 같이 프랑스어에 근거한 Huart(1889)에서는 한국어 동사를 다음과 같은 유형으로 세분하였다.

> 능동사(actif): 'ㅎ다'
> 피동사(passif): 'ㅎ이다'
> 중성타동사(transitif neutres): '가다'
> 자동사(intransitif): '자다'
> 중성품질동사(qualifitif neutre): '크다'
> 대명동사(pronominaux) 또는 재귀동사(réfléchis): 'ㅈ결ㅎ다'

위에서 능동사는 주어의 행위를 표현하고 목적어를 갖는 것이며 피동사는 주어의 행위를 받고 목적어가 없다고 하여 Ridel(1881)과는 달리 문장 구조를 중심으로 구분하고자 하였다(이은령, 2012 참조). 중성타동사는 행위가 밖으로 미치는 동사이고 자동사는 행위가 그 자체 안에서 이루어지는 동사라고 하였는데, 그 차이가 분명하지는 못하다. 그리고 중성품질동사는 성질 또는 존재 양상을 나타내는 동사라고 하였으며, 대명동사 또는 재귀동사를 별도로 구분하였다.[10]

여기서 능동사와 중성타동사는 '이다'나 '기다, 오다' 등을 어근에 덧붙여

---

10 프랑스어에서 대명동사는 동사의 주어와 동일한 인칭의 재귀대명사가 앞에 오는 동사를 말한다(『불어학사전』, 1987:562-566 참조). 특히 프랑스어와 독일어는 유형론적으로 재귀적(reflexive) 언어에 속하는 것으로, 한국어와는 달리 다양한 용법의 재귀적 표현이 나타난다(송경안, 2019:195-207 참조).

근대 시기 서양인의 한국어 문법 연구

피동사로 만들 수 있지만, Ridel(1881)에서처럼 피동형은 잘 사용되지 않고 능동형이나 중성품질동사를 사용해 같은 의미를 표현한다고 하였다.[11] 또한 형용사는 중국어에서 파생된 한자어 형용사, 명사에 '옛'을 첨가하여 파생된 형용사, '스럽다, 답다, ㅁ죽ㅎ다, 스럼ㅎ다' 등이 붙어 파생된 형용사로 분류하였는데, 이도 역시 Ridel(1881)을 따르는 것이었다.

1.4. Scott(1887)에서는 동사(verb)와 형용사(adjective)를 각각의 독립 품사로 구분하고, 형용사에 대해서는 Ridel(1881)에서의 해석을 간략히 하여 중국어 명사에서 파생된 것과 사실상 동사로 간주되어야 하는 것으로 2대별하였다. 여기서 전자는 한자어 명사에서 파생되어 형태 변화 없이 형용사적으로 쓰이는 것이며, 후자는 본래 동사인 것으로 이때 동사와 형용사는 통합된다고 하였다.

> (10) ㄱ. 샹말, 철물
> ㄴ. 크다, 큰

위에서 (10-ㄱ)의 '샹말'과 '철물'의 '샹'(常)과 '철'(鐵)을 중국어 명사에서 파생된 형용사로 본 것이며,[12] (10-ㄴ)의 경우 '크다'는 동사적으로 쓰인 것이고 '큰'이 그에 대한 형용사적 용법이라는 것이다. 특히 '크다'는 동사처럼 어미변화를 하므로 동사로 봐야 하며, '큰'이 형용사에 해당한다고 하였다.

그리고 '크다'와 같이 동사처럼 활용하면서 형용사적으로 쓰이는 것으로 다음의 예를 추가하였다.

---

11 그리고 '이다, 오다, 기다, 니다, 히다' 등의 사동형이 붙어 성립될 수 있다('살다'→'살니다')고 하였다(다음의 6.4.2절 2.2항 참조).

12 재판인 Scott(1893)에서는 '샹'을 중국어에서 유래된 진정한 형용사(true adjective)라 하였다.

(11) 됴타, 크다, 놉다, 너르다, 칩다, 스랑스럽다, 아룸답다, 길다, 자르다, 넓다, 좁다, 차다

또한 어미변화에서 형용사는 동사와 똑같이 활용하는데, 예를 들어 조건법(conditional mood)의 경우 형용사적 분사 'ㄴ'을 '면'으로 바꾸어 성립된다고 하였다(다음의 5.3.2절 2.6항 참조).

(12) ㄱ. 물이 깁흐면 못 가겟소.   (깁흔→깁흐면)
　　 ㄴ. 날이 치우면 옷 더 닙어라. (치운→치우면)
　　 ㄷ. 더우면 버서라.　　　　　 (더운→더우면)

1.5. Underwood(1890)에서는 동사와 형용사를 독립 품사로 설정하였다. 우선 동사의 경우, 능동사(active)와 중동사(neuter)로 구분하였는데,[13] 여기서 능동사는 동작(action)을 표현하는 동사로 앞선 Dallet(1874)와 Ridel(1881)에서 타동사와 자동사, 능동사와 피동사로 구분하기도 했던 것을 의미하며, 중동사는 주어의 품질(quality)을 서술하는 것으로 앞선 문헌에서 동사적 형용사 또는 형용동사라 하기도 했던 것을 의미한다고 하였다. 이것은 오늘날의 관점에서 보면 능동사는 모든 동사를 가리키고, 중동사는 형용사를 뜻하는 것이 된다.

형용사의 경우, 그것이 지닌 특성에 따라 한정적(limiting)인 것과 질적(qualifying)인 것으로 구분하고, 다른 품사와 중복되는 방식으로 예시하였다. 여기서 한정적 형용사로 분류된 것은 명사 수식 기능과 관련되는 이른바 형용사적 수사(adjectival numeral)와 대명사적 형용사(pronominal

---

13　이것은 능동사와 중동사, 피동사로 구분하였던 Ridel(1881)과 비교하여 보면, 소수의 형태에 불과한 피동사를 제외하고는 크게 차이가 없다.

　　　　　　　　　　　　　　　　　근대 시기 서양인의 한국어 문법 연구

adjective)에 해당하는 것으로, 그 예는 다음과 같다[14]

(13) ㄱ. 혼, 두, 세, 네, 닷, 엿
　　ㄴ. 이, 뎌, 그. 이러혼, 뎌러혼, 그러혼, 이런, 뎌런, 그런
　　ㄷ. 어느, 엇던, 무슴, 아모
　　ㄹ. 여러, 모든, 온

위에서 (13-ㄱ)은 형용사적 수사이며(4.3.2절 2.6항 참조), (13-ㄴ~ㄹ)은 대명사적 형용사에 해당하는 것이다(앞의 4.2.2절 2.8항 참조).

또한 앞선 Scott(1887)에서처럼 진정한 형용사(true adjective)로 명명되어 온 것을 예로 들었는데, 한자어 명사 파생에서 나타나거나 명사가 형용사처럼 쓰이며 후치사 '의'가 첨가되거나 모호성이 없을 때는 생략될 수 있다고 하였다. 이와 관련되는 예는 다음과 같다.

(14) ㄱ. 大: 대풍, 小: 쇼인, 白: 빅마, 黃: 황금, 常: 샹놈
　　ㄴ. 죠션 사룸, 녀룸 옷, 쥬방 소용, 화로 불, 바다 물

위에서 (14-ㄱ)은 한자어 형용사가 한자어 또는 고유어 명사를 수식하는 경우이며, (14-ㄴ)은 명사가 형용사처럼 쓰이는 예에 해당한다.

그리고 질적 형용사는 중동사에 해당하는 것으로, Ridel(1881)에서처럼 서술적으로는 동사 형태로 쓰이고 수식적으로는 분사형으로 쓰여서 명사의 품질(quality)을 표현하는 것으로 보았다.

(15) ㄱ. 놉소, 놋소, 칩소, 더웁소, 머오, 강ᄒ오, 널소
　　ㄴ. 놉흔, 느즌, 치운, 더운, 먼, 강혼, 너룬

14　이것은 Ridel(1881)에서의 양 형용사와 수 형용사, 지시 형용사에 해당하는 것이다(앞의 5.1.1절 1.3항 참조).

위에서 (15-ㄱ)은 서술적 용법으로 동사형에 해당하고, (15-ㄴ)은 수식적 용법으로 분사형으로 쓰인 것이다. 서술적으로 쓰일 때에는 명사 뒤에 오며 모든 기본적인 활용이 가능하고, 수식적으로 쓰일 때는 명사 앞에 오는데, 이 둘 모두 명사의 품질을 표현한다고 하였다. 따라서 한국어에서 진정한 형용사는 적고 이도 역시 실제로는 동사로서 상당수의 표현에서 변이형이 존재하며, 동사에 관한 지식(형태와 용법)이 형용사에 적용될 수 있다고 보았다.

한편, Underwood(1890)에서는 형태적으로 형용사가 형성되는 예로서 이른바 조동사(auxiliary verb)와의 결합으로 구성된 예를 제시하기도 하였다 (다음의 5.1.2절 2.3항 참조).

  (16) ㄱ. '스럽소': 스랑스럽소, '즉ᄒᆞ오': 보암즉ᄒᆞ오, '만ᄒᆞ오': ᄀᆞ르칠만하오
      ㄴ. '지오' 또는 '가오': 커지오, 적어가오
  (17) ㄱ. 붉소: 붉으스럼ᄒᆞ오, 검소: 검으스럼ᄒᆞ오
      ㄴ. 붉읏붉읏ᄒᆞ오, 푸룻푸룻ᄒᆞ오

위에서 (16)은 조동사 '스럽소, 즉ᄒᆞ오, 만ᄒᆞ오' 등이나 '지오' 또는 '가오'가 붙어 형성된 것이고, (17)은 '스럼'이 첨가되거나 어간의 반복에 'ᄒᆞ다'가 결합된 색채 형용사의 예에 해당한다.

1.6. 독일어를 바탕으로 하는 Roth(1936)에서는 한국어에서 동사와 형용사를 독립 품사로 설정하였다. 동사의 경우, 능동사와 중동사로 구분하고, 여기에 부차적으로 명사적 동사를 포함하였다.

> 능동사(aktiv): '가다, 먹다, 지다'
> 중동사(neutrale): '좋다, 깊다, 희다, 나쁘다, 검다, 곱다, 크다, 적다'
> 명사적 동사(substantivische verb): '이다'

위에서 능동사는 자동사와 타동사, 능동사와 피동사의 구분과 관계없이 동작을 표현하는 것 모두가 포함되며, 중동사는 특별히 속성을 표현하는 것으로 구분된다고 하였다. 그러나 중동사에 해당하는 단어는 한국어에서 많지 않은데, 이들은 독일어의 동사와 형용사 어느 쪽에도 일치하지 않고, 오히려 둘 사이의 중간 위치를 차지함으로 중립적이어서 형용사적 동사(adjektivische verb)라 하기도 한다고 하였다. 그리고 명사적 동사는 명사를 서술어가 되게 하는 '이다'로, '명사+이' 형태가 어간처럼 쓰이며, '이'는 중동사의 확대된 어간을 구성하는 것(조음소 '으')과 같은 기능을 하는 것으로 해석하였다(다음의 5.2.3절 3.1항 참조).

또한 동사의 형성에 대해서는 '치다'와 '질하다' 또는 '대다, 거리다'가 결합되는 다음의 예를 제시하기도 하였다.

> (18) ㄱ. '치다': 환치다, 해치다
> ㄴ. '질하다': 삽질하다, 바느질하다, 노질하다, 칼질하다, 도적질하다
> ㄷ. '대다, 거리다': 납신대다, 깝죽대다, 지껄이다(짖다+거리다), 흔들거리다(흔들다+거리다)

형용사의 경우, 진정한 의미의 형용사는 실제로 이에 해당하는 어휘가 적고 형태 변화가 없는데('새, 헌, 네, 옛, 날, 맨, 거짓, 올' 등), 이들은 항상 명사 앞에 오며 명사 없이 단독으로 쓰일 수 없다고 하였다.

> (19) ㄱ. 새 옷, 헌 옷, 옛 사람들이, 옛 적에, 날고기, 맨발로 단기다, 올봄에,
> ㄴ. 새 옷 있습니까? / 헌 것만 있다.

위 (19)에서 제시된 것을 보면 오늘날의 관형사나 관형사성을 지닌 일부 접두사에 해당하는 것으로 해석된다.

대부분 독일어 형용사는 한국어의 중동사에 대응하며 이들은 동사의 분

사형으로 나타나 속성을 표현하는데, 중동사의 현재분사형에 해당하는 형태들을 수식적 형용사라 하였다.

(20) ㄱ. '크다': 큰, 큰 집 / '희다': 흰, 흰 옷 / '좋다': 좋은, 좋은 길
ㄴ. '멀다': 먼, 먼 길 / '적다': 적은, 적은 산 / '길다': 긴, 긴 지팡이
(21) 큰것, 큰바, 큰자, 큰사람, 적은이, 적은사람

이들은 모든 한국어 형용사의 분사형이 그렇듯이 명사 앞에 오고 어떤 방식으로든 굴절하지 않으며, 특히 (21)에서처럼 '것, 바' 등에 붙어서 명사처럼 쓰일 수도 있다고 하였다.

그리고 형용사의 어휘 형성에 대해 첨가되는 형태를 중심으로 다음과 같이 예시하였다.

(22) ㄱ. '스럽다': 의심스럽다, 사랑스럽다, 간사스럽다
ㄴ. '롭다': 의롭다, 슬기롭다, 경사롭다
ㄷ. '답다': 예모답다. 사나희답다, 꽃답다, 법답다
ㄹ. '스럼하다': 검으스럼하다, 붉으스럼하다, 누르스럼하다
ㅁ. '지다': 기름지다, 살지다
ㅂ. 중복형: 검웃검웃하다, 붉웃붉웃하다, 누릇누릇하다

특히 중동사에 '어하다'가 붙어 능동사가 될 수 있다고 하면서 다음의 예를 제시하였다.

(23) ㄱ. '무섭다' → '무서워하다'
ㄴ. 즐겁다, 기쁘다, 무럽다, 놀랍다, 어렵다, 괴롭다, 아프다, 더웁다, 좋다, 칩다/춥다, 부끄럽다, 고맙다, 섧다, 애닯다

위 (23-ㄴ)의 중동사는 모두 '어하다'가 붙어 능동사가 될 수 있는 것으로, 앞선 문헌에서는 다루어지지 않은 것이기도 하다.

근대 시기 서양인의 한국어 문법 연구

1.7. Ramstedt(1939)에서는 한국어에서 형용사를 독립 품사로 설정하지 않았다. 그리고 한국어에서 동사는 무엇이 일어나고 있다거나(즉, 동작을 표현하거나) 무엇이 그러그러하다고 판단(equation)하는 의미를 지니는데, 전자는 주어가 행위자(doer)가 되고, 후자는 주어에 대한 가치 판단을 나타낸다고 하였다. 이에 따라 동사를 동작동사(action verb)와 품질동사(qualitative verb)로 구분하였다.

동작동사는 동작을 나타내는 것이며, 품질동사는 동작동사 이외의 것으로 다음의 예와 같이 인구어의 형용사에 대응된다고 보았다.

(24) 푸르다, 무섭다, 이다

위 (24)에서 '푸르다, 무섭다'는 품질동사에 해당하는 것인데, Ridel(1881)이나 Underwood(1890) 등의 앞선 문헌에서 중동사로 처리하면서 형용동사라든가 형용사적 동사 또는 동사적 형용사 등으로 지칭되기도 하였음을 지적하였다. 그리고 이러한 품질동사는 동작동사와 동일한 활용 체계를 지니지만, 문법적으로 현재시제 구성이나 분사형에서 차이가 나타나기도 한다고 하였다. 특히 위 (24)에서처럼 '이다'를 형용사의 한 부류로 처리한 것이 두드러지는데, Roth(1936)에서는 이를 명사적 동사라 한 바 있다.

한편, Ramstedt(1939)는 2차적 동사 어간(secondary verb stem)을 설정하여 새로운 동사의 형성에 대해 서술하였다. 즉, 한국어에는 1차적 동사로부터 파생된 몇 가지의 동사가 있는데, 이것들은 피동(passive)이나 기동(inchoative) 등을 표현한다는 것이다. 그리고 가장 널리 쓰이는 (2차적 어간을 형성하는) 파생소들이라 하여 다음과 같은 예를 제시하였다.

(25) ㄱ. 우습다(<'웃-'), (깃부다)기뿌(기쁘-)/(깃겁다)기겁다(<'*깃-'), 미듭다/미쁘다(<'믿-'), 셟다(<'셟-'), 아푸다(<'앓-'), 나쁘다(<'낮-'), 바뿌다(<'*밧-'

ㄴ. 크나다(〈크다), 기나다(〈길다)

위에서 (25-ㄱ)의 '우습다'의 경우를 예로 하여 보면, 1차 어간 '웃-'에서 2차 어간 '우습'이 형성된 것으로 여기에는 피동의 의미를 지닌 접미사 '-ㅂ-'이 개입된 것이라 하였으며,[15] (25-ㄴ)은 매우 오래된 '누, 느'이며 기동적 파생에 해당하는 '-내-' 또는 '-느-'('-나-')가 개입된 것이라 하였다.

또한 품질동사와 동작동사 모두에서 이른바 작위동사(factitive)라 부르는 2차적 어간이 파생된다고 하면서 다음의 예를 제시하였다.

(26) 마르다→말리다, 멀다→멀리다, 덥다→데다

위 (26)의 '말리다, 멀리다, 데다' 등은 사동의 의미를 지니는 것으로, 이에 따르면 작위동사는 사동사에 해당하는 것으로 이해된다.[16]

그 밖에 동사 파생 동사로 '-지다'에 의한 파생과 명사 파생 동사를 제시하였다.

(27) ㄱ. 우거지다, 부서지다, 으스러지다, 누그러지다
    ㄴ. 넓다:넓어지다, 없다:없어지다, 넘다:너머지다, 벗다:버서지다
    ㄷ. 숙다:수그러지다, 굽다:구버지다/구브러지다
(28) 물:묽다/무르다, 불:붉다, 굴:굵다, 잘(well):자라다, 자:재다, 해:희다,
    배:배다, 띄(belt):띄다

위에서 (27)은 동사 어근에 '지다'가 붙어서 파생된 동사이며, (28)은 어원적 연결로 해석되는 명사 어근에서 파생된 동사에 해당한다.

---

15 이것은 경어 표현에서 정중형의 형성과도 관련된다(다음의 6.5.2절 2.7항 참조).

16 이것은 형용사에서 동사가 파생된 것이며, 이렇게 파생된 것은 사동의 의미를 지니는데, Ramstedt(1939:133)에서는 이것을 작위동사라 하였다(다음의 6.4.2절 2.6항 참조).

근대 시기 서양인의 한국어 문법 연구

또한 '롭다/럽다, 스롭다/스럽다, 답다, 거리다, 대다'에 의한 파생을 제시하기도 하였는데, '거리다'와 '대다' 파생에 해당하는 예의 일부를 보면 다음과 같다(Ramstedt, 1939:138-140 참조).

(29) ㄱ. 팔랑이다:팔랑거리다:팔랑대다:팔랑팔랑하다
     ㄴ. 숙덕이다:숙덕거리다:숙덕대다:숙덕숙덕하다
     ㄷ. 실룩이다:실룩거리다:실룩대다:실룩실룩하다

위 (29)는 의태성을 띠는 동일한 어근에 대한 '이다/거리다/대다/하다'의 파생적 결합 관계가 두드러지게 제시되었다고 할 수 있다.

5.1.2. 조동사의 설정

조동사(auxiliary verb)는 본동사에 의지하여 나타나서 문장이 표현하는 명제에 대한 상(aspect)이나 태(voice), 양태(modality)와 같은 문법적 또는 의미적 기능을 보충하는 역할을 한다. 조동사는 문법과 의미에서 보조적인 기능을 하기 때문에 그 자체로 자동과 타동, 능동과 피동, 사동 등의 구별이 존재하지 않으며, 주어에 대한 의미적인 공기 제약을 받지 않는 특징이 있다(이환묵, 1999:423 참조).

한국어에서 조동사는 어휘적 형태에 해당하지만 통사적으로는 의존적 성격을 띠며, 인구어와는 달리 문장의 구성에서 본동사 뒤에 위치한다. 특히 동일한 형태가 본동사로도 쓰이기도 하여 둘 사이의 구분이 어려운 경우도 있는데,[17] 서양인의 한국어 문법 기술에서는 조동사에 대해 그들 언어의 문

---

17 인구어의 경우, 영어의 'will, shall' 등과 같이 조동사는 별도의 형태로 존재하는 것이 일반적이다. 그러나 영어에서도 'be, have, do' 등은 본동사와 조동사의 두 기능을 지닌다(이환묵, 1999:420 참조).

법적 성격에 따라 분석하는 경향을 띠었다.

2.1. 초기의 경우, Rosny(1864)에서는 중국어 '爲(wei)'에 대응하는 것으로 'hui-har'('위홀')을 조동사라 하였다. 그리고 이 중 두 번째 음절(아마도 '홀')은 일본어의 'なる'에 아주 잘 대응된다고 하였는데, 무엇을 의미하는지 분명하지 못하다(다음의 5.1.3절 3.1항 참조).

Ridel(1881)에서는 조동사(auxiliaire)와 관련되는 것으로 이중동사 (double) 또는 복합동사가 형성되는 것을 예로 들었는데, 이를 정리하면 다음과 같다.

형태	용법과 의미	용례
'보다'	시도	ᄒ여보다, 무러보다
	(의문형에 붙어) 가정, 의문, 놀람	ᄒ눈가보다, 혼가보다, 비가 오겠나보다
'오다'	화자에게로 이동	(ᄂ리다+오다)ᄂ려오다, 들어오다, 가져오다
'가다'	화자로부터 이동	(오르다+가다)올라가다, 늙어가다, 가져가다
'주다'	남을 위해 하는	(닐ᄋ다+주다)닐너주다, (쓰다+주다)써주다, (돕다+주다)도아주다, 덥혀주다
'지다'	과정	붉어지다, 늙어지다, 썩어지다

이것은 파생이나 합성에 의한 동사의 형성과 분명히 구별되지 않는 부분이 있기는 하지만, '본동사+조동사' 구성으로 해석한 것으로 보인다.

2.2. Scott(1887)에서는 앞선 Ridel(1881)에서의 해석을 수용하여 조동사 (auxiliaries) 항목에서 몇 가지 어휘 형태들을 유형으로 구분하여 제시하였다. 이를 재판인 Scott(1893)에서의 예와 함께 묶어 정리하면 다음과 같다.

근대 시기 서양인의 한국어 문법 연구

형태	분포	용례	특징적인 의미
'보다'	동사적 분사 뒤	먹어 보다, 알아 보다	시도(to try)
	'나', '눈가' 뒤	ᄒ나 보다, ᄒ눈가 보다	가능성(probability)
	미래 관계 분사에 따르는 '가' 뒤	오ᄂᆞᆯ 비 올가 보다	
'오다' '가다'	완료분사형 뒤	드러오다, 나가다, 가져오너라, 가져가거라, 올나간다, ᄂᆞ려온다	-
'주다'	완료분사형 뒤	살녀 주오 그 일을 도아 주오	-
'ᄒ다'	'뜻', '둣', '만', '번' 뒤	훌뜻ᄒ다, 훌둣ᄒ다 훌만ᄒ다, 훌번ᄒ다	'뜻'(thought), '둣'(as if), '만'(ability), '번'(time)

특히 이 중에서 'ᄒ다'는 조동사로 널리 쓰인다고 하였다.

2.3. Underwood(1890)에서는 Ridel(1881)과 달리 영어의 조동사 개념을 한국어에 적용하려고 하였으며, 조동사의 목록이 확대되기도 하였다. 그리고 조동사는 다른 동사 또는 동사의 일부에 결합하며, 그렇게 구성된 새로운 동사에 (이중적인 의미가 아니라) 두 개의 결합으로부터 파생된 의미를 더해 준다고 하였다. 그리고 이에 따라 각각의 조동사에 대해 서술하였는데, 이를 묶어 보면 다음과 같다.

형태	분포	용례	특징적인 의미
'오오' '가오' '지오'	동사적 분사 뒤	ᄂᆞ려오오 ᄂᆞ려가오 검어지오	'가오', '지오'는 중 동사 뒤에서 증가함 (increasing)을 뜻함.
'보오'	동사적 분사 뒤	먹어 보오	시도(to try)
	관계 분사나 단순 시제에 '가'와 '나'가 첨가된 뒤	쩌나는가 보오 가겟나 보오	가능성(probability), 개연성(likelihood)
'죽ᄒ오'	'ᄆ' 뒤	-	가치(to be worthy of)

'스럽소'	동사적 명사나 추상적 명사 뒤	-	가치(to be worthy of)
'십소'	동사 어간 뒤에서 '고'에 의해 연결	가고 십소	원망, 소망(want to, desire to)
	관계 분사 뒤에서 '가'나 '듯/돗'에 의해 연결	못 살돗 십소 오지 못홀가 십소	강한 가능성 (strong probability)
'주오'	-	사 주오	봉사(doing for another)
'되오'	미래분사형 뒤에서	죽게 되오	동작을 수행할 환경에 처해 있음.

위에서 특히 '보오'와 '십소'의 경우 구성 형식과 의미가 매우 다양함을 예시를 통해 해석하였다. 우선 '보오'의 경우를 보면 다음과 같다.

(30) ㄱ. 먹어 보오.
ㄴ. 무러 보오.
(31) ㄱ. 오눌은 쩌나는가 보오.
ㄴ. 릭일은 먹겟는가 보오.
(32) ㄱ. 셕탄이 적으니 불이 쯔지겟나 보오.
ㄴ. 안경 쓰면 그 칙 보겟나 보오.

위에서 (30)은 동사적 분사형 '아/어'에 연결소 없이 직접 결합되어 시도 함(to try)의 의미를 실현하며, (31, 32)는 관계 분사 또는 단순 시제형이 각 각 '가'와 '나'를 접속소로 하여 이어져서 가능성(probability)이나 개연성 (likelihood) 등의 양태적 의미를 실현한다고 보았다.

또한 '십다'의 경우에도 유사한 해석을 하였다.

(33) ㄱ. 가고 십소.
ㄴ. 먹고 십소.
(34) ㄱ. 몸이 대단히 압하 못살 듯 십소.
ㄴ. 로형이 오지 못홀가 십소.
ㄷ. 집이 잘 못 될 듯 십소.

근대 시기 서양인의 한국어 문법 연구

위에서 (33)은 동사 어간이 접속사 '고'에 의해 '십소'와 연결되는 것이며, (34)는 관계 분사와 함께 '가', '듯' 또는 '둣'이 접속의 요소로 첨가되어 연결된 것으로 동작이나 상태가 사실일 것이라는 강한 가능성(strong probability)을 표현한다고 하였다.

한편, '되오'는 미래 동사적 분사형 '게'와 과 함께 쓰여서 상황이 동작이 수행될 처지임을 뜻한다고 하였다.

(35) ㄱ. 음식이 먹게 되오.
ㄴ. 그 사롬이 가게 되오.

2.4. Ramstedt(1939)에서는 다양한 용법으로 쓰이는 몇몇의 동사에 대해 해석하면서, 특히 다음의 형태에 대해서는 수식동사(modifying verb)라 할 만하다고 하였다. 그리고 이것은 선행 동사에 특정한 의미를 부여하는 것으로, 조동사로서의 용법으로 해석될 수 있다고 하고, 그에 대해 세밀히 해석하였다.[18] 주요 항목을 정리하면 다음과 같다.

형태	의미와 용법
'지다' (북부 방언 '디다')	-'to become'의 의미 〈예〉 자빠지다, 떠러지다, 부러지다 -'to be more and more'의 의미 〈예〉 터지다, 갈라지다, 불거지다, 어두와지다
	-'져하다'형 구성 〈예〉 먹고저 하야 달라고 하엿소. -'지고'형: 강한 욕구나 희망 〈예〉 천당에 가고지고
'치다', '뜨리다'	-대응하는 타동사 형성 〈예〉 빠지다-빠치다/빠뜨리다, 너머지다-너머뜨리다
'가다'	-'to continue, to go on'의 의미 〈예〉 배호다-배화가다, 끌다-끄러가다, 나다-나가다

---

18 Ramstedt(1939)에서 조동사로 해석한 것은 '이다'와 '잇다', '하다' 등이다(다음의 5.1.3
절 3.6항 참조).

'오다'	-'to come towards the speaker'의 의미 〈예〉 내가 너한테 갈게. -방향과 움직임을 분명히 한다. 〈예〉 나가다/나오다, 지나가다/지나오다, 가져가다/가져오다
'나다'/ '내다'	-'to emerge, to dive out'의 의미 〈예〉 뜨다-떠나다, 일다-이러나다, 지나다/지내다
'두다' '노타' '너타'	-'두다': 'to lay down, to put, to place, to let alone'의 의미 '노타': 'to leave free, to let go'의 의미 '너타': 'to put in'의 의미 -완료 동사(perfective verb)로서 동작의 안정적 결과의 의미 실현 〈예〉 쓰다-써 노타, 써 두다, 써 너타
'보다'	-'to try'의 의미 〈예〉 가 보다, 이버 보다 -'it seems like' 또는 'as if'의 의미 〈예〉 비가 오난가 보다, 비가 올가 보다 -의문의 '가' 뒤에서 '바'로 줄어들고 의심의 의미 〈예〉 올가바 -비교 표현에서 'than'의 의미 〈예〉 이것 저것보다 좃소.
'밧다'	-'to receive, to get'의 의미 〈예〉 쓰다-써 밧다, 갑다-갑하 밧다
'주다'	-'to give'의 의미 〈예〉 푸러 주다, 알려 주다, 도아 주다
'가지다'	-'to take with one, to hold'의 의미 -'가지고'형이 널리 쓰인다. 〈예〉 표를 사 가지고 드러가다
'버리다/ 바리다'	-'to throw away'의 의미 -'totally'의 의미 〈예〉 이저 버리다, 일허 버리다
'먹다'	-'to eat'의 의미 〈예〉 욕 먹다, 더위 먹다, 나 먹다, 앙심 먹다, 주셔 먹다
'되다'	-'to become, to turn out as'의 의미 -피동의 의미 〈예〉 먹게 되다, 밝게 되다
'십다/ 시부다'	-'to be agreeable, to seem good'의 의미 〈예〉 '십-/기부-/시프' -'to like'의 의미 〈예〉 먹고 십소. -후치적 명사 '듯'과 함께 쓰인다. 〈예〉 올 듯십다.
'말다'	-'to avoid, to shun'의 의미 -'지'형 동사 뒤에서 부정의 의미 -선행 동사와 같은 형태로 반복되어 'of course'의 의미 〈예〉 가고 말고, 알고 말고, 그러고 말고 -선행 동사와 대립적인 관계 〈예〉 갈락 말락 한다.

5.1.3. 특수한 용법의 동사

서양인의 한국어 문법 기술에서는 한국어 동사 중에서 특수하게 쓰이는 것으로 '일다/이다'와 '이시다/잇다', 'ᄒ다' 등이 주목을 받았다. 이들은 각각 오늘날의 '이다'와 '있다', '하다'에 해당하는 것으로, 다른 동사들과 구별되는 독특한 문법적 또는 의미적 특성을 지니는 것으로 해석되었다.

3.1. Rosny(1864)에서는 한국어에는 'to be, to have'의 의미에 해당하는 동사 'hisir'('이실')이 있다고 하면서, 이것은 'existence'를 뜻하는 'hi'('이')와 'to make'(일본어의 'ᄒる')를 뜻하는 'sir'('실')이 결합되어 형성된 것이라 하였다. 그런데 이것은 '잇다'('이시다')와 관련되는 것으로 보이지만 용례가 제시되어 있지 않아 무엇을 의미하는지는 분명치 못하다.

Dallet(1874)에서는 한국어 존재동사에는 두 가지가 있다고 하면서, 순전히 존재를 뜻하는 '잇다'와 주어의 본질과 성질을 뜻하는 '일다'(이다)를 들었다. 또한 복합동사의 구성과 관련하여, 모든 명사는 동사 '일다' 또는 'ᄒ다'를 덧붙임으로써 동사가 될 수 있다고 하였다.

Aston(1879)에서도 한국어에는 일본어와 같이 소유('to have')의 의미를 표현하는 동사가 따로 있기는 하지만, 존재동사('to be')의 사용이 선호된다고 하였다.

(36) ㄱ. I have a horse.
　　 ㄴ. 말이 잇다. (horse-ly is)

위 (36-ㄱ)의 소유의 의미에 대응되는 한국어 표현은 (36-ㄴ)처럼 '잇다'로 나타난다는 것이다.[19]

19　Aston(1879)에서는 'I have a horse'는 'mal i itta'(말이 있다), 즉 축자적으로는 'horse-

Ross(1882)에서는 한국어에서 'ᄒᆞ다'가 영어에서의 'have'만큼이나 없어서는 안 되는 조동사라고 하였다. 그것은 중국어에서 기원한 것이면 어떤 명사든지 'ᄒᆞ다'와 결합하여 동사나 형용사가 되며, 구두법에서도 'ᄒᆞ다'가 소용되기 때문이라는 것이다. 그리고 'ᄒᆞ다'는 인용 표현과도 관련되는데, 제시된 한 예를 보면 다음과 같다.

> (37) 니 강세당에 가니 쟝노가 말ᄒᆞ되 글 니르며 칙 벳기고 잇다가 젼약되여 가라ᄒᆞ다라.

위 (37)에서 '말ᄒᆞ되'는 명사 뒤에서, '가라ᄒᆞ다라'는 인용 표현으로 'ᄒᆞ다'가 쓰인 예에 해당한다.

3.2. Ridel(1881)에서는 특수한 용법으로 쓰이는 한국어 동사로서 '잇다'와 '일다'에 대해 서술하였다. 여기서 '잇다'는 단순히 존재(existence) 또는 현존(présence)을 의미하고, '일다'는 본질이나 주어의 속성을 뜻하는 지정적(démonstratif) 의미를 지니며 명사나 대명사 뒤에 붙는다고 하였다. 특히 한국어에는 프랑스어의 'être'에 해당하는 것으로 '잇다'가 존재하는데, 소유의 의미를 지닌 'avoir'에 대응하는 동사가 없다고 하였다.[20]

또한 '일다'와 '올다'는 명사 뒤에 쓰이는 것으로 이형태와 유사하게 해석하였으며, 여기에 '그러타'를 포함하여 한국어의 특수 동사로 서술하였다. 그리고 이들 '잇다'와 '일다, 올다, 그러타'의 네 가지 특수 동사에 대해 각각에 해당하는 기본형과 경어형을 긍정과 부정으로 구분하였는데, 이것을 묶

---

ly is'가 되어 존재의 의미로 표현된다고 하였다.

20 한편, Huart(1889)에서도 한국어에는 프랑스어의 'avoir'에 해당하는 동사가 없고, 'être'에 해당하는 '잇다'로 대신한다고 하였으며, 명사나 대명사와 함께 존재를 나타내는 동사로 '일다'(c'est)를 제시하였다.

근대 시기 서양인의 한국어 문법 연구

어 보면 다음과 같다.

기본형(긍정형:부정형)	경어형(긍정형:부정형)
'잇다' : '업다, 아닛다'	'계시다', '잇습ᄂ이다' : '업습ᄂ이다, 업습니다', '안 계시다'
'일다' : '아닐다'	'실다' : '아니실다, 아니시다'
'올다' : '아닐다'	'올시다' : '아니올시다'
'그러타' : '그러찬타'	'그러ᄒᄋ다' : '그러찬소이다'

특히 Ridel(1881:131)에서는 '일다'의 다양한 활용형을 추가하였는데, 과거형은 잘 쓰이지 않고 현재형이나 완료형으로 쓰인다고 하였으며, 그 밖의 활용형으로 쓰이는 예를 제시하였다.

(38) ㄱ. 십이이 종도중에 패역ᄒᆫ 놈 ᄒ나 잇서 유다슬다(유다스-ㄹ다).
    ㄴ. 일홈을 유다스라 부른다.
(39) ㄱ. 텬쥬 신이시냐 신이 아니시냐.
    ㄴ. 다힝이오나
    ㄷ. 가마귀의 아돌놈이로다.
    ㄹ. 죄인이올셰다.
    ㅁ. 하우씨 착ᄒᆫ 님군이라.
    ㅂ. 죽는 거슨 본향으로 돌라가는 거시라 ᄒ엿더라.

위에서 (38)은 현재형으로 쓰이는 예이며, 특히 (38-ㄴ)은 인용절의 형성과 관련되어 종결형이 '라'로 끝남을 보여준다. 그리고 (39)는 다양한 활용형으로 나타난 것에 해당한다.

3.3. Scott(1887)에서는 영어의 'to be'에 해당하는 것으로 지정동사(demonstrative verb)라 하여 소유를 뜻하는 '잇다'와 순수히 지정하는 의미

를 지닌 '일다'(또는 '이다')를 제시하였다.

> (40) ㄱ. 칼 잇다. (there is a knife.)
> ㄴ. 칼이다. (it is a knife.)

재판인 Scott(1893)에서는 관용적으로 동작의 가능성(possibility)이나 개연성(probability)을 나타내는 표현들을 동사의 기타 용법이라 하여 몇 가지를 제시하였는데, 'ᄒᆞ다'의 경우를 보면 다음과 같다.[21]

> (41) ㄱ. 가능성('ᄒᆞ다'가 붙는 것): 'ᄒᆞᄂᆞᆫ 듯ᄒᆞ다, 홀 만ᄒᆞ다, 홀 번ᄒᆞ다, ᄒᆞᄂᆞᆫ 톄
> ᄒᆞ다, 홀 분일다, ᄒᆞᄂᆞᆫ듸, 홀디, ᄒᆞᄂᆞᆫ때, 홀때, 홀시, 홀제, 홀적, ᄒᆞᄂᆞᆫ터,
> 홀터'
> ㄴ. '고져/고쟈 ᄒᆞ다'(의도): 'ᄒᆞ고쟈 ᄒᆞ다, ᄒᆞ고져 ᄒᆞ다, ᄒᆞ고 시부다'
> ㄷ. 'ㅁ즉ᄒᆞ다': 'ᄒᆞ얌즉ᄒᆞ다, ᄒᆞ염즉ᄒᆞ다'

3.4. Underwood(1890)에서는 'ᄒᆞ오, 잇소, 이오'('ᄒᆞ다, 잇다, 이다') 등이 일종의 조동사처럼 매우 다양하게 쓰이는데, 영어권 화자는 이것을 구별하는 방법을 습득할 필요가 있다고 하였다. 우선 일반적인 특징에 대한 것을 보면 다음과 같이 정리된다.[22]

> ① 'ᄒᆞ오': 수많은 명사와 결합하여 동사 또는 형용사가 된다. 부정은 '아니ᄒᆞ오' 또는 '안소' 또는 '못ᄒᆞ오'가 된다.
> ② '잇소': 영어의 'to be'에 대응한다. 본래는 'to exist'의 의미(주어의 존재)인데, 때로는 'to have, to live, to be in' 등에 대응한다. 부정은 '업소'이다.
> ③ '이오': 비자립적이다. 주어의 존재 외에 어떤 것을 서술한다. 부정은 '아니

---

21 그 밖에 '듸로, 만큼'이 붙는 것, '지'(부정과 의문, 평서형), '리'(미래 구어체 'ᄒᆞ리라, ᄒᆞ오리라'), 'ᄒᆞ마', '더'('ᄒᆞ더라, ᄒᆞ더란') 등도 제시되었다.

22 앞선 문헌에서는 '일다'와 '이다'가 혼용되었는데, Underwood(1890)에서는 '이다'로 고정하여 제시하였다.

근대 시기 서양인의 한국어 문법 연구

오’이다. 때때로 ‘요, 오’로 축약되기도 한다.

특히 이들 동사는 관계 분사가 한정하는 명사들과 함께 쓰여 개연성 (probability)이나 가능성(possibility), 가식(pretension), 의무(duty) 등의 양태적 의미를 표현한다고 하였다. 여기에는 Ridel(1881) 등의 앞선 문헌에 비해 ‘십소’가 추가되었는데, 이들 목록을 결합 형식으로 정리하면 다음과 같다.

형태	의미
수(means) 잇소/업소 만(ability) ᄒ오/못ᄒ오 법(law) 잇소/업소	가능/불가능(ability/inability)
것(thing) 이오/아니오 터(place) 이오/아니오 일(work) 이오/아니오	의무/책임(duty/obligation)
것(thing) 업소 일(work) 업소	이유 없음(there is no reason to)
번(time) ᄒ오	과기(to just miss)
톄(semblance) ᄒ오	가식(pretense)
모양(manner) 이오	외형(appearance)
듯/돗 ᄒ오/십소	개연성(probability)
분 이오, ᄯᅵ롬이오	유일함(it is only)
것(thing)을 아오 줄(affair)을 아오	지식(certain knowledge)
것(thing)으로 아오 줄(affair)로 아오	사실로 알려지지 않은 것, 단순한 의견(something not known for a fact, simply opinion)

위에서는 특히 ‘줄을 아오’와 ‘줄로 아오’에 대해 의미상의 차이를 인식하여 전자는 지식(knowledge)으로, 후자는 의견(opinion)으로 구분하였음이 주목된다(다음의 5.4.1절 1.7항 참조).

3.5. Roth(1936)에서는 '일다'를 조동사로 해석하고 그 용법의 특징을 서술하였다. 이것은 독일어의 'sein'에 대응되는 것으로 한국어에서는 중동사처럼 활용하는데, 명사 뒤에 결합되며, 형태적으로는 '일다'에서 받침 'ㄹ'은 간접적인 것 이외에는 거의 나타나지 않고, 명사가 모음으로 끝나면 '이'가 생략되기도 한다고 하였다.

(42) ㄱ. 나무다, 나무니, 나무면 / 나무이다, 나무이니, 나무이면
    ㄴ. 사람이다, 사람이니, 사람이면

그리고 '일다'의 활용에 대한 해석에서는 종결형의 경우 중등말(mittlere form)에는 '오' 대신에 '요'가 오고, 상등말(hohe form)에는 '올시다'가 붙는다고 하였다.[23]

(43) ㄱ. 하등말: '사람이다, 아해다(아해이다)'
    ㄴ. 중등말: '사람이요, 아해요' / '사람입니다, 아해입니다'
    ㄷ. 상등말: '사람이올시다, 아해이올시다'

위에서 보면, (43-ㄴ)의 '사람입니다, 아해입니다'를 상등말이 아니라 중등말로 보았으며, (43-ㄷ)에서처럼 상등말은 '사람이올시다, 아해이올시다' 형식으로 나타나는 것으로 해석하였다.

또한 '일다'의 분사형은 중동사와 같은 형태로 형성되며, 두 개의 서술적 명사를 연결할 때에 대한 예를 제시하기도 하였다.

(44) ㄱ. 사람인, 아해인(아핸), 나무인(나문)
    ㄴ. 의사인 신부, 첫교황인 베드루

---

23 중등말과 상등말은 Roth(1936)에서 사용되었던 경어의 등급을 의미한다(다음의 6.5.2절 2.6항 참조).

(45) ㄱ. 저의 아버지는 농부이고(농부요) 의사입니다.

  ㄴ. 보루시아 왕이요 덕국의 황제인 이일헤름(Wilhelm)

위에서 (44)는 관계 분사형의 'ㄴ'이 결합된 것이고, (45)는 연결형의 '이고(요)'와 '이요'가 결합된 것이다.

그리고 '있다, 없다'는 존재의 의미 외에 독일어의 'haben'에 해당하는 소유의 의미로도 쓰인다고 하면서 다음의 예를 제시하였다.

(46) ㄱ. 내가 책이 있소 ↔ 내게 책이 있소.

  ㄴ. 장사가 돈이 없습니다.

3.6. Ramstedt(1939)에서는 몇몇 동사의 용법에 대해 주석하면서 가장 널리 쓰이는 동사들 중에는 형태와 의미에서 기대 밖의 변이가 나타나기 때문에 따로 언급할 필요가 있다고 하면서, 상당수의 항목을 조동사(auxiliary)와 수식동사(modifying verb)로 구분하여 제시하였다(앞의 5.1.2절 2.4항 참조).

이 중에서 조동사라 할 만한 가치가 있다고 하면서 '이다'와 '잇다', 그리고 '하다'의 세 항목을 별도로 기술하였는데, 이를 묶어 정리하면 다음과 같다.

형태	의미와 용법
'이다'	-'to be so, and so'의 의미 -짧은 모음 '이'가 생략되어 명사나 다른 것들이 활용하는 것 같은 인상을 주기도 한다. 〈예〉 소다, 소더라, 소든지 말이든지 -모음 '이'는 반모음 'j'로 바뀌기도 한다. 〈예〉 소임이어는→소며는
'잇다'	-'to be, to exist'의 의미 -완료나 미래 부동사형에 붙어 복합 시제를 형성한다. 〈예〉 잇서+(이)ㅆ다→잇섯다, 잇게+(이)ㅆ다→잇겟다 -'이셔'에서 첨사 '서, 셔'가 형성되고, '시리'가 형성되었다.

'하다'	-'to do, to say, to be'의 의미 -가장 널리 타나나며, 능동적, 자동적, 품질동사적 의미로 쓰여 왔다. -품질동사의 완료 부동사와 함께 쓰여 'to think that ...'의 의미 〈예〉 조하다, 악하여하다(to think it bad) -미래 부동사와 함께 쓰여, 'to make'의 의미 〈예〉 조케 하다, 먹게 하다 -부정 조동사 '못하다, 안하다' 형성 -다른 동사 뒤에서 'to make, to say, to think'의 의미로 쓰인다. 〈예〉 머글라 하다, 그러하다

5.1.4. 정리

서양인의 한국어 문법 기술에서 동사와 형용사의 구분과 형용사의 형태 범주적 성격을 규명하는 것은 쉽지 않은 문제였다. 그것은 그들 언어의 관점에서 볼 때 형용사는 주로 명사 수식어로 기능하는데, 한국어 형용사는 동사와 같이 어미변화(활용)를 하기 때문이다. 따라서 이러한 한국어 형용사의 특성에 따라 이를 중동사라 하여 동사와 형용사의 중간적인 형태 범주를 설정하고 그 안에서 동사적 성격('크다')과 형용사적 성격('큰')을 공유하는 것 (동사적 형용사, 동사처럼 활용하면서 형용사적으로 쓰이는 것)으로 해석하였다. 그리하여 그들의 동사 구분에서 나타나는 중동사와 품질동사, 품질형용사, 형용동사 등은 동일한 단어의 형태 변화에 따른 기능적 차이와 관련한 것으로서, 결과적으로 동사와 형용사로 중복 분류되었다.

형용사의 형태 범주로 보면, 서양인들은 그들 언어의 특성에 따라 형용사의 한정적 기능을 강조하여 한자어 '빅마'의 구성요소 '빅'이나 명사구 '죠션 사룸'의 명사 수식어 '죠션' 등을 형용사의 범주에 포함시키기도 하였다. 그리고 이후에는 수량을 의미하는 '혼, 두'와 부정 또는 의문의 '어느, 엇던, 모든' 등 오늘날 관형사로 분류되는 것을 형용사에 포함되는 것으로 서술하였다(목정수, 2002 참조).

또한 형태적으로 동사와 형용사가 파생되어 새로운 용언의 형태를 형성하는 현상에 대해 서술하기도 하였다. 여기에는 '졋다→적시다→적시히다'와 같은 중동사와 능동사, 피동사의 관계뿐만 아니라 '무섭다→무서워하다'나 '넘다→너머지다' 등과 함께, '웃-/우슴-'과 같은 내적 변화에 대한 문제도 포함되었다.

조동사로서는 주로 'ᄒ다'를 비롯하여 '보다, 오다, 가다, 주다, 지다' 등이 주목되었는데, 후기로 가면서 예를 들어 '보다'의 경우 '-어 보다, -ㄹ가 보다, -나 보다, -ᄂᆞᆫ가 보다' 등과 같이 하나의 형태가 지닌 다양한 용법을 포괄적으로 서술하였다(우형식, 1986 참조). 그리고 형태 범위에서도 Underwood(1890)에서는 '십다'('-고 십다, -ㄹ듯 십다, -ㄹ가 십다')와 '되다'('-게 되다')가 추가되었고, Ramstedt(1939)에 이르러서는 '-어지다, -어 두다/노타/너타, -어 가지고, -어 버리다, -고 말다'를 비롯하여 오늘날 보조동사로 지칭되고 있는 형태들까지로 확대되기에 이르렀다.

또한 한국어 동사 중에서 '일다(이다)'와 '잇다', 'ᄒ다'는 특수한 용법을 지닌 것으로 서술하였다. 여기서 '일다(이다)'와 '잇다'의 경우, 전자는 주로 지정, 후자는 존재의 의미로 해석하였는데, 특히 '잇다'는 영어의 'to have'와 관련되는 소유의 의미를 지니기도 함에 주목하였다. 특히 이들 특수 동사들이 '수 잇다/업다, 법 잇다/업다, 터이오/아니오, 분이다, ᄯᆞ롬이다' 등과 같이 이른바 의존명사와 함께 다양한 의미를 표현하는 구성 형식에 대해서도 서술하였으며,[24] 여기에는 '것 알다, 줄 알다' 등 '알다'에 의해 형성되는 구성도 포함되었다. 그리고 'ᄒ다'는 여러 형태들과 결합하여 다양한 의미와 용법으로 쓰임에 주목하였는데, 여기에는 '듯ᄒ다, 만ᄒ다, 번ᄒ다, 고쟈 ᄒ다,

---

24 이현희(1994)에서는 19세기에 '리(理), 테/체(體), 세(勢), 슈/수(手)' 등과 같이 한자어에서 기원한 많은 의존명사가 새로이 나타나기 시작하였다고 한다.

-ㅁ즉ᄒ다' 등으로 쓰이는 예를 제시하였다.

5.2. 동사의 활용

문법에서 활용(conjugation)은 인칭(person)이나 수(number), 시제(tense), 서법(mood), 태(voice) 등을 표시하는 동사의 어형 변화를 의미한다. 인구어의 관점에서 보면, 문장의 구성에서 동사의 형태 변화는 동사가 표현하는 사태에 대해 주체가 사람인가 혹은 사물인가(인칭과 수), 어떤 시기에 해당하는가(시제), 진술이 현실적인 것인가(서법)의 문제와 관련된다.

5.2.1. 동사 활용의 형태적 범주

1.1. 서양인의 한국어 문법 기술에서 한국어 용언의 어형 변화에 인칭과 수의 문법범주가 반영되지 않는다는 점은 초기부터 줄곧 인식되었다. 그리하여 Rosny(1864)에서는 한국어 동사는 인칭을 표시하는 특별한 어미가 없다고 하였으며, Ramstedt(1939)에서는 한국어 활용 체계의 특징을 활용 형태의 선택과 관련하여 성(gender)이나 수와 무관하다고 서술하였다.[25]

Dallet(1874)에서는 한국어의 동사 활용은 아주 원시적인 단순성을 지니고 있으며 수도 없고 인칭도 없다고 하면서, 이에 대해 'ᄒ다'가 사용되는 예로 서술하였다.

> (47) ㄱ. 내가 ᄒ다. / 우리가 ᄒ다. (1인칭)
> ㄴ. 네가 ᄒ다. / 너희들이 ᄒ다. (2인칭)

---

25 이러한 경향은 그들 언어의 문법 체계를 바탕으로 한국어에 접근했기 때문으로 이해된다. 예를 들어, 프랑스어 문법에서 동사는 주어의 인칭과 수, 그리고 서법과 시제, 태에 따라 형태가 변한다(방곤 외, 1993:134 참조).

근대 시기 서양인의 한국어 문법 연구

ㄷ. 그가 혼다. / 그들이 혼다. (3인칭)

위 (47)에서 동사 '혼다'는 수나 인칭의 구별과는 관계없이 동일하게 표현되며, 인칭과 수가 불분명할 경우에는 동사 앞에 인칭대명사를 둔다는 것이다.

이러한 해석은 프랑스어를 기반으로 한 Ridel(1881)이나 Huart(1889)에서도 나타나는데, 영어를 기반으로 한 Ross(1878)과 MacIntyre(1879-1881)을 비롯한 이후의 문헌에서도 이어졌다. 특히 한·일 양어의 비교에 초점을 두었던 Aston(1879)에서는 이것을 민족적 특징에서 비롯된 것으로 해석하기도 하였다.

"한국과 일본 민족은 그들의 민족적 특질에 의한 성취들로 추정해 볼 때 개념의 비인칭성(impersonality of conception)으로 특징된다. 이것은 문법에서 인칭과 성, 수에 대한 무관심과 (소유) 동사 'to have'의 결핍, 대명사와 수사, 그리고 피동태의 불완전한 발달 등으로 나타난다. 그들 문법의 두드러진 특징은 동일한 단어가 명사와 형용사, 부사로 규칙적으로 구분된다는 것과 동사에 붙어 서법(mood)을 표시하는 형태가 많다는 것이다."

즉, 동사 활용에서 인칭과 성, 수 범주가 관여되지 않는 것을 이른바 개념의 비인칭성이라는 민족적 특징으로 해석하였던 것이다.[26] 또한 이러한 한국어 동사의 비인칭성은 한국어 문법에서 진정한 의미의 피동(passive)이 결여되는 것이나 소유의 'to have' 대신에 존재의 'to be'를 사용하는 것에서 전형적으로 알 수 있다고 하였다.

한편, Underwood(1890:88)에서는 '한국어 동사와 관련하여 기억해야 할 중요한 것 중 하나는 절대적인 비인칭성(absolute impersonality)과 수의 전적인 결여'라 하면서, 인칭과 수에 대한 구분은 문맥에 따른다고 하였다. 그

---

26 Aston(1879)에서는 이러한 관점에서 한·일 양어가 인칭대명사가 발달되지 않았음을 서술하기도 하였다(앞의 4.2.2절 2.4항 참조).

런데 예외적으로 동사의 종결형태에 따라 인칭이 구별되기도 한다고 하면서 다음의 예를 제시하였다.

> (48) ㄱ. 어셔 가거라.
> ㄴ. 남산 올라 갑시다.
> (49) ㄱ. 그러면 가마.
> ㄴ. 그것 ㅎ노라.

위에서 주어가 (48-ㄱ)은 2인칭, (48-ㄴ)은 1인칭 복수에 해당하고, (49)는 1인칭을 나타내는데, 이들은 예외적인 현상이고 결론적으로 한국어 동사에는 인칭이나 수를 변별하는 형태적 표지가 없다고 하였다.

1.2. 서양인의 한국어 문법 기술에서는 한국어 동사의 활용에서 인칭이나 수, 성 등에 대한 형태적 변별이 나타나지 않으나, 언어 표현에서 예상되는 인물에 대한 사회적인 대우가 반영된다는 점에 주목하였다. 이는 한국어 경어법이 동사의 활용 형태로 실현되는 점과 관련되는 것으로, 대부분의 문헌에서 이에 대해 서술하였는데 일부의 경우만을 살펴도 그 경향을 이해할 수 있다(다음의 6.5.2절 참조).

Ross(1877)에서는 동사의 활용형을 하대(inferior)와 평대(equal), 존대(superior)로 구분하여 제시하였으며, 이것은 다음과 같이 MacIntyre(1879-1881)에서도 이어졌다.

> "한국어 동사는 많은 점에서 유럽의 언어와 다르다. ...... 한국어 동사는 수(number)의 구별이 없으며, 우리에게 익숙한 세 가지 인칭에 대해 세 가지 형식의 대우 형태를 지니고 있다."

즉, 한국어 동사의 활용에서는 인물에 대해 1, 2, 3인칭의 구별보다는 하

대, 평대, 존대의 대우 층위에 대한 변별에 무게가 주어지고 그것이 형태적으로 변별된다는 것이다.[27]

Roth(1936)의 경우, 인칭과 수에 따른 어미변화가 없고, 그 대신 화자와 언급되는 사람 사이의 관계에 따라 하등말(niedere form), 중등말(mittlere form), 상등말(hohe form)로 구분되는데, 예를 들어 널리 나타나는 것으로 '오'는 중등말이며 이것은 평서, 의문, 명령형으로 쓰인다고 하였다.[28]

한편, Ramstedt(1939)에서는 한국어 동사의 형태 변화(활용)가 발화에 참여하는 인물들의 사회적 관계와 밀접하게 관련된다고 하면서, 이러한 대화의 사회적 양상을 상향(upward)과 동등(equal), 하향(downward)으로 구분하였다(다음의 6.5.2절 2.7항 참조). 여기서 상향적 관계는 다시 정중성(polite)에 따라 층위가 구분되며, 동등적 관계는 미완의 문장 형식(반말)에 속하고, 하향적 관계는 가장 오래되고 가장 단순한 것이라 하였다.

또한 여기에 발화 장면에 따라 화자와 청자가 직접적인 면 대 면으로 발화하기도 하지만, 화자의 혼잣말로서의 단독어투(solilocution)가 존재하는데, 이것도 대우의 층위에 관여하며 하향성을 띤다고 하였다.

(50) ㄱ. 산이 높다.
　　 ㄴ. 산이 높소.
　　 ㄷ. 산이 높씁니다.
　　 ㄹ. 산이 높도다.

위에서 (50-ㄱ)은 단독적이거나, 아이나 하인에게, (50-ㄴ)은 친구나 자신보

27　이와 관련하여 Aston(1879)에서는 경어(honorific)나 겸양(humble) 표현이 있는데, 전자는 2인칭과 3인칭에서, 후자는 1인칭에서 나타난다고 하였다.

28　이 세 가지 외에 이른바 반말을 중간말(zwischen form)로 설정하기도 하였다(다음의 6.5.2절 2.6항 참조).

다 높지도 낮지도 않고 나이가 많지 않은 사람에게, (50-ㄷ)은 존경스런 인물에게, (50-ㄹ)은 자기 자신에게 말할 때 쓰이는 것으로 구분된다는 것이다.[29]

5.2.2. 기본형의 설정

2.1. 문법 기술에서는 동사의 활용과 관련하여 어떤 형태를 기본형(basic form)으로 설정하고 이를 기준으로 하여 다른 동사의 어형 변화(활용)을 해석하거나 활용 형태를 범주화한다.[30] 특히 동사의 활용이 활발하게 나타나고 그 양상이 복잡한 한국어의 경우에서는 기본형의 설정이 중요한데, 여기서 동사의 기본형을 어떻게 설정할 것인가의 문제가 대두된다. 이에 대해 서양인의 한국어 문법 기술에서는 'ㄹ'형과 '다'형의 두 가지가 제시되었다.

초기의 경우, Rosny(1864)에서는 'ㄹ'을 동사의 부정법(不定法)과 현실법 현재를 표시하는 일반적인 형태로 보고, 이것으로 종결된 형태를 한국어 동사의 기본형으로 이해하였다. 이러한 'ㄹ'종결형은 본래 『千字文』 등에서 전통적으로 한자의 새김으로 나타나는 것이었는데 (예를 들면, '칠 타(打)'에서 훈을 표시하는 '칠'과 같이), 이것을 동사 활용에서 기본형으로 설정하였던 것이다.

Ross(1877)에서도 동사 활용에서 'ㄹ'종결형을 기본형으로 보았다. 예를 들어, 'go'는 기본형이 '갈'이 되며 이를 바탕으로 '가우, 가시, 가라' 등과 같이 형태가 변화한다고 하였다. 이러한 해석은 MacIntyre(1879-1881)에서 분명히 드러나는데, 여기서는 다른 언어에서처럼 한국어의 모든 동사가 단순

---

29 그리고 한국 사회에서 이러한 정중형의 올바른 선택은 아마도 일본어를 제외하고는 세계의 다른 어떤 곳보다 중요할 것이라고까지 하였다.

30 기본형은 활용하는 동사의 모체로서 사전에 표제항으로 등재되는 동사의 원형을 말한다. 오늘날 한국어는 '다'형, 독일어는 'en'형, 프랑스어는 'er'형 또는 'ir'형을 동사의 기본형으로 하는데, 영어에는 특별한 형태가 없다(송경안, 2019:51-52 참조).

하게 하나의 형태로 제시될 수 있다고 하면서, 이것을 어근형(root form)이라 하고 다음과 같이 기술하였다.

"한국어는 모든 동사가 어근형(root form)으로 주어지는 단순하게 하나의 형태로 해석될 수 있다. 이것은 'r' 또는 'l'로 끝나며, 표기 문자는 동일하다. 그러나 발음에서 'l'은 말음이나 다음 단어가 자음으로 시작될 때이고, 'r'은 다음 단어나 음절이 모음으로 시작될 때에 해당된다.'

여기서 어근형은 'r' 또는 'l'로 끝나는데, 모음 앞에서는 'r', 자음 앞이나 음절 말에서는 'l'로 발음된다고 하였다. 그리고 이들은 같은 글자 'ㄹ'로 쓰인다고 하여 결국 'ㄹ'종결형을 지칭하는 것이었다.

이것을 구체적으로 살펴보면, 예를 들어 '往'은 한자 새김에서 'gar-wang'(갈왕)이 되는데, 여기서 '갈' 형태가 어근형, 즉 기본형이 된다는 것이다.[31] 그리고 기본형은 뒤따라오는 형태의 음성적 특성에 따라 'gar'(가ㄹ) 또는 'gal'(갈)이 되며, 여기서 'r/l'(ㄹ)이 탈락하고 경어법이나 서법, 시제, 구두법, 운율 등을 나타내는 여러 형태들이 첨가된다고 하였다. MacIntyre(1879-1881)에서는 이러한 관점을 따라 모든 동사의 기본형은 'ㄹ'로 끝나는 것으로 해석하였는데, 또 다른 예를 보면, '致'는 '니를-치'(nirêl-ts'i), '稱'은 '일카을-칭'(ilkaêl-ts'ing) 또는 '다를-칭'(darêl-ts'ing)에서 '니를'과 '일카을', '다를' 등이 어근형으로서의 기본형이 된다고 하였다.

한편, Rosny(1864)와 Ross(1877), MacIntyre(1879-1881) 외에 일본어와 비교하여 서술하였던 Aston(1979)에서도 'come: 올', 'be: 이실', 'see: 볼' 등과 같이 대응하여 표기한 것으로 보아 한국어 동사의 기본형은 'ㄹ'형으로

---

31 이것은 한국인들이 이것은 『千字文』에서 한자의 훈과 음을 붙여 읽을 때, '寒: 찰 한, 來: 올 래, 暑: 더울 서, 往: 갈 왕' 등과 같이 의미 부분을 'ㄹ'종결형으로 읽던 방식을 따르는 것이라고 하였다.

설정했던 것으로 보인다.

2.2. Dallet(1874)에서는 한국어 동사의 부정형을 '다'로 끝나는 것으로 보고, 이것을 기본형으로 설정하였다. 이러한 견해는 Ridel(1881)로 이어져서 한국어 동사의 기본형을 프랑스어 부정법(infinitif)에 대등한 것으로 이해하여 어간에 종결형태 '다'가 결합한 형태를 기본형으로 설정하였다.[32] 그러나 종결형태 '다'가 유기음 뒤에서 '타'로 나타나는 것을 고려하여 결국 한국어 동사의 기본형은 음성적으로 실현되는 양상에 따라 '다'형('ᄒ다')과 '타'형('노타')으로 구분하였다.[33]

    (51) ㄱ. 'ᄒ다': 'ᄒᆫ다, ᄒᆫ'
        ㄴ. '노타': '놋는다, 노흔'

위 (51-ㄱ)에서 기본형 'ᄒ다'에서 '다'가 'ㄴ다' 또는 'ㄴ' 등으로 바뀌어 다양한 동사 활용 형태가 실현되는 것으로 해석하였다. 그리고 (51-ㄴ)의 '노타'는 종결형태가 유기음으로 실현된 것을 의미하는 것으로, 이것은 '놋는다, 노흔' 등과 같이 받침에서 'ㅅ'으로 실현되거나 모음에 연염되는 것으로 보았다. 이후에는 대부분의 문헌에서 기본형에 대한 해석은 없으나, 암묵적으로 Ridel(1881)의 '다'형이 수용되었다.[34]

---

32 그러나 당시 집필에 참여했던 한국인들은 'ㄹ'이 결합된 형태를 기본형으로 보았던 것으로 기록되어 있다(Ridel, 1881:62 참조).

33 당시 서양인들은 그들의 필요에 문어보다는 구어의 습득에 관심을 두었으며, 그에 따라 문법의 기술에서도 구어에서 나타나는 다양한 음운 변이에 따른 다양한 이형태들이 반영되었다. 이것은 또한 당시에 한글 표기법이 정리되지 않았던 것과도 관련되는 문제라고도 할 수 있다.

34 구체적으로 언급하지는 않았으나, Underwood(1890)에서는 동사의 기본형을 제시할 때 '오/소'형을 활용하기도 하였다(앞의 5.1.3절 3.4항, 다음의 5.3.3절 3.2항 참조).

근대 시기 서양인의 한국어 문법 연구

5.2.3. 형태 변화의 규칙성

3.1. 어형 변화(활용)의 관점에서 보면, 동사는 의미부로서의 어간과 형태부로서의 어미로 구분될 수 있는데, 일반적으로 활용은 형태부에서의 변화(어미변화)를 의미한다.[35] 동사는 활용의 형태적 절차에 따라 어간이 고정되고 어미가 변화하여 다양한 형태(활용형)로 나타나게 된다.

그런데 동사의 활용에서 어간의 일부가 변화하거나 특이한 형태의 어미가 결합되는 경우도 있다. 이러한 현상을 반영하여 동사 활용을 강변화와 약변화로 구분하거나 모음의 변화와 자음의 변화로 구분하기도 하고, 규칙 활용과 불규칙 활용으로 구분하기도 한다. 한국어에서도 동사의 활용 과정에서 어간의 변이 현상이 나타나기도 하는데, 이것은 어간의 이형태가 존재함을 의미한다.

서양인의 한국어 문법 기술에서 어간의 변이형에 대한 인식이 일찍부터 존재하였다. 그리하여 Ridel(1881)에서처럼 '노타, 놋눈, 놋눈다, 노흔'이나 '조타, 조흔' 등과 같이 동일 동사의 어간 형태를 달리 표기하기도 하였다. 그런데 이에 대해 어간의 변이형을 이론적으로 해석하여 동사 활용에서의 어간 형태를 설정하려는 경향도 있었다.

MacIntyre(1879-1881)에서는 동사 활용에서 나타나는 어간의 변이형을 추상형(abstract form)이라 하여, 어간 형태를 기본형으로서의 어근형(root form)과 변이형으로서의 추상형으로 구분하였다. 예를 들어, 동사 '팔'(sell)의 경우 미래형 '팔갓다'에서는 '팔'이, 과거형 '파랏다'에서는 '파라'가 어간이 되는데, 여기서 '팔'은 어근형이고 '파라'는 추상형이라는 것이다.

---

35 영어의 경우, 동사 활용은 ①공통적으로 널리 사용되는 형(부정사형, 'begin'), ②직설법 현재, 3인칭 단수형('begins'), ③현재분사와 동명사(-ing형, 'beginning'), ④직설법 과거, 가정법(과거형, 'began'), ⑤과거분사형('begun')으로 구분될 수 있다(『영어학사전』, 1990:251 참조). 이 중에서 ①, ④, ⑤가 주요 활용형에 해당한다.

(52) 〈기본형〉   〈어근형〉 〈추상형〉
    '팔'(sell) :   '팔'   '파라'

위 (52)에서는 어간 형성에 어근형 '팔' 외에도 변이형에 해당하는 추상형 '파라'가 존재한다는 것으로, 동사의 활용에서 나타나는 어간의 형태를 어근형과 추상형을 나누어 이해하였던 것이다.[36]

또한 기본형 '팔'의 'ㄹ'은 'ㄴ' 앞에서 탈락되어 '파니, 파년' 등으로 나타나기도 한다고 하면서, 결국 '팔'(sell)의 활용형에서 어간은 '팔갓다, 파랏다, 파년' 등과 같이 '팔, 파라, 파'의 세 가지 형태로 나타나는 것으로 해석하였다. 이를 근거로 하여 한국어 동사의 활용 체계를 이해하기 위해서는 모든 동사가 적어도 두 가지 이상의 어간 형태를 지닌다는 점에 유의해야 한다고 하였다(다음의 5.3.2절 2.4항 참조).

Roth(1936)에서는 한국어 동사의 활용에서 기본형을 소위 부정형(infinitiv form)으로 제시하는데, 이것은 인구어에서의 해석을 모방하여 인위적으로 형성한 것으로, 그 이유는 이 형태로부터 다른 형태가 도출되도록 하는 것이 쉽기 때문이라고 하였다. 그리고 기본형은 '다'(어떤 동사의 경우 '타')이고 '다'를 뺀 나머지가 어간(stamm)이 되며, 독일어 동사 활용을 바탕으로 모음 어간(모음으로 끝나는 것, '가')과 자음 어간(자음으로 끝나는 것, '먹')으로 구분되는 것으로 해석하였다.

그런데 동사 활용에서 자음 어간은 '으'가 붙어 모음 어간으로 확대되고, 어간이 'ㄹ'로 끝나는 동사는 'ㄹ'이 탈락되는 형태로 나타난다고 하였다. 그리하여 동사 활용에서 어간을 크게 본래 어간(einfachen stamm; 단순형)과

---

36 따라서 오늘날에는 형태적으로 구분되는 '팔다'(sell)과 '파다'(dig)에 대해 MacIntyre (1879-1881)에서는 어근형은 '팔'로 동일하지만 추상형에서 '파랏다'에서의 '파라'와 '팟다'에서의 '파'로 구분된다고 하였다.

확대된 어간(erweiterten stamm; 확대형), 그리고 축약된 어간(gekürzten stamm; 축약형)의 세 가지 형식으로 구분하였다. 예를 들어, '먹다'의 경우 본래 어간(단순형)은 '먹'으로 '소'가 결합되면 '먹소'가 된다. 그런데 '오'가 결합될 때에는 어간에 '으'가 덧나서 '먹으오'가 되는데, 이때 '먹으'를 어간 형으로 보고 이것을 확대된 어간(확대형)이라 한 것이다. 즉, 확대된 어간은 이른바 조음소('으')가 결합된 형태를 지칭하는 것으로 이해된다.[37] 한편, '알 다, 살다' 등과 같이 어간이 'ㄹ'로 끝나는 동사는 '오'가 결합하면 '아오, 사 오'처럼 'ㄹ'이 탈락되어 각각 '아, 사'의 형태로 나타나는데, 이렇게 'ㄹ'이 탈락한 형태를 축약된 어간(축약형)이라 한 것이다.

이에 대해 '먹다'와 '알다', '살다'를 예로 하여 어간의 변이 현상을 정리하 면 다음과 같이 된다.

(53) 〈기본형〉 〈단순형〉 〈확대형〉 〈축약형〉
'먹다' : '먹' '먹으' -
'알다' : '알' '알으' '아'
'살다' : '살' '살으' '사'

위 (53)에서처럼 Roth(1936)에서는 동사 어간의 형식을 '먹고'의 '먹'과 같 은 본래 어간(단순형)과 '먹으러, 먹은'에서의 '으'가 붙는 '먹으'와 같은 확대 된 어간(확대형), '아는'과 '사는'에서 'ㄹ'이 탈락되는 '아'와 '사' 같은 축약된 어간(축약형)으로 구분하였던 것이다.[38]

---

37 한국어 동사의 활용에서 'ㄹ' 외의 자음으로 끝난 어간에 'ㄴ, ㄹ, 오, 시, ㅁ'으로 된 어 미가 붙으면 '으'가 개입한다. 이것은 소리를 고루는 기능을 지닌 것으로 보아 조음소 또는 매개모음 등으로 불러 왔다(남기심 외, 1993:138 참조). 오늘날의 학교문법에서는 조음소 '으'를 어미의 일부로 보는 관점을 취하고 있는데, Roth(1936)의 확대형은 조음 소 '으'를 어간의 일부로 본 것이다.

38 여기에 추가하여 '먹어, 하야(하여, 해)'와 같이 '아/어'가 붙는 것은 동사적 어간이라 하

그리고 각각의 어간형과 결합되는 어미 형태도 구분된다고 하면서 일부의 예를 다음과 같이 예시하기도 하였다.

① 단순형에 붙는 것: 부정의 '지'(가지, 먹지, 알지)
② 단순형과 확대형, 축소형에 붙는 것: '오'(가오, 먹으오, 아오)
③ 단순형과 확대형에 붙는 것: '소'(가소, 먹으소)

3.2. 한국어 동사 활용에서는 어간뿐만 아니라 어미에서도 이형태의 교체가 일어나는 경우가 있다. 이때 이형태의 교체가 한국어의 보편적인 음운 규칙으로 설명될 수 있는 것을 규칙 활용이라 하고, 보편적인 음운 규칙으로 설명될 수 없는 것을 불규칙 활용이라 하여 구분한다. 또한 형태적으로 조건된 이형태로 설명되는 특이한 어미가 결합되는 경우도 불규칙 활용으로 다룬다(남기심 외, 1993:139 참조).

서양인의 한국어 문법 기술에서는 동사 활용의 불규칙성에 대해 주요한 내용의 하나로 다루어졌다. 특히 구어 중심의 학습과 문법 기술을 중요시했던 그들에서는 이러한 활용의 불규칙성이 중요시될 수밖에 없었다. 그러나 그들은 이러한 현상을 불규칙이라기보다는 동사 활용 체계의 다양한 규칙으로 해석하려는 경향을 띠었다.[39]

우선 Ridel(1881)에서는 동사의 어미변화에서 어간(radical)이 변화하는 경우의 예라 하면서 다음의 경우를 제시한 바 있다.[40]

기도 하였다.

39 불규칙이라는 것은 한국어 동사의 활용 체계에 전반에서 보았을 때 그러하다는 것이고, 부분적으로 보면 특정한 불규칙 활용은 그 자체로는 규칙적인 현상이라 할 수 있다.
40 Ridel(1881)의 본문에서는 모두 규칙적인 현상으로 서술하고자 하였으므로 불규칙에 관한 해석은 없으나 여기에서는 관련되는 내용을 인용하기로 한다.

① 관계 분사 '는'이 결합할 때
　　〈예〉 (ㅎ다) ㅎ+는→ㅎ눈 / (노타) 노+는→놋눈 /
　　　　 (울다) 울+는→우눈 (※'ㄹ'불규칙)
② 'ㄹ'→'ㄴ'의 경우　　〈예〉 (알다) → 안다 (※'ㄹ'불규칙)
③ 'ㅂ'+'아/어'→'와/워', 'ㅂ'+'은'→'온'의 경우
　　〈예〉 고롭다-고로와, 고로온 / 집다-기워, 기운 /
　　　　 ᄉ랑스럽다-ᄉ랑스러워, ᄉ랑스러온 (※'ㅂ'불규칙)

위에서 ①의 일부와 ②는 'ㄹ'이 탈락되는 이른바 'ㄹ'불규칙과 관련되고, ③은 'ㅂ'이 '오/우'로 바뀌는 'ㅂ'불규칙에 해당한다.[41]

한편, Underwood(1890)에서는 접속사(연결어미)가 결합할 때 종결형태(종결어미)가 떨어지고, 그 자리에 접속사가 붙는 것으로 서술하였다. 그리고 어간과 접속사가 결합할 때, 음운적 변이 현상이 나타나는데 이에 관한 것 일부를 보면 다음과 같다.

① 접속사가 결합할 때, 'ㄴ, ㅁ, ㄷ'으로 시작되는 것은 자음 어간 뒤에서 조음소 '으' 또는 '이'가 결합한다. 〈예〉 숨으면, 숨으나 / 먹으면, 먹으나
② 어간의 받침이 'ㅅ' 또는 'ㅂ'일 때 자음이 중복되거나 다른 자음이 개입되기도 한다. 〈예〉 맛소, 맛존, 맛ᄌ면 / 듯소, 드른, 드ᄅ면(※'ㄷ'불규칙)
③ 불규칙 활용('ㄹ'불규칙): 'ㄹ'로 끝난 어간에 'ㅁ'으로 시작되는 것은 직접 붙지만, 'ㄴ'으로 시작되는 것은 'ㄹ'이 생략된다.
　　〈예〉 아오: 알, 알면, 아나 / 부오: 불, 불면, 부나
④ 자음으로 끝나는 현재 이외의 시제가 붙으면 '시'가 개입된다.
　　〈예〉 주엇시면, 주엇시나 / 가겟시면, 가겟시나

3.3. Roth(1936)과 Ramstedt(1939)에서는 동사 활용 규칙에 대해 비교적

41　특히 '놋눈'은 어간 말음의 유기음을 'ㅅ'으로 표기한 것으로, 이것은 기본형이 '노타'이고, 모음으로 시작되는 어미가 올 때에는 '노+아→노하', '노+은→노흔' 등과 같이 'ㅎ'이 실현되는 것으로 표기하였다.

소상히 다루었다. 우선 Roth(1936)에서는 활용 형식에 따른 동사의 구분이라 하여 능동사와 중동사 구분 없이 어간이 모음으로 끝나는 것(A그룹)과 자음으로 끝나는 것(B그룹)의 두 그룹(gruppe)으로 나누고, 이들을 다시 전자 7부류, 후자 8부류로 하여 모두 15개 부류(klasse)로 하위분류하였다.[42]

우선 어간이 모음으로 끝나는 것(A그룹 동사)에 대한 서술은 다음과 같이 정리된다.

[1부류] 본래 어간이 '아' 또는 '어'로 끝나는 것('가다, 자다, 서다, 펴다')
  - 본래 어간 그대로 활용형이 된다. 〈예〉 '가, 자, 서, 펴'
  - '하다'는 '하야, 하여'로 되고, '해'로도 된다.(※'여'불규칙)
[2부류] 본래 어간이 '오'로 끝나는 것('오다, 보다, 꼬다')
  - 본래 어간에 '아'가 붙어 활용형이 된다. 〈예〉 '와, 봐, 꼬아'
[3부류] 본래 어간이 '우'로 끝나는 것('주다, 두다, 이루다, 세우다')
  - 본래 어간에 '어'가 붙어 활용형이 된다. 〈예〉 '주어, 두어, 세워, 이루어'
[4부류] 본래 어간이 '이'로 끝나는 것('기다리다, 갈히다, 그리다, 두다리다')
  - '어'가 '이'와 함께 '여'로 된다. 〈예〉 '기다리다-기다려, 기다렸다'
  - '이'가 발음되지 않는다. 〈예〉 '지다-져(저, 지어), 가지다(가져, 가지어)'
  - 그러나 '이다'는 이중모음이 되지 않는다. 〈예〉 '이-어→이어, 이었다'
  - '일다'는 'ㄹ'이 탈락된다. 〈예〉 '사람이다-사람이어-사람이었다
[5부류] 이중모음으로 끝나는 것('되다, 뛰다, '매다, 깨다, 때다, 재다, 세다')
  '어'가 붙는다. 〈예〉 '되다-되어, 뛰다-뛰어'
[6부류] '르'를 제외하고 'ㅡ'로 끝나는 것('아프다, 크다, 쓰다, 따르다')
  - 'ㅡ'가 'ㅏ'로 바뀐다.(※'으'불규칙) 〈예〉 '아프다-아파(아퍼), 아팠소
  - 예외가 있다. 〈에〉 따르다-따라'('르'로 끝나는 것으로 예외)
[7부류] '르'로 끝나는 것('가르다, 거르다, 계흐르다, 그르다, 마르다, 바르다, 빠르다, 오르다, 모르다, 짜르다'
  - 'ㅡ'가 탈락되고 'ㄹ'이 앞음절에 붙으며 '라/러'가 붙는다.(※'르'불규칙)
      〈예〉 '가르다-갈라, 거르다-걸러'

---

42 이것은 Eckardt(1923ㄱ)에서도 거의 동일하게 나타난다(이숭녕, 1965 참조).

근대 시기 서양인의 한국어 문법 연구

- 예외가 있다.(※'러'불규칙) 〈예〉'이르다-이르러, 누르다-누르러, 푸르다-푸르러'

위 A그룹 동사 중에서 1부류는 '가-아→가', '서-어→서'와 같이 동일 모음의 생략으로 설명될 수 있는 것으로, '하-아→하여'는 '여'불규칙과 관련된다. 그리고 2, 3, 4부류는 모음의 축약과 관련되는 것으로, '오-아→와', '주-어→주어'와 같이 '오/우'계열의 이중모음이나 '기다리-어→기다려'와 같이 '이'계열의 이중모음이 형성되는 것과 관련된다. 특히 6, 7부류는 모음 '으'와 관련되는 것으로, '으'불규칙과 '르'불규칙, '러'불규칙과 관계가 있다.

그리고 어간이 자음으로 끝나는 것(B그룹 동사)에 대한 서술은 다음과 같이 정리된다.

[1부류] ('받다, 먹다, 숨다')
- '으'대신 '아/어'가 붙는다.
〈예〉받다: 받-받으-받아(받어) / 먹다: 먹-먹으-먹어
- 단순형에 붙는 것(부정의 '받지', '받소')
- 확대형에 붙는 것('적은, 받은, 받으오, 받으십니다, 받으면, 받으니까')
[2부류] 어간이 'ㄹ'로 끝나는 것
- '으'대신 '아/어'가 붙는다.
〈예〉알다: 알-알으-알아 / 놀다: 놀-놀으-놀아
- 축약형으로도 쓰인다.(※'ㄹ'불규칙) 〈예〉길다: 길/기-길으-길어
- 두 가지로 쓰인다. 〈예〉알다: 아시오, 알으시오
- 활용형에서 'ㄹ'이 탈락하지 않는 경우도 있다. 〈예〉'하지 말어라'
[3부류] 어간이 유기성 자음으로 끝나는 것
1형:'ㅌ, ㅍ, ㄿ'으로 끝나는 것('높다/높다, 읊다/읊다')
〈예〉갓다,-갓흐-갓하-갓소(구어), 같다-같으-같아-같소(문어)
2형: 'ㅎ, ㄶ, ㅀ'으로 끝나는 것('끓다, 앓다')
〈예〉조타-조흐-조하-조소(구어), 좋다-좋으-좋아-좋소(문어)
- 2형 중에서 색깔을 나타내는 것은 불규칙적으로 활용한다.(※'ㅎ'불규칙)
〈예〉하얗다-하얘-하얀 / 허옇다-허여/허예-허연

3형: 'ㄸ'으로 끝나는 것

〈예〉 할타-할트-할타-할소(구어), 핥다-핥으-핥아-핥소(문어)

[4부류] 'ㄲ'으로 끝나는 것('깎다, 꺾다')

〈예〉 닥다-닥고-닥가-닥소(구어), 닦다-닦으-닦아-닦소(문어)

[5부류] 'ㅅ, ㅈ, ㅊ,'으로 끝나는 것

1형: 'ㅅ'으로 끝나는 것('벗다, 비롯다, 빼앗다, 비웃다, 솟다')

〈예〉 씻다: 씨스-써서-씻소(구어), 씻다: 씻으-씻으-씻소(문어)

2형: 'ㅈ'으로 끝나는 것('꽂다, 갖다, 낮다, 맺다, 맞다, 찢다, 찾다')

〈예〉 잇다: 이즈(이저)-이저-잇소(구어) / 잊다: 잊으-잊어-잊소(문어)

3형: 'ㅊ'으로 끝나는 것

〈예〉 뉘웃다: 뉘웃치-뉘웃처-뉘웃소(구어) / 뉘웇다: 뉘웇이-뉘웇어-위웇소(문어)

[6부류] 'ㅂ, ㅅ'으로 끝나는 것('붓다, 여쭙다, 짓다, 줍다')

-확대된 어간에 '으'가 붙는다

〈예〉 굽다: 구으-구어-굽소 (*'ㅂ'불규칙)

〈예〉 낫다: 나으-나아-낫소 (*'ㅅ'불규칙)

[7부류] 'ㄷ'으로 끝나는 것('닫다, 듣다, 깨닫다, 긷다, 묻다, 부딛다, 싣다')

-'ㄷ'이 'ㄹ'로 바뀐다. (*'ㄷ'불규칙)

〈예〉 걷다: 걸으-걸어-걷소, 일컫다: 일컬으-일컬어-일컫소

[8부류] 'ㅂ'으로 끝나는 것('가볍다, 까다롭다, 돕다, 곱다, 가렵다, 즐겁다')

-확대된 어간에 'ㅂ'이 떨어지고 '으' 대신 '오/우'가 온다. (*'ㅂ'불규칙)

〈예〉 아깝다: 아까우-아까와-아깝소, 무겁다: 무거우-무거워-무겁소

위 B그룹 동사는 어간에서 본래 받침이 존재하는 것(단순형)과 조음소 '으'가 개입되는 것(확대형), 받침('ㄹ')이 탈락되는 것(축약형)의 3유형으로 구분된다. 여기서 단순형은 본래 어간형을 말하고, 축약형은 'ㄹ'동사에 나타나는 축약된 어간을 뜻한다(앞의 5.2.3절 3.1항 참조).

한편, Ramstedt(1939)에서는 한국어 동사가 단지 하나의 활용 체계를 지니기 때문에 모든 동사는 동일한 방식으로 굴절한다고 하였다. 그러나 음편 (euphony)에 따라 변이형이 존재하는데, 이것은 어간 말음의 음성적 조건에 따라 동사는 모음 어간의 동사와 자음 어간의 동사의 두 그룹으로 나뉘며, 그

근대 시기 서양인의 한국어 문법 연구

리고 어간의 음성적 차이는 동작동사와 품질동사에서 차이가 없다고 하였다.

그리하여 동사 활용에서 형태의 변화 여부에 따른 규칙적인 것과 불규칙적인 것을 포함하는데, 이것을 모음 활용과 자음 활용으로 구분하여 묶으면 다음과 같다.

모음 어간 동사	단일 모음	보다	보아	본	(※'으'불규칙)
		크다	커	큰	
		쓰다	써	쓴	
		기쁘다	기뻐	기쁜	
		하다	하야/하여	한	(※'여'불규칙)
		이다	이여/이어	인	
	이중모음('이')	내다	내여	낸	
		되다	되어/되이여	된	
	'루', '르' 동사	오르다	올라	오른	(※'르'불규칙)
		부르다	불러	부른	
자음 어간 동사	'ㄹ'로 끝나는 어간	아다	아라	안	(※'ㄹ'불규칙)
		노다	노라	논	(※'러'불규칙)
		이르다	이르러	이른	
	'ㄷ'으로 끝나는 어간	듣다	드러	드른	(※'ㄷ'불규칙)
		걷다	거러	거른	
	본래 j 또는 ń인 어간	짓다	지여	지은	(※'ㅅ'불규칙)
		붓다	부어	부은	
	'ㅎ' 동사 앞에 'l(r)'이 있는 것	좃타	조하(조아)	조흔(조은)	
		옳타	올하	올흔	
	w어간	돕다	도아(도와)	도은	(※'ㅂ'불규칙)
		눕다	누어(누워)	누은	
	그 밖의 자음 어간	먹다	먹어	먹은	
		붉다	붉어	붉은	
		있다	있어	있은	
		없다	없어	없은[43]	

---

43 '있다'와 '없다'는 어간 형태가 유일한 것이라 하였는데, 이것은 '이시-'와 '업-이시-'가 줄어든 것이기 때문인 것으로 보았다.

5.2.4. 정리

서양인의 한국어 문법 기술에서는 동사의 활용에 대해 그들 언어를 바탕으로 해석하였다. 여기서 인구어에서 강조되는 인칭이나 성, 수에 따른 동사의 형태 변화 현상이 나타나지 않는 특성(절대적인 비인칭성, 수의 전적인 결여)을 강조하였다. 한편으로는 이러한 비인칭성을 민족적 특질에서 비롯된 것으로 해석하기도 하였다. 그리고 한국어에서는 인칭이나 성, 수보다는 언어 표현과 관련되는 인물에 대한 사회적 대우의 여부 또는 정도에 따라 동사의 형태가 달라지는 현상을 인식하고, 이들은 대개 하대(하향적)와 평대(동등적), 상대(상향적)의 세 층위로 구분되는 것으로 보았다. 그러나 실제 사용 현상에서는 매우 복잡한 형태로 분화되는 점을 인식하였다.

서양인의 한국어 동사 활용의 기술에서는 동사의 형태 변화를 일련의 규칙적인 현상으로 서술하고자 하였다. 그리하여 동사의 활용에서 기본형을 설정하고 여기서 어미변화에 의해 매우 다양한 활용형이 형성되는 현상을 서술하는 관점을 취하였다. 동사의 기본형 설정과 관련하여 초기의 Rosny(1864)를 비롯하여 Ross(1877)과 MacIntyre(1879-1881)에서는 전통적으로 한자의 훈을 표시하는 방식(往: '갈' 왕)에 따라 'ㄹ'종결형을 기본형으로 세우고, 어미변화에서는 'ㄹ'이 탈락되고 다양한 형태가 결합되어 서법과 시제 등의 문법적 기능이 실현된다고 보았다. 그러나 Dallet(1874)를 비롯하여 대부분의 문헌에서는 '다'형을 기본형으로 수용하였다.

또한 어미변화에서 나타나는 동사 어간의 형태 변화 현상이나 조음소의 첨가 등에 주목하였는데, 이들을 동사의 형태적 특징에 따라 유형으로 구분하여 그 현상을 서술하고자 하였다. 그리하여 MacIntyre(1879-1881)에서는 동사 활용에서의 어간을 기본형(어근형: '팔')과 변이형(추상형: '파라')으로 구분하였으며, Roth(1936)에서는 단순형('먹')에 대해 조음소가 첨가되는 확대형('먹으')과 받침의 'ㄹ'이 탈락되는 축약형('살'에 대한 '사')을 설정하고 어간에 결합되

근대 시기 서양인의 한국어 문법 연구

는 어미들을 그것들이 결합하는 어간 형태에 따라 구분하기도 하였다.[44]

특히 활용에서의 어간의 변이형에 대한 이해를 바탕으로 점차 불규칙 활용 현상을 체계적으로 서술하고자 하였다. 이에 대해 동사 어간을 모음 어간과 자음 어간으로 구분하고, 이들을 다시 어미와의 결합 양상에 따라 세분하기도 하였다. 그리하여 Roth(1936)과 Ramstedt(1939)에서는 오늘날 한국어 문법에서 이른바 불규칙 활용으로 다루고 있는 현상들을 거의 모두 포함하기에 이르렀다.

5.3. 활용의 체계와 형태

활용에 따른 동사의 변화된 형태는 독자적으로 서술어가 되는 정형 (finite form, 정동사)과 그렇지 않은 부정형(indefinite form, 부정사)으로 구분되는데(『영어학 사전』, 1990:1306 참조), 이를 시제를 나타내는 형태 변화가 일어나는지의 여부를 기준으로 하여 각각 시제동사와 비시제동사로 구분하기도 한다(이환묵, 1999:353-354 참조).

정동사 또는 시제동사는 문장이나 절의 서술어로 쓰이며 시제를 나타내거나 주어의 인칭이나 수에 따르는 형태 변화도 나타나는 데 비해서, 부정사 또는 비시제동사는 그러한 현상이 나타나지 않는 것으로 원형동사, 분사, 동명사 등이 포함된다.[45] 이러한 관점에서 서양인의 한국어 문법 기술에서는

---

44 管野裕臣(1997)에서처럼 일본어의 관점에서는 한국어 동사의 어간 형태를 어기(語基)를 설정하여 세분하기도 하는데, 이에 따르면 예를 들어 '잡다'의 경우는 '잡'(잡-다→잡다), '잡으'(잡으-면→잡으면), '잡아'(잡아-서→잡아서)의 세 가지가 된다. 이에 관련한 해석은 최현배(1935), 고영근(2014)를 참조할 수 있다.

45 정동사(定動詞)는 주어에 대한 진술을 완결시키는 서술어의 형태, 즉 용언이 종결어미를 가진 어형을 말한다. 인구어에서는 인칭과 수 등을 표시하여 동사가 적용되는 범위를 한정하는 역할을 한다. 그리고 부정사(不定詞)는 인칭과 수, 시제의 표시가 없는 동

정동사(定動詞) 또는 시제동사를 중심으로 하고 부정사(不定詞) 또는 비시제동사를 서술하는 방법으로 접근하였다. 그리고 후기에 들어서는 부정사를 부동사(副動詞)와 동명사(動名詞)로 나누어 동사의 활용을 크게 정동사와 부동사, 동명사 등으로 구분하는 관점을 취하기도 하였다.[46]

5.3.1. 제1기(1832-1874)

1.1. 서양인의 한국어 문법에 대한 관찰과 기술에서 초기 문헌에 해당하는 Gützlaff(1832)에서는 한국어 동사의 활용을 부정하였다.

> "한국어는 동아시아의 다른 언어들과 마찬가지로 곡용(declension)이나 동사의 활용(conjugation)이 없다. ...... 중국어가 한국어와 완전히 뒤섞여져 원주민의 언어 구조에 맞도록 짜여져서 전체의 뜻을 삭여 보려면 토박이들이 한자를 읽는 발음에 익숙해진 다음에야 비로소 가능하다."

이것은 중국어의 관점에서 한국어를 이해한 것으로 해석된다(이응호, 1978 참조). 당시 서양인들은 한국어와 관련한 문헌이 없음을 강조하기도 하였는데, 위와 같은 해석은 한문 문헌을 통해 한국어에 접하였음을 반영하는 것이다(앞의 3.4.1절 1.1.항 참조).

사의 활용형으로, 동사의 의미를 인칭과 수, 서법 등과 관계없이 일반적으로 나타내거나 명사적으로 표현하는 동사의 한 형태를 말한다. 부정사로 실현되는 문법범주를 부정법(不定法)이라 하며, 부정법은 동작이나 상태를 관념적으로 표시하고 동사와 명사의 기능을 아울러 담당한다(『영어학사전』(1990:586; 『국어국문학사전』, 1980:283).

46 부동사(副動詞)는 한 문장 속에서 그 문장 전체의 진술을 스스로 완결시키지 못하고 다만 다른 구절이나 용언에 대해서 부사적인 역할만 하는 서술어의 한 형태, 즉 용언이 연결어미를 가지 어형을 말하고, 동명사(動名詞)는 동사의 명사적 용법과 관련된다(『국어국문학사전』, 1980:281 참조).

근대 시기 서양인의 한국어 문법 연구

1.2. Rosny(1864)에서는 당시 유럽의 비교언어학적 관점을 수용하여 한국어 동사는 일종의 활용(conjugation) 현상을 지닌다고 하였다. 이와 관련하여 기본형을 'ㄹ'종결형으로 보았으며(앞의 5.2.2.절 2.1항 참조), 이것이 형태가 변화하여 '아'(a) 또는 '다'(ta)는 과거, '오'(ô)는 미래를 표시한다고 하였다. 또한 복합 시제의 경우 (일본어와 마찬가지로) 일종의 조동사가 종결 형식을 구성하여 동사의 한 부분이 된다고 하고(다음의 6.3.2절 2.1항 참조), 부정(否定) 표현의 경우를 제시하기도 하였다(다음의 6.6.2절 2.1항 참조). 이와 관련된 예를 보면 다음과 같다.

기본형:	'칠'
기본시제:	'친다, 치리오, 치라'
복합시제:	'치옵노이, 치린다, 치린토스'
부정:	'치지-아닐-하와, 치지-아닐-하야소, 치지-아닐-가보'

이것은 기본형 '칠'(ts'ir)이 과거의 '친다'(tsinta), 미래의 '치리오'('tsiriô), 명령의 '치라'(t'sira)로 형태가 변화하며, 이들은 또한 복합 시제 형태로 나타난다는 것을 의미한다. 그리고 부정 표현은 부정의 첨사 '아닐'(anir)이 중간에 첨가되는 현상으로 서술한 것이다. 이와 같이 Rosny(1864)에서는 제시된 형태들이 의미하는 바가 분명하지는 못하지만, 한국어 동사의 활용 양상을 실제적으로 서술하고자 하였다는 점에 의의가 있다.

1.3. Dallet(1874)에서는 한국어 동사의 활용은 수나 인칭의 구별이 없고 아주 원시적이고 단순하다고 하면서, 프랑스어에 준하여 태(voix)와 서법(mode), 종결형태(terminaison)에 따라 서술하였다.[47] 우선 태를 기준으로

---

47 프랑스어에서 동사는 주어의 수와 인칭, 서법, 시제, 태에 따라 형태가 변한다(방곤 외,

하면, 한국어에는 피동은 없고 긍정형(affirmatif)을 비롯한 일곱 가지의 능동 형태가 존재한다고 하였다. 그리고 한국어는 이러한 태에 따라 동사의 형태가 변화하는 것으로 보고, 이것을 조건('ᄒᆞ면')과 의문('ᄒᆞᄂᆞ냐'), 부정('ᄒᆞ지 못ᄒᆞ다'), 존대('ᄒᆞ시다'), 사동(ᄒᆞ게 ᄒᆞ다'), 이유(ᄒᆞ닛가') 등으로 구분하였다 (다음의 6.4.2절 2.1항 참조).

한국어 동사의 기본형은 시제 표현이 결합되지 않은 '다'로 끝난다고 하였다(앞의 5.2.2절 2.2항 참조). 그리고 한국어에서 서법(mode)에는 직설법(indicatif)과 명령법(impératif), 부정법(infinitif), 분사(participe)가 있으며, 접속법(가상법, subjonctif)과 기원법(optatif)은 없다고 하였다. 서법 중에서 직설법은 시제 표지가 결합되어 매우 다양한 형태로 나타나는 것으로 보았다. 그리고 명령법은 동사적 과거분사 '아/어'에 어미 '라'를 붙여 만들어서 'ᄒᆞ다'는 'ᄒᆞ여라'와 같이 되는데, 예외적으로 '오다'와 '가다'는 '오너라'와 '가거라'로 나타나며, 또 다른 명령형(아마도 청유형)은 '다'로 끝나는 동사의 어근에 '자, 차'를 붙여서 'ᄒᆞ자, 노차'처럼 된다고 하였다.

분사는 동사적 분사(verbal participe)와 관계 분사(relatif participe)로 구분하였는데, 동사적 분사에는 미래분사(첨사 '게'가 붙는 것)와 과거분사(첨사 '아/어'가 붙는 것)이 있으며, 현재형은 없고 어간이 대신한다고 하였다. 그리고 관계 분사는 진정한 의미의 분사형으로, 현재와 과거, 미래로 구분되며, 현재 관계 분사는 어간에 '는'이 붙고, 과거 관계 분사는 어간에 '(으)ㄴ'이 붙으며, 미래 관계 분사는 과거분사 'ㄴ'이 'ㄹ'로 바뀌어 형성된다고 하였다(다음의 5.4.1절 1.2항 참조). 또한 동사가 명사로 쓰이는 경우가 많은데, 이것은 과거 관계 분사의 어미 'ㄴ'을 'ㅁ'으로 바꾸는 것('홈')과 어근과 동사적 분사에 '기'를 덧붙이는 것('ᄒᆞ기')가 있다고 하였다.

1993:134 참조).

근대 시기 서양인의 한국어 문법 연구

특히 한국어 동사 활용에서 각 동사의 형태는 어간(racine)과 시제 표지 (signe du temps), 종결형태(terminaison)로 구별해야 한다고 하였다.[48] 여기서 어간은 순수히 의미를 표현하는 부분으로, 뒤에 오는 자음을 유기화하는 것과 그렇지 않은 것으로 구분되는데, 유기화되지 않은 것이 더 많다고 하였다.[49]

시제 표지는 동사적 분사 '아/어/여'와 '게'에 의해 각각 과거와 미래가 실현되는 것으로 보고, 여기에 음편에 따라 'ㅅ'이 개입하여 각각 '앗/엇/엿' 과 '겟'으로 나타나는 것으로 보았다. 그리고 시제를 주요 시제(현재와 과거, 미래, 과거미래)와 종속 시제(반과거, 대과거, 조건법, 조건법 과거)로 구분하여 전자는 '다'로 끝나고, 후자는 '다' 대신에 '더니'가 첨가되는 형식으로 해석 하였다(다음의 6.3.2절 2.2항 참조). 그리고 현재의 경우에는 이에 해당하는 동사적 분사가 없으므로 상태나 존재를 나타내는 자동사는 부정형 자체로 현재 표현이 충분하지만, 타동사의 경우에는 'ㄴ/ㄴ'을 붙인다고 하였다.

종결형태는 단순한 것과 복합된 것으로 구분되며, 그 수가 매우 많은데, 이들은 크게 존대를 표시하는 것과 어떤 뉘앙스를 표현하는 것, 그리고 구두 법의 기능을 하는 것의 세 가지로 구분하였다. 그리고 존대 표시의 경우 손 윗사람인가 동등한 사람인가 손아랫사람인가에 따라 동사의 종결 형식이 달라진다고 하였으며, 여기에는 친불친(親不親)에 따라 달라지기도 하여 예 법(禮法)이 문법(文法)을 복잡하게 만든다고 하였다. 뉘앙스를 나타내는 것 은 평서, 가능, 의문, 가능성, 희망, 비난 등의 의미로 사용되며, 구두법 표시

---

48 Dallet(1874)와 Ridel(1881)에서는 'terminaison'을 명사의 격 어미와 동사의 활용 어 미에 공통되는 용어로 사용하였다(앞의 4.4.2절 2.2항 참조). 여기서는 'terminaison'을 '종결형태'로 대역하여 쓰는데, 대체로 동사 활용에서 종결어미에 해당한다.

49 예를 들어, 'ᄒᆞ다'와 '노타'에서처럼 부정법에서 유기화 여부에 따라 '다'와 '타'로 달리 나타난다. 'ᄒᆞ자:노차', 'ᄒᆞ게:노케' 등도 이에 해당한다.

는 글이 종결되는지의 여부를 표시하는 것이라 하였다.[50]

이와 같이 Dallet(1874)에서의 동사의 활용에 따른 형태 변화 양상을 '호다'의 경우를 예로 묶어 정리해 보면 다음과 같다.

부정법		'호다'
직설법		주요 시제: '호다'(현재), '호엿다'(과거), '호겟다'(미래), '하엿겟다'(과거미래) 종속 시제: '호더니'(반과거), '호엿더니'(대과거), '호겟더니'(조건법), '호엿겟더니'(조건법 과거)
명령법		'호여라', '호자'
분사	관계분사	'호눈'(현재), '혼'(과거), '홀'(미래)
	동사적 분사	'호여'(과거), '호게'(미래)
동명사		'홈', '호기'

5.3.2. 제2기(1875-1889)

2.1. Ridel(1881)에서는 프랑스어와의 대조를 전제로 한국어 동사의 특성을 태(voix)의 변화와 무관한 어미변화, 시제에 따른 어미변화의 규칙성, 단일 인칭성 등을 들었다.[51] 그리고 이러한 관점에서 한국어 동사의 활용에 대해 비록 몇 가지 변이형이나 음편 현상이 존재하기는 하지만 시제의 형성을 비롯하여 아주 규칙적인 현상으로 이해하였다. 또한 동사에 수나 인칭의 표지가 나타나지 않아서 동사의 형태 변화 그 자체는 단순한 것으로 보았다.

동사의 기본형에 대해서는 현재시제 어간과 '다'종결형을 부정형으로 하였으며('호다'), 어간 말음의 유기성에 따라 '타'로도 나타난다고 하였다('노

---

50 구두법의 기능을 하는 것을 몇 가지 형태로 제시하기도 하였다(앞의 3.4.2절 2.1항 참조).

51 Ridel(1881)에서의 동사 활용에 대한 해석은 Dallet(1874)와 대동소이하지만, 예를 제시하면서 비교적 상세히 서술하였다는 차이가 있다.

근대 시기 서양인의 한국어 문법 연구

타'). 그리고 서법은 프랑스어에 따라 부정법(infinitif), 직설법(indicatif), 조건법(conditionnel), 명령법(impératif)으로 구분하였고,[52] 접속법(가상법, subjonctif)은 (프랑스어에 대응하는 것이 없다고 하여) 적용하지 않았다. 그리하여 한국어에는 본래적 의미의 접속법이나 기원법(optatif)은 없다고 보았다.

동사의 어미변화를 규칙으로 설명하기 위해 인구어에서 동사를 서술하는데 사용하는 개념 중에서 어간(racine 또는 radical)과 종결형태(terminaison), 그리고 시제 표지(signe du temps)를 도입하였다. 따라서 동사는 형태적으로 '어간-시제 표지-종결형태'의 방식으로 구성된다는 것이다. 여기서 어간은 그 동사가 표현하는 동작이나 상태를 나타내며 변화하지 않는 것이고, 시제 표지는 현재와 과거, 미래 등을 나타내며, 종결형태는 시제나 대우 층위의 차이를 나타낸다고 보았다.

특히 시제 형태에서 과거는 과거 동사적 분사 '아/어', 미래는 미래 동사적 분사 '게'로 실현되는데, 여기에 음편 현상으로 'ㅅ'이 첨가되어 각각 과거의 '았/었'과 미래의 '겠'이 형성된다고 하였다. 그리고 서법을 기준으로 시제를 반영한 어미를 계열화하여, '다'가 붙는 현재, 과거, 미래, 과거미래 등의 1차 시제와 '더니'가 붙는 반과거, 대과거, 조건법, 조건법 과거 등의 2차 시제로 구분하였다.[53]

또한 '다'(또는 '더니')로 끝나지 않는 동사의 어미변화 현상을 기술하기 위해 분사(participe)의 개념을 도입하였다. 분사는 본래 동사이면서 형용사적 성격을 지닌 것으로, 이러한 복합적인 성격 때문에 품사로 인정받지 못하는데, Ridel(1881)에서는 프랑스어 품사 체계보다는 라틴어 품사 체계를 원용하여 분사를 품사로 간주하고, 한국어 동사 활용 형태 중에서 부정법, 직설법, 조

---

52 이것은 Dallet(1874)에 비해 조건법이 추가된 것이다.

53 Ridel(1881)의 1차 시제, 2차 시제는 Dallet(1874)의 주요 시제, 종속 시제의 개념과 동일하다(앞의 5.3.1절 1.3항 참조).

건법, 명령법으로 환원하기 어려운 것을 모두 분사로 분류하였다(이은령, 2011 참조). 또한 프랑스어에서 분사는 시제의 범주에 포함되지 않지만, 한국어 동사의 분사형을 동사적 분사와 관계 분사(진정한 의미의 분사)로 구분하고, 시제적 성격을 반영하여 동사적 분사는 과거의 '아/어'와 미래의 '게'로, 관계 분사는 현재의 'ᄂ'과 과거의 'ㄴ', 미래의 'ㄹ', 반과거의 '던'으로 분석하였다.

한편, 명령법은 과거 동사적 분사 '아/어'+종결형 '라'로 구성되는 것으로 보았는데, 이들은 주어가 단수일 때('ᄒᆞ여라')와 복수일 때('ᄒᆞ자')로 구분하여 인식하였다. 또한 동사적 명사라 하여 'ㅁ'('ᄒᆞᆷ')과 '기'(ᄒᆞ기)에 의해 이들이 형성되는 것으로 보았다.

이와 같이 Ridel(1881)에서의 동사의 활용에 따른 형태 변화 양상을 'ᄒᆞ다'의 경우를 예로 묶어 정리해 보면 다음과 같다.

부정법		'ᄒᆞ다'
직설법		1차 시제: 'ᄒᆞ다'(현재), 'ᄒᆞ엿다'(과거), 'ᄒᆞ겟다'(미래), '하엿겟다'(과거미래) 2차 시제: 'ᄒᆞ더니'(반과거), 'ᄒᆞ엿더니'(대과거), 'ᄒᆞ겟더니'(조건법), 'ᄒᆞ엿겟더니'(조건법 과거)
명령법		'ᄒᆞ여라', 'ᄒᆞ자'
분사	관계 분사	'ᄒᆞᄂ'(현재), 'ᄒᆞᆫ'(과거), 'ᄒᆞᆯ'(미래), 'ᄒᆞ던'(반과거)
	동사적 분사	'ᄒᆞ여'(과거), 'ᄒᆞ게'(미래)
동명사		'ᄒᆞᆷ', 'ᄒᆞ기'

이러한 논의를 종합하여 Ridel(1881:70-77)에서는 동사 활용에 대한 용례를 정리하였는데, 일부의 동사의 용례를 범주에 따라 묶어 보면 다음과 같다.[54]

---

54 여기서 제시된 동사의 형태 변화를 보면, 'ᄒᆞ다'는 '여'불규칙, '울다'는 'ㄹ'불규칙, '일타'(잃다)는 유기성 말음 어간의 어미활용의 형태적 특성을 보여 주는 것이기도 하다.

근대 시기 서양인의 한국어 문법 연구

구분			'ᄒ다'	'먹다'	'울다'	'일타'
직설법	현재		ᄒ다	먹는다	운다	일는다
	반과거		ᄒ더니	먹더니	울더니	일터니
	과거		ᄒ엿다	먹엇다	울엇다	일헛다
	대과거		ᄒ엿더니	먹엇더니	울엇더니	일헛더니
	미래		ᄒ겟다	먹겟다	울겟다	일켓다
	과거미래		ᄒ엿겟다	먹엇겟다	울엇겟다	일헛겟다
조건법	현재		ᄒ겟더니	먹겟더니	울겟더니	일켓더니
	과거		ᄒ엿겟더니	먹엇겟더니	울엇겟더니	일헛겟더니
명령법	(단수)		ᄒ여라	먹어라	울어라	일허라
	(복수)		ᄒ자	먹자	울자	일차
분사	동사적 분사	과거	ᄒ여	먹어	울어	일허
		미래	ᄒ게	먹게	울게	일케
	관계 분사	현재	ᄒ는	먹는	우는	일는
		과거	혼	먹은	운	일흔
		미래	홀	먹을	울	일흘
동사적 명사			홈	먹음	움	일흠

특히 Ridel(1881)에서는 동사의 어미변화에서 다양한 종결형태들이 첨가되어 문법적 현상과 의미를 표현하는 데에도 주목하였다. 즉, 한국어 동사 활용에서 종결형태들이 때로는 과잉 첨가되거나 서로 교착되어 복잡한 의미를 형성하기도 하는데, 이들은 결국 그 의미가 분리될 수 있는 형태들의 결합이며 이들을 분석하면 체계적으로 어근(어간)에 붙는 시제와 태, 단순형 또는 복합형 등 거대한 수가 존재함을 알 수 있게 된다는 것이다.

한편, Ridel(1881)에서는 이른바 동사적 형용사의 활용에 대해 서술하였다. 여기서 형용사는 형태적으로 '어간(radical)-굴절형(désinence)'의 방식으로 구성되는 것으로 보았는데,[55] 어간은 단순히 품질(qualifé)을 표현하고 (음편을 제외하고) 형태적으로 변화하지 않으며, 굴절 형태 없이 단독으로 쓰이지 못한다고 하였다. 그리고 굴절형은 동사의 경우와 마찬가지로 서법과 시제, 경어 등에 따라 다중적으로 변형된다고 하였다. 예를 들어, '크다'의 경우 '크'는 어간이고 '다'는 굴절형태이며, 따라서 굴절형은 '크다→크겟다'와 같이 변형될 수 있다는 것이다.

또한 동사적 형용사의 모든 굴절형은 다음의 세 가지 기본적인 것에서 파생된다고 하였다.

> ① 부정법('다')에서 파생되는 것
>   〈예〉 '깁다' → '깁더니, 깁더면, 깁겟다, 깁겟더니, 깁겟더면,
>   깁소이다(깁쇠다), 깁지오, 깁쇼, 깁잔타'
> ② 과거 동사적 분사('아/어')에서 파생되는 것
>   〈예〉 '깁허' → '깁헛다, 깁허시면, 깁헛더면'
> ③ 과거 관계 분사('ㄴ')에서 파생되는 것
>   〈예〉 '깁흔' → '깁흘, 깁흐냐, 깁흐닛가, 깁흔가'

이에 따라 Ridel(1881:28-36)에서는 이러한 형용사의 굴절형을 제시하였는데, 일부 형용사의 경우를 묶어 정리하여 보면 다음과 같다.

구분	'크다'	'됴타'	'깁다'	'스랑스럽다'
동사적 분사	커	됴하	깁허	스랑스러워
관계분사	큰	됴흔	깁흔	스랑스러온
직설법 반과거	크더니	됴터니	깁더니	스랑스럽더니
조건법 반과거	크더면	됴터면	깁더면	스랑스럽더면

---

55 Ridel(1881)에서는 Dallet(1874)에서와 같이 동사의 형태적 구성을 '어근-시제 표지-종결형태'로 3분하여 서술하였다.

근대 시기 서양인의 한국어 문법 연구

미래	크겟다	됴켓다	깁겟다	수랑스럽겟다
미래 반과거	크겟더니	됴켓더니	깁겟더니	수랑스럽겟더니
조건법 미래	크겟더면	됴켓더면	깁겟더면	수랑스럽겟더면
직설법 현재(상등)	크외다	됴쇠다	깁쇠다	수랑스럽쇠다
직설법 현재(동급, 응답)	크지	됴치	깁지	수랑스럽지
직설법 현재(동급, 경어)	크오	됴쇼	깁쇼	수랑스럽쇼
직설법 현재(동급, 응답, 경어)	크지오	됴치오	깁지오	수랑스럽지오
부사	크게	됴케	깁게	수랑스럽게
직설법 부정	크잔타	됴찬타	깁잔타	수랑스럽잔타
동사형	큰다	돗눈다	깁눈다	-
동사적 명사(추상성)	큼이(크미)	됴흠이	깁흠이	수랑스러옴이
경어체	크시다	됴흐시다	깁흐시다	수랑스러오시다
부사	-	됴히	깁히	수랑스러이
조건법 현재	크면	됴흐면	깁흐면	수랑스러오면
미래 관계분사	클	됴흘	깁흘	수랑스러올
의문형(하등)	크냐	됴흐냐	깁흐냐	수랑스러오냐
의문형(상등)	크닛가	됴흐닛가	깁흐잇가	수랑스러오닛가
의문형, 의심	큰가	됴흔가	깁흔가	수랑스러온가
직설법 과거	컷다	됴핫다	깁헛다	수랑스러웟다
조건법 과거	커시면	됴하시면	깁헛시면	수랑스러워시면
동사적 명사(구상성)	크기가	됴키가	깁기가	수랑스럽기가

2.2. Huart(1889)에서는 Ridel(1881)의 활용 체계를 답습하였다. 그리하여 한국어 동사는 인칭과 수에 따른 어미변화가 없음을 지적하고, 서법은 직설법과 조건법, 명령법, 접속법으로, 시제는 현재와 반과거, 대과거, 과거미래로 구분하였다. 그리고 기본형을 '다(타)'종결형으로 설정하고('흐다, 노타') 동사 활용형을 서법과 시제를 기준으로 다음과 같이 8가지의 유형으로 간략하게 서술하였다.

직설법 현재:	'느/는'	'ᄒ다, 놋는다'
반과거:	'더니/터니'	'ᄒ더니, 노터니'
과거:	'엇'	'ᄒ엿다, 노핫다'
대과거:	'엇더니'	'ᄒ엿더니, 노핫더니'
미래:	'겟'	'ᄒ겟다, 노켓다'
조건:	'겟더니'	'ᄒ겟더니, 노켓더니'
과거미래:	'엇겟'	'ᄒ엿겟다, 노핫겟다'
조건과거:	'엣겟더니'	'ᄒ엿겟더니, 노핫겟더니'

또한 여기에 명령법으로 일반형 '라'와 복수형 '자'을 제시하고, 접속법에는 '도, 나, 딕' 등이 첨가되는 것으로 보았는데, 이도 역시 Ridel(1881)에서 벗어나지 않는 것이다. 그리고 의문형(interrogatif)과 부정형(negatif)에 대해 소략하게나마 언급하였으며, 경어 표현에 대해서는 선교적 필요에 의한 한국어 학습의 관점에서 비교적 자세히 제시하였다(다음의 6.5.2절 2.3항 참조).

2.3. Ross(1877)에서는 어미를 우선 청자의 지위에 따라 하대(inferior)와 평대(equal), 존대(superior)의 세 층위로 구분하였다. 그리고 이러한 대우의 층위를 기반으로 하여 명령형과 의문형, 평서형 등의 문장 종결형의 어미변화 양상을 종결형태(termination)의 접사화(affixed) 현상으로 해석하였다.

그런데 Ross(1877)에서는 동사 활용형에 대해 개별 문법범주에 따른 해석보다는 여러 문법범주가 통합적으로 실현되는 현상을 다루었다. 그리하여 동사 활용에 대한 기술이 매우 복잡하고 체계적이지 못한 양상을 띠게 되었으며, 또한 제시된 형태들이 당시 서북 방언을 바탕으로 함으로써 이해를 더 어렵게 하였다.

논문으로 편집된 Ross(1878)에서는 좀 더 단순하게 서술하였는데, 여기서는 '르'종결형을 기본형으로 설정하고, 활용 형태를 시제 체계에 따라 현재 명령, 과거, 미래로 구분하였다. 이것을 '갈'(go)과 '머글'(eat)의 경우로 보면

근대 시기 서양인의 한국어 문법 연구

다음과 같다.[56]

(54) 〈기본형〉 〈현재 명령〉 〈과거〉 〈미래〉
　　　'갈'　　　가시　　　갓슴메　　　가갓답데
　　　'머글'　　머그시　　머것슴메　　머것답데

위 (54)에서 '(으)시'는 현재 명령, '앗/엇'은 과거, '갓/것'은 미래를 표현
하며, '슴메'와 '답데'는 평대의 종결을 의미한다.

한편, 재판인 Ross(1882)에서는 동사의 활용과 관련하여 초판인 Ross(1877)
에 비해 비교적 상세히 서술하였다. 여기서 동사는 현재와 과거, 미래의 기본
시제를 지니고 명령법은 과거형에서 이루어진다고 하였는데, 이에 관한 예의
일부를 보면 다음과 같다.

(55) 〈현재〉　　〈과거〉　　〈미래〉　　〈명령법〉
　　　쓴다　　　쓸엇다　　쓸갓다　　쓸어라　　(sweep)
　　　안넌다　　안젓다　　안짜따　　안저라　　(sit)
　　　혼다　　　ᄒ엿다　　ᄒ갓다　　ᄒ여라　　(do)
　　　슬푸다　　슬펏다　　슬푸갓다　슬퍼라　　(grieve)
　　　부둘업다　부둘어윗다　부둘업갓다　부둘어워라　(soft)

위 (55)에서 현재는 'ㄴ다/는다', 과거는 '엇', 미래는 '갓', 명령은 '아라/
어라/여라'로 실현됨을 보여 준다.

그리고 동사 활용에서 의미의 변화는 종결 구두법(terminal punctuation)
에 의해 실현된다고 하면서(앞의 3.4.2절 참조), 이를 바탕으로 동사의 종결 형
태를 '가다'를 대상으로 하여 시제와 서법, 인칭에 따라 매우 복잡하게 형태
변화의 예를 제시하였다. 여기서 시제가 실현된 직설법과 명령법의 경우 높

───────

56　그리고 이어서 '먹다'(eat)와 '오다'(come), '일하다'(work)의 예를 더하여 한국어의 완
　　료형과 미래형, 부정형 등의 다양한 동사의 형태를 제시하였다.

낮이의 계층에 따라 달리 실현되는 항목만을 간단히 정리하면 다음과 같다.[57]

구분		하대	평대	존대
직설법	현재	'간다'	'감메'	'감무다'
	완료	'갓다'	'갓슴메'	'갓수다'
	미래 부정형	'가갓다'	'가갓슴메'	'가갓수다'
	미래 정형	'가려혼다'	'가려홈메'	'가려홈무다'
명령법		'가라'	'가시'	'가오'

위에서 특히 미래의 경우 부정형(indefinite)과 정형(definite)으로 구분하였는데, 전자는 단순 미래에 해당하고 후자는 의지 미래로서 영어의 to 부정사의 용법과 유사한 것으로 이해된다.

또한 Ross(1882)에서는 구두법을 더 확장하여 다양한 종결형태가 결합된 형식을 제시하였는데, 여기서 '가다'의 예로 정리해 보면 다음과 같다.

현재: '가며, 가고, 가니, 가미, 가문...미, 가에, 가되'
과거: '가다라, 가셔'
미래: '갈가, 갈지, 갈나년데, 가되, 갈데, 갈딘디나 갈찌여, 갈적에, 가가스면'
미래 명령: '갈데, 갈나다가, 갈거슬'
조건법: '가면, 갓더면, 가더면, 가스면, 가가스면, 갈나면, 갈나더면'
역사적 시제: '가는데, 갓다 ᄒ엿다, 갈나기, 갈나고'
부정법: '가기를, 가기는, 가기도, 가기로'
동사적 형용사: '가는, 간, 간쟈, 갈사람, 갈쟈'
동사적 명사: '가미'

이 중에는 역사적 시제와 같이 이해하기 어려운 것도 있으나, 부정법과 동사적 형용사, 동사적 명사 등과 아울러 다양한 결합형들은 다른 문헌에서

---

57 초판인 Ross(1877)의 예를 바탕으로 하고 더 많은 용례를 풀어서 제시하였는데, 체계적으로 내용을 서술하지 않고 용례를 나열하는 것이어서 이를 정리하기가 그리 쉽지 않다.

반영된 것이기도 하다.

2.4. MacIntyre(1879-1881)에서는 특이하게도 한국어 동사의 종결형이 한문의 훈독에서 나타나는 '토'(吐)에서 유래한 것으로 보았다. 그리고 이를 근거로 동사 형태 변화의 고유한 기능은 문장의 종결을 표시하여 문장에서 운율(rhythm)을 유지하는 것이라 하였다. 이에 관해 중국 문헌 Chung Yong(『中庸』)과 San Lie(『三略』)에서 예를 뽑아 이를 한국어로 읽을 때 나타나는 토를 분석하여 한국어의 명사 뒤에 붙는 격 형태(조사)와 동사의 활용 형태(어미)에 대해 서술하였다(앞의 2.2.2절 1.2항 참조).

MacIntyre(1879-1881)은 동사의 토에 대해 집중하여 기술하였는데, 이에 대한 일반적 해석을 보면 다음과 같다.

> "동사 토(verbal 'T'o')는 구두법(punctuation)과 운율(rythym), 서법, 시제, 의문, 감탄을 표현하지만, 수(number)나 인칭(person)은 표현하지 않는다. 동사토는 대부분 'handa'(爲)와 'itda'(有, 在) 등의 조동사와 함께 나타나는데, 그렇지 않으면 문맥에 따라 요구되는 특정의 법이나 시제가 정규 동사의 종결형으로 결합되어 실현된다."

즉, 동사 토에 대해 일반적으로 논의되는 서법과 시제, 의문, 감탄 등을 표현하는 형태로서의 기능과 함께, 마침표나 쉼표, 쌍점(colon) 등과 같은 일종의 구두법 표지(구두점)로 해석하였다. 이것은 형태적으로 'ᄒ다'와 '이다'에서 유래한 것으로 보았는데, 제시된 일부 예를 보면 다음과 같다(앞의 3.4.2절 2.2항 참조).[58]

---

[58] 여기서는 한문 원문과 음독 또는 훈독의 로마자 표기에서 토의 형태가 나타나는 문장만 제시한다(동사 토의 목록은 앞의 3.4.2절 2.2항 참조).

(56) ㄱ. 人道 (nan) 敏政 (hago) 地道 (nan) 敏樹 (hani) 夫政也者 (nan) 浦廬也 (nira)

　　 ㄴ. Yin (öi) do (nan) jiöng (e) barëgo di (öi) do (nan) shin (e) barani jiöng (ê)
　　　　 p'uro (nira)

위에서 (56-ㄱ)은 한문 문헌에서 토에 해당하는 부분을 로마자로 표기한
것이며, (56-ㄴ)은 한자의 음과 훈을 로마자로 표기한 것이다. 그런데 (56-
ㄱ)에서 'hago'(ᄒ고)와 'hani'(ᄒ니), 'nira'(니라)가 동사 토에 해당하는데,
(56-ㄴ)에서 'barëgo'(바르고)는 'hago'(ᄒ고)를 나타내고 'barani'(바라니)는
'hani'(ᄒ니)를 나타낸다고 하였다.[59]

또한 구어체에 나타나는 다양한 형식의 동사 활용형에 대해 서술하였는
데, 한 예를 보면 다음과 같다.

(57) ㄱ. 林放(i) 間禮之本(hantai) 子曰大哉(ra) 問(iö)

　　 ㄴ. rim pang (i) re (öi) pou (ël) mutsoutai tsa karashintai k'eta muromi (yiö)

위 (57-ㄴ)에서 'karashintai'(가라신디)의 'shi'(시)는 말하는 이가 'tsa'(子)
이어서 첨가된 것이고, 'k'eta'(크다)는 현재 직설법이 실현된 것이며,
'muromi'(무로미)는 동명사 형태 'i'(이)가 첨가된 것으로 해석하였다. 특히
'muromi'(무로미)의 경우 어근형(기본형)은 'murêl'(무를)이고 그것의 변이
형은 'murö'(무러)가 되어 'murötda'(무럿다)로 활용되는 것으로 보았다(앞
의 5.2.3절 3.1항 참조).

그리고 동사의 활용과 관련하여 'ㄹ'종결형을 기본형(root form)으로 설
정하고 동사의 활용형을 17가지 항목으로 정리하여 현재와 과거, 미래, 완료
등의 시제를 비롯하여 하위(low)와 중간(middle), 상위(high)의 세 층위로

59　이것은 각각 'barë-hago'와 'bara-hani'가 병합(incoporation)된 형태임을 뜻하는 것
　　으로 이해된다.

　　　　　　　　　　　　　　근대 시기 서양인의 한국어 문법 연구

구분한 높낮이의 계층에 따라 복잡하게 구분하였다. 그리고 몇몇 동사의 형태 변화의 예를 제시하였는데, 기본형 '갈'(go)의 경우를 중심으로 그 내용을 정리할 수 있다.[60]

우선 서법과 관련되는 직설법과 명령법의 경우를 보면, 다음과 같이 대우의 층위에 따라 구분하여 형태를 제시하였다.

구분	하위	중간	상위
현재 직설법	간다	감메	감무다
과거 직설법	갓다	갓슴메	갓수다
미래 직설법	가갓다	가갓슴메	가갓수다
미래완료 직설법	가시어스리라		
명령법	가라, 가거라	가시	가우
let us go형	가쟈	갑세	갑수다

위에서 미래 완료 직설법에는 '스리라'가 붙는데, 이에 대해서는 높낮이의 구분이 되어 있지 않았다.

다음으로 시제에 따라 구분된 경우가 있는데, 이것을 정리하면 다음과 같다.

구분	현재	과거	미래
강조(문어투)	가노라	갓노라	가갓노라
지속형	가다가	갓다가	가갓다가

---

60 실제로 한국어 동사의 활용형은 매우 다양하고 복잡하다. 따라서 MacIntyre(1879-1881)에서는 이러한 동사 활용형을 형성하는 동사 토(오늘날의 어미)의 형태를 모두 분석하는 것은 불가능했을 것이고, 이들의 활용형을 문법범주에 따라 구분하여 정리한 것으로 이해된다. 여기서는 MacIntyre(1879-1881)에서 서술된 17개 항목을 문법범주에 따라 재구성하여 형태를 제시한다.

화법형	하위	가더라	갓더라	가갓더라
	중간	가답데	갓답데	가갓답데
	상위	가답두다	갓답두다	가갓답두다
부정법		가기	갓기	가갓기
분사형		가년	갓년	가갓년

위에서 화법형은 '더/다'가 결합된 형태로 '가더니, 갓더니, 가갓더니'로 나타나기도 하며, 특히 A(화자)가 B(청자)에게 C(주체)에 대해 말하는 것으로서의 인용형에서 '간다더라, 간답데, 간답두다'로 나타난다고 하였음이 두드러진다.[61]

또한 여러 기능의 범주들에 대해 관련 형태를 제시하였는데, 이를 묶어 보면 다음과 같다.

> 동명사 또는 분사적 명사: '가미, 가믄'(주격형), '가믈'(대격형)
> 구두법과 리듬: '가고, 가며, 가니, 가느니, 가너니, 가너니라'
> 조건 또는 가정: '가면'(과거 '가시어스면', 미래 '가갓스면'), '가되', '가거늘',
> '가고던', '가건마는', '가나', '갈디, 갈디니, 갈디니라'
> 기원법: '가고쟈', '가리어'[62]
> 사동형: '가게'
> 추상형: '가, 가셔'

이러한 동사 활용의 범주는 동사의 가장 단순하고 단일한 형식이며, 기본형의 모든 변화 형태를 포함한다고 하였다. 그러나 범주 구분의 기준이 불분명하고 제시된 형태들이 서북 방언을 대상으로 하는 것이어서 이해에 어려운 부분이 많다고 할 수 있다(우형식, 2019ㄴ 참조).

---

61 화법형(narrative)은 실제로 일어났던 사건이나 가공의 사건을 말하는 문장에서 사용되는 문체(style)의 일종이다(다음의 6.7.2절 2.1항 참조).

62 기원법은 Dallet(1874)와 Ridel(1881)에서는 설정하지 않았다(앞의 5.3.1절 1.3항 참조). 그리고 이것은 Scott(1887)에서는 동작의 목적을 의미하는 'gerundive'의 범주로 해석하기도 하였다(다음의 5.4.2절 2.5항 참조).

2.5. Aston(1879)에서는 한국어에서 모든 동사와 형용사의 어근은 접미사(suffix)에 의해 서법과 시제가 표현되는데, 이에 따라 과거와 현재, 미래가 구분되며, 완료형과 명령형이 형성된다고 하였다. 그리고 부정형과 의문형이나 가능, 조건 등을 표현하는 형태가 형성되고, 화자와 전달 받거나(addressed) 언급되는(spoken to) 인물에 대한 지위(rank)를 구별하는 형태가 형성된다고 하였다.

동사의 활용과 관련하여 제시된 예('알다'의 경우)를 보면 다음과 같다.

(58) 아니(아니), 안다(안-다), 아압네(아-압-네), 알고(알-고), 아라시고(아라-시-고)

위 (58)에서 '니, 다, 압, 고, 시'는 어근에 붙는 접미사인데, 어근은 접미사에 의해 쉽게 유추되지만 그 형태는 '아, 안-, 알-, 아라-' 등으로 음편(euphony)에 따라 변이되는 것으로 해석하였다.[63]

또한 어미 활용으로 동사가 명사나 부사, 형용사의 기능을 한다고 하였는데, 제시된 예를 묶어 보면 다음과 같다.

어근형	'흐-'(do)	'부-'(blow)	'만-'(many)
부사형	'흐니'	'부니'	'만히' 또는 '만코'
동사형	'흐위'	'부위'	'만사위'
형용사형	'흔' 또는 '홀'	'부난' 또는 '부를'	'만흔' 또는 '만흘'
완료형	'흐여' 도는 '흐야'	'부러'	'만하'
명령형	'흐라, 흐여라' 또는 '흐오'	'부러라'	-
명사형	'훔(홈)', '흐기'		'만흐이'[64]

---

63 Aston(1879)에서는 한국어는 (음편과 같은) 음성적 변화가 일어나기도 하지만 아리안계 언어보다 느슨하게 부착되어 본래의 형태가 더 쉽게 인식될 수 있는 교착적(agglutinate) 언어로 해석되어 왔다고 하였다.

64 이것은 실제로 찾지 못했으나 유추하여 표기한 것이라 하였다.

위에서 부사형과 동사형은 일반적인 동사의 확정적 형태(conclusive form)로 '이' 또는 '다'로 끝난다고 하였다.[65] 수식형(attributive form)은 동사와 형용사 모두에서 형용사형의 'ㄴ'으로 끝나고, 완료형은 '어, 여' 또는 '러', 가끔은 '아'로 끝나는 것으로 보았다. 그리고 완료와 명령은 밀접한 관련이 있는데, 명령형은 '라'를 어근에 붙이거나 완료형에 붙인다고 하였다. 또한 명사형은 '기'로 끝나는데, 그 밖에 동사의 활용에 참여하는 형태로 의문 첨사 '가, 야, 오', 양보형 '도, 나', 조건형 '면, 거든' 등이 있다고 하였다.

2.6. Scott(1887)에서는 프랑스어를 따라 체계화했던 앞선 Ridel(1881)의 분류를 따르지 않고, 영어 문법의 관점에서 시제와 서법에 따른 어미변화를 중심으로 서술하고자 하였다. 우선 한국어의 동사 활용에 대한 일반적 서술을 보면 다음과 같다(Scott, 1887:31 참조).

"동사 활용에서 접미사와 조동사가 시간, 서법, 구두법, 의심(doubt), 이유(reason), 그리고 끝없이 이어지는 희미한 의미들을 표현하기 위해 동원되며, 이들은 화자의 입장에서 하대(inferiority), 평대(equality), 존대(superiority)로 표현된다. 이러한 형태들은 무수하고 복잡하게 나타나지만, 얼마간 규칙적이고, 어떤 기본적인 형태와 접속사로 구분된다."

즉, 한국어 동사의 활용에서는 그 형태가 다양하고 복잡하지만, 그 안에 어떤 규칙이 존재함을 전제하고 그 규칙을 찾아 서술하고자 하였던 것이다.

그리고 한국어의 동사 활용의 전반에 대해 일반형(ordinary)과 조건형(conditional), 의문형(interrogative), 정중형(polite)으로 구분하였는데, 이

---

65 그러나 동사형의 예 '호위'와 '부위', '만사위'의 용례는 무엇을 의미하는지 해석하기 어렵다.

근대 시기 서양인의 한국어 문법 연구

를 동사 'ᄒ다'의 경우로 정리하면 다음과 같다.[66]

일반형	서법	직설법	현재	'ᄒ다', 'ᄒᄂ다'
			과거	'ᄒ엿다'
			미래	'ᄒ겟다'
		명령법	'ᄒ여라'	
			'ᄒ쟈'	
	분사		현재	'ᄒᄂᆫ'
			과거	'ᄒᆫ'
			미래	'ᄒᆯ'
			완료	'ᄒ여'
조건형			현재	'ᄒ면'
				'ᄒ거든'
			과거	'ᄒ더면'
			현재완료	'ᄒ엿거든', 'ᄒ엿시면'
			과거완료	'ᄒ엿더면'
의문형			2인칭	'ᄒᄂ냐', 'ᄒ엿ᄂ냐', 'ᄒ겟ᄂ냐'
			3인칭	'ᄒ더냐', 'ᄒ엿더냐', 'ᄒ겟더냐'
정중형			'ᄒ오'	
			'ᄒ엿소'	
			'ᄒ겟소'	

우선 일반형에서는 서법(직설법, 명령법)과 분사형에 대해 서술하였다. 여기에 명령법에서 '가다'와 '오다'의 경우 각각 '가, 가거라, 가쟈'와 '와, 오너라, 오쟈'를 추가하였는데, 이것은 이들 동사가 지닌 특별한 어미변화 형태('거라'와 '너라')를 드러내는 것이라 할 수 있다. 또한 Ridel(1881)에서의 과거

---

66 형용사의 경우, '크다'를 예로 하여 시제에 따른 '크다, 컷다, 크겟다' 외에 분사적 동사 '커', 형용사 '큰', 부사 '크게', 명사적 '크기' 등으로 제시하였다.

동사적 분사를 완료형으로 해석하였다.

조건형은 '면'과 '거든' 두 개의 활용어미가 있는데, '면'이 주로 쓰이며 조건(condition)을 뜻하고, '거든'은 주로 회화체에서 쓰이며 조건과 의심(doubt)을 뜻한다고 하였다. 의문형은 화자와 청자 사이의 높낮이와 인칭에 따라 해석하였다. 우선 낮은 인물에게는 '냐'가 주로 쓰인다고 하였으며, 2인칭에는 'ㄴ냐', 3인칭에는 '더냐'(현재 이외)가 쓰이는데 고정적이지는 않다고 하였다. 그리고 정중형은 평서형이나 의문형에 주로 사용되며, 마지막 '오' 소리를 길게 또는 강조하여 쓰인다고 하였다(다음의 6.5.2절 2.4항 참조).

한편, 재판인 Scott(1893)에서는 한국어의 가장 중요한 특징은 복잡하고 거대한 동사가 시간과 서법, 가정, 대등 접속과 종속 접속, 의미, 공식적 지위 등을 표현하기 위해 변화하는 활용과 곡용에 있다고 지적하였다.[67] 그러면서 동사 종결형을 초판의 네 가지 중에서 조건형을 접속형(conjunction)으로 대체하여, 일반형과 정중형, 의문형, 접속형으로 설정하였는데,[68] 앞의 셋은 문장 종결과 관련되고 접속형은 접속에 의한 복문의 형성과 관련된다.

여기서 일반형은 '다'계열 어미에서 '다'종결형이 동사의 기본형이 되는 것으로 대략 일반적인 활용으로 불리는데, 이것으로부터 원리에 따르는 변화가 형성된다고 하였다. 특히 일반형의 경우, 시제와 관련하여 현재의 '다'와 'ㄴ다', 과거의 '엇다', 미래의 '겟다'로 구분하였다. 그리고 정중형은 '오'와 '소'계열 어미로 형성되어 동등하거나 윗사람에게 말할 때 쓰이며, 의문형은 '냐'계열 접미사로 형성되고(다음의 6.5.2절 2.4항 참조), 접속형은 다양

---

67 그러나 당시의 한국어 동사의 시제와 서법, 분사, 태 등의 구분은 자의적이고 전통적이었으며, 특별히 문법을 기술한 것은 없었고, '옥편'만이 존재하였다고 하였다(Scott, 1893:71-72 참조).

68 이것은 초판인 Scott(1887)과 비교하면 조건형이 접속형으로 바뀌었는데, 실제로는 Underwood(1890)의 체계와 유사한 것이다(다음의 5.3.3절 3.1항 참조).

근대 시기 서양인의 한국어 문법 연구

한 시제 굴절소의 어간에 붙어 조건, 시간, 태도, 대등 접속, 종속 접속 등을 표현한다고 하였다(다음의 5.5.2절 2.2항 참조).

5.3.3. 제3기(1890-1920)

3.1. Underwood(1890)에서는 한국어의 동사 활용이 복잡하지만 어떤 원리에 의해 해석이 가능하다고 하였다(Underwood, 1890:93 참조).

> "지금까지 (동사에서) 이렇게 다양한 단어와 형태에 대한 적절한 분류가 시도된 적이 없다. ...... 만약 우리가 이들 다양한 형태들을 취하여 그들 구성요소를 분리하고 그들이 결합되는 규칙을 제시할 수 있다면 문제는 아주 간단해질 것이다. ...... 한국어 동사의 활용은 오직 한 가지만 존재한다. 그리고 여러 가지의 서법(mood)과 시제(tense)의 형성에는 어떤 규칙적이고 잘 정돈된 지배적인 법칙이 있다."

그리고 이러한 전제로부터 한국어 동사의 활용을 기본적 활용(basic conjugation)과 접속 활용(conjunction)으로 구분하고, 전자가 활용의 핵심을 이루고 후자는 접속사의 첨가에 의한 형식(접속형)으로 해석하였다.[69]

우선 기본적 활용은 모든 다른 형태의 기본이 되는 것으로, 앞선 문헌에서 태(voice)를 비롯하여 여러 활용 형태에 대해 불렸던 것은 기본적 활용으로부터 (일부 형태 변화를 거쳐서) 파생된 것으로 보았다. 즉, 기본적 활용은 접속형을 제외하고 이른바 시제동사의 활용과 함께 비시제동사에 해당하는 분사(participle)와 부정사(supine), 기저형(base)을 모두 포괄하는 것이다. 그리고 기본적 활용은 '어간(stem)-시제 어근(tense root)-종결형태(termination)'의 형식으로 구성되는 것으로 해석하였으며, 이들 구성요소

---

69 접속 활용은 독립 품사로서의 접속사(연결어미)가 동사와 결합하는 것으로 해석된다 (다음의 5.5.2절 2.3항 참조).

는 각각 고유한 기능을 하는 것으로 보고, 이들을 중심으로 동사의 활용을 체계적으로 서술하고자 하였다.[70]

우선 어간은 동작이나 상태를 나타내며, 원칙적으로 활용에서 변화하지 않는데,[71] 일부 동사에서 현재형과 관계 분사형이 될 때 어간이 약한 변화를 겪기도 하며, 때로는 동사 어간이 하나 이상의 단어를 포함하기도 한다고 하였다.[72]

(59) ㄱ. 가오(to go): 어간 '가'
  ㄴ. 먹소(to eat): 어간 '먹'
  ㄷ. 여오(to be open): 어간 '열'
  ㄹ. 열니오(to be opened): 어간 '열니'
(60) 가져오라고ᄒᆞ오(to order to bring): 어간 '가져오라고ᄒᆞ'

위에서 (59-ㄱ,ㄴ)은 어간이 변화하지 않은 것이며, (59-ㄷ)은 어간의 변화가 나타나는 것이다. 또한 (59-ㄹ)은 피동사의 경우 '열'은 어근이 되고 '열니'는 어간이 됨을 제시한 것으로 이해된다. 한편, (60)은 '가져('가지다'의 동사적 분사)+오('오다'의 어간)+라(명령형 어미)+고(간접 화법에 결합되는 접속소)+ᄒᆞ오('to say' 화법 동사)'로 구성된 것으로 종결형 '오'를 뗀 나머지 전체('가져오라고ᄒᆞ')가 어간이 된다는 것이다.

시제 어근은 시제와 상의 문법범주를 표현하는 것으로 크게 단순 시제와

---

70 Underwood(1890:94)에서는 이에 대해 프랑스어 문법에 기반한 Ridel(1881)과 유사한 점이 있으나 내용에서 다르다고 하였다(앞의 5.2.2절 2.1항 참조).

71 Underwood(1890:94)에서는 이전에 쓰였던 어근(root)은 사동이나 피동 어미가 붙는 것을 의미한다고 하여 어간과 어근을 구별하였으며, 이러한 용어의 차이를 Ridel(1881)과 비교하였다

72 Underwood(1890)에서는 동사의 기본형을 '가오, 먹소' 등과 같이 '오/소'종결형으로 제시하기도 하였다(앞의 5.2.2절 2.1항 참조).

복합 시제로 구분하는데, 여기서 복합 시제는 단순 시제에 '더'가 결합한 형식이 된다(다음의 6.3.2절 2.6항 참조).[73] 그리고 종결형태는 독립적인 문장에서 직접 진술을 끝내는 기능을 하는 동사의 부분으로, 서법의 관점에서 크게 직설법(indicative)과 의지법(volitive)으로 구분하고, 이를 다시 전자는 평서형(declarative)과 의문형(interrogative)으로, 후자는 청유형(propositive)과 명령형(imperative)으로 구분하였다(다음의 6.2.2절 2.4항 참조). 또한 한국어 동사의 분사형을 Ridel(1881)에서와 같이 동사적 분사(verbal participle)와 관계 분사(relative participle, 동사적 형용사)로 구분하고, 동사적 명사(verbal nouns)라 하여 'ㅁ'과 '기'를 제시하였다.

한편, 기본적 활용의 범주에 특이하게도 기저형(base)을 설정하고 여기에 희원(desiderative)과 부정(negative)을 포함하였다. 여기서 희원은 동사 어간에 '려/랴' 또는 '으려/ㅇ랴'를 첨가하여 형성되는 것으로,[74] 통상적으로 '고'가 결합하고 'ㅎ오'가 뒤따라오는 형식으로 표현되어 'desire to' 또는 'intention of'의 의미를 실현하는데, 때로는 일상적이지는 않지만 구어투에서 의문의 의미로 쓰이기도 한다고 하였다.

(61) ㄱ. 가랴고ㅎ오 (to intend to go)
     ㄴ. 직히랴고ㅎ오 (to intend to guard)
(62) ㄱ. 굿지 가랴 (do you want to)
     ㄴ. 시방 어두웟시니 그만두랴 (do you desire to)

---

73 그런데 Underwood(1890)에서는 앞선 Dallet(1874)나 Ridel(1881)과는 달리 시제만을 표현하는 형태를 따로 설정한 점이 주목된다(김태훈, 2005 참조). 즉, Dallet(1874)와 Ridel(1881)에서는 다른 기능을 담당하는 요소가 시제 표현을 겸하고 있다고 보아 단순히 시제 표지(signe du temps)라 하였으나, Underwood(1890)에서는 시제를 표시하는 것을 분리하여 시제 어근(tense root)이라 하였던 것이다(앞의 5.3.2절 2.1항 참조).

74 Scott(1887)에서는 이것을 라틴어 문법의 'gerundive'로 해석하기도 하였다(다음의 5.4.2절 2.2항 참조).

위에서 (62)는 의문의 의미로 쓰인 것이다.

그리고 기저형에서 부정(negative base)은 '지'가 첨가되는 것('ᄒᆞ지')으로 해석하였으며(다음의 6.6.2절 2.5항 참조), 이른바 의도를 나타내는 '러'형(ᄒᆞ러)을 영어의 'to 부정사'와 유사한 것으로 해석하여 라틴어 문법의 이른바 목적 분사 'supine'의 범주로 해석하기도 하였다(다음의 5.4.2절 2.5항 참조).

3.2. 이와 같은 동사의 기본적 활용 체계를 묶어서, 'ᄒᆞ다' 동사의 경우를 예로 하여 다음과 같이 된다(Underwood, 1890:137-138 참조).

	〈단순 시제〉	〈복합 시제〉
직설법	현재: 'ᄒᆞ오' 과거: 'ᄒᆞ엿소' 미래: 'ᄒᆞ겟소' 미래과거: 'ᄒᆞ엿겟소'	진행: 'ᄒᆞ더이다' 대과거: 'ᄒᆞ엿더이다' 지속적 미래: 'ᄒᆞ겟더이다' 가정적 미래과거: 'ᄒᆞ엿겟더이다'
	〈1인칭 복수〉	〈2인칭〉
의지법	하대: 'ᄒᆞ자' 평대: 'ᄒᆞ셰' 존대: 'ᄒᆞᆸ셰다'	하대: 'ᄒᆞ여라' 평대: 'ᄒᆞ게' 존대: 'ᄒᆞᆸ시오'
	〈동사적 분사〉	〈관계 분사〉
분사	과거: 'ᄒᆞ여' 또는 'ᄒᆞ야' 미래: 'ᄒᆞ게'	현재: 'ᄒᆞᄂᆞᆫ' 과거: 'ᄒᆞᆫ' 미래: 'ᄒᆞᆯ' 과거(미완료): 'ᄒᆞ던'
동사적 명사	'홈', 'ᄒᆞ기'	
기저형	<부정>: 'ᄒᆞ지' <희원>: 'ᄒᆞ랴'	
부정사	'ᄒᆞ러'	

이러한 동사의 기본적 활용 체계를 원리적 부분을 중심으로 하여 가장 널리 쓰이는 동사들의 형태로 제시하였는데, 여기서 그 일부를 보면 다음과 같다.

근대 시기 서양인의 한국어 문법 연구

구분	현재 직설법	과거 동사적 분사	미래 동사적 분사	과거 관계분사
to sit	안소	안자	안게	안준
to be	잇소	잇셔	잇게	잇슨
to forget	닛소	니져	닛게	니즌
to follow after	좃소	좃차	좃게	조츤
to be beautiful	아룸답소	아룸다와	아룸답게	아룸다온
to be near	갓갑소	갓가워	갓갑게	갓가온
to know	아오	알아	알게	안
to make	믄두오	믄두라	믄돌게	믄둔
to hear	듯소	드러	듯게	드론
to stay	머므오	머므러	머믈게	머믄
to draw	잇그오	잇그러	잇글게	잇근

한편, Underwood(1890:174-180)에서는 한국어 동사 활용에는 아주 많은 축약형과 생략형이 있다고 하면서, 이것은 모호성(중의성)을 발생시키지 않으면서 가능한 한 형태를 간단히 하고자 하는 의도에서 비롯되었다고 하였다. 제시된 예 중에서 '마오'의 경우를 보면 다음과 같다.[75]

　① 접속사 '지'의 용법에서 비롯된 것
　　〈예〉 '호눈지 마눈지, 홀지 말지, 혼지 만지'
　② 접속사 '니' 또는 '고'와 함께 쓰이는 것
　　〈예〉 '호니 마니, 호고 말고, 놉고 말고'
　③ 의문첨사 '가'와 '마오'가 함께 쓰이는 것

75　그 밖에 축약형으로 제시된 것으로는 '고지고, 너머질나, 랴, 너니, 흐렴, 흐려무나' 등이 있다. 특히 '흐렴'은 '흐려'(do you intend to)+'무엇'(what)으로 구성된 것이며, '흐려무나'는 '흐렴'보다 덜 축약된 것이라 하였다. 그리고 '흐렴다고나'는 '흐려 무엇 혼다 고나'의 축약형이라고 하였다.

④ 첨사 '동'이 '마오'와 함께 쓰이는 것[76]

  〈예〉 '호 눈동 마눈동, 호동 만동, 홀동 말동'

⑤ '낙'에서 파생된 형태와 '마오'의 함께 쓰이는 것[77]

  〈예〉 '홀낙 말낙 호오, 호랴 호다가 마랴 호다가'

5.3.4. 제4기(1921-1945)

4.1. Roth(1936)에서는 앞선 문헌에서처럼 한국어 동사의 활용형을 서법과 시제의 관점에서 해석하였는데, 서법은 직설(indicativ)과 명령(imperativ)으로 구분하고, 시제는 현재와 과거, 미래(Ⅰ, Ⅱ), 전과거로 구분하였다.

여기서는 특히 동사 활용형에서 경어의 문제를 중요하게 다루었다. 직설법 현재의 활용형에 대해 상대 높임의 등급을 하등말(nieder)과 중등말(mittler), 상등말(hoch)의 세 층위로 구분하여 제시하였다(다음의 6.5.2절 2.6항 참조). 그리하여 하등말의 경우, 평서형에서 어간이 모음으로 끝나면 'ㄴ다', 자음으로 끝나면 '는다'가 붙으며, 'ㄹ'로 끝날 때는 예외가 되어 축약형 어간으로 나타나고, 의문형에서는 어간이 모음으로 끝나든 자음으로 끝나든 관계없이 '느냐'가 붙지만, 'ㄹ'일 때는 축약형에 붙는다고 하였다. 중등말의 경우에는 자음으로 끝난 어간은 확대되고 '오'가 붙으며('먹으오, 잡으오'), 'ㄹ'로 끝난 어간은 축약된 형태에 '오'가 붙는다('아오')고 하였다. 그리고 중등말의 '오'는 평서, 의문, 명령문에 모두 쓰이지만, '소'가 붙을 때에는 확대된 어간으로 나타나지 않는다('먹소, 잡소, 받소')고 하였다(앞의 5.2.3절 3.1항 참조).

---

76 여기서 '동'은 'entire lack of concern or interest'의 뜻을 나타내며, '지'(doubt)로 교체될 수 있다고 하였다.

77 '호랴 호다가'에서 '호다'의 생략 또는 탈락에 의해 '호랴가'가 형성되고, 이것은 다시 음편에 의해 '홀낙'으로 되었다고 하였다

한편, 상등말의 경우, 평서형에 'ㅂ니다'가 붙고 의문형에는 'ㅂ니까'가 붙는데, 자음으로 끝난 어간은 확대된 어간에 붙고 'ㄹ'로 끝난 어간은 축약된 어간에 붙는다고 하였다. 그런데 자음으로 끝난 경우 본래 어간에 '습니다, 습니까'가 붙기도 한다고 하였다. 이것을 '가다, 먹다, 알다'를 예로 하여 직설법 현재시제로 정리해 보면 다음과 같이 된다.

기본형	하등말		중등말		상등말	
	평서	의문	평서	의문	평서	의문
가다	간다	가느냐	가오	아오	갑니다	갑니까
먹다	먹는다	먹느냐	먹으오 먹소	먹으오	먹읍니다 먹습니다	먹읍니까 먹습니까
알다	안다	아느냐	아오	아오	갑니다	갑니까

중동사의 활용에 대해서도 기술하였다. 중동사는 '다'형이 동사적 부정형 (verben infinitiv)으로 하등말에 해당하고, 의문형은 '냐'가 붙는데, 모음 어간일 경우 본래 어간형에 붙고 자음일 경우 확대된 어간에 붙으며 'ㄹ'일 때는 축약된 어간에 붙는다고 하였다. 그리고 중등말과 상등말은 동사와 동일하게 형성된다고 보았으며, 다음과 같이 예시하였다.

부정형	하등말		중등말		상등말	
	평서	의문	평서	의문	평서	의문
크다	크다	크냐	크오	크오	큽니다	큽니까
좋다	좋다	좋으냐	좋소	좋소	좋습니다	좋습니까
길다	길다	기냐	기오	기오	깁니다	깁니까

한편, 독일어와 대조해 볼 때 '있다, 없다'는 하등말에서는 중동사로 활용하지만 의문형이나 분사형에서는 동사처럼 활용한다고 하였다.

5. 용언과 활용

(63) ㄱ. 여기 사람이 있다 / 아해가 없다

　　ㄴ. 아해가 어디 있느냐 / 있는

　　ㄷ. 아버지가 없느냐 / 없는

위에서 (63-ㄱ)은 중동사처럼 활용하는 것이고, (63-ㄴ,ㄷ)은 능동사처럼 활용하는 것으로 구분된다는 것이다.

4.2. Ramstedt(1939)에서는 한국어 동사 활용형을 앞선 문헌에서처럼 직설법과 접속법, 부정법 등으로 분류하지 않고, 형태의 문법적 기능에 따라 정형으로서의 정동사(verba finita), 부정형으로서의 부동사(converba)와 동명사(verbal noun)로 구분하여 기술하였다.[78] 그리고 이에 따른 한국어 동사 활용형의 체계는 다음과 같이 간략히 정리될 수 있다.

정동사	직설법(단순형, 중간형, 상위형) / 의지법
부동사	단순형 / 복합형
동명사	동사적 형용사(분사) / 동사적 명사(동명사)

위에서 정동사는 문장에서 서술어가 되며, 그 문장이 진술되고 긍정 또는 부정임을 보여 주는데, 이는 다시 직설법(indicative)과 의지법(volitive) 의 두 그룹으로 구분된다고 하였다. 여기서 직설법은 화자의 의지에 대한 어떤 암시 없이 직접 동작(acting)이나 품질(quality)을 표현하는 것이고, 의지법은 화자의 희망이나 의지, 의도를 포함하는 것으로, 인구어의 접속법이나 가정법, 명령법 등에 대응한다고 하였다. 그리고 직설법의 종결 형태들은 발

78　여기서 정동사(定動詞)는 문장의 종결을 표시하는 종결 구성과 관련되고, 부동사(副動詞)는 뒤에 주동사가 따라옴을 표시하는 연결 구성과 관련된다. 그리고 동명사(動名詞)는 동사가 기능적으로 분사나 파생명사처럼 형용사나 명사에 일치하는 것을 의미한다 (앞의 5장의 각주 45), 46) 참조).

화에 참여하는 인물들의 사회적 관계에 따라 구별되는데, 이에 대해서는 단순형(simple)과 중간형(middle), 상위형(high)로 나누었다. 여기서 단순형은 직접적이거나 친밀한 의미를 지니고, 후자의 두 가지는 정중형(polite) 또는 경어형(honorific)에 해당하는 것으로 보았다(다음의 6.5.2절 2.7항 참조).

부동사의 경우, 인구어에서는 일상적으로 접속사에 의해 두 개의 동사가 이어지지만 한국어에서는 다른 알타이어와 같이 접속사가 없고 특별한 구성으로 연결된다고 하면서, 이것을 단순형과 복합형의 두 가지로 구분하였다. 여기서 단순형은 동사 어간에 접미사가 붙는 단순 구성을 의미하고, 복합형은 조동사가 사용되거나 접사가 첨가된 동사에 명사가 사용되는 것을 의미한다(다음의 5.5.2절 2.4항 참조).

또한 동명사는 동사적 형용사(verbal adjective) 또는 분사(participle)와 동사적 명사(verbal substantive)로 구분하였다. 동사적 형용사는 앞선 문헌에서 관계 분사라 한 것으로, 어형 변화 없이 수식의 기능을 하며 문장 구성에서 피수식 명사 바로 앞에 온다고 하였다. 그리고 이러한 분사형은 다른 형태들과 결합하여 다양한 형태를 파생하는 것으로 보았다(다음의 5.4.1절 1.7항 참조). 동사적 명사는 동사 어간에 다양한 접미사가 붙어 명사가 형성되는 것으로, 여러 형태가 있으나 '기'와 'ㅁ/음'이 대표적인 동사적 명사를 이루는 형태로 해석하였다(다음의 5.4.2절 2.4항 참조).

이러한 Ramstedt(1939)의 해석을 '가다, 먹다'를 예로 하여 정리해 보면 다음과 같이 된다.

정동사			부동사		동명사	
단순형	중간형	상위형	단순형	복합형	동사적 형용사	동사적 명사
가다	가오	갑니다	가고	가거든	가는/간/갈	가기
먹다	머그오	머금니다/먹습니다	먹고	먹거든	먹는/먹은/먹을	먹기

5.3.5. 정리

서양인의 한국어 문법 기술에서 동사의 활용에 관한 문제는 한국어 문법에서 가장 중요한 부분으로 인식하여 다른 영역에 비해 심도 있게 접근하려는 경향을 보였다. 이를 시기별로 보면, 제1기에는 Gützlaff(1832)에서처럼 한국어에서 동사의 활용을 부정하기도 하였으나, Rosny(1854)에서는 비교 언어학적 관점에서 동사의 활용을 인정하였는데, 이것은 이후 한국어의 중요한 특징으로 부각되었다. 그리고 이 시기에 Dallet(1874)에서는 불완전하기는 하지만 한국어 동사의 활용 양상을 프랑스어 문법의 관점에서 서법과 시제, 종결형태로 구분하여 체계적으로 정리하고자 하였다.

제2기의 동사 활용에 대한 논의는 교착적 성격에 대한 인식이 심화되는 과정에서 매우 복잡하게 전개되었다. 우선 Ridel(1881)에서는 비록 프랑스어 문법에 바탕을 둔 것이기는 하지만 비교적 정교하게 서술하였으며, 이러한 해석은 이후 문헌에서 한국어 동사 활용을 해석하는 기본 바탕이 되었다. 여기서는 한국어 동사의 활용형을 서법에 따라 직설법과 명령법, 부정법, 접속법 등으로 구분하고, 시제는 1차 시제(현재, 과거, 미래, 과거미래)와 2차 시제(반과거, 대과거, 조건법, 조건법과거)로 구분하였다. 아울러 분사형과 동명사형에 대해 언급하기도 하였는데, 분사는 동사적 분사(과거, 미래)와 관계 분사(현재, 과거, 미래)로 구분하였다.

그리고 이 시기에는 서북 방언을 중심으로 하는 분석이 Ross(1877, 1882)와 MacIntyre(1879-1881)에서 이루어졌다. 이들은 Ridel(1881)의 해석과는 다르지만 크게는 인구어적 관점이 투영되었다는 점에서 유사하다고 할 수 있는데, 특히 MacIntyre(1879-1881)에서는 한문의 해독 과정에서 나타나는 토(吐)를 한국어의 주요한 특징으로 이해하고 이를 중심을 동사 활용형을 서술하고자 하였다. 한편, Aston(1879)에서는 일본어와의 대조적 관점이 드러났으며, Scott(1887)에서는 Ridel(1881)의 해석을 이으면서 영어 문법의 관점을 수용하여 한국어 동사 활용형을 일반형과 조건형, 의문형, 정중형으로 구분하고, 일반형은 다시 서법과 시제, 분사형으로 나누어 서술하였다. 그리고 재판인 Scott(1893)은 초판의 내용을 일부 수정하여 한국어 동사 활용에서의 종결형을 일반형과 정중형, 의문형, 접속형으로 구분하고 그에 따르는 특징을 서술하고자 하였다.

제3기는 Underwood(1890)이 두드러지는데, 여기서는 앞선 Ridel(1881)을 비판적으로 수용하면서 영어 문법의 관점에서 한국어 동사 활용의 체계를 세우고 그에 대해 해석하였다. 그리하여 동사를 형태적으로 '어간-시제-종결형태'의 형식으로 구성되는 것으로 보고, 시제와 종결형태를 구분하려는 관점을 취하였다. 시제는 '더'의 결합 여부를 기준으로 단순 시제(현재, 과거, 미래, 미래과거)와 복합 시제(진행, 과거완료, 지속적 미래, 가정적 미래과거)로 구분하였으며, 종결형태는 서법에 따라 직설법과 의지법으로 나누고 이를 다시 평서형과 의문형, 청유형과 명령형으로 구분하였다. 그리고 분사형은 Ridel(1881)을 수용하여 동사적 분사(과거, 미래)와 관계 분사(현재, 과거, 미래, 미완료)로 구분하였으며, 특히 희원('려고/랴고')을 동사 활용 체계의 한 항목으로 설정하기도 하였다.

제4기에는 Roth(1936)과 Ramstedt(1939)의 동사 활용에 대한 서술이 있었다. Roth(1936)에서는 한국어 동사의 활용을 직설법과 명령법으로 나누고, 직설법은 시제와 세 층위의 대우 체계(하등말, 중등말, 상등말)를 중심으로 해석하였다. 그리고 이들을 어간의 변이형(기본형, 확대형, 축약형)에 따라 예시하면서 중동사의 활용형에 대해서도 능동사와의 차이를 중심으로 서술하였다. 한편, Ramstedt(1939)에서는 동사의 형태를 정동사와 부동사, 동명사로 구분하였다. 정동사는 서법에 따라 직설법과 의지법으로 나누고 이들을 정중성과 대우 체계에 따라 실현 양상을 서술하였다. 그리고 부동사는 동사 연결형으로서 단순형과 복합형으로 나누어 각각의 형태를 중심으로 용법상의 특징을 다루었고, 동명사는 동사적 형용사(분사)와 동사적 명사(본래의 동명사)로 나누어 서술하였다.

5.4. 분사형과 동명사형

인구어의 관점에서 보면, 동사의 활용은 인칭이나 시제 따라 일정한 형태를 취하는 한정적(finite) 용법과 그렇지 않은 비한정적(infinite) 용법으로 구분된다. 그리하여 전자의 경우에는 서법과 관련한 형태(시제동사)를 중심으로 다루고, 후자에서는 서법과 관련되지 않는 (비인칭적이고 비시제적인) 분사와 동명사, 부정사 등이 주요 내용이 된다.

5.4.1. 분사형의 설정

1.1. 분사(participle)는 동사의 활용형으로서, 동사적으로는 행위를 이루는 사실을 나타내고 형용사적으로는 명사를 한정하는 기능을 한다.[79] 그리하여 이를 동사-형용사(verb-adjective)라 부르기도 하는데, 형용사적 성질이 강한 것은 형용사적 분사(adjective participle), 동사적 성격이 강한 것은 동사적 분사(verbal participle)라 구분한다(『영어학 사전』, 1990:863 참조).

일반적으로 분사는 현재분사와 과거분사로 구분되며, 형태적으로 'ing' 형으로 나타나는 영어의 경우에서처럼 현재분사는 동명사와 동형이 되기도 한다. 의미적으로 현재분사는 동작 행위의 계속, 반복 등의 능동적이고 진행적인 의미를 나타내고, 과거분사는 동작의 완료, 결과 또는 피동적인 상태를

---

79 분사(participle)는 일반적으로 동사로서 형용사의 기능을 '맡는다(participate)'고 하는 것이라는 데서 연유하는데, 인구어의 전통문법에서는 오랜 동안 품사의 하나로 취급되기도 하였다(앞의 3.1절 1.1항 참조).

뜻하는데, 이러한 의미적 특징에 따라 때로는 전자는 능동분사, 후자는 피동분사로 불리기도 한다(『영어학사전』, 1990:863 참조).

　서양인의 한국어 문법 기술에서는 한국어의 동사 활용에 대해 인구어의 분사 개념을 원용하여 해석하였다. 그리하여 한국어 동사 활용에서 분사형을 설정하여 이를 동사적인 것(동사적 분사)과 형용사적인 것(관계 분사)로 구분하고 그와 관련한 문제를 서술하고자 하였다. 우선 각 문헌에서의 분사 분류 현황을 정리하면 다음과 같다.

구분	형태	Dallet (1874)	Ridel (1881)	Underwood (1890)	Scott (1893)	Roth (1936)	Ramstedt (1939)
동사적 분사	'아/어'	과거	과거	과거	(동사적 분사)	-	-
	'게'	미래	미래	미래			
관계 분사	'는/는'	현재	현재	현재	현재	현재	현재
	'ㄴ'	과거	과거	과거	과거	과거	완료
	'ㄹ'	미래	미래	미래	미래	미래	미래
	'던'	-	반과거	미완료	미완료	미완료	-
	'엇던'	-	-	-	완료	-	-

　위에서 보면, 초기에는 분사를 동사적 분사와 관계 분사로 구분하는 입장에서 점차 관계 분사만을 인정하는 방향으로 전개되었음을 알 수 있다. 실제로 초기부터 진정한 의미의 분사는 동사로서 형용사적 기능을 갖게 하는 관계 분사라 하였는데, 시제 형태에서 과거의 '앗/엇'이나 미래의 '겟'에 대한 해석에서 동사적 분사를 원용하였다.

1.2. Dallet(1874)에서는 한국어 동사의 활용에서 서법(mode)의 하나로 분사(participe)를 설정하고, 이것을 다시 동사적 성격을 지닌 동사적 분사(participe verval)와 형용사적 성격의 관계 분사(participe relatif)를 구분하

였다.

여기서 동사적 분사에는 미래분사(첨사 '게'가 붙는 것: 'ᄒ게, 노케')와 과거 분사(첨사 '아/어'가 붙는 것: 'ᄒ여, 노하')이 있으며, 현재형은 없고 어간이 대신한다고 하였다. 관계 분사는 진정한 의미의 분사형으로, 현재와 과거, 미래로 구분하여, 현재 관계 분사는 어간에 'ᄂ'을 붙여 만들고('ᄒᄂ, 놋ᄂ'), 과거 관계 분사는 어간에 'ᄂ'을 붙이며('혼, 노혼'), 미래 관계 분사는 과거분사 'ᄂ'을 'ᄅ'로 바꾼다('홀, 노홀')고 하였다. 물론 이들 형태가 첨가될 때는 음편에 따른 이형태가 존재할 수 있음을 시사하였는데, 이들을 'ᄒ다'와 '노타'의 활용형을 중심으로 그 예를 묶어 정리하면 다음과 같다.

동사적 분사	과거	'아/어'	'ᄒ/ᄒ여, 노하'
	미래	'게'	'ᄒ게, 노케'
관계 분사	현재	'ᄂ'	'ᄒᄂ, 놋ᄂ'
	과거	'ᄂ'	'혼, 노혼'
	미래	'ᄅ'	'홀, 노홀'

1.3. Ridel(1881)에서는 동사 활용 형태 중에서 부정법(infinitif)과 서법(직설법, 조건법, 명령법 등)으로 해석하기 어려운 것을 분사로 분류하였다.[80] 그리고 앞선 Dallet(1874)에서와 같이 한국어 동사의 분사형을 동사적 분사와 관계 분사(진정한 의미의 분사)로 구분하였다.

    (64) ㄱ. 분노롤 압복ᄒ여 말을 춤앗다.
        ㄴ. 슈욕을 압복ᄒᄂ 사롬이 공을 세우겟다.

위에서 (64-ㄱ)의 '압복ᄒ여'는 동사적 분사의 활용 형태이고, (64-ㄴ)의

---

80 Ridel(1881)에서는 분사를 독립 품사로 설정하기도 하였다(앞의 3.3.2절 2.1항 참조).

'압복ᄒᆞᄂᆞᆫ'은 관계 분사 활용 형태에 해당한다.

동사적 분사는 과거와 미래로 구분하였는데, 미래 동사적 분사는 부정형의 종결형 '다'를 '게'(유기음은 '케')로 바꾸고, 과거 동사적 분사는 어근에 모음 '아/어'(유기음은 '하/허')를 붙인다고 하였다.

> (65) ㄱ. ᄒᆞ다→ᄒᆞ게, 노타→노케
> ㄴ. 가다→가, 자다→자, 신다→신어, ᄒᆞ다→ᄒᆞ여, 노타-노하, 너타-너허

그리고 관계 분사는 Dallet(1874)에서의 현재와 과거, 미래 외에 반과거를 설정하였으며, 이들은 각각 'ᄂᆞᆫ'과 'ㄴ', 'ㄹ', 그리고 '던'으로 나타나는 것에 해당된다.[81]

> (66) ㄱ. 칙 보는 사롬이 서투르다.
> ㄴ. 네 말ᄒᆞᄂᆞᆫ 산이 여긔셔 멀지 안타.
> (67) ㄱ. 우리 ᄒᆞ던 일이
> ㄴ. ᄒᆞ다 → ᄒᆞᆫ, 홀

위에서 (66)은 현재 관계 분사 'ᄂᆞᆫ'이 실현되는 예이고, (67-ㄱ)은 반과거 관계 분사 '던', (67-ㄴ)은 과거와 미래 관계 분사 'ㄴ'과 'ㄹ'이 실현되는 예로 제시된 것이다.

1.4. Scott(1887)에서는 동사적 분사를 따로 구분하지 않고 현재('ᄒᆞᄂᆞᆫ')와 과거('ᄒᆞᆫ'), 미래('홀'), 완료('ᄒᆞ여')로 설정하였다. 즉, 앞선 문헌에서 관계 분사로 설정된 현재와 과거, 미래를 수용하고, 과거 동사적 분사 활용형으로 처리되었던 'ᄒᆞ여'를 단순히 완료로 해석하였다. 그리고 미래 동사적 분사

---

81 Ridel(1881)에서의 분사 체계는 반과거로 '던'을 추가한 것 외에는 Dallet(1874)와 동일하다.

형태 '호게'형은 제시하지 않았는데, 여기서 '게'는 동사 파생부사라 하여 현재 직설법이나 사동의 의미로 쓰인다고 하였다.

> (68) ㄱ. 호게. / 쓰게.
> ㄴ. 문 열게 호여라. / 못 호게 호여라. / 음식 달게 호여라. / 술 됴케 지어라.

위에서 (68-ㄱ)은 현재 직설법으로 쓰인 것이고, (68-ㄴ)은 사동의 의미를 나타내는 것이다.[82] 그런데 재판인 Scott(1893)에서는 다음과 같이 관계 분사 외에 동사적 분사를 설정하였다.

관계분사	현재	'호ᄂᆞ' making
	과거	'호' made
	미래	'홀' about to make
	미완료	'호던' made
	완료	'호엿던' made
동사적 분사		'호여, 호여서, 호야' having made

즉, '호여'형을 동사적 분사로 처리하였는데, 초판과 마찬가지로 '게'형은 동사적 분사에 포함하지 않았다.

한편, Scott(1887:54)에서는 분사적 명사(participle noun)라는 것을 설정하기도 하였다.

---

82 한편, Scott(1887)에서는 어근에 '이, 히, 게, 케'가 붙는 것을 형용사 파생부사라 하면서 다음의 예를 제시하였다.
   (1) 그 벼슬 놉히 너기오. / 돈 죰히 알이 / 그 계집 됴히 녁엿소.
     이 패물 고이 두어라. / 이런 일 곱게 호여
   또한 재판인 Scott(1893)에서도 '게'에 의해 동사와 형용사로부터 파생된 부사라 하여 '오게, 가게'의 예를 제시하였고, 형용사에는 '이, 기'가 붙는다고 하였다.

(69) ㄱ. 일 ᄒᆞᄂᆞᆫ 줄 모론다.

　　 ㄴ. 일 홀 줄 몰나.

　　 ㄷ. 글 쓸 줄 안다.

(70) ㄱ. 갈 줄노 넉이오.

　　 ㄴ. 사ᄅᆞᆷ 온 줄노 알앗소.

분사적 명사는 위 (69, 70)에서처럼 분사형 뒤에 '줄'이 붙어 형성되며 동사에서는 '알다, 모론다, 헤아리다'가 온다고 하였다.[83]

1.5. Underwood(1890)에서는 그리스어와 마찬가지로 한국어에도 분사가 제시될 수 있다고 하면서 한국어 동사의 분사형을 Ridel(1881)에서처럼 동사적 분사(verbal participle)와 관계 분사(relative participle, 동사적 형용사)로 구분하였다. 또한 동사적 분사는 과거('야/여')와 미래('게'), 관계 분사는 현재('ᄂᆞᆫ')와 과거('은/ㄴ'), 미래('ㄹ'), 미완료('던')로 하위구분하였다.

그리고 이들 각각의 용법상의 특징을 보면, 우선 과거 동사적 분사 '야'와 '여'는 의미는 같지만 음편상 분포가 다른 것으로, '야'는 '아, 오' 뒤에 오고 '여'는 그 밖의 모음 뒤에서 온다고 하였다. 그리고 과거 동사적 분사 '야/여'는 다양하게 쓰이기도 하는데, 한국어 화자에게는 명사와 같은 방식으로 처리되기 때문에, 후치사('셔')와 접속사('야'와 'ᄂᆞᆫ')가 붙어서 'ᄒᆞ여, ᄒᆞ여셔, ᄒᆞ여셔ᄂᆞᆫ, ᄒᆞ여ᄂᆞᆫ, ᄒᆞ여야, ᄒᆞ여셔야' 등이 형성될 수 있다고 하였다.

(71) ㄱ. 롱ᄉᆞ 하여 사는 사ᄅᆞᆷ이오.

　　 ㄴ. 쟝ᄉᆞ 하여셔 부쟈 되엿소.

83　'줄'에 대해서는 여러 논의가 있었다. Ridel(1881)에서는 동사적 명사를 구성하는 형태로 보았으며(앞의 4.1.2절 2.1항 참조), Underwood(1890)에서는 관계 분사가 특수한 관계로 한정하는 구성으로 보았고(앞의 5.1.3절 3.4항 참조), Ramstedt(1939)에서는 분사후치 명사의 예로 해석하였다(다음의 5.4.1절 1.7항 참조).

ㄷ. 그 약 먹어셔는 낫지 안겟다.

ㄹ. 은힝소에 가야 돈을 엇겟소.

ㅁ. 죠션 가셔야 알앗소.

그리고 과거 동사적 분사 '야/여'는 의미적으로 주어 또는 목적어와 관련
된다고 하였다.

(72) ㄱ. 남산으로 가셔 꼿츨 엇어 오너라.

ㄴ. 어제 비 와셔 물이 만소.

ㄷ. 늙은이 눈이 어두어셔 칙을 잘 못 보오.

위에서 (72-ㄱ)은 주어의 동반적인 동작과 관련되고 (72-ㄴ)은 원인이나
태도, 수단의 의미를 실현하며, (72-ㄷ)은 목적어와 관련되는 것으로 시간이
나 원인, 조건 등의 의미로 해석된다고 하였다.

또한 '여'는 복합동사(compound verb) 구성에 널리 나타난다고 하면서,
다음의 예를 제시하였다.

(73) 가져오오, 가져가오, 먹어보오, 무러보오, 여러놋소, 올나가오, 올녀두오

미래 동사적 분사 '게'는 과거와 만나는 경우가 절대로 없다고 하면서, 용
법적으로 다음과 같은 특징이 있는 것으로 보았다.

(74) ㄱ. 이 꼿츨 그 ᄋᆞ히 가지게 주오.

ㄴ. 방이 더웁게 셕탄 만히 너허라.

(75) ㄱ. 그 ᄋᆞ히 가게 ᄒᆞ오.

ㄴ. 이 꼿치 보기 됴흐니 사게 하오.

(76) 김 셔방이 오게시리 ᄒᆞ여라.

위에서 (74)는 '게'가 홀로 또는 다른 동사 앞에 쓰이면 일반적으로 주동

사의 동작이 이루어지도록 하는 의미(영어의 'so that, in order that, to')를 나타내며, (75)는 사동 표현을 이루고, (76)은 첨사 '시리'(so as to)와 함께 쓰였다는 것이다.

관계 분사는 영어의 관계절처럼 명사를 수식하는 형용사로서의 지위를 가지며, 각각의 독특한 특성을 지닌다고 보았다. 우선 현재 관계 분사 '는'은 현재시제 형태라기보다는 중동사(즉, 형용사)에는 붙지 않고 능동사(즉, 동사)에만 붙기 때문에 능동 첨사(active particle)라 불리기도 하였으며, '는'의 결합에서는 어간의 형태 변화('ㄹ'로 끝난 어간에서 'ㄹ'이 탈락되는 등)가 발생하기도 한다고 하였다.

> (77) ㄱ. 외국에 가면 아는 사룸이 적소.
> ㄴ. 지금 ᄒᆞ는 사룸 쉬이 굿치겟소.

과거 관계 분사는 의미적으로 피동의 뜻을 지니고 있기 때문에 피동 첨사(passive particle)로 보는 견해도 있었다고 하였다.[84]

> (78) ㄱ. 네가 밧은 편지 어듸 두엇ᄂᆞ냐.
> ㄴ. 이 칼이 네가 엇은 거시냐.
> ㄷ. 씻순 그릇 가져오너라.
> ㄹ. 어제 드론 말이 거즛말이오.

특히 중동사의 과거 관계 분사는 단순히 상태나 조건의 존재를 나타내며, 영어에서 형용사로 번역될 수 있다고 하였다.

> (79) ㄱ. 더웁소(to be hot) → 더운(hot 또는 being hot)

---

84 이러한 과거 관계 분사의 피동성은 Ramstedt(1939)에서는 정중형에 대한 설명의 근거가 되기도 하였다(다음의 6.5.2절 2.7항 참조).

ㄴ. 깁소(to be deep) → 깁흔(deep 또는 being deep)

미래 관계 분사는 과거 관계 분사 'ㄴ'을 'ㄹ'로 바꾸어 성립되는데, 허락이나 능력, 단순 미래의 의미를 지닌다고 하였다.

(80) ㄱ. 일 잘 홀 모군을 불너라.
　　ㄴ. 편지가 왓실 줄 알앗더니 아니 왓소.

미완료 관계 분사 '던'은 진행의 의미를 지닌 '더'에 'ㄴ'이 붙는 것으로, 과거적 의미를 지닌 미완료를 표현한다고 해석하였다.

(81) ㄱ. 어제 왓던 쟝슈가 쏘 왓소.
　　ㄴ. 여러 히 보고 십던 친구가 오눌 왓소.

한편, Underwood(1890:131)에서는 관계 분사 '눈'과 'ㄴ'은 직설법의 단순 시제와 복합 시제 뒤에 붙어 나타나기도 하는데, 특히 이 분사형은 주로 명사를 수식하지만 때로는 '지'나 '나'와 같은 접속적이거나 부사적으로 첨가되는 첨사(particle)와 함께 쓰인다고 하면서 다음의 예를 들었다.

(82) ㄱ. 그 사룸이 갓눈지 알 수 업소.
　　ㄴ. 김 셔방이 왓눈가 가 보아라.

위에서 (82-ㄱ)은 현재 관계 분사 '눈'이 첨사 '지'와 결합하여 '눈지'가 되고 이것은 의미적으로 영어의 'whether'와 관련되며, (82-ㄴ)은 첨사 '가'와 결합하여 '눈가'가 되고 의미적으로는 의심의 뜻을 나타낸다는 것이다.

1.6. Roth(1936)에서는 한국어 동사 활용에서 관계 분사(partizip)는 현재('눈')와 과거('ㄴ'), 미완료('던'), 미래('ㄹ')로 구분하였으며, 앞선 문헌에서처

럼 동사적 분사는 설정하지 않고 종속 접속으로 처리하였다. 그리고 각 분사형의 용법에 대해 서술하였다.

현재분사는 능동사에서 단순 어간에 '는'을 붙여 형성되고('ㄹ'로 끝난 어간은 축약형에), 명사 앞에 오며 곡용하지 않기 때문에 유럽의 언어보다 단순하다고 하였다.

(83) 하다→하는, 먹다→먹는, 알다→아는

특히 이것을 관계절의 형성에 대응하여 서술하였는데, 한국어에는 유럽의 언어(독일어)의 관계대명사에 대응하는 형태가 없으며, 때로는 관계절로 설명되지 않거나 명사절로 해석되는 것도 있다고 하였다.[85]

(84) ㄱ. 저기 오는 사람이 크다.
　　 ㄴ. 내가 기다리는 사람이 의사요.
(85) ㄱ. 내가 성당에 가는 길이요.
　　 ㄴ. 저 사람이 먹는 중이요.
(86) ㄱ. 날마다 비가 오는 것이 좋지 못하다.
　　 ㄴ. 오늘 손님이 오는 것을 압니까?

위에서 (84)는 관계절에 해당하는 것으로, 여기서 관계 명사 '사람'은 (84-ㄱ)에서는 '오는'의 주어가 되고, (84-ㄴ)에서는 '기다리는'의 목적어가 된다고 하였다. 그리고 (85)는 관계절로 해석될 수 없는 특수한 형식이고, (86)에서 '는 것'은 '는'이 '것'과 함께 명사화된 것으로 보았다.[86]

85　한국어의 이른바 관형사형어미는 영어에서 분사형과 관계절에 관련된다. 따라서 한국어의 '자는 아이'는 영어의 'the sleeping child'와 'the child who is sleeping'에 대응한다(송경안, 2019:410-411 참조).

86　이 부분은 한국어의 관형절 형성의 특징과 관련하여 의미 있는 해석이라 할 수 있다(우형식, 2011 참조).

과거분사는 능동사에는 'ㄴ'으로 나타나지만, 중동사는 과거분사 형태가 없다고 하였다. 그리고 과거분사 'ㄴ'과 미완료 과거분사 '던'의 차이에 대해 해석하였다.

(87) ㄱ. 어제 온 사람이 / 내가 본 책
ㄴ. 내가 보던 책 / 내가 하던 일
(88) ㄱ. 답답하던 때에 당신 편지가 왔소.
ㄴ. 우리 부친께서 돌아가시던 날에 내가 종일 울었다.

위 (87)에서 과거분사로 나타난 (87-ㄱ)은 완료된(완전히 끝난) 동작을 표현하고 미완료 과거분사로 나타난 (87-ㄴ)은 아직 계속되는 상태(끝나지 않은 상태)를 표현한다는 것이다. 또한 '던'은 (88-ㄱ)처럼 얼마간 지속되다가 변화된 상태를 표현하거나, (88-ㄴ)처럼 화자 자신이 직접 보았거나 인용하고자 하는 과거 사건을 표현한다고 하였다.

미래분사 'ㄹ'은 다음과 같이 실현되는 것으로 예시하였다.

(89) ㄱ. 가다→갈, 받다→받을, 알다→알('ㄹ'동사)
ㄴ. 하였을, 갔을, 받았을, 하였을 것이다=하였겠다, 하였을런지

위에서 (89-ㄴ)은 과거 뒤에 쓰이는 것의 예에 해당한다. 특히 미래분사 'ㄹ'은 명사와 함께 여러 형식을 구성한다고 하면서 이와 관련되는 상당수의 예를 제시하였다.[87]

(90) ㄱ. 내가 오늘 원산으로 갈 것이다.
ㄴ. 편지 쓸 것이 있소.

---

87 여기서도 '하겠는, 하였는, 하였었는, 할런, 하였을런' 등의 분사형이 의문 첨사 '가'나 '지' 앞에 오기도 한다고 하였다.

ㄷ. 그런 일은 하지 말 것이오.
(91) ㄱ. 할일이, 달리 할 법이 없읍니다.
ㄴ. 여행할 마음 있소.
ㄷ. 나를 도와줄 수 있습니까? 할 수밖에 없다.
ㄹ. 종일 신문을 볼 따름이오.

위에서 (90)은 '것'과 결합하는 것이고, (91)은 '법, 마음, 수, 따름' 등 의존적인 명사와 함께 다양한 의미 구성체를 형성하는 것이다.[88]

1.7. Ramstedt(1939)에서는 동사 활용에서 부정형의 하나로 동명사 (nomina verbalia)를 설정하고, 이를 동사적 형용사와 동사적 명사로 구분하였다.[89] 여기서 동사적 형용사는 앞선 문헌에서 관계 분사를 의미하며, 어형 변화(곡용) 없이 명사를 수식하는 기능을 하는 것으로 해석하고, 현재('는, 는')와 완료('ㄴ'), 미래('ㄹ')로 간단히 구분하였다.

현재분사 '는, 는'은 품질동사에서 쓰이지 않는데, 이것은 형태적으로 보면 완료분사 'ㄴ'이 고형(古形)이고 '는'은 '누'와 '느'를 지닌 2차적 동사의 'ㄴ' 분사형이라고 하였다. 즉, 현재분사는 동사에 '누/느'가 결합한 형태에 'ㄴ'이 결합된 것으로, 실제 분사적 기능은 'ㄴ'에 있다고 해석하는 것이다.[90]

완료분사 'ㄴ'은 동작동사에서는 과거시제를 뜻하지만, 품질동사에서는

---

88 이와 관련하여, '이 음식이 먹을 만하다 / 선생이 너를 칭찬할 뿐 아니라 별도 주겠다 / 죽을 지언정 죄를 범하지 아니하겠소 / 하마터면 수레에 칠 번하였소 / 오늘 올 터이요 / 산에 올라갈 때에 / 가난한 거질 지라도' 등의 예가 더 제시되었다.

89 이것은 분사를 동사적 분사와 관계 분사로 나누었던 앞선 문헌들과 달리 해석한 것이다. 즉, 앞선 문헌에서 동사적 분사로 설정하였던 '아/어'와 '게'에 대해 Ramstedt(1939)에서는 분사가 아니라 부동사로 해석하였다(다음의 5.5.2절 2.4항 참조). 그리고 동사적 명사는 '기'나 'ㅁ/음'으로 활용된 것을 말한다(다음의 5.4.2절 2.4항 참조).

90 결국 '[하+누/늬]'가 2차적 어간에 해당하고, 여기에 'ㄴ'가 붙어 '하는'이 된다는 것이다.

순수히 형용사적으로 해석된다고 하였다.

> (92) ㄱ. 늙은 사람 an aged man
> ㄴ. 나이 만흔 사람 his-age being-many man

미래분사 '르'은 한국어 사전에서 모든 동사를 제시하는 형태로, 의미는 미래이거나 시제에 대한 결정이 없는 것(무시제)인데,[91] 미래분사가 명사 수식에 쓰이면 동작의 방향(direction of action)이 문법적으로 지시되지 않고 문맥에 따라 드러나게 된다고 하였다.

그리고 관계 분사에 의한 관계절 형성에서 관계 명사가 관계절 안에서 나타내는 문법적 기능과 관련하여 다음과 같이 예시하였다.

> (93) ㄱ. 일 하는 사람 (a man who works)
> ㄴ. 사람 하는 일(the work a man does)
> (94) ㄱ. 일 혼 사람 (a man who has worked)
> ㄴ. 사람 혼 일(work done by a man)
> (95) ㄱ. 일 홀 사람(a man who has to work)
> ㄴ. 사람 홀 일(a work to be done by a man)

즉, 관계절 안에서 보면, 관계 명사로 나타난 (93~95-ㄱ)의 '사람'은 주어, (93~95-ㄴ)의 '일'은 목적어가 된다는 것이다.

분사형의 특징과 관련하여, 현재분사로부터 직설법의 '네'와 현재진행의 '는다, ㄴ다'가 파생되었으며, 특히 '는+이다'는 문어투에서는 '이다' 대신에 '이라'가 쓰인다고 하였다.

---

91 이에 따라 초기의 Rosny(1864)와 MacIntyre(1879-1881) 등에서는 동사 활용에서 '르' 종결형을 기본형으로 설정하였다(앞의 5.2.2절 2.1항 참조).

(96) ㄱ. '네' ← 현재분사 '는/는'+첨사 '이' 〈예〉'보네, 먹네'

　　　ㄴ. '는다, ㄴ다' ← 현재분사 '는/는'+'이다'의 축약형

(97) ㄱ. 하는+이라 → 하느니라

　　　ㄴ. 기픈+이라 → 기프니라

그리고 분사형과 함께 의문 첨사 '야, 가'가 쓰이는 것의 예를 제시하였다.

(98) ㄱ. 있는+야 → 있느냐

　　　ㄴ. 보는+야 → 보느냐, 보니

(99) ㄱ. 보+는+가 → 보는가

　　　ㄴ. 보+ㄹ+가 → 볼가 ⇒ 볼까

　　　ㄷ. 먹+을+가 → 먹을가 ⇒ 먹을까

특히 위 (98-ㄴ)의 '보니'는 '보느냐'의 축약형인데, (99)의 경우에는 축약형이 나타나지 않는다고 하였다.

또한 확장된 미래분사(extended future participle)라 하여 'ㄹ런'을 제시하였는데, 이것은 의문 첨사 '지'(fact, thing의 의미)와 함께 'ㄹ런지'의 형태로 쓰인다고 하면서 다음의 예를 제시하였다.

(100) ㄱ. 갈른지 말른지 모르겟소.

　　　ㄴ. 있을는지 아지 못하오.

Ramstedt(1939:109-123)에서는 특별한 분사 후치 명사(special postparticipal noun)라 하고 분사형 뒤에 결합하는 다양한 형식에 대해 서술하였다. 즉, 분사는 모든 유형의 명사와 함께 쓰이는데, 한국어는 인구어에서 종속절이 성립하는 위치에서 분사 뒤에 'thing, fact, moment, case, place, word, while, way' 등의 일반적인 의미(general sense)를 지닌 어떤 명사가 사용되는 특

별한 경향이 있다는 것이다.[92]

그리고 이러한 방식으로 가장 널리 쓰이는 명사의 예를 제시하였는데, 이를 의미와 용례만을 정리하면 다음과 같다.

형태	의미와 용례
'디(데)'	-'place, when, if, as to'의 의미 〈예〉 비 아니 오는데 왜 우산을 가지고 오셨소.
'돌/들'	-'event, case'의 의미 〈예〉 가져온들 쓸데 잇소?
'띠〈때〉'	-'season, time'의 의미 〈예〉 편지 쓸 때 손님이 왔소.
'적'	-'occasion, time, while, when'의 의미 〈예〉 아까 올적 매우 칩습데다.
'즉(則)'	-'moment, case, as far as'의 의미 〈예〉 이것은 다 하엿슨즉 그 다음 것 시작하자.
'지(디, 티)'	-'fact, thing, event'의 의미 〈예〉 죽을지언정 거짓말 하겟소?
'제(際)'	-'time, coincidence, occurrence'의 의미 〈예〉 자네 본 제가 오래요.
'디'	-'accordance, concordance'의 의미 〈예〉 그 아해 보는 대로 가지고 시퍼하오.
'체(體)'	-'body, shape'의 의미 〈예〉 우는 체 한다.
'터'	-'이다'가 붙어 'obligation' 〈예〉 갈 터이오. 당신이 말한 대로 할 터이다.
'돗/듯'	-'similarity'의 의미 〈예〉 저 사람 알 듯하다.
'양(樣), 모양(模樣)'	-'manner, fashion'의 의미 〈예〉 지금 읽을 모양이오.
'고(故)'	-'reason, cause'의 의미 〈예〉 이 일은 하겟난 고로 다른 일을 못하겟소.
'까닭'	-'reason'의 의미 〈예〉 눈이 온 까닭에 아니 왔다.
'수'	-'있다/없다'와 함께 쓰여 'can, might' 〈예〉 갈 수 있소(업소).
'만'	-'하다'와 함께 쓰여 'worth while to, able to' 〈예〉 이 책 볼 만하다.
'것/게':	-'piece, bit, thing, object'의 의미 -가장 넓은 의미로 구체적이거나 추상적인 'thing'을 뜻한다.

---

92 이러한 경향에서는 명사는 격 어미(case ending) 없이, 즉 무표격으로 쓰이는데, '고로'와 '대로'는 예외적으로 구격 형태가 쓰인다고 하였다.

근대 시기 서양인의 한국어 문법 연구

'일'	-'이다' 앞에 와서 'should, must, ought to' 〈예〉 노형이 편지 쓸 일이오.
'이'	-'something, one, man'의 의미 〈예〉 가난 이가 누구시오?
'자(者)'	-'person, personality'의 의미 〈예〉 저 일 하난 자 누구요?
'바'	-'place, point, side, object'의 의미 〈예〉 아는 바가 무엇이오?
'줄'	-'line, ruler, thinking, knowing'의 의미 〈예〉 간 줄을 알앗다. / 간 줄로 알앗다.
'말'	-'word, speech'의 의미 〈예〉 갓다 한 말 들엇소.
'번(番)'	-'turn, occasion'의 의미 〈예〉 도작 만나 죽을 번 하엿다.
'세'(勢)	-'state, condition, circumstance'의 의미 〈예〉 먹을세라 -'이다'가 붙어서 정중체를 형성한다. 〈예〉 그럴 세다.
'새'	-'while, during'의 의미 〈예〉 밥 먹을 새 도작이 침방에 드러왓소.
'스록/ 새록/ 수록'	-'the more ...... the more'의 의미 〈예〉 조흔 노래는 들을수록 듣고 십소.
'법(法)'	-'law, custom'의 의미 〈예〉 약을 만히 먹을 법 업소.
'때문'	-'in the purpose of, because of'의 의미 〈예〉 배홀 때문에 책을 사 왓다.
'차(次)로'	-'in order to'의 의미 〈예〉 책을 베낄 차로 조희를 사로 갓소.
'길'	-'during, while'의 의미 〈예〉 물건을 사 오난 길 내 집으로 오오.
'중(中)'	-'middle, mid'의 의미 〈예〉 신문 보난 중에 잣다.
'전(前)'	-'the fore, before'의 의미 〈예〉 그 이가 내 올 전에 갓다.
'후(後)'	-'after'의 의미 〈예〉 이 책을 본 후(후에) 날 주어라.
'동'	-'to hesitate between doing and not doing'의 의미 〈예〉 갈 동 말 동 하엿다.
'지경(地境)'	-'if it really concerns'의 의미 〈예〉 갈 지경이면 나도 가겟소.
'뿐'	-'only, solely'의 의미 〈예〉 낙지와 문어는 대소가 다를 뿐이다.
'마음(맘), 생각, 뜻'	-'intention/hope'의 의미 〈예〉 중국을 갈 마음이엇소. 일본 갈 뜻이 업소.
'즈음'	-'when about to'의 의미 〈예〉 갈 즈음(즈음에) 누가 왓소.

위에서 제시된 것 외에도 몇 가지 형식을 추가하기도 하였다. 예를 들

어, '것'은 미래분사형 뒤에서는 'thing that one has to, ought to, should, must, has to'의 뜻으로, 해야 할 의무(duty)를 나타내서 때로는 '을 것이다'가 '을 터이다'와 같은 의미가 되며, '것+을→'걸'로 줄면 서술어가 생략되어 영탄적으로 쓰이기도 한다고 하였다.

> (101) ㄱ. 이 책 내가 볼 것이다.
> ㄴ. 조흔 걸. / 없는 걸. / 없을 걸.

그리고 '이'는 특이하게도 고어(古語)에서는 종결평서형 분사 '이라'와 함께 쓰였다고 하면서 다음의 예를 제시하였다.

> (102) ㄱ. 가난+이+이라 → 가난이라 → 가나니라
> ㄴ. 할+이+이라→할이라→하리라
> (103) ㄱ. 갑난+이+이다 → 갑난이다 → 갑니다
> ㄴ. 갑난+이+일까 → 갑난이까 → 갑니까

위에서 (103)과 같이 분사형과 '이'가 결합한 형태가 축약되어 정중체의 형성에 참여하였다고 해석하였다.

Ramstedt(1939)에서는 이러한 분사 후치 명사의 용법은 한국어의 가장 두드러진 특징 중의 하나인데 이것을 통해 문장은 어떤 길이로까지 계속될 수 있다고 하면서, 한국어에는 비록 접속사가 없지만 이러한 결합(접속)이 요구될 때 다소간 독립적인 구(phrase)를 밀접하게 묶을 수 있는 다른 수단들이 풍부히 존재한다고 하였다.[93]

---

93 이러한 현상에 대해 오늘날의 관점에서 보면 명사구 접속으로 해석될 수 있는 것이기도 하다(우형식, 1996 참조).

근대 시기 서양인의 한국어 문법 연구

5.4.2. 동명사형의 설정

동명사(gerund)는 분사(participle), 부정사(infinitive)와 함께 부정형(비시제동사)의 하나에 해당한다(『영어학사전』, 1990:496 참조). 동명사는 동사가 명사적으로 쓰이는 것(동사의 의미를 지니면서 명사의 기능을 하는 것)을 지칭하는데, 영어에서는 'ing'형으로 나타나서 형태적으로는 현재분사형과 중복된다(이환묵, 1999:489 참조).

서양인의 한국어 문법 기술에서는 그들 각각의 언어에 따라 한국어에서의 동명사 형태와 용법에 대해 해석하였다. 여기서 동명사의 범위에 대한 해석의 차이가 있었으며, Ramstedt(1939)에서처럼 분사형을 동명사에 포함되는 것으로 보기도 하였다.

2.1. Dallet(1874)에서는 동사가 명사로 쓰이는 경우에는 과거 관계 분사 'ㄴ'을 'ㅁ'으로 바꾸는 것('홈': '홈이, 홈으로')과 어간과 동사적 분사에 '기'를 덧붙이는 것('ᄒᆞ기': 'ᄒᆞ엿기, ᄒᆞ겟기')의 두 가지가 있으며, 이들은 명사처럼 어미변화(곡용)를 한다고 하였다. 즉, 분사형을 기준으로 하여 동명사형의 'ㅁ'은 과거 관계 분사, '기'는 동사적 분사와 관련하여 해석한 것이다.

Ridel(1881)에서도 동사적 명사를 형성하는 것으로 'ㅁ'과 '기'를 제시하였는데, 그 해석은 Dallet(1874)와 대동소이하다.

> (104) ㄱ. 노타→노흔→노흠 / 일타→일흔→일흠
> ㄴ. ᄒᆞ기-ᄒᆞ엿기-ᄒᆞ겟기

위에서 (104-ㄱ)은 과거 관계 분사 'ㄴ'을 'ㅁ'으로 바꾼 것이고, (104-ㄴ)은 어근과 동사적 분사에 '기'를 덧붙인 것으로 회화체에서 쓰이는 것으로 보았다.

2.2. Scott(1887)에서는 동사적 명사(verbal noun)의 형성을 동사 어근에

명사 어미(noun ending) 'ㅁ'과 '기'가 붙는 것으로 해석하였다. 이것은 과거 관계 분사와 동사적 분사를 중심으로 하여 형태가 교체되는 것으로 해석한 앞선 Dallet(1874)와 Ridel(1881)과는 달리 어미의 첨가에 의해 동명사가 형성되는 것으로 보았다는 특징이 있다. 특히 '기'의 경우, '됴타, 쉽다, 어렵다' 앞에서는 '기'만 붙는다고 하였다.

> (105) ㄱ. 훔, 봄 / 후기, 보기
> ㄴ. 길 가기 어렵다 / 말 후기 쉽다 / 산 보기 됴타

Scott(1893)에서는 초판 Scott(1887)에서처럼 동사적 명사형으로 'ㅁ'과 '기'를 제시하였는데, 'ㅁ'은 추상적인 의미적 특징이 있고, '기'는 영어의 현재분사형(ing)에 대응된다고 하였다.

그리고 다음과 같은 '줄' 결합형과 '질, 노릇' 결합형을 동사적 명사형을 구성하는 것에 추가하기도 하였다.

> (106) ㄱ. 일 홀 줄 몰나.
> ㄴ. 그 비 니일 올 줄노 넉이오.
> (107) ㄱ. 도적질, 역적질, 걸네질, 바느질
> ㄴ. 사공노릇, 포슈노릇

위에서 (106)은 관계 분사에 '줄'이 붙은 것으로, (106-ㄴ)처럼 구격이 붙어 '줄로'로도 쓰이며, 주로 '알다, 넉이다, 짐작하다' 등과 공기한다고 하였다. 그리고 (107)은 '질, 노릇' 등이 동사성 명사 뒤에 붙어서 동작이나 직업, 일 등의 의미를 나타낸다고 하였다.[94]

---

94 이에 대해 초판인 Scott(1887:54)에서는 분사적 명사로 해석하였다(앞의 5.4.1절 1.4항 참조).

2.3. Underwood(1890)에서는 동사적 명사(verbal noun)를 어간에 붙은 과거 관계 분사 'ㄴ'을 'ㅁ'으로 대체하는 것과 어미를 '기'(latter supine)로 대체하는 것 두 가지로 해석하였다.

(108) ㄱ. 밋소→밋은→잇음 / 닛소→니존→니좀 /
　　　아룸답소→아룸다온→아룸다옴
　　ㄴ. ᄒ기, ᄒ엿기, ᄒ겟기, ᄒ엿겟기

이는 과거 관계 분사를 중심으로 해석한 것이다. 특히 '기'에는 '는, 에, 도' 등의 후치사가 붙어 원인, 태도 등의 의미를 실현하기도 한다고 하면서 그 예를 제시하였다.

(109) ㄱ. 그 집이 됴키는 됴흐나 조곰 작소.
　　ㄴ. 그 사룸이 의원을 만낫기에 살앗소.
　　ㄷ. 미국은 릐일 쩌나기로 작뎡ᄒ엿소.

위에서 (109-ㄱ)의 '기는'은 'lack of interest, doubt as to the result'의 의미로, (109-ㄴ)의 '기에'는 'causal effect'의 의미로 쓰이고, (109-ㄷ)의 '기로'는 영어의 'to' 부정사와 유사한 기능을 한다고 하였다.

2.4. Ramstedt(1939)에서는 동명사(nomina verbalia)라 하여 그 안에 동사적 형용사(verbal adjective)와 동사적 명사(verbal substantive)의 두 종류가 있다고 하였다. 이들은 다른 문헌과 대조하면 전자는 분사에 해당하고, 후자는 동명사에 해당한다(앞의 5.4.1절 1.7항 참조).

여기서 동사적 명사는 동사 어간에 다양한 접미사가 붙어 형성되는 것으로 특히 '기'와 'ㅁ/음'을 강조하였다.[95] 우선 '기'는 동사의 의미가 명사 형태로 표현되는 것으로, 동작성과 상태성 그 자체를 의미하며, 모든 격으로 곡용된다고 하였다.

> (110) ㄱ. 보기도 조코 먹기도 맛이 있소.
> ㄴ. 조키는 좃소.
> ㄷ. 가기는 가도 도라오지는 못하리라.
> ㄹ. 오기도 하고 가기도 한다.
> (111) ㄱ. 너희 가기에 나도 가겟소.
> ㄴ. 그 사람이 힘 세기에 오래 살 줄 알앗소.
> (112) ㄱ. 그이가 말 하기를 이 번에는 꼭 든다고 하엿소.
> ㄴ. 이 물건을 사기로 작정하엿소.

위에서 (110)은 주격, (111)은 처격, (112-ㄱ)은 대격, (112-ㄴ)은 구격으로 쓰인 예이다.

그리고 '기'는 구격과 처격이 복합적으로 결합하여 '길래'가 되는데, 이것은 'cause' 또는 'purpose'의 의미를 지닌다고 하였다.

> (113) 자복하길래 용서하엿소.

다음으로 'ㅁ/음'은 구체적 또는 추상적 동작이나 그 결과를 뜻하며, 모든 격으로 쓰이는데, 문장 끝에서 공식적이고 지시적인 뜻으로 쓰인다고 하였다.

> (114) ㄱ. 믿음이 사랑함만 같지 못합니다.
> ㄴ. 그러함으로

---

95 이에 더하여 '이'와 '오/우'를 제시하기도 하였는데, '이'는 명사 또는 부사가 되고, '오/우'는 명사라기보다는 부사 파생에 해당되는 것이었다.
  (1) ㄱ. 놀이(놀다), 들이(들다), 몰이(몰다), 거리(걷다), 잡이(잡다), 노피(놉다), 만히(만타)
  ㄴ. 가로/갈다 자로/잘다 도로/돌다 모도/몯다

근대 시기 서양인의 한국어 문법 연구

또한 여기서 '며, 면, 면서' 등이 나타난다든지, 다음과 같은 다양한 형태가 나타나기도 한다고 하였다.

> (115) ㄱ. 봄즉하다, 먹음즉하다
>   ㄴ. 믿음, 봄, 잠(자다), 꿈(꾸다), 노름(놀다), 살림(살리다), 고름(괴다)
>   ㄷ. 짜르막

위에서 (115-ㄱ)은 'ㅁ즉하다'가 형성되는 예이고, (115-ㄴ)은 파생명사를 형성하는 것이며, (115-ㄷ)은 '악, 억'이 붙은 형태를 뜻한다.

2.5. 그런데 동사적 명사의 특징을 기술하면서 'gerundive' 또는 'supine' 등의 용어로 일부 활용형을 구분하는 경우도 있었다.[96] 이것은 인구어의 이른바 'to 부정사'의 관점에서 한국어 동사의 활용형을 해석하려는 의도였던 것으로 보인다.

Scott(1887)에서는 'gerundive form'이 '아라, 으라, 오라, 으러, 흐라, 흐러, 흐라, ㄹ라, ㄹ러, 려' 등이 동사 어근에 붙어서 형성되며, '간다, 온다' 앞에서 쓰인다고 하였다.

> (116) ㄱ. 시 잡으라 갓소.
>   ㄴ. 아모 일 흐려 왓소.
>   ㄷ. 칙 가질너 갓다.
>   ㄹ. 돈 갑흐러 온다.

즉, 목적의 의미를 지닌 '러'계열의 연결어미를 해석하기 위해 라틴 문법

---

96 'gerundive'는 라틴어에서 동사적 형용사를 뜻하는 것으로 동사가 의미하는 동작에 대한 욕망을 표현하는데, 주격에서는 적합성이나 의무를 표현하고 다른 격에서는 미래피동분사(future passive participle)로서 기능한다고 한다(「The American Heritage College Dictionary」, Boston: Houghton Mifflin Company, 2002:583 참조).

개념인 'gerundive'를 설정한 것이다.[97]

또한 재판인 Scott(1893)에서는 'gerundive'에 '라, 러'와 '랴, 려'를 들면서, 이들은 미래분사 'ㄹ' 대신에 쓰이는데, 여기서 전자는 이동동사와 쓰여 이동의 대상을 뜻하고, 후자는 '하다'와 쓰여 '랴 ᄒ다', '려 ᄒ다'가 되며 의도나 목적을 나타낸다고 하였다.

> (117) ㄱ. 시 잡으러 갓소.
> ㄴ. 물건 가질너 보내엿소. ('ㄹ' 첨가 현상)
> (118) ㄱ. 오늘 무엇 ᄒ려고 왓소.
> ㄴ. 언제 집에 가려 ᄒᄂ냐

특히 위 (118-ㄱ)의 경우는 연결 접속사(copulative) '고'가 붙어서 두 개의 종속절을 구성하는 것으로 보았다.

한편, Underwood(1890)에서는 선행 부정사(former supine)라 하여 라틴어의 이른바 목적 분사 'supine in um'에 대응되는 것으로,[98] 동사 어간에 '러' 또는 '라'(자음 뒤에서는 '으러' 또는 'ᄋ러')가 첨가되어 주로 이동동사와 쓰여서 동작의 목적을 나타낸다고 하였다.

> (119) ㄱ. 릭일 일ᄒ러 오너라. (to work)
> ㄴ. 칙 가질너 왓소. (to get the book)

또한 희원동사(desiderative verb)라 하여 한 항목을 설정하고 이에 대해 '랴 고 ᄒ오'와 '고져 ᄒ오' 또는 '고자 ᄒ오'를 제시하였다(앞의 5.3.3절 3.1항 참조).

---

97 이은령(2012)에서는 라틴 문법의 전통에서 'gerundive'는 목적성을 표현하지만 동사성 형용사인 데 반해, '러'의 기능을 기술하기 위해 'gerundive'의 본래의 문법적 개념과는 달리 목적성이라는 의미적 특징만을 선택적으로 적용한 것으로 보인다고 하였다.
98 이것은 내포된 절의 동작에 비해 주절의 동작이 시간상 앞서는 것과 관련된다.

근대 시기 서양인의 한국어 문법 연구

(120) ㄱ. 먹으랴고 ᄒᆞ오

ㄴ. 자랴고 ᄒᆞ오

(121) ㄱ. 지금 셔울 잇셧셔 김셔방을 보고져 ᄒᆞ오.

ㄴ. 죠션 공ᄉᆞ와 의론 ᄒᆞ고져 ᄒᆞ오.

이 둘은 의미적으로 구분되는데, (120)의 '랴' 또는 '려'는 'desire, wish'의 의미를 지니고, (121)의 '져' 또는 '쟈'는 목적(purpose)과 의도(intent)가 더 두드러진다고 하였다.[99] 그리고 희원동사를 구성하는 '랴'는 기본적 활용에 해당하는 것으로 접속사 '고'는 생략이 가능하다고 하였다.

5.4.3. 정리

동사의 활용에서 분사형과 동명사형은 비한정적인 용법과 관련된다. 우선 분사형과 관련하여 보면, 서양인의 한국어 문법 기술에서는 동사 활용형의 하나로 분사를 설정하고, 그 기능에 따라 동사적인 것(동사적 분사)과 형용사적인 것(관계 분사)으로 나누었다. 여기서 후자는 일반적으로 대부분의 문헌에서 보편적으로 기술되었는데, 전자는 전면적인 것이 못 되고 초기의 Dallet(1874)나 Ridel(1881)에서 비롯되어 Underwood(1890)에서 일부 언급되었다. 이러한 동사적 분사는 과거의 '아/어'와 미래의 '게'로 구분되었으며, 이들이 각각 '앗'과 '겟' 등의 시제 형태를 형성하거나 접속형이나 복합동사 구성에 나타나는 것으로 해석하기도 하였다.

관계 분사는 대부분의 문헌에서 다루어졌으며, 현재의 '는'과 과거/완료의 'ㄴ', 미래의 'ㄹ', 그리고 미완료의 '던' 등이 설정되었는데, 미완료에 대

---

99 MacIntyre(1879-1881)에서는 서법의 하나로 기원법(optative mood)을 설정하고, 이에 해당하는 것으로 '가고쟈, 가리어' 등을 예시한 바 있다(앞의 5.3.2절 2.4항 참조). 한편, 이에 대해 Ramstedt(1939)에서는 '의도'의 뜻을 지닌 부동사형으로 해석하였다(다음의 5.5.2절 2.4항 참조).

한 해석은 문헌에 따라 차이가 있었다. 이러한 관계 분사는 관계절의 형성과 관련하여 해석하였으며, 특히 Ramstedt(1939)에서는 관계 분사가 이른바 분사 후치 명사와 결합하여 다양한 문법적 기능과 의미를 표현하는 현상에 대해 깊이 있게 서술하였다(우형식, 1995; 1996 참조).

동명사와 관련하여서는 Dallet(1874) 이후 거의 모든 문헌에서 'ㅁ, 기'를 명사를 형성하는 형태로 설정하였다. 이도 역시 당시 그들 언어의 성격을 반영하는 것이었는데, 초기의 Dallet(1874)와 Ridel(1881)에서는 'ㅁ'은 과거 관계 분사 'ㄴ'과, '기'는 미래 동사적 분사 '게'와 관련되는 것으로 해석하였다. 그리고 이후 영어를 바탕으로 하는 Scott(1887, 1893)과 Underwood(1890)에서는 '러 가다'의 '러'와 같이 이동동사와 결합하여 이동의 목적을 표현하는 활용형을 'gerundive'라 하고 '랴고/고져 ᄒᆞ오'로 표현되는 것을 희원동사라 하여 일반적인 동명사(gerund)와는 달리 구별하는 관점을 취하기도 하였다. 한편, Ramstedt(1939)에서는 동명사를 넓게 해석하여 일반적인 동명사로서의 동사적 명사와 함께 동사적 형용사로서의 관계 분사까지도 이에 포함되는 것으로 해석하기도 하였다.

5.5. 접속형

5.5.1. 접속형의 해석

인구어에서는 동사의 서술 형식과 관련되는 서법(mood)을 직설법과 명령법, 접속법으로 구분하기도 한다(다음의 6.2.1절 1.1항 참조). 여기서 접속법은 한 사람의 말을 간접적으로 인용하거나 문장 내용을 사실이 아니라 희망이나 가능, 의혹, 가정적 조건 등 주관적인 관점으로 서술하는 형식에 해당한다. 즉, 접속법은 불확실한 것이나 비현실적인 것을 서술하는 것을 지칭하는 것이다. 이런 관점에서 프랑스어의 경우, 접속법(subjonctif)은 서법의 하나로서, 실제로 이루어졌거나 이루어지거나 이루어질 사실을 나타내지 않고 머릿속에 생각한 것 또는 갈망하고 이루어져야 한다고 생각하는 동작이나 상태를 나타내는 것으로 해석한다(방곤 외, 1993:162 참조).

그런데 영어에서는 둘 이상의 단문을 결합하여 더 큰 문장을 만드는 것을 접속(conjunction)이라 하고 대등 접속과 종속 접속으로 구별한다. 대등 접속에서는 구성요소들이 같은 등급에 있는 성분인 반면에, 종속 접속에서는 그 단위들이 계층을 형성하며 종속된 것은 상위 단위의 하나의 성분이 된다(『영어학 사전』, 1990:252 참조).

이러한 해석의 차이에 따라 서양인의 한국어 문법 기술에서는 접속법에 대해 서법의 하나로 처리하는 것과 문장 확대의 하나로 해석하는 견해가 있었다. 즉, 접속을 프랑스어와 독일어에서처럼 서법의 하나로 볼 것인지, 아니면 영어에서처럼 동사 연결에 의한 문장 확대(복문 구성)의 문법적 기제로 볼 것인지에 차이가 있었던 것이다.

5.5.2. 시기별 분석

2.1. 프랑스어 문법에 기반한 Ridel(1881)에서는 Dallet(1874)에서와 같이 한국어 서법의 하나로서 접속법을 설정하지 않았으나(앞의 5.3.2절 2.1항 참조), 프랑스어의 가정법(éventuel)에 대응하는 것으로 '면'과 '거든'을 제시하였다. 여기서 '면'은 명사적 분사형에서 변화한 것으로 단순 조건(simple condition) 가정에 해당하고, '거든'은 직설법 미래에서 변화한 것으로 회의적(dubitatif) 가정에 해당하는데, 이 둘 사이의 뉘앙스의 차이를 분간하기는 쉽지 않다고 하였다.

(122) ㄱ. (후다) 홈이→후면('ㅁ이'→'면')
　　　ㄴ. (븟다) 부음이→부으면('ㅁ이'→'면')

(123) ㄱ. (ᄒ다) ᄒ겟다→ᄒ거든('겟다'→'거든')

ㄴ. (믄돌다) 믄돌겟다→믄돌거든('겟다'→'거든')

그리고 이들의 시제는 직설법 '다'대신 '면, 시면, 더니, 더면'으로 바꿔 쓰면 된다고 하면서 활용의 예를 도표로 제시하였는데, 'ᄒ다'와 '죽다, 노타'의 경우로 정리하면 다음과 같다.

구분	'ᄒ다'	'죽다'	'노타'
현재 조건	ᄒ면/ᄒ시면	죽으면	노ᄒ면
과거 조건	ᄒ여시면/ᄒ셔시면	죽어시면	노하시면
대과거 조건	ᄒ겟시면/ᄒ시겟시면	죽겟시면	노켓시면
과거미래 조건	ᄒ엿겟시면/ᄒ셧겟시면	죽엇겟시면	노핫겟시면
반과거 조건	ᄒ더면/ᄒ시더면	죽더면	노터면
조건적 조건	ᄒ겟더면/ᄒ시겟더면	죽겟더면	노켓더면
조건적 과거 조건	ᄒ엿겟더면/ᄒ셧겟더면	죽엇겟더면	노핫겟더면
현재 불확실한 의심	ᄒ거든/ᄒ시거든	죽거든	노커든
반과거 조건적 의심	ᄒ엿거든/ᄒ셧거든	죽엇거든	노핫거든
미래 불확실한 의심	ᄒ겟거든/ᄒ시겟거든	죽겟거든	노켓거든
과거미래 조건적 의심	ᄒ엿겟거든/ᄒ셧겟거든	죽엇겟거든	노핫겟거든

2.2. Scott(1887)에서는 동사의 활용에서 조건형(conditional)을 설정하고, 이에 해당하는 것으로 '면'과 '거든'을 제시하였다. 그런데 재판인 Scott(1893)에서는 조건형 대신에 접속형을 설정하였으며, 조건이나 시간, 이유, 양보 등의 의미나 때로는 여러 구두법(punctuation)을 뜻한다고 하였다(앞의 5.3.2절 2.6항 참조). 이와 관련하여 접속형으로 제시된 용례를 정리하면 다음과 같다.

근대 시기 서양인의 한국어 문법 연구

의미	형태와 용례
조건(conditional)	'면, 거든' 〈예〉 '홀→ᄒ면, ᄒ거든'
원인(causal)	'니/더니, 니까, 니깐드르'
대조(adversative)	'마ᄂ' 〈예〉 'ᄒ다마ᄂ, ᄒ지마ᄂ'
양보(concessive)	'나, 디, 도, 거니와, 지라도'
선택(deliberative, alternative)	'나, 거나, ᄂ가, ᄂ지, 던지, 지, 넌지'
제한적 조건(restrictive conditional)	'야' 〈예〉 'ᄒ여야'
일시적(temporal)	'다가, 면서'

2.3. Underwood(1890)에서는 동사의 활용형을 크게 기본적인 것과 접속형(conjunction)으로 구분하였다(앞의 5.3.3절 3.1항 참조). 이것은 접속형을 서법(mood)과 구별되는 다른 범주(복문 구성)로 해석한 것이었다.

그리고 접속을 이루는 활용 형태(연결어미)를 독립 품사인 접속사로 분류하고, 접속형은 동사와 접속사가 결합된 형식(어떤 의미에서는 단어 결합 형태)으로 동사 연결에 의해 복문을 구성하는 기능과 관련되는 것으로 해석하였다. 그리고 각각의 접속사 형태에 대한 용례를 제시하였는데, 간략히 정리해 보면 다음과 같다.

형태	의미와 용례
'면'	-조건, 현실에 반대되는 가정, 'if' 〈예〉 물을 사면 ᄉ인교ᄂ 쓸디 업소.
'거든'	-조건, 의심과 비개연성, 'in case, supposing that' 〈예〉 오놀 병이 낫거든 리일 가겟다.
'니'	-많은 논의의 근원이 되는 것, 'whereas, considering that' 〈예〉 리일 공부 ᄒ겟시니 일즉 오시오.
'닛가'	-이유, 어떤 일이 일어난 것에 대한 설명, 'because' 〈예〉 그 하인이 일을 잘 ᄒ닛가 여러 히 집에 두엇소.
'길니'	-원인, 'because' 〈예〉 그 놈이 공연이 내게 욕ᄒ길니 옥에 가도앗소.
'나'	-양보, 'though, although' 〈예〉 말은 잘 ᄒ나 일은 잘못 ᄒ오.

'거니와', '디(되)', 'ㄴ둘'	-역접, 'although, however' 〈예〉 이 싱션을 먹거니와 일홈은 모르겟소. 고양이는 만흐디 쥐는 아니 잡소. 죽은 후에 약을 가져온둘 쓸디 잇느냐
'마는'	-'but, however' 〈예〉 됴키는 됴타 마는 갑시 만타.
'거나'	-'whether --- or' 〈예〉 먹거나 굼거나 싱각대로 호오.
'거눌'	-문어투, 'when, after, since, as' 〈예〉 친구가 죽겟다 ᄒ거눌 엇지 아니 갈수가 잇스리오.
'며'	-단순 연결, 'and' 〈예〉 밥을 먹으며 공부 홀수 잇느냐.
'고면/고만/고면'	-놀람, 비난, 'at the time that, though' 〈예〉 지금 비가 오는 고면 아니 온다고 ᄒ느냐.
'도'	-양보, 'though, although' 〈예〉 지금 가도 그 사롬 볼 수는 업소.
'지', '가'	-의심, 주저함 〈예〉 오놀 오는지 모르겟소. 어제 왓는가 알수 없소.
'지라도'	-강한 양보, 'though, even though' 〈예〉 다시 오라고 홀지라도 아니 오겟소.
'디'	-'when, whereas, though at the time' 〈예〉 비가 오는디 웨 가오.
'고'	-단순 연결, 'and' 〈예〉 어제 가고 오놀 쏘 갓소.
'고나', '그리아'	-감탄, 놀람, 'why!' 〈예〉 비가 어제도 오더니 오놀도 오는고나. 김셔방이 어제 죽엇소 그리아.
'다가'	-중간, 'while, at the time that, but' 〈예〉 셔울 오다가 김셔방을 맛낫소.
'면셔'	-동시 동작, 'while' 〈예〉 칙 보면셔 담비 먹소.

2.4. Ramstedt(1939)에서는 동사 활용형을 정형과 부정형으로 구분하고, 부정형의 하나로 부동사(converbalia, 副動詞)를 설정하였으며, 여기서 부동사는 문장이 종결되지 않고 주동사가 뒤따라오는 동사 활용형으로 보았다 (앞의 5.3.4절 4.2항 참조). 즉, 인구어에서는 일상적 접속사에 의해 두 개의 동사가 이어지지만 한국어에서는 모든 알타이어와 같이 접속사가 없고 특별한 형식(즉, 부동사형)으로 동사가 연결된다는 것이다.

근대 시기 서양인의 한국어 문법 연구

부동사형을 구성하는 동사 연결 형태는 동사 어간에 접미사가 붙는 단순형과 조동사가 사용되거나 접사가 첨가된 동사에 명사가 사용되는 복합형으로 구분된다고 하였는데, 해당되는 예를 정리하여 보면 다음과 같다.

(124) ㄱ. 단순형: '고, 아/어, 게, 자, 지'
　　　ㄴ. 복합형: '랴/려(라/러), 니, 나, 거늘, 다가, 대, 되, 도록, 며, 면서, 면,
　　　　　　거든/거던'

그리고 한국어에서 나타나는 다양한 형식의 동사 연결 구성에 적절한 라틴어 명칭을 찾기 어렵지만, 각각 형태의 의미와 구성, 용법에 대해 임시적인 명칭을 사용하여 서술한다고 하였다. 이에 대해 주요 의미와 용례를 중심으로 간략히 정리하면 다음과 같다.

형태	의미와 용법
'고'	-현재(presentis) -동등하게 중요함을 뜻하는 대등 접속을 구성한다. -'이다'일 때는 '이고'>'이오'가 되며, 첨사가 붙어 '고서' 등으로 쓰인다.
'아/어'	-완료(perfecti) -뒤따라오는 동작에 대한 앞선 동작을 의미한다. 〈예〉가 보아라. -첨사 '서'가 붙어서 '아서/어서'가 된다. -후행 동사가 생략될 때 문장이 종결되지 않은 것으로 인식된다.(반말) 　〈예〉 먹어 : 먹어요 / 하야(하야, 해) : 해요
'게'	-미래(futuri) -'어'가 선행이라면 '게'는 후행 부동사형이 된다. 　〈예〉 바람이 오게 문을 열었다. -'게 하다'형으로 쓰여 작위동사가 되게 한다. 〈예〉 죽게 하다. -문장 끝에 쓰여 요청(precative)의 의미 〈예〉 잘 잇게나. -'게시리' 형식 〈예〉 보게시리 가거라.
'자'	-순간(momentanei) -동시적, 첫 번째 동작 뒤에 즉시 일어나는 것을 뜻한다. 　〈예〉 내가 가자 아히들이 다라갓다.

'지'	-부정(negationis) -'하다'와 함께 쓰여 부정이 된다. 〈예〉 가지 못한다. / 가지 아니한다. -'를'이 붙어 '지를'(줄어서 '질')이 되고, 첨사 '는'과 '도'가 붙기도 하는데, '지도'에서 '지'가 줄기도 한다. 〈예〉 먹지도 못한다. / 먹도 못한다. -'마라, 말다'와 쓰인다. 〈예〉 가지 마라. / 가지 말아라.
'랴/려 (라/러)'	-의도(destination) -일종의 supinium에 해당한다. 〈예〉 무엇을 하려 오난야.
'니'	-전제(premissi) -전제-결과의 논리적 연결 〈예〉 오날 날이 조흐니 소풍하랴 나가겟소. -'더니'와 '거니'의 형성 〈예〉 집을 지엇더니 화재를 만낫소. -'까'가 붙어 '니까'가 되고 인과 관계를 표현한다. 〈예〉 날이 {더우니까, 더우니까니, 더우니깐드르} 밖에 가지 못하오.
'나'	-허락/허용(admissi) -무시(carelessness)의 의미 〈예〉 조흐나 갑시 만소. -'이다'의 활용형 '이나'는 조사가 되기도 한다. 〈예〉 차나 자시오. -대략(about)의 시간이나 양 〈예〉 얼마나, 언제나 오겟소? -'나'+'아마'(possibly)⇒'나마' 〈예〉 조흐나마 갑시 만소. -'게'+'이니, 이나'⇒'거니, 거나' 〈예〉 살거나 죽거나 인제 가겟소. -'거니'+후치사 '와'⇒'거니와' 〈예〉 노형은 그리하거니와 나는 그리 아니 하겟소.
'거늘'	-대조(contrapositi) 〈예〉 친구가 죽겟다고 하거늘 어찌 아니 갈 수 있으리오.
'다가'	-변화(muttationis) 〈예〉 자다가 일어낫다. / 미국 가려다가 아니 갓소. -'다가'에서 '가'는 떨어질 수 있다. 〈예〉 오다 가다 하엿다.
'대/듸'	-인용/예시(citation) 〈예〉 성경에 일럿시듸, 가라샤듸
'되'	-되돌아봄(respectus) 〈예〉 고양이는 만흐되 쥐는 아니 잡소.
'도록'	-효과/능률(m efficiendi) 〈예〉 옷을 입도록 만드라 주시오.
'며', '면서'	-동시(dumtempoale) 〈예〉 밥을 머그며 신문 본다. -'면'(조건)+'서'(〈셔〈이셔)⇒'면서' meanwhile의 의미
'면'	-조건(conditionle) 〈예〉 비가 오면 못 가겟소.
'거든/ 거던'	-가정(hypotheticum) 〈예〉 비가 오거든 문을 다다라 -종결 형식으로도 쓰인다.[100] 〈예〉 조커든

---

100 '거든'이 종결형으로 쓰이는 것과 관련하여 한국어에서는 비종결 문장이 영탄적 표현
을 나타내는 것으로 쓰이기도 한다고 하였다.

근대 시기 서양인의 한국어 문법 연구

그 밖의 것으로 명사형 'ㅁ'+'에/애'(처격)로 형성된 '메/매', '기'+'ㄹ래'
로 형성된 '길래'(북부 방언), 동사적 후치사에 의한 연결형 (완료 부동사형)
'부터'를 제시하였다.

2.5. 접속형에 대해 접속문 형성의 통사적 관점에서 해석하기도 하였다.
우선 Underwood(1890)에서는 한국어 접속사에 의해 접속문이 형성되는 것
으로 보았는데, 접속사를 단어나 구를 연결하는 대등적인 것(co-ordinate)과
주절에 의존하여 연결하는 종속적인 것(subordnate)로 구분하였다(앞의 3.3
절 3.6항 참조). 그리고 이들 각각에 해당하는 형태들을 예시하였다.

'와/과'	-	
'밋'	-문어적	
'고'	-동사 어간에 결합 -'and' -시제소와 종결형태는 맨 뒤의 동사에 결합	
'며'	-동사 어간에 결합, 문어적	
'나/이나'	-'either, or, whether'	
'지', '가'	-관계 분사와 결합 -'whether, or'	
'마는'	-'but'	
'비록'	자립적으로 쓰임	
'나', '디/되', '거니와'	-	-동사 어간에 결합 -'though, although'
'둘'	-관계 분사와 결합	
'도'	-	
'만일'	-자립적으로 쓰임. -'if'	
'면', '거든'	-'if	동사 어간에 결합
'니'	-'whereas': 원인, 양보	
'닛가', '매'	-'since, seeing that'	
'즉'	-관계 분사와 결합	

여기서 접속사로 제시된 형태에는 오늘날의 관점에서 보면 연결어미뿐만 아니라 '밋, 비록, 만일, 즉' 등의 부사나 '와/과, 마는' 등의 조사도 포함되어 있다. 그리고 그 외에 영어의 접속사에 대응될 수 있으며, 의미가 분명한 것으로 다음의 형태를 제시하기도 하였다.

(125) 그러나, 그랴도, 그런고로, 그러므로, 그루면

Roth(1936)에서는 접속을 대등 접속(koordination)과 종속 접속(subordination)으로 구분하면서, 이러한 한국어의 복문 구성에 대한 지식이 없으면 한국어에 대한 마스터는 불가능하다고까지 하였다.

우선 대등 접속절의 형성에서 보면, 대등 접속의 첨사(koordinationspartikel) '고'와 '며'가 대표적인데, 이들은 두 문장이 완전히 대등적일 때 쓰인다고 하였다. 즉, 두 문장이 연속적인 사건이거나 시간적으로 서로 관련이 없으면서도 단순한 열거 또는 대조의 의미가 있을 때 쓰인다는 것이다.

(126) ㄱ. 아침 다섯 시에 일어나고 저녁 아홉 시에 들어눕는다.
　　　ㄴ. 수도자가 기구하며 일하고 노는 시간도 있다.
　　　ㄷ. 한 사람은 몸이 가늘고 키가 크며 또 한 사람은 몸이 굵고 키가 적습데다.

위에서 의미적으로 (126-ㄱ)은 시간적 순서, (126-ㄴ)은 단순한 열거, (126-ㄷ)은 가벼운 대조를 나타내는 것으로 보았다.

그리고 '고'는 주절과 종속절의 시제가 달리 표현될 수 있다고 하였다.

(127) 어제는 머리가 아프다고 핑계하였고 오늘은 틈이 없다고 하데.

그리고 독일어와의 차이를 통한 '고'의 용법을 설명하였는데, 여기서 제시된 용례는 다음과 같다.

(128) ㄱ. 아무 말도 하지 아니하고 집을 떠났소.

　　　ㄴ. 모르고 했소. / 알고 했소. (모르고/알고)

　　　ㄷ. 가난한 사람 되고 말겠소. (고 말다)

　　　ㄹ. 오늘 오후에 가서 내 동무를 방문하고 싶다. (고 싶다)

　　　ㅁ. 자미 많이 있었읍니까? 있고 말고(요).

　　　ㅂ. 잘되기는 고사하고 큰일 생겼다. (는 고사하고)

　　　ㅅ. 밥을 먹고서 술을 먹어라. (고서)

또한 '고'는 일상적으로 널리 쓰이는 대등적 첨사로 동시성을 표현하는 것이 특징이라 하면서, 이것은 좀 더 다양하게 쓰이는데, 따라서 독일어와 한국어는 대등문과 종속문의 구분이 항상 일치하는 것은 아니라고 하였다.

다음으로 종속절의 형성에서 보면, 종속형의 대표적 형태는 확대된 동사 어간을 구성하는 '어'인데, 주절과 종속절이 인과 관계일 때는 '서'가 붙고, 종속절이 도구적 의미를 지닐 때는 '써'가 된다고 하였다. 그리고 형태에 따라 용법을 비교적 자세히 서술하였는데, 우선 '어서'는 종속형으로서의 동사 어간은 원인을 표현하며, 때로는 시간 관계를 표현하기도 한다고 하였다.

(129) ㄱ. 오늘 더워서 못 나가겠다.

　　　ㄴ. 추워서 못 견디겠소.

(130) 일 년이 지나지 못해서 아버지가 돌아가셨소.

위에서 (129)는 인과관계, (130)은 시간관계를 표현한다. 특히 '어서'는 그 결과가 논리적인 연속체로서 이해될 때 쓰이는데, 원인에 대한 의견이 분명할 때는 '니까'로 쓰인다고 하였다.

(131) 비가 오니까 어떻게 나갈 수 있소.

또한 '어서'가 결합된 '오다'와 '가다'는 뒤에 이어지는 동사의 동작에 앞서 수행되는 동작을 뜻하는데, 이 경우 종속절의 형식으로 구성된다고 하였다.

> (132) ㄱ. 원산에 가서 담요를 사시오.
> ㄴ. 와서 상을 치워 놓아라.

그리고 종속절 형성의 '어'와 대등절 형성의 '고'를 대조하기도 하였다.[101]

> (133) ㄱ. 가져가다 / 가지고 가다
> ㄴ. 접시를 씻어 오너라 / 접시를 씻고 오너라

5.5.3. 정리

서양인의 한국어 문법 기술에서는 동사 활용형의 하나로 접속형을 설정하였으나, 문헌에 따라 그에 대한 개념적 차이(서법 표지인가 아니면 동사 연결에 의한 복문 구성 형태인가)를 지니고 있었다. 우선 Ridel(1881)에서처럼 프랑스어 문법을 기반으로 한 문헌에서 보면, 접속법은 불확실한 것이나 비현실적인 것을 서술하는 서법(일종의 가정법)의 하나인데, 이것은 한국어에서 적극적으로 실현되지 않는 것으로 이해하였다. 즉, 한국어 문법에서 서법의 하나로 접속법을 설정하지는 않았으나, 프랑스어에 대응되는 한국어 표현을 예시하였다.

이에 비해서 영어에 바탕을 둔 Underwood(1890)에서는 접속사를 독립 품사로 설정하고 이에 의해 대등 또는 종속 접속이 성립되는 것으로 해석하였으며, 이러한 관점에서 접속형을 이루는 형태의 의미와 용법에 대해 비교적 자세히 서술하였다. 그리고 Roth(1936)에서는 접속형이 복문을 구성하는 다양한 양상을 서술하였으며, Ramstedt(1939)에서는 접속형의 형태적 형성 양상을 부동사 형성의 측면에서 세밀하게 분석하였다.

---

101 한편, '어'는 동사 어간이 내재적인 의존성을 띨 때, 수단을 의미하기도 한다고 하였다.
    (1) ㄱ. 도적질하여 산다. / 도적질하여서 살다.
      ㄴ. 농사하여 산다 / 농사하여서 살다.

6. 문법범주의 실현

서양인의 한국어 문법 기술에서는 문법범주의 실현에 대해 각각의 범주에 따라 별도로 다루지 않고 명사나 동사의 형태 범주에서 통합적으로 서술하였다. 따라서 한국어 문법에서 체언과 관련되는 성과 수, 인칭, 격은 명사나 후치사의 영역에서 다루고(앞의 4장 참조), 서법이나 시제, 상, 태, 경어법, 부정, 화법, 비교 등은 동사의 활용과 관련하여 서술하였다(앞의 5장 참조).

이 장에서는 한국어의 교착적 특징에 따라 주로 동사 활용으로 실현되는 문법범주를 중심으로 하여, 서양인들의 관점과 서술 내용을 정리한다.[1]

6.1. 문법범주의 구분

1.1. 문법범주(grammatical category)는 문장 구성에서 동일한 의미 또는 문법적 기능을 나타내는 형태류를 총칭하는 개념으로, 단어 등의 언어 형식(일정한 의미에 대응되는 어형)이 지닌 용법상의 공통성에 기초를 둔다(『영어학사전』, 1990:523 참조). 문법범주는 대체로 어형 변화로서의 굴절에 의해 실현되는데,[2] 따라서 어떤 언어에 특정 문법범주가 있다는 것은 그것을 실현

---

1 이것은 앞의 5장에서 동사 활용의 일반적 측면에서 접근하였고, 여기서는 각각의 문법 범주에 따라 개별적으로 정리함을 뜻한다.

2 굴절(inflection)은 인구어의 경우 명사나 대명사, 형용사에 성과 수, 격, 인칭에 따라 각각의 어미가 결합되고, 동사에는 시제와 인칭, 서법에 따라 해당 어미가 결합되는 것을

시켜 주는 굴절 접사(어미, ending)가 따로 존재한다는 것을 뜻한다. 문법범주는 형태·통사적인 범주로 취급되는데, 그것은 이러한 범주가 형태뿐만 아니라 통사적으로 문장 안에서 갖는 다른 단어와의 관계에 의해 드러나기 때문이다(박경수 역, 1981:110 참조).

이론적으로는 모든 언어에서 문법범주가 동일하게 설정된다고 가정할 수 있다. 전통문법에서는 라틴어의 문법범주를 원용하여 다른 언어를 기술하기도 하였다. 그러나 실제로는 개별 언어에 따라 설정될 수 있는 문법범주에 차이가 있으며, 어떤 문법범주는 그것의 설정 가능성과 기술 방식이 논란이 되기도 한다.

1.2. 한 언어의 문법 기술에서 논의되는 대표적인 문법범주로는 성과 수, 인칭, 격, 서법, 시제, 상, 태, 부정, 화법, 비교 등이 예상되는데, 특히 한국어의 경우에는 경어법이 포함될 수 있다.

성(gender)은 인구어의 경우 명사와 그에 관련되는 관사, 형용사에서 형태적으로 표시되고, 남성과 여성, 중성 등으로 분류되는데, 이들 사이에 일치 관계가 나타난다. 그리고 수(number)는 단수, 복수와 같이 구분되어 이들이 명사와 동사에서 형태적으로 구별되며, 주어 명사와 서술어 동사 사이에서 일치 관계가 나타나기도 한다. 인칭(person)은 언어 표현에서 나타나는 화자와 청자, 주체, 객체 등의 언어 외적 실체에 대한 변별 표지로, 대명사에서 두드러지게 표현된다. 그리고 경어법(honorific)은 화자와 상대자, 그리고 화제에 오르는 인물에 관한 단순한 구별 이상의 것을 포함하고 있기는

말한다. 여기서 체언의 굴절을 곡용(declension), 용언의 굴절을 활용(conjugation)으로 구분하기도 한다. 그런데 실제로는 언어에서 실현되는 다양한 문법적 기능은 이러한 굴절형 외에 다른 형식으로 돌려 표현하는 우언법(periphrasis)이나 어순 등의 통사적 절차에 의해 표현되기도 한다.

근대 시기 서양인의 한국어 문법 연구

하지만, 이도 역시 넓은 의미에서 인칭의 문법범주와 밀접한 관련을 지닌다고 할 수 있다. 한편, 격(case)은 문장 구성에서 명사가 실현하는 기능을 표시하며, 때로는 후치사(postposition)로 나타나기도 한다.

또한 서법(mood)은 문장의 종결 형식과 관련되는 것으로, 라틴어와 로망스어에서는 직설법과 명령법뿐만 아니라 가상법(접속법)이 있으며, 그리스어에는 기원법이 존재하기도 한다. 시제(tense)는 문장이 표현하는 사건의 시간과 직접 관련되는 것으로 보통 현재와 과거, 미래로 구분하는데, 이것은 객관적인 시간과 어떤 관계를 가지고 있으나 언제나 일치하는 것은 아니다. 이와 관련하여 완료, 진행 등의 개념을 나타내는 것으로 상(aspect)의 범주를 설정하기도 한다. 한편, 태(voice)는 능동과 피동이 대표적이지만, 그리스어처럼 중간태가 존재하기도 하는데, 중간태는 일반적으로 어떤 일을 자신을 위해서 또는 자신에게 한다는 특징이 있다. 그리고 부정(negative)은 긍정에 대응되는 것이며, 화법(narrative)은 남이나 자신이 한 말이나 생각을 때와 장소를 달리 하여 전달하는 표현 형식이고, 비교(comparative)는 형용사나 부사와 관련하여 둘 이상의 것을 견주어 공통점이나 차이점을 밝히거나 우열을 표현하는 것이다.

6.2. 서법과 문장 종결

6.2.1. 서법의 해석과 분류

1.1. 동사의 어형 변화(활용)에서 정형(정동사, finite verb)은 주어에 대한 진술을 완결하는 서술어의 형태, 즉 종결 형태를 지닌 동사의 활용형을 말한다. 인구어의 경우 정동사는 인칭과 수 등이 표시되어 동사가 적용되는 범위를 한정한다(앞의 5.3절 도입부 참조). 이러한 동사의 정형과 관련하여, 문장의 진술 내용에 대한 화자의 주관적 태도를 나타내는 문법범주를 서법(mood)

이라 하며,[3] 인구어에서는 직설법(indicative)과 명령법(imperative), 가상법(subjunctive), 기원법(optative) 등 크게 네 가지로 분류되어 왔다(Baldi, 1994 참조).[4]

직설법은 진술 내용을 사실 그대로 표현하는 경우로 사실서법(fact-mood)이라고도 하며, 화자의 심적 태도와 관계없는 것이 많기 때문에 중립서법(neutral)이라고도 한다. 명령법은 화자의 강한 명령이나 요구, 간청, 권유 등과 같이 청자로 하여금 실천에 옮기도록 하는 것으로 의사서법(will-mood)에 해당한다. 그런데 명령법은 동사에서 독특한 형태가 있는 것이 아니고 동사의 원형이 그대로 쓰이기 때문에 형태를 존중하는 관점에서는 서법으로 인정하지 않고 부정사의 한 용법으로 간주하기도 한다. 그리고 가상법은 사상서법(thought-mood)이라고도 하는데, 화자의 여러 심적 영상, 즉 가상이나 의심, 소망, 가능성, 불가능성, 요구, 계획, 필연성, 조건 등을 표현한다. 이것은 사실을 객관적으로 기술하는 직설법과는 달리 진술 내용을 일반 화자의 머릿속에 두었다가 주관적인 감정을 표현하는 것이 특징이다. 그리고 기원법은 어떤 소망을 표현하는 것이다(이환묵, 1999:531-532 참조).

서법이 실현되는 양상은 언어마다 일치하지 않는다. 라틴어와 프랑스어, 독일어, 고대 영어에는 직설법과 명령법, 가상법이 존재하는데, 기원법은 그리스어에서 나타난다고 한다(『영어학사전』, 1990:752-753 참조). 특히 프랑스

---

3 서법(mood)은 정의가 매우 다양한데, 일반적으로는 서술하는 방법 또는 표현하는 방법을 뜻한다(송경안2019:474 참조). 문법에서는 동사의 일정한 형태에 의해 화자가 자신의 진술 내용에 대해 취하는 심적 태도의 차이를 나타내는 기제로 본다. 즉, 서법은 어떤 동작이나 상태에 대한 화자의 심적 태도나 양태의 표시가 정동사의 어형에 일정한 형태로 일관해서 표현되는 현상을 의미하는 것이다(『영어학사전』, 1990:752 참조).

4 물론 이러한 서법 유형의 구분은 의견이 일치하는 것은 아니다. 예를 들어, 화자가 표현하고자 하는 것이 사실인지 여부를 기준으로 사실법(fact-mood)과 사상법(thought-mood)의 둘로 나누기도 하고, 직설법(indicative)과 명령법(imperative), 가상법/가정법(subjunctive)의 셋으로 나누기도 한다(이환묵, 1999:531-535 참조).

어나 독일어 등에서는 가상법에 대해 이야기를 화자의 마음속에 생각되는 것(바람직한 것, 의심스러운 것 등)으로 표현하는 서법으로 해석하여 접속법이라고도 한다(앞의 5.3.1절 1.3항 참조).[5]

1.2. 한국어에서 서법은 문장의 진술 방식과 관련되는 것으로, 문장의 종결 형식과 상대에 대한 화자의 태도(상대 대우)를 표현하는 특징을 지닌다. 오늘날의 한국어 문법에서 볼 때 이것은 문장종결법(문체법)으로 지칭되며, 여기에는 사실을 그대로 베풀어 말하는 평서형, 의문을 나타내는 의문형, 감탄하여 말하는 감탄형, 상대에게 행할 것을 명령하는 명령형, 무엇을 함께 하기를 요구하는 청유형이 있는데, 그 외에 약속을 말하는 약속형('하마'), 무엇을 마음대로 행할 것을 허락하는 허락형('하렴')이 설정되기도 한다.[6] 이러한 하위 영역을 인구어와 대응하여 보면, 평서와 의문, 감탄은 대체로 직설법에 대응하고, 명령과 청유는 명령법(때로는 의도법)에 대응한다.

한국어에서 서법(문장종결법, 문체법)은 인칭과 수 등의 표시가 없고 언어 표현에 관련되는 인물들 사이의 관계나 문장의 내용을 진술하는 화자의 태도에 따라 여러 형태로 나타나는 것이 특징이다. 그리하여 한국어에서 서법

---

5 가상법에 해당하는 프랑스어의 'subjonctif', 독일어의 'konjunctiv'를 접속법이라고 번역하여 쓰기도 한다(방곤 외, 1993; 이유영 외, 1983 참조). 프랑스어 문법에서 가상법은 주관적 표현으로서 실제로 이루어졌거나 이루어지거나 이루어질 사실을 나타내지 않고 머릿속에 생각한 것 또는 갈망하고 이루어져야 한다고 생각하는 동작이나 상태를 나타낸다(『불어학사전』, 1987:502; 방곤 외, 1993:162 참조). 독일어의 경우 접속법은 한 사람의 말을 간접적으로 인용할 때나 또는 문장 내용을 하나의 사실이 아니라, 희망, 가능, 의혹, 가정적 조건이나 인용 등 불확실한 것이나 비현실적인 것을 주관적으로 서술할 때 쓰인다(이유영 외, 1983:158 참조).

6 문장종결법은 실현 형태를 중심으로 하여 4~8유형으로 구분하기도 한다. 4유형으로 구분하는 것은 감탄형을 따로 세우지 않고 평서형의 특수한 형식으로 해석한다는 데 특징이 있다. 그 밖에는 이른바 허락형, 약속형, 경계형 등의 설정 여부에 따라 달라진다(남기심 외, 1993:342-357 참조).

은 상대 대우(상대높임법)의 실현과 관련되는데, 이것은 보통 격식체와 비격식체로 나뉘어, 전자는 합쇼체(아주높임)와 하오체(예사높임), 하게체(예사낮춤), 해라체(아주낮춤)로 구분되고, 후자는 해요체(두루높임)와 해체(두루낮춤)로 구분되는 것으로 해석한다.

서양인의 한국어 문법 기술에서 서법은 그들 언어의 관점에서 체계화되고 서술되었다. 이것을 문헌별로 정리하면 다음과 같다.

Dallet (1874)	Ridel (1881)	Underwood (1890)	Scott (1893)	Roth (1936)	Ramstedt (1939)
직설법	직설법	직설법 ┌ 평서형 └ 의문형	직설법	평서형 의문형	직설법 ┌ 평서형 └ 의문형
명령법	명령법	의지법 ┌ 명령형 └ 청유형	명령법	명령형	의지법 ┌ 명령형 └ 공동형
부정법	부정법	-	-	-	-
-	조건법	-	-	-	-
분사	-	-	-	-	-

위에서 보면, 초기의 Dallet(1874)와 Ridel(1881)에서는 프랑스어 문법에 따라 직설법과 명령법으로 구분하고, 부정법, 조건법 등을 추가하는 체제로 서술하였는데, Underwood(1890)와 Ramstedt(1939)에서는 직설법과 의지법으로 나누고 이를 다시 전자는 평서형과 의문형, 후자는 명령형과 청유형(공동형)으로 하위분류하는 방식으로 정리하였다.

6.2.2. 시기별 분석

2.1. Dallet(1874)에서는 한국어 서법(mode)에는 직설법(indicatif)과 명

근대 시기 서양인의 한국어 문법 연구

령법(impératif), 부정법(infinitif), 분사(participe)가 있으며, 접속법/가상법 (subjonctif)과 기원법(optatif)은 존재하지 않는다고 하였다. 여기서 직설법 과 명령법은 일반적인 서법의 유형에 해당하는 것이고, 한국어 동사 활용에 서 이에 해당되지 않는 종결형태를 부정법과 분사로 처리한 것이다.

Dallet(1874)에서는 서법과 시제를 통합하여 기술하던 당시의 관점에서 따라 서술하였다. 즉, 시제를 주요 시제(현재, 과거, 미래, 과거미래)와 종속 시 제(반과거, 대과거, 조건법, 조건법 과거)로 구분하고 이에 따르는 종결형태를 직설법 형태로 제시한 것이다(다음의 6.3.2.절 2.2항 참조). 그리고 명령법은 종 결형태에 의해 형태적으로 실현되는 것으로 해석하였는데, 여기에는 오늘 날의 관점에서 청유형으로 분류되는 것이 포함되었다.

(1) ㄱ. '호다':'호여라'
    ㄴ. '오다':'오너라', '가다':'가거라'
(2) '호다':'호자', '너타':'너차'

위에서처럼 명령법은 (1-ㄱ)과 같이 동사적 과거 분사('아/어')에 어미 '라' 가 결합되어 '호다'는 '호여라'와 같이 실현되는데, 예외적으로 (1-ㄴ)과 같이 '오다'와 '가다'는 '오너라'와 '가거라'로 나타난다고 하였다. 그리고 또 다른 명령형(오늘날의 관점에서 청유형)은 (2)와 같이 '다'로 끝나는 동사의 어간에 '자'(유기성이 있을 경우 '차')를 붙여서 '호자'('너차')처럼 형성된다고 하였다.

2.2. Ridel(1881)에서는 한국어 동사의 서법을 프랑스어에 따라 직설법 (indicatif)과 명령법(impératif), 부정법(infinitif), 조건법(conditionnel)으 로 구분하였다. 이것은 앞선 Dallet(1874)에 비해 조건법이 추가된 것이다.[7]

---

7   프랑스어에서 조건법(conditionnel)은 실현되지 않을 사실을 어떤 조건에 의거하여 가

그리고 가상법(subjonctif)은 프랑스어에 대응하는 한국어 표현 형태가 없다고 하여 적용하지 않았고,[8] 정동사로 끝나지 않는 동사의 형태 변화는 분사(participe)의 범주에서 서술하였다.[9]

Ridel(1881)에서 직설법과 조건법은 시제와 관련하여 논의하였는데, 직설법은 현재와 반과거, 과거, 대과거, 미래, 과거미래의 여섯 가지로 나누고 조건법은 현재와 과거의 두 가지로 나누었다(앞의 5.3.2절 2.1항 참조).

그리고 명령법의 경우에는 다음과 같은 형성 과정을 제시하였다.[10]

(3) ㄱ. (ᄒᆞ다) ᄒᆞ여+라→ᄒᆞ여라
ㄴ. (보다) 보아+라→보아라
(4) ㄱ. (오다)→와, 오너라, 와라
ㄴ. (가다)→가, 가거라, 가라
ㄷ. (자다)→자, 자거라, 자라

즉, 명령법은 위 (3)에서처럼 과거 동사적 분사 '아/어'형('ᄒᆞ여, 보아')에 종결형태 '라'가 붙어 실현되는데(앞의 5.3.2절 2.1항 참조), (4)에서처럼 예외

정할 때 쓰이는 것으로, 서법으로서의 용법과 시제로서의 용법이 있으며, 시제로서의 조건법은 현재와 과거로 구분된다(방곤 외, 1993:157 참조). Ridel(1881)에서는 조건법에 대해 추측의 의미를 지니는 '겟'을 지닌 '겟더니'형으로 실현되는 것으로 해석하였다.

8 그러나 실제로는 동사 항목에서 가상적 의미를 실현하는 활용형으로 '면, 거든'을 들었다(앞의 5.5.2절 2.1항 참조).

9 분사(participe)는 본래 서법 체계에 해당하는 것이 아니다. 따라서 Ridel(1881)에서는 한국어 동사의 활용 체계를 서법(부정법, 직설법, 조건법, 명령법)과 서법이 아닌 것(분사)의 2원적 체계로 이해하고자 한 것으로 보인다(이은령, 2011 참조). 그리고 프랑스어 문법에서 부정법(infinitif)은 인칭과 수, 시제의 표시가 없는 비인칭법으로, 동작이나 상태를 관념적으로 표현하며 동사와 명사의 기능을 아울러 수행한다(『불어학사전』, 1987:246; 방곤 외, 1993:169 참조). 그리하여 Ridel(1881)에서는 부정법이 서법의 하나로 설정되었으나, 그에 대한 해석은 주어지지 않았다.

10 프랑스어에서 명령법은 시제에 따라 현재와 과거로 구분되며, 2인칭 단수, 1인칭 복수, 2인칭 복수의 세 종류가 있다(『불어학사전』, 1987:241-243; 방곤 외, 1993:160 참조).

근대 시기 서양인의 한국어 문법 연구

적으로 '오다'와 '가다'의 경우 각각 '너라'와 '거라'로 활용되기도 한다는 것이다.[11]

한편, Ridel(1881:94)에서는 의문 동사(verbe interrogatif)라 하여 의문형의 형태 변화에 대해 기술하였다.[12] 여기서 '냐'는 윗사람이 아랫사람에 말할 때 쓰이는 단순 의문형으로, 현재 관계 분사 '눈'에서 변화한 것으로 해석하였다.

(5) ᄒ눈→ᄒ느냐, 먹눈→먹느냐
(6) ㄱ. 이 사름을 보앗다 → 이 사름을 보앗느냐
    ㄴ. 밥을 먹엇다 → 밥을 먹엇느냐

즉, 위 (5)에서처럼 현재분사형 '눈'에서 '느냐'가 형성된 것으로, 결국 의문형은 (6)과 같이 평서형의 '다'가 '느냐'로 바뀌어 성립된다는 것이다. (조건법에서는 '더니'가 '더냐'로 바뀐다고 하였다.)

Ridel(1881)에서는 한국어에는 원칙적으로 가상법(subjonctif)과 기원법(optatif)이 없다고 하면서도, 프랑스어와의 관계에서 이에 대응하는 형태들을 제시하였다.

(7) ㄱ. 'ᄒ올지라도, ᄒ여도/ᄒ야도, ᄒ거나, ᄒ거니와, ᄒ든, ᄒ디, ᄒ되
    ㄴ. 'ᄒ여도-ᄒ엿셔도, ᄒ엿시나'
(8) 군난이 긋치면 됴켓다.
(9) ㄱ. 평안이 쉬여지이다.
    ㄴ. 예수 셩심을 ᄉ방이 다 ᄉ랑ᄒ여지이다.

---

11 여기에 추가하여 '오라, 가라' 등의 이른바 간접명령형에 대해 언급하고 이것은 '오라 ᄒ다'와 같은 형태(간접 화법)로 쓰인다고 하였다.

12 서법의 구분에서 의문형은 평서형, 감탄형 등과 함께 직설법의 한 종류에 해당한다(이 환묵, 1999:535 참조).

6. 문법범주의 실현   333

(10) ᄒᆞᆫ지 아니ᄒᆞᆫ지 모론다.

위에서 (7)은 접속법이 실현된 것으로, 이들은 복합 형태로 이들 사이에서 나타나는 뉘앙스의 차이를 해석하기는 쉽지 않으며, 특히 (7-ㄴ)에서 '여'는 과거를 나타내는데, '엿'의 'ㅅ'은 음편 현상을 반영하는 것이라 하였다. 또한 위 (8, 9)는 기원법과 관련되는 것으로, (8)은 시인(approbation)을 의미하는 동사의 미래형 '됴켓다'로 표현되며, 때로는 (9)와 같이 'ᄒᆞ지이다, ᄒᆞ여지이다, 홀지어다' 등으로도 실현된다고 하였다. 그리고 (10)은 'ᄒᆞᆫ지'형으로 의심의 의미가 나타나는 것으로 해석하였다.

2.3. Scott(1887)에서는 서법과 관련하여 별도의 항목으로 다루지 않고, 동사 활용의 일반에서 직설법과 명령법을 서술하였다(앞의 5.3.2절 2.6항 참조). 그리고 직설법의 하나로 의문형을 구분하고, 화자와 청자 사이의 층위와 인칭에 따라 해석하였다(다음의 6.5.2절 2.4항 참조).

한편, 재판인 Scott(1893)에서는 의문형의 경우, '오, 소'는 동등하거나 윗사람에게 쓰이고, '느냐' 또는 '더냐'는 아랫사람에게 쓰이며, 특히 '느냐'는 규칙적인 의문형이고 '더냐'는 화자의 눈앞에서 직접 수행되지 않는 동작과 관련된다고 하였다. 이것을 동사 'ᄒᆞ다'의 활용형으로 보이면 다음과 같다.

(11) ㄱ. ᄒᆞ느냐, ᄒᆞ엿느냐, ᄒᆞ겟느냐
     ㄴ. ᄒᆞ더냐, ᄒᆞ엿더냐, ᄒᆞ겟더냐

위 (11-ㄱ)에서 'ᄒᆞ느냐'는 현재이며, 'ᄒᆞ엿느냐'는 과거이고, 'ᄒᆞ겟느냐'는 미래에 해당한다. 그리고 (11-ㄴ)에서 'ᄒᆞ더냐'는 현재가 아니라 미완료 과거 행위이며, 'ᄒᆞ엿더냐'는 'ᄒᆞ엿느냐'보다 먼 과거이고, 'ᄒᆞ겟더냐'는 미래에 해당하는데, 이들은 언급된 사람(화자에게 드러나지 않은 제3자)의 의견

에 대해 묻는 의미를 실현한다고 하였다.[13]

2.4. Underwood(1890)에서는 서법은 종결형태(termination)로 표현되며 독립된 문장에서 직접적인 진술을 끝맺는 동사의 부분이라고 하면서, 한국어 동사의 기본적 활용에서는 크게 직설법과 의지법의 두 가지로 구분된다고 하였다. 그리고 직설법은 동사에 의해 표현되는 동작이나 상태를 단순히 하나의 사실로 진술하는 평서형(declarative)과 사실인지를 묻는 의문형(interrogative)으로 구분하고, 의지법은 화자의 소망을 표현하는 것으로 화자가 동작에 참여하는 청유형(propositive)과 청자에 대해 명령이나 권고, 탄원 등을 표현하는 명령형(imperative)으로 구분하였다.[14]

또한 서법을 화자와 청자 사이의 상관적 관계, 그리고 화자와 주어 사이의 사회적 지위를 표시하는 것으로 해석함으로써, 결과적으로 종결형태가 서법과 상대 대우, 시제 등의 여러 문법범주에 걸치는 관점에서 해석하였다 (6.5.2절 2.5항 참조).

우선 직설법의 경우, '호오, 먹소, 깁소'에 대해 평서형 현재 활용형을 예시한 것을 보면 다음과 같다.

대우적 관점	'흐오'	'먹소'	'깁소'	종결형태
하인이나 아이, 낮은 사람	혼다	먹는다	깁다	'(ㄴ/는)다'

---

13 '더'에 대한 이러한 관점은 MacIntyre(1879-1881)의 화법형(narrative)과 관련되는 것이기도 하다(앞의 5.3.2절 2.4항, 다음의 6.7.2절 2.1항 참조).

14 앞선 문헌 Ridel(1881)이나 Scott(1887) 등에서는 청유형을 명령법의 특별한 표현으로 보았으나, 여기서는 이 둘이 서로 구별되는 것으로 해석한 것이다. 실제로 이 둘은 주어에서 차이가 있는데, 명령형은 주어가 2인칭 단수 또는 복수로 해석되며, 청유형은 1인칭 복수에 해당된다고 하였다.

친한 친구나 나이든 하인	호네	먹네	깁헤	'에'
등칭(等稱)의 정중체	호오	먹소	깁소	'오/소'
	호지오	먹지오	깁지오	'지오'
경어체	호읍지오	먹스읍지오	깁스읍지오	'읍지오/ 스읍지오'
	호느이다	먹느이다	깁느이다	'느이다'
	호읍느이다	먹스읍느이다	깁스읍느이다	'읍느이다/ 스읍느이다'

위에서 '느/는'은 능동사의 현재시제에서 낮은 인물에게 말할 때 쓰이는 것이며('흔다, 먹는다', '호네, 먹네'), 이것은 중동사의 경우나 과거, 미래 등의 다른 시제와의 결합에서 나타나지 않는다고 하였다. 또한 경어체에서 '읍'은 자음 뒤에서 '스'가 결합되는 형태가 되는데('호읍지오, 먹스읍지오'), 여기에서의 '읍/스읍'은 본래 옛날의 경어체형 '옵'에서 변형된 잔재라 하였다.

그리고 복합 시제 '더'나 미래시제 '리'는 그것이 실현되는 종결형태가 제한되는 것으로 해석하면서 다음과 같이 '호다'의 경우를 예로 하여 제시하였다(다음의 6.3.2절 2.6항 참조).

대우적 관점	복합 시제 '더'	미래시제 '리'
아랫사람에게	호더라, 호데	호리라
윗사람에게	호더이다, 호읍더이다	호리이다

여기서 '더'는 종결형태 '더라, 데'의 한 부분이 되며, 그리고 '리'가 결합되는 경우에는 문어투로서 '느니라'형이 결정적 진술(decided statement)에 쓰인다고 하였다.

특히 '노라'와 '마'는 1인칭으로 제약되는데, '마'는 동의, 응낙, 미래의 의미를 지닌다고 하였다.

근대 시기 서양인의 한국어 문법 연구

(12) ㄱ. 이 칙 네게 주노라.

ㄴ. 릭일 내가 가마. (I will go)

직설법 의문형은 '흐오, 먹소, 깁소'의 활용형을 예로 하여 다음과 같이 제시하였다.

대우적 관점	'흐오'	'먹소'	'깁소'	종결형태
하인이나 아이, 낮은 사람	흐ᄂᆞ냐	먹ᄂᆞ냐	깁흐냐	'ᄂᆞ냐/으냐'
	흐ᄂᆞ니	먹ᄂᆞ니	깁흐니	'ᄂᆞ니/으니'
친한 친구, 나이 든 하인(반말)	흐ᄂᆞ뇨	먹ᄂᆞ뇨	깁흐뇨	'ᄂᆞ뇨/으뇨'
	흐나	먹나	-	'나'
	흐지	먹지	깁지	'지'
	흐노	먹노	-	'노'
등칭(等稱)의 정중체	흐오	먹소	깁소	'오/소'
	흐지오	먹지오	깁지오	'지오'
경어체	흐ᄂᆞ니잇가	먹ᄂᆞ니잇가	깁ᄂᆞ니잇가	'ᄂᆞ니잇가'
	흐ᄋᆞᆸᄂᆞ니잇가	먹ᄉᆞᆸᄂᆞ니잇가	깁ᄉᆞᆸᄂᆞ니잇가	'ᄉᆞᆸᄂᆞ니잇가'

이와 관련하여 몇 가지 해석이 주어졌는데, 우선 의문형이 평서형보다 형태가 많음을 지적하였다. 이들 중에서 'ᄂᆞ니/으니'는 친근감을 주는 것이고, '가'는 의문 첨사(interrogative particle)에 해당한다고 하였다.[15]

그리고 복합 시제 '더'와 미리 시제 '리'는 그것이 실현되는 형태가 제한되는 것으로 해석하면서 다음의 예를 제시하였다.

---

15 Underwood(1890:112)에서는 특히 '가'는 본래 감탄의 의미를 지녀서 동사에 붙어 주로 독백체로 쓰이는데, 의문형으로 쓰일 때에는 본래의 종결형을 탈락시키고 붙거나 관계 분사 뒤에 첨가되기도 한다고 하였다.

대우적 관점	복합 시제 ('더')	미래 시제 ('리')
아랫사람에게	ᄒ더냐	
반말	ᄒ더뇨	ᄒ리잇가
윗사람에게	ᄒ더니잇가	
	ᄒᆞᆸ더니잇가	

다음으로 의지법의 경우, 이전에는 명령법으로 통합하여 부르면서 단수와 복수로 하위분류하는 방법을 택했으나, 여기서는 이를 1인칭 복수에서 쓰이는 것(청유형)과 2인칭에서 쓰이는 것(명령형)으로 구분한다고 하였다. 청유형은 화자를 포함한 1인칭 복수가 수행할 것을 제안하는 것으로, 시제 형태가 첨가될 수 없다고 하면서 다음과 같이 그 예를 제시하였다.

대우적 관점	'ᄒ다'	'잡다'	'가다'	종결형태
하인, 아이에게	ᄒ자	잡자	가자	'자'
동등한 관계(반말)	ᄒ셰	잡셰	가셰	'셰'
	ᄒ지	잡지	가지	'지'
경어체[16]	ᄒᆞᆸ셰다/ ᄒᆞ시다	잡읍셰다/ 잡읍시다	가읍셰다/ 가읍시다	'읍셰다/읍시다'
	ᄒ시읍셰다	잡시읍셰다	가시읍셰다	

명령형은 단수 또는 복수의 2인칭 사람들에게 무엇인가를 하도록 요구할 때 쓰이는 것으로, 청유형보다는 많은 형태들이 있다고 하면서 다음의 예를 제시하였다.

---

16 경어체로서의 '시다'와 '셰다'에 대해 한국인들은 'ᄒ시오'에서와 같이 '시'로 나타나는 '시다'가 본래의 경어체라고 하거나 이와 달리 '셰다'가 본래의 경어체 형태라 하는 등의 다른 의견이 있었음을 서술하고, 'ᄒ셰'에 비추어 볼 때 후자가 타당할 것 같으나 실제로는 전자('시다')가 널리 쓰인다고 하였다.

근대 시기 서양인의 한국어 문법 연구

대우적 관점	'흫다'	'잡다'	종결형태
아랫사람에게	흫여라	잡아라	'어라/아라'
친구에 대한 반말	흫게	잡게	'게'
	흫소	잡소	'소'
동등한 관계에서의 정중체	흫오	잡으오	'오/으오'
좀 더 정중한 것	흫시오	잡으시오	'시오/으시오'
경어체	흫웁시오	잡으습시오	'웁시오/으습시오'
	흫시웁시오	잡으시웁시오	'시웁시오'
기도	흫쇼셔	잡쇼셔	'쇼셔'

2.5. Roth(1936)에서는 서법이라 하여 따로 다루지는 않았다. 그러나 한국어 문법에 대한 항목별 기술에서 문장의 종결형을 설정하고 이것을 서법의 형식에 따라 말 상대방과의 관계를 중심으로 평서(declarativ)와 의문(interrogativ), 명령(imperativ)으로 구분하였으며, 각 하위 범주에 해당하는 형태를 상대 대우의 층위에 따라 하등말(nieder)과 중등말(mittler), 상등말(hoch)의 세 층위로 나누어 체계화하였다(다음의 6.5.2절 2.6항 참조). 이들을 묶어 정리하면 기본적인 형태는 다음과 같이 된다.

구분	평서형	의문형	명령형
하등말	한다 받는다 크다	하느냐 받는냐 크냐	하여라 받아라 -
중등말	하오 받소 크오	하오 받소 크오	하오 받으오 -
상등말	합니다 받습니다 큽니다	합니까 받습니까 큽니까	하시오, 하십시오 받으시오, 받으십시오 -

또한 위의 평서와 의문의 활용 범주에서 기본형 외에 중간형(zwischen formen)을 설정하였는데, 이들 중간형도 기본적인 것과 확장된 것으로 나누어 제시하였다. 우선 중간형의 기본적인 것을 보면 다음과 같다.

'아/어'	-어미의 확장이 없다. 〈예〉 하여, 받아, 먹어, 사람이어 -모든 시제에 다 쓰일 수 있다. 〈예〉 하여(해), 하였어, 하겠어
'아/어'+'요'	-중등말과 상등말 사이에 위치한다. -좀 더 정중함을 표현한다. -구어체에 쓰이는데, 공적인 연설 등에서는 쓰이지 않는다. -구어투에서는 '에요'로도 쓰인다. 〈예〉 사랑이어요 ⇒ 사랑이에요
'나, 나요'	〈예〉 무엇을 하나? 견딜 수 없나요?
'지, 지요'	〈예〉 일하지. 의사가 오겠지요.

위의 것은 결국 '아/어(요)'와 '나(요)', '지(요)'로, 오늘날의 한국어 문법에서는 비격식체로 분류되는 것에 해당한다.[17]

그리고 위에 더하여 확장된 중간형이라 하여 다음의 형태를 제시하였다.

'가, 가요'	-미래분사 'ㄹ' 뒤에서는 '까, 까요'가 된다. 〈예〉 할까, 하겠는가, 하였는가, 하였겠는가, 하였을까 -의문형으로 의심이나 놀람 〈예〉 벌써 왔는가? 조선 쌀밥이 맛이 좋은가요?
'네'	-능동사에만 쓰인다. -하등말과 중등말 사이에서 정중하게 표현한다.
'세'	-서술어명사, 미래분사 뒤에 쓰인다. 〈예〉 집일세, 안경일세 -'게'와 유사한 의미가 된다. 〈예〉 하세, 찾으세
'게'	-명령형 〈예〉 가게, 이것 보게, 평안히 가시게
'노라'	-1인칭 주어 〈예〉 하노라, 문법을 배우노라
'마'	-1인칭 주어 〈예〉 하마, 주마

---

17 이에 대해 Roth(1936:225)에서는 반말(halbes wort)이라고 하였다.

근대 시기 서양인의 한국어 문법 연구

'리라, 리다, 리이다'	-미래 평서형 -의문형으로 '리요, 리까, 리이까'가 있다. -'오'가 붙어 더욱 정중하게 표현된다. 〈예〉 하오리이다
'외다'	-평서형. 정중성의 정도가 높다. 〈예〉 모음+'외다'; 하외다, 자음+'소이다': 찾소이다
'고'	-감탄의 의미. 모든 분사형에 붙을 수 있다. 〈예〉 이 경치가 어떻게 좋은고

그 밖에 동사에 붙는 다양한 접속형들이 있으며 또한 종결형도 많이 있는데, 영역을 구분하기 어렵기 때문에 모든 형태들을 동일한 방법으로 처리하기는 불가능하다고 하였다.

한편, 명령형은 하등말의 경우 동사적 어간에 '라'를 붙이는데, 불규칙적으로 '거라', '너라'가 붙는 경우도 있다고 하였다.

(13) ㄱ. 기다려라, 보아라, 받아라

ㄴ. 가거라, 오너라

ㄷ. 자거라, 있거라, 앉았거라, 섰거라, 누웠거라

이에 비해서 중등말은 '오'(하오, 하시오), 상등말은 'ㅂ시오'(합시오)나 '십시오'(하십시오)가 붙는다고 하였다. 또한 명령형은 '자, 좀'과 자주 함께 쓰이며, 남을 부를 때는 '여보'(여기 보오) 형으로 쓰이기도 한다고 하였다.[18]

(14) ㄱ. 자, 이리 오너라

ㄴ. 여보아라, 여보시오, 여보십시오

또한 권유형(exhoratativ)이라 하여 위의 종결형태 체계에는 포함되지 않으나 청유형에 해당하는 것으로 언급하였다. 이것도 역시 평서나 의문 등과

---

18 그리고 남에게 나에게 줄 것을 요구할 때는 '내게 다고.'처럼 '다오, 다고'를 쓰며, 다른 사람에게 줄 때는 '주다: 주어라, 주오, 주시오, 주십시오'로 쓴다고 하였다.

마찬가지로 세 층위의 높낮이가 구분된다고 하였다.

> ① 하등말: '자' (〈예〉'하자, 먹자, 가자'등)
> ② 중등말: '세' (〈예〉'하세, 팔세'등)
> ③ 상등말: 'ㅂ시다' (〈예〉'갑시다, 받읍시다, 팝시다' 등)

그리고 '시'가 붙으면 높임의 의미가 증가된다고 하면서 다음의 예를 제시하였다.

> (15) 가십시오, 씻으십시다, 노십시다

즉, 위 (15)는 각각 '갑시오, 씻읍시다, 놉시다'에서 '시'가 덧붙은 것으로, 이것은 오늘날 합쇼체(아주높임)의 상대 대우에 매우 가까운 것이기도 하다.

2.6. Ramstedt(1939)에서는 정동사로 실현되는 서법을 Underwood(1890)에서처럼 직설법과 의지법으로 구분하고, 다시 전자는 평서형(affirmative)과 의문형(interrogative), 후자는 명령형(imperative)과 공동형(conjunctive)으로 나누었다. 여기서 직설법은 화자의 의지에 대한 어떤 암시도 없이 행동(action)이나 품질(quality)에 대한 긍정이나 부정의 생각을 객관적으로 표현하는 것이고, 의지법은 화자의 의지나 소원, 의도를 표현하는 것으로 인구어의 접속법이나 가상법, 명령법에 대응된다고 하였다.[19]

또한 서술어로서의 동사의 모든 종결 형태는 말하는 사람(화자)과 말이 전달되는 인물(청자) 사이의 사회적 양상을 나타내는 것으로 쓰인다고 하면서, 이것은 단순형(simple)과 중간형(middle), 상위형(high)의 최소 3층위로

---

19 Ramstedt(1939:69)에서는 이를 Underwood(1890)를 따라 의지법(volitive)이라 부르기로 한다고 하였다.

해석될 수 있다고 보았다. 이 중에서 단순형은 가장 간단하고 오래된 것이고, 여타의 형태들은 단순형들의 조합이나 생략 등으로 형성된다고 하였는데, 따라서 단순형이 형태 분석의 기본이 되는 것으로 해석하였다.

직설법 평서형의 경우, 단순형은 다음의 세 가지를 포함한다고 하였다.

① 진술 어미: '다' (〈예〉 '보다, 주다, 많다' 등)
② 회상 접미사: '더, 데' 또는 '테' (〈예〉 '보데, 주데, 만테' 등)
③ 미연 접미사: '지, 치'(북부 방언에서는 '디, 티')

위에서 진술 어미(declarative ending) '다'는 어떤 변화 없는 동사의 의미를 제공하는 1차적 기본형이 되는 것으로 보았다. 그리고 회상 접미사(regressive suffix) '더, 데'는 '그때 거기'(then, there)의 의미를 내포하며, 어떤 것이 지속되고 있으나 '여기'(here)나 '지금'(now)이 아니고 '나'(I) 또는 '너'(You)와 관련되지 않는 어떤 것을 지시하는데, 시간과 공간에서 떨어져(remote) 전망하는 의미가 있다고 하였다. 또한 미연 접미사(indecisive suffix) '지, 치'는 화자 쪽에서 어떤 불확실성이나 단순한 친밀성을 내포하며, 어떤 것을 아주 명확히 말하고 싶지 않을 때, 친구 사이에서 많이 쓰인다고 하였다.

특히 회상의 '더'는 단순형으로 나타나지 않고 다음과 같이 다른 형태가 첨가되어 쓰인다고 하였다.

(16) ㄱ. '이' 첨가: '더+이'→'데' (〈예〉 '보데')
ㄴ. '라(이라)' 첨가: '더+라(이라)'→'더라' (〈예〉 '보더라')

위 (16)은 '더'에 '이' 또는 '라' 등의 형태가 첨가됨을 보여 주는데, 특히 (16-ㄴ)은 약간 정중한 의미가 있다고 하였다. 그리고 '더'가 나타나는 형태로 '보더이다', '보던'('보더인'의 축약형)을 추가로 제시하였다.

여타의 직설법 형태의 경우, 동작동사에서는 분사의 기능을 하는 현재의 '눈/는', 과거의 'ㄴ/은', 미래의 'ㄹ/을'이 그 자체로는 평서형으로 쓰이지만, 여러 의미를 지닌 첨사가 붙어 새로운 직설법 형태를 구성하기도 한다고 하였다. 그리하여 분사형에 적극적으로 주장하는 의미를 지닌 첨사 '라, 이라'가 붙어 새로운 형태가 형성됨을 예시하였다.

(17) ㄱ. (보다) '보눈+이라'→'보누니라
     ㄴ. (보다) '본+이라'→'보니라'
     ㄷ. (보다) '볼+이라'→'보리라'
     ㄹ. (조타) '조흔+이라'→'조흐니라'

위에서 (17-ㄱ,ㄴ,ㄷ)은 동작동사로서 각각 현재분사형 '눈'과 과거분사형 'ㄴ', 미래분사형 'ㄹ' 뒤에 '이라'가 붙어 형성된 것이며, (17-ㄹ)은 품질동사로서 분사형 'ㄴ' 뒤에 '이라'가 붙은 것에 해당한다고 보았다. 또한 이러한 것으로 '는'(현재분사형)+'이라'(첨사)에 의한 '-느니라'와 'ㄹ'(미래분사형)+'이라'(첨사)에 의한 '-리라'가 있다고 하였다.

아울러 동작동사에서 현재분사형은 서술적 의미를 지닌 또 다른 형태를 형성하는 예를 제시하였다. '이다'는 현재 분사형에 붙어 '는'(현재분사형)+'이다'→'는다'가 되어 낮은 단계(low speech)의 평서문을 형성하는데, 자음 뒤에서는 '눈다, 는다'가 되고 모음 뒤에서는 'ㄴ다'가 된다고 하였다.

(18) ㄱ. (먹는+이다)→먹는다, (듣는+이다)→듣는다
     ㄴ. (보는+이다)→본다, (가는+이다)→간다

여기서 'ㄴ다, 눈다/는다'는 진행적 현재(progressive present)를 나타내며, 과거나 미래를 의미하는 복합 시제 '엇'과 '겟'에서는 나타나지 않는다고 하였다.(그리하여 "*엇는다, *겟는다'의 결합형은 불가능하다.)

품질동사에서는 이에 대응하여 '이라'가 결합된 형태로 나타난다고 보았다.

(19) ㄱ. (조흔+이라)→조흐니라, (가까온+이라)→가까오니라
    ㄴ. (먼+이라)→머니라, (악한+이라)→악하니라

그리고 '네'는 'ㄴ'(현재분사형)+'에/이'(어떤 방언적 요소)로 형성되었거나, 'ㄴ'(과거분사형)+'에/이'(어떤 방언적 요소)의 형식으로 형성되었는데, 이것은 복합 시제 '앗', '겟'과 결합이 가능하다고 하였다. 그리고 직설법에서 동명사형 'ㅁ'이 쓰이기도 하는데, 이것은 실체적 의미를 지닌 장엄함의 직설법 서술문이 된다고 하였다.[20]

(20) ㄱ. 보네(sees), 보앗네(has seen), 보겟네(will see)
    ㄴ. 일 함(works), 감(goes), 있음(is), 같음(is like), 적음(are few)

또한 서술어로 쓰이는 동사의 모든 직설법 평서형 형태는 화자와 말이 전달되는(spoken to) 인물(청자) 사이의 어떤 사회적 양상을 표현한다고 하였다. 그러면서 실제로는 대우의 관점을 세분하여 그와 관련되는 형태들을 제시하였는데, 우선 직설법 현재 시제의 정중성 등급의 체계를 보면 다음과 같이 정리된다.

대우의 관점	동작동사	품질동사
하인과 어린이	본다, 먹는다	깁다
나이든 하인, 친한 친구	보네, 먹네	깁헤
동등, 친밀성, 주의하지 않음	보지, 먹지	깁지
동등, 좀 더 정중함	보지오, 먹지오	깁지오

---

20 여기서 서북 방언 '감메, 하갓심메/하엿심메' 등의 예에서와 같이 '무, 메'가 파생되었다고 하였다.

모르는 사람, 친지	보오, 먹소(머그오) 보지오, 머급지오	깁소(깁흐오) 깁흡지오
모르는 사람, 정중하게	보오이다, 먹소이다 보옵지오, 먹습니도	깁습지오(깁흡지오)
존경스런 인물, 사회적으로 존귀한 사람	(보네다)봅니다, 머급니다 보옵니다, 먹습니다	깁흡니다 깁습니다
존귀한 인물, 적극적인 믿음의 표현	봅닌다, 머금는다(먹습는다)	깁습닌다
문어투	보나니라, 먹느니라	깁흐니라
공식어투	봄, 먹음	깁흠
시어 또는 영탄적 혼잣말	보도다, 먹도다	깁도다

직설법 의문형의 경우, '가(고), 야(요)'와 '지'(북부 방언 '디')로 세 가지의 의문 첨사가 분사형 뒤에 붙는 형태로 구성되는 것으로 보았다. 여기서 '가'는 이형태 '고'가 있으며('는/는/ㄴ가, 는/는/ㄴ고'), '야'는 좀 더 친근감의 의미를 띠며 이형태 '요, 이'가 있고('는/는/ㄴ야→'는냐/느냐/냐', '는/는/ㄴ이'→'는니/느니/니'), '지'('디')는 본래 사실(fact)의 의미를 지닌 명사인 '디'에 해당하는 것('는/는/ㄴ지')으로 의심의 뜻이 더 강하다고 하였다.

동사의 모든 분사는 이 의문 첨사와 함께 쓰일 수 있는데, 예를 들어 품질동사 '이다'는 그것의 분사형 '인/ㄴ'과 '일'에 의문 첨사가 붙어 현재시제로 '인가, 인야(이냐), 인요(이뇨), 인으(이느)', 미래시제로 '일까, 이까'가 된다고 보았다. 또한 중간 정중형의 '오'와 '소'도 의문형으로 쓰일 수 있다고 하였다. 그리하여 의문형을 그에 대응되는 평서형과 대응하여 제시하였는데, '보다'를 예로 하여 정리하면 다음과 같다.

평서형	의문형
본다 / 보네	보난가, 보난고 / 보난야, 보난요, 보난으, 보느
보앗다	보앗난가, 보앗난고 / 보앗난야, 보안느

근대 시기 서양인의 한국어 문법 연구

보겟다	보겟난야 / 보겟느
보데	보더잇가, 보드까 / 보더인야, 보든야(보더냐)
보오	보오, 보시오
봅더라	봅더, 봅더잇가, 봅듯가
보앗더라	보앗더인가, 보앗든가, 보앗듯가
봅니다(봅난-이-이다)	봅니까(봅난-이-이까)
봅낸다	봅낸까

이러한 의문형의 실제적인 사용 양상과 관련하여, 동등하지 않은 사람끼리의 대화에서 질문과 대답이 서로 다른 어투가 된다고 하면서 다음의 예를 제시하기도 하였다.

(21) ㄱ. 질문(낮은 인물): 서울 사람입니까?
　　　대답(높은 인물): 서울 사람이다.
　　ㄴ. 질문(높은 인물): 서울 사람인야?
　　　대답(낮은 인물): 서울 사람입니다(이옵니다).

의지법의 경우, 인구어의 명령법이나 공동법에 해당하는 것으로, 화자의 의지나 소원의 의미가 표현되기 때문에 인구어와는 다른 분류 체계를 지닌다고 하였다. 그리고 이것을 의미에 따라 다음과 같이 세분하여 제시하였다.

명령 (imperative)	-어간만으로(어미 없이) 쓰이는 경우　〈예〉 이리 오. 집에 가. 여보. -완료 부동사형으로 쓰이는 경우　〈예〉 보아. 와. 하여. -완료 부동사에 서술 첨사 '-라'가 첨가된 것(가장 자주 쓰인다.) 　〈예〉 보아라. 와라. 하여라. 드러라. -미래 부동사 '게'가 '거'로 축약되고 '라'가 붙는 것 　〈예〉 하거라. 가거라. 자거라.
요청 (precative)	-미래 부동사형과 같다.　〈예〉 일 하게. 돈을 주게. 가게.

지시 (prescriptive)	-충고를 표현한다. '르게' 또는 줄여서 '께'로 쓰인다. 〈예〉 머글게. 머그께. (you have to eat, please eat) -1인칭 단수, 주어의 자기 자신에 대한 명령으로도 쓰인다.(일종의 약속법)
기원 (optative)	-'세': 〈예〉 먹세, 감세 / 머급세 갑세(피동의 'ㅂ, 부'와 함께 쓰인 것) -좀 더 정중한 형태는 '이다'를 붙여 '세이다'로 쓰인다. 〈예〉 가세이다. -미래 기원법은 'ㄹ'에 '세'가 붙어 'ㄹ세'로 쓰인다. 〈예〉 갈세. 머글세. -'세'가 동명사형 'ㅁ' 뒤에 〈예〉 함세. 감세. 솜씨대로 만다라 줌세.
제안 (propositive)	-'오, 소': 중간 정중형의 명령, 제안의 의미 〈예〉 하오. 먹소. -좀 더 정중하게는 '시'가 붙은 2차적 어간이나 'ㅂ'이 붙은 피동 어간, 또는 이들이 모두 붙은 것. (한 번 또는 두 번) 〈예〉 하오. 하시오. 합시오 (한 번). 하십시오 ('시'가 두 번)
축원 (benedictive)	-'소'+존재적 첨사 '셔'→'소셔', 명백한 겸손의 표현. 〈예〉 오소셔. 하소셔. 주소셔.
격려 (cohortative)	-'자' 〈예〉 먹자. 하자. -좀 더 정중하게는 '먹읍자.
약속 (promissive)	-'마': 동명사형 'ㅁ'+호격 감탄의 '아' 〈예〉 먹으마. 주마.
경계 (preventive)	-'ㄹ라, ㄹ러': 미래 분사형 'ㄹ'+ 어떤 불분명한 요소 '아' -주의하라는 의미 〈예〉 너머질라. 도라올라.
의도 (desiderative)	-'고 하다': 첨사 '고'에 동사 '하다'가 붙은 것 -'말다'와 함께 쓰여서 망설임. 〈예〉 먹으랴꼬 말라꼬 하엿다. -'ㄹ라꼬, 랴꼬'가 '락, 략'으로 줄기도 한다. 〈예〉 갈라꼬 말라꼬(→갈락 말락), 할락 말락 하다. -'고'가 '하다' 앞에 쓰이지 않으면 'ㅎ'이 발음되지 않는다. 〈예〉 머글라꼬 한다→머글라 한다→머글라 안다→머글란다
간접명령 (indirect imperative)	-'라': 3인칭에 대한 명령, 미래 분사형 'ㄹ'+감탄의 '아' 〈예〉 직접 명령: 먹어라. 있어라. / 간접명령: 먹으라. 있으라. -간접명령은 '-고 하다'의 간접인용문에 나타난다. 〈예〉 먹으라꼬 하여라 ← 직접 명령 '먹어라' 　　　주라꼬 하여라 ← 직접 명령 '주어라'

6.2.3. 정리

서양인의 한국어 문법 기술에서 서법은 문장의 종결 형식과 함께 상대 대우 표현과 관련된다는 점에서, 그리고 전통적으로 시제와의 통합으로 해석된다는 점에서 매우 복잡하게 기술되었다. 또한 여기에 이러한 복잡한 문법적 기능을 실현하는 형태들도 매우 다양한 양상으로 형성된다는 점에 주목하였다. 특히 각자의 언어(프랑스어, 영어, 독일어)를 바탕으로 접근함으로써 서법 체계에 대한 해석에서 차이가 나타나기도 하였다.

우선 프랑스어와 관련되는 Dallet(1874)와 Ridel(1881)에서는 한국어에서 실현되는 서법의 하위분류로서 직설법과 명령법 외에 부정법(不定法), 조건법 등을 세우기도 하였고, 이들 서법에 포함되지 않는 활용형은 분사로 묶어 서술하기도 하였다. 여기서 직설법과 조건법은 시제의 구분과 관련하여 전자는 현재와 반과거, 과거, 대과거, 미래, 과거미래로 구분하고, 조건법은 현재와 과거로 구분하였으며, 이들을 다시 평서형과 의문형으로 나누어 각각이 실현되는 형태들을 검토하였다. 그리고 가정적 의미와 관련되는 접속법은 한국어에서 나타나지 않는다고 하면서도 그들 언어에 대응되는 한국어 표현 형태를 서술하기도 하였다.

영어와 관련되는 Underwood(1890)에서는 한국어의 서법을 직설법과 의지법으로 2원화하고 이를 다시 평서와 의문, 명령과 청유로 구분하였으며, 이러한 체계는 이후의 문헌에 이어졌다. 여기서는 이전 시기의 문헌과는 달리 시제보다는 상대 대우의 층위를 중심으로 변별되는 형태들을 서술하였음이 특징이다. 직설법은 평서형과 의문형으로 구분하였으며, 이때의 상대 대우의 관점은 이론적으로는 하대와 평대, 존대의 세 층위를 기본으로 하였으나, 실제로는 더 많은 층위로 구분하여 형태의 분화 양상을 서술하기도 하였다. 의지법은 명령형과 청유형을 나누었는데, 여기서의 명령형은 앞선 문헌의 명령법과 달리 세분된 개념으로 이해하였음이 특징이다.

독일어와 관련되는 Roth(1936)에서는 서법을 별도의 항목으로 다루지는 않았으나, 문장의 종결 형식을 평서와 의문, 명령으로 구분하고, 이를 다시 상대 대우의 층위에 따라 하등말과 중등말, 상등말로 구분하였다. 그러나 이것은 기본적인 것이고 실제로는 중간말이 성립된다고 하면서 그에 해당하는 형태들을 분석하기도 하였다.

한편, Ramstedt(1939)에서는 한국어의 서법을 Underwood(1890)을 따라 체계화하고, 각각의 범주에 해당하는 매우 다양한 형태들의 목록과 그 의미적 특성을 서술하였다. 여기서는 상대 대우의 관점을 세 층위로 하되 실제로는 각각의 대상이나 용법에 따라 형태적으로 달리 실현되는 것으로 보았으며, 이러한 형태들이 형성되는 다양한 양상들, 특히 관계 분사와 첨사의 결합에 의해 형성되는 형태들을 심도 있게 분석하기도 하였다.

6.3. 시제와 상

6.3.1. 시제의 해석과 분류

1.1. 언어에서 시간 표현과 관련되는 문법범주에는 시제(tense)와 상(aspect)이 있다. 시제는 어떤 기준 시점(일반적으로는 발화시)과 언어로 표현되는 사건의 시간 사이의 관계에 관한 것으로, 문법적으로는 동사의 활용 형태로 표현된다. 개념적인 측면에서 시간 관계는 상대적 관점에서 이른 것(전시)과 늦은 것(후시), 이르지도 않고 늦지도 않은 것(동시)으로 구분되는데, 이에 따라 언어에서의 시제는 사건시와 기준시의 선후 관계에 따라 과거(past)와 현재(present), 미래(future)로 3분된다(『영어학사전』, 1990:1250 참조).

상은 시간 영역 내의 동작 과정을 나누고 그에 따른 동작의 양태, 성질 등의 차이를 파악한다는 점에서 외적 시간 관계를 의미하는 시제와 구분된다. 따라서 시제가 직시적(deictic)인 데 반해 상은 비직시적(nondeictic)이라는 점에서 다른데, 그것은 상은 시제와 달리 기준 시점에 따라 상대적이지 않기 때문이다(『영어학사전』, 1990:94 참조). 구체적인 상의 의미는 지속(durative), 반복(iterative), 결과(effective), 기동(ingressive), 종결(terminate) 등으로 분류된다(이환묵, 1999:402 참조).

시제와 상의 체계와 표현 형태, 그리고 이들 사이의 상관관계는 언어에 따라 달리 나타난다. 그런데 전통적으로는 시제와 상을 구별하지 않고 후자를 전자의 한 부분으로 간주하여 현재완료나 과거완료 등으로 표현하기도 하였다.

1.2. 한국어에서 시제는 전통적인 3분법을 따라 현재와 과거, 미래로 구분되는가의 문제도 있지만, 형태적으로는 선어말어미 외에 관형사형어미에서 실현된다는 점에서도 특징이 있다. 선어말어미에서 현재의 '는/ㄴ'은 동사에만, 그것도 뒤따르는 형태에 상당한 제약이 있다는 점에서 과거나 미래의 '었', '겠' 등과는 차이가 있다. 또한 과거의 '었'과 미래의 '겠'은 '었었'이나 '었겠'처럼 중복되기도 한다는 점에서 특이하다. 그리고 관형사형어미에서 '는'이나 'ㄴ' 외에 '던'과 '을'은 회상과 추측의 의미를 실현하기도 한다(『국어국문학사전』, 1980:367 참조).

이러한 한국어 동사 활용에서 시제의 특성을 반영하듯, 서양인의 한국어 문법에서 시제에 대한 서술은 매우 다양하고 복잡하게 전개되었다. 특히 여기서는 시제에 대하여 독립된 문법범주로서보다는 종결형에서 나타나는 서법이나 상대 대우의 등급 등과 함께 기술되었음이 특징이다. 이에 따라 분류된 시제 체계를 문헌별로 정리하면 다음과 같다.

Dallet (1874)	Ridel (1881)	Scott (1887)	Underwood (1890)	Roth (1936)	Ramstedt (1939)
주요 시제: ┌ 현재 │ 과거 │ 미래 └ 과거미래 종속 시제: ┌ 반과거 │ 대과거 │ 조건법 현재 └ 조건법 과거	1차 시제: ┌ 현재 │ 과거 │ 미래 └ 과거미래 2차 시제: ┌ 반과거 │ 대과거 │ 조건법 현재 └ 조건법 과거	현재 과거 미래	단순 시제: ┌ 현재 │ 과거 │ 미래 └ 미래과거 복합 시제: ┌ 진행(현재, 과거) │ 대과거(과거완료) │ 지속적 미래 └ 가상적 미래과거	현재 과거 전과거 미래 I 미래 II	단순형: 현재 복합형: ┌ 과거 │ 미래 │ 과거완료 │ 미래완료 └ 완료미래

한국어 시제 체계와 관련하여, 초기의 Dallet(1874)와 Ridel(1881)에서는 프랑스어 문법에 따라 주요/1차 시제(현재, 과거, 미래, 과거미래)와 종속/2차 시제(반과거, 대과거, 조건법 현재, 조건법 과거)로 구분하였으며, 이러한 체제는 Underwood(1890)에서 단순 시제와 복합 시제로 이원화하는 양상을 보였다. 그리고 Scott(1887)과 Roth(1936), Ramstedt(1939)에서는 전통적인 3분법을 따르는 것이었는데, 후자의 경우에는 시제 표지 형태의 구성 형식에 따라 단순형(현재)과 복합형(그 밖의 것)으로 구분하였다. 한편, 한국어 문법에서 분사(동사적 분사, 관계 분사)로 분류되었던 형태들의 시제 표현 기능에 대해서는 현재와 과거, 미래, 완료 등으로 구분하여 체계적으로 서술하고자 하였다(앞의 5.4.1절 1.1항 참조).

6.3.2. 시기별 분석

2.1. Siebold(1832)에서는 능동사(能動詞)는 과거와 현재, 미래의 3시제의 변화형을 보여 준다고 하면서, 현재형의 끝 음절을 확대함으로써 과거와 미래가 형성되는데, 과거는 'a' 또는 'ta'로, 미래는 'o'로 끝난다고 하였다(고영

근, 1983:256 참조).

(22) ㄱ. Tsidsia (schlage, ich schlage)
　　ㄴ. Tsinda (geschlagen haben)
　　ㄷ. Tsiriô (schlagen werden)

위에서 (22-ㄴ)과 (22-ㄷ)은 각각 과거와 미래를 표현한다는 것이다. 그러나 이들이 어떻게 해석되는지는 분명치 않다.

Rosny(1864)에서는 한국어 동사의 기본형을 'ㄹ'종결형으로 설정하고(앞의 5.2.2절 2.1항 참조), 이것이 시제 표현으로 활용하는 형태를 Siebold(1832)를 따라 'a' 또는 'ta'는 과거, 'ô'는 미래를 표시한다고 하였는데, 제시한 예를 보면 다음과 같다.

(23) ㄱ. 기본형: 'ts'ir'('칠', frappe 또는 je frappe)
　　ㄴ. 과거: 'tsinta'('친다', je frappais)
　　ㄷ. 미래: 'tsiriô'('치리오', je frappai)

이것은 (23-ㄱ)의 기본형 '칠'이 현재를 의미하는데, 어미가 변화하여 (23-ㄴ,ㄷ)과 같이 과거의 '친다'와 미래의 '치리오'가 된다는 것이다(앞의 5.3.1절 1.2항 참조).

또한 복합 시제의 경우 (일본어와 마찬가지로) 일종의 조동사가 종결 형식을 구성하여 동사의 한 부분이 된다고 하면서 다음의 예를 제시하였다.

(24) ㄱ. 'tsiopnoi'('치웁노이', être frappé)
　　ㄴ. 'tsirinda'('치린다', avoir été frappé)
　　ㄷ. 'tsirintos'('치린토스', je serai frappé)

이것은 무엇을 의미하는지 해독이 어려운데, 그것은 한국어의 시제를 프

랑스어의 복합 시제 형성 방법에 따라 해석하려 했기 때문으로 이해된다.[21]

2.2. Dallet(1874)에서는 동사 활용형을 '어간−시제 표지−종결형태'의 틀로 이해하면서, 시제 표지(signe du temps)에 대해 부정법과 직설법을 기준으로 해석하였다(앞의 5.3.1절 1.2항 참조). 그리하여 한국어 동사의 시제는 주요 시제와 주요 시제의 반(半) 과거라 볼 수 있는 종속 시제로 구분되는데, 다시 주요 시제는 현재와 과거, 미래, 과거미래의 넷으로 구분되고, 종속 시제는 주요 시제를 중심으로 하여 반과거와 대과거, 조건법 현재, 조건법 과거로 구분된다고 하였다.[22]

그리고 시제를 표현하는 형태는 별도로 존재하는 것이 아니라 동사적 분사로 형성되는 것으로 해석하였다. 즉, 주요 시제는 동사적 분사 '아/어/여'와 '게'에 의해 각각 과거와 미래가 실현되고, 여기에 음편에 따라 'ㅅ'이 개입하여 각각 '앗/엇/엿'과 '겟'으로 나타나는 것으로 보았다. 현재의 경우에는 이에 해당하는 동사적 분사가 없으므로 상태나 존재를 나타내는 자동사(오늘날의 형용사)는 기본형(어간형) 자체로 현재 표현이 충분하지만, 타동사의 경우에는 '논/ㄴ'이 붙는다고 하였다.[23] 또한 주요 시제는 '다'형으로 종결

---

21 프랑스어와 독일어에서 시제는 동사만으로 된 단순 시제와 조동사의 도움을 받는 '조동사+과거분사'의 형태로 된 복합 시제로 구분된다(방곤 외, 1993:135; 이유영 외, 1983:64 참조).

22 프랑스어에서 반(半)과거는 과거에 계속되던 행위나 상태가 완전히 완료되지 않은 상황과 관련되며, 대(大)과거는 관심의 대상이 되는 과거의 어떤 사실보다 먼저 일어났음을 나타낸다(방곤 외, 1993:145, 151 참조). 그리고 시제로서의 조건법은 현재와 과거로 구분된다(방곤 외, 1993:157 참조).

23 현재형은 동사 어간의 음운적 조건에 따라 형태가 달라지는데, 어간이 'ㄹ' 이외의 자음으로 끝나면 '논'을 붙이고('깍다:깍논다'), 모음으로 끝나면 'ㄴ'을 붙이고('ᄒ다:ᄒᆞᆫ다'), 'ㄹ'로 끝나는 것은 'ㄹ'을 없애고 남아 있는 모음에 'ㄴ'을 붙인다('풀다:푼다')고 하였다. 한편, 유기음으로 끝나는 것은 'ㅅ'을 받치고 '논'을 적는다('너타:넛논다')고 하였다.

되는데, 종속 시제는 '다' 대신에 '더니'가 첨가되는 형식으로 해석하였다.

이러한 동사의 시제 표현과 관련한 활용 현상을 'ᄒ다와 '잇다'의 활용형을 예시하면서 요약하였는데, 이를 정리하면 다음과 같다.

주요 시제	현재	ᄒ다	잇다
	과거	ᄒ엿다	잇셧다
	미래	ᄒ겟다	잇겟다
	과거미래	ᄒ엿겟다	잇셧겟다
종속 시제	반과거	ᄒ더니	잇더니
	대과거	ᄒ엿더니	잇셧더니
	조건법 현재	ᄒ겟더니	잇겟더니
	조건법 과거	ᄒ엿겟더니	잇셧겟더니

또한 Dallet(1874)에서는 분사를 동사적 분사와 관계 분사로 구분하고, 전자는 과거의 '아/어/여'와 미래의 '게', 후자는 현재의 'ᄂ'과 과거의 'ㄴ', 미래의 'ㄹ'을 제시하였다(앞의 5.4.1절 1.2항 참조).

동사적 분사	과거: '아/어/여' ('ᄒ여') 미래: '게' ('ᄒ게')
관계분사	현재: 'ᄂ' ('ᄒᄂ, 놋ᄂ') 과거: 'ㄴ' ('ᄒᆫ, 노흔, 숨은') 미래: 'ㄹ' ('홀, 노홀, 숨을')

2.3. Ridel(1881)에서의 시제 체계는 우선 한국어의 동사 활용에서 나타나는 시제를 1차 시제와 2차 시제로 구분하고, 다시 1차 시제는 현재와 과거, 미래, 과거미래로, 2차 시제는 반과거와 대과거, 조건법 현재, 조건법 과거로 구분하였는데, 이것은 Dallet(1874)에서의 주요 시제와 종속 시제에 대응하는 것이었다. 이들은 형태적으로 달리 나타나는데 Dallet(1874)에서와 같이

전자는 '다'가 붙고 후자는 '더니'가 붙는다고 하였다.

시제 형태에 대해서도 Dallet(1874)에서와 마찬가지로 과거는 과거 동사적 분사 '아/어', 미래는 미래 동사적 분사 '게'로 실현되며, 음편 현상으로 ㅅ이 첨가되어 각각 과거는 '앗/엇', 미래는 '겟'이 된다고 하였다. 그리고 동사 활용형을 '어간-시제 표지-종결형태'로 구분하여 시제 표지는 어간과 종결형태 사이에 들어가는 것으로 해석하였다(앞의 5.3.2절 2.1항 참조). 과거와 미래 시제 표지가 결합되는 양상에 대해 제시된 예를 보면 다음과 같다.

> (25) ㄱ. ᄒᆞ다-ᄒᆞ여-ᄒᆞ엿다 / 오다-와-왓다
> ㄴ. 일타-일허-일헛다 / 노타-노하-노핫다
> (26) ㄱ. ᄒᆞ다-ᄒᆞ게-ᄒᆞ겟다 / 가다-가게-가겟다 / 쉽다-쉽게-쉽겟다
> ㄴ. 노타-노케-노켓다 / 됴타-됴케-됴켓다 / 만타-만케-만켓다

위에서 (25)는 과거 시제 표지 '앗', (26)은 미래 시제 표지 '겟'의 첨가 과정을 보여 주는데, 특히 (25, 26-ㄴ)은 어간 말음이 유기성을 지닌 동사의 시제 활용형에 해당한다. 이것은 Dallet(1874)와 동일한 것이라 할 수 있는데, 다만 분사의 시제는 Dallet(1874)의 현재와 과거, 미래에 반과거로 'ᄒᆞ던, 잇던'에서와 같이 '던'이 추가되었다(앞의 5.4.1절 1.3항 참조).

2.4. MacIntyre(1879-1881)에서는 시제를 기본적으로는 현재와 과거, 미래로 구분하고, 기본형 '무를(問)'에 해당하는 직설법의 시제 형태를 다음과 같이 예시하였다.

기본형		직설법 시제		
어근형	추상형	현재	과거	미래
'무를'	'무러'	'문넌다'	'무럿다'	'묻갓다'

근대 시기 서양인의 한국어 문법 연구

직설법 현재시제는 일상적으로 '다'로 끝나고, 과거시제는 추상적 기본형 (추상형)으로부터 'ㅅ다'가 붙어 파생한다고 하였다.[24] 그리고 미래시제는 문어로는 '리라'이지만 구어에서는 기본형(어근형)에서 'ㄹ'이 떨어지고 '갓다' 를 붙인 것이라고 하였다. 여기에 추가하여 연결형에서는 '나다가/라다가' 가 붙고, 미래완료는 '슬리라'가 붙는다가 붙는다고 하였다. 이것을 몇 가지 동사를 예로 하여 제시한 것을 보면 다음과 같다.

> 현재: 'ᄒᆞ다, 잇다, 업다'
> 과거: 'ᄒᆞ다-ᄒᆞ야-ᄒᆞ얏다', '잇다-잇서-잇섯다', '업다-업서-업섯다'
> 미래: 'ᄒᆞ리라' / 'ᄒᆞ갓다' / 'ᄒᆞ라다가, 갈라다가' / '머거슬리라'

그리고 Dallet(1874)와 Ridel(1881)에서 종속 시제 또는 2차 시제로 해석되었던 '더니'의 구성요소 '더'가 결합된 형태에 대해 MacIntyre(1879-1881)에서는 화법형(narrative)이라 하였다(앞의 5.32절 2.4항 참조).

특히, '더라'는 문장 끝에 쓰이기도 하는데, 이것은 시제에 따라 다음과 같이 구분된다고 하였다.

> 현재: '간다더라'   과거: '갓다더라'
> 미래: '가갓다더라'   미래완료: '갓갓다더라'

위에서 현재형 '간다더라'는 1차 시제 동사(primary verb) '간다'에 '더라' 가 붙은 것이고, 과거형 '갓다더라'는 '갓다'에 '더라'가 붙은 것인데, 여기서 '더라'는 'ᄒᆞ더라'에서 준 것이라고 하였다('간다고 하더라', '갓다고 하더라').

---

24 MacIntyre(1879-1881)에서는 'ㄹ'종결형을 동사의 기본형으로 보고, 기본형을 다시 어근형과 그것의 변이형으로서 추상형으로 구분하였다(앞의 5.2.3절 3.1항 참조).

2.5. Scott(1887)에서는 동사의 활용형과 관련하여 시제 형태를 직설법과 분사로 구분하고 그 예를 간략히 제시하였는데, 이것을 동사 'ᄒᆞ다'의 경우로 보면 다음과 같이 정리된다(앞의 5.3.2절 2.6항 참조).

	직설법	분사
현재	'ᄒᆞ다/ᄒᆞᆫ다'	'ᄒᆞᄂᆞᆫ'
과거	'ᄒᆞ엿다'	'ᄒᆞᆫ'
미래	'ᄒᆞ겟다'	'ᄒᆞᆯ'
완료	-	'ᄒᆞ여'

그런데 재판인 Scott(1893)에서는 분사에서 완료('ᄒᆞ여')를 제외하고 미완료('ᄒᆞ던')로 대체하였다.[25]

2.6. Underwood(1890)에서는 동사의 직설법 활용형을 '어간–시제 어근–종결형태'의 형식으로 해석하였는데, 앞선 Dallet(1874)나 Ridel(1881)에서 다른 기능을 담당하는 요소가 시제 표현을 겸하고 있다고 보아 단순히 시제 표지라 하였던 것과는 달리 시제만을 담당하는 형태를 시제 어근(tense root)이라 하여 따로 설정하였다.[26] 여기서 시제 어근은 시제와 상의 문법범주를 표현하는 것으로 '더'의 결합 여부에 따라 '더'가 결합되지 않은 단순 시제(simple tense)와 '더'가 결합된 복합 시제(compound tense)로 구분하

---

25 그리고 Scott(1893)에서는 여기에 추가하여 미래완료시제(복합 시제)라 하여 'ᄒᆞ엿겟다, ᄒᆞ엿겟소'를 예시하기도 하였다. 또한 '더'에 관한 것을 따로 정리되지 않았으나, 기본 활용의 체계에서 미완료 또는 과거를 뜻하는 것으로 해석하였다.

26 Ridel(1881)에서는 시제 표지 '엇'과 '겟'을 동사적 분사형 '아/어'와 '게'에 음편상 'ㅅ'이 첨가되는 것으로 보고, 시제를 표현하는 형태를 따로 설정하지 않았다(앞의 6.3.2절 2.2항 참조). 그러나 Underwood(1890)에서는 이들을 동사적 분사와 관계 없는 독자적인 형태로 설정한 것으로 이해된다.

근대 시기 서양인의 한국어 문법 연구

였다. 이것을 정리하면 다음과 같이 된다.

단순 시제	복합 시제
현재: '는'	진행(현재, 과거): '더'
과거: '앗/엇/엿'	대과거(과거완료): '엇더'
미래: '겟/켓', '리'	지속적 미래: '겟더'
미래과거: '엇겟'	가상적 미래과거: '엇겟더'

단순 시제의 경우, 현재(present)는 능동사일 때 '는'이 붙지만, 직설법 낮춤 이외에서는 '는'이 실현되지 않기 때문에 대부분에서 현재 형태는 나타나지 않으며, 동작을 (계속되는지의 여부는 관계없이) 단순히 현재에 일어난 것으로 표현한다고 하였다.

과거(past)는 '아'와 '어'가 음편에 따라 분포하는데, 동작을 과거에 일어난 것으로 표현한다고 하였다. 과거를 표현하는 '앗/엇'은 비한정적(indefinite)인 것(단순한 과거 동작)과 한정적(definite)인 것(완성된 동작)을 표현하여 다음의 예에서처럼 영어의 과거와 현재완료 둘 다에 호응한다고 하였다.

(27) ㄱ. 어저끠 서울노 왓소. (He came to Seoul yesterday.)
ㄴ. 아츰 먹엇소. (He has eaten his breakfast.)

위에서 (27-ㄱ)은 과거, (27-ㄴ)은 현재완료에 대응되는 것으로 해석하였다.

미래(future)는 '겟'으로 실현되는데, 유기음 뒤에서는 '켓'으로 나타나며, 때로는 의도나 의지, 목적의 뜻을 내포하는 '리'로 실현된다고 하였다. 이들은 단순한 미래에 해당하여 미래에 일어날 것을 표현하고, 문맥에 따라 부사가 첨가되기도 하여 (영어의 조동사 'may', 'can'에 대응하는 것으로) 능력이나 허용을 뜻하기도 한다고 하였다.

특히 미래의 현재적 용법으로 현재에 대한 미래적 표현 또는 미래에 대해 현재형으로 표현하는 경우를 다음과 같이 예시하기도 하였다.

(28) ㄱ. 알겠소.
ㄴ. 모르겟소.

위 (28)은 미래형이지만 현재의 사태를 나타낸다는 것이다. 그러면서 미래를 생생하게 표현하는 데 현재형이 쓰이는 경우는 많으나, 현재 사태를 표현하기 위해 미래형이 사용되는 경우는 드물다고 하였다.

미래과거(future-past)는 미래 형태가 과거 형태와 함께 쓰이는 것으로, 영어는 미래-과거의 순으로 표현되지만 한국어는 '갓겟다'에서처럼 과거-미래의 순으로 결합한다(영어는 'I will have go', 한국어는 'I have will go')고 하였다. 이것은 영어의 미래완료에 대응하는 것으로, 때로는 잠재적(potential)인 과거완료의 의미를 지니기도 하는데, 이때에는 '완전히' 등의 부사와 호응하는 것으로 해석하였다.

(29) ㄱ. 어제 명녕 왓겟소. (must have come)
ㄴ. 이 째에 왓겟소. (will have come)
ㄷ. 의원 아니 왓더면 발셔 죽엇겟소. (would have died)
ㄹ. 발셔 업서젓겟소. (must have been used up)

복합 시제의 경우, 계속(continuing)이나 진행(progressing)의 의미를 뜻하는 '더'로 나타나며, 이것이 홀로 쓰이거나 과거, 미래 형태와 함께 쓰이기도 한다고 하였다. 그리하여 '더'가 홀로 쓰이면 동작이 계속되거나 진행됨을 뜻하고 현재 또는 과거 시간과 관련된다고 하였는데, 이것은 현재는 발화 시 당시의 회상과 관련되고, 과거는 사건시와 관련되는 것으로 해석한 것으로 이해된다.

근대 시기 서양인의 한국어 문법 연구

(30) ㄱ. 김 셔방 오놀 그 일 ᄒᆞ더라(is doing)

　　　ㄴ. 김 셔방 어제 그 일 ᄒᆞ더라(was doing)

이와 같이 '더'는 동작을 미완과 진행으로 표현하는 것으로, 능동사의 경우 영어에서 be 동사의 현재형 또는 과거형에 현재분사형(ing)이 결합된 것에 대응하며, 현재 또는 과거이지만 주로 과거로 쓰이고 그리스어의 미완료 시제(imperfect tense)에 일치한다고 하였다.

또한 '더'의 용법과 관련하여 지속성을 띠고 단순한 과거를 뜻하며, 대부분 보았거나 경험했거나 알았던 것이고 3인칭에만 가능하다고 하였다.

(31) ㄱ. 일본에 동빅이 만터이다.

　　　ㄴ. 일본은 룽ᄉᆞ 잘 ᄒᆞ더라.

　　　ㄷ. 아비논 게얼너도 아돌은 브ᄌᆞ런ᄒᆞ더라.

그리고 '더'는 활용이 결여적(defective)이어서 정중형의 종결 형태로 알려진 것과 함께 쓰이지 않고, 오히려 낮거나(low) 높은(high) 형태에서만 나타난다고 하였다. 특히 직설법보다는 접속형으로 많이 나타난다('더니'처럼)고 하였다.

대과거(pluperfect)의 '엇더'는 동작이나 상태를 완료되었거나 과거 또는 이전부터 존재해 오고 있는 것으로 표현하는데, 영어의 대과거나 과거완료에 해당한다고 하였다.

(32) ㄱ. 어제 아츰 째 편지 셋 썻더라. (had written)

　　　ㄴ. 공의 편지 온 째에 화륜션 쩌낫더이다. (had started)

　　　ㄷ. 비 시쟉홀 째 씨 다 심엇더라. (had planted)

지속적 미래(continued future)의 '겟더'는 화자를 미래로 옮기고 그로 하여금 그 자리로부터 동작을 보게 하는데, 미래 어떤 시점에 진행되거나 존

재하고 있을 동작이나 상태에 해당하는 것으로 영어의 미래진행에 해당한
다고 하였다.

> (33) ㄱ. 엇더케 믄두눈지 보랴 ᄒ면 모레 믄돌겟더라. (will be making)
> ㄴ. 오놀은 아니 잡고 모레눈 잡겟더이다. (will be killing)

가정적 미래과거(probable future-past) '엇겟더'는 사실로 알려진 것이
아니라 일어나지 않은 어떤 과거 동작에 관한 가능성(possibility)이나 우연
성(contingency)을 표현한다고 하였다.

> (34) ㄱ. 늙어도 그림을 잘 그리니 절머셔눈 유명ᄒ 화공잇셧겟더이다.
> (He was most probably a famous draughtsman.)
> ㄴ. 술 집에셔 나왓시니 술 다시 먹엇겟더라.
> (He must have been drinking again.)
> ㄷ. 어제 밤에 비 왓겟더라. (It must have rained last night.)

한편, Underwood(1890)에서는 분사형의 시제를 동사적 분사의 과거
'여/야'와 미래 '게', 관계 분사의 현재 '눈'과 과거 '은/ㄴ', 미래 'ㄹ', 미완료
'던'으로 구분하였다(앞의 5.4.1절 1.5항 참조).

2.7. Roth(1936)에서는 한국어의 시제와 관련하여 체계보다는 현상을 중심
으로 기술하였는데, 이를 묶어 정리하면 능동사의 경우는 다음과 같이 된다.[27]

현재	'ㄴ다/는다'	'한다'
과거	'(어)ㅆ'→'엇'	'하였다'
전과거	'엇(어)+ㅆ'→'엇엇'	'하였었다'

---

27 Roth(1936)의 분사형 시제 체계에 대해서는 앞의 5.4.1절 1.6항 참조.

근대 시기 서양인의 한국어 문법 연구

미래 I	'겠'	'하겠다'
미래 II	'(어)ㅆ+겠'→'었겠'	'하였겠다'

능동사에서 현재(präsense)는 본래 어간에 'ㄴ다'(자음 뒤에서는 '는다')가 붙으며, 'ㄹ'탈락에 의해 축약된 어간 뒤에 'ㄴ다'가 붙는다(의문형은 '느냐'가 붙는다)고 하였다.

   (35) ㄱ. 간다, 온다 / 먹는다, 받는다
      ㄴ. 산다, 안다

그리고 가장 높임의 뜻이 드러나는 상등말(hoch)의 평서형은 'ㅂ니다', 의문형은 'ㅂ니까'가 붙는데, 자음일 때 '습니다/습니까'가 되기도 한다고 하였다(다음의 6.5.2절 2.6항 참조).

   (36) ㄱ. 갑니다/갑니까, 받습니다/받습니까, 압니다/압니까
      ㄴ. 씻습니다/씻습니까, 놓습니다/놓습니까

또한 한국어에서 과거(vergangenheit)와 완료(perfekt)의 구분이 없고, 이들은 'ㅆ'으로 실현되는데, 구체적으로는 모음으로 끝난 어간은 'ㅆ'(〈예〉 '가다'→'갔'), 뒤에 확대된 어간 '으'나 동사적 어간 '어'가 붙는다(〈예〉 '갔으-, 갔어-')고 하였다. 특히 명사 서술어는 다음과 같이 자음으로 끝날 때와 모음으로 끝날 때로 구분하여 형태 실현의 예를 제시하였다.

   (37) ㄱ. '사람이어+ㅆ → 사람이었소'
      ㄴ. '나무여+ㅆ → 나무였다'

전과거(vorvergangenheit)는 과거형의 동사적 어간형에 다시 과거 표현의 'ㅆ'이 결합하여 형성되는 것으로 보았다.

6. 문법범주의 실현   363

(38) ㄱ. 오다: '왔어+ㅆ'→'왔었'

ㄴ. 부르다: '불렀어+ㅆ'→'불렀었'

미래(futur)는 '겠'이 붙는 것(미래 I)과 과거형 'ㅆ' 뒤에 '겠'이 붙는 것(미래 II)로 구분하였다. 우선 미래 I 은 어간의 단순형에 '겠'이 붙고, '겠' 뒤에 확대된 어간형의 '으'가 온다(때로는 '으' 대신 '스'가 붙기도 한다)고 하였다.[28]

(39) ㄱ. 하겠-, 받겠-

ㄴ. 하겠으-, 받겠으-

(40) 쓰겠읍니다/쓰겠습니다, 잡겠읍니까/잡겠습니까

(41) ㄱ. 의사가 왔겠소.

ㄴ. 책을 샀겠습니다.

특히 위 (40)에서 '으'형과 '스'형을 새로운 것과 옛날 것으로 구별하는데, 이는 당시의 한글 맞춤법 제정과도 관련되는 것으로 보인다. 또한 (41)은 미래 II 에 해당하는데, '겠'이 과거형 'ㅆ' 뒤에 붙는 것으로 이미 잘 되었거나 되었을 거라고 추측하는 의미가 있다고 하였다.

그리고 미래가 현재 대신 쓰이는 경우와 명사 서술어의 경우로 다음을 제시하기도 하였다.

(42) ㄱ. 모르겠다.

ㄴ. 이 일은 하지 못하겠습니다.

(43) 사람이겠다. / 나무겠소.

한편, Roth(1936:238-240)에서는 앞선 문헌에서 종속 시제나 2차 시제 또

---

28 Roth(1936)에서는 당시 공표된 한글 맞춤법을 반영하여 '었'과 '겠'에서 'ㅆ'이 받침으로 쓰였으며, 또한 아래아(ㆍ)가 쓰이지 않았다(앞의 2.3.2절 2.3항 참조). Roth(1936)의 확대된 어간형에 대해서는 앞의 5.2.3절 3.1항 참조.

는 복합 시제 등으로 해석되었던 '더'를 보고형(berichts formen)이라 하면서, 화자 자신이 경험한 것을 말할 때 쓰인다고 하였다. 그리고 이것이 결합되어 나타나는 형태를 다음과 같이 제시하였다.

구분	평서	의문
하등말	'더라'	'디', '더냐'
중등말	'데'	'던가'
상등말	'ㅂ데다', '(ㅂ)더이다'	'ㅂ데까', '(ㅂ)더이까'

그리고 이들 형태는 현재 외에 과거의 사건을 표현하기도 한다고 하였는데, 제시된 예는 다음과 같다.

(44) ㄱ. 총독이 오십데다.
　　 ㄴ. 오늘 성당에 예절이 아주 좋습더이다.
　　 ㄷ. 제 아버지 오늘 아침에 죽었다고 합데다.

또한 간접 화법에서의 축약형으로 쓰이는 것으로, 다음과 같은 예를 제시하기도 하였다.

(45) 온답데다, 온다데, 온다더라

2.8. Ramstedt(1939)에서는 시제를 단순형(simple)과 복합형(compound)으로 구분하였다. 우선 단순형 시제의 경우, 직설법 또는 서술어로 쓰이는 구성은 진술 어미('다')와 회상 접미사('더, 데' 또는 '데'), 그리고 미연 접미사('지, 치')의 세 가지 주요 형식을 포함하는데, 이들은 현재시제라 불릴 수 있다고 하였다(앞의 6.2.2절 2.6항 참조).

복합형 시제의 경우, 현재시제 이외의 형태를 포괄하는데, 우선 과거의 경우는 완료 부정사형 '아/어'로 기본형에 첨가된 '잇다'가 첫 번째 음절의 모음('이')이 상실되고 '앗'으로 실현되는 것으로 보았다. 이것을 '보앗다'와 '주엇다'의 예로 보면 다음과 같다.

> (46) ㄱ. '보-아-잇-다'→'보-아-ㅅ-다'→'보앗다'
> ㄴ. '주-어-잇-다'→'주-어-ㅅ-다'→'주엇다'

이러한 과거시제의 복합형이 오늘날에는 다른 언어의 미완료나 완료에 대응하여 과거시제의 단순형으로 존재한다고 하였다.[29]

완료의 중첩(double perfect) 또는 과거완료(past perfect)의 경우는 다음과 같이 형성되는 것으로 해석하였다.

> (47) ㄱ. '보-아-잇-엇-다'→'보-앗-엇-다'→'보앗엇다'
> ㄴ. '주-어-잇-엇-다'→'주-엇-엇-다'→'주엇엇다'

한편, 미래시제의 경우, '잇다'가 미래 부동사형 '게, 케'에 첨가되어 형성되는 것으로 보았으며, 여기에 '잇엇다'가 첨가되면 완료미래(perfect future)가 되고 순서가 반대이면 미래완료(future perfect)가 된다고 하였다.[30]

> (48) ㄱ. '보-게-잇-다'→'보-게-ㅅ-다'→'보겟다'
> ㄴ. '보-게-잇-엇다'→'보-게-ㅅ-엇다'→'보겟엇다'
> ㄷ. '보-앗-게-잇-다'→'보앗-게-ㅅ-다'→'보앗겟다'

위에서 (48-ㄱ)은 미래시제, (48-ㄴ)은 완료미래, (48-ㄷ)은 미래완료이다.

이와 같이 직설법에서의 시제를 종합하여 '보다'의 활용형을 예로 하여

---

29 여기서 '엇'은 '-어 잇다' 형으로도 쓰인다고 하였다(〈예〉 '앉앗다=앉아 잇다', '셧다=서 잇다').

30 '아/어'와 '게/케'에 대해 Ridel(1881)에서는 동사적 분사라 하였으나, Ramstedt(1939)에서는 부동사형 어미로 보았다(앞의 5.4.1절 1.3항, 5.5.2절 2.4항 참조).

다음과 같이 제시하였다.

구분		진술	회상	미연
단순 시제	현재	보다	보데	보지
복합 시제	과거	보았다	보았데	보았지
	미래	보겠다	보겠데	보겠지
	과거완료	보았었다	보았었데	보았었지
	미래완료	보았겠다	보았겠데	보았겠지
	완료미래	보겠었다	보겠었데	보겠었지

그리고 Ramstedt(1939)에서는 분사형의 시제를 현재('ᄂᆫ/는'), 과거('ᄂ'), 미래('ᄅ')로 구분하였다(앞의 5.4.1절 1.7항 참조).

6.3.3. 정리

서양인의 한국어 문법 기술에서 시제는 기본적으로는 전통적인 3분법에 따라 현재와 과거, 미래로 구분하였다. 그러나 한국어 시제 형태 구성의 특성에서 '더'가 결합되지 않은 것과 결합된 것이 있는데,[31] 이에 대해 Dallet(1874)와 Ridell(1881)에서처럼 주요:종속이나 1차:2차로 구분하거나, Underwood(1890)에서처럼 단순:복합으로 구분하기도 하였다. 그리고

---

31 서양인의 한국어 시제에 관한 기술에서 특히 '더'는 매우 다양하게 해석되었다. 이를 간략히 정리하면, 우선 Dallet(1874)와 Ridel(1881)에서는 주요 시제에 대한 종속 시제, 1차 시제에 대한 2차 시제를 실현하는 것으로 보았으며, 동일한 관점에서 Underwood(1890)에서는 단순 시제에 대해 복합 시제를 구성하는 형태로 보았다. 한편, MacIntyre(1879-1881)에서는 화법형의 활용형으로 해석하였고, Roth(1936)에서는 화자의 경험을 표현하는 보고법으로 해석하기도 하였다. Ramstedt(1939)에서는 시제를 표현하는 형태 중 하나로 회상의 의미를 지니면서 다른 형태와 결합하여 나타나는 것으로 해석하였다. 그리고 Scott(1887)에서는 '더'의 용법에 인칭 제약이 있어서 주로 3인칭과 어울려 쓰인다고 하였다.

Ramstedt(1939)에서는 형태의 구성 형식을 기준으로 단순:복합으로 구분하였으나, 단순 시제에는 현재만 해당하는 것으로 해석하였다. 또한 시제에 대한 해석에서 Dallet(1874)와 Ridel(1881)에서는 서법과의 관련에서 접근하여 직설법의 6시제와 조건법의 2시제로 구분하였는데, Underwood(1890)에서는 시제를 실현하는 형태를 직설법 형태와 분리하여 독립적인 것으로 인식하기도 하였다.[32]

문법적으로 시제를 실현하는 형태에 대하여 Dallet(1874)와 Ridel(1881)에서는 과거와 미래를 나타내는 형태가 별도로 존재하는 것이 아니라 각각 동사적 분사 '아/어'와 '게'에 의해 실현되고 음편에 따라 'ㅅ'이 개입되어 '앗/엇'과 '겟'으로 나타나는 것으로 서술하였다.[33] 그러나 Scott(1887) 이후 Underwood(1890)에서는 시제 형태를 독자적인 것으로 해석하여 단순 시제에서 현재의 '눈'과 과거의 '앗/엇/엿', 미래의 '겟/켓, 리', 그리고 복합 시제에서 진행(현재, 과거)의 '더' 등으로 그 형태를 제시하였다. 또한 시제는 '는'이나 'ㄴ, ㄹ, 던' 등의 관계 분사로도 나타나는데, 이들은 각각 현재와 과거, 미래, 미완료로 해석되는 것으로 보았다.

한편, 시제 표시 형태들은 다른 의미를 표상하기도 함을 서술하였는데, 예를 들어 Underwood(1890)에서는 '앗/엇'은 과거시제 외에 완료의 의미를, '겟'은 미래시제 외에 의지나 목적, 능력, 허용 등을 뜻하기도 하며, 특히 '더'는 과거 외에도 진행이나 미완료, 지속, 가상 등의 다양한 의미를 표상한다고 하였다. 그리고 이들은 서로 결합하기도 하여 미래과거의 '엇겟', 대과거(과거완료)의 '엇더', 지속적 미래의 '겟더', 가상적 미래과거의 '엇겟더' 등

---

32 이에 대해 김태훈(2005)에서는 과거의 '앗/엇'과 미래의 '겟'을 어말어미와 분리되는 선어말어미로 인식한 것으로 해석하기도 하였다.

33 이현희(1994)에서는 19세기에 과거는 '앗'과 '아시'는 '앗'으로 단일화되고, 미래는 '게 후엿'에서 '게 엿'과 '게 시'를 거쳐 '겟'으로 정착되었다고 하였다.

근대 시기 서양인의 한국어 문법 연구

이 형성되는 것으로 보았다.

6.4. 태: 피동과 사동

6.4.1. 태의 해석과 분류

1.1. 문법범주로서의 태(voice)는 문장의 의미를 바꾸지 않으면서 그것이 나타내는 행위를 두 가지 관점에서 바라볼 수 있게 하는 표현 방식이다(이환묵, 1999: 567 참조). 태와 관련한 유형으로 여러 가지가 언급되는데,[34] 그 중에서 능동(active)과 피동(passive)이 주요하게 논의되어 왔다. 전자에서는 문법상의 주어가 행위자인 데 비해서 후자에서는 행위의 대상이 주어가 된다. 능동과 피동에는 강조나 문체상의 어떤 차이점들이 있지만 사실상 논리적으로는 동일한 내용을 표현한다. 그리스어 문법에서는 중간태(middle voice)라는 것이 있는데, 이것은 자기 자신이나 자기의 이익을 위해서 어떤 행위가 이루어지는 것을 나타내는 문장을 말한다. 영어의 경우 본래 중간태는 없으나, 의미적으로는 '동사+재귀대명사' 구성이나 'This book sells well.', 'I am getting shaved.'와 같은 형식이 이에 해당한다고 할 수 있다(『영어학사전』, 1990:1318 참조).

또한 태와 관련하여 주요한 것으로 사동(causative)이 논의되기도 한다. 사동의 문장을 이루는 사동사는 일반적으로 타동사로서 사물의 상태 혹은 장소의 변화를 나타내는 것으로, 작위동사(factitive verb)라고도 한다. 작

---

34 태는 능동과 피동, 사동, 재귀, 상호, 중간 등의 유형으로 구분되기도 한다(『국어국문학사전』, 1980:638 참조). 여기서 특이한 것으로, 재귀태는 주어가 그 자신에게 어떤 행위를 하는 관계를 의미하고, 상호태는 복수의 주어가 서로 상대편에게 어떤 행위를 가하는 관계를 나타낸다. 그리고 중간태는 대체로 주체와 동작 사이에 밀접한 관계가 있어서, 주어가 그 자신에 대해 어떤 행위를 하도록 시키는 관계를 나타낸다.

위동사는 대체로 사동사와 같은 의미로 영어의 경우 'cause, get, have, let, make' 등을 가리킨다.[35]

1.2. 한국어에서는 능동과 피동, 사동이 주요한 태의 실현에 해당하며, 능동을 기본으로 하고 피동과 사동이 형성된다고 할 수 있다. 피동문과 사동문의 형성 방법으로는 어간 형성 접미사를 이용하는 형태론적인 형식과 우언적으로 조동사를 사용하는 통사론적인 형식이 있다.[36] 전자의 경우 피동의 경우에는 '이, 히, 리, 기'를, 사동의 경우 '이, 히, 리, 기, 우, 구 추' 등을 삽입하며, 후자는 피동 표현에서는 '아/어지다, 게 되다'를, 사동 표현에서는 '게 하다'를 연결하게 된다. 또 명사에 '하다'가 결합된 동사들에는 피동의 경우 '하다'를 '당하다, 받다, 되다' 등으로, 사동의 경우 '하다'를 '시키다'로 대치하여 표현한다(『국어국문학사전』, 1980:180 참조).

서양인의 한국어 문법 기술에서는 피동과 사동을 구분하지 않고 '태'라는 하나의 범주에서 다루고자 하였다. 그리고 그들 언어의 관점에서 한국어의 피동과 사동에 관해 서술하였다.

---

35 그런데 '작위'의 뜻을 '...를 ...(의 상태로) 하다(해두다)'로 해석하면 이러한 뜻을 나타내는 동사는 더 넓게 확대될 수 있다. 즉, 이것에는 어떤 성질과 상태를 보존, 유지한다는 뜻의 동사(have, hold, keep, leave 등)와 어떤 성질과 상태로 되게 한다는 의미의 동사(bring, drive, get, make, render, send, set, turn 등)가 있다. 또한 작위동사에는 '...를 ...라고 부르다(...로 하다)'의 뜻을 지닌 동사(call, announce, appoint 등)와 '...를 ...라고 생각하다'의 뜻을 지닌 동사(believe, consider, think 등), '...를 ...라고 지각하다'의 뜻을 지닌 동사(feel, hear, see 등)도 포함되기 때문에 불완전타동사와 거의 동의어로 사용된다(『영어학사전』, 1990:418 참조).

36 문법 기능의 실현 방식은 크게 합성적(synthetic)인 것과 분석적(analystic)인 것으로 구분되는데, 전자는 문법 표지가 하나의 단어 안에 통합되어 나타나고 후자는 별도의 단어나 2개 이상의 단어가 결합되는 형식으로 나타난다(송경안, 2019:360 참조). 우언적(periphrastic)인 것은 후자에 해당한다.

6.4.2. 시기별 분석

2.1. Dallet(1874)에서는 한국어 동사의 태(voix)에 대하여 서법(mode)이나 종결형태(terminaison) 등의 활용 형태와 관련하여 서술하였다. 즉, 한국어 동사의 태에 대한 기술은 피동이나 사동 등과 같은 문장 형식과 관련되는 것이 아니라, 단순히 동사의 다양한 종결 형식을 설명하기 위한 것이었다.

그리하여 Dallet(1874)에서는 동사 활용에서 태를 기준으로 하면 한국어에는 피동태는 없고 긍정형(affirmatif)을 비롯한 일곱 가지의 능동태가 존재한다고 하였다. 그리고 한국어는 긍정형을 기본으로 하여 태에 따라 동사의 형태가 변화한다고 하였는데, 이에 대한 해석을 보면 다음과 같이 정리된다.

조건형: '(으)면'('ᄒ면, 숨으면, 너흐면'/'ᄒ더면, ᄒ엿더면, ᄒ겟시면')
의문형: '느냐, 더냐'('ᄒ더냐, ᄒ겟느냐, ᄒ엿겟더냐')
부정형: '잔다, 찬다, 지 못ᄒ다'
존대형: '(으)시다'('ᄒ시다, 집으시다, 깁흐시다)
사동형: 동사적 미래 분사 '게'+'ᄒ다'('ᄒ게 ᄒ다, 자게 ᄒ다')
이유형: '닛가, 시닛가'('ᄒ닛가, ᄒ엿시닛가, ᄒ겟시닛가')

위에서 보면, 부정형(négatif)의 경우 '잇다'는 '업다'로, '일다'(이다)는 '아니다' 또는 '아닐다'와 같이 어휘로 나타나는데, '잔다'는 부정의 첨사 '지'와 부정 동사 '아니다'가 결합된 것이라 하였다. '지 못ᄒ다'는 부정의 첨사 '지'와 불능의 뜻을 지닌 '못' 그리고 동사 'ᄒ다'가 결합한 것으로 해석하였다.

존대형(honorifique)의 경우 '잇다'는 '계시다'로 '일다'는 '이실다' 또는 '이시다'가 되는데, 여기에 조건형(éventuel)과 의문형(interrogatif), 사동형(causatif) 등으로 다시 변화될 수 있다고 하였다. 이유형(motivant)에서는 'ᄒ는고로, ᄒ엿는고로, ᄒ겟는고로'로 확장되어 쓰인다고 하면서 이들은 한국어 동사 활용의 교착적 성격을 분명히 드러내 준다고 하였다.

2.2. Ridel(1881)에서는 한국어 동사는 태의 변화에 따라 능동(actif)과 작위(factitif), 피동(passif)으로 구분되는 것으로 보았다. 여기서 작위는 사동(causatif) 또는 이중 능동(double actif)이라고도 한다고 하였으며, 다음의 예에서와 같이 작위 동사('먹이다, 살니다')는 본래의 동사가 지니고 있던 의미를 그대로 간직한다고 하였다.

(49) 먹다:먹이다, 살다:살니다

한국어에서 피동은 실제로 사용되는 빈도가 낮다는 점에서 사동과 좀 다르다고 하면서, 이에 대해서는 피동사에 대해서만 언급하고 소략하게 다룬다고 하였다.

(50) ㄱ. 륙월에 포교안테 잡히엇다(잡히겟다, 잡히엇겟다).
　　 ㄴ. 잡은 뒤에 그 샤롬을 셔울노 다리고 갓다.

위에서 (50-ㄱ)은 피동으로 실현된 것('잡히다')이며, (50-ㄴ)은 능동의 예('잡다')에 해당한다.

그리고 사동사와 피동사의 형성은 서로 크게 관련이 있으나, 이들이 본래의 형태로부터 파생되는 방법을 정확하게 드러내기 어렵다고 하였다. 그리하여 Ridel(1881:120)에서는 이것을 규칙적인 현상이 될 수는 없다고 하면서, 관련되는 형태 구성의 특징을 도표로 제시하였다.

어간의 끝소리	첨가되는 사동 형태	첨가되는 피동 형태	예
ㅏ,ㆍ,ㅗ,ㅜ,이	ㅣ다, 이다, 우다	ㅣ다	후다:후이다, 마시다:마시우다
ㅐ,ㅓ	오다	오다	쎄다:쎄오다
ㄱ	기다, 이다, 히다	기이다, 이이다, 히이다	죽다:죽이다:죽이이다

ㅁ, ㄴ	기다	기이다	숨다:숨기다:숨기이다
ㅂ	히다	히이다	잡다:잡히다:잡히이다
ㄹ	니다	니이다	울다:울니다:울니이다
ㅅ	기다, 이다	기이다, 이다	씻다:씻기다:씻기이다
'타' 부정형	히다	히이다	노타:노히다:노히이다

위에서는 능동('죽다')→사동('죽이다')→피동('죽이이다')의 과정으로 사동
사와 피동사가 파생되는 현상을 어간 말음에 따라 일종의 규칙적인 현상인
것처럼 제시한 것이다. 그러나 위의 규칙은 극히 제한된 수의 예에서 추출한
것이며, 따라서 많은 예외가 있을 수 있으나, 그럼에도 불구하고 이 주제에
대한 학습을 실현하는 데 상당히 도움을 줄 것이라고 하였다.

한편, 일종의 우언적(periphrastic) 방법으로 미래 동사적 분사 '게+ᄒᆞ다'
의 형식으로 사동을 표현하기도 한다고 하였다.

 (51) ㄱ. 오다: 오이다(외다), 오게 ᄒᆞ다
   ㄴ. 자다: 자이다, 자게 ᄒᆞ다
   ㄷ. 살다: 살니다, 살게 ᄒᆞ다

위 (51-ㄷ)의 경우로 보면, '살다'에 대한 사동은 능동에서 파생된 '살니다'
와 함께 우언적으로 형성된 '살게 ᄒᆞ다'가 존재한다는 것이다.

2.3. Ross(1882:17)에서는 대부분의 동사는 사동과 피동형을 지닌다고 하
면서 '놉다'를 예로 하였다.

 (52) ㄱ. '놉힌다'(to exalt): 놉혓다, 놉히갓다, 놉혀라
   ㄴ. '놉히운다'(to be exalted): 놉히웟다 놉히우갓다 놉히워라

위에서 (52-ㄱ)은 '놉다'의 사동형('놉히다')이고, (52-ㄴ)은 '놉히다'의 피동

형('높히우다')에 해당한다는 것이다.

또한 토(吐)를 중심으로 다루었던 MacIntyre(1879-1881)에서도 'k'e ha'(게 ᄒᆞ)를 사동 표현으로 제시하기도 하였다.

(53) ㄱ. 使天下之人......以承祭祀
ㄴ. saram-ëro heyiëgom ...... je sa ral seng k'e hago

위 (53-ㄴ)에서 'seng k'e hago'(承게 ᄒᆞ고)가 사동에 해당하는 것이다.

한편, Scott(1887, 1893)에서는 사동과 피동이 어근에 '이, 히'가 붙어 형성된다고 하면서 관련되는 형태들을 제시하였다.

(54) 먹다:먹이다, 잡다:잡히다, 풀다:풀리다, 막다:막히다, 지다:지우다, 마시다:마시우다, 깨다:깨우다, 죽다:죽이다, 녹다:녹이다, 살다:살니다, 몰다:몰니다, 타다:타히다

위 (54)에서 보면, 실제로 사동사와 피동사는 '이, 히' 외에도 '이우'나 '니' 등도 나타남을 보여 준다.

2.4. Underwood(1890)에서는 Ridel(1881) 등의 앞선 문헌에서처럼 한국어 동사가 태의 변화에 따라 능동과 사동, 피동으로 구분된다는 것을 수용하면서도 모든 동사가 태의 변화에 따른 형태를 지니지는 않는다고 하였다. 즉, 모든 동사가 각각 능동과 사동, 피동의 형태를 지니지 않는다는 점을 강조한 것이다.

예를 들어, 중동사 'ᄆᆞ르오'는 다음과 같이 사동('몰니오')과 피동('몰니이오')의 변화가 예측된다.

(55) 'ᄆᆞ르오'(to be dry)→'몰니오'(to make to be dry)→'몰니이오'(to be dried)

그러나 위 (55)에서의 변화 과정은 규칙에 따르는 것뿐이고, 실제로 한국어 모어 화자들은 피동사 '몰니이오'로 표현하지 않고, 오히려 피동사 대신 중동사 'ᄆᆞᆯ오'를 사용한다는 것이다.

Underwood(1890:91-92)에서는 피동과 사동은 그 형태가 유사해서 한국인조차도 헷갈린다고 하면서, 이들은 주로 동사 어간에 '오, 이, 우' 등이 붙어서 형성되는 것으로 보았다. 우선 사동사의 형성에 대해서는 첨가되는 형태가 동사 어간의 마지막 글자(letter), 즉 어간 말음에 따라 달라지는 것으로 보았는데, 대체로 '이'가 가장 널리 나타나지만 모음 뒤에서는 '오'나 '우'가 붙기도 하며, 'ㅁ'이나 'ㅅ, ㄱ' 뒤에서는 '기', 'ㅂ'이나 잠재된 유기음 뒤에서는 '히'가 붙는다고 하였다. 그리고 이들은 음편에 따라 달라지기도 하고 예외가 많다고 하였으며, 제시된 예는 다음과 같다.

(56) 녹소:녹이오, 죽소:죽이오, 우오(울):울니오, 지오:지우오, 먹소:먹이오, 붉소:붉히오, 식소:식히오, 놉소:놉히오, 너ᄅᆞ오:널리오, 보오:뵈오, ᄶᅵ오:ᄶᅵ우오, 더웁소:데오

그런데 모든 동사가 위 (56)과 같은 방식으로 사동사가 만들어지는 것이 아니어서, 사동의 의미는 미래 동사적 분사('게')에 'ᄒᆞ오'가 붙는 방식(우언적 방식)으로 쓰여 'to force, to make, to oblige, to compel' 등의 의미로 실현된다고 하였다.

(57) ㄱ. 가게 ᄒᆞ오 (to make him go)
ㄴ. 오게 ᄒᆞ오 (to make him come)
ㄷ. 곱게 ᄒᆞ오 (to make to be beautiful)

한편, 피동사는 동사의 어간에 '이'가 붙어 만들어진다고 하면서 다음의 예를 제시하였다.

(58) 닷소:닷치오, 여오(열):열니오, 잡소:잡히오, 막소:막히오

그런데 엄밀히 말하면, 위 (58)에 제시된 예는 모두가 '이'가 붙어서 피동사가 된 것이라기보다는 '이'계열의 형태가 붙은 것이라 하는 게 적절하다고 하였다.

특히 한국어는 피동이 발달되지 않아서 영어의 피동은 형식을 바꾸어 번역되기도 하며, 또한 용법이 제한되어 있어서 피동보다는 능동이 선호된다는 점을 지적하였다. 이와 관련하여 다음과 같이 자동사가 피동의 의미를 실현하기도 한다고 하였다.

(59) ㄱ. to kill → to be killed ('죽다')
ㄴ. to die → to be died ('죽다')

위 (59)에서 자동사 '죽다'가 'to be killed'와 'to be died'에 모두 대응한다고 하면서, 피동의 의미를 표현하는 데 능동형('죽다')으로 가능하며, 실제로 이것이 더 널리 쓰인다는 것이다.

이와 관련하여, Gale(1894)에서는 한국어의 피동과 사동의 형성을 구별 없이 형태적인 부분만을 간략히 서술하였다. 즉, 이들은 어근에 '이' 또는 '히'가 결합되어 형성되는데, 특히 어근이 'ㅣ'로 끝나면 '우'를 결합한다는 것이다.

(60) 먹다→먹이다, 잡다→잡히다, 마시다→마시우다

그리고 특히 어근이 자음 'ㄱ, ㅁ, ㅅ'으로 끝나면 '기'가 붙고, 'ㄹ' 뒤에서는 '니'가 온다고 하였다.

2.5. Roth(1936)에서는 한국어에서 사동사(kausativ)는 어간의 확대(변형)로 형성되며, 새롭게 형성된 사동사는 일반 동사와 같은 활용 양상을 지니는

근대 시기 서양인의 한국어 문법 연구

데, 사동사로 바뀌면 자동사나 중동사가 타동사가 된다고 하였다. 사동사는 어간에 '이, 우, 이우, 히, 기, 지, 치'가 붙고, 'ㄹ'동사는 '리'가 붙어서 형성되는데, 그 예를 단순 동사와 사동사의 대응으로 보면 다음과 같다.

(61) 나다:내다, 죽다:죽이다, 속다:속이다, 녹다:녹이다, 높다:높이다, 먹다:먹이다, 놀라다:놀래다, 식다:식히다, 보다:보이다, 서다:세우다, 피다:피우다, 타다:태우다, 메다:메우다, 입다:입히다, 벗다:벗기다, 앉다:앉히다, 살다:살리다, 오르다:올리다, 마르다:말리다, 알다:알리다, 꿀다:꿀리다, 끓다:끄리다, 듣다:들리다, 타다:태우다, 깨다:깨우다, 낮다:낮후다, 더웁다:데다/데우다, 지다:지우다, 검다:검게하다/검기다, 남다:남기다, 씻다:씻기다

특히 한자어 명사에 '하다'가 붙은 동사는 사동사가 형성되지 않고 '하게 하다'로 타동사가 형성된다고 하였는데, 사동 표현과 관련되는 예로 제시된 것을 보면 다음과 같다.

(62) ㄱ. 소문을 내다
ㄴ. 내 옷을 말려 주시오.
ㄷ. 종일 헛되히 나를 일하게 하였소.

위에서 (62-ㄱ,ㄴ)은 사동사에 의해, (62-ㄷ)은 '하게 하다'에 의해 사동이 실현된 것이다.

피동(passiv)과 관련하여 Roth(1936)에서는 한국어에는 진정한 의미의 피동이 없으나 가능한 범위 내에서 적극적으로 기술하고자 한다고 하면서 몇 가지를 언급하였다. 우선 형태적으로 피동의 형성이 제약되기 때문에 능동의 의미를 지닌 것이 피동의 의미로 쓰이기도 하는데, 이와 관련한 예는 다음과 같이 제시하였다.

(63) ㄱ. 죽다, 지다, 타다, 속다

ㄴ. 저의 아들이 마적에게 죽었다.

위 (63-ㄱ)의 자동사는 의미상 피동의 뜻을 지녔으나, 형태적으로는 피동사에 해당하지 않는다는 것이다.

일부의 동사들은 사동사의 형성처럼 어간을 확대(변형)하여 피동의 의미를 획득하기도 하는데, 여기에는 일정한 규칙이 없다고 하면서 다음의 예를 제시하였다.

(64) 잡다:잡히다, 막다:막히다, 열다:열리다, 몰다:몰리다, 듣다:들리다, 묻다:묻히다, 가두다:갇히다, 잠그다:잠기다, 갈다:갈리다, 말으다:말리우다, 감추다:감추이다, 파다:파이다, 뚫다:뚫리다, 박다:박히다, 쫓다:쫓기다

그리고 피동이 실현되는 형식에 대해 언급하였는데, 여기에는 오늘날의 관점에서 보면 이른바 '-게 되다'에 의한 통사적 피동과 한자어의 경우 '하다'를 '되다'나 '받다', '당하다'로 바꾸어 나타나는 어휘적 피동의 예를 포함하였다. 이와 관련하여 제시된 예를 보면 다음과 같다.

(65) ㄱ. 죽게 되었다.
     ㄴ. 집이 헐리게 되었다.
(66) ㄱ. 음식을 예비하였다. → 음식이 예비되었다.
     ㄴ. 전쟁을 시작한다. → 전쟁이 시작된다.
(67) ㄱ. 벌주다:벌받다, 상주다:상받다, 세를 주다:세를 받다,
        사랑하다:사랑을 받다
     ㄴ. 꾸짖다:꾸지람을 받다 / 밉다:미움을 받다 / 낮후다:낮훔을 받다
(68) 환난을 당하다

위에서 (65)는 '게 되다'에 의한 이른바 우언적 피동이며, (66)은 한자어에서 파생된 동사의 경우 '하다' 대신에 '되다'로 바꾼 것이다. (67)은 '받다'에 의해 피동의 의미가 실현되는 것인데, (67-ㄴ)과 같이 'ㅁ'에 의해 실현된 명

근대 시기 서양인의 한국어 문법 연구

사와 결합하는 특징이 있다고 하였다. 그리고 (68)은 '받다' 대신에 '당하다'로 나타난 피동의 예라 해석하였다.

또한 문장의 구성에서 한국어 피동문은 다음의 예에서와 같이 생물은 여격, 무생물은 대부분 처격이나 때로는 탈격으로 나타난다고 하였다.

(69) ㄱ. 아버지에게 사랑을 받다.
ㄴ. 도적놈이 순사에게 잡혔다.
ㄷ. 차에 다쳤다.

위에서 (69-ㄱ,ㄴ)은 생물의 경우 여격('에게')으로 나타난 것이고, (69-ㄷ)은 무생물에서 처격('에')으로 나타난 것에 해당한다.

2.6. Ramstedt(1939)에서는 피동과 사동을 작위동사(factitive)의 범주에서 해석하였다. 즉, 품질동사와 동작동사 모두 이른바 작위동사라 부르는 2차적 어간으로 파생된다고 하였다.

(70) 마르다→말리다, 멀다→멀리다, 덥다→데다

그런데 한국어에서 사동과 피동은 문법적으로나 음성적으로 차이가 없다고 하여, 한국어 동사가 세 가지의 다른 태(능동, 사동, 피동)를 지닌다고 하였던 Ridel(1881)이나 Underwood(1890) 등과 다른 관점을 지녔다. 즉, 동사가 타동사적 의미를 지니면, 그로부터 파생되는 작위동사는 피동이거나 사동에 해당되며, 사동과 피동은 비록 달리 번역되기는 하지만 일찍이 하나였다는 것이다.

(71) '보다'(to see):'보이다'(to let see something 사동, to appear 피동)

피동과 사동은 형태에서 이상할 정도로 고정적이지 않은데, 이것은 첨가되는 접미사(suffix)에 따라 '이, 기, 히'와 '우, 구, 추', '치(티)'의 세 가지로 구분될 수 있다고 하였다. 그런데 작위동사의 경우 형태와 의미에 따라 각각 달리 학습되어야 하는데, 일반적으로 보면 이들의 형태는 모음 어간에는 접미사 '우', 자음 어간에는 접미사 '이'가 결합하여 형성되는 것으로 보면서, 다음과 같은 예를 제시하였다(Ramstedt, 1939:133-136 참조).

(72) ㄱ. 보다:보이다, 서다:세다/세우다, 나다:내다, 세다:세우다, 피다:피우다, 빠다:빼다, 오루다:올리다, 부르다:불리다, 흐르다:흘리다, 무르다:물리다, 아오리다:아올리다

ㄴ. 얼다:얼리다, 알다:알리다, 살다:살리다, 빌다:빌리다, 물다:물리다, 널다:널리다, 들다:드리다, 늘다:느리다, 몰다:몰리다, 틀다:틀리다, 헐다:헐리다, 돌다:돌리다/돌구다/돌치다, 듣다:들리다/듣기다, 닫다:달리다/닫치다, 걷다:걸리다/걷치다, 뚤타:뚤리다, 골타:골리다, 노타:논치다, 글타:글리다, 덥다:(데위다)데다, 가깝다:(가까위다)가까이다, 어지럽다:어지러이다, 좁다:좁히다/좁치다, 썩다:썩이다, 녹다:녹이다, 썩다:썩이다, 먹다:먹이다, 석다:석기다, 박다:박치다/박이다, 닉다:닉히다, 막다:막히다, 묻다:묻치다, 곧다:곧치다, 받다:받치다, 붇다:붇치다, 헏다:헏치다, 홀타:홀치다, 웃다:웃기다, 빼앗다:빼앗기다, 빗다:빗기다, 씻다:씻기다/씻치다, 벗다:벗기다, 잡다:잡히다, 곱다:곱치다, 놉다:놉히다, 밟다:밟히다, 넓다:넓히다, 늦다:늦치다/늦추다, 꽂다:꽂치다, 쫓다:쫓기다, 안다:안치다, 신다:신기다, 남다:남기다, 잠다:잠기다, 감다:감기다/감치다, 옮다:옮기다, 곪다:곪기다, 굶다:굶기다

위에서 (72-ㄱ)은 모음으로 끝난 어간이고, (72-ㄴ)은 자음으로 끝난 어간에 해당한다.

또한 작위동사에 대해 미래 부동사형('게')과 함께 나타나는 우언적(periphrastic) 표현이 있다고 하면서 사동의 '게 하다'(to do, to make)와 피동의 '게 되다'(to become, to turn out as)를 제시하였다(Ramstedt, 1939:137 참조).

근대 시기 서양인의 한국어 문법 연구

(73) ㄱ. 밟다(to step on) → 밟히다, 밟게 하다(to have someone to step on)

   ㄴ. 밟다(to step on) → 밟히다, 밟게 되다(to be stepped on)

(74) ㄱ. 먹다(to eat) → 먹이다, 먹게 하다(to have someone to eat)

   ㄴ. 먹다(to eat) → 먹이다, 먹게 되다(to be eaten)

위에서 (73, 74-ㄱ)은 사동의 예이고 (73, 74-ㄴ)은 피동의 예로 제시된 것이다. 이러한 우회적 표현은 언제나 작위동사가 그것의 형성과 의미에서 분명하지 않을 때 사용되며, 그리하여 작위동사가 더 이상 전혀 쓰이지 않는 경우도 있다고 하였다.

6.4.3. 정리

서양인의 한국어 문법 기술에서는 태에 대해 능동으로부터 사동('먹다':'먹이다')과 피동('잡다':'잡히다')이 파생되어 나타나는 것으로 인식하였다. 그리고 동사의 파생에 의해 형성되는 현상으로 '능동→사동→피동'의 과정('죽다'→'죽이다'→'죽이이다')으로 해석하고자 하였으며, 이러한 과정에서의 동사 파생 현상을 접미사 형태를 중심으로 체계적으로 서술하고자 하였다. 그리하여 '이'계열의 접미사(이, 히, 리, 기 등)과 '우'계열의 접미사('우, 구, 추' 등)에 의해 피·사동사가 형성되는 양상을 동사 어근의 말음에 따라 정리하고자 하였다. 그러나 한국어에서 피·사동의 형성이 인구어에서처럼 문법 형태에 의해 규칙적으로 형성되는 것이 아니어서 이를 일반화된 규칙보다는 동사 형성의 예를 중심으로 서술하는 관점을 유지하였다.

그리고 사동의 경우에는 '게 ᄒ다'에 의한 우언적 표현('죽게 ᄒ다')에 대해서도 함께 서술하였으며, 문헌에 따라서는 '게 되다'가 피동의 의미를 실현하는 것('죽게 되다')으로 해석하기도 하였다.

6.5 경어법

6.5.1. 경어법의 해석과 분류

1.1. 경어법(honorific)은 화자와 청자 및 발화의 소재로 등장하는 제3자 사이의 인간관계, 즉 인물 상호간에 나타나는 신분의 상하, 존비, 처지의 상대적 우열(優劣), 친소(親疏) 관계에 따라 나타나는 언어 형식을 의미한다. 그리고 경어법은 한국어나 일본어 등의 동양의 언어에는 잘 발달되어 있는 반면, 인구어에서는 하나의 문법범주를 이룰 만큼 다양하지 않으며, 주로 호칭이나 요청의 표현, 부사적 표현 등에서 나타난다(『영어학사전』, 1990:546 참조).

한국어에서 경어법은 체계적으로 실현되는데, 여기에는 화자의 경어 표현 의사와 함께 그 대상과 방법이 가장 중요한 요건이 된다. 대상으로는 발화에 참여하는 인물로 청자와 주체, 객체 등이 예상되며, 방법(표현 형식)에서 보면 조사와 어미 등의 문법 형태에서 보편성 있게 존재하고, 문장 구성에서 경어 상호간에 일치가 나타난다는 점에서 하나의 문법범주를 이루는 것으로 해석된다.[37] 또한 경어 표현은 어휘로 실현되기도 하는데, 이 경우에는 직접 경어('아버님')와 간접 경어('댁')로 구분되기도 한다.[38]

1.2. 한국어에서 경어법은 청자에 대한 것(상대 대우, 공손법)과 주체에 대한 것(주체 대우, 존경법), 존귀한 인물을 향한 동작을 표시하는 것(객체 대우, 겸양법) 등으로 구분된다. 상대 대우는 청자에 대한 화자의 경의 표시 정도에

---

37 경어법은 존대법, 존경법, 공대법, 대우법, 존비법, 겸양법, 공손법, 높임법 등의 다양한 용어로 불리기도 한다. 여기서는 경어법이라 통칭하고, 대상에 따라 상대와 주체, 객체 대우 등의 용어를 활용한다.

38 한국어 경어법에서는 어휘적으로 실현된 것을 구분할 때 존칭어('아버님, 어머님'), 평칭어('아버지, 어머니'), 비칭어('아비, 어미')로 나누기도 한다.

따라 문장의 종결 형식으로 실현되는데,[39] 보통 합쇼체(아주높임, 上稱), 하오체(예사높임, 中稱), 하게체(예사낮춤, 等稱), 해라체(아주낮춤, 下稱)로 구분하고, 등분을 얼버무리는 반말(不定稱)을 설정한다.[40] 주체 대우는 문장의 주어가 지시하는 대상, 즉 문장이 표현하는 행위나 상태의 주체를 높이는 것으로 '-(으)시-'로 실현된다. 그리고 객체 대우는 존귀한 인물에 관련된 하위자의 동작이나 상태를 표현한다(『국어국문학사전』, 1980:74-75 참조).

역사적으로 보면, 중세 한국어에서는 객체 대우(겸양법)를 표현하는 형태가 복잡했는데, 근대 한국어에서는 본래의 기능을 상실한 객체 대우 접미사('읍/숩' 등) 등에 의해 상대 대우(공손법) 형태가 보강되었으며, 현대 한국어에서 객체 대우는 '여쭙다, 뵙다, 드리다' 등의 일부 동사에서 흔적이 보일 뿐이다. 그리하여 현대 한국어에서는 주체 대우와 객체 대우의 표현 형식은 비교적 단순하지만, 상대 대우의 표현 형식은 매우 복잡하게 분화되어 있다(『국어국문학사전』, 1980:73 참조).

경어법은 외국어와 대조할 때 한국어의 주요한 특징 중의 하나로 지적된다. 그리하여 서양인의 한국어 문법 기술에서도 한국어의 경어법에 대해서는 일찍부터 관심을 보였다. 그것은 경어법에 대한 이해가 그들의 한국어 습득에서 매우 중요한 위치를 차지한다고 보았기 때문이기도 하다.

6.5.2. 시기별 분석

2.1. 서양인의 한국어 문법 기술에서 경어법에 관한 것은 제2기에서부터

---

39 따라서 종결형은 문장의 종결 방식과 상대 대우의 등급 표시라는 두 가지 문법범주와 관련된다(앞의 6.2.2절 2.4-6항 참조).

40 이에 대해 격식체와 비격식체로 구분하고, 다시 격식체는 합쇼체(아주높임), 하오체(예사높임), 하게체(예사낮춤), 해라체(아주낮춤)의 4등급으로, 비격식체는 해요체(두루높임), 해체(두루낮춤)의 2등급으로 구분하기도 한다(남기심 외, 1993:331-335 참조).

6. 문법범주의 실현   383

구체적으로 서술되었다.[41] 우선 Ross(1877)에서는 동사 활용형이 청자의 지위에 따라 하대(inferior)와 평대(equal), 존대(superior)의 세 층위로 달라지는 것으로 보고, 여기서 존대는 나이가 많거나 부모에게 쓰이고, 평대는 중간형으로서 일상적으로 쓰이며, 하대는 아랫사람이나 아이들에게 말할 때 쓰이는 것으로 해석하였다. 그리고 이러한 대우의 층위를 기반으로 하여 명령형과 의문형, 평서형 등의 문장 종결형의 어미변화 양상을 종결형태의 접사화 현상으로 해석하였다.

그리고 이것을 동사 '가다(go)'의 경우를 예로 하여 다음과 같이 제시하였다(Ross, 1877:4 참조).

종결 형식 \ 등급	하대	평대	존대
명령 (go)	가라	가시	가우
의문 (Has he gone?)	간너니	갓슴마	갓소
평서 (Has gone)	갓다	갓슴메	갓소

여기서 제시된 언어 형태는 당시 서북 방언을 바탕으로 하는 것이었다. 그리고 이들은 과거 또는 완료형을 바탕으로 하여 형성된 것으로, 특히 명령의 형태도 과거형을 바탕으로 형성되는 것으로 해석하는 점이 특이하다 할 수 있다.

MacIntyre(1879-1881)에서도 한국어 동사는 인물에 따라 표현 형태의 차이가 존재한다고 하면서 이를 하대의 보통형(common)과 평대의 중간형(middle), 존대의 더 높은 형(higher) 등 세 층위로 구분하였다. 이들 형태는 직설법이나 명령법 등에 따라 다른 첨사(particle)를 지니거나, 때로는 '시'와 같은 것을 끼우기도 한다고 하였다.

---

41 그것은 이 시기 들어 한국어를 직접 관찰하면서 구어 중심으로 접근한 것과 관련되는 것으로 보인다.

(75) 〈보통형〉   〈중간형〉   〈더 높은 형〉

　　　간다더라   간답데   간답두다

　　　가갓다더라   가갓답데   가갓답두다

위 (75)에서 '다더라'에 대해 '답데'와 '답두다'는 각각 중간형과 더 높은
형에 해당되는 것이다.

그리고 주체 대우의 '시'에 대한 인식도 나타남을 볼 수 있다.

(76) ㄱ. 林放(i) 問禮之本(hantai) 子曰大哉(ra) 問(iö)

　　　ㄴ. rim pang (i) re (öi) pou (ël) mutsoutai tsa karashintai kʻeta muromi (yiö)

위 (76-ㄴ)에서 'karashintai'(가라신듸)의 'shi'(시)는 말하는 이가 'tsa'(子)
이어서 첨가된 것으로, 이때의 'shi'(시)는 외경이나 존경(reverence)의 뜻을
나타낸다고 하였다(앞의 5.3.2절 2.4항 참조).

Aston(1879)에서는 한국어에는 일본어에서와 같은 명사에 대한 존대 접두
사(honorific prefix)는 없으나 화자와 전달 받거나(addressed, 청자) 언급되
는(spoken to, 주체나 객체) 인물에 대한 지위(rank)를 구별하는 형태가 형성
된다고 하면서, '알다'의 활용형에서 다음을 제시하기도 하였다.

(77) 알고(알-고) : 아라시고(아라-시-고)

위 (77)에서 '아라시고'는 '시'가 첨가된 형태에 해당하는 것으로, 이것은
본래 '잇다'의 활용형 '이실'에서 온 것이라 추측하였다.[42]

2.2. Ridel(1881)에서는 한국어 경어법에 대해 비교적 소상히 기술하였다.

42　이것은 주체 대우의 형태 '시'의 기원에 대한 문제로 Aston(1879)에서는 '이시다'에서
　　온 것으로 해석한 것이다.

우선 한국어의 가장 어려운 것 중의 하나가 경어 형태의 극단적인 분화에 있으며, 동사의 각 시제 어미는 말하는 사람(화자)과 말 받는 사람(청자), 그리고 언급되는 사람(주체, 객체)에 따라 상당수의 경어 형태가 있다고 하였다. 그러나 존경(respect)의 정도를 구분하기는 매우 까다롭다고 하였다(Ridel, 1881:99 참조).

> "윗사람, 동등한 사람, 아랫사람인지에 따라 동사의 어미가 변화된다. 게다가 윗사람에 대해서는 위엄성에 따라 뉘앙스의 차이가 있고, 동등한 사람에 대해서는 아는지 모르는지에 따라 친밀성에 차이가 있으며, 아랫사람에게는 우정이나 무관심 또는 멸시 등에서 차이가 있다. 이것은 문법 규칙을 매우 복잡하게 하는 것으로 보인다."

이러한 복잡하게 분화되는 경어 표현의 예를 'ᄒᆞ다'의 활용형으로 예시하였는데, 이를 간략히 정리하면 다음과 같다.

'ᄒᆞ여라':	명령(아랫사람에 대한 지시나 명령)
'ᄒᆞ라':	'ᄒᆞ여라'의 축약형
'ᄒᆞ게':	아랫사람에게 덜 명령적으로. 동등한 사람에게
'ᄒᆞ소':	동등한 사람끼리 품위 있게
	나이든 사람이나 높은 계층의 사람끼리 친밀감 있게
'ᄒᆞ오':	정중하지만 존경스럽지 않게
'ᄒᆞ시오':	존경스럽게
'ᄒᆞᆸ시오':	더 존경스럽게
'ᄒᆞ옵시오':	더욱 더 존경스럽게
'ᄒᆞ쇼셔':	애원하는 듯함
'ᄒᆞ옵쇼셔':	매우 존경스럽게, 애원하는
'ᄒᆞ시낫가':	'ᄒᆞ옵쇼셔'와 같은 정도이나 문어투로 더 넓게 쓰임
'ᄒᆞ자':	동등한 사람끼리 또는 아랫사람에게
'ᄒᆞᆸ시다':	윗사람에게
'ᄒᆞᆯ지어다':	문어투, 일종의 희원법

위의 예는 일반적인 것에 해당하는 것이며, 그 밖의 것도 있으나 생략한다고 하였다.[43]

그리고 경어법 형식(form)의 형성에 대해서는 원칙적으로 다음의 세 가지로 분류될 수 있다고 보았다.

대우적 관점	표현
아랫사람(화자)이 윗사람(주어)에 대해 동등하거나 아래인 사람(청자)에게 말할 때 (청자≤화자〈주어〉)	-과거 관계분사 'ㄴ'을 '시다/ᄋ시다/으시다'로 바꾼다. 〈예〉ᄒ다-ᄒ여-혼-ᄒ시다 　　　뭇다-무러-무른-무르시다 　　　알다-알아-안-알으시다 　　　절다-저러-전-'저르시다/저르시다
아랫사람이 윗사람에게 말할 때 (화자〈청자)	-'오, 온, ᄋ이'를 어간과 종결형 사이에 끼워 넣는다. -이것은 그리 엄밀하게 적용되지 않는다.
아랫사람이 윗사람에 대해 또 다른 윗사람에게 말할 때 (화자〈청자〈주체)	-존경심이 높을수록 길어진다. -존경심 외에 정중성이나 동료의식 등이 작용한다. -매우 다양하게 형성된다.

Ridel(1881)에서는 복잡하게 나타나는 한국어 경어법을 경어 형성의 규칙이라 하여 상대 대우와 주체 대우로 구분하여 서술하였다. 우선 상대 대우의 경우, 말 듣는 사람(청자)에 따라 존경의 정도를 고려해야 한다고 하면서 존경(대우)의 정도를 판단하는 근거로는 주인은 노예나 하인에 대해 윗사람이 되며, 결혼하였나, 젊은이인가, 아이인가, 귀족인가, 부모와 자식 사이, 남자와 여자, 평민 등과 같은 화자가 처한 상황(condition)과 나이(âge)가 주요한 요인이 되는 것으로 보았다.

그리고 상대(청자) 대우가 형성되는 유형을 다음과 같이 화자와 청자 사

43　Ridel(1881:122)에서는 'ᄒ지'를 반말(pan-mal, demi-langage)라 하면서, 동등한 사람들의 친밀감 있는 언어로서, 정중 표현과 낮은 사람에게 쓰이는 것 사이에 위치한다고 하였다. 그리고 이에 대해 장소원(2005)에서는 여기에서 한국어 문법 기술에서 '반말'이라는 용어가 처음 등장한 것이라 하였다.

이의 관계를 기준으로 구분하였다.

대우적 관점	표현
윗사람이 아랫사람에게(화자〉청자)	〈예〉 내 명듸로 다 ᄒ엿ᄂᆞ냐 / 리일 서울노 가거라 (질문에 대한 대답) ᄒ다, ᄒ엿다, ᄒ겟다
아랫사람이 윗사람에게(화자〈청자)	-단순형 'ᄒ다'로부터 매우 복잡하게 변형된다. 〈예〉 'ᄒᆞᄂᆞ이다, ᄒᄂᆞ이다, ᄒᄋᆞ이다, ᄒᆞᆸᄂᆞ이다, ᄒᄋᆞ니 -의문형에서는 다음과 같이 쓰인다. 〈예〉 'ᄒᆞᆸᄂᆞ잇가, ᄒᄋᆞᆸᄂᆞ잇가, ᄒᄂᆞ잇가, ᄒᄋᆞᆫ잇가 -의문형에서는 'ᄂᆞ이다, 니다'가 'ᄂᆞ잇가, 늰잇가'로 바뀐다. 〈예〉 ᄒ엿습늬다→ᄒ엿습ᄂᆞ잇가 　　　 가겟습늬다→가겟습ᄂᆞ잇가
지위나 나이가 동등한 경우(화자=청자)	-친밀감이나 존경의 정도에 따라 결정된다. -'다'가 '지' 또는 '네'로 바뀌고('ᄒ다'→'ᄒ지, ᄒ네, ᄒ오'), 명령형에서는 'ᄒ여라'가 'ᄒ지, ᄒ게, ᄒ쇼'가 된다. 의문형에서는 'ᄒ나, ᄒ겟노' 등으로 쓰인다. -'오' 앞에 '시'나 '지' 등이 쓰일 수 있다. 〈예〉 오늘 하지오.

주체 대우의 경우, 화자와 주체의 관계와 함께 청자의 처지까지도 고려하는 측면(화자 중심)에서 다음과 같이 구분하였다.

대우적 관점	표현
윗사람이 아랫사람에 대해 말할 때 (화자〉주체)	-단순 동사 형태로 쓴다.　〈예〉 그 사ᄅᆞᆷ이 무얼ᄒᄂᆞ냐
동등한 사람에 대해 낮은 사람에게 말할 때 (화자=주체)〉청자 자기 자신보다 높은 인물에 대해 말할 때 (화자〈주체)	-'다, 더니, 겟다, 겟더니, ᄂᆞ냐, 냐' 앞에 '시'를 쓴다. 〈예〉 듯다:드르시다, 밋다:밋으시다, 저다:절으시다 -'시'가 과거 동사적 분사 '셔'로 바뀐다. 〈예〉 님군이 ᄒ시ᄂᆞ냐 　　　 오늘 님군이 구경ᄒ려 나가셧다. -윗사람의 동작을 특별한 동사로 표현한다. 〈예〉 네 아버지 밥 먹엇ᄂᆞ냐 : 네 아버지 진지 잡수셧 　　　ᄂᆞ냐 　　　 박셔방 집에 잇쇼 : 셔방님 집에 계시냐 　　　 업습늬다 : 아니계십늬다

　　　　　　　　　　　　근대 시기 서양인의 한국어 문법 연구

자기 자신에 대해 말할 때	-높이지 않고 단순형으로 쓴다. 〈예〉일훈다, 먹엇다
낮은 인물이 동등한 인물에 대해 윗사람에게 말할 때 (화자=주체〈청자)	〈예〉그 사롬 흐지오(흡니다, 흐옵니다, 흐ᄂᆞ이다) -주체에 대해 존경을 뜻을 나타내려면 '시'를 쓴다. 〈예〉흐시지오, 흐시옵지오, 흐십늬다, 흐시ᄂᆞ이다
동등한 사람끼리 높은 인물에 대해 말할 때 (화자=청자〈주체)	-'시'를 넣는다. 〈예〉ᄌᆞ네 아버지 ᄌᆞ네를 부르시네 -화자와 청자가 모두 공경의 뜻이 있으면 '시'를 쓴다. 〈예〉흐시오, 흐셧소 -공경의 정도가 더 높으면 다음과 같이 쓴다. 〈예〉흐시지오, 흐셧지오, 흐시켓지오

위에서 주체 대우는 '시'에 대응됨을 보여 준다.

한편, 물음에 대한 긍정적인 대답에서 윗사람은 '예'에 대해 '오냐'를 쓴다고 하였으며, 그리고 '그러타, 그러치, 글세, 그러옵늬다' 등으로 높임의 정도에 따라 달라진다고도 하였다. 그리고 일상어(vulgaire)와 그에 의미적으로 대비되는 경어(honorifique)로 대응하여 제시하기도 하였다(Ridel, 1881:118-119 참조).

(78) ㄱ. 흐다:흐시다, 잇다:계시다, 먹다:잡수시다, 자다:줌으시다, 눕다:취침흐시다, 니러나다:긔침흐시다, 주다:드리다, 도라오다:환ᄎᆞ흐시다, 오다:림흐시다, 다리다:뫼세다, 나무라다:ᄭᅮ중흐다, 뭇다:픔흐다, 닐ᄋᆞ다:샹달흐다, 보다:하감흐다, 뵈다:감위다, 싱각흐다:하렴흐다, 셩네다:진로흐다, 식히다:분부흐다, 갑다:밧치다, ᄃᆞ니다:건이시다, 똥누다:뒤보시다, 안짜:안줍다, 죽다:상ᄉᆞ나시다, 헤아리다:통촉흐다
ㄴ. 셩:존호, 집:딕, 아버지:어루신네, 어머니:ᄌᆞ당, 안히:늬샹, 아ᄃᆞᆯ:ᄌᆞ졔, 형:빅씨, 아오:졔씨, 삼촌:완쟝, 죡하:함씨, 너:형/집ᄉᆞ, 긔운:근력, 병:환후, 나히:츈츄, 무덤: 산소, 곳불:감긔, 니:치아, 밥:진지, 말:말ᄉᆞᆷ, 평안:안령

위에서 (78-ㄱ)은 동사, (78-ㄴ)은 명사에 해당한다.

2.3. Huart(1889)에서는 한국어에는 상당수의 종결형태(terminaison) 또는 굴절형태(désinence)가 존재하고, 또한 말하는 사람과 언급되는 사람의 지위에 따라 경어형이 매우 다양하게 실현되는데, 이것은 교양 있는(civilité) 한국어 학습을 위해 매우 중요하다고 하였다.[44] 한국어는 그 언어를 특정하게 하며, 또한 그것을 올바로 사용하기를 원하는 사람에게 학습에서 꼭 필요한 정중성을 표현하는 특별한 형태나 어휘가 있음을 강조하였다. 즉, 동사는 말하는 상대와 대상이 윗사람인지 동등한 사람인지 아니면 아랫사람인지에 따라 특별한 형태를 취하는데, 그것이 교양 있는 언어가 된다는 것이다. 제시된 예는 다음과 같다.

(79) ㄱ. 먹다:잡수시다, 주다:드리다, 보다:하감하다
　　 ㄴ. 집:틱, 아버지:어루신네, 어머니:᾽당

또한 Huart(1889:35-36)에서는 경어 표현과 관련하여 한국어의 특징을 어휘적인 측면에서도 서술하였다. 우선 화자가 자기 자신에 대해 지칭할 때와 남을 지칭할 때의 어휘를 구별하였는데, 자기 자신을 지칭할 때에는 '쇼싱, 하싱, 쇼인(小人)' 등으로 쓰이고, 다른 사람을 지칭할 때는 동등한 경우 '게, 게네, 이녁, ᾽네, 님쟈', 윗사람이면 '형(兄), 셕᾽, 집᾽'라 한다고 하였다. 그리고 상류층의 젊은 남자는 '도령, 도령님', 일반적이면 '셔방, 셔방님', 나이 든 사람이면 '쳠지, 싱원, 싱원님' 등으로 쓰이며, 여성일 경우 '틱(김셔방의 틱), 마누라'로, 낮은 계층은 '집(김서방집), 과틱, 과부' 등으로 쓰인다고 하였다. 한편, 정중하게 표현하고자 할 때는 '님'과 '끠셔'를 사용한다('셔방〈셔방님, 마누라〈마누라끠셔')고도 하였다.

44　Huart(1889)에서 경어법을 강조한 것은 이른바 선교 문법(missionary grammar)을 강조하였던 점과 관련된다.

특히 한국어에서는 프랑스어와는 달리, 경어적인 직함 또는 칭호가 성 뒤에 위치하며, 하인이나 낮은 계층의 사람을 개인적으로 지칭할 때 성(nom de famille)을 붙이지 않지만, 동등한 인물이나 윗사람에 대해서는 이름이 아니라 성을 쓴다고 하였다.

2.4. Scott(1887)에서는 어미 '오/소'가 긍정과 의문에 가장 널리 쓰이는데, 이것은 '오'에 의해 음성적으로 길게 늘여(prolong) 발음되어 강조의 뜻을 나타내기 때문이라고 하였다.

(80) ㄱ. ᄒᆞ오 (I make, Do I make)
ㄴ. ᄒᆞ엿소 / ᄒᆞ겟소

그리고 또 다른 형식으로 윗사람에게 말할 때에는 현재 직설법의 '시'를 삽입하여 구성되는데, 어근에 '지'를 첨가하면 같은 목적으로 쓰이고, 낮은 사람이 윗사람에게 말할 때는 'ㅂ'계 형태로 쓰인다고 하였다.

(81) ㄱ. ᄒᆞ오-ᄒᆞ시오 / 보오-보시오
ㄴ. 아오-알지오 / ᄒᆞ오-ᄒᆞ지오
(82) 홉ᄂᆡ다, 갑ᄂᆡ다, 잇ᄉᆞᆸᄂᆡ다, 업ᄉᆞᆸᄂᆡ다, ᄒᆞ옵ᄂᆡ다, 가옵ᄂᆡ다

위에서 (81)은 '시' 또는 '지'가 첨가된 것이고, (82)는 'ㅂ'계 종결형으로 쓰인 것이다.

또한 재판인 Scott(1893)에서는 정중형(polite)에 대해서는 비교적 상세히 서술하였다(앞의 5.3.2절 2.6항 참조). 우선 'ᄒᆞ오, ᄒᆞ엿소, ᄒᆞ겟소' 등은 평서형이나 명령형, 의문형으로 가장 널리 쓰이는데, 특별히 '알겟다, 모로겟다'(또는 정중형 '알겟소, 모로겟소')는 종종 미래시제가 현재를 뜻하는 의미로 쓰이기도 한다고 하였다.

그리고 1인칭 복수의 정중형 명령법은 과거 분사형 'ㄴ'을 버리고 'ㅂ셰다'로 대치하여 형성된다고 하였다.

(83) ㄱ. 호다 - 혼 → 홉셰다
ㄴ. 가다 - 간 → 갑셰다
ㄷ. 먹다 - 먹은 → 먹읍셰다
(84) 단단이 미여라 / 짐 부려라 / 짐 시러라

위에서 (83)은 'ㅂ셰다'형이고, (84)는 '아/어라'형에 해당한다.

정중형에서 보다 더 공손함을 나타낼 때에는 직설법 현재 '시오'를 쓰는데, 이것은 명령형에서 영어의 'please'에 대응한다고 하였다. 또 다른 현재 직설법 정중형에 '지오'가 있는데, 이것은 기본 활용의 '다'에 대체되어 형성된다고 하였다.

(85) ㄱ. 호다-혼-호시오 / 보다-본-보시오 / 안따-안즌-안즈시오
ㄴ. 호다-호지오 / 가다-가지오 / 놋타-놋치오

아랫사람이 윗사람에게 말하거나 지극히 정중하기를 원할 때는 과거 분사형 'ㄴ'을 'ㅂ니다'로 대치하거나 현재 직설법의 '다' 대신에 '옵니다'를 쓰는데, 이것은 'ㅂ니다, 옵나이다, 숩나이다, 스옵나이다'와 함께 선택적으로 사용된다고 하였다.

(86) ㄱ. 호다-혼-홉니다 / 먹다-먹은-먹읍니다
ㄴ. 호다-호옵니다 / 가다-가옵니다

또한 자음 뒤에서는 '습니다' 또는 '스옵니다'로 쓰이고, 과거나 미래에서는 '엇'이나 '겟'이 첨가되어 쓰인다고 하였다.

(87) ㄱ. 먹다-먹습니다-먹스옵니다 / 안다-안습니다-안스옵니다

ㄴ. ᄒᆞᆺ다-ᄒᆞ엿습니다-ᄒᆞ엿스옵니다 / ᄒᆞ겟다-ᄒᆞ겟습니다-ᄒᆞ겟스옵니다

2.5. Underwood(1890)에서는 한국어의 경어(honorific)에 대해 독립된 장으로 서술하였다.[45] 여기서는 한국어의 경어법이 청자와 주체가 대상이 되며, 하대(inferior)와 평대(equal), 존대(superior)의 세 층위로 구분되는데, 표현 형태(어미)에 따라 하위 등급(sub-grade)이 가능하다고 하였다.

그리고 이에 따라 어미 형태의 용법을 서법의 범주에서 서술하였는데, 'ᄒᆞ다'와 '먹다'의 직설법 평서형과 의문형을 정리하면 다음과 같다(앞의 6.2.2절 2.4항 참조).

대우적 관점	평서형		의문형	
하인, 아이, 낮은 사람	ᄒᆞᆫ다	먹는다	ᄒᆞᄂᆞ냐 ᄒᆞᄂᆞ니	먹ᄂᆞ냐 먹ᄂᆞ니
친한 친구, 나이 든 하인 (반말)	ᄒᆞ네	먹네	ᄒᆞᄂᆞ뇨 ᄒᆞ나 ᄒᆞ지 ᄒᆞ노	먹ᄂᆞ뇨 먹나 먹지 먹노
정중체(동등한 관계) 약한 경어체	ᄒᆞ오 ᄒᆞ지오	먹소 먹지오	ᄒᆞ오 ᄒᆞ지오	먹소 먹지오
경어체	ᄒᆞᆸ지오 ᄒᆞᄂᆞ이다 ᄒᆞᆸᄂᆞ이다	먹스옵지오 먹ᄂᆞ이다 먹스옵ᄂᆞ이다	ᄒᆞᄂᆞ니잇가 ᄒᆞᆸᄂᆞ니잇가	먹ᄂᆞ니잇가 먹스옵ᄂᆞ니잇가

이것은 한국어 대우법이 하대와 평대, 존대의 세 층위로 체계화할 수 있으나, 실제로는 높임의 체계를 네 등급으로 구분하여 인식하였음을 보여 준

---

45 이에 대해 박건숙(2006)에서는 한국어에서 높임 표현이 단순한 동사 활용의 일부가 아니라 독자적인 문법범주가 되는 것으로 인식하였음을 의미한다고 평가하였다.

다.[46] 그리고 위의 경어체와 관련하여 오늘날 널리 쓰이는 '습니다'와 '습니까'로 발달되었다고 하였다.

주체의 존대에 대해서는 첨사 '시'의 개입으로 형성된다고 하였다.

(88) ㄱ. ᄒᆞ오:ᄒᆞ시오, 듯소:드르시오, 눕소:눕으시오
ㄴ. 안소:안지시오, 찻소:차지시오, 일소:일ᄒᆞ시오

위 (88)에서 '시'가 높임을 표현하는 것이라 하였는데, 이것은 '시'를 독립된 형태소로 인식하는 것과도 관련된다.[47]

또한 어휘를 통한 높임의 표현에서 어휘적 경어가 존재하는데, 이것은 모든 동사가 해당되는 것은 아니라 하면서 다음의 예를 들었다.

(89) ㄱ. 먹소:잡수오, 자오:줌으시오, 죽소:도라가시오, 잇소:계시오, 아오:통촉ᄒᆞ시오, 알소:병환계시오, 평안ᄒᆞ오:안녕ᄒᆞ시오, 말ᄒᆞ오:말솜ᄒᆞ시오, 오오:림ᄒᆞ시오
ㄴ. 주오:드리오, 뭇소:품ᄒᆞ오, 뵈오:감조오, 다리오:뫼시오, 닐ᄋᆞ오:엿ᄌᆞ오, 도라오오:환ᄎᆞᄒᆞ시오

위에서 (89-ㄱ)은 주체 대우와 관련되고, (89-ㄴ)은 객체 대우와 관련된다. 여기서는 객체 대우의 동사를 따로 제시했음이 특징이라 할 수 있다. 그런데 실제로는 경어동사와 종결형태의 경우처럼 발화 대상(spoken of: 주체)과 발화 상대(spoken to: 청자)에 대한 경어 표현이 하나의 동사에서 함께 실현된다고 하였다.

---

46 여기서 '반말'이 추가된 것으로 해석되는데, Underwood(1890:110)에서는 이것을 'half-talk'라 하였다.

47 즉, Scott(1887)에서는 '시오'를 하나의 어미로 보았으나, Underwood(1890)에서는 '시'와 '오'를 각각 독립된 형태소로 분석하였음을 의미한다.

또한 경어는 명사와 후치사, 대명사로도 실현되는데, 한자어가 고유어에 비해 정중한 말이 된다고 하였다. 명사의 경우를 예로 들면 다음과 같다.

(90) 아바지:어루신네, 어마니:즈당, 삼촌:완쟝, 남편:가쟝, 안히:니샹, 아돌:즈 뎨, 쏠:녀식, 죡하:함씨, 형:빅시, 나:츈츄, 곳불:감기, 니:치아, 집:딕

특히 경어는 방언적 차이가 있어서 한국어 학습에서 주의를 기울여야 한 다고 하였다. 또한 경어법의 사용에서 자기 자신을 항상 낮추어야 하는 것은 아니며, 자신의 하인이나 아이들에게 정중체로 자신을 표현하는 것도 중요 하다고 하면서 경어 표현의 주변적 유의점을 강조하기도 하였다.

한편, Gale(1894)에서는 한국어의 경어(honrifics)는 말은 받는 사람(the person spoken to: 청자)과 언급되는 사람(the person spoken of: 주체)에 대 해 유념해야 하는데, 전자는 어미의 변이에 의해 실현되고, 후자는 '시'의 삽 입에 의해 형성된다고 하였다. 그리하여 다음의 경우 영어로는 모두 'Is he going?'으로 대응되지만, 높임의 대상이 다르다고 하였다.

(91) ㄱ. 갑니가?   (청자 높임)
    ㄴ. 가ᄂ냐?   (둘 다 낮춤)
    ㄷ. 가시ᄂ냐?   (주체 높임)
    ㄹ. 가심니가?   (둘 다 높임)

그런데 이러한 경어 표현은 다른 단어를 사용하여 표현되기도 한다고 하 면서 그 예를 보통형과 경어형으로 대응하여 제시하였다.

(92) 아오:즁씨/계씨, 안짜:안쭙다, 아비:어루신네/부친/춘부쟝, 아라보다:통 촉ᄒ야보다, 아돌:즈뎨, 어미:즈당/모친, 일홈:휘/함즈, 잇다:계시다, 오라 비:오라버니, ᄒ다:ᄒ시다, 형:빅씨/형님, 결단ᄒ다:쳐결ᄒ다, 큰아비:빅 부님, 큰어미:빅모님, 말:말씀, 말ᄒ다:엿줍다, 먹다:잡수시다, 뭇다:품ᄒ

다, 무덤:산소, 나:츈추/년치/년데/년긔, 나무라다:꾸지람ㅎ시다, 니:치
아, 닐ㅇ다:상달ㅎ다, 니러나다:긔침ㅎ시다, 누이:미씨, 눕다:취침ㅎ시다,
밥:슈라/진지, 병:환후, 뵈다:감위다, 본:션향/관향, 보다:하감ㅎ다, 평안:
안령, 편지ㅎ다:상셔ㅎ다, 삼촌:완쟝, 싱각ㅎ다:하혐ㅎ다, 싱각ㅎ다:쳐분
ㅎ다, 슈촌아오:죵뎨, 슈촌형:죵씨, 셩:존셩/셩씨, 셩내다:진로ㅎ시다, 식
이다:분부ㅎ다, 다리다:뫼시다, 자다:줌으시다, 즈:자호, 집:독, 죡하:함씨,
죽다:도라가시다, 주다:두리다/올니다

2.6. Roth(1936)에서는 동사의 상대(청자)에 대한 경어 표현을 하등말
(nieder)과 중등말(mittler), 상등말(hoch)로 구분하면서 현재 종결형으로
구분하여 제시하였다. Roth(1936:48-75)에서 서술된 것으로 정리하면 다음
과 같다(앞의 5.3.4절 4.1항 참조).

구분	평서형			의문형		
	모음 어간	자음 어간	'ㄹ' 어간	모음 어간	자음 어간	'ㄹ' 어간
하등말	간다	먹는다	안다	가느냐	먹느냐	아느냐
중등말	가오	먹으오 먹소	아오	가오	먹으오 먹소	아오
상등말	갑니다	먹습니다 씻습니다	압니다	갑니까	먹습니까 씻습니까	압니까

위에서 하등말의 경우, 평서형에서 어간이 모음으로 끝나면 'ㄴ다', 자음
으로 끝나면 '는다'가 붙는데, 'ㄹ'로 끝날 때는 예외가 되어 축약형 어간으
로 나타나며, 그리고 의문형에서는 어간이 모음으로 끝나든 자음으로 끝나
든 관계없이 '느냐'가 붙지만, 'ㄹ'일 때는 축약형에 붙는다고 하였다.[48]

---

48 의문형 '느냐'는 어린이에게 하는 하등말에서 '어디로 가늬? 잘 있늬?'에서처럼 '늬'로
    도 쓰인다고 하였다.

(93) ㄱ. 가다-간다 / 먹다-먹는다 / 알다-안다 (살다-산다)
　　ㄴ. 가다-가느냐 / 먹다-먹느냐 / 알다-아느냐

중등말의 경우, 자음으로 끝난 어간의 확대되어 '오'가 붙고 'ㄹ'로 끝난 어간은 축소된 형태에 '오'가 붙는데, '소'가 붙을 때에는 확대된 어간으로 나타나지 않는다고 하였다. 그리고 '오'는 평서, 의문, 명령문에 모두 쓰인다고 하였다.

(94) ㄱ. 먹(먹으)-오=먹으오 / 잡(잡으)-오=잡으오 / 알(아)-오=아오
　　ㄴ. 먹소, 잡소, 받소

상등말의 경우, 평서형에 'ㅂ니다'가 붙고 의문형에는 'ㅂ니까'가 붙는데, 자음으로 끝난 어간은 확대된 어간에 이것이 붙고, 'ㄹ'로 끝난 어간은 축소된 어간에 붙는다고 하였다. 그리고 자음으로 끝난 경우 본래 어간에 '습니다, 습니까'가 붙기도 한다고 하였다.[49]

(95) ㄱ. 가다: 갑니다 갑니까 / 먹다:먹습니다 먹습니까 / 알다:압니다 압니까
　　ㄴ. 씻다: 씻습니다 씻습니까 / 놓다:놓습니다 놓습니까

그리고 상등말은 말이 전달되는 인물에 대한 존경심을 나타내는데, 반드시 어린이와 어른의 문제가 아니라 공적인 경우에 사용되기도 한다고 하였다.
명령법의 경우에 대해서도 높낮이의 등급에 따라 달리 실현되는 것을 서술하였다(앞의 6.2.2절 2.5항 참조).

(96) 여보아라, 여보시오, 여보십시오

49　특히 'ㄹ'이외의 자음에는 '습낸다'가 붙기도 하는데, 이것은 독일어의 'sicher'에 해당한다고 하였다. '아버지가 편지를 씁낸다.'

(97) ㄱ. 하등말: '자' ('하자, 먹자, 가자')

　　ㄴ. 중등말: '세' ('하세, 팔세')

　　ㄷ. 상등말: 'ㅂ시다' ('갑시다, 받읍시다, 팝시다')

특히 (97)은 권유형(exhoratativ)으로서 평서나 의문 등과 마찬가지로 세 층위의 높낮이가 구분된다고 하였다.

또한 '시'에 의한 경어 표현에 대해 서술하였는데, 'ㅂ니다'는 상대에 대해 경어를 표현하지만 '시'는 주어를 높인다고 하였다. 그리고 '시'는 어간과 어미 사이에 붙는데, 음성적 조건에 따라 '시/으시'의 이형태가 있으며, 주어가 존대 대상의 소유물일 때에도 적용된다고 하여 간접 높임에 대한 해석을 하기도 하였다.

(98) ㄱ. 가신다, 받으신다, 아신다/알으신다

　　ㄴ. 신부께서 걱정이 많으십니다.

그리고 경어의 어휘적 형태에 대해 주체와 객체를 구분하여 제시하였다 (Roth, 1936:195 참조).

(99) ㄱ. 있다:계시다, 죽다:돌아가시다/별세하다, 자다:주무시다, 앓다:병환이 계시다, 말하다:말씀하시다, 배고프다:시장하시다, 없다:아니계시다, 평안하다:안녕하시다, 깨다:기침하시다, 먹다:잡수시다/자시다, 오다: 임하시다

　　ㄴ. 주다:드리다, 다리다(다리고가다):모시다(모시고가다), 보다(가보다):뵙 다(가뵙 다), 일러주다:여쭈다/여쭙다, 묻다:여쭈어보다

위에서 (99-ㄱ)은 주체 경어, (99-ㄴ)은 객체 경어에 해당한다. 특히 객체 경어는 '오, ㅂ, 옵, 압' 등으로도 나타난다고 하였다.

(100) ㄱ. 아버지가 아들을 다리고 원산으로 가신다.

근대 시기 서양인의 한국어 문법 연구

ㄴ. 아들이 아버지를 모시고 원산으로 간다.

　　ㄷ. 주교께서 미사를 드리십니다.

(101) 사랑하올 교우들이여.

2.7. Ramstedt(1939)에서는 한국어 동사의 어형 변화는 담화 구성이나 발화에 참여하는 인물들의 사회적 관계와 밀접한 상관성이 있음을 지적하였다. 즉, 동사의 많은 형태들은 담화상에서의 단순성 정도, 표현하고자 하는 친밀감이나 정중성의 정도뿐만 아니라 언급되는 인물의 사회적 양상이나 대우의 차이를 나타내는데, 이러한 형태들을 정중체 서술 형식(polite predicate form)이라 하였다.

　　그리고 서술어로 쓰이는 동사의 모든 형태는 어미를 통해 화자와 청자 사이의 어떤 사회적 양상을 표현한다고 하면서, 이것은 적어도 일상형(straightforward)과 친밀한 사교형(familiar social), 정중형 또는 경어형(polite or honorific)의 세 가지로 구분된다고 하였다. 이것은 구체적으로 단순형(simple)과 정중형(polite)으로 구분되는데, 단순형은 하위형(downward)에 해당하는 것으로 아이나 하인과 관련되며, 그리고 정중형은 친구나 동등한 인물과 관련되는 중간형(middle)과 나이가 들었거나 높고 존귀한 인물과 관련되는 상위형(high)으로 구분된다고 하였다(앞의 5.3.4절 4.2항 참조).

　　그리고 형태적으로 보면, 단순형은 가장 단순하고 오래된 형태로서 진정한 기본형이 되고, 정중형은 어원적으로 단순한 형태가 아니라 부동사형 또는 부사형과 '이다'의 결합형으로 보았다.

단순형	하위형	'다'
정중형	중간형	'오, 소'
	상위형	'ㅂ니다, ㅂ느이다, ㅂ느이다'

위에서 정중형의 예를 보면, 중간형에서 '오'는 동사 어간이 모음이나 'ㅣ'(ㄹ)로 끝나는 경우에 나타나고, '소'는 어간이 그 밖의 다른 자음으로 끝나는 경우에 나타나는 것으로 보았다. 그리고 여기서 '오'는 'ㅂ'이나 '부'의 피동 어간 동사의 완료 부동사형으로 형성된 것이고, '소'는 '사+ㅂ'과 '시+ㅂ'에서 2차적으로 형성된 것과 같은 것으로 해석하였다. 또한 '오'와 '소'는 일상적 용법에서 의문의 의미도 있으며, 제안적이라 불리는 정중한 명령형을 형성하기도 하고, 때로는 '오, 소' 뒤에 '이다'가 붙는다고 하였다

(102) ㄱ. 가와→가오, 머그워→머그우→머그오
      ㄴ. 먹스워→먹수→먹소, 잡사와→잡소
(103) 보오+이다→보외다, 머그오+이다→머그외다

특히 상위형은 'ㅂ, 부'가 들어 있는 피동 어간으로부터 현재 분사형 '는, 눈'이 '이'를 지닌 형태로 길어지고 여기에 '이다'가 붙어 형성된 것이라고 하였다(앞의 6.2.2절 2.6항 참조).

(104) 'ㅂ+눈+이다'→'ㅂ니다, ㅂ느이다, ㅂ느이다'

위 (104)의 형태가 당시 서울에서 가장 정중한 직설법 어미로 인식되는데, 'ㅂ니다' 외에 'ㅂ니다, ㅂ는다'도 좀 낮은 화자에게서 사용된다고 하였다.
그리하여 중간형의 '오'와 '소', 상위형의 'ㅂ니다'가 실현되는 것을 제시하였는데, '보다'의 경우를 보면 다음과 같다(Ramstedt, 1939:78 참조).[50]

(105) ㄱ. 현재: '보오'   - '봅니다'
      ㄴ. 완료: '보앗소'   - '보앗습니다'

---

50 미래완료와 완료미래의 형태가 시제 영역에서의 해석과 다른 점이 있다(앞의 6.3.2절 2.8항 참조).

근대 시기 서양인의 한국어 문법 연구

ㄷ. 미래:　　'보겟소' - '보겟습니다'
ㄹ. 과거완료: '보앗엇소' - '보앗엇습니다'
ㅁ. 미래완료: '보겟엇소' - '보겟엇습니다'
ㅂ. 완료미래: '보앗겟소' - '보앗겟습니다'

특히 Ramstedt(1939)에서는 정중형과 관련하여, '오, 소'의 형태는 피동
의 의미를 지닌 접미사 'ㅂ'으로부터 형성된 것으로 해석하였음이 주목된다.
즉, '이다, 이시다, 하다, 먹다' 등은 접미사 'ㅂ'이 붙어 각각 '입다, 이십다,
합다, 먹읍다'가 되고, 이들이 현재 완료 부동사형인 '이워, 이시워, 하와, 먹
워'가 되었는데, 이것들은 실제로 쓰이지 않고 여기서 '이오, 잇소(잇수), 하
오, 먹으오' 등의 정중형으로 발달되었다는 것이다.[51]

(106) ㄱ. 이다→이십다→*이워→이오
　　　ㄴ. 이시다→이십다→*이시워→잇소
　　　ㄷ. 하다→합다→*하와→하오
　　　ㄹ. 먹다→먹읍다→*먹워→먹으오

또한 '오' 뒤에 분사형이 쓰여 더 정중한 의미를 나타내게 된 것으로 보았다.

(107) ㄱ. ㅎ오+ㄹ+이다 → ㅎ올이다
　　　ㄴ. ㅎ오+ㄴ+이다 → ㅎ온이다

즉, 위 (107)에서 'ㅎ올이다'는 '홀+이다'보다, 'ㅎ온이다'는 '혼+이다'보
다 더 정중하게 쓰였다는 것이다. 여기서 분사형 'ㄴ' 앞에 피동의 의미를 지

51　Ramstedt(1939:129)에서는 동사의 정중형을 1차적 동사로부터 파생된 2차적 동사 어
　　간(secondary verb stem)으로 표현되는 것으로 해석하였다. 그러한 2차적 동사들은
　　너무도 빈번하게 정중성을 위해 사용되어서 이제는 1차적 동사의 패러다임에 속한다
　　고 하였다.

닌 접미사 'ㅂ'이 붙은 다음의 형태가 발달되었다고 하였다.

(108) ㅎ+ㅂ+ᄂ+이다 → 홉ᄂ이다 → 홉ᄂ다

위 (108)의 '홉ᄂ이다'는 문어투 'ㅎ나이다'와 같은 것으로, '홉ᄂ다'로 발음되며, 여기서 다시 '홉ᄂ이+이다'가 '홉ᄂ다'가 되었다고 하였다.[52] 그리하여 대부분의 정중형 표현의 기원은 'ㅂ'에 의한 피동의 사용으로 회귀하는 것이라 하였다.

한편, 오늘날 주체 높임을 표현하는 것으로 해석되는 '시'의 경우, 이것은 이전에 '황송하게도 ...해 주시다'(to deign to)의 의미를 지닌 접미사 '새/시'에서 기원하는데, 본래 문장의 주어와 관계없이 어떤 존경스런 인물의 출현 (presence of persons to be honored)을 뜻하는 것으로 해석하였다.[53]

(109) ㄱ. 어룬네다 : 어루신네시다
     ㄴ. ㅎ다 : ㅎ시다

'시'와 'ㅂ'이 결합되는 형태로도 나타나는데, 다음의 예를 제시하였다.

(110) ㄱ. 백성을 편안하게 하쇼셔.
     ㄴ. 백성을 편안하게 하십세.

위 (110-ㄱ)에서 '셔'는 'ᄉ-입'의 완료 부동사형 'ᄉ-여'로 형성되었다고 하였다. 이것은 의지형의 (110-ㄴ)에서도 발견되는데, 이를 통해 한국어의 정중성 표현은 고대의 2차적 동사 유형의 존재 여부에 따르는 것으로 해석하였다.

---

52 실제로 Ramstedt(1939:129)에서는 발음을 따라 '홈'으로 표기되어 있다.

53 Ramstedt(1939)에서는 한국어에는 접요사가 없다고 하면서 이것도 역시 접미사에 의한 2차적 동사 어간의 형성과 관련되는 것으로 보았다(앞의 5.1.1절 1.7항, 6.4.2절 2.6항 참조).

그리고 한국인들은 정중성을 축적하는 데 열정적이어서 다음과 같이 확대된다고 하였다.

(111) 주다: 주시다, *줍다, *주웁다(주사웁다), 줍시다, 주웁시다

위 (111)에서 '주웁시다'는 'ㅂ'과 '시' 모두 결합된 것이다.

6.5.3. 정리

서양인의 한국어 문법 기술에서 경어법은 매우 중요하게 다루어진 영역 중의 하나이다. 그것은 경어법이 한국어의 특성을 반영하기도 하거니와 그들의 필요에 따른 한국어 습득에서 절대적인 것이었기 때문이었다.

서양인들은 한국어 경어법 현상을 언어 표현에서 나타나는 인물들 사이의 관계를 중심으로 몇 가지 층위로 구분하고 그에 따른 언어 형태를 제시하는 방법으로 접근하였다. 특히 두드러지게 나타나는 것은 화자의 말 상대(청자)에 대한 대우였는데, 이것은 일반적으로 하대:평대:존대, 하등말:중등말:상등말, 단순형(기본형):중간형:상위형 등으로 구분되는 세 층위로 나누었다. 그러나 실제 관련 형태의 분석에서는 대우의 대상을 청자를 중심으로 하되 주체와 객체를 따로 구분하였으며, 관련 형태를 세분하는 양상을 보였다.

경어법의 표현에서 대우의 대상은 발화 참여의 위치에 따라 화자와 청자, 주체 객체 등으로 일반화하여 구분하였으나, 실제적인 부분에서는 사회적 관계(주인과 노예, 하인)와 가족 관계(부모와 자식), 신분(귀족, 평민), 성(남녀), 결혼 여부 등의 상황 요인에 따라 매우 분화되는 것으로 서술하였다. 우선 문제가 되는 것은 화자와 청자 사이의 상대 대우이지만, 여기에 주체와의 관계에서 '시'의 첨가에 의한 형태에도 주목하였다. 그리고 점차 주체 대우 형태로서 '시'를 독립적인 요소로 인식하기에 이르렀고, 이에 따라 후기에 와서는 한국어 경어법을 대상에 따라 청자 대우와 주체 대우, 객체 대우로 분

명히 구분하였다.

경어법과 관련하여 주목되는 것 중에 상대 대우의 'ㅂ'계 형태들이라 할 수 있다. 역사적으로 한국어 경어법 변천에서 주요한 것은 중세 시기에 주체의 '시', 객체의 '숩', 상대의 '이'로 대표되던 것이 근대 시기를 거치면서 '숩' 계열이 상대 대우 형태로 흡수된 것이라 할 수 있다.[54] 여기서 상대 대우 형태들이 매우 복잡하게 분화되었는데, 이때 이른바 'ㅂ'계 형태들이 정중형의 상위 층위를 담당하였으며, 이러한 분화의 과정이 서양인들의 한국어 경어법 서술에서도 어느 정도 다루어졌던 것이다.

한편, 한국어 경어 표현과 관련하여 어휘에 의한 것도 다루어졌다. 이것은 특히 실제적인 표현과 관련되는 문제여서 당시 한국어 구어 학습을 목표로 하였던 서양인들은 이 부분에 대해서도 주목하여 서술하였다.

6.6. 부정

6.6.1. 부정의 해석과 분류

부정(negative)은 긍정(affirmative)에 대응하는 문법범주로, 어구 또는 문장에 부정요소를 덧붙여 본래 표현된 내용이 존재하지 않거나 부적합함을 나타낸다. 부정은 작용역에 따라 문장 부정과 단어 부정이 있다(『영어학 사전』, 1990:779 참조).

한국어에서 부정법은 언어 형식으로는 통사적인 방법에 의한 것과 어휘

---

54 민현식(1984)에서는 '숩ᄂᆞ이다, 옵ᄂᆞ이다'와 같은 '숩'계열이 상대 대우 형태로 흡수되어 'ㅂ니다' 형으로 나타났다고 하였다. 김형철(1997:331-333)에서는 '숩ᄂᆞ이다'를 '숩+ᄂᆞ+이다'로 분석하면서, '숩'은 객체 존대에서 상대 존대로 기능이 바뀐 것이고, 'ᄂᆞ'는 현실의 서법과 관련되며, '이다'는 상대 존대의 '이'에서 변형된 하소서체의 평서법 어미에 해당한다고 하였다.

에 의한 것('아니다, 없다, 모르다' 등)으로 구분된다. 통사적인 방법에 의한 부정은 부정부사 '안'이나 '못', 보조용언 '-지 않다'나 '-지 못하다', '-지 말다' 등에 의해 형성되는데, 여기서 '안'부정('안'과 '-지 않다')과 '못'부정('못'과 '-지 못하다')은 평서문과 의문문, 감탄문에서 나타나며 '말다'부정('-지 말다')은 명령문과 청유문에서 나타난다는 점에서 문장 종결 형식에 따라 적용 대상이 다르다는 특징이 있다. 그리고 부정은 형태적으로는 부정부사에 의한 짧은형과 보조용언에 의한 긴형으로 구분하고, 의미적으로는 단순한 부정의 표현 외에도 주어의 의지를 나타내는 의지 부정과 외적 요인에 근거하는 능력 부정, 행위의 금지 등으로 구분하기도 한다.

6.6.2. 시기별 분석

2.1. 초기의 경우, Rosny(1864)에서는 한국어 부정의 활용형은 타타르어 문법의 법칙을 따르는 일본어와 유사하다고 하면서, 부정 첨사 'anir'('아닐')이 중간에 첨가되는 것으로 해석하였다. 제시된 예는 다음과 같다.[55]

(112) ㄱ. tsidzi-anir-hawa(치지-아닐-하와, je ne frappe pas)
ㄴ. tsidzi-anir-hayaso(치지-아닐-하야소, je n'ai pas frappé)
ㄷ. tsidzi-anir-kapo(치지-아닐-가보, je ne frapperai pas)

위 (112)에서 'anir'(아닐)이 부정의 뜻을 나타내는 것으로 해석한 것이다 (앞의 5.3.1절 1.2항 참조).

Aston(1879)에서는 부정 첨사(negative particle)라 하여 '아니'와 '못'을 제시하고, 이들은 문장에서 동사 앞에 온다고 하였다. 그리고 '아니'는 그 자체로 활용하는 동사이며 '못'은 부사라고 하였는데, '아니'는 동사 복합 형식

---

55 Rosny(1864)에서는 예문을 Siebold(1832)에서 가져왔다고 하였다.

을 형성하고 '못'은 부사 수식 형식으로 부정을 표현한다고 하였다.

2.2. Ross(1877)에서는 부정 표지로 '안'과 '못'을 제시하고 이들은 용법에서 서로 다르다고 하였으며, 동사 '갈'(go)의 부정형을 예시하기도 하였다.

의미	하대	평대	존대
(I know he) will not go	가디 안터라	가디 안습데	가디 안습두다
(He says he) will not go	못 가갓다더라	못 가갓답데	못 가갓답두다
unwilling to go	가디 안캇다더라	가디 안캇답데	가디 안캇답두다

위의 예로 보면, '안'이 단순 또는 의지 부정을 표현하고, '못'은 외적 요인에 의한 불능을 표현하는 것으로 구분한 것 같다.

또한 MacIntyre(1879-1881)에서는 다음과 같은 부정 표현을 언급하기도 하였다.

> (113) ㄱ. 不可須臾離也
>
> ㄴ. gahi siu ri tʻi mod halgöshini

위에서 (113-ㄴ)의 'tʻi mod ha'(지 몯ᄒ)는 (113-ㄱ)의 '不可'에 대응하는 것으로 부정 표현에 해당하는 것이다.

2.3. Ridel(1881)에서는 어휘 부정과 동사 활용에 의한 부정으로 나누어 서술하였다. 어휘 부정은 어휘의 의미 자체가 부정의 뜻을 지니고 있는 것으로, 예를 들어 '무시하다, 모로다, 거절하다, 슬타' 등이 이에 관련되는 것이라 하였다. 그리고 이와 같이 의미적으로 부정의 뜻을 지닌 동사는 쉽게 인식될 수 있는 것이어서 모두 언급할 필요는 없으나, 엄밀히 말해서 부정 동사라 할 수 있는 두 개의 실질동사가 있다고 하면서 '업다, 아니다(아닐다)'를

근대 시기 서양인의 한국어 문법 연구

제시하였는데, 이들은 다음과 같이 대응된다(Ridel, 1881:134 참조).

(114) 〈긍정〉　〈부정〉
　　　'잇다' : '업다'
　　　'일다' : '아니다/아닐다'

한편, 동사의 활용형에 의한 부정은 부정 첨사 '아니'와 '못'에 의한 것으로 '지+아니+ᄒ다'형과 '지+못+ᄒ다'형을 축약형과 함께 제시하였다.

(115) ㄱ. 됴치아니ᄒ다 → 됴치안타 → 됴찬타
　　　ㄴ. 붉지아니ᄒ다 → 붉지안타 → 붉잔타
　　　ㄷ. 그리ᄒ면 됴치 안켓다.
(116) ㄱ. 가지못ᄒ겟다
　　　ㄴ. 다 먹지못ᄒ고

위에서 (115)는 '지+아니+ᄒ다'형으로 이들이 '치안타/지안타' 또는 '찬타/잔타'형으로 축약되어 쓰일 수 있음을 보여 주는데, 이에 대해 (115-ㄷ)과 같이 시제 형태가 첨가되면 축약형이 제약된다고 하였다. 그리고 (116)은 '지+못+ᄒ다'형의 부정 표현에 해당하는 것으로 이것은 불능(impuissance)의 의미를 지닌다고 하였다.

2.4. Scott(1887)에서는 부정(negation)을 다음의 네 가지 항목으로 나누어 기술하였다(Scott, 1887:57-58 참조).

'안, 아니' (not)	〈예〉 슐 안 먹소. / 집에 아니 왓소.
'못' (not-inability)	〈예〉 담비 못 먹소.
'지 안타, 치 안타'	〈예〉 됴타: 됴치 안타/됴찬타 깁다: 깁지 안타/깁잔타

'지 못ᄒ다, 지 아니하다'	〈예〉 가지 못ᄒ오. / 가지 아니ᄒ다. 돈 주지 못ᄒ오. / 돈 주지 아니ᄒ다.
'지 말고, 지 마라, 지 말라'	〈예〉 가지 마라. (Do not go.) 이 일 ᄒ지 말라. / 남의 말 듯지 말고.

한편, 재판인 Scott(1893)에서는 부정 표현의 각 형식에 대한 의미를 해석하고 관련 예를 제시하였다. 즉, 한국어에서 부정은 주로 '안' 또는 '아니'와 '못'을 통해 표현되는데, 전자는 단순 부정을 표현하거나 비의도(unwillingness)의 의미를 내포하고, 후자는 불능(inability)의 의미를 내포한다고 하였다. 그리고 부정 표현의 세 번째 방법으로 현재 직설법의 '다' 대신에 비의도를 표현하는 '지 아니ᄒ다'와 불능을 표현하는 '지 못ᄒ다', 그리고 금지(prohibition)을 표현하는 '지 말고, 지 마라'가 첨가되는 방식으로 형성된다고 하였다.

또한 '지 아니ᄒ다'는 '지 안타/잔타'나 유기음에서 '치 안타/찬타' 등으로 축약될 수 있으며, 이들은 '됴치안타/됴찬타'나 '깁지안타/깁잔타'와 같이 '됴타, 깁다'와 같은 동사적 형용사에도 쓰인다고 하였다. 제시된 예를 보면 다음과 같다.

(117) ㄱ. 술 안 먹소 별노 됴하 아니 ᄒ오.
ㄴ. 술 못 먹소 됴하 아니 ᄒ오.
(118) ㄱ. 비가 올듯ᄒ여 가지 아니 ᄒ오.
ㄴ. 오놀 일이 잇어셔 가지 못 ᄒ오.
ㄷ. 리일 일이 만흐니 늦게 오지 마라.

2.5. Underwood(1890)에서는 한국어의 부정 표현을 부정 부사에 의한 것과 부정 동사의 형성에 의한 것, 어휘적 의미에 의한 것의 세 가지 유형으로 구분하여 서술하였다.

근대 시기 서양인의 한국어 문법 연구

우선 부정 부사에 의한 것과 관련하여, 한국어에는 두 가지 부정이 있다고 하면서 주어의 의지(will)와 관련되는 '안(아니)'과 불능(inability)의 의미를 지닌 '못'으로 나누었다. 그리고 이들은 모두 영어에서 'not'에 대응되는데, 한국어에서는 이 두 가지 구분을 잘 이해해야 한다고 하였다.

> (119) ㄱ. 지금 안 자오. (He is not sleeping now.)
> ㄴ. 오늘 못 써나오. (I cannot start today.)

그리고 부정 부사가 'ᄒᆞ다'와 결합하여 형성되는 부정 동사에 의한 표현에서는 부정 동사가 구성되는 단계를 제시하고, 이것이 축약되는 과정을 '안(아니)+ᄒᆞ오→안소'와 '지+안(아니)→잔'으로 해석하면서 관련되는 예를 제시하였다.

> (120) ㄱ. 붉소 → 붉지+아니ᄒᆞ오
> ㄴ. 붉지 아니ᄒᆞ오 → 붉잔소
> (121) ㄱ. 됴소 → 됴치 아니ᄒᆞ오 → 됴찬소
> ㄴ. 먹소 → 먹지 아니ᄒᆞ오 → 먹잔소

이에 비해서 '못ᄒᆞ오'는 축약이 일어나지 않는다고 하였다.

그리고 '마오'(to avoid)는 한국어에서 어떤 것을 하지 말 것에 대한 명령이나 간절한 부탁(entreaty), 권고(exhotation) 등의 의미로 널리 쓰이는데, 다른 부정 동사와 마찬가지로 회피되어야 하는 동작을 나타내는 동사 뒤에 온다고 하였다.

> (122) ㄱ. 술 먹지 마오. (Do not take wine.)
> ㄴ. 쟉란 ᄒᆞ지 마오. (Do not play.)
> ㄷ. 눔의게 해로온 일을 마오. (Avoid injury to others.)

또한 어휘적인 의미로 부정이 실현되는 것에 대해 언급하면서, 만약 이러한 어휘가 존재한다면 이것이 부정형보다 더 선호되어 쓰이는 경향이 있다고 하였다. 제시된 예는 다음과 같다(Underwood, 1890:161 참조).

> (123) 됴화ᄒ오:슬희여ᄒ오, 아오:모ᄅ오, 크오:젹소, 놉소:ᄂ소, 잇소:업소,
>   먹소:굼소

그리고 긍정과 부정의 응답에서 긍정의 경우 윗사람에게는 '네', 아랫사람에게는 '오냐'이고 부정일 때는 각각 '아니 올시다'와 '아닐다'가 되는데, 이들은 영어의 'Yes'나 'No'에 반드시 대응되는 것은 아니라고 하였다(Underwood, 1890:197 참조). 특히 부정 질문에 대한 응답에서 한국어와 영어의 차이에 대해 언급하기도 하였는데, 영어가 사실에 바탕을 둔다면 한국어는 상대의 질문에서 언급한 내용에 근거하여 긍정과 부정을 표현한다는 것이다.

> (124) Has he not come?
>   ㄱ. Yes, (he has not come.)
>   ㄴ. No, (he has come.)

위에서 (124-ㄱ)의 'Yes'는 상대의 질문 속에 함축되어 있는 내용(he has not come)에 대해 긍정하는 것(즉, '너의 질문이 옳다')이고, (124-ㄴ)의 'No'는 그에 대해 부정하는 뜻을 표현한다는 것이다.

한편, 이중 부정에 대해서도 다루었는데, 이것은 영어보다 한국어에서 더 널리 나타난다고 하였다(Underwood, 1890:210 참조).

> (125) ㄱ. 미국은 업는 것 업소.
>   ㄴ. 이거슨 언잔찬소.
>   ㄷ. 그러케 아니ᄒ면 못 되겟소.

근대 시기 서양인의 한국어 문법 연구

2.6. Roth(1936)에서는 한국어에서 부정을 표현하는 부정 첨사로 '아니'(nicht will)와 '못'(nicht kann) 두 가지가 있으며, 이들은 동사와만 연결되고 접두사처럼 동사 앞에 붙어서 축약형으로 쓰인다고 하였다.

    (126) 아니가오(안가오), 못갑니다, 못온다

그런데 대부분의 부정은 동사의 본래 어간 뒤에 '지'가 붙고('ㄹ'일 때는 본래어간이나 축약된 어간이 붙고), '아니하다' 또는 '못하다'로 나타나는데, '지 아니하다' 또는 '지 못하다'가 붙어서 새롭게 형성된 동사는 본래의 동사가 능동사인지 중동사인지에 따라 동일하게 기능한다고 하였다. 그리고 '지 아니하다'의 축약형에 대해 언급하였다.

    (127) ㄱ. 좋지 아니하다 → 좋지않다 → 좋잖다
          ㄴ. 예비하지 아니하다 → 예비치않다 → 예비찮다
          ㄷ. 관계하지 아니하다 → 관계찮다 → 괜찮다

그리고 특이하게도 '지' 뒤에는 격 어미(kasusending)가 붙을 수 있으며, 이때 '도'가 결합되면 '지'가 생략되기도 한다고 하였다.

    (128) ㄱ. 가지를 못하다 / 가지는 못하다
          ㄴ. 희지도 아니하고 검지도 아니합니다.
    (129) 죽도 아니하고 낫도 아니하고

특히 '못'과 '아니'의 용법상의 차이에 대해서는 중동사의 경우 '못'이 쓰이지 않고 '아니'가 쓰이는데, 어떤 기대에 미치지 못하는 경우에는 '못'이 쓰인다고 하였다

    (130) ㄱ. 이 사람이 좋지 못하오.

ㄴ. 이 아해가 게으르지 아니합니다(*못합니다)

위에서 (130-ㄴ)은 기대의 변화가 불가능하여 '못'에 의한 부정이 불가하다는 것이다.

'아니'의 용법에서 긍정 대답의 '녜, 오냐'에 대해 부정 대답에서 '아니'가 쓰이며, '아니'는 명사처럼 취급되어 '일다'가 결합하면 '아니다'가 되고 여기서 '아니요(중등말), 아닙니다. 아니올시다(상등말)'가 형성된다고 하기도 하였다.

    (131) ㄱ. 사람이 아니다
         ㄴ. 사람이 아니요, 사람이 아니올시다, 사람이 아니냐

또한 부정 의문문에 대한 응답에서 독일어와 다른 점이 있다고 하였다.

    (132) ㄱ. 원산으로 가지 아니하오?
         ㄴ. 녜.

위 (132-ㄴ)에서 '녜'는 긍정이 아니라 부정의 '가지 않음'을 뜻한다는 점에서 독일어의 경우와 용법상의 차이가 있음을 서술하였다.

한편, 금지를 나타내는 것은 '지' 뒤에 '말다'가 오는데, 때로는 '하지'가 생략되기도 한다고 하였다.

    (133) ㄱ. 하지 마오. / 오지 마오
         ㄴ. 걱정마오. / 염려마오.

위에서 (133-ㄴ)은 '하지'가 생략된 것이다.

6.6.3. 정리

서양인의 한국어 문법 기술에서 부정은 어휘에 의한 부정과 문법적 부정 모두가 대상이 되었다. 후자의 경우 부정 부사에 의한 것과 부정 조동사에 의한 것으로 구분하였으며, 실제적인 용법에서 나타나는 이들의 형태(축약형 등)뿐만 아니라 의미적 차이도 서술하였다. 그리하여 부정의 부사(또는 첨사) '안(아니)'는 부정의 동사 '지 아니ㅎ다'와 함께 단순하거나 또는 비의도적인 부정을 의미하고, 그에 대응하여 '못'과 '지 못ㅎ다'는 불능을 의미하는 것으로 구분하였다. 그리고 '말다'는 금지 또는 권고, 부탁 등의 의미를 표현하는 것으로 서술하였다.

특히 한국어 부정 표현과 관련하여 그들 언어와의 차이에 대해 언급하기도 하였다. 예를 들어, 한국어에서 부정의문문에 대한 응답에서 사실 그 자체가 아니라 질문에 함축된 내용에 대해 부정하는 것으로 해석하여, '네'는 상대의 질문 내용을 인정하는 것이고 그에 대한 부정은 그 반대가 된다는 것이었다. 또한 한국어에서는 이중 부정 표현이 자주 쓰이는 점도 그들 언어에 비추어 특이한 것으로 인식하였다.

6.7. 화법

6.7.1. 화법의 해석과 분류

1.1. 화법(narration)이란 남이나 자기가 한 말(또는 생각)을 때와 장소를 바꾸어서 전달하는 방법으로, 보통 남의 말을 그대로 전달하는 직접 화법과 남이 한 말의 내용을 자기의 말로 고쳐서 전달하는 간접 화법으로 구분된다.

화법이 실현되는 문장에서 전달의 내용이 되는 실제의 이야기는 전달자가 구성하는 문장에서 피전달부(reported speech)라 불리며, 인구어에서는 피전달부가 전달 동사(reporting verb)의 목적어가 된다. 직접 화법은 실제

발화를 재현하는 것이어서 원래 화자의 말이 그대로 반복되는데, 간접 화법은 전달자가 전달 내용을 자신의 말로 전달하는 것이어서 전달부와 피전달부 사이에 직접 화법에서와 같은 독립성이 없고 전체가 전달자의 문장으로 통합되어 진술된다. 그리고 직접 화법은 인용 부호가 오지만, 간접 화법은 인용부호가 사용되지 않으며 피전달부는 전달부의 목적어로서 전달자 자신의 문장 안에 들어가 버리기 때문에 구두 전달의 경우에도 발음, 억양 등 모두 전달자 자신의 것으로 표현된다(『영어학사전』, 1990:771 참조).

1.2. 한국어에서 간접 화법은 인구어에서처럼 엄격하지는 않다. 그러나 직접 화법의 피전달부가 간접 화법에서는 형태가 달라지기도 하는데, 여기에는 '하라'체로 공손법의 등분이 중화되고, 명령형의 '아라/어라'와 평서형의 '이다'는 각각 '(으)라'와 '이라'로 되며, 경어법과 시제에 관한 형태가 조정되고, 대명사와 부사가 장면에 맞추어 수정되는 등의 절차가 나타난다. 또한 피전달부와 전달부의 연결도 직접 화법은 '하고, 라고', 간접 화법은 '고'로 실행된다. 그런데 실제 언어에서는 이러한 구별이 잘 지켜지지 않고 직접 화법과 간접 화법이 뒤섞인 이른바 혼합 화법(mixed narration)이 많이 쓰인다(『국어국문학사전』, 1980:695 참조).

서양인의 한국어 문법 기술에서도 일부 문헌에서 화법에 관해 주목하기도 하였는데, 주로 간접 화법의 구성 형식을 중심으로 접근하였다.

6.7.2. 시기별 분석

2.1. MacIntyre(1879-1881)에서는 '호더라'와 '하시더라' 등의 '더'가 결합된 종결 형식을 화법형이라 하고, 이것은 3인칭에 관한 모든 진술에 쓰이며 전달자(narrator)가 그 자신의 지식을 말하는 것과 다른 사람에 대한 가

정(supposition)과 증언(testimony)의 두 가지로 구분된다고 하였다(앞의 6.3.2절 2.4항 참조). 또한 Scott(1887)에서도 '더'가 실현되는 형태는 언급된 사람(화자에게 드러나지 않은 제3자)의 의견에 대해 묻는 의미가 나타난다고 하였다(앞의 6.3.2절 2.4항 참조).

2.2. Scott(1887)에서는 명령형의 간접 화법에 대해 간략히 언급하였는데, 간접 화법의 전달 내용을 이루는 부정사 'ᄒᆞ라'와 전달 동사 명령형 'ᄒᆞ여라'의 축약형으로 구성되는 것으로 보았다.

> (134) ㄱ. 일 ᄒᆞ리라 ('ᄒᆞ라'+'ᄒᆞ여라'→'ᄒᆞ리라')
> ㄴ. 그 모군 오리라 ('오라'+'ᄒᆞ여라'→'오리라')
> ㄷ. 밥 먹으리라 ('먹으라'+'ᄒᆞ여라'→'먹으리라'

한편, 재판인 Scott(1893)에서는 한국어 간접화법에서 동사 '(말)하다'와 함께 요구되는 첨사를 일치시키기가 어렵다고 하면서 몇 가지 추가로 서술하였다. 즉, 한국어에서 이른바 간접 화법(oratio obliqua)는 보통 '다, 라'로 끝난 종속적인 명사절 뒤에 전접적인 첨사(enclitic particle) '고'가 접미사처럼 명사절을 끝맺는 동사 뒤에 붙고 마지막으로 '한다'가 붙어 문장이 종결되어 'I say that, he says that' 등의 의미를 나타낸다고 하였다. 이때 '고' 외에 '하고'가 쓰이기도 하고, 이들 첨사만 나타나고 전달 동사로서의 '한다'가 쓰이지 않기도 하는데, 특히 이때의 '고'는 접속의 기능을 지닌 '고'와 구별된다는 점을 강조하였다.

Underwood(1890)에서는 간접 화법(indirect discourse)의 구성에서 전달 동사는 '말(speech)+ᄒᆞ오(to make)'로 형성된 '말ᄒᆞ오'에서 일반적으로 '말'이 떨어지고 'ᄒᆞ오' 단독으로 쓰이는데, 이 'ᄒᆞ오'가 접속사 '고'와 함께 '고 ᄒᆞ오'의 형식을 이루어 전달 내용을 표현하는 동사에 연결되는 것으로 보았다.

그리고 피전달부는 높임과 낮춤의 구별 없이 쓰인다고 하였다.

> (135) ㄱ. 이 약을 먹은 후에 효험이 잇셧다고 ᄒ엿소.
>   ㄴ. 쉬이 오겟다고 ᄒ옵더이다.

위 (135)에서처럼 간접 화법의 피전달부 평서형에서 하대와 존대는 거의 사라지고, 대우의 정도는 'ᄒ오'의 종결형에서만 나타난다는 것이다.

특히 명령형은 피전달부가 '라'로 종결되어 '라고 ᄒ오'가 되는데, 이때 '고'가 생략되어 '라 ᄒ오'가 되거나 '래요'가 되기도 한다고 하였다.

> (136) ㄱ. 이 붓치ᄂ 김 셔방을 주라고 ᄒ오.
>   ㄴ. 화덕에 셕탄을 너흐래오.

2.3. Roth(1936)에서는 한국어에서는 직접 화법과 간접 화법 사이에 어떤 차이가 있는지 알 수 없다고 하면서, 인용과 관련한 것도 간접 화법 (indirekte rede)의 범주에서 서술하였다. 우선 간접 화법을 구성하는 전달부의 형식을 다음과 같이 제시하였다(Roth, 1936:338-339 참조).

> ① 명사에 의해: '말이, 말슴이, 대답이, 생각이'
> ② '기'에 의한 명사적 동사에 대격이 붙어서: '말하기를, 대답하기를'
>   (항상 현재형으로)
> ③ 동사가 '되'가 붙어 현재형으로 활용된 형태: '말하되, 가로되, 묻되'
> ④ 도입부 없이: 주어(원화자)를 특정하지 않고 짧은 문장을 인용할 때
> ⑤ 정동사형으로: 문장 끝에 어미를 동반한다.

그리고 피전달부의 동사는 하등말이 되며, 전달부의 전달동사는 보통 '하다'(hat er gesagt)로 끝난다고 하였다.

> (137) ㄱ. 아버지의 말삼이 내일 오겠다고 하엿소.

ㄴ. 아버지가 말하기를 내일 오겠다고 하였소.

ㄷ. 아버지가 말하되 내일 오겠다고 하였소.

ㄹ. 아버지가 내일 오겠다고 하였소.

(138) ㄱ. 김 선생이 묻기를(묻되) 당신이 연극장에 가실 마음이 있느냐고 하였읍니다.

ㄴ. 김 선생이 묻는 말이 당신이 연극장에 가실 마음이 있느냐고 하였읍니다.

ㄷ. 김 선생이 당신이 연극장에 가실 마음이 있느냐고 물었읍니다.

위에서 피전달부를 보면, (137)은 평서문의 예이고, (138)은 의문문의 예에 해당한다. 그리고 전달동사는 피전달부가 의문문일 경우 '묻다'에 의존하지만 (지식의 의미가 있는) 다른 동사가 사용되기도 한다고 하였다.

보조동사 '일다'의 간접 화법에서는 피전달부의 명사 뒤에 '이라'가 붙으며, 모음 뒤에서는 '이'가 생략되기도 한다고 하였다.

(139) ㄱ. 이 집은 새집이라 하오.

ㄴ. 저의 아버지가 의사라 하오.

ㄷ. 비스말그(Bismark)라 하는 사람이 유명하다.

피전달부가 명령문일 경우, 즉 간접 화법이 명령문을 내포할 때 명령의 하등말 형태 '라'로 나타나며, 피전달부의 주어가 대격으로 실현되기도 한다고 하였다.

(140) ㄱ. 가라고, 받으라고, 알라고

ㄴ. 저 동무에게 책을 받지 말라고 하였소.

(141) 나를 기다리라고 하였습니다.

한편, 권유(exhorativ)의 의미를 표현할 경우에는 하등말의 형태인 '자'로 나타난다고 하였다.

(142) ㄱ. 연극장에 가자고 약속하였소.
　　　ㄴ. 먹자고 하였다.

특히 피전달부의 동사 '주다'의 경우, 다른 사람이 화자 자신에게 주는 것은 '달라고'로 타인에게 주는 것은 '주라고'로 표현된다고 하였다.

(143) ㄱ. 복사더러 칼을 내게 도루 달라고 해라.
　　　ㄴ. 제 동생에게 능금 한쪽을 주라고 해라.

간접 화법의 구성과 관련하여 몇 가지 추가로 주석하였다(Roth, 1936:343 참조). 우선 구어체에서 '하다'는 자신의 말에 좀 더 무게를 두고자 할 때 잉여적으로 쓰이기도 하며, '하다' 대신에 '그래다'로 쓰이기도 한다고 하였다.

(144) ㄱ. 사람이 이 세상에서 복되지 못하다고 하는 말이 옳은 말이요?
　　　ㄴ. 안된단(된다고 하는) 말이요.
　　　ㄷ. 원산으로 가란(가라고 하는) 말이야.
(145) 무엇이라고 그랬나?

그리고 축약형이 널리 쓰인다고 하면서 다음의 예를 제시하였다.

(146) ㄱ. 준다고 한다=준단다, 준다고 하오=준다오, 준다고 합니다=준답니다
　　　ㄴ. 오라고 한다=오란다, 오라고 하오=오라오, 오라고 합니다=오랍니다
　　　ㄷ. 받는다고 합데다=받는답데다,
　　　ㄹ. 사람이라고 하는 것=사람이라는 것=사람이란 것=사람이란

6.7.3. 정리

서양인의 한국어 문법 기술에서 간접 화법은 일부 문헌에서 다루어졌다. 여기서는 간접 화법의 종결형이 '고+(믈)ᄒ다' 형식으로 나타난다는 것과 함

께 피전달부가 경어 표현에서 높임과 낮춤의 구별 없이 쓰이는 점을 서술하였다. 또한 그들의 한국어 학습의 필요에 따라 넓은 의미에서 한국어의 간접 화법에 인용의 형식을 포함하여 서술하였다.

특히 구어체에서 나타나는 축약형에 주목하였는데, 예를 들면 '준단다(준다고 하다)', '받는답데다(받는다고 합데다)', '사람이란(사람이라고 하는 것은)' 등이 이에 해당되는 것이었다.

6.8. 비교

6.8.1. 비교 표현의 해석과 분류

1.1. 형용사 또는 부사는 그것이 표시하는 내용의 정도를 두 가지 이상의 대상에 적용하여 비교하는 표현을 구성하기도 한다. 비교 표현은 형태 변화로 나타나기도 하는데, 이때의 형태 변화는 규칙적인 것과 불규칙적인 것이 있다. 의미적으로 비교는 동등 비교와 부등 비교로 구분할 수 있으며, 부등 비교는 우월 비교와 열등 비교, 점층 비교 등으로 구분되기도 한다(『영어학 사전』, 1990:226-230 참조).

비교에는 세 가지의 급이 있는데, 원급은 비교의 실제적인 뜻을 가지지 않는 원형 그대로의 형태로 나타나고, 비교급은 두 개의 대상을 비교하면서 그 한쪽이 어떠하다고 서술하는 형태이다. 그리고 세 개 이상을 비교할 때 그 중에서 어느 하나만을 취하여 가장 두드러지게 표현하는 형태를 최상급이라 한다. 영어에서는 '-er, -est'나 'more, most'를 원급에 첨가함으로써 비교급이나 최상급을 표현한다.

1.2. 한국어에서는 비교 표현의 어형 변화가 없으며, 비교급은 '보다 더', 최상급은 '가장, 제일' 등의 어휘·통사론적 형태로서 대신한다(『국어국문학

사전』, 1980:287 참조). 서양인의 한국어 문법 기술에서는 자신의 언어를 기준으로 하여 한국어 비교 표현에 대해 서술하였다.

6.8.2. 시기별 분석

2.1. Rosny(1864)에서는 프랑스어에 따라 형용사의 비교급과 최상급에 관해 서술하면서, 비교급은 탈격을 표시하는 접사나 후치사로 형성되고, 최상급은 형용사와 결합하는 여러 첨사('가장' 등)에 의해 형성된다고 하였다.

> (147) 이 슬잔 이 차완이샤 큰대.

위 (147)에서 비교급은 탈격의 후치사 '이샤(isya)로 표현된다는 것이다 (앞의 4.4.3절 3.1항 참조).

2.2. Dallet(1874)에서는 형용사를 독립 품사로 설정하지 않았지만, 자동사로 분류되는 이른바 품질형용사의 비교급은 '더, 덜'이나 동사적 후치사 '보다'로,[56] 상대 최상급은 '즁에'로 표현되며, 절대 최상급은 '지극히, 온전히' 등으로 표현된다고 하였다.[57]

> (148) ㄱ. 더 높다.

---

56 여기서 '보다'는 오늘날의 비교를 나타내는 조사인데, 동사성을 띤 후치사로 처리한 것이다(앞의 4.4.3절 3.2항 참조).

57 최상급에서 절대 최상급은 상대적인 우월을 나타내는 것이 아니라 그 정도가 매우 높다는 것을 나타내는 경우를 말하는데, 영어에서는 일반적으로 정관사 the가 최상급 앞에 쓰이지 않는다고 한다. 그리고 상대 최상급은 'most'에 강세가 오지만 절대 최상급은 형용사에 강세가 주어진다고 한다(『영어학사전』, 1990:230 참조).

  (1) ㄱ. This girl is the most beautiful. (상대 최상급)
   ㄴ. This girl is most beautiful. (=very, 절대 최상급)

ㄴ. 덜 불근 것
　(149) ㄱ. 이 사룸이 나보다 크다.
　　　ㄴ. 해 별보다 더 높다.
　(150) ㄱ. 모든 사룸 즁에 크다.
　　　ㄴ. 지극히 높다.

위에서 (148, 149)는 비교급의 표현이고 (150)은 최상급에 해당하는데, (150-ㄱ)은 상대 최상급, (150-ㄴ)은 절대 최상급으로 구분된다.

Ridel(1881)에서는 형용사의 비교 표현과 관련하여 비교급(comparatif)과 최상급(superlatif)으로 구분하여 기술하였다. 우선 비교급의 경우, 우월과 열등의 구분 없이 이들 모두에서 형용사의 형태가 변화하지 않고 전치사(후치사) '보다' 또는 '보덤'을 붙여 구성된다고 하였다.

　(151) ㄱ. 이 나무가 뎌 나무보다 크다.
　　　ㄴ. 이거시 뎌것보덤 젹다.

그리고 우월과 열등은 부사 '더' 또는 '덜'로 구분될 수 있으며, 회화체에서는 '보다' 대신 '에셔'가 쓰이기도 하고, 비교의 정도가 특별한 동사 '낫다, 만ᄒ다, 만못ᄒ다' 등으로 표현되기도 한다고 하였다.

　(152) ㄱ. 이 산 그 산보덤 더 놉다.
　　　ㄴ. 더 됴타 / 덜 됴타
　(153) ㄱ. 죽기가 죄범ᄒ기에셔 낫다.
　　　ㄴ. 둘지거시 쳣것만못ᄒ다.

최상급의 경우, 부사 '미우, ᄀ장, 금즉히, 지극히, 온젼이, ᄀ득히, 쟝히' 등으로 표현되는데, 때로는 단어의 반복으로 표현되기도 한다고 하였다.

　(154) ㄱ. 이 산 지극히 놉다.

ㄴ. 이 길이 쟝히 길다.
(155) 됴코됴타, 지극히 돌고돈 맛

그리고 상대 최상급은 '즁에, 뎨일' 등으로 표현되는 것으로 서술하였다.

(156) ㄱ. 모든 산 즁에 유명ᄒ다.
ㄴ. 열두 비 즁에 이 비 더 크다.
(157) ㄱ. 뎨일 됴흔, 뎨일 요긴ᄒ 것
ㄴ. 실과 즁에 감 뎨일 됴타.

2.3. Scott(1887)에서는 형용사의 비교 표현에 대해 언급하였는데, 우선
비교급(comparative)의 경우는 다음의 세 가지를 제시하였다.

(158) ㄱ. 이 산이 그 산 보덤 놉다.
ㄴ. 이 거시 그 것 보다 크다.
(159) ㄱ. 이 사ᄅᆷ 그 사ᄅᆷ 만ᄒ다.
ㄴ. 이 돈이 저 돈 만 못ᄒ다.
(160) ㄱ. 이 계집 더 묘ᄒ다.
ㄴ. 이 일이 덜 되엿소.

위에서 (158)은 '보다, 보담/보덤'이 형용사 앞에 온 것이고, (159)는 '만
ᄒ다'/'만 못ᄒ다'에 의해 형성된 것이며, (160)은 '더'와 '덜'에 의해 표현된
것이다.

최상급(superlative)은 다음과 같이 'ᄆᆡ우, ᄀᆞ장, 심히, 과히' 등이 형용사
앞에 온다고 하였다.

(161) ㄱ. 이 맛 ᄆᆡ우 됴타.
ㄴ. 모긔 ᄀᆞ장 만타.
ㄷ. 이 길 과히 멀다.

근대 시기 서양인의 한국어 문법 연구

재판인 Scott(1893)에서는 비교급에 '보다' 또는 '보덤', '더'와 '덜' 외에 '도록' 또는 '토록'과 '스록'이 추가되었으며, 최상급에는 '미우'와 'ㄱ장', '과히' 외에 추가적으로 '아주, 넘우, 넘어' 등의 부사와 함께 중국어 서수사 '뎨일'(第一)이 널리 사용된다고 하였다.

2.4. Underwood(1890)에서는 한국어에서 형용사의 비교는 의미상 애매하지 않으면 생략되는 편이어서 그리 널리 나타나는 현상은 아니라고 하였는데, 형태와 용법에 대한 해석은 Ridel(1881)과 크게 다르지 않다. 우선 비교급은 형용사 앞에 부사 '더'를 써서 표현하며 형용사의 형태 변화는 없다고 하였다.

> (162) ㄱ. 오늘 산 궤가 더 됴소.
> ㄴ. 이 사룸이 더 늙엇소.

그런데 두 개를 비교하여 이들을 모두 언급할 경우에는 정도가 덜한 명사 뒤에 '보다'(문어에서는 '보덤')을 붙이며, 형용사 앞에 '더'를 붙인다고 하였다.[58] 그리고 때로는 '보다(보덤)' 대신에 '에셔'로 나타나기도 한다고 하였다.

> (163) ㄱ. 이 칙보다 그 칙이 됴소.
> ㄴ. 돌빗보다 히빗치 묽소.
> (164) ㄱ. 이 먹이 뎌 먹에셔 검소.
> ㄴ. 그 물에셔 이 물이 쏠니 가오.

위에서 두 개를 비교할 때는 (163)처럼 '보다'(구어체에서는 '보덤')가 쓰이는데 '보다'와 '더'가 함께 쓰일 수 있으나 '더'가 보통 나타나지 않으며, 때로

---

58 그러나 이것은 일반적으로 특별히 강조하려 하지 않을 경우에는 나타나지 않는 것으로 보았다.

는 (164)처럼 '에셔'가 나타난다고 하였다.

최상급은 '뎨일'(the first)을 형용사 앞에 써서 표현하는데, 비교급과 마찬가지로 형용사의 형태 변화는 없다고 하였다.

> (165) ㄱ. 이 붓시 여럿 즁에 뎨일 됴소.
> ㄴ. 이 사룸이 뎨일 크오.

그러나 한국어에서 비교급이나 최상급은 인구어와는 달리 형용사의 형태 변화가 없으며, 실제로 이들이 구별되어 널리 쓰이지 않는다는 점을 강조하였다. 이러한 현상은 부사에서도 일부 나타나는데, 부사의 비교 표현과 관련하여 다음의 예를 제시하였다(Underwood, 1890:196 참조).

> (166) ㄱ. 집은 더 잘 지오.
> ㄴ. 내 몰이 로형의 몰보다 더 급히 가오.
> ㄷ. 죠션보다 일본셔 비가 자조 오오.

2.5. Roth(1936)에서는 비교급과 최상급을 나누어 기술하였다. 비교급은 '더'가 형용사나 부사, 동사 앞에 와서 형성되며, 명사 뒤에 '보다'가 붙어 비교 대상을 표시하는 것으로 보았다.

> (167) ㄱ. 이 집은 저 집보다 (더) 크오.
> ㄴ. 이 죵이는 눈보다도 더 흽니다.

열등 비교는 '더' 대신에 '덜'이 오거나 '만 못하다' 또는 '못'에 의해 형성되는 것으로 보았다.

> (168) ㄱ. 맥주는 포도주보다 덜 좋소.
> ㄴ. 맥주는 포도주만 못하다.

ㄷ. 맥주는 포도주보다 좋지 못하오.

그리고 때로는 '이상, 이하, 이내, 불과' 등으로 비교의 뜻이 실현되기도 한다고 하였다.

(169) ㄱ. 십 년 이상이 되었소.
　　　ㄴ. 십오 세 이하 되는 아해가
　　　ㄷ. 두 시간 이내에 도착하겠소.
　　　ㄹ. 불과 삼 년이오.

그리고 최상급은 '제일'로 실현되는데, 여기에는 '매우, 대단히, 가장, 지극히, 썩, 퍽, 훨씬 무척, 하도' 등과 같이 정도를 나타내는 부사들이 관련된다고 하였다.

(170) 이는 가장 좋은 물건이올시다.

6.8.3. 정리

서양인의 한국어 문법 기술에서 비교 표현은 그들 언어의 관점에 따라 초기부터 주목을 받았다. 이것은 원급과 비교급, 최상급으로 나누어 접근하는 것이면서도, 그들 언어의 표현과 대응되는 한국어 형태들에 주목하면서 비교적 상세히 서술하였다. 그리하여 그 형태로는 비교급으로 '보다 더/덜', 최상급은 상대적인 것('중에')과 절대적인 것('뎨일, 지극히, 가장' 등)으로 구분하여 제시하기도 하였다.

그러나 한국어에서는 비교급이나 최상급이 인구어에서처럼 형용사의 변화가 없으며, 실제로 이들이 널리 쓰이지도 않는 것으로 보았다.

7. 수용과 발전

근대 시기 들어 당시 한국 사회의 주요 과제였던 언문일치의 실현을 위해 한국어/국어의 문법적 원리와 이치에 대한 이해가 요구되었다.[1] 이러한 당시의 상황을 반영하여 내국인들의 모어에 대한 관심이 높아지고, 내국인에 의한 국어의 내적 구조에 대한 기술이 이루어지기 시작하였다. 그리하여 내국인들은 직접 또는 간접의 다양한 접촉을 통해 인구어 문법의 이론과 방법을 수용하고 모어 화자로서의 직관을 활용하여 본질적인 원리를 중심으로 국어 문법을 체계적으로 기술하고자 하였다.

이 장에서는 20세기 초 내국인에 의한 국어 전통문법의 형성에서 주목되는 몇몇 문헌을 중심으로 그 체제와 내용을 살피고, 이들에서 나타나는 서양인들의 앞선 업적과의 관련 양상을 국어 문법 연구의 발전적 관점에서 서술한다.[2]

---

1 '한국어'와 '국어'는 동일한 대상을 지시하지만, 전자가 대외적이라면 후자는 대내적인 의미를 지닌다는 점에서 차이가 있다. 여기서 내국인들의 모어로서의 문법 연구를 다룰 때는 '국어'라 부르기로 한다.

2 당시 내국인의 국어 문법은 용어나 체계 등에서 문헌에 따라 많은 차이가 있다. 이 장에서는 앞에서 다룬 서양인의 한국어 문법을 분석한 방식에 따라 내국인에 의해 기술된 국어 문법의 내용을 품사와 문법범주를 기준으로 묶어 서술한다. 그리고 7.5절에서는 전반적인 내용을 요약하여 정리하고, 당시 서양인의 한국어 문법과 내국인의 국어 문법이 지닌 특징을 거시적 관점에서 비교하면서 이들이 지닌 한국어/국어 문법 연구사적 가치를 평가한다.

7.1. 전통문법의 형성

7.1.1. 국어 의식과 문법 기술

1.1. 19세기 후반에 들면서 한국에서는 전통의 바탕 위에 외래적인 요소들을 주체적으로 받아들여 새로운 현대적인 틀을 모색하려고 하였다(신용하, 2000; 김재현, 2000 참조). 이에 따라 국어와 국문에 대한 인식을 새롭게 하였으며 나아가 실생활에서의 언문일치운동으로 이어졌다.[3] 이것은 당시 학교의 설립과 국어 교육의 강화, 국문에 의한 새 교과서 편찬, 신문 간행, 잡지 발간, 학회 활동 등과 관련되며, 이와 함께 1894년 '總以國文爲本 漢文附譯 或混用國漢文'을 내용으로 하는 公文式이 공표되었다.[4]

그러나 당시의 상황은 기대에 미치지 못하였는데, 이와 관련한 초기 글을 보면 다음과 같다(하동호 편, 1985 참조).

"우리 나라 사룸은 말을 ᄒ되 분명이 긔록ᄒᆞᆯ슈 없고 국문이 잇스되 면일 ᄒ게 힝 ᄒ지 못 ᄒ야 귀즁 흔줄을 모르니 가히 탄식 ᄒ리로다" -지석영(1896)-

즉, 문자는 있으나 표기 규범이 마련되지 않아 통일되게 사용하지 못함을 안타까워한 것이다.

언문일치의 실현을 위해서는 표기 규범의 확립이 전제되어야 했고, 또 그

---

3   남기심(1977)에서는 당시 언문일치의 필요성을 다음과 같이 서술하였다.
   "개화에 따른 사회활동의 증가로 언어·문자의 기능 부담이 급격히 늘어났으며, 종래의 한문은 언문불일치의 성격으로 말미암아 이를 감당할 수 없었다. 이에 따라 일문일치에 따르는 문자생활의 새로운 질서가 요구되었다."

4   이와 관련하여 다음의 김형주(1997;22)를 참고할 수 있다.
   "갑오경장이 한국문화의 근대화에 끼친 영향이 적지 않다고 하겠거니와 이를 계기로 해서 우리말 연구도 새로운 방향에서 모색되기 시작했다. 그러므로 중세와 근대 사이에 그 연구의 경향에서 볼 때 하나의 뚜렷한 금을 긋기에 이르렀다. 이 시기의 초기는 민족적 자각에서 일어난 국어 운동이 중심이 되고, 이 국어 운동에 곁들여 문법의 연구가 중요한 관심사가 되었으며, 연구의 방법은 서구 문법/일본 문법의 모방에서부터 출발하였다."

것을 위해서는 국어 문법에 대한 합리적인 이해가 요구되었다. 이러한 경향은 당시의 많은 논설에서 부각되었는데(쥬샹호, 1897ㄱ; 이능화, 1906; 주시경, 1907ㄱ,ㄴ; 신채호, 1908; 참조), 다음 인용한 글에서 그 편린을 엿볼 수 있다(하동호 편, 1985 참조).

> "이째 ᄭᆞ지 죠선 안에 말의 법식을 아는 사람도 업고 또 죠선 말의 법식을 비으는 칙도 ᄆᆞᆫ들지 아니 ᄒᆞ엿스니 엇지 붓그럽지 아니 ᄒᆞ리요 ...... 문법을 몰으고 글을 보던지 짓는 것은 글의 뜻은 몰으고 입으로 닑기만 ᄒᆞᄂᆞᆫ 것과 꼭 ᄀᆞᆺᄒᆞᆫ지라 ...... 죠선 말노 문법 칙을 정밀 ᄒᆞ게 ᄆᆞᆫ드어셔 남녀 간에 글을 볼 째에도 그 글의 ᄯᅳᆺ을 분명이 알아 보고 글을 지을 째에도 법식에 ᄆᆞᆺ고 남이 알아 보기에 쉽고 문리와 경계가 붉게 짓도록 글ㅇ쳐야 ᄒᆞ겟고 ...... " -쥬샹호(1897ㄴ)-

> "漢文은 漢文文法이 有ᄒᆞ며 英文은 英文文法이 有ᄒᆞ고 其他俄法德伊等文이 莫不其文法이 自有ᄒᆞ니 目今 世界現行各文에 엇지 無法의 文이 是有ᄒᆞ리오마는 然이나 今韓國의 國漢字交用文은 尙且其法이 無ᄒᆞ도다 ...... 故로 今日에 文法統一이 卽亦一大急務라 此를 統一ᄒᆞ여야 學生의 情神을 統一ᄒᆞ며 國民의 智識을 普啓ᄒᆞᆯ지어늘 ...... " -신채호(1908)-

그리하여 이 시기 내국인의 국어 연구는 전통적인 문자·음운 중심에서 문법으로 관심 분야가 옮겨지고, 국어 생활을 영위하는 데 기본이 되는 규칙을 정립하고자 하였다(이기문, 2000; 이상혁, 2000; 이병근, 2003; 조태린, 2009; 서민정, 2009; 최경봉, 2010 참조). 이에 따라 언어 연구에 대한 외래적인 방법론을 수용하여 국어의 문법적 원리를 기술하는 데 적용하고자 함으로써, 규범적인 전통문법의 시대를 이루게 되었다.[5] 그리고 이 시기의 국어 연구는 민족주의와 관념론에 기반을 두면서 분석학 또는 논리학을 학문적 배경으로 하는 과학적인 방식을 지향하였으며, 그 결과 어문민족주의적 경향을 띠

---

5 권재선(1988:79)에서는 외래 문법을 수용한 초기의 국어 문법과 음운론을 개화어학(開化語學)이라고 하였다.

었다(김석득, 1972; 고영근, 2010:11-19 참조).

1.2. 당시의 상황에서 이봉운의 『국문졍리(國文正理)』(1897)가 간행되었는데, 여기서는 학술적 가치를 지니지는 못하였으나 국어 문법에 대한 초보적인 관찰이 있었다. 우선 이 책의 '셔문'을 보면 다음과 같이 집필 동기가 표현되어 있다.[6]

> "...... 또 태서 각국 사람과 일 쳥 사름들이 죠션에오면 위션 션싱을 구ᄒ여 국문을 비호기로 반졀리치를 무르면 대답지 못ᄒ즉 각국 사름들이 말 ᄒ되 너희 나라 말이 쟝단이 잇시니 언문에도 그 구별이 잇셔야 올흘거신디 글과 말이 굿지 못ᄒ니 가히 우습도다ᄒ고 멸시ᄒ니 그러ᄒ 슈치가 어디 잇시리오 외국 사름의 션싱 노릇ᄒ는 사름문 슈치가 아니오 젼국이 다 슈치가 되니 그러ᄒ 슈치 볏는거시 통분ᄒ고 ......"

저자는 당시 국어와 국문의 혼동 상황에 대한 외국인의 멸시에 수치를 느끼고 글을 쓰게 되었다는 것이다.

특히 여기서는 어토명목(語吐名目)이라 하여, 주로 문법적 기능을 실현하는 형태에 해당하는 것들을 기능이나 의미에 따라 21개 항목으로 분류하여 예시하였다. 이것을 정리하면 다음과 같다.

과거(過去): 'ᄒ엿슴네다, ᄒ엿소, ᄒ엿다'	문ᄉ(文辭): 'ᄒ라, 지라, 이로, 로다'
미리(未來): 'ᄒ겟슴네다, ᄒ겟소, ᄒ겟다'	상디(相對): '오, 요, 며, 고'
현지(現在): 'ᄒ옴네다, ᄒ오, ᄒ다'	의아(疑訝): 'ᄒ여도, ᄒ지, 홀뜻ᄒ나'

6　이봉운의 가계와 활동 등에 대해 별로 알려진 바가 없다. 다만 그의 저서 『국문졍리』(1897)을 통해 보면 그는 일본어와 중국어에 상당한 조예가 있었고 외국인들과도 교유 관계가 있었던 것을 엿볼 수 있다. 그런 가운데 그는 민족적 긍지보다는 열등의식에서 통분을 느꼈고 민족적 자각과 국어국문 존숭의 열정을 가지게 되었다(유예근, 1970; 김민수, 1980:109-110 참조).

명령(命令): '흡시오, ᄒ오, ᄒ여라'	연고(緣故): '고로, 으로, 로, ᄒ니ᄭ'
금지(禁止): '맙시오, 마오, 말라'	ᄌ위(自謂): 'ᄒ나, ᄒ지, 홀너라'
반ᄉ(反辭): '아니ᄀ겟슴녯가, 아니ᄀ겠쇼'	반말(半辭): 'ᄒ나, ᄒ지, 홀너라'
동ᄉ(動辭): '흡시다, ᄒ세, ᄒ자'	한명(限定): 'ᄭ지, 모큼, 쯤, 얼마'
어죠(語助): '대개, 가령, 대뎌, 므릇'	문ᄉ(問辭): '녯ᄀ, 느냐, 뎃ᄀ, 더냐'
범위(範圍): '능히, 멈복, 힝위, 부득불'	답ᄉ(答辭): '네다, ᄒ오, ᄒ다, 데다'
련ᄉ(聯辭): 'ᄒ고, ᄒ야, ᄒ며, ᄒ니'	형용(形容): '모양, 형상, 양ᄌ, 태도, 즛'
찬양(讚揚): '혜여, 로다, 여, 이여'	

명목 법의 붓는말을 다ᄒ려ᄒ면 한량이없기로 대강 투에 리치를 내여 짐작ᄒ게ᄒ오 니 쳔만말에 규법을 가량ᄒ여 보면 이쇽에 다잇ᄉ옵.

이것은 의미에 따라 문장의 어투(語套)를 정하고 거기에 해당하는 말을 열거한 것으로 이해되며, 조사나 용언의 활용 어미 등과 같은 문법 형태 외에도 명사나 부사 등의 어휘 형태도 포함되어 있다(유예근, 1970 참조).

그런데 그 내용에서 보면, 당시 서양인들의 한국어 문법 기술에 비해 시제나 서법, 접속, 부사 등에 국한되었으며, 그러한 문법의 기능이나 의미의 분류 방법이 과학적이라 하기도 어렵다. 그러나 이봉운(1897)은 국어 자체의 언어 사실을 직접 대상으로 하여 정리를 시도하였다는 점에서 의미를 지니며,[7] 전통적인 문자 · 음운학적 관심을 문법으로 전환하는 시발점에 된다는 점에서 근대 시기 국어 연구의 역사에 대한 논의에서 중요한 위치를 차지하는 것으로 평가된다(김윤경, 1938:245-261; 강복수, 1972:28; 이응호, 1975:72-88; 김민수, 1987:197-211; 김형주, 1997:202-210 참조).

---

7   최현배(1940:414)에서는 이봉운(1897)이 '한글 부흥과 한글 정리를 뜻하고 나온 최초의 지음'이라고 하였다.

7.1.2. 문헌과 활동

2.1. 내국인에 의한 국어 문법의 기술은 19세기 말에 시작되었으나, 결과물의 간행은 대부분 20세기 초에 이루어졌다.[8] 이들은 국어의 전통문법을 형성하는 기반이 되었는데, 이와 관련되는 자료를 보면 다음과 같다.

유길준: 『朝鮮文典』(1904?, 필사본), 『朝鮮文典』(1906, 유인본), 『大韓文典』
　　　　(1909)

최광옥: 『大韓文典』(1908)

김규식: 『大韓文法』(1908, 유인본), 『朝鮮文法』(1912, 유인본)

김희상: 『初等國語語典』(1909), 『朝鮮語典』(1911), 『울이글틀』(1927)

남궁억: 『조선 문법』(1913, 필사본)

안확: 『朝鮮文法』(1917), 『修正 朝鮮文法』(1923)

주시경: 『國文文法』(1905, 필사본), 『대한국어문법』(1906, 유인본), 『말』(1908?ㄱ,
　　　　필사본), 『國語文典音學』(1908ㄴ), 『國語文法』(1910), 『말의 소리』(1914)

위에서 주요한 것은 유길준(1904?, 1909)와 김규식(1908), 김희상(1911), 남궁억(1913), 주시경(1905, 1910, 1914) 등이다. 그런데 서양인의 한국어 문법 기술과의 관련에서 보면, 좀 늦은 시기에 나타나기는 하였으나 안확(1017, 1923)과 김희상(1927)도 검토의 대상이 될 수 있다.[9]

당시 지식인들은 서양인들과 교류하면서 영어에 접하게 되었으며, 영어 문법을 학습하면서 영어와 한국어의 차이를 인식하고, 문법 기술의 이론과

8　이 시기는 권재선(1988:126)에서 논의하는 바에 따르면, 1890년대에서 1905년까지 유길준과 주시경의 초기 문법 기술들과 아울러, 1905년부터 1915년까지의 이른바 신문법학 시대를 포함한다.

9　이들 자료 대부분은 김민수 외 편(1977-1986)에 실려 있는데, 안확의 『조선문법』(1917)은 정승철 외(2015)에 실린 자료를 근거로 분석한다. 그리고 당시 내국인에 의해 기술된 영어 문법서로서 이기룡(1911)과 윤치호(1911) 등도 검토 대상에 포함된다.

방법을 수용하여 한국어에 맞게 재해석하여 실용적인 관점에서 국어 문법을 체계적으로 기술하고자 하였다(고영근, 2001 참조). 따라서 당시 내국인들의 국어 문법에는 앞서 성립된 서양인들의 한국어 문법에 대한 관찰과 기술이 어떤 방식으로든 반영되었던 것이다(서민정, 2010 참조).[10]

2.2. 당시 내국인들의 국어 문법이 서양인들의 한국어 문법 기술에서 어떠한 영향을 받았는가 하는 것은 당시의 학문적 경향에 비추어 구체적인 기록으로 찾아내기가 쉽지 않다. 따라서 이것은 당시 내국인 연구자들의 활동이나 문법서에서 행간에 들어 있는 내면적 의미를 천착함으로써 이해할 수밖에 없다.

우선 최광옥(1908)에는 이상재(李商在)의 '序'에 다음의 기록이 있다.[11]

"倣泰西例迺成一書ᄒ야 名之曰 大韓文典이라 ᄒ고 ...... "

위에서는 태서(泰西), 즉 인구어 문법의 예를 모방하여 책을 지었다는 것이다.

유길준(1904?)는 영어 문법을 수용한 일본어 문법을 이론적 바탕으로 한 것으로 평가되는데, 여기의 '서(序)'에 다음과 같이 기록되어 있다.[12]

---

10 이에 대해 권재선(1988)에서는 서양인이나 일본인들의 문법 기술을 번안(飜案)한 것이라 하기도 하였다.

11 최광옥(1879-1911)은 일본에서 유학한 뒤, 의주 양실학교와 평양 대성학교 교장을 역임하였으며, 교육을 통한 애국계몽운동에 참여하였다(김민수, 1957; 최이권, 1977; 이기문, 2000 참조).

12 유길준(1856-1914)은 『서유견문』(1895)를 냈는데, 이것은 국한문혼용체로 서술되었으며, 서양의 근대 문명을 국내에 본격적으로 소개하면서 한국의 실정에 맞는 자주적인 개화를 주장하였다. 그리고 1881년 일본과 미국에 유학을 하였으며, 1896-1907년 사이 일본에서 망명생활을 하였는데, 이 기간 중에 국어 문법을 완성한 것으로 추정된다

근대 시기 서양인의 한국어 문법 연구

"　…… 彼英法諸國의 語도 厥初는 皆他國의 文言과 混化혼 者로디 各其文典의 採用혼바 되야 今日의 純然혼一 體를 成홈이라 故로 我國의 言語도 已往은 漢文뿐과 相錯ᄒ얏시나 今後는 天下列國의 交通을 隨ᄒ야 自然 其混合言文이 益多홀진則 文典의 成立이 有홀진디 其採用이 亦何妨ᄒ리오"

이것은 영어나 프랑스어가 다른 나라의 언어와 혼합하여 이루어졌듯이 한국어도 한문과 그 밖의 여러 나라의 언어와 혼합되었으나, 그 자체로 문전(文典)이 성립될 수 있다는 것이다. 또한 유길준(1909)의 '緒言'에는 다음의 기록이 있다.

"本著者가 國語文典의 硏究로 三十星霜을 經ᄒ야 稿를 易홈이 凡八次에 此書가 始成ᄒ니 …… 中間 第四次稿本이 世間에 誤落ᄒ야 愛書家의 印佈홈이 再版에 至ᄒ나 ……"

즉, 유길준은 30년 동안 한국어 문법을 연구하면서 8차에 걸친 원고 교정을 통해 이 책이 이루어졌으며, 그 제4차 원고본이 세간에 잘못 흘러 재판에 이르렀다는 것이다.[13]

한편, 유길준 문법은 다음과 같이 평가되기도 한다(이기문, 2000:251-253 참조).

"유길준이 처음 국어 문법의 초고를 쓴 것은 1881년 일본에 유학 갔을 무렵이라고 한다(『대한문전』, 1909 서문). 그는 당시 일본에서 간행된 일본어 문법을 모델로 하였다. 『대한문전』(1909)는 일본어 문법의 모방 단계를 대표하는 것이다. 그러나 유길준의 문법은 그 뒤의 문법가들에게 이렇다 할 영향을 주지 못했다. 그의 문법은 주시경의 그것에 압도당하고 만 것이다."

(김민수, 1957; 이기문, 2000; 장윤희 외, 2000; 오오이 히데야키, 2017:41 참조).

13 최광옥(1908)은 바로 이 유길준의 '中間第四次稿本'을 출판한 것이라는 견해도 있다(김민수, 1957; 최이권, 1977 참조).

특히 위에서는 유길준 문법이 당시 일본어 문법에 기대었음을 서술하고 있다.

2.3. 김규식(1908)은 체언과 용언의 형태 변화(곡용, 활용) 현상을 이른바 변사법(變詞法)과 관련하여 상세히 서술하였으며,[14] 영어 문법을 바탕으로 함으로써 서양 문법적 관점이 두드러지는 것이 특징이다(김민수, 1977ㄴ; 고영근 1983:37 참조). 또한 김규식(1908)은 서문처럼 서술된 '國語歷代'에서 보면, 계통론적 관점에서 한국어를 투라니아어계의 하나로 설정하고, 그를 바탕으로 문법적 특징을 기술하고자 하였음이 나타난다.[15]

   "大韓語롤 他國語와 比考컨디 투라니아 言語中 滿洲語와 近似ᄒ고 印度 南部 言語와 近理흔 句段이 最多ᄒ며 語法으로 論컨디 日本語法과 幾爲同一ᄒ다 홀 슈 잇ᄉ니 此ᄂ 無他라 此等諸語가 原來 투라니아 人種의 言語인 緣由요 漢文과 比較ᄒ즉 原語만 漢文과 大相不同홀 쑨만 아니라 語法에도 互相 近似흔 句節이 都無ᄒ다 홀 슈 잇ᄂ니라"

이와 관련하여 김규식은 '韓語論(The Korean Language)'에서 인구어 문법과의 비교를 통해 국어 문법 체계를 약술하고 그 특징을 설명하기도 하였

---

14 김규식(1881-1950)은 미국 북장로교 선교사 언더우드(Underwood)의 보호를 받으며 성장하였으며, 미국에 유학하였고, 귀국 후 1910년대에는 YMCA학교 교사, 경신학교 학감, 연희전문학교 강사 등을 역임하였다(김정식, 1974; 김영욱, 2001; 최경봉, 2004; 최낙복, 2009:341; 장희견, 2016 참조).

15 김규식(1908)에서는 '투라니아'를 '亞細亞 諸邦의 土語'로 '土耳其와 滿洲, 蒙古, 日本, 東南印度, 濠洲와 그 近方'을 포함하는 것으로 해석하였다. 한편, 투라니아는 서양인의 한국어 문법 기술에서는 Ross(1878)에서 'Turanian'으로 언급되기도 하였는데, 프랑스어에 기반한 Rosny(1864)와 Dallet(1874), Ridel(1881)에서는 타타르어(Tartar)와의 관련을 강조하였다(앞의 3.4.1항 1.1-2항 참조).

다.[16] 이것을 일부 옮기면 다음과 같다(김민수, 1981 참조).

" ...... 라틴語나 희랍어보다 더 종합적이므로, 韓語는 接頭辭나 接尾辭가 아주 적다는 것은 짐작할 수 있다. 동사, 명사, 대명사, 형용사, 부사, 전치사, 접속사는 전부 어미로 혹은 어미에 의하여 변화한다. 동사는 라틴어처럼 활용하며, 그 어미에 의하여 서법과 시칭의 차이를 보인다, 그러나 인칭과 수는 동사 그 자체로 표시되지 않고 수반하는 대명사나 명사의 어미로 표시된다. 명사나 대명사의 변화는 라틴어처럼 6격을 갖고 있다. 형용사나 부사의 비교급은 접두사로 형성되는데, 같은 어근에 붙이는 접미사로 구별할 수 있다. 이 언어에 전치사는 없으나, 그 관계는 어미로써만 표시된다. 접속사는 그 자체가 다른 단어나 절에 덧붙는 외에 접미사를 갖고 있다."

이러한 관찰을 통하여 인구어 문법의 단순 수용이 아닌 한국어에 부합하도록 재구성하고자 하였다.

2.4. 김희상은 생몰 연대가 불분명한데, 김희상(1909)는 영어 문법의 번역을 토대로 구성한 소학교 교재였으며, 이 책을 개편하여 중등 정도로 수준을 높인 참고서 겸 교과서로 김희상(1911)을 펴냈다. 김희상(1911)의 '自序'에는 다음의 기록이 있다.

" ...... 凡意思之發表在於言語 言語之發表在於語法 故語法精一則言之也易 言之也易則意思之表示也亦易......"

즉, 언어는 의사를 표현하는 것이고 언어의 표현은 어법(語法)에 존재하므로, 어법이 하나로 정제되어야만 말하기가 쉽고 말하기가 쉬우면 의사의

---

16 이것은 김규식이 미국 유학 중에 재학했던 대학의 잡지 『Roanoke Colligian』(1900년 5월)에 실린 것으로, 다른 언어를 인용하면서 한국어를 소개한 글이다(김정식, 1974;25 참조).

표시도 또한 쉽다는 것인데, 이것이 이 책을 쓰게 된 동기라 할 수 있다.

그리고 김희상이 개성의 호수돈여학교에서 교편 생활을 하며 이 책을 수정하여 출간한 김희상(1927)의 '自序'에 다음과 같이 기록되어 있다.

" ...... 光武五年 夏期放學의 休假를 利用하야 前日에 배온 바 英語文法을 復習하기 爲하야 그것의 全部를 울이 말로 飜譯하야 보았다. 그 飜譯이 다 맞치어 진 뒤에 그 飜譯한 것을 열어 번 읽어보다가 울이 말에도 이러한 것이 있었으면 하는 늣김이 스스로 일어나았다. ...... 한 낫 英語文法飜本을 가지고 울이 말 文法을 만들기에 基礎를 삼고자 한 것은 實로 蒼々하고 果然 漠々한 일이었다. ......"

즉, 光武 五年(1901년) 영어 문법을 번역하는 과정에서 국어 문법의 필요성을 느끼고 그 번역본을 기초로 국어 문법을 서술하고자 하였다는 것으로, 영어 문법의 영향이 직접적이었음을 보여 준다.

남궁억(1913)은 라틴 문법의 전통을 이은 영어 문법을 바탕으로 하여 한국어 문법을 간결하게 서술한 것이다.[17] 특히 이 책은 순한글로 되어 있는데, 이에 대해 '범례'에서 다음과 같이 진술하였다.

"대저 조선 문법은 조선 글로 조선 말을 기록한것이라, 무삼 설명함에던지 법례를 베풀 때에 다 조선 글로 긔록함이 맛당하거늘 근래 조선 문전이나 어전을 지은 자가 흔이 한문을 석거 썼으니, 이는 근본을 니져바린 루습이라 할만한지라, 그러므로 이 조선 문법은 순전히 조선 글로 써서 세속의 그릇됨을 바로잡고져 하노라."

안확(1917)은 서두 '著述要旨'에서 문법을 비롯한 언어학 연구의 관점을 다

---

17 남궁억(1863-1939)은 관립 영어학교인 동문학(同文學)에서 영어를 배웠으며, 조선 말에 최초의 영어통역관이 되어 고종의 통역을 맡았다. 배화학당 교사와 상동청년학원 원장으로 있었으며, 배화학당 교사 재직 시기에 남궁억(1913)을 저술하였다(김민수, 1980:222; 송미영, 2018 참조).

음과 같이 진술하였다.[18]

"智識과 眞理는 天下의 共有物이라 …… 卽 朝鮮의 特色을 表示한다하야 非眞理 非原則의 事를 附會함이만흔지라 本書는 彼等 曲見詭說을 排하고 文法學 音聲學 文字學 또는 言語學 等의 原理原則을 取하며 …… "

"文法의 種類는 여러 가지나 本書는 特히 敍述的 實用的(Descriptive. Practical.) 의 体로 편찬함 …… 文法은 法律編纂과 기타 規則을 制定함이 안이오 自然的으로 發達된 法則을 情密히 調査하야 標準을 立함이 目的이라 …… "

즉, 이것은 보편성 원리로서의 문법 이론을 바탕으로 하여 한국어의 특 수성으로부터 법칙을 추출하려는 태도를 강조했던 것으로 평가된다(양근용, 2010:46; 정승철, 2013 참조). 그리고 실용적이며 실증적인 관점에서 문법을 기술하고자 하였음이 나타나기도 한다.[19]

2.5. 주시경은 1893년 배재학당 교사 박세양과 정인덕을 찾아가 야학에 서 개인지도를 받았는데,[20] 같은 해 7월 7일자 일기에는 다음과 같이 문법 연

---

18 안확(1881-1946)은 당시 문명개화론을 수용하면서도 우리 민족의 장점을 찾아 민족 스 스로의 역량을 키워야 하며 이를 통해 개화와 선진 문명으로의 성취를 이룩해야 한다 고 주장하였다. 그리하여 주시경과는 다른 관점에서 언어 연구에서의 '원리원칙'을 강 조하면서 서양어학이나 일본어학을 적극적으로 수용하고자 하였다(권재선, 1988:295- 301 참조).

19 한편, 안확(1923:1)에서는 그 당시 많은 지지를 받고 있었던 주시경 계열의 문법 이론 과는 다른 새로운 체계를 정립하려는 의도가 드러나기도 한다.
　"近來 或者는 天下의 公認하는 原理를 舍하고 僻論曲唱에흐르나니 卽 朝鮮의 特色을 表 示한다 하야 非眞理 非原則의 事를 府會함이 많은지라. 本書는 彼等 曲見詭說을 排하고 文法學, 音聲學, 文字學 또는 言語學 等의 原理原則을 取하며 또한 術語에 對하야도 아 모조록 世人共知하는 者를 取하노라."

20 배재학당은 1885년 8월 미국 감리교회 파송 선교사 아펜젤러(Appenzeller)가 정동에 세운 최초의 근대식 사립학교이다. 배재학당에서의 수학은 주시경의 학문적 배경의 형성에 큰 영향을 끼쳤는데, 이때 영어 문법과 세계 언어에 대한 이해를 바탕으로 국어

구를 시작했음을 진술하였다(이규수, 2014:27 참조).

> "…… 각 문명 부강국이 다 자국의 문(文)을 용(用)해 막대(莫大)의 편의를 취한
> 다 함을 듣고 아국(我國) 언문(諺文)을 연구해 국어 문법 짓기를 시(始)하다."

당시 주시경은 영문과 만국지지를 공부했는데, 영문의 자모음을 처음 배
우면서 그 원리를 터득하고 응용하여 국문의 자모음에 대한 독창적인 연구
를 이어갔다.

> "영어 알파벳과 일문 가나를 좀 배호고 류구 만쥬 몽고 셔장 셥라 인도 파스
> 아랍 이급 옛 희부릐 글ㅈ들과 우쥬 각국 글ㅈ들을 구ᄒ여 구경ᄒ고 영어 문법을
> 좀 배홈은 다 국문연구에 유익홀가 ᄒ인디 …. " -주시경(1906:26)-

즉, 세계 여러 언어의 문자를 학습하거나 관찰하면서 영어 문법의 바탕에
서 국어 문법을 기술하고자 하였다는 것이다. 이것은 다음 기록에서도 확인
된다.

> "내가 어려서 국문을 공부홀째에 …… 한번은 ᄯ이 돌아간다는 말을 처음 듯고
> ᄌ셰히 알랴고 한 선ᄉᆞᆼ을 찾아간즉 그 션ᄉᆞᆼ이 영어 디지칙을 펴놓고 일러주기에
> 그 말을 다 들은 후에 영어글자도 처음 보는것인고로 엇더케 만든 글잔가 이상히
> 역여 ᄯᅩ 영어글자는 엇더케 된것이요 내가 물은즉 모든 음을 다 ᄌᆞ모(字母)二十六
> 字로 분별ᄒ여 만들어 말을 ᄯᅡᆯ아쓰는것이라고 대강 가르쳐주시는 말ᄉᆞᆷ을 듯고
> …… " -주시경(1908?ㄱ:5)-

> "餘가 十七歲 壬辰에 英文萬國地誌를 學習ᄒ더니 英文의 字母音을 解ᄒ고 轉
> ᄒ여 國文을 子母로 解홀새 翌年癸巳에 國文母音字 …… " -주시경(1908ㄴ:60-61)-

주시경은 17세 되던 임신년(1892년)에 영문으로 된 만국지지를 공부하느

의 연구와 보급에 전념하게 되었다(김세한, 1974:20-30 참조).

라 영문의 자모음을 이해하게 되었고, 이를 바탕으로 '국문'을 자모로 분해하여 이해하였다는 것이다. 그는 19세에 배재학당에 입학하였는데, 이를 통해 국어 문법의 기술 이전부터 영어를 접하였고 지리적 지식도 갖고 있었음을 확인할 수 있다.

그리고 주시경(1910:133)의 '이온글잡이'에 보면, 그 책은 이미 광무 2년(1898년)에 구성되었고 그 뒤에 더 연구하였다고 하였다.

"이 글은 광무 이년 무슐에 다 만들엇던것을 이 제 얼마큼 덜고 더함인데 이름을 漢字로 國語文法이라 함은 그때의 이름대로 둠이라"

주시경은 1900년경부터 1905년 사이에 스크랜턴(Scranton) 등 선교사를 비롯한 서양인들과 교류하면서 국어를 가르쳐 주기도 하였다.[21] 이 시기 이후 그의 국어와 국문에 관련한 저술이 늘어나고 또 그와 관련된 활동이 왕성해졌는데, 이것은 서양인들과의 교류와 관련이 있는 것으로 이해된다.[22] 이러한 점은 주시경의 국어 문법이 영어 문법의 영향을 받았다는 해석을 뒷받침하는데, 이것은 다음의 주시경(1910:117)을 통해도 이해할 수 있다.

"이 글은 今世界에 두로 쓰이는 文法으로 웃듬을 삼아 꿈임이라 그러하나 우

---

21 주시경은 당시 성경의 한글 번역에서 문제가 되었던 'God'의 한글 표기에 대해 게일(Gale)의 질의를 받고 '크신 한 분'으로서 '하ᄂ'(一)와 '주, 주인, 임금'의 의미로서 '님'이 결합한 '하ᄂ님'이 적절하다고 하였다고 한다(류대영 외, 1994:116-117 참조). 또한 아펜젤러(Appenzeller)가 사망하자, 서울 정동교회는 청년회가 주동이 되어 그의 기념비를 세우기로 하였는데, 주시경(상호)은 그 발기자 중의 하나였다(대한성서공회, 1993:267 참조).

22 김병문(2012:162-164)에서는 이 시기에 주시경은 한국어 교사를 지내면서 '타자의 시선'으로 국어를 바라보는 기회를 가지게 되었다고 하였다. 또한 주시경과 서양인 선교사들과의 교류에 대해서는 김세한(1974:37), 김민수(1977:35), 신창순(2003:105-107), King(2004) 등을 참조할 수 있다.

리 나라 말에 맞게하노라 함이라"

즉, 국어 문법을 연구하고 서술할 때 문법의 바탕으로 삼은 것이 '今世界에 두로 쓰이는 文法', 즉 영어 문법이었는데, 국어에 맞도록 재구성하였다는 것이다. 이것은 어문민족주의로 표현되는 주시경의 국어관에서 보면, 영어로부터 연구 방법을 수용하였지만 국어 문법의 원리를 찾는 수단으로 사용했을 뿐이고, 실제로 국어 문법을 기술할 때에는 그 독자성을 밝히는 데 주력하였음을 의미하는 것이기도 하다(이기문, 2000; 이규수, 2014:114 참조).

7.1.3. 문법의 의미

3.1. '문법'에 대한 인식이나 정의는 시대적 상황(언어 이론과 현실적 요구)에 따라 달랐다. 내국인이 국어 문법 연구에 참여하던 당시에는 언문일치가 지상의 과제였으므로 실용적 관점에서 문법을 기술하고자 하였다. 또한 문법을 언어 단위의 형성에 관한 진술 또는 어떤 언어 단위의 올바른 용법에 관한 진술로 이해하였으며, 따라서 문법은 관념적이거나 규범적인 성격을 지니는 것으로 보았다.[23]

당시에는 문법(文法) 외에 문전(文典)과 어법(語法), 어전(語典) 등의 용어가 쓰였다.[24] 이들에서 문(文)과 어(語)는 문어와 구어의 차이를 반영하고, 법

---

23 이현희(2015)에 의하면 '문법'이라는 용어는 근대이행기에도 '글 짓는 법'과 'grammar'라는 중의적인 의미를 지니고 있었다고 하며, 안예리(2016:240)에서도 근대 초기 언어에 관한 담론에서 '문장작법'과 'grammar'로서의 '문법'이 혼재하는 양상을 보인다고 하였다. 그런데 당시 내국인의 국어 문법에서 문법은 대부분 문장을 표출하는 법의 뜻으로 쓰였다.

24 강복수(1972:51-52)에서는 국어 문법에서 '문법'의 명칭에 대해 초기에는 외국 문법의 수입과 번안에 바빠서 술어를 충분히 객관적으로 검토할 시간적 여유를 갖지 못하고 각자의 관점에 따라 각인각설의 명칭이 난립되어 무질서 상태를 빚게 되었다고 하였

(法)이 추상적이고 이론적이라면 전(典)은 그것을 기술하여 묶은 성문화된 대상을 지칭한다는 점에서 구별되는 것으로 보인다.[25]

3.2. 내국인의 국어 문법 기술 문헌을 보면, 최광옥(1908)과 유길준(1909)에서는 문전(文典)이 쓰이고, 김규식(1908)과 남궁억(1913), 안확(1917), 주시경(1910)에서는 문법(文法)이라는 용어가 쓰였는데,[26] 이들이 의미하는 바는 구별되는 부분이 있다.

> "文典은 人의 思想을 書出ᄒᆞᄂᆞᆫ 法을 敎ᄒᆞᄂᆞᆫ 者니" -최광옥(1908:1)-

> "文典이라 ᄒᆞ는 者ᄂᆞᆫ 人의 思想을 正確히 發表ᄒᆞ는 法을 記載ᄒᆞᆫ 學問이라"
> -유길준(1909:1)-

위에서 보면, 최광옥(1908)이나 유길준(1909)에서 문법은 '人의 思想을 書出/發表ᄒᆞ는 법'이고 그것을 기술한 것이 문전이라고 해석하였다. 이것은 주로 일본어 문법의 번안에서 온 것이다(권재선, 1988:191 참조).

김규식(1908)에서 문법을 '整齊ᄒᆞᆫ 規例를 定ᄒᆞ야 論理ᄒᆞᆫ 것'이라 하여 좀 더 학술적으로 해석하였다.

다. 그리고 이때 인구어 문법에 의존하고 있던 일본어 문법의 영향이 강했는데 여기서 문전, 어전, 문법, 어법 등이 나타났고, 강력한 국가 의식과 국어 자각을 통해 말본류가 나타난 것으로 해석하였다.

25 오오이 히데야키(2017:33-38)에 따르면, 일본어 문법에서는 오츠키(大槻文彦)의 『廣日本文典』(1897)에서 '言語에 法則이 있으므로, 文章에도 法則이 있다. 그 法則을 文法이라 하고 文法을 記한 書를 文典이라 한다.'고 하여 처음으로 문법과 문전을 구별하였다고 한다.

26 이봉운의 『국문정리』(1897)에서 '문법'이라는 용어가 등장하지만, 그에 대한 구체적인 정의는 없다(앞의 7.1.1절 1.2항 참조).

"文法이라 함은 思想을 言語로 發表ᄒ거나 文字로 記錄ᄒ는디 整齊ᄒ 規例를 定ᄒ야 論理ᄒ 것을 云홈이니 ...... 先히 人類가 生ᄒ 以後에 其言語가 有 ᄒ고 言語 가 有 ᄒ 後에 其言語에 應ᄒ야 文法을 整齊ᄒᄂ니 ......" -김규식(1908:3-4)-

이에 비해서 주시경(1910)에서는 의미보다는 형태·구조 중심의 분석적 인 접근 방식을 강조하였다.

"이 글은 우리 나라 말의 듬을 말하는것이요 뜻을 말하는것은 안이나 엇지하 엿든지 말을 배호는 글이라 이러함으로 아모조록 우리 나라 말을 흔히 쓰엇노라" -주시경(1910:116)-

여기서 문법은 '뜻'(의미)을 나타내는 것이 아니라 '듬'(형식)을 중시하는 것, 즉 '말'의 구조와 그것에 내재된 법칙임을 강조함으로써, 의미 중심의 의 사 표현(사상을 표현하기 위한 방편)에 초점을 두는 최광옥(1908)이나 유길준 (1909)와는 다른 점이 있다.

안확(1917)에서는 '문법'이라는 용어를 쓰면서 의사소통을 위한 약속, 무 의식적으로 성립된 규칙 등으로 이해하였다. 그리고 여기에 질서나 기술, 법 칙 등의 용어를 더하여 문법의 특성을 서술하고자 하였다.

"言語는 吾人의 思想을 交換하는 媒介라 此에 對하야 約束이 잇스니 其 約束은 本來 民衆全體에셔 無意識的으로 組織된 者오 法律規則과 갓티 意識的으로 作成 한 것은 안이니라 文法은 곳 이 無意識的으로 成立된 約束을 抽하야 言語上에 잇 는 事實로써 그 秩序와 類別을 記述한 바 法則을 學하는 것이니라" -안확(1917), '一編 總論'-

한편, 김희상(1911)은 어음(語音)과 어법(語法)의 정칙을 지향하기 때문에 문전이 아니라 어전(語典)이라는 용어를 사용한다고 하였다.[27]

---

27 그리고 이러한 구어 중심의 언어관은 당시 일상적 의사소통을 위한 구어 학습에 초점을

근대 시기 서양인의 한국어 문법 연구

"本書는 朝鮮語의 語音及語法의 正則을 指호는바 語典이오 文典은 안이기로 本書의 用言中 朝鮮文字及漢字의 音은 現時의 語音에 基호야 記혼者" -김희상 (1911), '凡例'-

그러나 정작 '어법'으로 지칭된 경우는 별로 없으며, 같은 책 김희상 (1911)의 自序에서 '凡意思之發表在於言語 言語之發表在於語法'이라 한 부분에서 이 용어가 나타난다(앞의 7.1.2절 2.4항 참조). 문전(文典) 또는 문법(文法)이 문어적 관점을 취하고 어전(語典) 또는 어법(語法)은 구어 중심의 기술을 지향한다고 해석한다면, 후자는 당시 언문일치에서 추구하던 이상에 부합하는 것이라 할 수 있다(최경봉, 2016:96-106 참조).

7.2. 품사 분류와 해석

당시 내국인의 국어 문법에서는 인구어 (특히 영어) 문법의 품사 분류에 바탕을 두고 일본어 문법을 모방하는 수준이었다. 그리하여 국어의 품사 분류에서 인구어 문법의 틀에 맞추려는 경향을 띠었으며, 특히 품사 분류의 대상이 되는 언어 형태의 분석이 매우 불완전하다는 한계를 지녔다. 그러나 의존 형태인 토를 독립 품사로 설정하는 것처럼 한국어의 특성을 반영하는 정도로 발전하는 양상도 나타났다.

7.2.1. 품사 분류의 체계

1.1. 우선 당시 주요 문헌의 품사 분류 현황을 정리하면 다음과 같다.[28]

두었던 서양인의 한국어 문법에서 추구하던 것이기도 하다(앞의 4.4.2절과 5.2.3절 참조).

28 위의 표는 문헌별 품사 분류 체계를 표시한 것이며, 각 문헌의 품사별 대응 관계를 보여 주는 것은 아니다. 따라서 품사 명칭이 동일하여도 그것이 지시하는 언어 형태는 다

유길준(1904?)	유길준(1909)	김규식(1908)	김희상(1911)	남궁억(1913)	안확(1917)	주시경(1910)	주시경(1914)
명사	명사	명사	명사	명사	명사	임	임
대명사	대명사	대명사	대명사	대명사	대명사		
-	-	-	-	-	수사	-	-
동사	동사	동사	동사	동사	동사	움	움
	조동사				조동사	끗	굿
형용사	형용사	형동사	형용사	형용사	형용사	엇	엇
		형용사				언	-
부사	첨부사	부사	부사	부사	부사	억	-
후사	접속사	후사	토	토	후사	겻	겻
				후치사			
접속사		접속사		접속사	접속사	잇	잇
감탄사	감동사	감탄사	감탄사	감탄사	감동사	놀	-
(8)	(8)	(9)	(7)	(9)	(10)	(9)	(6)

위에서처럼 이 시기에는 최소 6에서 최대 10유형의 품사 체계를 설정하였던 것으로 나타난다.[29] 이것을 영역별로 보면, 체언의 경우 대부분의 문헌에서 명사와 대명사를 구분하였으나 수사를 독립 품사로 설정하지 않았다. 그런데 주시경(1910, 1914)에서는 대명사를 독립 품사로 설정하지 않았으며, 안확(1917)에서는 수사를 독립 품사로 설정하였다. 용언의 경우, 크게 동사와 형용사로 구분하였는데, 동사의 경우 유길준(1909)와 안확(1917)에서처럼 조동사를 별도의 독립 품사로 설정하기도 하였으며, 형용사의 경우 김규식(1908)과 주시경(1910)에서처럼 형용사와 형동사, 엇과 언으로 구별하기도 하였다.

를 수 있다.

29 이것은 7~10유형으로 설정하였던 서양인의 한국어 품사 분류와 대조된다(앞의 3.2.2절 2.1항 참조).

근대 시기 서양인의 한국어 문법 연구

특히 의존 형태와 관련되는 후사와 접속사, 토, 조동사, 잇, 긋(끗), 겻 등을 독립 품사로 설정한 점은 공통적이나,[30] 그 구분에서는 이들을 하나로 통합할 것인지, 둘 또는 셋으로 구분할 것인지 등에 따라 다른 양상으로 나타났다. 그것은 당시의 관점에서 볼 때, 이러한 의존 형태들이 각각 어느 품사에 상당하는 것인가를 명확히 규정하기 어렵기 때문이었던 것으로 보인다. 또한 그 해석에서도 의미부와 형태부를 분리하여 각각을 품사 분류의 대상으로 하는 분석적 관점과 함께, 의존 형태들을 활용 어미로 보고 이들을 묶어 하나의 단어 형태로 인식하는 종합적 관점이 공존하기도 하였다.[31]

1.2. 유길준(1904?, 1909)에서는 인구어의 전통적인 8품사에 준한 체계로 구분하고 의미를 중심으로 서술하였다. 그런데 유길준(1909)는 유길준(1904?)와 비교하여 보면, 조동사를 새로 세우고, 부사를 첨부사라 하였으며, 후사를 없애고 접속사에 포함시키고, 감탄사를 감동사로 바꾸었다는 점에서 구별된다.[32] 단어 또는 품사에 해당하는 용어로 두 문헌 모두에서 '言語'와 '語種, 詞' 등을 사용했는데, 이 중에서 '詞'가 비교적 널리 쓰였다.[33]

유길준의 품사 분류는 전통적인 라틴 문법으로 소급되겠으나 실제로는 영어 문법의 영향을 입었으며, 직접적으로는 인구어 문법 체계를 수용하였

---

30 이것은 품사 분류에 따른 전통문법의 유형 구분에서 이른바 제1유형에 해당한다(김민수, 1954; 1980:214 참조).

31 예를 들어, 유길준(1909)에서는 '가오, 갈야오, 가는' 등을 하나의 단어로 처리하지만(종합적 체계), '가서, 가고, 가겟소' 등은 각각 '가-서, 가-고, 가-겟-소'와 같이 구분하여 어미를 모두 단어로 처리하였다(분석적 체계). 이것은 단어관에서 종합적 체계와 분석적 체계가 공존하였음을 의미한다(김석득, 1972 참조).

32 유길준(1904?)의 8품사 체계는 최광옥의 대한문전(1908)의 8품사(명사, 대명사, 동사, 형용사, 부사, 후사(後詞), 접속사, 감탄사)와 유사하다.

33 오오이 히데아키(2017:18)에 따르면, 일본어 문법에서 '사(詞)'는 1860년대 중반 이후 품사 명칭에 사용되기 시작하였다고 한다.

던 나카네(中根淑)의 『日本文典』(1876)과 오츠키(大槻文彦)의 『廣日本文法』(1897), 다나카(田中義廉)의 『小學日本文典』(1874), 미츠치(三土忠造)의 『中等國文典』(1898) 등의 일본어 문법의 영향을 받은 것이라 할 수 있다(김민수, 1980:215-216; 강복수, 1972:78-86; 이광정, 1987:54, 권재선, 1988:190 참조).[34] 유길준 문법의 품사 설정에서 인구어 문법의 영향은 조동사와 접속사의 설정, 대명사의 하위분류에서 관계대명사의 설정 등에서 잘 드러난다. 또한 형용사의 경우 한정적 용법의 형용사와 서술적 용법의 형용사를 구분하는 태도 역시 인구어 문법의 영향이라고 할 수 있다.

김규식(1908)과 김희상(1911), 남궁억(1913) 등은 영어 문법을 직접적인 배경으로 한 것으로 평가된다.[35] 우선 김규식(1908)에서는 단어를 '詞字'라 하여 다음과 같이 정의하였다.

"詞字라 홈은 一個字나 幾個字로 成ㅎ야 一個心象을 發表ㅎ되 意趣만 有ㅎ고 思想은 完全치 못ㅎ는 것을 云홈" -김규식(1908), '第二編 詞字學'-

그리고 사자(詞字)에 대해 연구하는 것을 사자학(詞字學)이라 하고, 이를 품사학(品詞學)과 변사법(變詞法)으로 구분하였다. 품사학에서는 사자에 대

---

34 中根淑(1876)에서는 명사, 대명사, 동사, 형용사, 부사, 후사, 접속사, 감탄사 등의 8품사 체계였으며, 특히 大槻文彦(1897)은 인구어 문법을 절충하여 기술한 일본어 문법으로 화양절충(和洋折衷)을 완성한 것으로 평가된다고 한다(오오이 히데아키, 2017:28; 주현희, 2019:62 참조).

35 당시 국내에서 출판된 영어 문법서로는 이기룡(1911)과 윤치호(1911)이 있었는데, 이들의 품사 분류체계는 다음과 같다.
   이기룡(1911): 명사, 대명사, 형용사, 관사, 동사, 부사, 후치사, 접속사, 감탄사 (9)
   윤치호(1911): 명사, 대명사, 형용사, 동사, 조사, 전치사, 접속사, 감탄사 (8)
   위에서 이기룡(1911)의 관사(article)는 윤치호(1911)에서 형용사의 하위분류에 포함되었다. 그리고 이기룡(1911)의 '부사'와 '후치사'는 각각 윤치호(1911)의 '조사'와 '전치사'에 대응한다.

해 연구할 때에는 '品詞'로 분류한다고 하면서 9품사 체계를 세웠는데,[36] 여기서는 형용사와 구분하여 형동사를 별도로 설정한 점이 특이하다.[37] 특히 김규식(1908)은 Underwood(1890)과 서양의 전통문법의 이해를 발판으로 체계를 세운 것이라 할 수 있는데, 품사 분류에서는 형동사와 형용사, 후사를 독립 품사로 설정하고, 조동사를 동사의 하위 유형으로 세운 것 등에서 그 영향을 이해할 수 있다(권재선, 1988:219-221; 김영욱, 2001; 최경봉, 2004; 최낙복, 2009:377-380 참조).

김희상(1911)에서는 단어와 품사의 구분 없이 '詞'라 하였으며, 이것을 7詞라 하여 7품사 체계를 설정하였다. 여기서는 토(吐)를 별도의 독립 품사로 설정하였음이 특이한데, 토는 명사에 후치하는 조사와 용언의 활용 어미를 형태론적 유사성과 기능의 유사성에 따라 묶은 것이었다. 일찍이 서양인의 한국어 문법 기술에서는 이를 격 변화에 따른 곡용(declension)이나 동사의 활용(conjugation)과 관련되는 문법적 형태로 처리하였으나, 여기서는 이와 관련되는 형태들을 묶어서 하나의 독립 품사로 설정한 것이다(황국정, 2001 참조).

남궁억(1913)에서는 9품사 체계로 설정하였는데, 특히 의존적 성격을 띠는 토와 접속사, 후치사의 설정이 두드러지는 특징이 된다. 여기서 토는 명사의 격 표지 형태(격조사)와 동사의 활용 어미를 지칭하는 것이고, 접속사는 대개 토 아닌 말(접속부사)이며 후치사는 대체로 보조사에 해당하는 것으로 토와 구분된다.

---

36 그리하여 김규식(1908)은 한국어 문법에서 최초로 단어와 품사를 지칭하는 용어를 구별하였다는 평가를 받기도 한다(최낙복, 2009:418 참조).

37 김규식(1912)에서도 동일하게 9품사 체계로 설정하였다. 그리고 여기서 형동사는 Ridel(1881)이나 Underwood(1890)에서의 중동사와 동일한 것이다(앞의 5.1.1절 1.3,5항 참조).

안확(1917)의 경우, '言語'(즉, 단어)를 '其 性質의 近似한 類에 따라 大別'하고 이를 '元詞'라 하여 10유형으로 분류하였다. 여기서 후사는 명사 뒤에 붙는 조사에 해당하는 것으로 용언의 어미가 빠졌으며, 접속사에서는 명사 뒤에 붙는 조사나 용언의 연결어미 외에도 순수히 접속의 기능을 하는 단어(접속부사)가 상당수 포함되었다. 그리고 수사와 조동사를 독립 품사로 설정하였음이 특이한데, 이것은 마에마(前間恭作)의 『韓語通』(1909)나 다카하시(高橋亨)의 『韓語文典』(1909) 등의 영향을 받은 것으로 평가된다.[38]

1.3. 주시경 문법에서 초기에는 '言分' 또는 '體'라 하여 단어의 품사를 구분하였으며,[39] 후기에 해당하는 주시경(1910)에서는 단어에 해당하는 것을 '기'라 하고 이를 9유형으로 구분하였다. 그리고 품사의 명칭을 고유어의 약호로 지칭하였다.[40]

> "기는 낫말을 이르는 것으로 씀이니 여러 가지 몬이나 일을 따르어 이르는 말을 각각 부르는 이름으로 씀이라"   -주시경(1910:27)-

여기서 '기'는 단어와 품사의 개념을 아우르는 것으로 이해되는데, 대명

---

38 특히 안확(1923)에서는 후사를 조사라 하고 10품사 체계(명사, 대명사, 수사, 동사, 형용사, 조동사, 부사, 접속사, 조사, 감동사)로 분류하였다. 그런데 前間恭作(1909)에서 명사, 대명사, 수사, 동사, 형용사, 조동사, 부사, 접속사, 조사, 감동사로 분류한 바 있다(강복수, 1972:196-197; 정승철 외, 2015:266; 주현희, 2019:98 참조).

39 주시경(1905)에서는 명호(名號), 형용(形容), 동작(動作), 간접(間接), 인접(引接), 경각(警覺), 죠셩(助成) 7언분으로 구분한 바 있다. 그리고 주시경(1908?)에서는 7언분에서 '경각'이 빠진 6체로 설정하였다(최낙복, 2009:35-46 참조).

40 주시경(1910:35)에서는 고유어로 쓴 이유를 다음과 같이 서술하였다.
    "右에 기의 갈래 九個 名稱은 國語로 作함이니 惑은 줄임이요 惑은 定함이라. …… 漢字로 定하기는 國語로 定하기보다 未便하며 近日 日本과 支那에서 漢字로 文法에 用하는 名稱이 有하나 其中에는 本事實에 相左함과 不足함이 有한 故로 如一하게 하노라고 國語로 作하거니와 國語에 國語를 用함이 可하지 안이하리오"

사와 수사를 독립 품사로 설정하지 않고 '임'(명사)의 하나로 보았다. 그런데 같은 '겻'(토씨)인데도 접속조사를 따로 '잇'(접속사)으로 독립 품사로 설정하였다.[41] 특히 '언'을 설정하고, 이것을 '엇더한(임기)이라 이르는 여러 가지 기'라 하면서 '이, 저, 그, 큰, 적은, 엇더한, 무슨, 이른, 착한, 귀한, 한, 두, 세' 등의 예를 들고 있는데(다음의 7.2.4.절 4.4항 참조), 이것은 당시 유길준(1904?, 1909)을 비롯한 대부분의 문법과 비교할 때 한정적 용법의 형용사와 달리 관형사를 독립 품사로 설정하였다는 평가를 받는다.

한편, 주시경(1914)에서는 '씨'라 하여 6유형으로 구분하였다. 이것은 크게 '임, 움, 엇'의 '몸씨'와 '긋, 겻, 잇'의 '토씨'로 구분하는 것이어서, 어형을 의미부와 형태부를 구분하는 체계로 이해되기도 하였다. 결과적으로 주시경 문법에서 품사는 (7언분-6체)-9기-6씨로 정리되는데, 주시경의 경우도 영어 문법의 영향을 배제할 수 없는 것이었다(강복수, 1972:112-118; 권재선, 1988:134-139; 최낙복, 2009:35-42 참조).[42]

7.2.2. 대명사와 수사

2.1. 내국인의 국어 문법 기술에서는 대부분 대명사를 명사와 구별되는 독립 품사로 설정하였으며, 수사는 독립 품사로 설정하지 않았다. 그런데 주

---

41 이것은 김세한(1974:141)이나 박지홍(1983)에서 주시경(1910)이 윤치호(1911)의 영어 문법의 영향을 받은 근거로 제시되기도 하였다.

42 박지홍(1983)에서는 주시경의 이론적 출발은 영어와 한문을 통해서 시작되었으나, 한국어의 특징을 찾아내어 새로운 문법학을 세웠으며, 특히 주시경(1910)은 윤치호 (1911)의 영향을 받았다고 하였다. 최호철(1989)에서는 주시경의 저술을 형식적 측면과 내용적 측면에서 고찰하여 형식적 측면에서의 문답식 서술형식과 구문해부, 그리고 내용적 측면에서 특정의 영어 문법서의 영향을 받았다고 하였다. 정승철(2003)은 주시경(1910)과 『English Lesson』(1903/1906)의 비교에서 체제나 구문 도해를 이용한 설명 방식 등 많은 점에서 유사하다고 하였다.

시경(1910, 1914)의 경우에는 대명사를 독립 품사로 설정하지 않고 명사 '임'
의 하위 유형 '대임'으로 설정하였으며, 여기서 '대임'은 수사를 포함하는 것
이었다.

각 문헌에서는 대명사를 그 특징에 따라 하위분류하였는데, 이들을 정리
해 보면 다음과 같다.

유길준(1909)	김규식(1908)	김희상(1911)	남궁억(1913)	안확(1917)
인대명사 지시대명사 문대명사 관계대명사	인칭대명사 지시적 대명사 문적 대명사 관계적 대명사	인대명사 사물대명사 처소대명사 미정대명사 형용대명사 관계대명사	인대명사 지정대명사 문대명사 관계대명사	인대명사 지시대명사 부정대명사 다류대명사 관계대명사
(4)	(4)	(6)	(4)	(5)

위에서 보면, 대명사는 대체로 4~6 유형으로 하위분류가 되었고, 여기서
용어상의 차이는 있어도 인구어 문법에 따라 인(칭)대명사와 지시대명사, 문
(적)대명사, 관계대명사 등으로 구분하였음을 알 수 있다. 그리고 세부적으
로는 미정(未定) 또는 부정(不定)대명사와 형용(形容)대명사 등으로 불렸던
것에는 오늘날 관형사의 성격을 띠는 형태들이 다수 포함되기도 하였다.[43]

2.2. 대부분의 문헌에서 인(칭)대명사는 1인칭과 2인칭, 3인칭으로 구분
되었으며, 다만 유길준(1909)에서는 여기에 부정칭(不定稱)을 더하기도 하였
다. 그리고 대명사가 수량과 대우(待遇)에 따라 변화하는 것으로 보고, 수량
에 따라 단수와 복수로 구분하였으며, 대우에 따라서는 몇 가지 층위로 구분

---

43 한편, 서양인들의 한국어 대명사와 관련한 기술에서는 위의 항목에 더하여 재귀대명
사와 소유대명사를 설정하기도 하였다(앞의 4.2.1절 1.2항 참조).

450

하기도 하였다. 예를 들어, 김희상(1911)에서는 2인칭의 경우 상대(上待, '존장')와 중대(中待, '로형, 당신'), 반반대(半半待, '자네, 소제'), 하대(下待, '너')로 구분하였으며, 안확(1917)에서는 각 사람의 지위에 따라 위칭(位稱, '대감, 선생, 나리, 아버지')과 존칭(尊稱, '공, 당신. 씨, 마넴'), 평칭(平稱, '자네, 임쟈, 이녁, 그대'), 비칭(卑稱, '저, 생, 쇼인')으로 구분하였다. 그리고 3인칭의 경우 '이, 그, 저' 등의 지시어 근간으로 형성되는 것으로 보았는데, 예를 들어 유길준(1909)에서는 '他稱'이라 하여 '이이, 그이, 뎌이' 등을 제시하였다.[44]

또한 지시대명사는 근칭과 중칭, 원칭으로 구분하였으며, 문(적)대명사는 사람('누구')과 사물('무엇'), 처소('어듸'), 시간('언제') 등으로 구분하였다. 특히 문(적)대명사나 부정대명사에는 '뉘, 무슨, 어느'와 '아무, 모든' 등과 같은 관형사적 특성을 띠는 것을 포함하기도 하였다. 한편, 안확(1917)에서는 특별히 정해진 종류가 없는 것을 대신 지칭하는 것으로 다류(多類)대명사를 설정하고, 이것을 부정대명사와 마찬가지로 형용사와 통용되는 것('각, 여러, 모든, 매, 뭇, 온갖')과 대명사로만 쓰이는 것('모도, 되, 다, 여럿, 셔로, 피차')으로 구분하였다.

2.3. 관계대명사와 관련하여, 대부분의 문헌에서는 이를 대명사의 하위유형으로 설정하였다. 각 문헌에서 관계대명사에 해당하는 것으로 제시된 형태는 다음과 같다.[45]

---

44 서양인들의 한국어 문법 기술에서는 3인칭 대명사를 '뎌'계열의 지시어로 설정하였으며, Underwood(1890)에서처럼 3인칭을 설정하지 않기도 하였다(앞의 4.2.2절 2.8항 참조).

45 서양인들이 그들 언어에 존재하는 관계대명사를 한국어에 대응되는 형태를 중심으로 서술하였다면, 내국인들은 그들보다 더 적극적으로 관계대명사를 수용하였다고 할 수 있다(앞의 4.2.1절 1.2항 참조).

유길준(1904?)	의사: '바' / 형체: '거'
유길준(1909)	순전: '바, 거' / 혼성: '이, 그, 뎌'+보통명사 또는 '거'
김규식(1909)	의사: '바' / 형체: '것, 쟈'
김희상(1911)	'바'
남궁억(1913)	'바, 저것'
안확(1917)	'바, 쟈, 이, 데, 지'

우선 유길준(1904?)의 경우 관계대명사에 대해 '名詞 或 代名詞의 動ㅎ눈 意思惑形體上에 關係ㅎ눈 者'라 하면서 '意思關係와 形體關係의 別'이 있다고 하고, 의사관계의 '바'와 형체관계의 '거'를 예시하였다.

> (1) ㄱ. ㅅ룸의 귀혼 바눈
> ㄴ. ㅅ룸의 귀혼 거눈

위 (1)에서 'ㅅ룸의 귀혼 緣由'에 대해 (1-ㄱ)의 '바'는 '意思上'으로, (1-ㄴ)의 '거'는 '形體上'으로 이르는 것으로 구별된다는 것이다.

유길준(1909)에서는 관계대명사를 어떤 대명사가 '語句의 前或後에 在ㅎ야 其上或下의 語句를 關聯ㅎ는 同時에 又其意義를 表出ㅎ는 者'라 하고, 이것은 언어 성립상 형태적으로 순전(純全)과 혼성(混成)으로 구분된다고 하였다. 우선 순전관계대명사는 자립한 원어가 있는 것으로 '바, 거'가 이에 해당된다고 보았다.

> (2) ㄱ. 가무는 째에 바라는 {바, 거}눈 비라
> ㄴ. 비눈 가무는 째에 바라는 {바, 거}라
> ㄷ. 비눈 가무는 째에 바라는 바 비가 온다

위 (2)에서 '바'와 '거'는 (2-ㄱ,ㄴ)에서처럼 유사한 점이 있으나, 위 (2-ㄷ)에서와 같이 '바'는 그것이 표현하는 명사 앞에 '形容詞體가 處'함을 득하지

근대 시기 서양인의 한국어 문법 연구

만 '거'는 그렇지 아니한 것으로 구별된다고 하였다.

혼성관계대명사는 자립한 원어가 없고 대명사의 '이, 그, 뎌'를 보통명사 또는 순전관계대명사 '거' 앞에 더하여 일종의 관계대명사를 이루는 것이라 해석하였다.

(3) ㄱ. 느진 봄, 곳피는 <u>이째</u>는 놀기 됴흔 시절이라
ㄴ. 리순신 싸홈 잘ᄒᆞ든 <u>그사람</u>이야 츙효 겸견흔 영웅이라
ㄷ. 바라보는 <u>뎌긔</u> 버드나무 밋에 배 대여라
ㄹ. 너 구ᄒᆞ든 죠희 쪽 <u>그거</u>는 업서도 근사흔 거는 잇다

위 (3)에서 밑줄 친 부분(즉, 관계절의 피수식명사)이 관계대명사라는 것이다.[46]

김규식(1908)에는 관계적 대명사라 하고, 이를 '已爲發表된 바나 將次發表 될바 名詞나 代名詞를 擧ᄒᆞ야 說明語나 上下 詞句에 稽考되게 ᄒᆞ며 意思를 相續ᄒᆞ야 指明ᄒᆞᄂᆞᆫ것'으로 해석하였다. 그리고 이에 해당하는 것으로 유길준(1904?)에서와 같이 의사관계(意思關係)의 '바'와 형체관계(形體關係)의 '것, 쟈'를 들었다.

(4) ㄱ. 上等人의 職分이 下等人의 事보다 難혼비는 上等人이 下等人의 引導者가 됨이라
ㄴ. 昨日에 老兄의 말혼 것이 此書冊이오

위에서 (4-ㄱ)에서 관계적 대명사 '바'가 '上下 詞句에 稽考되게 ᄒᆞ며 意思를 相續ᄒᆞ야' 명사 '引導者'를 '職分이 難ᄒᆞ다' 하는 '詞句에 稽考되게 ᄒᆞ야 指明홈'으로 의사(意思)관계적대명사이고[47], (4-ㄴ)은 '것'이 '將次 發表될바

---

46 그런데 유길준(1909)에서 '이거, 그거, 뎌거'는 사물지시대명사로 분류되기도 하였다.
47 김규식(1908:17)에서는 '비'와 '바'를 예문과 본문에서 함께 썼다.

名詞 '冊'을 上詞句 '老兄이 昨日에 말흔'에 '形體 稽考ㅎ야' 말하는 것이므로 형체(形體)관계적대명사라고 하였다.

김희상(1911)은 관계대명사를 '事爲의 關係를 代述홈 되는 대명사'라 하고, 이에 해당하는 것은 다음의 '바' 하나뿐이라고 하였다.

(5) ㅎ는바 / 배오는바 / 본바 / 주는바

남궁억(1913)의 경우에는 관계대명사를 '한 귀절 가온대 웃마대와 아래마대를 서로 접속케 하는 관계가 되는 대명사'라 하고 다음의 예를 제시하였다.

(6) ㄱ. 오래 기다리던바 그 편지가 인제야 왓소
ㄴ. 그중 향기 만흔 꼿 저것이 월계요

위에서 '바'와 '저것'이 관계대명사에 해당한다는 것이다.

안확(1917)에서는 관계대명사를 '동사(動詞)의 여러 가지 분사(分詞)를 합(合)하야 언어(言語) 사물(事物) 급(及) 능력(能力)의 기(其) 의의(意義)를 대칭(代稱)하는 말'이라 하면서 '바, 쟈, 이, 데, 지' 등의 여러 형태를 제시하였다.

(7) 할바, 하는바 / 갈쟈, 가는쟈 / 올이, 온이 / 간데, 갓든데 / 할지라, 하는지라

한편, 주시경(1910)의 경우에는 (대명사를 독립 품사로 설정하지도 않았거니와) 당시 다른 문헌에서 관계대명사로 설정하였던 '이, 것' 외에 '바, 줄' 등을 '언잇'으로 처리하였다.

(8) ㄱ. 큰이, 큰것
ㄴ. 일하는것, 일하는바, 일하는줄

즉, '언잇'은 '언기 알에 잇어지지 안이하고는 쓰이지 못하는것'으로 위

(8)의 '이, 것, 바, 줄' 등은 이에 해당한다는 것이다.[48]

2.4. 수사의 경우, 안확(1917)을 제외한 대부분의 문헌에서 독립 품사로 설정하지 않았다. 유길준(1909)에서는 명사에, 김규식(1908)과 남궁억(1913)에서는 형용사에, 김희상(1911)에서는 대명사와 형용사에, 주시경(1910)에서는 '대임'에 포함되었다.

우선 유길준(1909)에서는 수사를 독립 품사로 설정하지 않고, 명사 중 보통명사에서 수명사(數名詞)와 무형명사(無形名詞)가 특별히 성립되기도 하는데,[49] 여기서 수명사를 "하나, 둘' 갓치 事物의 個量'을 표현하는 것이라 하였다.

김규식(1908)에서는 수량 표현 형태와 관련하여 '名詞를 形容홀 時에 其物의 多大容積을 描示ᄒᄂᆫ 것을 云홈'이라 하면서, 형용사의 하위분류로 수량적 형용사를 세우고 다음과 같이 세분하여 제시하였다(다음의 7.2.4절 4.3항 참조).

·용적(容積): '만흔, 젹은, 큰, 약간, 얼마'
·기하(幾何): '여듧, 여러, 각(各), 두어(數), 모든'
　-유한기하적(有限幾何的): '一, 二, 三, 四, 五'(基數) /
　　'第一, 第二, 第三'(序數) / '단(單), 쌍(雙), 혼(一), 무(無), 흔둘(兩)'
　-무한기하적(無限幾何的): '여러, 아모, 모든, 몃, 터러, 얼마, 두어, 거의, 젼
　　　　　　　　　　　　　(全), 다'
　-분배기하적(分配幾何的): '각(各), 미(每), 타(他)'

위에서 용적(容積)을 표시하는 수량적 형용사는 전체적인 것을 표현하므로 수효를 한정치 않는 것이고, 기하(幾何)를 표시하는 수량적 형용사는 수

48　즉, 관형어의 수식이 요구되는 의존명사의 성격을 지니는 것으로 해석한 것이다.
49　한편, 무형명사는 '더위, 매옴'처럼 이름은 있으나 모양이 없는 것을 지시하는 명사를
　　뜻한다.

효를 한정하는 것이라 하고, 후자는 다시 유한과 무한, 분배로 구분하였다.[50] 결국 명사 앞에서 수량의 의미를 표현하면서 형용사적 성격을 지닌 것으로 해석하였다.[51]

남궁억(1913)에서는 형용사의 하위부류로 수량형용사를 설정하고 '무슨 일이나 물건의 수효 혹 분량을 형용하는 말'이라 하면서, 용례를 다음과 같이 제시하였다.

> (9) ㄱ. 그 말은 온 세상이 아는 것이오
> ㄴ. 겹 저고리에 홋 속것 입엇나
> ㄷ. 선생은 하나요 학생은 쉬흔둘이오

김희상(1911)에서는 수사에 해당하는 것을 대명사와 형용사로 해석하였다. 즉, 대명사로는 未定대명사의 '얼마'와 形容대명사 '여럿, 몃, 하나, 둘, 셋'을 제시하였고, 형용사로는 數量형용사로서 정수(定數)의 '한, 두, 세, 네, 다섯'과 미정수(未定數)의 '몃, 여러, 많은, 적은'을 예시하였다(다음의 7.2.4절 4.2항 참조).

주시경(1910)의 경우에도 수사를 세우지 않고, '대임'과 '언'의 하위분류에서 관련 형태를 제시하였다.

> 대임: '한아, 둘, 셋, 넷'(웃듬) / '더러, 좀, 다'(어림) / '얼마'(모른)
> 언: '한, 두, 세. 네, 일곱, 많은, 적은, 흔한'

---

50 여기서 '분배'는 Underwood(1890)의 분배적(distributive) 대명사와 유사하다(앞의 4.2.2절 2.8항 참조).

51 그런데 '혼, 두' 등은 수량적 형용사에서 언급하지 않고 관사에 관한 서술에서 '흔'에 대해 다루었다(다음의 7.2.4절 4.4항 참조).

즉, '대임'으로서의 체언적 형태와 '언'으로서의 관형사적 형태를 구분한
것이다.

한편, 안확(1917)의 경우는 수사를 독립 품사로 설정하고 이를 다시 5종
으로 하위분류하였다.[52]

·기본수사:
   -명적(名的) 수사: '하나, 둘, 셋, … 열, 스믈, … 아흔, 백, 천, 만, 억'
   -형용적 수사: '한, 두, 세(석), 네(넉), 닷(다섯), 엿(여섯)'
·서수사(序數詞): '첫재, 둘재, … 제일, 제이'
·시수사(時數詞): 연월일시 등을 수(數)하는 말
·양수사(量數詞):
   -부사와 통용: '더, 배, 번, 갑절, 왼'
   -형용사와 통용: '반, 홋, 겹, 쌍, 얼'
·조수사(助數詞): '짐, 치, 자, 뭇, 동, 켜레, 짝, 리(厘), 원(圓), 장(張), 두(斗)

이것은 내국인으로는 처음 수사를 독립 품사의 하나로 설정하고 하위구
분한 것이다. 여기서는 기본수사를 형태적 특징에 따라 명사적인 것과 형용
사적인 것으로 구분하고, 의미에 따라 양수사와 서수사 외에 시수사를 설정
하였다.[53] 특히 조수사는 '만물의 각(各) 종(種)을 종(從)하야 유명수(有名數)
를 현(現)하는 말'이라 하였는데, 이것은 수량의 단위를 나타내는 것으로 분
류사로 해석될 수 있는 형태들이다.[54]

---

52 서양인의 한국어 문법 기술에서도 일부 문헌에서는 수사를 독립 품사로 설정하였다
    (앞의 4.3.1절 1.2항 참조).

53 위에서 시수사는 시(時: '한시, 두시, … 초경, 이경, 일초, 일분')와 일(日: '하로, 이틀, …… 금
    음, 오늘, 내일'), 월(月: '정월, 이월, 동지달, 섣달, 봄, 여름'), 연(年: '상년, 그럭게, 올래, 래년,
    한 살')을 의미하는 것이라 하였다. 그런데 안확(1923)에서는 시수사를 제외하고, 원(元)
    수사와 서(序)수사, 조(助)수사로 3분하였다.

54 여기서 조수사로 분류된 것은 서양인의 한국어 문법 기술에서 일종의 분류사(classifi-

7.2.3. 동사와 조동사

3.1. 동사에 대해서는 대부분의 문헌에서 자동사와 타동사로 구분하였으며, 타동사의 경우 태에 따라 능동(주동)과 피동/사동으로 실현되는 현상을 서술하였다. 그리고 조동사를 독립 품사로 설정하거나 동사의 하위분류에 포함하기도 하였는데, 문헌에 따라서는 동사 어간에 첨가되어 문법적 기능을 실현하는 의존 형태들을 지칭하는 것으로 해석하기도 하였다.

각 문헌에서의 동사의 하위분류 양상을 정리하면 다음과 같다.

유길준(1909)	김규식(1908)	주시경(1910)	남궁억(1913)	안확(1917)
자동	자동사	제움	자동	자동사/타동사
타동	타동사	남움	타동	사동사/피동사
주동	동격동사	바로움	주동	형용동사
피동	조동사	입음움	피동	승경동사

위에서 보면, 동사는 자동과 타동으로 구분하였으며, 이에 더하여 타동을 주동과 피동으로 나누기도 하였다. 특히 일부의 경우 동격동사와 조동사, 형용동사와 승경동사를 세우기도 하였다.[55]

3.2. 유길준(1909)에서는 동사를 자동사와 타동사로 구분하였다.

    (10) ㄱ. 새가 나르오

        ㄴ. 산이 놉흐다

        ㄷ. 말이 물을 마신다

---

er)로서의 성격을 띠는 것으로 서술하기도 하였다(앞의 4.3.2절 참조).

55 이와 관련하여 서양인들의 한국어 동사에 대한 기술에서는 일반적으로 자동과 타동의 구분을 수용하였으며, Ridel(1881) 이후 대부분의 문헌에서 능동과 피동의 관계를 동사 유형으로 해석하였다(앞의 5.1.1절 1.1항 참조). 그리고 피동은 사동과 함께 동사의 태의 변화를 하나의 문법적 현상으로 서술하였다(앞의 6.4.2절 참조).

위에서 (10-ㄱ,ㄴ)은 자동사로, 그 움직임이 '自己의 作用或形態를 發現ᄒ기에 止ᄒ고 他事物에 及지 아니ᄒ는 語'인데, (10-ㄱ)의 '나르오'는 '作用을 發現'하고, (10-ㄴ)의 '놉프다'는 '形態를 發現'한다고 하였다. 그리고 (10-ㄷ)의 '마신다'는 타동사로 그 움직임이 '他事物에 及ᄒ는 語'라 하였다.

그리고 자동과 타동이 병용(併用)되는 것과 자동사가 형태 변화에 의해 타동사로 되는 것의 예를 제시하였다.

(11) ㄱ. 꽂이 퓌어 / 사람이 소음을 퓌어
ㄴ. 쇠쏘리가 우르어 / 아해가 쇠쏘리를 울니어

위에서 (11-ㄱ)의 '퓌어'는 자/타동 병용에 해당하고, (11-ㄴ)은 자동사 '우르'가 ('縮音의 方便으로') '울'이 되고 그 아래에 '니어'를 붙여 타동사가 되는 것으로 보았다.

그리고 타동사는 '發現ᄒ는 形式에 主動과 被動의' 두 가지가 있다고 하면서, 이에 대해 비교적 세밀히 서술하였다.

(12) ㄱ. 을지문덕이 수양뎨롤 깨트리어
ㄴ. 수양뎨가 을지문덕에게 깨트리어지어

위에서 (12-ㄱ)의 '깨트리어'는 주동사로서 주격명사('을지문덕')의 작용이 빈격명사('수양뎨')에 '及ᄒ는 작용을 發現ᄒ는' 것이고, (12-ㄴ)의 '깨트리어지어'는 피동사로서 주격명사가 빈격명사의 '作用을 被홈을 發現ᄒ는' 것으로 해석하였다.

그리고 주동사가 피동사로 될 때에는 '지어'를 붙이는데, 피동사는 오직 타동사에 속한 것이기 때문에 자동사에 해당하는 것이 피동사가 되려면 반드시 먼저 타동사를 만들고 '지어'를 붙인다고 하였다. 그런데 때로는 '지어'가 붙지 않고도 피동사가 되는 일이 있다고 하였다.

(13) ㄱ. 비가 개어

　　ㄴ. 서풍이 비를 개이어

　　ㄷ. 비가 서풍에 개이어지어

(14) 개가 아해에게 마졋소

위에서 (13)은 '개어'(자동사)→'개이어'(주동사)→'개이어지어'(피동사)의 관계로 형성되는 것으로 보았다. 그리고 (14)는 '마졋소'가 피동사이나 '지어'가 붙지 않았는데, 여기서 '마졋'과 같은 동사는 본래 그 말의 의미가 타(他)의 동작을 받는 것을 나타내기 때문이라고 하였다.[56]

3.3. 김규식(1908)에서는 동사를 타동사와 자동사, 동격(同格)동사, 조동사 등으로 구분하였는데, 이 중에서 동격동사와 조동사를 동사의 하위부류로 설정한 것이 특이하다.

우선 자동사와 타동사의 상관관계에 대한 해석에서 타동사가 주동과 피동으로 설명되는 것으로 보았다.

(15) ㄱ. 犬이 鷄를 문다 / 鷄가 犬의게 물인다

　　ㄴ. 말이 것는다 / 馬夫가 馬를 걸닌다

　　ㄷ. 내가 그 사람의게 말ᄒ엿다

　　ㄹ. 잠을 잔다, 거름을 것는다, 우름을 운다

---

56 한편, 유길준(1904?)의 경우 동사에서 주동과 피동의 대응관계를 서술하였다.

　　(1) ㄱ. 져 아희가 개를 짜리오

　　　　ㄴ. 개가 져 아희에게 마졋소

　　(2) ㄱ. 사공이 비를 겨어 → 비가 사공에게 겨어혀

　　　　ㄴ. 농부가 밧을 갈어 → 밧이 농부에게 갈니여

　　위에서 (1-ㄱ)의 '짜리오'는 주동사이며 이것은 '아희'의 動ᄒᄂ 作用이 '개'에게 관련함을 표현하는 것이고, (1-ㄴ)의 '마졋소'는 피동사이며 '개'의 動이 '아희'의 動ᄒᄂ 作用을 被함을 표현한다고 하였다. 그리고 (2)는 '주동과 피동의 변화ᄒᄂ 관계'를 나타내는 것으로 보았다.

위에서 (15-ㄱ)은 주동('믄다')과 피동('물인다')의 관계를 나타내고, (15-ㄴ)은 자동사('것는다')의 타동사('걸닌다') 되기('自動詞로 變體된 他動詞')에 해당된다. 그리고 (15-ㄷ)의 '말ᄒ엿다'는 자동사가 타동사의 자격으로 쓰인 것이며('그 사람의게'가 '行動의 目的地가 되어서), (15-ㄹ)은 자동사가 동족목적어를 갖고 타동사 자격을 이루는 경우에 해당한다는 것이다.[57]

동격동사로는 '이다'와 '되다'를 제시하였는데, 전자가 가장 많이 쓰이고 후자는 그 다음이라고 하였다.

(16) ㄱ. 그 사람이 引導者이요
ㄴ. 拿坡倫이 法皇이 되엿쇼

위에서 (16-ㄱ)의 '이요'는 제목어('그 사람')와 동격의 설명명사('引導者')가 필요하고, (16-ㄴ)의 '되엿쇼'는 제목어('拿坡倫')가 주격의 설명명사('法皇') 없이는 문장이 완성되지 못한다는 것이다.[58]

한편, 김규식(1908)에서는 조동사에 대해 '元動詞'에 '連接ᄒ야 元動作思意를 協贊ᄒ는 者'라 해석하였다.[59]

(17) ㄱ. 내가 가보겟쇼
ㄴ. 그사람을 보고져ᄒ오
ㄷ. 물 먹고십쇼

---

57 또한 타동사로 反照동사 또는 反동사라 하여 '自殺ᄒ엿다'와 '뎌희들이 서로사랑ᄒ다'를 들었는데(이들은 서양인들의 재귀동사와 관련된다. 앞의 5.1.1절 1.3항 참조), 전자는 '자기'가 목적어에서 '隱覺'되고, 후자는 '사랑'이 '隱覺'된 목적어 '뎌희들'에게 '互相 反動'된다고 하였다. 여기서 '隱覺'은 형태적으로 실현되지 않은 것을 의미하는 것으로 보인다.
58 이것은 동격동사를 영어의 be동사에 대응되는 것으로 해석하였음을 의미한다.
59 이것은 서양인들의 조동사에 대한 해석과 관련된다(앞의 5.1.2절 참조).

위 (17)에서 '보겟쇼, ㅎ오, 십쇼' 등이 조동사에 해당된다는 것이다(다음의 7.2.5절 5.5항 참조). 또한 '원동사+조동사'는 두 개의 동사가 연합된 것이지만 한 개의 동작을 표현한다고 하였다.

그리고 조동사는 변격(變格)과 합의(合意)의 두 가지로 구분하였다.

(18) ㄱ. 내가 그 집을 보오(원동사)
    ㄴ. 내가 그 집을 알아(원동사)보겟쇼(조동사)
(19) 가려ㅎ오 / 갈만하오 / 보러가오

위에서 (18-ㄴ)의 '보겟쇼'는 변격조동사로, (18-ㄱ)에서처럼 원동사로 쓰일 수 있으나 조동사 자격으로 적용된 것이라 하였다. 그리고 (19)는 '元動詞로 發表ᄒᆞᆫ 思意를 分開ᄒᆞᆫ' 것으로 합의조동사의 예에 해당하며, 이들은 원동사가 특별한 어미로 활용한 후에 붙는데, 각각 '가려ㅎ오'는 지원(志願), '갈만하오'는 능력(能力), '보러가오'는 목적(目的)의 의미를 '分開'한다고 하였다.

3.4. 김희상(1911)에서는 동사를 의미에 따라(意義上) 자동사와 타동사로 구분하였는데, 특이하게도 다음과 같이 어간 말 음절의 모음에 따라(音別上) 9종으로 나누기도 하였다.

> ㅏ음동사: 가(往), 사(買), 닦(修), 받(受)
> ㅓ음동사: 거(劃), 벗(脫), 덮(覆), 쩔(慓)
> ㅕ음동사: 펴(敷), 혀(點), 켜(鉅)
> ㅗ음동사: 봄(見), 오(來), 쏘(射)
> ㅜ음동사: 두(置), 주(給), 구(煮)
> ㅡ음동사: 쓰(書), 끌(沸), 찔느(刺)
> ㅣ음동사: 피(發), 기(匍), 치(除)
> ·음동사: ᄒᆞ(爲)
> ㅣ중모음동사: 쉬(息), 되(成), 캐(採)

이것은 일본어 문법의 영향을 받은 것으로, 의미적인 기준보다는 형태적인 특징을 기준으로 동사를 유형화하는 경향을 수용한 것이라 할 수 있다(주현희, 2019:117-118 참조).[60]

3.5. 남궁억(1913)의 경우에서도 앞선 문헌과 같이 타동사를 주동과 피동으로 구분하여 해석하였다.

(20) ㄱ. 개가 고양이를 쫓는다 / 고양이가 개게 쫓긴다
ㄴ. 저애가 나를 속엿소 / 재가 저애게 속앗소

위 (20)에서 '쫓다:쫓기다'와 '속이다:속다'는 주동과 피동의 관계가 성립된다는 것이다.

그리고 주시경(1910)에서는 동사에 해당하는 '움'을 '여러가지 움즉임을 이르는 기'라 하고, '움뜻'에 따라 '제움(제몸에서 움즉이는 것)'과 '남움(남의 몸에 움즉이는 것)'으로, '움힘'에 따라 '바로움(자유로 움즉이는 것)'과 '입음움(남의 움즉임을 입어 움즉이는 것)'으로 구분하였다.[61] 이것을 제시된 예로 보면 다음과 같다.

움힘 ＼ 움뜻	제움	남움
바로움	'자, 날'	'따리, 잡, 먹, 먹이'
입음움	'잡히'	-

---

60 동사를 어간 말 음절의 모음에 따라 유형화한 것은 Ridel(1881)에서도 나타난다(앞의 5.1.1절 1.3항 참조).

61 주시경(1910)에서는 동사의 어간으로 그 형태를 제시하였다. 따라서 제시된 형태는 각각 '자(다), 날(다) 따리(다), … ' 등에 해당한다.

한편, 안확(1917)의 경우에는 동사를 자동사와 타동사 외에 사동사와 피동사, 형용(形容)동사, 숭경(崇敬)동사 등을 더 설정하였다. 여기서 사동사는 본동사가 '이, 기, 니, 히' 등 간음(間音)을 합하여 형성되고, 피동사는 본동사가 '이, 기, 니, 히' 또는 '지' 등 간음을 합하여 형성된다고 하였다. 그리고 형용동사와 숭경동사를 다음과 같이 예시하였다.

(21) ㄱ. 길이 쯥앗다 / 킈가 컷다
　　　ㄴ. 자다:줌으시다 / 잇다:계시다 / 먹다:잡수시다

위에서 (21-ㄱ)의 '쯥앗다, 컷다'는 형용동사로 형용사가 변하여 동사를 이루는 것이며, (21-ㄴ)의 '줌으시다, 계시다, 잡수시다' 등은 숭경동사의 예로 타(他)의 동작을 존경하는 말을 지칭한다고 하였다.

7.2.4. 형용사와 관형사

4.1. 내국인의 국어 문법 기술에서 형용사는 용법과 형태, 의미의 특징에 따라 구분하였다. 용법의 경우에는 명사 수식의 한정적 용법과 동사처럼 서술어가 되는 서술적 용법으로 구분하는 것으로, 거의 대부분의 문헌에서 명사와의 위치적 대응에 따라 전치와 후치로 나누었으며, 김규식(1908)에서는 후치형용사를 형동사라 하여 독립 품사로 설정하기도 하였다. 그리고 형태적으로는 본래 형용사로 쓰이는 것(원존, 본체)과 다른 품사로부터 형성된 것(전성, 변체)으로 구분하기도 하였다.[62]

62　서양인의 한국어 형용사에 대한 기술에서는 명사 수식의 한정적 용법으로 쓰이는 것에 주목하였다. 그리하여 명사를 수식하는 명사나 동사의 관형사형 등을 이에 포함하였다. 그런데 한국어 형용사가 그들 언어와는 달리 동사처럼 활용하는 특징이 있음을 인정하고, 형태 변화에 따라 한정적 용법으로 쓰이는 것은 당연히 형용사로 처리하였으나, 서술적 용법으로 쓰이는 것은 중동사라 하여 동사의 한 부류로 처리하기도 하였

각 문헌에서 의미나 형태에 따라 서술된 형용사의 하위분류를 정리하면
다음과 같다.

유길준(1909)	김규식(1908)	김희상(1911)	남궁억(1913)	안확(1917)
원존형용사 전성형용사	대명사적 형용사 수량적 형용사 품질적 형용사	보통형용사 수량형용사 행동형용사 대명형용사 미정형용사	대명형용사 수량형용사 적용형용사	본체형용사 변체형용사

그런데 위에서는 오늘날의 관형사에 해당하는 것을 하나의 독립 품사로
설정하지 않고, 해당 형태들을 형용사의 범주에서 다루었다. 그런데 주시경
(1910)에서는 형용사로서의 엇과 함께 관형사의 성격을 지닌 언을 독립 품
사로 설정하였다.

4.2. 유길준(1909)에서는 형용사를 '명사의 形狀及性質을 發表ᄒ는 語'라
하고 명사와의 위치에 따라 전치와 후치, 형태에 따라 원존과 전성으로 구분
하였다.

(22) ㄱ. 놉흔 뫼
　　 ㄴ. 뫼가 놉흐어
(23) 놉흔 뫼, 깁흔 물, 프른 물, 너그러운 사람
(24) ㄱ. '사람의 머리, 산의 꼿'
　　 ㄴ. '여름구름 → 여름꾸름 / 가을달 → 가을딸'
　　 ㄷ. '往ᄒ는, 來ᄒ, 行홀, 見ᄒ든'
　　 ㄹ. '靑ᄒ, 紅홀, 白ᄒ든'

다(앞의 5.1.1절 1.항 참조).

위에서 (22-ㄱ)은 전치, (22-ㄴ)은 후치에 해당하는 것으로, 특히 후치형용사는 '助動詞 '어'를 얻어 動詞體를 成'한다고 하여 동사처럼 쓰이는 것으로 해석하였다. 그리고 (23)은 원존형용사로서 '本然 成立'한 것이라 하였는데, (24)는 전성형용사의 예를 든 것이다. 여기서 (24-ㄱ,ㄴ)은 명사로서 전성한 것으로 명사 앞의 명사가 '의'가 결합되거나 그렇지 않은 상태에서 명사 수식의 기능을 하는 것을 의미한다. 그리고 (24-ㄷ)은 동사로서 전성한 것으로 동사의 분사형에 해당한다고 하고, 특히 (24-ㄷ,ㄹ)은 한자 뒤에 조동사 '호'가 붙어서 형성된 것이라 하였다.[63]

김희상(1911)에서는 형용사를 '名詞나 代名詞의 形容을 示호는 語'라 하고, 이른바 관형사형으로 쓰인 것을 주요 형태로 보았다. 그리고 이것은 위치에 따라 명사나 대명사 앞에 오는 것(전치형용사)과 뒤에 오는 것(후치형용사)으로 나누어 해석하였다.

(25) 좋은 일 / 붉은 꽃 / 푸른 입새 / 맑은 물 / 흰 것 / 검은 것
(26) ㄱ. 붉은 꽃이오 / 붉은 것이다
　　 ㄴ. 꽃이 붉다 / 그것이 붉다

위에서 (25)는 일반적인 형용사의 예이고, (26-ㄱ)은 명사를 '正制限'하는 것으로 전치형용사이며, (26-ㄴ)은 '返制限'하는 것으로 후치형용사로 구분된다는 것이다.

그리고 의미에 따라 형용사를 구분하였는데, 이것은 다음과 같이 정리된다.

63　서양인의 경우에도 수식적 기능을 하고 전치되는 것을 진정한 형용사라 하였다(앞의 5.1.1절 참조).

·보통형용사: '붉은, 높은, 좋은, 낮은, 얇은, 어엿븐, 찬, 밝은, 푸른, 맑은, 흰,
　　　　　검은, 짧은, 얕은, 높은'
·수량형용사: '적은, 많은, 여럿, 천, 만, 백, 한, 두'
　1) '한, 두, 새, 네, 다섯' (정수)
　2) '몇, 여러, 많은, 적은' (부정수)
·행동형용사: '오는, 가는 , 본, 홀, 입은, 먹은'
·대명형용사: '이것, 그것, 저것'
·미정형용사: '무슨, 어늬'

남궁억(1913)의 경우에는 형용사에 대해 '푸른 산'과 같이 명사 앞에서는
'ㄴ'을 밧치어 적고, '산이 푸르오'에서는 토('오')를 단다고 하면서, 다음과
같이 구분하였다.

·대명형용사: 대명사 중에서 형용사의 성질이 있는 자
　〈예〉 이 붓이 저 붓보다 낫소 / 어느 때에 오겟소
·수량형용사: (앞의 7.2.2절 2.4항 참조)
·적용형용사: '상태나 성질이나 이름이나 물질을 형용하는 말'
　-상태형용사: 〈예〉 매우 섭섭하엿소 / 짠 소곰을 먹소
　-특정형용사: 〈예〉 저이가 청년회 회장이오 / 남대문 정거장에 가보아라
　-사물형용사: 〈예〉 저 벽돌담 보아라 / 작년 농사는 대풍이지오

안확(1917)의 경우, 형용사를 본래 고유한 것(本體)과 타종의 말에서 변성
한 것(變體)으로 구분하였다.

(27) 크다, 달다, 더웁다, 붉다, 깃부다, 속하다
(28) ㄱ. 명사로 된 것: 사람의 머리 말의 머리
　　 ㄴ. 대명사로 된 것: 내 책, 온갖 나라 그 것
　　 ㄷ. 수사로 된 것: 한 사람 첫 재
　　 ㄹ. 동사로 된 것: 가는 사람 오는 말

위에서 (27)은 본체, (28)은 변체에 해당하는데, 특히 (28)은 명사나 대명사 앞에만 쓰인다고 하였다.

그리고 본체형용사는 용법상 전치와 후치로 구분된다고 하였다.

    (29) ㄱ. 붉은 긔 / 좁은 길
       ㄴ. 긔가 붉다 / 길이 좁다

특히 (29-ㄴ)처럼 형용사가 명사에 후치할 경우에는 후치사라 하거나 동사의 성질이 되어 형용동사라 하며, 명사 앞에 오는 경우에는 전치사 혹은 접두어라 하기도 한다고 하였다.

4.3. 김규식(1908)에서는 형용사를 '名詞의 前이나 後에서 處在ㅎ야 其名詞로 發表호 物의 性質이나 資品이나 形像이나 大小나 容積을 描言ㅎᄂ 詞字'라 하면서, 용법에 따라 '純全히 형용ㅎᄂ' 것과 '描言ㅎ여 說明ㅎᄂ' 것으로 구분하였다.

    (30) 새 집 / 됴흔 옷 / 푸른 나무
    (31) ㄱ. 이 집이 시롭다
       ㄴ. 이 집이 시집이다

위에서 (30)의 '새, 됴흔, 푸른'은 항상 명사 앞에서 단순히 명사를 수식하는 것(純全한 형용사)이고, (31)은 묘사하여 설명하는 것(描言하여 설명하는 형용사)에 해당하는 것이라고 하였다. (31-ㄱ)은 형동사('시롭다'), (31-ㄴ)은 동격동사('이다')에 해당한다.

그리고 형용사를 수식하는 성질에 따라 대명사적 형용사와 수량적 형용사, 품질적 형용사의 3종류로 구분하였다.

> ·대명사적 형용사:
> -지시대명사적 형용사: '이'(근칭), '그녀'(중칭), '그'(원칭)
> -문(問)대명사적 형용사: '어나, 무슴'
> -관계대명사적 형용사: '바, 어나, 무슴'
> -소유대명사적 형용사: '나의(내)/우리의/우리들의, 너의/너희의/너희들의,
>   이의/이들의'
> ·수량적 형용사: (앞의 7.2.2절 2.3항 참조)
> ·품질적 형용사
> ①'무거온, 어진, 미련혼, 둔혼, 넓은, 놉흔, 큰'
> ②'大韓사람(명사), 내의집(명사의 소유식), 그씨님군(부사)'
> ③'갈사람(不定法), 가눈사람(分詞法)'

특히 품질(品質)적 형용사에서 ①은 형용사 중에 그 수가 가장 많다고 하였으며, ②는 명사나 대명사 혹은 부사가 형용사로 작용하는 경우이고, ③은 동사의 부정법(不定法)과 분사법(分詞法)이 형용사로 대용되는 경우(동사적 형용사)라 하였다(다음의 7.4.2절 2.3항 참조).[64]

한편, 김규식(1908)에서는 형동사(形動詞)를 세우고 이를 '其題目語를 說明홀時에 同格動詞 '이다'와 形容詞를 並用ㅎ야 描言ㅎ눈 것'이라 하고, 예를 들어 형동사 '됴타'는 형용사 '됴흔'과 동사 '이다'가 '並合'된 것이 간략히 쓰인 것이라 해석하였다.

(32) 이 집이 됴타
     ←이 집이 됴흔이다
     ←이 집이 됴흔집이다
     ←이 집이 됴흔것이다

---

64 그리고 김규식(1908)에서는 형용사의 변체법(變體法)으로 비교식(比較式)이 있다고 하면서, 원급식('어질다')과 비교식('더어질다'), 최급식('뎨일어질다')으로 구분하였다. 이것은 김규식(1908)이 인구어 문법을 적극적으로 수용하였음을 의미한다(앞의 6.8.1절 참조).

위 (32)에서 '됴타'는 '됴흔이다'나 '됴흔집이다', '됴흔것이다'가 간략히 표현된 것으로, 따라서 '됴타'는 형용사 '됴흔'과 동격동사 '이다'가 병합('됴흔'+'이다')한 형동사에 해당한다는 것이다.[65]

4.4. 한국어 문법에서 형용사와 구별되는 독립 품사로서 관형사의 설정과 관련하여 생각해 볼 수 있다(남경완, 2017 참조). 당시에 이와 관련되는 것으로는 '관사'와 관련된 해석과 형용사와 변별되는 명사 수식어에 관한 것이 있다(앞의 3.3절 3.4항 참조).

우선 김규식(1908)의 경우 한국어에서 관사에 대하여 '冠詞라 홈은 名詞를 界限ᄒᆞᄂᆞᆫ 形容詞'로서, 항상 명사나 대명사 앞에만 오고 '形容詞로 變體되지 않는 말'이라고 하면서 이것을 정관사와 부정관사로 구분하여 제시하였다. 그리고 한국어에서 정관사는 지시대명사적 형용사 '그'가 이에 해당하고, 부정관사는 수량적 형용사 '흔'이 이에 해당한다고 하였다(앞의 7.2.2절 2.4항 참조).

(33) ㄱ. 그 말 가져오ᄂᆞ라
ㄴ. 흔 사람이 오날 왓쇼

위에서 (33-ㄱ)은 '그'에 의해 화자와 청자가 이미 알고 있는 특별한 말의 의미가 내포되며, (33-ㄴ)은 '흔'에 의해 '특별한 사람이 아니'라는 의미가 드러난다는 것이다. 그러나 한국어에서는 정관사 '그'와 지시적 대명사 '그'를 명백히 구분하여 사용하지 않으며, '흔'이 없어도 그 의미가 특별히 달라지지 않기 때문에 한국어에는 관사가 존재치 않는다고 하기도 하지만, 그것은

---

65 이것은 영어의 경우 'be동사+형용사'의 구조를 이루는 것에 기대어 이른바 형동사가 '형용사+이다'로 형성되는 것처럼 해석한 것이다.

근대 시기 서양인의 한국어 문법 연구

그 작용을 명백히 분석하지 아니한 소치라고 하였다.[66]

주시경(1910)에서는 이전에 주시경(1905)에서 形容('좋')과 形名('좋은'), 形動('좋게')으로 구분하였던 것을 각각 '엇'과 '언', '억'으로 하여 독립 품사로 설정하였다. 그리고 '엇'은 '여러 가지 엇더함을 이르는 기'이고 '언'은 '엇더한 (임기)이라 이르는 여러 가지 기'로 구별하였는데, 여기서 '언'은 오늘날의 관형사에 해당되는 것으로 평가된다.

주시경(1910)에서 제시된 '엇'과 '언'에 대해 의미를 기준으로 하위분류한 것을 서로 중복되는 것과 그렇지 않은 것으로 대응하여 정리하면 다음과 같이 된다.

의미 영역	〈엇〉	〈언〉
가르침	-	'이, 그, 저'
物品	'좋, 무르, 단단하, 무겁, 브드럽, 질기, 서늘하, 덥, 차'	'좋은, 귀한, 무른, 무겁은, 부드럽은, 연한, 질겁은'
物貌	'크, 적, 히, 좁, 길'	'큰, 힌, 적은, 정한'
行品	'착하, 어질, 슬기롭, 어리석'	'착한, 순한, 강한, 좋은'
行貌	'재, 게르, 답답하, 굼굼하'	'잰, 게른, 깃븐, 굼굼한, 반갑은, 답답한, 섭섭한'
때	'이르, 늦, 오라, 길'	'이른, 늦은, 오란'
헴	어림: '많, 적, 흔하' 모름: '엇더하'	'한, 두, 세, 네, 일곱, 많은, 적은, 흔한'
견줌	-	'이러한, 저러한, 그러한'
모름	-	'엇더한'
움	-	'간, 먹은, 가는, 먹는, 갈, 먹을, 가던, 먹던, 씰엇던, 가앗던'
임	-	'돌집'에서 '돌'

---

66 이러한 의식은 한국어 문법에서 관형사라는 품사에 대한 맹아적(萌芽的) 인식이라 해석하기도 하였다(김민수, 1977ㄴ 참조).

위에서 보듯, '엇'과 '언'은 의미상으로는 중복되는 부분이 많은데, 사물이나 행위의 모양이나 품성을 나타내는 것과 시간이나 수량을 나타내는 것은 '엇'과 '언'에 모두 포함되지만,[67] '가르침'이나, '견줌, 모름'을 나타내는 것은 '언'에만 존재하는 것으로 구분하였다. 특히 '움기로 언기가 된 것'('간, 가는, 갈, 가던, 가앗던' 등)과 '임기가 언기 노릇하는 것'('돌집'에서 '돌')이 포함되어 있다. 결국 '엇'과 '언'은 의미적으로 '엇더함'을 이르는 것은 동일하나 '언'이 '명사와 대명사를 수식'하는 기능적 측면에서 볼 때 이들을 서로 구분되는 것으로 해석한 것이다.

7.2.5. 토

5.1. 토(吐)와 관련된 것은 내국인의 국어 문법 기술에서 매우 중요한 부분이었다. 그것은 한국어가 교착적 성격을 지니며, 하나의 단어가 형태적으로 의미부와 형태부로 구분된다는 자각에서부터였다.[68]

당시에는 형태부를 이루는 여러 의존 형태(조사와 어미 등)에 대해 독립적인 품사로 설정하거나 그렇지 않기도 하였고, 특정 품사에 포함하는 것으로 다룬다 하더라도 어떤 품사에 귀속시키는가 하는 점에서 서로 다른 양상을 띠었다.[69] 그리하여 이러한 의존 형태들은 독립 품사로 설정할 경우에는 토

67　오늘날의 관점으로 보면, '엇'은 형용사의 어간형이고, '언'은 관형사형에 해당한다.

68　MacIntyre(1879-1881)에서는 명사 굴곡에서의 조사와 용언 활용에서의 어미를 '토'라 하고 이에 주목하여 한국어 문법을 기술하기도 하였다(앞의 5.3.2절 2.4항 참조). 그리고 이봉운(1897)에서도 '어토명목'으로 문법 형태의 의미와 기능에 대해 서술하기도 하였다(앞의 7.1.1절 1.2항 참조).

69　서양인의 한국어 문법 기술에서는 체언의 곡용과 용언의 활용을 인정하고, 대부분의 경우 조사와 어미에 해당하는 의존 형태들을 독립 품사로 설정하지 않았다(앞의 3.2.2절 2.3항 참조). 즉, 분석적 관점에서 의미부로서의 어간과 형태부로서의 어미를 구분하였으나, 이들을 묶어 하나의 단어로 인식하였다. 이에 비해서 내국인의 국어 문법에서

를 비롯하여 후사, 후치사, 접속사, 조동사, 겻, 잇, 끗(긋) 등 여러 용어로 불리었으며, 독립 품사로 설정되지 않을 경우에는 체언이나 용언의 형태 변화(곡용, 활용)를 이루는 것으로 처리되었다.[70]

　여기서 각 문헌에서 의존적인 문법 형태에 대한 범주 구분을 정리하면 다음과 같이 된다.

형태 ＼ 문헌	유길준 (1904?)	유길준 (1909)	김규식 (1908)	김희상 (1911)	남궁억 (1913)	안확 (1917)	주시경 (1910)
격조사	후사	접속사	(변체)	토	(체격)	후사	겻
보조사	후사	접속사	후사	토	후치사	후사	겻
접속조사	접속사	접속사	접속사	토	-	후사	잇
선어말어미	-	조동사	-	토	-	-	-
종결어미	조동사	조동사	어토 (변체)	토	토	조동사 (종결토)	끗
연결어미	접속사	접속사	접속사	토	토	조동사 (연쇄토)	잇
전성어미 명사형	-	(어미 변화)	(변체)	-	(변성)	-	-
전성어미 관형사형	-	-	-	토	-	-	-
접속부사	접속사	접속사	접속사	-	접속사	접속사	잇

　는 형태부에 해당하는 의존 형태들을 어휘부에서 분리하고, 그것들에 대해 단어적 기능을 인정하여 품사 분류의 대상으로 삼기도 하였다. 그리하여 경우에 따라서는 의존 형태들이 독립된 단어이면서 또 다른 단어의 부분이 되기도 함으로써, 분석적 관점과 종합적 관점이 혼재하는 양상을 보였다.

70　서양인들의 한국어 문법 기술에서는 대부분의 문법적 형태는 독립 품사로 분류되지 않고 명사의 곡용이나 동사의 활용에서 나타나는 어미(ending) 또는 접사(affix)이거나 어떤 의미를 더해 주는 첨사 (particle) 등으로 해석되었다. 후치사나 접속사 등에서 일부 의존적인 문법적 형태가 해당되기는 하지만, 이 경우에는 명사나 동사 결합형이거나 접속부사와 같은 어휘적 형태를 포함하는 것이었다(앞의 3.2.2절 2.1항 참조).

위에서 보면, 의존적인 문법 형태에 대한 범주 해석에서 품사 또는 형태의 명칭으로 '토'를 설정한 경우와 그렇지 않은 경우로 크게 나누어 볼 수 있다. 그리고 전자의 경우는 다시 김희상(1911)이나 남궁억(1913)과 같이 토를 독립 품사로 설정한 것과 김규식(1908)이나 안확(1917)과 같이 일부의 형태만을 토로 해석한 것으로 나뉜다. 특히 김희상(1911)은 관련 형태를 모두 토로 통합한 점에서 특이하다고 할 수 있다. 그리고 토를 설정하지 않은 경우, 유길준(1904?)에서는 후사와 접속사, 조동사로, 유길준(1909)에서는 접속사와 조동사로 처리하였으며, 주시경(1910, 1914)에서는 겻과 잇, 끗(긋)으로 분류하였다.

5.2. 김희상(1911)에서는 '토'를 다른 품사 뒤에 붙어 '言縷를 完全ᄒ게 하는 말', 즉 발화의 의미가 완전하게 드러나게 하는 것이라고 하면서 독립 품사로 처리하였다.

> (34) ㄱ. 부모가 하날이 해는 달은 별을
> ㄴ. 가오 오네

위에서 (34-ㄱ)은 체언에 붙는 조사, (34-ㄴ)은 동사의 어간에 붙는 어미에 해당하는 것으로 이를 모두 토로 통합한 것이다.

그리고 김희상(1911)에서는 기능에 따라 토를 다섯 유형으로 구분하였는데, 이를 정리하면 다음과 같다.

조토	·격위토 -주위토: '이, 가' / -객위토: '을, 를' ·전성토 -명사, 대명사, 동사, 형용사를 전치형용사로 전성: '의, 는, ㄴ, ㄹ' -명사, 대명사롤 첨성부사로 전성: '에, 에서, 에게, 으로, 로'

근대 시기 서양인의 한국어 문법 연구

	-동사, 형용사를 첨성부사로 전성: '게, 도록, 고저, 라고, 야, 듯' ·의사토: '갯, 지, 고십흐, 시, 엇, 드, ㅅ'
접속토	·字와 字 접속: '과, 와' ·句와 句 접속: '고, 니, 면, 서, 거니와, 나, ㄹ지언정, 지만, 즉'
종지토	(다음의 7.4.2절 2.2.항 참조)
감탄토	'아, 그려, 랑, 구나, 아말노'
변동토	·격위토를 代: '는, 도, 만, 짜지' ·전성토 및 접속토 아래: '에는, 에도, 에만, 에짜지' ·첩용하여 쓰임: '짜지도, 짜지만, 짜지는'

위에서 조토(助吐)의 경우, 주위토(主位吐)는 주격조사, 객위토(客位吐)는 목적격조사를 의미하고, 전성토(轉成吐)는 부사격조사와 관형격조사, 부사형어미와 관형사형어미에 해당한다. 특히 의사토(意思吐)는 선어말어미의 일부를 포함한다(다음의 7.3.2절 2.5항 참조). 그리고 접속토(接續吐)는 접속조사와 연결어미, 종지토(終止吐)는 종결어미, 변동토(變動吐)는 보조사 등에 대응된다.[71]

5.3. 일부 형태에 대해 토로 설정한 경우, 남궁억(1913)에서는 한국어의 의존적인 문법 형태에 대해 조사의 경우 격조사는 명사의 체격(體格)으로 보조사는 후치사로 나누었고, 용언의 어미는 토로, 관형형을 동사의 분사로, 명사형을 변성명사로 각각 구분하였다. 그리고 토는 서법을 기준으로 구분하였다(다음의 7.4.2절 2.4 참조).

김규식(1908)의 경우, 체언과 용언의 형태 변화에 대해 변사법(變詞法)으로 해석하였는데, 이것은 각각의 말이 문장에 쓰일 때 각기 상관되는 의미와

---

71 그런데 김희상(1927)에서는 토의 용법에서 접속토와 변동토를 제외했다.

기능을 표현하기 위해 '語尾가 變化되는 法式'을 말한다고 하였다.[72] 그리고 변사법을 품사의 변체식(變體式)과 어토활용(語吐活用)으로 구분하였으며, 조사의 경우 격조사는 명사의 격의 변체(變體)에 나타나는 형태, 즉 체격(體格)으로 처리하고, 보조사와 접속조사는 각각 후사와 접속사라 하여 독립 품사로 설정하였다.

그리고 용언 어미의 경우 어미에 해당되는 형태를 서법에 따라 동사 또는 형용사의 변체(變體)에 나타나는 형태로 해석하고, 종결어미에 해당되는 일부 형태를 어토(語吐)라 하였으며, 명사형어미나 관형사형어미는 동사의 변체식(變體式, 어형변화)에 의한 변화형에 붙는 것으로 해석하였다(다음의 7.4.2절 2.3항 참조). 그리고 연결어미에 해당하는 것을 접속사로 처리하였다.

한편, 안확(1917)의 경우에는 동사 어미에 해당하는 형태를 조동사라 하였는데, 조동사의 하나인 완조(完助)를 토(吐)라고도 한다고 하면서 이를 연쇄토(連鎖吐)와 종결토(終結吐)로 나누기도 하였다(다음의 7.2.5절 5.5항 참조).

5.4. 유길준 문법과 주시경 문법에서는 토라는 용어로 독립 품사가 설정되거나 하위구분되지는 않았다. 유길준(1904?)에서는 조사에 해당하는 형태에 대해 독립 품사의 하나로 후사를 설정하고 그에 대해 '토다는 말'이라 해석하였으며, 접속사와 조동사를 설정하여 동사 활용에서의 의존 형태를 처리하였다. 그리고 유길준(1909)에서는 후사 대신 접속사를 세우고 조사와 연결어미를 이에 포함하였으며, 조동사를 독립 품사로 하여 용언 어미에 해당하는 의존 형태들을 이에 포함하였다(다음의 7.2.5절 5.5항 참조).

주시경(1910)에서는 의존 형태들을 독립 품사로 설정하였으나, '토'를 품

---

72 이러한 해석은 서양인의 한국어 문법 기술, 특히 Underwood(1890)과 상당 부분 일치하는 것이다(앞의 3.2.2절 2.3항 참조).

사를 지칭하는 이름으로 수용하지는 않았다. 그런데 주시경(1908?ㄱ)에서 관계부에 대한 해석에서 '토'가 나타난다.

"引接 · 間接 · 助成의 職責은 長語式의 關係를 들어내(說明하)는 것이니 …… 此三體(引接 · 間接 · 助成)는 長語式에 關係部니라(前에는 此三體를 다 따라 하엿나니라)"
-주시경(1908?ㄱ:80)-

여기서 '引接 · 間接 · 助成 三體'는 품사에 상당하는 단위로서 이들은 관계부의 직책을 지니며 속칭 토라 한다는 것이다.[73] 그리고 이에 해당하는 것은 주시경(1910)에서는 속격을 제외한 모든 조사로서의 '겻'과 접속조사와 연결어미를 포함하는 '잇', 종결어미에 해당하는 '끗'으로 나누었다.

5.5. 조동사라는 용어가 쓰인 문헌에는 유길준(1904?, 1909), 안확(1917), 김규식(1908) 등이 있으나 이들이 지시하는 것은 각각 다르다. 즉, 유길준(1904?)에서는 동사에 붙는 의존적인 문법 형태(어미)를 지칭하였는데, 유길준(1909)에서는 지시 대상은 동일하나 독립 품사의 하나로 설정하였다. 그리고 안확(1917)에서는 조동사가 독립 품사로 설정되었고, 그것의 형태 범주는 유길준(1909)와 유사한 것이었다. 한편, 김규식(1908)에서는 조동사가 동사의 하위부류 중 하나로서 원동사에 붙어 의미를 보완하는 것으로 서술하였는데, 이것은 앞선 서양인들의 견해와 일치하는 것이기도 하였다(앞의 7.2.3절 3.3항 참조).

우선 유길준(1904?)의 경우, '動詞는 助動詞의 協附를 得ᄒ야 其活動ᄒ는 作用을 現ᄒ느니, 助動詞는 亦 動詞의 一種으로 一切 動詞의 意味不足ᄒ 處를

---

73 강복수(1972:115-117)에서는 주시경의 이러한 품사 분류에서 조사나 어미와 같은 허사에 대한 개념을 처음으로 규정하였으며, 이는 Underwood(1890)을 비롯한 여러 외국인의 문법에서 영향을 받은 것이라 하였다.

補助ᄒᄂ 者'로 보았다.

(35) ㄱ. 말이 달니오
　　ㄴ. 바람이 긋치웁니다
　　ㄷ. 복사꼿이 피엿소
　　ㄹ. 마얌이가 우는도다

위에서 (35-ㄱ)에서 '달니'는 동사이고 조동사 '오'를 '得'하여 그 작용이 완전하게 되며, 이와 마찬가지로 (35-ㄴ,ㄷ,ㄹ)의 '니다, 소, 도다'도 조동사에 해당된다고 하였다.

그리고 조동사는 다음과 같이 동사 외에 다른 종류의 단어와 連合하는 경우도 있다고 하였다.

(36) ㄱ. 乙支文德은 英雄이라
　　ㄴ. 忠信은 李舜臣 그ᄉ룸이로다
　　ㄷ. 나무 입ᄉ귀가 풀으다
　　ㄹ. 내가 어젹에 왓셧지오

위에서 (36-ㄱ)에서 '이라'는 명사, (36-ㄴ)의 '이로다'는 대명사, (36-ㄷ)의 '다'는 형용사, (36-ㄹ)의 '셧지오'는 다른 조동사와 연합된 것이라 하였다.

유길준(1909)에서는 조동사를 독립 품사로 설정하고, 이를 '動詞의 活用을 助ᄒ야 其意義를 完成ᄒᄂ 語'로서 '獨立으로 用'할 수 없는 것이라 하였다.[74]

(37) ㄱ. 말이 달니아
　　ㄴ. 말이 달니어
　　ㄷ. 말이 달니오

74　유길준(1909)에서 조동사는 유길준 문법의 핵심적이고 독자적인 문법 체계라 할 수 있다(권재선, 1988:196 참조).

위 (37)에서 동사 '달니'는 원어(原語)는 성립하였으나 '活動홈 올 得지 못ㅎ고 助動詞 '아, 어, 오'를 得ㅎ야 비로서 其意義롤 完成ㅎ'는 것으로 해석하였다.

그리고 조동사를 용법에 따라 '期節올 生ㅎ며 階段올 成ㅎ며 意思롤 表ㅎ'는 것으로 구분하였다. 여기서 기절(期節)은 '動詞의 發現ㅎ는 作用及狀態上 時期롤 表ㅎ는 者'이고, 계단(階段)은 '語套롤 構成ㅎ는 者'이며, 의사(意思)는 '言者의 意思를 各樣形式으로 發表ㅎ는 者'라 하였다. 즉, 기절은 시제와 관련되고(다음의 7.4.3절 3.1항 참조), 계단은 연결 또는 종결형의 의미와 관련되며, 의사는 종결형의 서법과 관련되는 것으로 이해된다(다음의 7.4.2절 2.1항 참조).

안확(1917)의 경우, 조동사는 동사에 붙는 의존 형태를 의미하는데, 이를 다른 조동사와 결합하는 간조(間助)와 '各種 詞를 다 助合'하는 완조(完助)로 구분하였다. 그리고 후자는 토(吐)라고도 하는데, 다시 '全篇의 意를 連合'하는 연쇄토(連鎖吐)와 '全語意를 終止'하는 종결토(終結吐)로 나누었다.

(38) 착하다, 가거라, 먹지 말아, 먹는다, 먹겟다, 먹고져 하오
(39) ㄱ. 가셔, 가고, 먹어야, 먹으니, 쥬도록, 쥬며
    ㄴ. 가오, 가다, 가라, 가는가, 가느냐

위에서 (38)은 간조이고 (39)는 완조인데, 다시 (39-ㄱ)은 연쇄토, (39-ㄴ)은 종결토에 해당하는 것이다.

그리고 조동사를 '의사(意思)'에 따라 다음과 같이 11종으로 구분하였다 (다음의 7.4.2절 2.4항 참조).

시기(時期): '는'(현재), '겟'(미래), '랴'(미래), '셧'(과거), '더'(과거)
희구(希求): 가고져, 가고 십흐어, 가져이다
필요(必要): 가야, 먹어야
결정(決定): 가셔, 가겟다, 가마
의문(疑問): 가는가, 가나뇨, 가느냐
부정(否定): 가지 안하오, 가지 못한다, 가지 말아

의상(擬想): 갈걸, 가지, 갈 듯
명령(命令): 가오, 가게, 가라
사역(使役): 보게 한다, 가게 하다
존경(尊敬): 가시오, 보쇼셔, 하샤
겸공(謙恭): 그리하와, 갓삽고

5.6. 대부분의 문헌에서 독립 품사로 설정되었던 접속사는 형태적 범위가 의존 형태 중에서 조사(접속조사)와 어미(연결어미)와 함께 자립어로서 접속 부사에 걸쳤으나, 문헌에 따라 해당 형태 범주를 달리하기도 하였다(유목상, 1970 참조).[75]

유길준(1909)의 경우, 접속사는 '言語의 中間에 揷入ㅎ야 前後承接ㅎ며 上下連讀(續?)ㅎ야 其意롤 相通ㅎ는 語'이라고 하면서, '가, 은, 롤, 에, 의, 로, 면, 브터, 나, 도' 등을 예시하였다.(괄호 필자) 그리고 접속사를 정체(定體)와 연체(連體), 순체(順體), 반체(反體)의 4종으로 나누었다.

정체	主格		'가, 이, 눈, 은'
	賓格		'롤, 올'
	명사의 體勢	止勢	'에, 으루'
		動勢	'로'
연체			'의, 와, 쏘'
순체			'면, 고로'
반체			'나, 언정'

위에서 정체접속사는 명사 뒤에 붙어 그 '體格을 定ㅎ는 語'로서, 명사의 '資格을 定'하는 기능을 기준으로 주격과 빈격으로 구분하고, 여기에 더하여

---

75 서양인의 한국어 문법 기술에서는 다양한 형태의 연결어미를 Underwood(1890)에서 처럼 접속사에 포함시키거나 Ramstedt(1939)에서처럼 동사 활용형으로 처리하였다 (앞의 5.5.2절 2.3-4항 참조).

근대 시기 서양인의 한국어 문법 연구

체세(體勢)에 따라 지세(止勢)와 동세(動勢)로 하위구분하였다(다음의 7.3.2절 2.2항 참조). 이들은 각각 주격과 대격, 그리고 부사격조사에 대응한다. 연체 접속사는 명사 또는 어구(語句)를 연결한다고 하였는데, 이들은 주로 관형격 조사 또는 접속조사에 해당한다.

그리고 순체접속사는 '上下 語或句롤 順接ᄒ야 其意롤 相通ᄒ는 者'로, 반 체접속사는 '其意롤 相反케 ᄒ는 者'로 해석하였다.

(40) ㄱ. 비가 오면 곳이 필이라
　　ㄴ. 비가온고로 곳이 뛰엇다
(41) ㄱ. 두견접동이 낫이나 운다
　　ㄴ. 찰알히 닭의 압이 될지언정 소의 뒤는 되지 말어라

위에서 (40)의 '면, 고로'는 순체접속사, (41)의 '나, 언정'은 반체접속사의 예에 해당한다는 것이다.

김규식(1908)의 경우, 접속사를 동등(同等)과 상속(相續)으로 구분하였는 데, 대체로 전자는 대등적인 것이고, 후자는 종속적인 것으로 나뉜다. 이것 은 다시 의미에 따라 하위구분하였는데, 이를 정리하면 다음과 같다.

·동등접속사
　-증가적: '와, 과, 또, 고(ᄒ고), 며, 도'
　-반대적: '나(이나), 지(든지), 가, 마는, 그러나, 이라도/지라도'
·상속접속사
　-연유적: '(홈)으로, 닛가, 고로, 슨즉, 스니, 이나'
　-가정적: '면, 지라도, 든지, 비롯, 나, 위ᄒ야셔'
　-시기적: '동안에는, 젼에는, 이후는, 찌에는, ᄭ지는'

이것은 형태 범주로 보면, 접속조사와 연결어미, 접속부사 외에도 '동안

에논, 젼에논'에서처럼 명사적 후치 표현 형태를 포함하는 것이다(다음의 7.3.2절 2.6항 참조).

> (42) ㄱ. 그이의 아버니도 죽고 그 어머니도 죽엇쇼
> ㄴ. 됴홀지 언잔홀지
> (43) ㄱ. 돈이 업는고로 마옴디로 못ᄒ오
> ㄴ. 만일 비가 오면 니가 못가겟쇼
> ㄷ. 우리가 이집에 오기젼에논

위에서 동등접속사는 '文法에 同位'인 단어나 어구를 연접하는 것으로 의미에 따라 (42-ㄱ)의 증가적(增加的)인 것과 (42-ㄴ)의 반대적(反對的)인 것으로 구분되고, 상속접속사는 '應從되거나 依賴되'는 것으로 (43-ㄱ)의 연유적(緣由的)인 것과 (43-ㄴ)의 가정적(假定的)인 것, (43-ㄷ)의 시기적(時期的)인 것으로 구분된다고 하였다.

주시경(1910)의 경우, '잇'을 설정하고 의미를 기준으로 다음과 같이 구분하였다.

> 덩이: '와, 과, 고'
> 잇어함: (한일) '아, 어, 아서, 어서' / (다른일) '고'
> 그침: '다가'
> 함게: '면서, 으면서'
> 풀이: 'ㄴ데'
> 까닭: '니, 으니, 매, 아, 어, 아서, 어서'
> 뒤집힘: '나, 이나, 으나, 되, 아도, 어도, 라도, 이라도, 거늘, 어늘, 이어늘, 고도'
> 뜻밖: 'ㄴ데, 는데, 인데, 은데'
> 거짓: '면, 으면, 이면, 거든, 어든, 이거든, 이어든'
> 홀로: '아야 어야'
> 하랴함: '러'

위에서 보면, '잇'은 형태 범주에서 접속조사 외에 연결어미를 포함한다.

근대 시기 서양인의 한국어 문법 연구

남궁억(1913)의 경우, 접속사를 '우 아래 두마대 가운데 노아서 두 뜻이 서로 접속케 하난 말'이라 하면서 순체접속사와 반체접속사로 구분하였다.

(44) ㄱ. 저기 안즌이가 곳 우리 형님이요
ㄴ. 당신 그러케 생각하시오 / 내 생각도 또 그럿소
ㄷ. 시골 길은 갈사록 산이오
(45) ㄱ. 이 먹은 저 먹보다 좃소 / 몸은 비록 크나 힘은 적소
ㄴ. 지금은 어둡소 / 그러나 조곰 잇다 달이 뜨리다

위에서 (44)는 순체접속사로 '우의 뜻이 순히 나려가게 하는 성질'이 있고, (45)는 반체접속사로 '아래 뜻이 우의 뜻을 돌리키게 하는 성질'이 있다고 하였다. 이들 대부분은 자립 형식으로서의 접속부사에 해당한다는 특징을 지닌다.[76]

안확(1917)의 경우, 접속사를 형태와 의미를 기준으로 나누었다. 형태적으로는 본래 고유한 본체(本體)와 다른 종류의 품사에서 전변(轉變)한 변체(變體)로 나누었다.

(46) ㄱ. 또, 겸, 다못, 밋, 그럼
ㄴ. 그런데, 여긔대하야, 쑨더러, 어시호, 그런고로, 이를말미암아

위에서 (46-ㄱ)은 본체, (46-ㄴ)은 변체 접속사에 해당한다는 것이다. 그리고 의미에 따라 다음과 같이 2종 6별로 구분하였다.

동서사	연합사(連合詞): '과, 와, 하고, 하며, 또'
	별의사(別義詞): '하나마나, 할는지말는지, 잇든지업든지'

---

76 이에 대해 김민수(1980:223)에서는 남궁억(1913)이 최초로 토 아닌 접속사를 설정했다고 하였다.

부서사	조건사(條件詞): '면, 거든'
	반의사(反意詞): '드라도, 들'
	연고사(緣故詞): '기에, 고로'
	시부사(時付詞): '도록, 면서'

위에서 동서사(同序詞)는 동등하게 연결되는 것으로 두 가지로 나누고, 부서사(副序詞)는 사(詞)의 의미적 관계를 지시하는 것으로 다시 네 가지로 구분한 것이다.

7.3. 명사의 곡용과 문법범주

내국인의 국어 문법 기술에서 명사의 문법범주에 대해서는 성과 수, 그리고 명사의 곡용과 조사의 형태적 지위 문제가 논의의 중심이 되었다.[77]

7.3.1. 명사의 성과 수

1.1. 유길준(1909)에서는 성(性)에 대한 서술이 없으며, 수(數)는 단수, 복수로 나누고 복수는 '들'로 표현된다고 하였다. 그런데 '다섯 사람'에서처럼 사물의 수량을 '數爻로 說出'할 때는 '들'을 생략한다고 하였고, 단수인 '병정'에 대해 '군대'는 단어 그 자체가 복수를 표시하는 것으로 집합명사(集合

---

77 서양인의 한국어 명사 기술에서는 그들 언어의 관점에서 성과 수를 구분하였으나, 한국어에서는 이들이 불분명하고 오히려 명사의 지시 대상에 대한 사회적 대우의 층위가 중요하게 반영되는 것으로 보았다(앞의 4.1.1절 참조). 그리고 그들은 명사의 곡용에 따라 격 체계를 설정하였으며, 각각의 격 범주에 해당하는 형태에 대한 용법을 매우 세세하게 서술하였다(앞의 4.4.1절 참조). 또한 그들 언어의 전치사에 대응하여 후치사를 설정하고, 관계적 의미를 지닌 명사나 동사 결합형을 이에 포함하여 서술하기도 하였다(앞의 4.4.3절 참조).

名詞)라 불리기도 한다고 하였다.

김규식(1908)의 경우, 명사는 성(性)과 수(數)와 격(格)에 의해 변체(變體)된다고 하였다. 우선 성은 보통성('사람, 소, 말, 기')과 남성('사내, 황소, 상마, 수개'), 여성('계집, 암소, 피마, 암기'), 중립성('집, 돌, 물, 산')의 4단으로 구분하고[78], 남녀의 성을 구분하는 변체식에는 세 가지가 있다고 하였다.

(47) ㄱ. 장씨:쟈투리, 사내:계집, 아바지:어마니, 오라바님:누의님, 아달:쑐,
       남편:안히, 슉(叔):슈(嫂)
   ㄴ. 슛돗:암돗, 남자:녀자, 사내하인:계집하인, 웅계:쟈계
   ㄷ. 슉부:슉모, 황뎨:황후, 장인:장모, 죠부:죠모, 양인:양녀, 창부:창녀,
       아히놈:아히년

위에서 (47-ㄱ)은 '各別호 詞字로 表'하는 것이고, (47-ㄴ)은 '接頭辭로 表'하는 것이며, (47-ㄷ)은 '接尾辭로 表'하는 것으로 예시하였다.

그리고 수(數)에서 단수는 원사(原査)를 그대로 쓰고, 복수는 원사에 접미사 '들'을 첨가하는데, 간단히 쓸 때에는 복수식으로 변체하지 않는다고 하였다. 그리고 때로는 단체를 지칭하는 말을 붙여 쓰거나 본래 단체를 나타내는 말이 존재하기도 한다고 하였다.

(48) ㄱ. 사람:사람들, 개:개들, 집:집들, 나모:나모들
   ㄴ. 兒孩의게 冊을 쥬어라
(49) ㄱ. 사람:뭇사람/여러사람/만흔사람
   ㄴ. 군인:군대, 학원:학도

위에서 (48)은 '들'의 용법과 관련되고, (49)는 복수 표현의 특별한 형태에

---

78 김규식(1908)에서는 '기'와 '개', '사룸'과 '사람' 등이 함께 나타나는데, 이것은 당시 아
    래아('ㆍ')의 표기가 일률적이지 않았기 때문인 것으로 이해된다.

해당되는 것이다.

김희상(1911)에서는 '詞의 변화'라 하여 명사에 대해 '數量과 分類로 以호야 變化'하는 것으로 보고, 수에 따라 단수와 복수로 구분하고 성에 따라서는 陽類('도령, 오래비'), 陰類('처녀, 누의'), 中類(非陽非陰, '동산, 칼'), 平類(或陽或陰, '사촌, 동생')으로 구분하였다. 그리고 다음과 같이 전체로 변화하는 경우도 존재한다고 하였다.

(50) 아바지:어머니, 도령:처녀, 중:보살, 오래비:누의

1.2. 한편, 주시경(1910)에서는 성류(性類)라 하여 수(陽性, '아비, 오랍이')와 암(陰性, '어미, 누의'), 보통성(普通性, '사람, 즘승, 소, 말, 새, 고기'), 무별성(無別性, '나무, 풀, 돌, 물, 흙, 불, 빗, 뜻, 일, 아츰, 이제, 봄')의 넷으로 구분하였다. 그리고 음양을 특별히 구별할 경우에는 '암/수'를 붙여 쓰기도 한다고 하였다('수소:암소', '수은행나무:암은행나무' 등).

안확(1917)의 경우, 명사의 음양(陰陽)의 구별은 보통과 특별이 있으며, 특별한 명칭이 없을 때에는 '암, 슈, 사내, 계집' 등을 응용하여 구별한다고 하였다.

(51) ㄱ. 계집:사내, 계집아해:사내아해, 계집사람:사내사람
     ㄴ. 어머니:아버지, 딸:아들, 마누라:영감
(52) ㄱ. 암소:슈소, 암탉:슈탉
     ㄴ. 갈법:칙법, 파마:상마, 짜투리:쟝씌

위에서 (51)은 인류(人類)에 관한 것이고 (52)는 그 밖의 물(物)에 관한 것으로 구분하였다.

그리고 명사의 수에는 단수와 복수가 있으며, 복수는 후사인 '들'을 붙이거나 복수적 형용사('여러, 모든' 등)을 더하거나, 집합명사('군대, 백셩' 등)로 표현되기도 한다고 하였다.

근대 시기 서양인의 한국어 문법 연구

7.3.2. 명사의 곡용과 후치 형태

2.1. 체언의 문법적 기능과 관련되는 격의 실현에 대해서는 대체로 독립 품사로 설정하는 경향을 띠었다. 그리하여 유길준(1909)에서의 접속사, 김규식(1908)에서의 후사와 접속사, 주시경(1910)에서의 겻과 잇, 그리고 안확(1917)에서의 후사 등이 독립 품사로 설정되었다.[79] 그러나 일부의 경우에는 체언에 의존적인 곡용 어미(격 어미)로 처리하기도 하였다. 우선 각 문헌에서의 격의 분류 체계를 정리하면 다음과 같다.

유길준 (1909)	김규식 (1908)	남궁억 (1913)	안확 (1917)	주요 형태
주격	주격(상론)	주격	주격	'이(시, 히), 가, 게셔'
빈격	목적격(상론)	빈격	객격	'을(를, 흘, 슬)'
-	원인격	사용격	종격	'로(으로, 스로, 흐로, 노)'
-	소유격	물주격	목적격	'의'
-	-	위치격	여격	'에'
-	지명격	귀착격		'의게(에게, 게, 끽), 안테, 다려'
-	-	유출격	연격	'에게셔, 에셔/에서'
-	주격, 목적격 (별론)	반대격	변격	은/는, 흔
-	-	호출격	호격	'이여/여, 님, 아/야'
(2)	(5)	(9)	(8)	

위에서 보면 최소 2격에서 9격에 이르기까지 다양하게 서술하였는데, 주격과 빈격(목적격)을 제외하고는 의미에 따른 주관적 해석이 짙게 반영된 것으로 보인다. 이것은 당시 내국인의 경우 격의 실현과 관련한 개념이 제대로

---

79 그러나 김규식(1908)에서는 일부 격의 실현을 격 어미에 의한 명사의 변체로 다루기도 하였다(다음의 7.3.2절 2.3항 참조).

정립되지 않은 상태에서 모어 화자로서 주관적인 의미에 따라 서술하고자 했기 때문인 것으로 이해된다.[80]

그리고 이른바 후치사라 하여 김규식(1908), 남궁억(1913), 안확(1917) 등의 일부 문헌에서는 이에 관련한 형태를 제시하기도 하였는데, 이것은 앞선 서양인들의 한국어 후치사에 대한 서술과 많은 부분에서 관련되는 것이기도 하다(앞의 4.4.3절 참조).

2.2. 유길준(1904?)의 경우 '名詞及代名詞는 其用處를 隨ᄒᆞ야 主格及賓格의 區別이 有ᄒᆞ니'라 하면서 다음의 예를 제시하였다.

> (53) ㄱ. 나븨가 꼿을 차져단이오.
> ㄴ. 믜는 꿩을 잡ᄂᆞ니라
> ㄷ. 구름이 비를 니루ᄂᆞ니라.
> ㄹ. 나븨가 꼿은 조아ᄒᆞ지만 열믜는 조아ᄒᆞ지 아니ᄒᆞ오.

위 (53-ㄱ,ㄴ,ㄷ)에서 에서 '나븨'와 '믜, 구름'은 주격, '꼿'과 '꿩, 비'는 빈격에 해당하며, '가, 는'은 주어에 뒤따르는 후사(後詞), '을, 를'은 빈격에 뒤따르는 후사라 하여 독립 품사로 설정하였다. 그런데 때때로 (53-ㄹ)에서와 같이 '語意의 活動을 由ᄒᆞ야 '을'의 外에도 '는'이 빈격'에도 쓰이기도 한다고 하였다.

그런데 유길준(1909)에서는 격을 위격(位格)이라 하고, 위격을 '一事物이 他語와 關係ᄒᆞ는 地位를 指示ᄒᆞ는 者'라 하면서 주격(主格)과 빈격(賓格)으로 구분하였다. 그리고 여기서 '가/이'와 '를/을'을 定體접속사라 하여 명사 뒤에 붙

한편, 서양인들의 한국어 명사의 격에 대한 해석은 그들의 언어에 따라 5~9격 체계로 해석하였으며, 대체로 일반언어학적 관점에서 서술하였다(앞의 4.4.1절 1.2항 참조).

어 그 '체격(體格)을 定ㅎ는 語', 명사의 '資格을 定'하는 기능을 하는 것으로 보고, 각각 주격과 빈격에 관하는 것으로 구분하였다(앞의 7.2.5절 5.6항 참조).

(54) ㄱ. 나븨가 나르어
    ㄴ. 사람이 말올 타어
    ㄷ. 곳올 보어

위에서 (54-ㄱ,ㄴ)의 '나븨'와 '사람'은 주격명사, (54-ㄴ,ㄷ)의 '말'과 '곳'은 빈격명사에 해당한다. 그리고 (54-ㄷ)에서는 주격명사가 생략된 것이라 하였다.

그리고 이에 더하여 정체접속사가 명사의 體勢를 정하는 데에는 止勢와 動勢가 있다고 하면서 '로'의 경우 處所를 표시하는 지세, 사물을 사용함에 쓰이는 동세로 구분하기도 하였다.

(55) ㄱ. 강으루 고기잡이 가다
    ㄴ. 소로 밧 갈다

위에서 (55-ㄱ)은 지세, (55-ㄴ)은 동세에 해당된다는 것이다.

2.3. 김규식(1908)의 경우, 변사법(變詞法)에 따라 명사의 변체식에 성과 수를 분별하는 것 외에 격을 구분하는 것도 있다고 하면서 주격과 목적격(혹은 빈격), 소유격, 지명격, 원인격의 5격 체계로 해석하고 이것을 나타내는 형태를 격 어미(格語尾)라 하였다. 그런데 소유격('의')과 지명격('의긔, 씌, 안테, 다려'), 원인격('로, 으로, 스로, 흐로') 어미는 단독으로 거론하면 후사(格致後詞)에 해당하는데, 주격과 목적격 형태는 후사에 해당되지 않는다고 하였다(다음의 7.3.2절 2.6항 참조).

주격은 명사가 동작의 '主行됨이나 其說明의 題目되'는 것을 나타내며, 여기에는 상론(常論)과 별론(別論)의 구별이 있는데, 전자는 명사가 '平常의 意思로' 표현하는 것('이, 가')이고, 후자는 명사가 '別他的이나 反對的 意思'로 표현하는 것('은, 는, 슨, 흔')이라 하였다.

(56) 뎌 사룸이 / 뎌거시 / 밧히 / 개가
(57) ㄱ. 이 칙은 됴코 뎌 칙은 됴치못ㅎ다
    ㄴ. 나는 가오
    ㄷ. 밧흔 어듸 잇쇼

위에서 (56)은 상론, (57)은 별론으로 구분되며, 후자의 경우 (57-ㄱ)의 반대적(反對的)인 것과 (57-ㄴ,ㄷ)의 별타적(別他的)인 것으로 나뉜다는 것이다.

목적격은 '行動의 目的地'를 나타내는 것으로, 빈격(賓格)이라고도 하며, 주격과 마찬가지로 상론('을, 를, 홀, 슬')과 별론('은, 는, 슨, 흔')의 구별이 있다고 하였다.

(58) ㄱ. 말이 물을 먹소 / 내가 이거슬 원ㅎ오
    ㄴ. 말이 풀은 잘 먹소 / 말이 고기눈 안 먹소

위에서 (58-ㄱ)은 상론, (58-ㄴ)은 별론에 해당한다

그리고 소유격('의')은 명사가 '他的의 所有權을 帶흔 것'을, 지명격('의게, 씌, 안데, 다려')은 '行動의 目的地가 目的格 名詞 外에 在홈'을, 원인격('로, 으로, 스로, ㅎ로')은 '他事의 原因되거나 他物의 原質됨'을 표현한다고 하였다.

(59) ㄱ. 이 아히의 개 / 뎌 사람의 집 / 님군의 권세 / 신하의 직분
    ㄴ. 이 꼿을 뎌 아희의게 쥬어라 / 이 말을 형님씌 ㅎ여라 /
        이 집을 나안테 파시오 / 물장ᄉ다려 물을 기러오라 ㅎ여라
    ㄷ. 돌로 싸흔 담 / 흙으로 만단 그릇 / 검은 거스로 싸라 /
        집흐로 식기를 쏜다

근대 시기 서양인의 한국어 문법 연구

위에서 (59-ㄱ)은 소유격, (59-ㄴ)은 지명격, (59-ㄷ)은 원인격에 해당한다 (다음의 7.3.2절 2.6항 참조).

2.4. 남궁억(1913)의 경우, '한 사람이나 물건이나 일을 들어 말할 때에 다른 것과 관계가 될 경우에 체격이 잇'다고 하면서 '명사나 대명사 아래 일정한 글자를 노아서 그 체격을 일우게' 한다고 하였다. 그리고 이것을 명사의 체격이라 하고 다음과 같이 9종으로 구분하여 예시하였다.

주격('이/가'): 바람이 분다 / 나무가 바람을 막소
빈격('을/를'): 바람이 나무를 흔드오 / 나무가 바람을 막소
사용격('로/노'): 소로 밧츨 가럿소 / 말노 밧츨 가럿소
물주격('의/희'): 사람의 힘이 대단하오 / 이밧희 콩이 잘 되엿소
위치격('에'): 산에 올나 들을 구경하오 / 꼿에 벌이 안졋소
유출격('에서'): 학교에서 나를 부르오 / 갓에서 좀이 나오
귀착격('께, 한테'): 하나님께 복을 비시오 / 김서방한테 그말 하여라
반대격('은/는, 흔'): 당신은 갈지라도 나는 잇겟소
　　　　　　　　저 나무가 입흔 고와도 꼿은 언잔소
호출격('아'): 갑동아, 글 읽어라 / 악아, 이리 온

이것은 격 표지를 제시하는 것으로 오늘날의 격조사와 거의 일치하는 것으로 이해된다.

안확(1917)의 경우, 명사의 위격(位格)은 8종이 있는데, 이를 표현하는 형태는 명사 어미(語尾)로서, 받침 유무와 존칭과 평칭, 동물과 부동물 등에 따라 달리 나타날 수 있다고 하였다. 즉, 예를 들면 주격의 '게셔'는 '이/가'에 비해 존칭을 나타내고, 여격의 '에게, 게'는 동물에, '에'는 부동물(不動物)에 쓰인다는 것이다.

특히 여기서는 각 격 어미의 의미를 서술하였는데, 이를 정리하면 다음과 같다.

> 主格('이/가, 계서'): 주장이 되는 것
> 客格('을/를'): 주격의 客觀되는 말
> 目的格('의'): 附屬되는 뜻
> 辨格('은/는'):事를 分決하는 뜻
> 與格('에게, 게, 에'): 사람이나 동물은 授受, 부동물은 時를 指함.
> 從格('으로/로, 노'): 他語에 附從하는 뜻
> 連格('에게셔, 에서'): 連絡과 定함.
> 呼格('이여/여, 님, 아/야'): 知하게 함, 引導함, 感歎

2.5. 김희상(1911)에서는 토(吐)의 하위분류에서 조토(助吐)를 설정하고 그 안에 격위토(格位吐)를 세웠다(앞의 7.2.5절 5.2항 참조). 그리고 이것을 주위토(主位吐)로 '이, 가', 객위토(客位吐)로 '을, 를'을 제시하였다. 그리고 토의 변화(變化)에서는 대우의 정도에 따라 주위토의 경우 대우 정도에 따라 구분되어 상대(上待)에서는 '이/가' 대신에 '쎄압서, 쎄서'로 쓰인다고도 하였다.

그리고 때로는 명사나 대명사가 團合性이 있을 때 '에서'로도 쓰인다고 하면서 다음의 예를 들었다.

(60) ㄱ. 학교에서 쉬오
ㄴ. 영문에서 놀으오

한편, 주시경(1910)의 경우에는 명사의 격 표지와 관련되는 형태를 '겻'으로 처리하였는데, 이것을 크게 '만이'와 '금이'로 구분하였다. 그리고 전자를 임이(주어)와 씀이(목적어)의 '職權의 分別'을 나타내고 후자는 남이(서술어)의 자리를 금하는 것, '움즉임의 자리를 가르치는 것', '임기의 아래에 더하여 억기, 곧 금이가 되게 하는 것' 등으로 서술하였다. 이에 대해 의미에 따라 제시된 형태를 정리하면 다음과 같다.

근대 시기 서양인의 한국어 문법 연구

〈만이〉	〈금이〉
임홋만: '이, 가'	자리금: '에, 로, 에서, 짜지, 쯤'
씀홋만: '을, 를'	몬금: '에, 에서'
덩이임만: '에서'	때금: '에, 로, 으로, 에서, 까지, 쯤'
한가지만: '도'	혬금: '에, 로, 으로, 에서'
다름만: '는, 은'	부림금: '로, 으로'
다름한만: 'ㄴ들, 인들, 라도, 이라도'	움몬금: '에서, 서, 에세, 게, 에게서, 다려'
안가림만: '든지, 이든지, 나, 이나'	임금: '에, 에서'
낫됨만: '나'	낫한금: '마다'
특별함만: '야, 이야'	까닭금: '에, 로, 으로'
홀로만: '만'	함께금: '와, 과'
부름만: '아, 야, 여, 이여'	다름한금: '엔들'
낫한만: '마다'	

위에서처럼 만이와 금이를 의미와 기능으로 구분하였는데, 만이에는 주격과 목적격의 조사와 보조사가 포함되었고, 금이는 주로 부사격과 관련된다.

2.6. 명사 후치 표현과 관련하여, 김규식(1908)과 남궁억(1913), 안확(1917)에서는 이들을 독립 품사로 설정하였다. 김규식(1908)의 경우, '後詞'는 명사나 명사 상당어에 붙어 그 명사로 하여금 '副詞節을 成ㅎ는 것'이라하면서 다음의 예를 제시하였다.

(61) 촌으로, 저녁에, 우리로ㅎ여곰

여기에서는 Underwood(1890)을 인용하면서 후사를 명사 뒤에 붙어 그명사의 관계를 나타내는 것으로 해석하였다. 그러나 이렇게 하면 후사의 범위가 너무 광대(廣大)해져서 (명사에 붙는 조사와 동사 어간에 붙는 어미 모두를포함하게 되어) 이른바 토(吐)까지를 포함하게 되며, 이에 따르면 결국 한국어 문법은 8품사와 토의 활용만으로 한정될 거라고 하였다. 그리하여 여기서는 격 어미와 동사의 종결어미, 관형사형어미, 부사형어미 등을 제외한 좁은 범위에서 후사를 해석하였다.

그리고 후사를 구성 형식에 따라 단순('他品詞와 連接되지 아니ᄒ고 純全한 後詞의 資格이 有ᄒᆫ 者')과 복합('他品詞나 他後詞나 連合ᄒ야 後詞의 資格을 成ᄒᄂ 者')으로 나누었다. 이것을 정리하면 다음과 같다.[81]

> ·단순후사: '의게, 안데, ᄃ라, 로, 에셔, 에, 부터, ᄭ지'
> ·복합후사:
> -후사와 연합: '으로ᄒ여곰, 을인ᄒ야, 을위ᄒ야, 으로말믜암아, 와갓치, 와
> 홈ᄭ, 으로부터, 에ᄭ지'
> -명사와 연합: '안에, 밧게, 우에, 밋헤(아리), 아ᄅ에, 이편에, 뒤에, 압헤. 겻헤.
> 엽헤'
> -동사와 연합: '건너, 너머, 지나셔, 못밋쳐서'
> -부사와 연합: '어디셔, 오날부터, 여긔ᄭ지'

또한 '其表示ᄒᄂ 思意를 隨義ᄒ야', 즉 의미에 따라 後詞를 다음과 같이 구분하였다.

> 格致: '의, 로, 셔, 게, 다려, 에셔, 게셔, 위ᄒ야, 과홈ᄭ'
> 處所: (處에 在홈): '에' / (處로 向홈): '로, 으로, ᄭ지' /
> (處로 從홈): '셔, 에셔, 부터'
> (處에 在홈과 處로 向홈에 통용): '너머, 건너, 지나셔, 못밋쳐셔'
> 時期: '에, ᄭ지, 으로/로', '동안에, ᄯᅵ에, 사이에, 언제ᄭ지, 이후로'
> 緣由: '로/으로, 과, ᄭ닭에, 로동ᄒ야/달ᄒ야, 말미암아, ᄒ여곰, 인ᄒ야'
> 目的: '나를위ᄒ야, 이일을인ᄒ야, 일노말믜암아왓쇼, 홀목젹으로'
> 稽考: '로형말삼에딕ᄒ야내가셜명ᄒ겟쇼, 이집으로말ᄒ면나사ᄂ집이오'
> 區別: '하나외에, 그사람말고, 이것밧게업쇼'
> 應從: '위(爲)ᄒ야, 인(因)ᄒ야, 의(依)ᄒ야, 슈(隨)ᄒ야, 응(應)ᄒ야'
> 反對: '라도, 만은', '법률에위반되엿쇼, 그것을반듸ᄒ오, 일본과로국과ᄭ호앗쇼'

---

81 이것은 한국어 후치사를 단순형과 복합형, 동사형으로 구분하였던 Underwood(1890)
의 서술과 매우 유사하다(앞의 4.3.3절 3.6항 참조).

근대 시기 서양인의 한국어 문법 연구

代表: '我等이漢城府民代表로來ᄒᆞ엿쇼, 金書房이其兄代身에去ᄒᆞ엿쇼'
所有: '의, 의게/게'
物質: '이상은鐵로만다럿쇼, 겨울에아히들이눈으로사람을만단다, 쌀가지고밥을짓쇼'

특히 위에서 격치후사(格致後詞)는 격의 실현과 관련되는 것이었는데, '名詞에 連接되여 其名詞의 語尾와갓치 活用되여 名詞의 資格을 變成ᄒᆞ는 것'이라 하면서, 위에 제시된 형태를 다시 소유격(所有格)을 나타내는 어미 '의'와 지명격(指名格)을 나타내는 어미 '로, 의게, 다려, 에셔, 게셔, 위ᄒᆞ야, 과홈끠'로 구분하였다(앞의 7.3.2절 2.3항 참조).

소유격은 다시 의미에 따라 할분(割分)과 형용(形容)으로 구분하였다.

(62) ㄱ. 새의 날기
ㄴ. 호랑이의 힘

위에서 (62-ㄱ)은 '全體의 部分'의 의미를 나타내고, (62-ㄴ)은 '無形的 品質 '힘'으로 有形物 '호랑이'를 形容'하는 의미가 있다고 하였다.

지명격은 '其行動의 目的地가 目的格名詞 外에 在ᄒᆞᆫ 것을 發表ᄒᆞ는 것'이라 하면서 다음의 예를 제시하였다.

(63) 그 사람이 나를위ᄒᆞ야 집을 짓는다
(64) ㄱ. 그 칙을 내게로 보니시오
ㄴ. 뎌 아히의게 돈을 쥼쥬시오
ㄷ. 형님다려 이말삼을 ᄒᆞ시오
ㄹ. 날과홈끠 이일을 합시다

위 (63)에서 '집을'은 동사 '짓다'의 목적격이 된다. 그런데 '짓는'의 목적지가 '집'에만 있는 것이 아니라 '나를위ᄒᆞ야'도 이에 해당하니 후사 '위ᄒᆞ야'가 대명사 '나를'로 하여금 동사 '짓다'의 제2목적지를 지명(指名)하기 때문에 '나를위호야'가 동사의 지명격(指名格)이 된다는 것이다. (64)는 추가된 예이다.

또한 처소후사는 처소를 지정하는 것으로 항상 명사나 부사에 붙어 처소 부사의 작용을 한다고 하면서 '處에 在홈'과 '處로 向홈'으로 구분하였는데, 특히 '너머, 건너, 지나셔, 못밋쳐셔' 등은 이 두 가지에 통용되는 것으로, 이들은 '變體된 動詞'로 이루어진 것이어서 동사적 후사로 처리한다고 하였다.[82] 그 밖의 구분은 의미에 따르는 것이며, 특히 소유후사는 격치(格致)후사의 '의, 의게'에 해당되는 것과 같이 중복되거나 구분이 모호한 경우도 상당하다고 할 수 있다.

남궁억(1913)의 경우, 후치사를 독립 품사로 설정하였으며, 품사에 대한 기초적인 소개에서 다음의 예가 제시되었다.

> (65) ㄱ. 처음부터 끗까지 ......
> ㄴ. 산너머 적은 마을에 ......

그러나 본문에서 후치사에 관해 기술된 한 장은 찢어져서 적지 못한다고 하였다.

안확(1917)의 경우, 후사(後詞)는 명사, 대명사, 수사 등에 합하여 쓰이는 것으로, 명사에 직접 결합하거나 혹은 명사에 위격토(位格吐)가 붙고 그 뒤에 결합하기도 한다고 하였다. 그리고 형태적으로 '가, 을, 에, 까지, 쯤' 등과 같이 고유한 것을 본체라 하고, '넘어, 건너, 뒤, 안, 엽'과 같이 타종의 품사

---

82 동사적 후사는 응종(應從)후사로 제시된 '위(爲)호야, 인(因)호야, 의(依)호야'와 함께 물질(物質)후사의 '가지고' 등도 해당하는 것으로 서술하였는데, 이것은 Underwood(1890)의 동사적 후치사(verbal postposition)에 해당한다(앞의 4.3.3절 3.6항 참조). 한편, 김형철(1997:91-104)에서는 근대 국어에서 쓰였던 '고(故)로, 인(因)호야, 써(以), 호여금(使), 더브러(與)' 등을 한문에서 전후의 문장 관계를 표현하는 전이어(transitional word)를 직역하면서 나타난 것이라 하였다.

에서 변성한 것을 변체라 하여 둘로 나누었는데, 여기에는 격조사와 보조사, 접미사, 위치명사, 동사형 등이 포함되었다.

그리고 이를 다시 의미에 따라 다음과 같이 4종으로 구분하였다.

> 위격을 정하는 것: '가, 을, 에, 으로, 의, 에셔, 야, 은'
> 접속의 뜻을 지닌 것: '과, 와, 브터'
> 사물의 도량을 지정하는 것: '쓤, 뿐, 만, 식, 네, 드라, 쎄리, 보담'
> 사물을 차정(差定)하는 것: '쎄지, 도, 건너, 뒤, 안, 넘어, 엽, 야말로'

7.4. 동사의 활용과 문법범주

동사 활용에 관한 문제는 한국어 문법 기술에서 가장 핵심이 되는 부분이라 할 수 있다.[83] 내국인의 초기 전통문법에서는 체계적이지는 못하였으나, 동사 기본형의 설정에서 비롯하여 활용 어미에 대한 형태적 해석, 활용의 규칙성과 불규칙성에 대해 서술하였다. 특히 활용 어미에 대해서는 대부분 독립 품사로서의 자격을 인정하고 조동사나 접속사, 토, 끗, 겻 등의 품사 범주에서 다루었으며, 동사 활용 어미에 따라 서법과 시제, 분사형, 대우 체계 등의 문법범주가 실현되는 양상을 서술하였다.

7.4.1. 동사 활용의 원리와 형태

1.1. 동사의 형태적 단위에 대해서는 어간과 어미의 결합형을 묶어 하나의 단어로 처리하거나, 어간만을 단어로 보는 견해로 구분되었다. 이것은 동사 활용에서 기본형의 설정과 관련되는데, 예를 들면 유길준(1909)에서는

---

83 그리하여 서양인의 한국어 문법 기술에서 가장 주목 받은 부분이기도 하였는데(앞의 5장 도입부 참조), 내국인의 전통문법에서도 이 부분에 크게 비중을 두었다.

'물이 흘느어, 새가 나르오'의 '흘느어, 나르오'에서 이른바 조동사 '어' 또는 '오'가 결합된 형태를 기본형처럼 제시하였다. 또한 형용사의 경우 '놉흔/놉흐어, 매운/매우어'로 제시하여 이른바 분사형과 '어'종결형을 기본형으로 이해한 것으로 보인다. 또한 김규식(1908)에서는 '가오, 왓소'에서 '가, 오'가 원사(元査)가 되고 이것이 변체(變體, 어미변화)에 의해 여러 활용형으로 나타나는 것으로 해석하였다. 그러나 동사의 형태를 제시할 때에는 '새가 난다, 그것이 잇다'에서 '난다, 잇다'와 같이 '다'종결형을 사용하였다.[84]

그런데 주시경(1910)과 김희상(1911)에서는 어간형을 동사의 기본형으로 제시하는 방법을 택했다. 예를 들어 주시경(1910)에서는 동사의 형태를 '자, 날, 잡, 먹, 잡히' 등과 같이 제시하였으며, 김희상(1911)에서도 원어(原語)라 하여 '가:往, 오:來, 기우리:傾, 찔느:刺' 등으로 표현하였다.

동사의 기본형을 어떤 방식으로 제시하든 활용에서 어미(ending)의 형태적 성격에 관한 해석이 필요한데, 이것은 문헌에 따라 다르고 동일 문헌에서도 필요에 따라 달리 서술하기도 하였다. 그것은 이러한 어미 형태들을 조동사나 접속사, 토, 끗, 잇 등으로 부르면서 품사 분류의 대상으로 보았던 (독립 품사로 설정하였던) 당시의 관점에서 비롯된 것이라 할 수 있다(앞의 7.2.5절 5.1항 참조).

1.2. 유길준(1909)에서는 조동사를 '動詞의 語尾에 附ᄒ야 動詞의 發現ᄒ는 作用及狀態上'의 특징을 나타내는 것으로, '動詞의 活用을 助ᄒ야 其意義를 完成ᄒ는 語'라 하였다(앞의 7.2.5절 5.5항 참조).

(66) 말이 달니아 / 말이 달니어 / 말이 달니오

---

84 안확(1917)에서도 '다'종결형을 기본형으로 인식하였다.

위 (66)에서 '아, 어, 오'가 조동사인데, 어간 형태 '달니'에 대해 '다만 原語
눈 成立ᄒ얏시나 活動홈 올 得지 못ᄒ고 조동사 '아, 어, 오'를 得ᄒ야 비로소
其意義롤 完成ᄒ미라.'고 하였으며, 그리하여 조동사도 또한 동사에 의존하
지 않으면 쓰일 수 없는 것이라 하였다.

이것을 다른 예로 확대해 보면, 다음과 같다.

(67) ㄱ. '가'(원어)+'겟'(조동사)+'소'(조동사) → '가겟소'
     ㄴ. '울'('우르', 자동사)+'니'(조동사)+'어'(조동사) → '울니어'

여기서 원어(原語)는 동사의 어간에 해당하는데, 동사라 할 때는 어간만
을 지시하지만 때로는 어간에 종결형이 결합된 형태를 지시하여 일률적이
지 않았던 것으로 보인다.

1.3. 김규식(1908)의 경우, 동사의 활용과 관련하여 동사의 변체식(變體
式)에서 어간에 해당하는 것을 원사(元査)라 하고 변화되는 양상을 체식(體
式)이라 하여 변체식이 일정한 규례(規例)가 있는(규칙 활용으로 분류되는) 정
규동사(正規動詞)와 일정하지 않게 어미변화가 일어나는(불규칙 활용으로 분
류되는) 무규동사(無規動詞)로 구분하였다. 그리고 각각에 대해 변화 양상을
예시하였는데, 정리하면 다음과 같다.

구분	원사	변체식			
		현재	과거	접속분사	관계분사
정규동사	가(往)	간다	갓다	가(가아)	간
	밧(受)	밧는다	밧앗다	밧어	밧은
무규동사	오(來)	온다	왓다(오앗다)	와(오아)	온
	사(生)	산다	살엇다	살어	산

여기서 원사는 어간에 해당하고 변체식에 의해 어미변화가 나타나며, 변화
현상에는 규칙적인 것과 불규칙적인 것이 있음을 의미하는 것으로 이해된다.
그리고 정규동사의 예로 '가(往), 사(買), 보(見), 주(賜), 막(柱), 알(病), 넓(覆), 밧
(受), 갑(報)' 등을, 무규동사의 예로 '이/잇(在), 오(來), 차(尋), 싸오(鬪), 파(賣),
나(飛), 다(懸), 가(磨), 사(生), 노(放), 노(遊), 아(知), 푸(釋)' 등을 들었다.[85]

동사의 변체식(變體式)에는 '調'(주동과 피동)와 '法'(서법), '時'(시제)가 있
는데,[86] 인칭(人稱)과 수(數)에 관한 언급도 포함되어 있다. 우선 조(調)의 변체
(變體)는 주동과 피동의 관계로 분변(分辨)되는 것으로 다음의 예를 들었다.

(68) ㄱ. 車夫가 牛를 打ᄒ엿다
ㄴ. 牛가 農夫의게 마졋다

위에서 (68-ㄱ)의 '打ᄒ엿다'는 '主動調' 동사이고, (68-ㄴ)의 '마졋다'는
'被動調' 동사인데, 이들이 주동과 피동의 관계로 성립된다고 하면서 이들
사이에서 나타나는 문장 구성성분의 변화에 대해 서술하였다(앞의 7.2.3절
3.3항 참조).

법(法)의 변체(變體)라 하여 서법에 따라 직설법, 접속법, 명령법, 부정법,
분사법으로 나누었으며(다음의 7.4.2절 2.3항, 7.4.3절 3.3항 참조), 시제는 단순
시와 복잡시로 나누고 다시 이를 하위구분하였다(다음의 7.4.3절 3.2항 참조).

동사에서 인칭(人稱)과 수(數)의 변체(變體)에 대해서는 이것은 한국어에
는 없으나 특별한 경우에 나타난다고 하였다.

(69) ㄱ. 죠꼼 잇다 가마 / 잇다가 가오리다

---

85 이들이 무규동사에 해당하는 것은 활용에서 다른 자모가 첨가되거나 원사 전체가 변
화하기 때문이라고 하였으나 쉽게 이해되지 않는 부분이 있다.
86 이들은 인구어 문법에서 각각 태(voice)와 서법(mood), 시제(tense)에 해당한다.

근대 시기 서양인의 한국어 문법 연구

ㄴ. 우리 갑시다 / 어셔 가자
ㄷ. 이리 오너라 / 뎌리 가시오
(70) ㄱ. 그 사룸이 쐴니 가오
ㄴ. 그 사룸들이 쐴니 가오
ㄷ. 그 사룸들이 웨 쐴니 가지들 안나냐

위에서 (69)는 인칭과 관련되는 것으로, (69-ㄱ)은 직설법으로 1인칭의 행동을 표할 때 허락하는 의미를 나타내는 경우, (69-ㄴ)은 명령법으로 동작을 청할 때 1인칭 복수, (69-ㄷ)은 명령법으로 2인칭에 해당한다. 그리고 (70)은 수와 관련되는 것으로, (70-ㄷ)과 같이 동사의 끝에 복수어미 '들'이 붙는 경우가 있다고 하였다.

1.4. 김희상(1911)에서는 '詞의 變化'라 하여 동사와 형용사의 활용을 설명하였는데, 여기서 동사 기본형('原語')은 어간형을 지칭하는 것이었다.

(71) 꼿이 피오 / 새가 날느오 / 물이 흘느오 / 글시를 쓰오

그리고 동사를 말음의 모음에 따라 9개 유형으로 구분하였는데(앞의 7.2.3절 3.4항 참조), 여기서 활용형에 나타나는 동사 어간의 형태를 둘로 구분하여 기본형 자체를 '原列'이라 하고, 기본형에 모음조화에 따라 '아/어'가 분화되어 결합된 형태를 '變列'이라 하였다.

구분	ㅏ음	ㅓ음	ㅕ음	ㅗ음	ㅜ음	ㅡ음	ㅣ음	·음	ㅣ중모음
원열	'가'	'건너'	'펴'	'보'	'두'	'드르'	'피'	'흥'	'캐'
변열	'가아'	'건너어'	'펴어'	'보아'	'두어'	'드르어'	'피어'	'흥야'	'캐여'

그리고 동사 활용에서 어간 형태에는 원열(原列)과 변열(變列)의 변화가

있는데,[87] 예를 들어 ㅜ음 동사 '두'(置)는 다음의 두 가지 모양으로 변화한다고 하였다.

(72) ㄱ. 이것을 거기 <u>두오</u>
ㄴ. 그것을 잘 <u>두어야</u> ㅎ오

위에서 (72-ㄱ)의 '두'는 동사가 성립되는 원어(原語)이므로 원열(原列)이라 하고, (72-ㄴ)의 '두어'는 원어 '두'에 '어'가 붙어 형태가 변한 것으로 변열이라 하였다. 원열은 기본형을 말하고 변열은 기본형에 '아/어'가 결합된 형태를 의미하는 것이다.[88]

형용사도 동사와 마찬가지로 각음 형용사에 원열과 변열이 있다고 하였다.

(73) ㄱ. 이것이 검다.
ㄴ. 이것이 <u>검어</u>서 아니 되엿다.

위에서 'ㅓ'음 형용사 '검'(黑)의 경우, (73-ㄱ)의 '검'은 형용사가 성립되는 원어(原語)이므로 원열이라 하고, (73-ㄴ)의 '검어'는 원어 '검'에 '어'가 붙어 변한 것으로 변열이라 하였다. 그리고 동사의 경우와 마찬가지로 어간 말음의 모음에 따라 9가지로 구분하였는데, 형용사 중에서는 원열만 있고 변열이 없는 것이 있다고 하였다. 예를 들면, '새'(新), '겹'(甲), '홋'(單) 등이 이에 해당한다고 하였는데, 이것은 관형사를 설정하지 않고 형용사의 범주에서

---

87 이것은 유길준(1909)를 따라 일본어 문법의 활용단(活用段)을 수용한 것이라 할 수 있다(권재선, 1988:251-252 참조).

88 한국어 동사의 활용에서 어간의 이형태에 대해 서양인들도 언급한 바 있다. 예를 들어, MacIntyre(1879-1881)에서는 어근형('팔')과 추상형('파라')으로, Roth(1936)에서는 단순형('먹소')과 확대형('먹으오'), 축약형('아오')으로 구분하였다(앞의 5.2.3절 3.1항 참조). 이것은 동사 활용에서 어간 형태의 설정과 관련되는 문제이다(최현배, 1935; 고영근, 2014 참조).

해석한 것과 관련된다(앞의 7.2.4절 4.2항 참조).

1.5. 안확(1917)의 경우에는 동사의 접성변화(接性變化)라 하여 동사가 조
동사와 결합할 때의 현상을 '어원-간음-조동사'의 관계로 서술하였다. 즉,
동사의 어미변화와 관련하여 어간을 어원(語原)이라 하고 어미를 조동사로
처리하였으며, 어원(어간)과 조동사(어미)가 결합할 때 '으, 아/어, 야/여' 등
의 간음(間音)이 첨가되기도 하는데, 이것에 따라 크게 3가지로 구분하였다.
이를 정리하면 다음과 같다.

무간음동사	가-다	가-ㄴ-다	가-ㅅ-다	가-ㄹ	가-ㅁ
단간음동사	오-다	오-아-라	오-앗-다	오-ㄹ	오-ㅁ
	주-다	주-어-라	주-엇-다	주-ㄹ	주-ㅁ
	되-다	되-여-라	되-엿-다	되-ㄹ	되-ㅁ
	하-다	하-야/여-라	하-얏/엿-다	하-ㄹ	하-ㅁ
이간음동사	먹-다	먹-어-라	먹-엇-다	먹-으-ㄹ	먹-으-ㅁ

위에서 무(無)간음동사는 어원(語原)이 그대로 조동사와 결합하는 것이
다. 그리고 단(單)간음동사는 받침이 없으며 '아/어' 또는 '야/여'가 개입하
는 것이고, 이(二)간음동사는 받침이 있고 간음으로 '아/어' 외에 '으'가 추가
로 개입하는 것이다(앞의 7.4.1절 1.4항 참조).

한편, 위의 세 가지 외에 변원(變原)동사를 설정하기도 하였다. 이것은 어
원이 받침이 있으며 조동사가 결합할 때 어원에서 변화가 있는 것으로 5종
으로 구분하여 제시하였다. 이것은 오늘날로 하면 불규칙 활용에 해당하
는 것으로, 'ㄷ'불규칙(듣다, 묻다, 긷다), 'ㅅ'불규칙(짓다), '르'불규칙(구르다),
'ㄹ'불규칙(풀다), 'ㅂ'불규칙(눕다, 더웁다(덥다)과 관련하여 서술하였다.

7.4.2. 문법범주의 실현 1: 서법

내국인의 국어 문법 기술에서 동사에 의한 문법범주의 실현에 관한 것을 다루었다. 여기서는 인구어 문법의 이론에 맞추어 한국어의 현상을 서술하는 방식으로 접근하였는데, 모어 화자로서 접근하여 이론적이고 체계적이라는 긍정적인 부분도 있으나, 형태의 분석과 용법의 서술이 구체적이지 못하다는 한계를 지녔다.

2.1. 동사의 활용에 의한 문법범주의 실현과 관련하여, 우선 서법(mood)은 다음과 같이 분류되었다.

김희상(1911)	김규식(1908)	남궁억(1913)		안확(1917)
평술토	직설법	직설법	시부법	평술
의문토	접속법	연접법	감동법	의문
공동토	명령법	가정법	의문법	명령
명령토	부정법	명령법	중지법	공명
	분사법	욕정법		기술
(4)	(5)	(9)		(5)

위에서처럼 서법에 대해 4~9항목으로 하위구분하였다. 한편, 서양인의 한국어 서법에 대한 기술에서는 프랑스어에 근거한 Ridel(1881)의 경우 직설법과 명령법, 조건법, 부정법 외에 분사법을 세웠으며, 영어에 근거한 Underwood(1890)에서는 직설법과 의지법으로 크게 나누고 전자는 평서와 의문, 후자는 명령과 청유로 나눈 바 있는데, 다른 문헌에서도 대부분 이 체계가 준용되었다(앞의 6.2.1절 1.1항 참조). 그리고 여기에 상대 대우의 등급에 따른 구분이 포함되어 서법과 상대 대우의 두 문법범주가 교차되는 관계로 서술하였다.

2.2. 김희상(1911)에서는 토를 5가지로 구분하였는데(앞의 7.2.5절 5.2항 참조), 이 안에 종지토(終止吐)에 대해 서양인의 기술과 유사하게 평술토(平述吐)와 의문토(疑問吐), 공동토(共動吐), 명령토(命令吐)로 구분하였다. 또한 토의 변화에 의해 상대 대우의 기능이 표현되는데, 이때 토는 상대(上待, '호압시오'), 중대(中待, '호오'), 반대(半待, 반말), 반반대(半半待, '호게'), 하대(下待, '호야라')의 5층위로 대우의 변화를 수반한다고 하였다.

그리하여 종결형식의 유형과 상대 대우의 층위를 복합적으로 적용하여 다음과 같이 정리하였다.

상대대우 종결형식	상대	중대	반대	반반대	하대
평술토	압니다	오	(변열로 종함)[89]	네	다
의문토	압니가	오	〃	나	느냐. 니
공동토	시지오	압시다	〃	세	자
명령토	압시오	오	〃	게	라

주시경(1910)의 경우, 끗의 갈래라 하여 이름(이르는 말로 끝내는 것)과 물음(뭇는 말로 끗맺는 것), 시김(시기는 말로 끗맺는 것), 홀로(홀로 하는 말로 끗맺는 것)의 네 가지로 구분하고, 각각에 해당하는 형태들을 제시하였다.

(74) ㄱ. 우리나라가 곱다
　　 ㄴ. 네가무엇을 배호나냐
　　 ㄷ. 글을 읽어라
　　 ㄹ. 우리나라가 곱고나

위에서 (74-ㄱ)은 이름, (74-ㄴ)은 물음, (74-ㄷ)은 시김, (74-ㄹ)은 홀로에 해

---

89 '변열'은 어간에 '아/어'가 결합된 형태를 말한다(앞의 7.4.1절 1.4항 참조).

당되는 것으로 해석하였다.

그리고 '끗기의 序分'이라 하여 높음과 같은, 낮음의 세 층위로 구분하였다.

(75) ㄱ. 저대가 푸릅니다
ㄴ. 저대가 푸르오
ㄷ. 저대가 푸르다

위에서 (75-ㄱ)은 높음으로 노년(老年)에게 쓰는 것이며 'ㅂ니다'로 실현되고, (75-ㄴ)은 같음으로 중년(中年)에게 쓰는 것이며 '오'로 실현되며, (75-ㄷ)은 낮음으로 하칭(下稱)하여 유년(幼年)에 쓰는 것이며 '다'로 실현되는 것으로 해석하였다.

2.3. 김규식(1908)의 경우, 동사의 변체법(變體式)에서 법(法, 서법)의 변체(變體)라 하여 동작이 나타나는 '體勢와 態度를 隨호야' 나누는 것이라 하고, 직설법과 접속법, 명령법, 부정법(不定法), 분사법(分詞法)을 설정하였다.[90] 여기서 직설법과 접속법, 명령법은 기본 서법에 해당하는 것으로, 직설법은 하나의 '實情을 直說 布告'할 뿐 다른 형편에 관여치 않는 것이고, 접속법은 형편에 대한 가정이나 결과를 지시하며 부실법(不實法)이라고도 한다고 하였으며, 명령법은 동작을 '命호거나 要호거나 請호는' 것이라 하였다.

(76) ㄱ. 其人이 來호다
ㄴ. 其人이 來호면 我가 去호겟쇼
(77) ㄱ. 門 닷쳐라
ㄴ. 가십시다
ㄷ. 英語를 좀 가라쳐쥬시오

---

90 분사법은 본래 서법에 해당하는 것은 아닌데, Ridel(1881)에서는 동사 변화형의 하나로 다루었다(앞의 5.3.2절 2.1항 참조).

근대 시기 서양인의 한국어 문법 연구

위에서 (76-ㄱ)은 직설법, (76-ㄴ)은 접속법에 해당한다.[91] 그리고 (77)은 명
령법으로 (77-ㄱ)은 명(命), (77-ㄴ)은 요(要), (77-ㄷ)은 청(請)으로 구분된다는
것이다.

부정법은 동사의 동작의 의미만을 표현하는 것으로, 원의미만을 표현하
는 원사(原査)부정법과 변체되어 동사나 형용사의 자격으로 작용하는 변체
(變體)부정법으로 구분하였다. 여기서 전자는 '다'종결형으로 끝난 것으로
서양인들의 경우 기본형으로 설정되었던 것이기도 하다. 후자는 명사의 자
격을 이루는 'ㅁ'과 '기'로 끝나는 것과 형용사의 자격을 이루는 'ㄹ'로 끝나
는 것을 제시하였다. 이를 정리하면 다음과 같이 된다.

(78) ㄱ. '가'(원사):'가다'(원사부정법):'감'('ㅁ'형 동사적 명사):'가기'('기'형 동사
적 명사)
ㄴ. '가'(원사):'가다'(원사부정법):'갈'('ㄹ'형 동사적 형용사)

위 (78)에서처럼 원사부정법은 '다'종결형이고, 변체부정법은 'ㅁ, 기'형
의 동사적 명사와 'ㄹ'형의 동사적 형용사로 각각 명사형과 관형사형을 의
미하는 것이다.[92] 그리고 분사법은 접속분사와 관계분사로 나누었다(다음의
7.4.3절 3.4항 참조).

또한 김규식(1908)에서는 어토활용(語吐活用)이라 하여 '變體式의 原語
尾 外에 言語나 文章의 區段을 隨ㅎ야 作用되는 語尾'라 하고 언단원토(言端
元吐)와 층사토(層詞吐)로 구분하였다. 언단원토는 각종 구어(句語)의 종말
어미(終末語尾)를 말하며, 구어를 구별해 준다고 하면서 포고(布告)와 문(問),

---

91 이때의 접속법은 가정법에 해당한다(앞의 5.5.1절 참조).

92 Ramstedt(1939)에서는 동사 활용에서 'ㅁ, 기'의 명사형과 'ㄹ'의 관형사형을 묶어 동
명사라 하여 하나의 범주로 서술하였다(앞의 5.3.4절 4.2항 참조).

명령(命令), 제의(提意)의 4유형으로 구분하였다.[93]

(79) ㄱ. 이칙갑시싸다 / 여름이더우니라 / 요ᄉᆞ이밤이길더라 / 깃브도다 /
     슬프고나 / 칩구려 / 업더이다 / 아니올시다 / 그러ᄒᆞ웨다
ㄴ. 이거시무어신가 / 누가아나뇨
ㄷ. 가거라 / 가오 / 갈지라 / 갈거시라 / 갈지어다
ㄹ. 가자 / 노세 / 먹읍셰다 / 안즈시지오

위에서 (79-ㄱ)의 '다, 니라, 더라, 도다, 고나, 구려, 더이다, 올시다, 웨다'
는 '布告句語의 元吐', (79-ㄴ)의 '가, 뇨'는 '問句語의 元吐', (79-ㄷ)의 '라, 오,
지/시라, 지어다'는 '命令語句의 元吐', (79-ㄹ)의 '자, 세/셰다, 지오'는 '提意
句語의 元吐'라 하여 구분하였다.

다음으로 층사토(層詞吐)는 청자의 지위에 따라 상당한 층절의 어토(語
吐)를 언단(言端)에 활용(活用)하는 것을 말한다고 하면서 '下人, 兒童, 家族
중 在下者'에 대해 쓰이는 하대(下待), '年紀나 地位로 手下나 之次되는 者'에
게 또는 친밀한 친구 사이에서 쓰이는 차대(差待), '피차 평등에 교제로 호상
敬待'에 쓰이는 평대(平待), 나이나 지위가 자기보다 높은 자에 대해 쓰이는
존대(尊待)로 구분하고 해당 형태를 4층위로 구분하였다.

그리고 언단원토(言端元吐)는 층사토(層詞吐)와 '聯合하여 活用'된다고
하면서 어토활용(語吐活用)의 체식(體式)이라 하여 'ᄒᆞ다' 동사의 현재시제
를 예로 제시하였는데, 정리하면 다음과 같다.

句語吐 / 層級	布告	問	命令	提意
下待	ᄒᆞ다	ᄒᆞᄂᆞ냐/ᄒᆞ니 ᄒᆞᄂᆞ뇨	ᄒᆞ여라(히라)	ᄒᆞ쟈

---

93 감탄어토는 다른 어토로 표현될 수 있는 것이어서 따로 설정하지 않았다고 하였다.

근대 시기 서양인의 한국어 문법 연구

差待	ᄒᆞ네	ᄒᆞ나/ᄒᆞᄂᆞᆫ가 ᄒᆞ지 ᄒᆞ노/ᄒᆞ고	ᄒᆞ게 ᄒᆞ소	ᄒᆞ셰 ᄒᆞ지
平待	ᄒᆞ오 ᄒᆞ지오	ᄒᆞ오 ᄒᆞ지오	ᄒᆞ오 ᄒᆞ시오	ᄒᆞ지오 ᄒᆞᆸ셰다 ᄒᆞ시옵시다
尊待	ᄒᆞ옵시오 ᄒᆞᄂᆞ이다 ᄒᆞ옵ᄂᆞ이다	ᄒᆞᄂᆞ니잇가 ᄒᆞ옵ᄂᆞ니잇가	ᄒᆞ옵시오 ᄉᆞ시옵시오 ᄒᆞ쇼셔[94]	ᄒᆞ시지오

특히 층사토(層詞吐)에서 '語尾를 完成치 아니한 것'을 '반말'이라 하고, 다음의 예를 제시하였다.[95]

(80) 어서 히 / 이것시 됴치 / 뎌것 보아 / 뎌 칙 좀 집어줘 /
　　 나는 몰나 / 웨 그리

2.4. 남궁억(1913)에서는 토를 '온갓 명사나 대명사나 형용사나 동사 아래 노아서 그 뜻을 완전히 일우게 하난 말'로, '어대던지 단독으로 서지 못하는 지라'고 하면서, 다음과 같이 9유형으로 분류하였다.

직설법: 한가지 사실을 바로 가리쳐 말함 〈예〉 저것이 내 자전이오 / 언제 도라오시나냐
연접법: 한 귀절 가온대 뜻을 연접케 하난 말 〈예〉 가다가 도로 왓소 / 가기는 가되 저녁엔 또 오오
가성법: 될만 함으로 뜻함과 필요한 상태를 나타냄 〈예〉 내가 집에 가야하겟다 / 집에 갈가보다

94　특별히 'ᄒᆞ쇼셔'는 간구시(懇求時)에 쓰인다고 하였다.

95　이것은 김희상(1911)에서의 변열로의 형태 변화에 해당한다(앞의 7.4.1절 1.4항 참조). 한
　　편, 서양인의 한국어 문법 기술에서 '반말'이라는 용어는 Ridel(1881)을 비롯하여 Un-
　　derwood(1890), Roth(1936) 등에서 언급되었다(앞의 6.5.2절 참조).

명령법: 남에게 명령하거나 청구하는 말 〈예〉 어서 가자 / 책 좀 집어주게 / 내월에나 옵시오
욕정법: 자긔가 하고져 하난 뜻을 표함 〈예〉 내가 사고저 하오 / 차 한잔 먹고 십흐냐
시부법: 그러커나 아니 그런 뜻을 나타내는 말 〈예〉 [시] 그 큰것이 내말이오 / 그 일을 오늘 필역하오 　　 [부] 그 큰것이 내말 안이오 / 그 일을 오늘 필역 못하오
감동법:마음에 감동되여 나오난 어법 〈예〉 뭇 사람은 들을지어다 / 세월이 물 갓틈이여
의문법: 질문하난 말 〈예〉 무엇을 하나냐 / 지네 지금 오나
중지법: 웃마대 뜻을 중지하고 아랫마대 뜻을 다시 이르키는 말 〈예〉 너희들에게 일으노니 거즛말은 곳 죄의 근원이니라 　　 적고 붉은것은 꽂이요 / 크고 푸른것은 닙히다

이것은 서법 외에 양태(modality)의 범주를 포함한 것으로 보인다.

안확(1917)의 경우, 동사가 조동사와 합하여 그 의의를 완성하는 것이라 하여 그 완성을 다음과 같이 5유형으로 구분하였다.

평술(平述): 교제적으로 敍述하는 것 〈예〉 오늘 연회를 열다 / 지식이 업스면 세상에 스지 못할이라
의문(疑問): 뭇는 말 〈예〉 안녕이 줌으셧슴닛가 / 이것이 무엇이냐 / 학도들이 다 갓나
명령(命令): 남을 事役하는 말 〈예〉 학교에 가거라 / 이리 오시오 / 진지 잡수시오
공명(共命): 事役식이는 말, 〈예〉 구경 갑시다 / 누어 자세 / 운동하쟈
기구(記述?): 演說이나 記載상에 쓰이는 말[96] 〈예〉 가지 못하나니라 / 업(業)은 귀천이 업도다

---

96 '기구(記述)'에는 한자 표기에 오류가 있는 듯하다.(?표 필자)

7.4.3. 문법범주의 실현 2: 시제

내국인의 국어 문법 기술에서는 시간 표현과 관련하여 시제의 문법범주를 설정하고자 하였는데, 이에 대해서는 현재와 과거, 미래의 3분법을 기본으로 하고, 이를 그대로 수용하는 일원적 체계이거나 아니면 여기에 다른 범주(주로 과거)를 추가하는 이원적 체계로 분류하였다.[97] 그리고 진행이나 완료 등의 상(aspect)과 관련한 의식은 잘 드러나지 않았으며(남기심, 1972 참조), 분사형을 시제의 하위 범주에 따라 구분하기도 하였다.

3.1. 우선 일원적 분류를 채택한 경우를 문헌별로 보면 다음과 같다.

구분	유길준(1909)	주시경(1910)	남궁억(1913)
현재	'가오'	(이때)'뛰오'	'가오'
과거	'갓섯소, 갓소'	(간때)'가앗다'	-
미래	'갈야오'	(올때)'오겟다'	'갈야오'
과거의 현재	'가드니'	-	'갓소'
과거 장래	-	(간올때)'피엇겟다'	-
과거의 과거	'갓섯드니, 갓드니'	-	'것섯더니라'
과거의 미래	'갈야드니'	-	'갈야더니'
	(6)	(4)	(5)

위에서 유길준(1909)의 경우, 동사가 활용을 통해 표시하는 시기(時期)를 발현하는 말이라 하여 현재와 과거, 미래, 과거의 현재, 과거의 미래, 과거의 과거의 여섯 범주로 하위분류하였다.

주시경(1910)의 경우, 현재와 과거, 미래의 기본 체제에 '간올때'(거짓맞은

---

97 서양인의 경우에는 시제를 서법(특히 직설법)과 관련하여 해석하였으며, 주로 2원적 분류를 채택하였다(앞의 6.3.1절 1.2항 참조).

때, 過去將來, 過去假想時)를 더하였다. 그리고 남궁억(1913)에서는 동사의 시기라 하여 다섯 범주로 구분하였는데, '근본동사를 그대로 쓰면 현재, 동사 밋헤 'ㄹ'을 바치면 미래, 'ㅅ'을 바치면 과거가 되는데, ... '더'와 '섯'도 다 과거를 뜻한 말이오, 혹자는 동사 아래 '더니'를 붓쳐서 과거의 현재를 삼으나 실상은 우리 어법에 과거와 과거의 현재 사이에 투철한 분간이 없는 고로 이에 쓰지 안노라'라고 하였다.

3.2. 이원적 분류에서는 단순시 또는 원시라 하여 현재와 과거, 미래의 기본적인 범주를 설정하고, 여기에 과거에 해당되는 형태가 덧붙는 것을 복잡시 또는 부시라 하여 하위분류하였다.

김규식(1908)	안확(1917)
〈단순시〉 　현재: '가오' 　과거: '갓소' 　미래: '가겟소'	〈원시〉 　현재: '간다, 온다, 먹는다' 　미래: '가겟다, 오겟다, 먹겟다' 　과거: '갓다, 왓다, 먹엇다'
〈복잡시〉 　계속적 과거: '가더라' 　과거의 과거: '갓더라' 　과거의 완전 과거: '갓섯소' 　과거의 미래: '가랴ᄒ엿소' 　미래의 과거: '갓겟소' 　과거에 미래에 완전 과거: 　'갓섯겟소'	〈부시〉 　과(過)미래: '먹엇겟다' 　반(半)과미래: '먹겟더라' 　반중(半中)과미래: '먹엇겟더라' 　반과거: '먹더라' 　반중과거: '먹엇더라' 　원(遠)과거: '먹엇섯다' 　반원과거: '먹엇섯더라' 　원과미래: '먹엇섯겟다' 　반원과미래: '먹엇섯겟더라'

위에서 김규식(1909)의 경우, '動詞의 變體式에서 時의 變體'를 설정하고, 동작의 시기를 정하여 표현하는 것으로 단순시(單純時)와 복잡시(複雜時)의 2유형으로 구분하였다. 여기서 단순시는 '其行動의 時期만 定ᄒ야 發表ᄒ고

同時에 他時的 思意가 無혼 것'이고, 복잡시는 '其行動의 時期만 定言홀 쑌만 아니라 同時에 他時的 思意가 有혼 것'이라 하였다.

안확(1917)의 경우, 동사는 '三段의 時期를 生'한다고 하면서 원시(原時)와 부시(副時)로 크게 나누었다. 여기서 원시는 시간의 원근과 보통시에 관해 언급하는 것으로 현재와 과거, 미래를 포함하는 것으로 보았고, 부시는 과거에 대한 시(時)의 원근(遠近)에 따라 9종으로 구분하여 설정하였다. 따라서 부시는 '셧'(원 과거)이나 '더'(반과거)가 포함된 형태에 해당하는 것이었다.

3.3. 분사형은 동사가 형용사적 기능을 하게 되는 어형 변화의 하나로서, 때로는 서법의 일종(분사법)으로 다루어지기도 하였다.[98] 분사형은 시간의 의미를 지니는데, 각 문헌에서 다루어진 분사형을 시제를 중심으로 구분하면 다음과 같다.[99]

구분	유길준(1909)	김규식(1908)	남궁억(1913)
현재	'가는'	'가난'	'가난'
과거	'간'	'간'	'간, 가던, 갓던'
미래	'갈'	'갈'	'갈'
과거의 현재	'가든'	-	'가랴던, 가겟던'
계속 과거	-	'가던'	-
과거의 과거	'갓든, 갓섯든'	'갓던'	'갓섯던'
과거의 완전 과거	-	'갓섯던'	-
과거의 미래	'갈야든'	'가랴던'	-
미래의 과거	-	'갓슬'	-

98　서양인의 한국어 문법기술에서는 동사적 분사와 관계 분사로 구분하는 경향이 있었는데, 주로 관계 분사가 주목의 대상이 되었다(앞의 5.4.1절 1.1항 참조).

99　주시경(1910)에서는 '기몸박굼'에서 '움'이 '언'되게 하는 것으로 '움본언'을 세우고, '가는, 간, 갈, 가앗는, 가던, 가앗던, 가겟던, 가랴는' 등의 분사형을 제시하였다.

과거에 미래의 완전 과거	-	'갓섯슬'	-
	(6)	(9)	(5)

위에서 유길준(1910)의 경우, '動詞의 變化'를 세우고 여기에는 '名詞의 體를 成ㅎ'는 것과 '形容詞의 體를 成ㅎ'는 것 두 가지로 구분하면서, 후자를 '文典上 分詞라 稱ㅎ'는 것으로 해석하였다. 그리고 분사는 동사의 끝에 'ㄴ'과 'ㄹ'이 붙으며, 항상 명사 앞에 온다고 하면서 현재('가는')와 과거('갓는'), 미래('갈'), 과거의 현재('가든'), 과거의 과거('갓든, 갓섯든'), 과거의 미래('갈야든') 등 여섯의 하위 범주로 구분하였다.

김규식(1908)의 경우, 법에 따른 동사의 변체식에서 분사법(分詞法)을 설정하고, 분사법은 '大韓文法에 第一 眩亂ᄒ 條目인듸' 대개 논하자면 부정법에 포함될 듯하지만 '時期를 定ㅎ야 發表ㅎᄂ 體勢가 有홈'이기 때문에 부정법의 범위보다 크다고 하면서, 접속 분사(接續分詞)와 관계 분사(關係分詞)로 구분하였다.

접속(接續) 분사는 동사가 '助動詞와 接홀 時에 活用ㅎᄂ 語尾'를 칭한다고 하면서, 여기에는 '아, 어, 여, (야), 서, 셔, 자, 러, 려, 하, 와, 워' 등이 '和音'되는 것으로 선택된다고 하였다. 관련되는 예는 다음과 같다.[100]

(81) ㄱ. 이 돈을 밧아보오
　　ㄴ. 밧아주다 / 밋어보오 / ㅎ여노오 / 업서지오 / 차자가오

100　이것은 기본적으로는 서양인들의 동사적 분사와 관계 분사의 구분과 동질적이나, 동사적 분사라 하지 않고 접속 분사라 한 점이 다르다(앞의 5.4.1절 1.1항 참조). 한편, 이에 대해 김규식(1908:57)에서는 다음과 같이 진술하였다.
　　"接續分詞ᄂ 每樣 動詞의 動詞를 接續ㅎᄂ 者인고로 或은 '動詞的分詞'라 稱ㅎᄂ니라 然이나 分詞가 一統 動詞의 變體式의 部分에셔 生ㅎᄂ 바인故로 獨히 一種을 '動詞的分詞'라 稱홀 必要가 無ㅎ니라"

관계(關係) 분사는 동사가 변체(變體)되어 형용사 자격을 이루고 '其描示되는 名詞로ᄒ여곰 上下間 連接된 說明에 如何關係나 結果를 顯ᄒ는 것'으로, '動詞의 時를 隨ᄒ야 描示ᄒ는 體勢가 有홈'으로 동사의 시제 표현과 유사한 성격을 지닌다고 하면서 9종으로 하위구분하였다.

남궁억(1913)의 경우, '형용사와 동사의 성질을 난화가진 말'로서 'ㄴ'이나 'ㄹ'을 붙여서 만들고, 항상 명사나 대명사 앞에 온다고 하면서, 현재와 과거, 미래, 과거의 현재, 과거의 미래 등 5종으로 하위구분하였다.

안확(1917)의 경우, 분사(分詞)는 '動詞의 時間 性質을 分間하야 他語와 連續하는 것'이라 하면서 시제에 따라 매우 복잡하게 구분하였는데, 정리하면 다음과 같다.

현재(現在): '먹는'
과거(過去): '먹은, 먹엇는'
미래(未來): '먹을, 먹을는, 먹겟는, 먹겟슬'
과미래(過未來): '먹엇슬, 먹엇슬는, 먹엇겟슨, 먹엇겟슬는'
원과거(遠過去): '먹엇셧는'
원과미래(遠過未來): '먹엇셧겟는, 먹엇셧겟슬'
반과거(半過去): '먹던'
반과거미래(半過去未來): '먹을야던, 먹겟던'
반중과거(半中過去): '먹엇던'
반과미래(半過未來): '먹엇겟던'
반원과거(半遠過去): '먹엇셧던'
반원과미래(半遠過未來): '먹엇셧겟던'
이현재(異現在): '먹건'
이과거(異過去): '먹엇건'
미원과(異遠過): '먹엇셧건'

위에서 보면, 현재와 과거, 미래의 기본적인 3분법(원시)에 '셧'(원과거), '던'(반과거)이 붙는 형태(부시)들을 나누고, 아울러 '건'이 붙는 것을 '異'의 의미를 지닌 형태로 구분한 것으로 이해된다.

7.5. 정리

5.1. 근대 시기 한국 사회에서는 새로운 문명의 사조가 도입되면서 계몽 운동이 일어나고, 그에 따라 어문민족주의의 관점에서 국어국문에 대해 새롭게 조명하기 시작하였다. 여기서는 언문일치를 실현하는 언어생활의 정착에 초점을 두었으며, 이에 따라 국문 표기와 그를 위한 국어 문법의 정리가 요구되었다.

그리하여 19세기 후반 이후 유길준을 비롯하여, 김규식, 김희상, 남궁억, 주시경, 안확 등의 내국인에 의한 국어 문법 정리 활동이 나타났고 그 결과로서 20세기 초반에 이르러 해당 자료들이 드러나기 시작하였다. 이들에서는 직접 또는 간접의 다양한 접촉을 통해 인구어 문법을 모방하거나 그 이론과 방법을 수용하여 국어 문법을 체계적으로 기술하고자 하였다. 그리하여 일부에서는 앞선 시기에 있었던 서양인의 한국어 문법 기술을 참조하거나 그대로 활용하는 경향이 나타나기도 하였으며, 인구어 문법의 이론과 접근 방법을 보편적 원리로 수용하되 국어의 특수성을 반영하여 재구성하고자 하였다.

5.2. 내국인의 국어 문법에서는 인구어 문법의 8품사 체계를 준용하면서도 한국어의 교착적 성격을 반영하여 곡용과 활용 어미 등의 의존 형태도 품사 분류의 대상으로 삼았다. 그러나 소수의 경우 서양인의 관점과 유사하게도 격 형태나 종결어미 등은 각각 명사의 곡용과 동사의 활용을 나타내는 문법적 형태로 처리하기도 하였다.

체언에서는 대부분의 경우 대명사를 독립 품사로 설정하였으나, 수사는 대명사 또는 형용사의 하위 유형으로 다루었다. 3인칭 대명사에 대한 서술과 특히 관계대명사의 설정이 주목되는데, 인구어 문법에서 나타나는 소유대명사와 재귀대명사에 대해서는 언급하지 않았다. 수사의 경우 모어 화자로서는 너무 일상적인 부분이어서인지 서양인들의 관심만큼 철저하지 않았으나, 분류사에 대해 조수사로 처리하였음이 주목된다.

용언에서는 크게 동사와 형용사로 구분하였다. 동사의 경우, 자동과 타동으로 나누고 서양인의 기술과 같이 타동은 주동(능동)과 피동의 대응으로 나타나는 것으로 보았다. 그리고 동사의 하위유형으로 조동사와 동격동사, 숭경동사 등을 설정하기도 하였다. 형용사의 경우, 한국어에서는 명사 수식 기능(한정성)과 서술 기능(서술성)으로 나타나는 점에 주목하였으며, 그에 따라 형용사와 형동사, 엇과 언으로 품사를 달리 구별하기도 하였다. 그러나 대부분의 경우 한정성을 지닌 형태를 형용사로 처리하면서도 서술성의 형용사는 동사와 마찬가지로 어미 형태가 변화하는 현상을 서술하였다.

특히 체언과 용언에서 나타나는 의존 형태는 내국인의 국어 문법 기술에서 매우 중요한 부분이었다. 그것은 한국어가 인구어와는 달리 교착적 성격을 지니며, 하나의 단어가 형태적으로 의미부와 형태부로 구분된다는 자각에서부터였다. 서양인의 한국어 문법 기술에서는 이를 체언의 격 변화에 따른 곡용이나 동사의 활용과 관련되는 문법적 형태(어미 또는 접사, 첨사)로 처리하였으나, 내국인의 초기 전통문법에서는 이와 관련되는 형태들을 묶어서 후사와 접속사, 토, 조동사, 잇, 긋(꼿), 겻 등과 같은 하나의 독립 품사로 설정하는 경향을 띠었다.

5.3. 내국인의 국어 문법에서 명사의 문법범주와 관련하여 성과 수, 그리고 곡용과 조사의 형태적 지위 문제가 논의의 중심이 되었다. 여기서는 서양인의 한국어 명사 기술에서와 같이 자연적인 성에 따른 어휘의 차이에 대해 언급하였으며, 수는 단수와 복수로 구분되고 '들'의 첨가 현상에 대해 서술하였다.

명사의 문법적 기능과 관련되는 격 형태에 대해서는 후사나 접속사, 겻, 잇 등과 같이 독립 품사로 설정하는 경향을 띠었으며, 소수의 경우 곡용 어미(격 어미)로 처리하기도 하였다. 격을 지칭할 경우 기능적으로는 위격(位格), 형태적으로는 체격(體格)이라 하였는데, 격 체계는 주격과 빈격(목적격) 외에는 모어 화자로서 주관적인 의미에 따라 서술한 것으로 이해된다. 또한 일부 문헌에서는 '위(爲)ᄒ야, 인(因)ᄒ야, 의(依)ᄒ야, 가지고' 등과 같은 형태를 후치사라 하여 서술하기도 하였는데, 이는 서양인들의 관점과 유사한 것이었다.

동사의 활용과 관련하여 기본형의 설정에서 비롯하여 활용 어미에 대한 형태적 해석, 그리고 활용의 규칙성과 불규칙성에 이르기까지 서술하였다. 특히 활용 어미에 대해서는 대부분 독립 품사로서의 자격을 인정하고 조동사나 접속사, 토, 끗, 겻 등의 품사 범주에서 다루었으며, 동사 활용 어미에 따라 서법과 시제, 분사형, 대우 체계 등의 문법범주가 실현되는 양상을 서술하였다.

동사 형태에 대해서는 어간과 어미의 결합형을 하나의 동사로 처리하거나 어간 형태만을 동사로 보는 견해로 구분되었다. 동사의 기본형으로는 전자의 경우 어간에 '어' 또는 '오'가 결합된 형태나 '다'종결형으로 제시하였는데, 후자의 경우에는 어간형으로 제시하는 방법을 택했다. 그리고 동사 활용에서 나타나는 어간의 이형태에 대해서는 어간형을 구분하거나 불규칙적 양상으로 해석하였다.

동사의 활용에 의한 문법범주의 실현과 관련하여서는 인구어 문법의 이론에 맞추어 한국어의 현상을 서술하는 방식으로 접근하였는데, 모어 화자로서 접근하여 이론적이고 체계적이라는 긍정적인 부분도 있으나, 형태의 분석과 용법의 서술이 구체적이지 못하다는 한계를 지녔다. 우선 서법은 인구어 문법에 따라 직설법과 명령법, 조건법, 부정법 외에 분사법을 세우거나 평서와 의문, 명령, 청유로 구분하였으며, 상대 대우의 등급에 따른 구분이 포함되어 서법과 상대 대우의 두 문법범주가 교차되는 관계로 서술하였다.

시간 표현과 관련하여서는 시제의 범주에서 해석하고자 하였으며, 진행이나 완료 등과 같은 상이나 추측이나 가능 등과 같은 양태 등과의 복합적 관계에 대해서는 언급하지 않았다. 그리하여 현재와 과거, 미래의 3분법을 기본으로 하고, 이를 그대로 수용하는 일원적 체계이거나 아니면 여기에 다른 범주(주로 과거)를 추가하는 이원적 체계로 분류하였다. 분사형과 관련하여 특히 관계 분사는 동사의 형용사적 용법과 관련하여 해석하면서 그것이 표현하는 시제적 특징에 따라 구분하고자 하였다.

5.4. 근대 시기 서양인의 한국어 문법과 내국인의 국어 문법을 비교해 보면, 우선 문법 기술의 목표에서 학습의 대상과 어문 규범의 확립으로 구분되며, 접근 방식에서는 용법과 본질(이론, 원리), 형태 중심과 구조/체계 중심, 구상적과 추상적, 비모어 화자와 모어 화자 등의 변별적 관계로 설명될 수 있다.

서양인들은 한국어 비모어 화자로서 학습의 한 방편으로 자신의 언어 이론에 따라 한국어 문법을 기술하였는데, 따라서 당시 실제 의사소통에서 사용되는 구어 형태를 철저히 분석하고 각각의 용법을 구체적으로 서술하고자 하였다. 특히 그들은 문법범주 또는 요소에 따라 분류하고 그에 따르는 언어적 현상을 사실적으로 서술하는 방식을 택하였다. 그리고 그들은 한국어 학습을 위해 음운(발음)과 어휘, 문법(형태/통사) 외에 문자와 표기법 등에 관심을 가졌고, 이에 따라 전통적인 5부법에 따라 내용을 구성하였다.

이에 비해서 내국인들은 고어투의 문어체를 현실에서 사용되는 것으로 대체하는 언문일치의 확립을 위한 어문 규범의 확립에 문법 기술의 목표를 두었으며, 모어 화자로서 본질적인 원리를 중심으로 접근하면서 형태보다는 구조를 설정하고 일반적인 문법 체계의 정립을 위주로 서술하고자 하였다. 이에 따라 서양인의 앞선 통찰을 수용하면서 문자와 발음, 문법(형태/통사)를 중심으로 접근하였는데, 그 중에서도 문법이 주요 대상이 되었다. 그런데 문법 이론과 개념 정립이 충분치 않은 상태에서 모어 화자로서의 직관에 따른 의미를 중심으로 서술하였으며, 특히 그 의미가 표현되는 언어 형태에 대한 분석 기준이 불분명하다는 한계가 나타났다.

그러나 시간이 지나면서 단순한 수용을 넘어 국어의 본질에 접근하고자 하였는데, 이에 따라 문법 형태로서의 토에 대해 체계적으로 서술하고자 하였으며 문법 용어를 고유어의 약호를 사용하기도 하였다. 그리고 서양인의 한국어 문법 기술이 품사론이 위주였음에 비해서, 당시 내국인은 품사론과 함께 문장론을 서술하였음도 주목된다.

5.5. 한국어 연구사에서 보면, 한국어 연구의 일정 부분은 외국어와의 관계로부터 동기화되거나 발전되었음을 이해할 수 있다. 이를테면, 고대 시대에는 한자 차용 표기를 통해 한문과 한국어가 어순의 차이가 있음을 알게 되었으며, 실사(實辭)와 허사(虛辭)가 구별되는 교착적 성격을 지니고 있음을 인식하게 되었다. 그리고 15세기 훈민정음의 창제는 당시 중국의 언어 이론을 바탕으로 한국어를 분석하여 그에 적절한 문자를 창안해 내었다는 점에서 의미가 있으며, 한국어 연구사에서는 그 영향으로 이후 오랜 세월 동안 문자음운학(文字音韻學)이 주요 영역으로 자리매김하였다. 그러다가 19세기에 이르러 서양인들의 언어 기술의 방법을 통해 자신의 언어에 대한 새로운 인식과 함께 문법에 대한 과학적 연구가 시작되기에 이르렀다.

이 연구에서는 근대 시기 한국어에 접근했던 서양인들의 활동과 성과에 주목하였다. 서양인들은 적어도 당시의 관점에서는 과학적이라 할 수 있는 방법으로 한국어를 관찰하고 기술하였으며, 그 결과는 전통적인 방법에 머

520

물러 있던 국어 연구가 새로운 기반을 형성하는 데에 일정 부분 영향을 주었다. 따라서 서양인들의 한국어 문법 기술은 내국인들로 하여금 외래 이론과의 접촉을 통해 새로운 시각으로 모어의 문법에 접근하는 계기를 마련해 주었다는 점에서 한국어 연구사에서 의의를 지니는 것이다.

근대 시기 서양인의 한국어 문법 기술과 관련하여 실증적인 문헌을 통해 그들의 연구 내용을 면밀히 분석하고, 아울러 그들의 연구 결과가 당시의 사회적 상황에서 어떻게 수용되고 토착화되었는지를 보여 줄 수 있도록 정리될 필요가 있다. 그것은 그들의 한국어 연구가 단순한 과거적 사실로서 존재하는 것만이 아니라, 한국어 연구의 역사적 흐름에 미친 영향을 찾아 앞으로의 연구 방향을 모색하는 데 도움을 주는 것이기도 하기 때문이다. 또한 그것은 한국어가 하나의 개별 언어로서 다른 언어와 변별되는 특성을 지닌다는 것은 물론 당연한 지적이지만, 서양인들은 그들 모어를 바탕으로 하는 타자적 관점에서 한국어 문법에 접근하였다는 점에서 그들의 한국어 문법 기술에 반영된 한국어의 보편적 가치를 발견할 수도 있기 때문이다.

서양인들이 한국어 문법에 대해 타자적 시선으로 접근하여 기술한 내용 중에는 오늘날 한국어 문법 연구의 관점에서도 좀 더 논의해 볼 만한 가치가 있는 주제들이 상당수 존재함을 발견할 수 있다. 여기에는 예를 들면, 명사 후치 표현으로서의 격과 후치사의 형태와 기능, 단위 표시 기능을 하는 분류사의 문제, '더'의 출현 여부에 따른 시제의 2원적 구분, 서법의 구분, 분사형과 동명사형의 설정과 용법 등의 문법범주와 관련한 그들의 독특한 관점이 포함될 수 있다. 또한 그들의 일부에서 추구하였던 비교언어학적인 접근을 통한 한국어의 형태 분석과 문법범주의 해석 등도 좀 더 규명해 볼 만한 가치가 있다.

한편, 서양인들의 한국어 문법에 대한 관찰과 기술은 궁극적으로 그들의 한국어 학습을 위한 기본적인 자료의 구축에 있었다는 점에서 오늘날 크게 활성화되고 있는 외국어로서의 한국어 교육에서 학습자들의 요구에 부합하는 교수 자료의 구성과 관련하여 접근할 필요도 있다. 그것은 한국어 학습자의 입장에서 그들이 취했던 외국어로서의 한국어 문법에 대한 접근 방법을 알려 주며, 또한 그것을 습득하려 했던 고민의 흔적을 보여 주기 때문이다.

그리고 그들은 구어 중심의 한국어를 습득하여 의사소통하는 데 목표를 두고 한국어에 접근하였으므로, 그들의 문헌에 나타나는 어휘를 비롯한 많은 언어 표현들을 정리하는 것도 유의미할 것이다. 그것은 그들이 문헌에서 예시하였던 한국어 어휘 등의 표현 형태는 당시의 생생한 한국어의 모습을 반영한다고 할 수 있기 때문이다. 또한 서양인 선교사들은 선교 활동에서 성서를 번역하면서 한글을 사용하였다. 여기서 그들의 한국어 학습 과정에 대한 검토와 함께 그들이 마련하고자 했던 한글 표기법도 관심의 대상이 될 수 있으며, 이러한 자료의 발굴과 그 내용의 분석은 당시 내국인들에 의한 한글 맞춤법 규범의 마련과 관련하여 의미가 있을 것이다.

참고문헌

〈 분석 자료 1 〉

Aston, W. G.(1879), A Comparative Study of Japanese and Korean Language, *The Journal of the Royal Asiatic Society of Great Britain and Ireland* XI Part III. (「歷代 ②-04」).

Dallet, Ch.(1874), La langue coréenne, *Historie de l'église de Corée*, Paris: Victo Palmé. 「歷代 ② -21」.

Eckardt, P. A.(1923ㄱ), *Koreanische Konversations-Grammatik: mit Lesetücken und Gesprächen* 朝鮮語交際文典, Heidelberg: Julius Groos. (「歷代 ②-23」).

Eckardt, P. A.(1923ㄴ), *Schlüssel zur Koreanischen Konversations-Grammatik* 朝鮮語交際文典 附 註解, Heidelberg: Julius Groos. (「歷代 ②-24」).

Gale, J. S.(1894), *Korean Grammatical Forms* 辭課指南, Seoul: Trilingual Press. (「歷代 ②-14」).

Gale, J. S.(1903), *Korean Grammatical Forms* 辭課指南, Seoul: Methodist Publishing House.

Gale, J. S.(1916), *Korean Grammatical Forms*, Seoul: The Korean Religious Tract Society. (「歷代② -15」).

Griffis, W. E.(1882), The Corean Language, *Corea: The Hermit Nation*, New York: Charles Scribner's Sons. (「歷代 ②-07」).

Gützlaff, Ch.(1832), Remarks on the Corean Language, *The Chinese Repository* I. (「歷代 ②-01」).

Imbault-Huart, M. C.(1889), *Manuel de la coréenne parlée, à l'usage des Français*, Paris: Imprimerie Nationale. (「歷代 ②-22」).

MacIntyre, J.(1879-1881), Notes on the Corean Language, *The China Review* VIII-3, VIII-4, IX-1, IX-2, IX -3. (「歷代 ②-05」).

Ramstedt, G. J.(1928), Remarks on the Korean Language, *Mémoires de la Société Finno-ougrienne* LVIII. (「歷代 ②-16」).

Ramstedt, G. J.(1933), The Nominal Postpositions in Korean, *Mémoires de la Société Finno-ougrienne* LXVII. (「歷代 ②-17」).

Ramstedt, G. J.(1939), A Koren Grammar, *Mémories de la Société Finno-ougrienne* LXXXII, Helsinki: Suomalais-ugrilainen Seura. (「歷代 ②-18」).

Ridel, F. C.(1881), *Grammaire coréenne*, par Les Missionnaires de Corée de la Sosiété des Missions

Étrangéres de Paris, Yokohama: Lévy et S. Salabelle. (「歷代」②-19」).

Rosny, L.(1864), Aperçu de la langue coréenne, *Journal Asiatique* 6-3. (「歷代②-20」).

Ross, J.(1877), *Corean Primer, Being Lessons in Corean on All Ordinary Subjects, Trans-literated on the principles of the "Mandarin Primer" by the same Author*, Shanghai: American Presbyterian Mission Press. (「歷代 ②-02」).

Ross, J.(1878), The Corean Language, *The China Review* IV. (「歷代 ②-03」).

Ross, J.(1882), *Korean Speech, with Grammar and Vocabulary*, Shanghai & Hongkong, Yokohama: Kelly & Walsh Kelly & Co. (「歷代 ②-06」).

Roth, P. L.(1936), *Grammatik der Koreanischen Sprache*, Tokwon, Korea: Abtei St. Benedikt. (「歷代 ②-25」).

Scott, J.(1887), *A Corean Mannual, or Phrase Book with Introductory Grammar* 언문말칙, Shanghai: Statistical Department of the Inspectorate General of Customs. (「歷代 ②-08」).

Scott, J.(1891), Introduction, *English Corean Dictionary*. Corea: Church of England Mission Press. (「歷代 ②-10」).

Scott, J.(1893), *A Corean Mannual, or Phrase Book with Introductory Grammar*, Seoul: English Mission Church Press. (「歷代 ②-09」).

Siebold(1832), *Nippon; Archiv zur Beschreibung von Japan und dessen Neben-und Schützländern*, Leyden.

Underwood, H, G.(1890), *An Introduction to the Korean Spoken Language* 韓英文法, Ykohama, Shanghai, Hongkong, Singapore: Kelly & Walsh L'T. (「歷代 ②-11」).

Underwood, H. H.(1915), *An Introduction to the Korean Spoken Language* -Revised and Enlarged with the Assistance of Horace Horton Underwood-, New York: McMillan Company, Yokohama, Shaghai: Kelly & Walsh, Ltd., Seoul: Korean Religious Tract Society. (「歷代②-12」).

〈 분석 자료 2 〉- 논설류 (「歷代」③-06」)

서재필(1896), '논셜' (독닙신문 뎨일호)

신채호(1908), '文法을 宜統一' (畿湖興學報 5호)

이능화(1906), '國文一定法意見書' (皇城新聞 2615-6호)

주시경(1907ㄱ), '국어와 국문의 필요' (西友 2호)

주시경(1907ㄴ), '必尙自國文言' (皇城新聞 2442-7호)

쥬샹호(1897ㄱ), '국문론' (독립신문 47-48호)

쥬샹호(1897ㄴ), '국문론' (독립신문 134-135호)

지석영(1896), '국문론' (大朝鮮獨立協會會報 1호)

근대 시기 서양인의 한국어 문법 연구

〈 분석 자료 3 〉

김규식(1908), 「大韓文法」, 유인본. (歷代 ①-14).

김규식(1912), 「朝鮮文法」, 유인본. (歷代 ①-15).

김희상(1909), 「初等國語語典」卷二, 京城: 唯一書館. (「歷代 ①-17」).

김희상(1911), 「朝鮮御前」, 京城: 普及書館. (「歷代 ①-19」).

김희상(1927), 「울이글틀」, 永昌書館. (「歷代 ①-21」).

남궁억(1913), 「조선 문법」, 필사본. (「歷代 ①-24」).

리봉운(1897), 「국國문文졍正리理」. (「歷代 ③-02」).

안확(1917), 「朝鮮文法」, 京城: 唯一書館. (「정승철·최형용, 2015」).

안확(1923), 「修正 朝鮮文法」, 滙東書館. (「歷代 ①-26」).

유길준(1904?), 「朝鮮文典」, 필사본. (「歷代 ①-01」).

유길준(1906), 「朝鮮文典」, 유인본. (「歷代 ①-03」).

유길준(1909), 「大韓文典」, 漢城: 隆文館. (「歷代 ①-06」).

윤치호(1911), 「英語文法捷逕」, 京城: 東洋書院. (「歷代 ②-55」).

이기룡(1911), 「中等英文典」, 京城: 普及書館. (「歷代 ②-54」).

주시경(1905), 「國語文法」, 필사본. (「歷代 ①-107」).

주시경(1906), 「대한국어문법」, 유인본. (「歷代 ①-07」).

주시경(1908?ㄱ), 「말」, 필사본. (「歷代 ①-08」).

주시경(1908ㄴ), 「國語文典音學」, 京城: 博文書館. (「歷代 ①-07」).

주시경(1910), 「國語文法」, 京城: 博文書館. (「歷代 ①-11」).

주시경(1914), 「말의 소리」, 京城: 新文館. (「歷代 ①-13」).

최광옥(1908), 「大韓文典」, 漢城: 安岳勉學會. (「歷代 ①-05」).

〈 참고 자료 〉

강남욱(2009), '근대 초기 한국어 교재의 역동적 정착 과정 -로스(Ross, J.), 호세코(宝迫繁勝), 게일(Gale, J. S.)의 한국어 교재를 중심으로-', 「정신문화연구」 32-2, 한국학중앙연구원. 193-222쪽.

강복수(1959), '문법 연구의 대상', 「어문학」 5, 한국어문학회. 1-6쪽.

강복수(1972), 「국어문법사연구」, 형설출판사.

강신항(1969), 「신고 국어학사」, 형설출판사.

강신항(1979), 「국어학사」, 보성문화사.

강이연(2005), '최초의 한국어 연구 -한-불, 불-한 사전들과 한국어 문법서', 「프랑스학연구」 31, 프랑스학회, 1-28쪽.

강이연(2008), '최초의 한국어 문법서 Grammaire Coréenne 연구', 「프랑스어문교육」 29, 한국프랑스어문교육학회. 7-35쪽.

강이연(2013), '19세기 조선 파견 가톨릭 선교사의 한국어 연구 흐름 일편 -최초의 한불 이개어 사전과 문법서를 중심으로-', 「한불자전 연구」(이은령 외), 소명출판. 13-48쪽.

강준식(1995/2002), 「다시 읽는 하멜 표류기」, 웅진닷컴.

고길수 역(2003), 'Grammaire coréenne 서문', 「형태론」 5-1, 박이정. 191-196쪽.

고성환(2002), 'H. G. Underwood, An Introduction to The Korean Spoken Language, Yokohama: Kelly & Walsh, 1890', 「형태론」 4-2, 박이정. 393-401쪽.

고송무(1979), '「람스테트」와 한국어 연구', 「한글」 166, 한글학회. 186-187.

고영근(1978), '19세기 전반기의 서양인의 국어연구자료', 「관악어문연구」 3, 서울대 국어국문학과. 27-42쪽.

고영근(1979ㄱ), '로우니(L. de Losney)의 국어연구', 「여천 서병국 박사 화갑기념논문집」, 간행위원회. 1-15쪽.

고영근(1979ㄴ), 주시경 문법 연구, 「한국학보」 5-4, 일지사. 126-144쪽.

고영근(1981), '초기 서양인의 한국어 연구', 「선청어문」 11·12, 서울대 국어교육학과. 1-13쪽.

고영근(1983), 「국어문법의 연구: 그 어제와 오늘」, 탑출판사.

고영근(1985), 「국어학연구사」, 학연사.

고영근(1989), '지볼트(Fr. von Siebold)의 한국기록 연구', 「동양학」 19, 단국대 동양학연구소. 27-90쪽.

고영근(1998), 「한국어문운동과 근대화」, 탑출판사.

고영근(2001), '개화기와 한국어학', 「어문연구」 37, 한국어문교육연구회. 275-297쪽.

고영근(2010), 「민족어학의 건설과 발전」, 제이앤씨.

고영근(2012), '민족어의 격 어미 및 부치사, 첨사 범주와 그 유형론적 함의', 「국어학」 65, 국어학회. 73-108쪽.

고영근(2014), '민족어 문법에서 "어기"란 과연 필요한 개념일까', 「형태론」 16-1, 탑출판사. 89-106쪽.

고영근(2018), 「한국어와 언어유형론」, 월인.

고예진(2008), '개화기의 한국어 학습서 연구 -언더우드(Underwood)의 『韓英文法』을 중심으로-', 부산대 대학원 석사학위논문.

고예진(2013), '19세기 서양인의 한국어 교재 연구', 부산대 대학원 박사학위논문.

고예진·원윤희(2014), '20세기 독일어권 한국어 교재 『조선어교제문전』과 『한국어 연습서』 비교 연구', 「독일어문학」 66, 한국독일어문학회. 1-24쪽.

구본관(2003), '서양의 전통문법과 한국어 품사 분류 -문법가의 언어 지식이나 문법 지식이 다른 언어 기술에 미치는 영향을 중심으로-', 「이중언어학」 22. 이중언어학회. 180-198쪽.

구본관(2010), '국어 품사 분류와 관련한 몇 가지 문제', 「형태론」 12-2, 박이정. 179~199쪽.

권두연(2015), '근대 매체와 한글 가로 풀어쓰기의 실험', [서강인문논총] 42, 서강대 인문과학연구소. 5-35쪽.

권재선(1988), 「국어학 발전사 -현대국어학편-」, 우골탑.

김동진(2010), 「파란눈의 한국론, 헐버트」, 참좋은친구.

김두응(1978), 'Medhurst의『朝鮮偉國字彙』에 대하여', 「국어교육」 33, 한국어교육학회. 141-152쪽.

김두응(1980), '"A COREAN MANUAL"에 관한 연구', 「국어교육」 37, 한국어교육학회. 129-160쪽.

김문용(1996), '유교적 근대화의 길 -개화파-', 「조선 유학의 학파들」(한국사상사연구회), 예문서원. 654-680쪽.

김민수(1954), '국어문법의 유형: 국어문법사 시고', 「국어국문학」 10, 국어국문학회. 10-12쪽.

김민수(1957), '大韓文典고', 「서울대 논문지」 5, 서울대 인문사회과학대학. 127-193쪽.

김민수(1969), '국어문법의 이론적 계통', 「아세아 연구」 34, 고려대 아세아문제연구소. 1-48쪽.

김민수(1977ㄱ), 「주시경 연구」, 탑출판사.

김민수(1977ㄴ), '김규식『大韓文法』의 연구', 「인문논집」 22, 고려대 문과대학. 1-31쪽.

김민수(1980), 「신국어학사」, 일조각.

김민수(1981), '김규식의 "The Korean Language"에 대하여', 「어문논집」 22, 민족어문학회. 7-22쪽.

김민수(1986ㄱ), '1세기 반에 걸친 한국어문법연구사', 「역대한국어문법 총색인」, 탑출판사.

김민수(1986ㄴ), '남궁억, 「조선 문법」 해설', 「역대한국어문법」 □-24, 탑출판사.

김민수·하동호·고영근 편(1977-1986), 「역대한국문법대계」, 탑출판사.

김병문(2012), '주시경의 근대적 언어 인식에 관한 연구', 연세대 대학원 박사학위논문.

김병제(1984), 「조선어학사」, 과학백과사전출판사.

김석득(1972), '국어학 형성에 있어서 인문과학적 가치관 -갑오경장 이후 1950년 이전-', 「인문과학」 26, 연세대 인문학연구원. 37-73쪽.

김석득(1979), 「주시경 문법론」, 형설출판사.

김석득(1983/2009), 「우리말 연구사 -언어관과 사조로 본 발전사-」, 태학사.

김세한(1974), 「주시경 전」(정음문고 36), 정음사.

김수태(2014), '샤를르 달레의《한국천주교회사》에 대한 새로운 접근', 「교회사연구」 43, 한국교회사연구소·7-55쪽.

김영욱(2001), '김규식(1908)『大韓文法』, 「형태론」 3-1, 박이정. 165-179쪽

김완진(1984), '「한불자뎐」 및 「한어문전」의 성립에 공한한 인물들에 대한 조사 연구', 「목천 유창균 박사 회갑기념논문집」.

김완진·정광·장소원(1997), 「국어학사」, 한국방송대출판부.

김용섭(2008), 「동아시아 역사 속의 한국문명의 전환 -충격, 대응, 통합의 문명으로-」, 지식산업사.

김윤경(1938), 「조선문자급어학사」, 진단출판협회.

김윤경(1963), 「새로지은 국어학사」, 을유문화사.

김은영(2009), '1831-1886년 조선에서 활동한 프랑스 선교사들의 여행 보고문', 「프랑스사연구」 20, 한국프랑스사학회. 101-130쪽.

김인수(1994), 「한국기독교회사」, 한국장로교출판부.

김인택(2015), '19세기 전반기 서양인의 한국어 문법에 대한 기술', 「코기토」 77, 부산대 인문학연구소. 136-166쪽.

김재현(2000), '근대 학문의 수용', 「한국사 45 -신문화 운동 Ⅰ-」, 국사편찬위원회. 201-222쪽.

김정식(1974), 「김규식의 생애」(신구문고 13), 신구문화사.

김정현(1982), 「John Ross: 한국의 첫 선교사」, 계명대출판부.

김종훈·황용수·박동규(1986), 「국어학 논고」, 집문당.

김주현(1985), '「Korean Speech」에 관한 연구', 「숭례어문학」 2, 명지대 숭례어문학회. 183-240쪽.

김태진 옮김(2003), 「하멜 표류기」, 서해문집.

김태훈(2005), '외국인의 한국어 활용 연구', 「외국인의 한국어 연구」(최호철 외), 경진문화사. 83-134쪽.

김학준(2010), 「서양인들이 관찰한 후기 조선」, 서강대출판부.

김형주(1997), 「우리말 연구사」, 세종출판사.

김형철(1997), 「개화기 국어 연구」, 경남대 출판부.

나채운(1990), 「우리말 성경 연구」, 기독교문사.

남경완(2017), '국어 전통문법에서의 관형사 범주 설정'. 「한국어학」 74, 한국어학회, 25-52쪽.

남광우(1975), 「국어학 연구」(국어국문학총서 13), 이우출판사.

남기심(1972), '현대국어 시제에 관한 문제', 「국어국문학」 55-57합집, 국어국문학회. 213-238쪽.

남기심(1977), '개화기 국어의 문체에 대하여', 「연세교육과학」 12, 연세대 교육대학원, 71-86쪽.

남기심(1988), '「辭課指南」고', 「동방학지」 60, 연세대 국학연구원. 169-180쪽.

남기심(2001), 「현대 국어 통사론」, 태학사.

남기심·고영근(1993), 「표준 국어문법론」(개정판), 탑출판사.

대한성서공회(1993), 「대한성성공회사 -Ⅰ. 조직·성장과 수난」, 대한성서공회.

류대영·옥성득·이만열(1994), 「대한성성공회사 -Ⅱ. 번역·반포와 권서사업」, 대한성서공회.

목정수(2002), '한국어 관형사와 형용사 범주에 대한 연구', 「언어학」 31, 한국언어학회, 71-99쪽.

민현식(1984), '개화기 국어의 경어법에 대하여', 「관악어문연구」 9-1, 서울대 국어국문학과. 125-149쪽.

박건숙(2006), '한국어 교재의 문법 교육 연구 -19세기 말의 교재를 중심으로-', 「한국어교육」 17-1, 국제한국어교육학회. 163-190쪽.

박경수 역(1981), 「문법론」, 한신문화사. (Palmer, F. Grammar, Penguin, 1971).

박보영(2015), '독일 선교사들의 한국어 연구와 한국어 인식', 「교회사연구」 47, 한국교회사연구소. 51-90쪽.

박새암(2017), '개신교 선교사 한국어 교육의 형성과 전개에 대한 사적 연구', 한성대 대학원 박사학위논문.

박성순(2006), '서학의 유입과 조선의 대응', 「한국사상사입문」(한국사상사학회 편), 서문문화사.

박용규(2004), 「한국기독교회사 Ⅰ (1784-1919)」, 생명의말씀사.

박윤희(1975), 「하멜 표류기: 조선왕국견문록」, 삼중당.

박지홍(1983), '주시경의 우리말 씨가름', 「부산한글」 2, 한글학회 부산지회. 67-79쪽.

박진호(2007), '유형론적 관점에서 본 한국어 대명사 체계의 특징', 「국어학」 50, 국어학회. 115-147쪽.

박천홍(2011), '가로쓰기의 등장과 텍스트 공간의 변형', 「근대서지」 3, 근대서지학회. 359-374쪽.

방곤·서정철(1993), 「최신 불문법」, 신아사.

방상근·최선혜·양인성(2010), 「한국천주교회사」 3, 한국교회사연구소.

백낙준(1973), 「한국개신교사 1832-1910」, 연세대출판부.

서민정(2009), '주변어로서의 조선어; '국어' 되기', 「코기토」 65, 부산대 인문학연구소. 7-31쪽.

서민정(2010), '한국어 문법 형성기에 반영된 서구 중심적 관점', 「한글」 288, 한글학회. 149-169쪽.

서병국(1973), 「신강 국어학사」, 형설출판사.

서병국(1977), 「국어문법론고」, 학문사.

서울대 동아문화연구소(1980), 「국어국문학사전」, 신구문화사.

서정수(1994), 「국어문법」, 뿌리깊은나무.

석주연(2017), '구한말 영국인 외교관 애스턴의 한국어와 한글에 대한 인식 -한국어 관련 논문과 한국어 학습 일지를 중심으로-', 「국어교육연구」 39, 서울대 국어교육연구소. 79-117쪽.

손호민(2008), '한국어의 유형적 특징', 「한글」 282, 한글학회, 61-95쪽.

송경안(2019), 「언어의 유형과 한국어 그리고 영어」, 역락.

송경안, 오윤자(2005), '격에 대한 유형론적 접근'. 「언어학」 41, 한국언어학회, 127-158쪽.

송기중(2006), '개화기에 이루어진 서양인의 한국어 연구', 「한국근대사회와 문화」-19세기 말에서 20세기 초를 중심으로-, 서울대 출판부. 15-39쪽.

송미영(2018), '개화기 교육지 <교육월보>의 국어학적 가치', 「어문연구」 46-2, 한국어문교육연구회. 103-139쪽.

송민(1987), '프랑스 선교사의 한국어 연구과정', 「교회사연구」 5, 한국교회사연구소. 133-148쪽.

신복룡 역주(1999ㄱ), 「조선풍물지」(W. R. 칼스 지음), 집문당.

신복룡 역주(1999ㄴ/2015), 「은자의 나라 한국」(W. E. 그리피스 지음), 집문당.

신복룡(1999ㄷ), 「하멜 표류기」, 집문당.

신복룡(2002), 「이방인이 본 조선 다시 읽기」, 풀빛.

신용하(2000), '개화사상의 형성', 「한국사 37 -서세동점과 문호개방-」, 국사편찬위원회. 89-121쪽.

신창순(2003), 「국어 근대 표기법의 전개」, 태학사.

심재기(1985), 'Grammaire Coréenne의 연구', 「한국천주교회사창설 200주년 기념 한국교회사 논문집」 3, 한국교회사연구소.

심재기(1988), '게일 문법서의 몇 가지 특징', 「한국문화」 9, 서울대 한국문화연구소. 1-18쪽.

심지연(2008), '개화기 프랑스 사람들의 한국어 연구에 대하여', 「민족문화연구」 48, 고려대 민족문화연구원. 299-336쪽.

안예리(2016), 20세기 초 국어 문법서에 나타난 문법 개념의 발달과정, 「국어사연구」 23, 국어사학회. 229-260쪽.

안응렬, 최석우 역주(1979), 「한국천주교회사 -상-」(샤르르 달레 원저), 분도출판사.

양근용(2010), '근대국어학 형성기의 언어의식 연구', 인천대대학원 박사학위논문.

양인성·조현범·방상근·백병근(2014), 「한국천주교회사」 4, 한국교회사연구소.

염선모(1981), '외국인이 본 한국어 문법에 대하여 -G.J. Ramstedt의 A Korean Grammar를 대상으로-', 「배달말」 6, 배달말학회. 1-34쪽.

오오이 히데아키(2017), '20세기 초 한국어 문법 형성사 연구 -일본 문법과의 관계 분석을 중심으로-', 연세대 대학원 박사학위논문.

우형식(1986), '지각동사 '보다'의 경험과 추정', 「연세어문학」 19, 연세대 국어국문학과. 31-52쪽.

우형식(1987), '명사화소 '-(으)ㅁ', '-기'의 분포와 의미 기능', 「말」 12, 연세대 한국어학당. 119-160쪽.

우형식(1995), '의존명사 '것, 줄, 바'의 분포와 의미 기능', 「웅진어문학」 3, 웅진어문학회. 5-38쪽.

우형식(1996), '접속 기능의 명사구', 「국어문법의 탐구」III(남기심 편), 태학사. 475-506쪽.

우형식(2001), 「한국어 분류사의 범주화 기능 연구」, 박이정.

우형식(2006), '관형사', 「왜 다시 품사론인가」(남기심 외), 커뮤니케이션북스. 197-226쪽.

우형식(2009), '규칙으로서의 문법과 사용으로서의 문법', 「외국어로서의 한국어 교육」 34, 연세대 언어연구교육원 한국어학당. 227-256쪽.

우형식(2011), '한국어 관형절의 형성과 유형', 「한국어 통사론의 전망 -김영희 선생 정년퇴임기념논총-」, 경진. 519-546쪽.

우형식(2016), '19세기 서양인의 한국어 문법 연구', 「우리말연구」 45, 우리말학회. 5-40쪽.

우형식(2017), '한국어 띄어쓰기의 성격과 운용 양상', 「동북아문화연구」 51, 동북아시아문화학회. 73-94쪽.

우형식(2018), '한국어 명사 후치 표현의 형태 범주와 기능 -서양인의 한국어 문법 기술을 중심으로-', 「코기토」 85, 부산대 인문학연구소. 177-214쪽.

우형식(2019), '매킨타이어(MacIntyre)의 한국어 문법 기술에 대한 분석', 「코기토」 88, 부산대 인문학연구소. 157-196쪽.

우형식(2020), '근대 시기 서양인의 문법 기술과 전통 문법의 상관성 -김규식(1908)을 중심으로-', 「2020년 여름 전국학술대회 발표논문집」, 우리말학회. 41-62쪽.

원윤희(2015), '독일어 화자를 위한 개화기 한국어 교재 「조선어교제문전」 의 과제활동 연구', 「우리말연구」 41, 우리말학회. 203-225쪽.

원윤희·고예진(2012), '최초의 독일어권 한국어 학습서 『조선어교제문전』 연구', 「독일어문학」 56, 한국독일어문학회. 247-272쪽.

유목상(1970), '접속어에 대한 고찰', 「한글」 146, 한글학회. 297-309쪽.

유소연(2008), 「나의 서울 감옥 생활」(펠릭스 클레르 리델 지음), 살림.

유예근(1970), '「국문정리」 연구', 「한국언어문학」 8-9, 한국언어문학회. 179-198쪽.

유창균(1969/1975), 「신고 국어학사」, 형설출판사.

유창균·강신항(1961/1976), 「국어학사」, 민중서관.

유창돈(1965), '대명사사' 「인문과학」 13, 연세대 인문학연구원. 1-24쪽.

유홍렬(1962), 「한국천주교회사」, 카톨릭출판사. (Historie de l'église de Corée, Paris: Victo Palmé).

윤애선(2013), '개화기 한국어 문법 연구사의 고리 맞추기: Grammaire Coréenne(육필본) 분석을 통하여', 「코기토」 73, 부산대 인문학연구소. 114-162쪽.

윤애선(2014), '파리외방전교회의 19세기 한국어 문법 문헌간 영향관계 분석 -Grammaire

Coréenne(인쇄본), Historie de L'élise de Corée의 비교-', 「교회사연구」 45, 한국교
　　　회사연구소. 199-253쪽.

윤영도(2016), '이중어사전의 연쇄와 동아시아 언어장의 근대적 전환 -1830년대 메드허스트의 작
　　　업을 중심으로-', 「코기토」 80, 부산대 인문학연구소. 7-35쪽

윤우열(2010), '『프랑스인을 위한 조선어 구어 독본』 Manual de la Langue Coréenne Parlée에
　　　대한 소고', 「프랑스문화예술연구」 34, 프랑스문화예술학회. 197-217쪽.

어건주·홍기순(2013), '푸칠로 사전에 나타난 한국어 표기 연구', 「언어와 언어학」 59, 한국외대
　　　언어연구소. 165-183쪽.

이광린(1991), 「초대 언더우드 선교사의 생애 -우리나라 근대화와 선교활동-」, 연세대출판부.

이광정(1987), 「국어 품사분류의 역사적 발전에 관한 연구」, 한신문화사.

이광정(2003), 「국어문법연구 Ⅰ -품사-」, 역락.

이규슈(2014), 「(한글에 빛을 밝힌 어문민족주의자) 주시경」, 역사공간.

이기갑(2005), '부치사(adposition)의 기능 -유형론의 관점에서-', 「語學硏究」 41-3, 서울대 어학연
　　　구소. 605-633쪽.

이기문(1989), '독립신문과 한글문화', 「주시경학보」 4, 탑출판사. 7-21쪽.

이기문(2000), '한국어 연구', 「한국사 45 -신문화운동 Ⅰ-」, 국사편찬위원회. 223-260쪽.

이기숙 옮김(2010), 「조선, 지극히 아름다운 나라」(안드레 에카르트 지음), 살림.

이남윤(2006), '개화기 서양인에 의한 한국어 연구 검토', 「한어문교육」 16, 한국언어문학교육학
　　　회. 37-60쪽.

이만열(1987), 「한국 기독교 문화운동사」, 대한기독교출판사.

이만열(2001), '선교사 언더우드의 초기활동에 관한 연구', 「한국기독교와 역사」 14, 한국기독교역
　　　사연구소. 9-46쪽.

이미숙(1984), '국어학사의 시대구분 문제', 「논문집」 1, 경기대 대학원. 135-153쪽.

이민경(2020), '1890년대 영어권 한국어 학습서의 구성 형식과 내용 연구', 부산외대 대학원 박사
　　　학위논문.

이병근(1978), '애국계몽시대의 국어관-주시경의 경우', 「한국학보」 4-3, 일지사. 176-192쪽.

이병근(2003), '근대국어학의 형성에 관련된 국어관: 대한제국 시기를 중심으로', 「한국문화」 32,
　　　서울대 한국문화연구소. 1-29쪽.

이병기(2015), "'국어' 및 '국문'과 근대적 민족의식", 「국어학」 75, 국어학회. 165-193쪽.

이병도(1954), 「란선(蘭船) 제주도 난파기: 부(附) 조선국기」, 일조각.

이병찬(1969), '독일어의 품사분류고', 「논문집」 1, 서울대 교양과정부. 55-67쪽.

이복기 옮김(2009), 「서양인 교사 윌리엄 길모어, 서울을 걷다 1894」, ㈜살림출판사.

이상혁(2000), '애국계몽기의 국어의식 -당대 연구자들의 국어관을 중심으로', 「어문논집」 41. 안
　　　암어문학회. 195-139쪽.

이숙(2019), '언더우드를 가르치고 국문연구소 위원으로 활동한 송순용: 초기 선교사의 한국어
　　　교사 03', 「기독교 사상」 722. 대한기독교서회. 145-158쪽.

이숭녕(1965), '천주교 신부의 한국어 연구에 대하여', 「아세아연구」 8, 고려대 아세아문제연구소.

205-217쪽.

이숭녕(1976), 「혁신 국어학사」(박영문고 101), 박영사.

이원순(1986), 「한국천주교회사연구」, 한국교회사연구소.

이유영·안교환(1983), 「최신 독문법」, 신아사.

이은령 외(2013), 「한불자전 연구」, 소명출판.

이은령(2011), '「한어문전」의 문법기술과 품사구분: 문화소통의 관점에서 다시 보기', 「프랑스학 연구」 56, 프랑스학회. 177-210쪽.

이은령(2012), '「한어문전 Grammaire Coréenne」과 19세기 말 문법서 비교 연구', 「한국프랑스학 논집」 78, 한국프랑스학회. 433-460쪽.

이은령(2017), '19세기 프랑스 동양학의 한국어 연구 –아벨 레뮈자(Abel-Rémusat)에서 레옹 드 로니(Léon de Rosny)까지-', 「코기토」 82, 부산대 인문학연구소. 376-424쪽

이응호(1977), 'Hall의 「Words Obtained from the Inhabitants of the West Coast of Corea」에 대하여', 「명지어문학」 9, 명지대 국어국문학과. 29-48쪽.

이응호(1978), 'Gützlaff가 쓴 'Remarks on the Corean Language'의 연구', 「명지어문학」 10, 명 지대 국어국문학회. 31-68쪽.

이응호(1979), 'Ross 목사가 쓴 Corean Primer에 대하여', 「명지어문학」 11, 명지대 국어국문학 회. 13-39쪽.

이응호(1980), '모리슨 목사의 「The Corean Syllabary」에 대하여', 「국어교육」 37, 한국국어교육 연구회. 161-183쪽.

이응호(1982), '19세기 중국 개신교 선교사들의 한국어 연구', 「명대논문집」 13, 명지대출판부. 7-62쪽.

이장우·최선혜·조현범(2010), 「한국천주교회사」 2, 한국교회사연구소.

이정(1990), '빠리외방전도회의 「조선어문법」', 「한불연구」 8, 연세대 한불문화연구소. 45-77쪽.

이종한 옮김(2012), 「덕원의 순교자들」, 분도출판사.

이현희(1994), '19세기 국어의 문법사적 고찰', 「한국문화」 15, 서울대 한국문화연구소. 57-81쪽.

이현희(2015), '근대 이행기의 어학·문법·어법·문전·어전', 「동아문화」 53, 서울대 동아문화연구 소. 3-21쪽.

이환묵(1999), 「영어 전통문법」, 아르케.

임진숙(2019), '한국어 교육에서 명사 후치 표현에 대한 연구 –동사적 구성을 중심으로-', 「인문과 학」 74, 성균관대 인문학연구원. 135-176쪽.

임홍빈(1979), '복수성과 복수화', 「한국학 논총」 1, 국민대 한국학연구소. 179-218쪽.

장소원(2005), '「Grammaire Coréenne」의 재조명', 「형태론」 7-2, 박이정. 489-506쪽.

장윤희·이용(2000), '역대 한국어 문법서에 대한 비판적 회고 ③, 유길준, 『대한문전』', 「형태론」 2, 박이정. 173-187쪽.

장회견(2016), "우사 김규식의 교육 생애와 한국어학 연구", 「규장각」 49, 서울대 규장각한국학연 구원. 569-587쪽.

정구웅, 조재룡(2017), '유럽 동양학자 레옹 드 로니의 탄생 과정과 그의 한국학 저술에 관한 서지

검토', 「코기토」 82, 부산대 인문학연구소. 425-449쪽.

정승철(2003), '「국어문법」(주시경)과 English Lesson', 「국어국문학」 134, 국어국문학회. 73-97쪽.

정승철(2013), '자산 안확의 생애와 국어 연구', 「한국 근대 초기의 어문학자」(송철의 외), 태학사. 85-126쪽.

정승철·최형용(2015), 「안확의 국어 연구」, 박이정.

정유남(2005), '외국인의 한국어 곡용 연구', 「외국인의 한국어 연구」(최호철 외), 경진문화사. 45-82쪽.

정인승(1959), '우리말의 씨가름(품사분류)에 대하여', 「한글」 125, 한글학회. 32-43쪽.

정재영(1996), '19세기 말부터 20세기 초의 한국어문', 「한국문화」 18, 서울대 규장각한국학연구원. 1-31쪽.

정현명 옮김(2006), 「성 다블뤼 주교의 생애」(샤를 살몽 지음), 대전가톨릭대학 출판부.

조경철 옮김(2001, 2002), 「내 기억 속의 조선, 조선 사람들」(퍼시벌 로웰 지음), 예담.

조성식 편(1990), 「영어학사전」, 신아사.

조원형(2016), '독일인 로머 신부의 『Koreanische Grammatik(한국어 문법)』 제2판(1927) 연구', 「한글」 313, 한글학회. 301-328쪽.

조정경(1985), 'J. S. Gale 의 한국인식과 재한활동 (在韓活動)에 관한 일연구', 「한성사학」 3, 한성사학회. 61-115쪽.

조정훈(1992), '독일어의 품사와 품사 분류에 관한 연구', 「논문집」 21, 전주대. 79-91쪽.

조태린(2009), '근대 국어 의식 형성의 보편성과 특수성', 「한국언어문화」 39, 81-108쪽.

조현범(2002ㄱ), '19세 중엽 프랑스 천주교 선교사의 조선 인식 -다블뤼 주교를 중심으로-', 「종교연구」 27, 한국종교학회. 211-235쪽.

조현범(2002ㄴ), 「문명과 야만 -타자의 시선으로 본 19세기 조선-」, 책세상.

조현범(2009), '분도회 선교사들의 한국 문화 연구', 「교회사연구」 33, 한국교회사연구소. 167-222쪽.

조현범·양인성·최선혜·이장우(2011), 「한국천주교회사」 4, 한국교회사연구소.

주현희(2019), '근대 시기 국어 품사 체계 형성 연구', 부경대 대학원 박사학위논문.

최경봉(2004), '김규식 「대한문법」의 국어학사적 의의', 「우리어문연구」 22, 우리어문학회. 5-28쪽.

최경봉(2010), '국어학사의 서술방법에 대한 비판적 고찰 -근대국어학사의 서술 문제를 중심으로-', 「국어학」 59, 국어학회. 153-191쪽.

최경봉(2016), 「근대 국어학의 논리와 계보」, 일조각.

최낙복(2009), 「개화기 국어 문법의 연구」, 역락.

최낙복(2013), 「주시경 문법의 형성론」, 경진.

최덕수(1997), '개항기 서양이 바라본 한국인·한국 역사', 「민족문화연구」 30, 고려대 민족문화연구소. 127-142쪽.

최명옥(1985), '존 로스의 Corean Primer[한국어 초보]와 평북 의주지역어', 「국어학논총」(소당 천시권 박사 회갑기념논문집), 형설출판사.

최석우(1981), '달레 저 한국천주교회사의 형성과정', 「교회사연구」 3, 한국교회사연구소. 113-

159쪽.

최석우(1988), '천주교의 동양 전래와 조선', 「교회와 역사」 156, 한국교회연구소.

최웅환(2010), '국어 품사론 연구의 전개와 전망', 「한국어학」 37, 한국어학회. 33-60쪽.

최이권(1977), 「최광옥 약전과 유저문제」, 동아출판사.

최현배(1935), '풀이씨(용언)의 줄기잡기(어간결정)에 관한 문제', 「한글」 24, 조선어학회. 17-21쪽.

최현배(1940), 「한글갈」, 정음사.

최현배(1962), '기독교와 한글', 「신학논단」 7, 연세대 신과대학, 51-76쪽.

최호철(1989), '주시경과 19세기의 영어문법', 「주시경학보」 4, 탑출판사. 22-45쪽.

최호철(2005), '외국인의 한국어 품사 연구', 「외국인의 한국어 연구」(최호철 외), 경진문화사.
        13-43쪽.

하동호(1985), 「국문론집성」(「歷代韓國文法大系」 ③-06), 탑출판사.

하원호 외(2009), 「개항기의 재한 외국공관 연구」, 동북아재단.

한국가톨릭대사전편찬위원회(1985), 「한국가톨릭대사전」, 한국교회사연구소.

한국불어불문학회(1987), 「불어학사전」, 삼화출판사.

한송화(2006), '수사', 「왜 다시 품사론인가?」(남기심 외), 커뮤니케이션북스. 61-92쪽.

한영균(2013), '19세기 서양서 소재 한국어 어휘 자료와 그 특징', 「한국사전학」 22, 한국사전학
        회. 277-305쪽.

한영균(2015), '『朝鮮偉國字彙』의 국어사 자료로서의 가치', 「코기토」 77, 부산대 인문학연구소.
        113-135쪽

황국정(2001), '김희상(1909, 1911, 1927) 다시 읽기', 「형태론」 3-2, 박이정. 401-416쪽.

황용수(1987), '개화기 외국인의 국어 연구', 「어문논집」 20, 중앙대. 35-49쪽.

황화상(2004), '김희상 문법의 재조명 -「울이글틀」의 품사론을 중심으로-, 「우리어문연구」 22, 우
        리어문학회. 29-53쪽.

Baldi, P.(1994), Morphology, Indo-European, In (eds.) Asher, R. E. The *Encyclopedia of Language and Linguistics*, Oxford: pergamon Press. pp.2576-2582.

Blake, B.(1994), *Case*, Cambridge University Press.

Bloomfield, L.(1933), *Language*, London: George Allen & Unwin Ltd.

Chomsky, N.(1957), *Syntactic structures*, The Hague: Mouton.

Chomsky, N.(1965), *Aspects of the theory of syntax*, Cambridge, Mass.: MIT Press.

Cruse, D. A.(1994), Number and Number System, In (eds.) Asher, R. E. *The Encyclopedia of Language and Linguistics*, Oxford: pergamon Press. pp.2857-2861.

Dik, S. C.(1978), *Functional Grammar*, Amsterdam: North-Holland Publishing Company.

Dixon, R. M. W.(1994), Adjectives, In (eds.) Asher, R. E. *The Encyclopedia of Language and Linguistics*, Oxford: pergamon Press. pp.29-35.

Hartmann, D.(1994), Particles, In (eds.) Asher, R. E. *The Encyclopedia of Language and Linguistics*, Oxford: pergamon Press. pp.2953-2958.

Jespersen, O.(1924), *The Philosophy of Grammar*, London: Unwin Brothers Limited.

King, Ross(2004), Western Protestant Missionaries and the Origins of Korean Language Modernization, *Journal of International and Area Studies* 11-3, 서울대 국제학연구소, pp.7-38.

King, Ross(2005), '영어권 학습자를 위한 문법 교육 -Korean grammar education for Anglophone learners: Missionary beginnings-', 「한국어 교육론」 2, 한국문화사. pp. 237-274

Lyons, J.(1968), *Introduction to Theoretical Linguistics*, Cambridge: Cambridge University Press.

McCormick, K. M.(1994), Gender and Language, In (eds.) Asher, R. E. *The Encyclopedia of Language and Linguistics*, Oxford: pergamon Press. pp.1353-1360.

Pagin, P.(1994), Rules, In (eds.) Asher, R. E. *The Encyclopedia of Language & Linguistics*, Oxford: Pergamon Press. pp.3621-3627.

Quirk, R., Greenbaum, S., Leech, G. and Svartvik, J.(1972), *A grammar of contemporary English*, London: Longman.

Robins, R. H.(1966), The Development of the Word Class System of the European Grammatical Tradition, *Foundation of Language* 2, pp.3-19.

Siewierska, A.(1994), Word Order and Linearization, In (eds.) Asher, R. E. *The Encyclopedia of Language and Linguistics*, Oxford: pergamon Press. pp.4993-4999.

Silva, David J.(2002), Western Attitudes toward the Korean Language: An Overview of Nineteenth-and Early Twentieth-Century Mission Literature, *Korean Studies* 26-2. University of Hawai'i Press. pp.270-286.

Swallen, W. L.(1895), The Gouin System of Language Study, *The Korean Repository* Vol II, Seoul: The Trilingual Press.

Sweet, H.(1891-1898), *A New English Grammar*, Oxford: The Clarendon Press.

管野裕臣(1997), '朝鮮語の語基について', 「日本語と外國語の對照研究 IV -日本語と朝鮮語-」, 國立國語研究所.

찾아보기

근대 시기 서양인의 한국어 문법 연구

근대 시기 서양인의 한국어 문법 연구

우형식

1983 공주사범대학 국어교육과 (학사)
1986 연세대학교 대학원 국어국문학과 (석사)
1991 연세대학교 대학원 국어국문학과 (박사)
1986-1991 연세대학교 한국어학당 강사
1991-2020 부산외국어대학교 한국어문화학부 교수
2007 미국 University of Washington 방문학자
(현재) 부산외국어대학교 한국어문화학부 명예교수

근대 시기 서양인의 한국어 문법 연구

초판1쇄 인쇄 2021년 8월 19일
초판1쇄 발행 2021년 8월 30일

지은이   우형식
펴낸이   이대현
편집   이태곤 권분옥 문선희 임애정 강윤경
디자인   안혜진 최선주 이경진
마케팅   박태훈 안현진

펴낸곳   도서출판 역락
출판등록 1999년 4월 19일 제303-2002-000014호
주소   서울시 서초구 동광로 46길 6-6 문창빌딩 2층 (우06589)
전화   02-3409-2060
팩스   02-3409-2059
홈페이지 www.youkrackbooks.com
이메일   youkrack@hanmail.net

ISBN 979-11-6742-190-6 93700

정가는 뒤표지에 있습니다.
잘못된 책은 바꿔드립니다.